1 MONTH OF
FREE
READING

at

www.ForgottenBooks.com

By purchasing this book you are eligible for one month membership to ForgottenBooks.com, giving you unlimited access to our entire collection of over 1,000,000 titles via our web site and mobile apps.

To claim your free month visit:

www.forgottenbooks.com/free773034

ISBN 978-0-666-90293-1
PIBN 10773034

This book is a reproduction of an important historical work. Forgotten Books uses
state-of-the-art technology to digitally reconstruct the work, preserving the original format
whilst repairing imperfections present in the aged copy. In rare cases, an imperfection in
the original, such as a blemish or missing page, may be replicated in our edition. We do,
however, repair the vast majority of imperfections successfully; any imperfections that
remain are intentionally left to preserve the state of such historical works.

Geschichte Oesterreichs

vom Ausgange

des Wiener October=Aufstandes 1848.

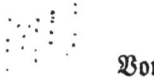

Von

Joseph Alexander Freiherrn v. Helfert.

II.

Revolution und Reaction
im Spätjahr 1848.

Prag 1870.

Verlag von F. Tempsky

Von wohlwollender Seite wurde nach Erscheinen der „Belagerung und Einnahme Wiens" die „Besorgniß" ausgesprochen,
„ob eine Geschichte Österreichs in diesem Maßstabe angelegt wohl
auch zur Vollendung gelangen werde". Hierüber erlauben wir uns
Folgendes zu bemerken.

Man kann Geschichte zusammenfassend schreiben, und man
kann sie ausführlich schreiben. Das eine wie das andere hat, je
nach Umständen, seine Berechtigung. Der geniale Buckle, der sich
nur mitunter in Paradoxen gefällt, scheint freilich über die letztere
Art unbedingt den Stab zu brechen und dem Verfasser der
„Größe und des Verfalls der Römer" die Palme nur allein
darum zu reichen, weil es derselbe zuwege gebracht: „über die
Regierung von sechs Kaisern in zwei Zeilen zu berichten" („to
relate the reigns of six emperors in two lines", chapter
XIII); und diese Höhe historiographischer Gedrängtheit auch
nur annähernd zu erreichen, darauf müßten wir, was unsern
gegenwärtigen Vorwurf betrifft, allerdings von vorn herein verzichten. Denn selbst Buckle, trotz seiner zur Schau getragenen
Geringschätzung all dessen was man bis auf ihn unter Klio's
Ägide in Ehren zu halten gewohnt war, würde jedenfalls zugeben müssen, daß der gedankenvolle Franzose seine Betrachtungen über den Verlauf der römischen Geschicke unmöglich anstellen
konnte, wenn ihm nicht zuvor Livius und Tacitus, Polybius und
Dionys von Halikarnaß, auf deren Schriften er bei jeder Gelegenheit zurückweist, die Darstellung, und zwar eine mehr oder

*

minder ausführliche Darstellung jenes Verlaufes geliefert hätten. So wird denn auch dereinst ein österreichischer Montesquieu den **Charakter** des Regierungsantrittes und der ersten Regierungszeit Kaiser Franz Joseph I., wenn auch nicht „in zwei Zeilen", aber vielleicht auf zwei Blättern abthun können; allein gewiß mit einiger Sicherheit erst dann, wenn zuvor von andern Seiten die **Geschichte** dieser ereignißreichen Zeit in gründlich eingehender Weise behandelt worden sein wird.

Doch selbst die Ausführlichkeit in der Geschichtschreibung hat ihre Grade. Wem es bloß darum zu thun wäre, durch Schilderung spannender Verwicklungen und Lösungen, überraschender Katastrophen und Wechselfälle, durch Vorführung interessanter Persönlichkeiten, eigenartiger Charaktere die Aufmerksamkeit des Lesers anzuziehen und zu fesseln, der könnte nichts passenderes thun als sich ohne weitere Vorarbeit in die Darstellung einer Zeit zu stürzen, die, man mag die Fülle der darin sich drängenden Ereignisse oder die Kette der daran sich knüpfenden Folgen in Betracht ziehen, ohne Frage zu den interessantesten Perioden der Geschichte Österreichs gehört. Allein würde sich bei solcher Behandlungsweise auch das gehörige Verständniß erzielen lassen? Würde der Leser die volle Einsicht in die überaus mannigfachen und in vielfältigster Weise in einander greifenden Momente erlangen, durch deren Zusammenwirken bestimmte Zustände geschaffen, Ereignisse herbeigeführt, Charaktere entwickelt wurden?

Die Geschichte des heutigen Österreich, jenes Österreich das sich noch immer nicht am Ende seines innern Gährungs-Processes befindet, dessen Neugestaltung noch immer nicht in das Stadium ruhiger, die Bürgschaften gesicherten Bestandes mit sich führender Regelmäßigkeit treten konnte, knüpft nicht an den Beginn der Revolution des Jahres 1848, sondern an deren Abschluß an. Was der ersteren Periode angehört, kann heute höchstens durch das was durch sie abgethan, nicht aber durch das was in ihr geschaffen wurde, ein mehr als bloß historisches Interesse in Anspruch nehmen. Von den damals hoch gehaltenen und viel gepriesenen „Errungenschaften" hat nicht eine einzige irgend welche praktische Beziehungen zur Gegenwart fortzuerhalten vermocht. Die damalige gesetzliche Regelung der „Preßfreiheit" ging in den ersten Apriltagen in Flammen auf; die „Nationalgarde" ist bis auf ihre letzten Spuren aus unserem öffentlichen Leben verschwunden; die am 15. März verheißene und am 25. April gegebene „Constitution" wurde durch die Wiener Mai-Demonstrationen ein für allemal zurückgewiesen; selbst die neue Verfassung, die der Wiener Reichstag den Völkern Österreichs zu bringen hatte, war vor October noch nicht einmal in den Abtheilungen desselben über die Berathung des Entwurfes der Grundrechte hinaus. Erst das Ministerium Schwarzenberg-Stadion, der Reichstag von Kremsier und der Thronwechsel in Olmütz bilden die Momente, von denen aus die Geschicke unseres Kaiserstaates in jenen Fluß geriethen, auf dessen Wogen sie noch heute dem noch unerreichten bergenden Hafen zusteuern. Aber jene Momente selbst, läßt sich ihr Herankommen, ihr Eintreten, ihr Arbeiten und Wirken nach Gebühr würdigen, wenn die österreichischen Zustände jener Tage nicht überall in Zusammenhang mit der allgemeinen Weltlage gebracht werden, in deren Umrahmung sie erst ihre rechte Stelle und Erklärung finden?

Von solchen Erwägungen festgehalten glaubte der Verfasser dem Beginn seiner eigentlichen Erzählung zweierlei vorausschicken zu müssen:

eine eingehende Klarstellung des Thatsächlichen jener Katastrophe, von deren Abschluß die Geschichte des heutigen Österreich ganz eigentlich anhebt: der Bezwingung der Revolution im Herzen der Monarchie; und

eine Übersicht der mit der allgemeinen Weltlage in unausgesetzter Verbindung befindlichen Zustände, Verhältnisse und Stimmungen der österreichischen Länder im Spätjahre 1848.

**

Jenes haben wir im erſten Bande zu liefern verſucht, dieſes wird uns gegenwärtig zu beſchäftigen haben. Es iſt allerdings ein Rüſtzeug von nicht geringem Umfang und Gewicht, das der Ver= faſſer ſeinen Leſer auf die Wanderung die er mit ihm anzutreten ſich anſchickt mitzunehmen nöthigt, und der Weg den er ihn führt nicht der kürzeſte. Allein derſelbe wird dafür, ſo läßt ſich hoffen, um ſo lohnender ſein, er wird um ſo verläßlicher zum Ziele führen. Auch hat ſich der Verfaſſer von dem Beſtreben leiten laſſen, den Stoff mit Sorgfalt auszuwählen und nichts aufzunehmen, was in dem Gewirre vielgeſtaltiger Thatſachen und Erſcheinungen, mit denen wir es zu thun bekommen werden, nicht in dieſer oder jener Hinſicht als erſprießlich für die Orientirung befunden werden möchte. Bei dem weiten Umkreiſe, innerhalb deſſen ſich ein ſo angelegtes Unternehmen zu bewegen hat, bei der Fülle von Namen und Daten, die es in ſein Bereich zu ziehen bemüßigt iſt, können ſich trotz der gewiſſenhafteſten Umſicht einzelne Irrungen oder „falſche Leſearten“ eingeſchlichen haben; in dieſer Hinſicht muß der Verfaſſer in vorhinein um geneigte Nachſicht bitten und wird ſich für jede ihm zukommende Berich= tigung zu beſonderem Danke verpflichtet fühlen.

Wenn nun aber jemand von der Ausdehnung dieſer zwei= theiligen „Expoſition“ auf einen kaum zu bewältigenden Umfang der folgenden Geſchichte ſchließen wollte, ſo würde er inſofern irre gehen, als gerade darum, weil der Grund ſo breit und möglichſt feſt gelegt wurde, die Erzählung ſelbſt dann um ſo un= aufgehaltener wird fortſchreiten können. Wie weit es dem Verfaſſer vergönnt ſein wird damit zu gelangen, iſt er allerdings nur im allgemeinen anzugeben im Stande. Er hat ſich die Darſtellung der Geſchichte des heutigen Öſterreich zu einer ſeiner Lebensauf= gaben gemacht und wird ſich derſelben ſo lange widmen, als ihm dazu Muße, körperliche Kraft und geiſtige Friſche gegeben ſein wer= den; muß er zuletzt den Griffel niederlegen, dann mag ihn, wenn es sich der Mühe verlohnt, ein anderer aufheben und weiter führen. Für's erste hat sich der Verfasser die Katastrophe von Világos und die Übergabe von Komorn als Ziel vorgesteckt, an das er mit drei weitern Bänden zu gelangen hofft. Dabei wolle nicht übersehen werden, daß gerade diese kein volles Jahr umfassende Spanne Zeit diejenige ist, wo sich Ereignisse von verschiedenstem Wesen und Gepräge am meisten drängen, während die darauf folgenden Jahre in ihrem ruhigeren und geregelten Verlaufe eine ungleich kürzere Behandlung zulassen werden.

Wie in seinem ersten Bande, so hat den Verfasser auch in diesem zweiten überall das Bemühen geleitet, die Zeit möglichst sich selbst darstellen zu lassen, und nur aus diesem ernstgemeinten Bemühen wolle man es erklären und entschuldigen, wenn der Text, vielleicht häufiger als es den Geboten der Stylmäßigkeit zusagt, mit Ausdrücken und wortgetreuen Stellen aus den von ihm benützten Schriften untermischt ist. Und so möge man auch in den gehäuften und zum Theile ausführlichen Anmerkungen kein eitles Prunken mit vielumfassender Belesenheit erblicken; es lag vielmehr nur die Absicht zu Grunde, durch fortwährende Hinweisung auf zeitgenössische Quellen jeden Schein zu vermeiden, als seien es nur persönliche Anschauungen und spätere Folgerungen des Verfassers, was er in die kennzeichnende Schilderung vergangener Tage hineintrage.

War diese Vorsicht früher geboten, so schien sie jetzt in erhöhtem Grade an ihrem Platze zu sein. Verschiedene Erwägungen bestimmten den Verfasser bei Veröffentlichung eines Werkes, dessen Inhalt mit dem drängenden Partei-Eifer des Tages in so mannigfache Berührung tritt, für's erste seinen Namen nicht in den Vordergrund zu stellen. Hievon kann nun unter Umständen nicht mehr die Rede sein, wo der Verfasser vor kurzem eine politische Schrift — „Rußland und Oesterreich"; Wien, Braumüller — erscheinen ließ, die manche Anklänge an in diesem zweiten Bande Enthaltenes enthält, ja Einzelnes aus letzterem sogar voraus weggenommen hat. Von Seiten der journalistischen Kritik wurde jener Schrift eine Deutung untergeschoben, die ihr nach ihrer Entstehung und Richtung durchaus fremd war: als habe man darin ein „Programm", einen „Beitrag zu der (damals in vollem Gang befindlichen) Adreß-Debatte" zu suchen, und ein und das andere der Blätter, denen das vermeintliche „Programm" nicht zu Gesichte stand, haben aus diesem Anlasse dem Verfasser die Ehre angethan, sich mit seiner Persönlichkeit in einem Grade zu beschäftigen, der sie den eigentlichen Inhalt der Brochure, um die es sich handelte, fast vergessen ließ. So geschmeichelt sich nun derselbe durch solche Aufmerksamkeit finden könnte, so möchte er doch recht sehr bitten, dem vorliegenden Buche gegenüber von einem ähnlichen Vorgang abzulassen. Er stellt diese Bitte um seines Buches willen, das er nicht im entferntesten als eine Partei-Schrift, als eine Tendenz-Publication, sondern einzig als das angesehen haben möchte was es ist: ein ernstes, mühevolles, von dem gewissenhaftesten Streben nach Objectivität durchdrungenes Geschichtswerk. Keineswegs stellt er sie um seiner selbst willen, als ob er Nachforschungen über seine politischen Antecedentien, über die Consequenz seiner Ansichten und Anschauungen, seiner Ziele und Bestrebungen irgendwie zu scheuen hätte. Im Gegentheile, in diesem Punkte kann der Verfasser jedem Rede stehen, dem Rede zu stehen er der Mühe werth und seiner würdig fände.

Wien, am 30. März 1870.

Übersicht des Inhalts.

Revolution und Reaction

im Spätjahre 1848.

So sehen wir den Staat, über dessen Schöpfungen der Sturm der Revolution dahinbraust, in seinen Grundvesten erschüttert, schwankend bastehen, scheinbar eine leichte Beute der zerstörenden Mächte; aber ein Blick hinter den Schleier der äußern Erscheinungen zeigt uns das Fortwirken der Kraft des Positiven, selbst in ihrer Gebundenheit durch die entgegenstrebenden Kräfte — und die Zukunft kann uns nicht schrecken; der Kampf zwar wird fortdauern, aber nur das Positive kann bestehen, das Negative hat keine selbständige Dauer, weil es an sich gar nichts ist, weil es nur existirt in Bezug auf das was es verneint.

C. Th. Grobbeck.

I.

Allgemeiner Gang und Charakter der mitteleuropäischen Bewegung des Jahres 1848.

Das Blut, das wir im Bürgerkrieg vergießen,
Wird durch Europas matte Adern fließen.
„Fränkischer Merkur" um die Mitte 1847.

1.

Die neuere Geschichte der mitteleuropäischen Länder bewegt sich in unaufhörlichen Gegensätzen. Fast immer, im staatlichen, im kirchlichen, im gesellschaftlichen Leben schwebt die eine Schale der Wage hoch oben, während die andere schwer hernieder drückt. Erfolgt dann eine Störung, so schnellt die letztere mit eins weit über alles Maß empor und sinkt die andere, in demselben Grade überlastet, unverhältnißmäßig tief hinab. Gleich oder nahezu gleich, wie es das vernünftige Ebenmaß verlangte, stehen sie fast nie. Was ist die Erklärung dieses eigenthümlichen Schauspiels?

„Du wirst sehen, mein Sohn," sagte vor mehr als zweihundert Jahren der Kanzler Oxenstjerna zu Jenem, den er als schwedischen Bevollmächtigten nach Deutschland sandte, „Du wirst sehen, mit wie wenig Weisheit die Welt regiert wird." Es ließen sich Bände als Commentar über diesen Satz schreiben: wir können nur wenige Zeilen daran wenden.

Staatsklugheit ist etwas anderes als Staatsweisheit. Es ist ein Unterschied: kenntnißreich und gescheidt, klug und gewandt sein, und:

1

weise sein. Gewiß hatten sich die Staaten Europas, seit Oxenstjerna in jenen kurzen Ausspruch das unerfreuliche Ergebniß seiner langjährigen staatsmännischen Erfahrung niederlegte, über Mangel an kenntnißreichen und gescheidten, an klugen und gewandten Lenkern ihrer Geschicke nicht zu beklagen. Es traten zeitweise Pausen ein, aber dafür kamen dann wieder Männer an die Spitze der Geschäfte, deren Wirken den hervorragendsten Erscheinungen im Bereiche der Staatsklugheit angereiht werden muß. Allein die Staatsweisheit, die der berühmte schwedische Kanzler meinte; jene Weisheit, die sich nicht damit begnügt, Kenntniß von allen Zuständen und Vorgängen zu haben, ihr Wesen mit klarem Blick zu durchdringen und den größtmöglichen Gewinn daraus zu ziehen, sondern die den berechnenden Blick über die Gunst oder Ungunst des Augenblickes in eine dauernde Zukunft richtet; die das Leben der Völker und Staaten nicht mit dem Maßstabe von Jahren und Jahrzehenten, sondern mit jenem von Jahrhunderten mißt; die nicht das vorübergehende Behagen des lebenden Geschlechtes, sondern das wachsende und erstarkende Heil kommender Generationen als Ziel vor Augen hat — diese Weisheit, sagen wir, muß denn doch nicht das vorwaltende Erbtheil jener Reihe vielbegabter Staatsmänner gewesen sein, weil sonst unmöglich die meisten Länder unseres Welttheiles aus dem Stadium der Anfänge und Versuche, und mitunter der sehr unglücklichen Versuche, noch immer nicht heraus wären. Insbesondere gilt diese Bemerkung von Oesterreich, dessen vielgliedriger Länderbestand doch lange kein Problem mehr ist, sondern eine concrete Realität von ausgesprochenem Gefüge und Gepräge; und insbesondere gilt sie weiter von jener Staatskunst, die seit den Jahren 1814 und 1815 nicht bloß in unserem Vaterlande, sondern in allen Ländern des europäischen Festlandes zur herrschenden geworden war.

Die langersehnte Befreiungsstunde hatte geschlagen. Der gewaltige Dränger und Bedrücker war zu Boden geworfen. Aber auch die Nation, aus deren Schoß er hervorgegangen und die ein Vierteljahrhundert hindurch erst mit den Häuptern, dann mit den Thronen von Königen gespielt, lag gedemüthigt zu den Füßen der Sieger. Nicht mehr von heute auf morgen waren die Tage der Staaten und Völker gezählt und nicht mehr waren Hab und Gut, Haus und Hof, Eigenthum und Erwerb des friedlichen Bürgers allen Wechselfällen bald hier bald dort drohender oder ausbrechender Kriege ausgesetzt. Nach einem Vierteljahrhundert fortwährender Ungewißheit, unausgesetzter Stürme und Auf

regungen durchdrang eine unnennbare Sehnsucht nach Ruhe und Erholung,
nach Sicherheit und festem Halt alle Schichten der Bevölkerung; und
diese Sehnsucht in ausreichendem Maße zu befriedigen, sahen fortan die
leitenden Staatsmänner des europäischen Festlandes als das wichtigste,
ja als das ausschließliche Ziel ihrer Bestrebungen an. „Die Länder sind
ausgesogen, die Bevölkerung ist gelichtet, die Cassen sind geleert, der
öffentliche Credit steht am Rande einer verhängnißvollen Katastrophe.
Es gilt mit der Vergangenheit abzurechnen und dann ein neues Dasein
zu begründen; es gilt den zerrütteten Wohlstand zu heben, den Erwerb
und die Künste des Friedens zu hegen; es gilt Bildung und Sitte zu
fördern, aber zugleich vor den Gefahren der Afterweisheit, der ver=
messentlichen Erkenntniß, des politisirenden Vorwitzes zu bewahren. Mö=
gen sie nie wiederkehren die Schreckenstage der Sansculottes, der
wüthenden Jacobiner, der bluttriefenden Guillotine, und mögen sie fern
von unsern Gränzen bleiben jene gleißnerischen Lehren, die zu so fluch=
würdigen Ereignissen geführt haben!"

Mit Vorsätzen und Verheißungen solcher Art wurde denn von
jenen, die am Webstuhle der Geschicke Europas saßen, die Friedenszeit
eingeleitet, die sie den Völkern des erschöpften Welttheils heilbringend
zu bieten hofften. Und in der That erfüllten sie, wie man glauben
mochte, in diesem Punkte ihre Aufgabe in der befriedigendsten Weise.
Die Erscheinungen, die seit Anfang der neunziger Jahre die Völker
geängstigt hatten, waren gebannt. Die „Schreckenstage" waren vorüber,
es gab keine „Sansculottes" und keine „Jacobiner" mehr, oder min=
destens es war von ihnen nichts wahrzunehmen; und was die „vermes=
sentliche Erkenntniß", den „politisirenden Vorwitz" betraf, so wurden die
sinnreichsten Veranstaltungen getroffen, diese bösen Keime neuer Beun=
ruhigung nicht zum Wachsthum, nicht zur Reife kommen zu lassen.
Doch — beschlich die Veranstalter der Congresse von Karlsbad, Trop=
pau, Laibach, Verona niemals die Ahnung, daß es, anstatt nur besorgt
zu sein die Revolution nieder zu halten, vielmehr darauf ankomme die
Anlässe zur Revolution fern zu halten? War unter all den Staats=
künstlern keiner, der sich die Frage stellte, ob den Forderungen, die sich
in der französischen Schreckenszeit so gewaltsamen Durchbruch verschafft,
nicht manches beachtenswerthe Moment zu Grunde liege? Kam keinem
der Gedanke, an die Stelle der bisherigen symptomatischen Behand=
lung dessen, was man als unruhigen Zeitgeist fürchtete, eine ätiolo=

1*

gifche von dem zu fetzen, was fich als mißvergnügter Zeitgeift mani=
feftirte? Wahrlich jene vielgenannten Congreffe werden in der Gefchichte
für immer als Mufter feltener Einmüthigkeit der Fürften und Regierungen
der meiften europäifchen Staaten, fie werden aber zugleich, bei dem beharr=
lichen Ueberhören und unerbittlichen Verweigern der vom Geifte der Zeit
mit Macht verlangten Umftaltungen, als Beifpiele unglaublicher Kurz=
fichtigkeit und Befangenheit derfelben daftehen.

Buckle zieht in feiner Einleitung zur „Gefchichte der Civilifation
in England" einen treffenden Vergleich zwifchen Ausbrüchen empörter
Volkswuth und Revolutionen in großem Styl. Die erfteren find Er=
fcheinungen örtlicher und zeitweiliger Erbitterung, die letzteren find Kund=
gebungen eines allgemeinen politifchen Dranges. Die einen haben un=
mittelbar widerfahrene Verletzung oder Ueberlaftung zum Ausgang, die
andern greifen weitverbreitete Mißftände und Mißverhältniffe in ihrer
Wurzel an. Jene find immer vom Uebel und ftiften nur Uebles, diefe
können, richtig verftanden und behandelt, von folgenreichem Nutzen fein.
Darum kann der Volks= und Menfchenfreund die erfteren nur beklagen,
die letzteren hingegen werden jederzeit dem denkenden Beobachter der welt=
lichen Gefchicke eine Quelle der Belehrung, und follen den weifen Lenkern
derfelben eine Schule reifer Erwägung und folgenreicher Entfchlüffe fein.
Allein eben in diefem Punkte offenbarte fich bei den Politikern der Re=
ftaurations=Periode ein verhängnißvoller Mangel. Sie verftanden es
nicht, die Ausbrüche roher Maffenbewegung, an denen die Zeit der
franzöfifchen Revolution von 1789 leider fo überreich war, von dem
tiefer liegenden Wefen einer Bewegung zu fondern, die nicht bloß durch
örtliche und zeitweilige Unzukömmlichkeiten, fondern durch einen tief=
greifenden Mißklang zwifchen jenem, was bislang beftanden hatte, und
dem, was ein geänderter Zeitgeift unabweisbar verlangte, hervorgerufen
war. Sie fahen nur die rothen Mützen wilder Schergen, die Freiheits=
bäume, um die beraufchte Rotten ihre bacchantifchen Tänze aufführten,
die Gefängniffe, die Profcriptions=Liften, die Guillotine, das klägliche
Ende zweier königlichen Märtyrer; aber fie fahen nicht, oder wollten
nicht fehen, daß all das, fo bedauerlich, fo verabfcheuungswürdig, fo
himmelfchreiend es fein mochte, nur äußere Erfcheinungen eines Uebels
waren, deffen Heilbedürftigkeit dadurch nur um fo unverkennbarer an die
Oberfläche trat; daß es nur zufällige Auftritte waren, im einzelnen Falle
in ihren Folgen unwiederbringlich und unfühnbar, im großen Ganzen

aber doch unwesentlich und vorübergehend, und die von selbst schwinden mußten, sowie die Gründe jenes allgemeinen Mißbehagens behoben waren, aus welchem eine der großartigsten Bewegungen im Völkerleben der Neuzeit entstanden war. Wir haben nicht nöthig, uns des breiteren über Dinge auszulassen, die allgemein bekannt und zugestanden sind. Einige Andeutungen werden genügen, um den Gedankengang weiter zu leiten. Einer der Hauptgründe jenes Unwillens, woraus die Umwälzung von 1789 ihren Ursprung herleitete, lag in den absolutistischen Verfassungs= verhältnissen Frankreichs, die sich, aus anderen Zuständen und Stim= mungen entsprungen, seither längst überlebt hatten. Aber die Politiker von 1814 und 1815 faßten die Sache in umgekehrtem Sinne auf, in= dem sie vorgaben, die Verfassungsverhältnisse, welche nach 1789 in Frankreich in freiheitlichem Geiste entstanden waren, hätten den gewalt= thätigen Umsturz, und was sich alles daran knüpfte, erst hervorgerufen. Mochte es nun sein, daß sie sich in der That überzeugt hielten, das ab= solutistische Regiment eigne sich für große Staaten am besten; die Ma= xime „alles für das Volk, nichts durch das Volk" sei die allein richtige; unter einem patriarchalischen Regierungs=Systeme befinde sich die Bevöl= kerung am behaglichsten und gedeihe am besten: was war ihre vereinzelte Ueberzeugung gegen die unter den Gebildeten und Höherstrebenden aller Länder sich immer weiter verbreitende gegentheilige Ansicht, die sich nicht länger unter der Vormundschaft einer kleinen Anzahl von Rathgebern der Krone gehalten wissen wollte, die Mitrathen und Mitthaten des Volkes verlangte, die sich endlich nach Entfesselung des Geistes von allen willkürlich beengenden Schranken, nach freier Bewegung in Angelegen= heiten von öffentlichem Interesse sehnte? Angenommen, daß die letztern Alle mit ihrer Ansicht irre gingen, jene Wenigeren mit ihrer Ueberzeugung auf rechtem Wege waren, so gibt es nun einmal im Staats= und Völkerleben Dinge, von denen der improvisirte Ausruf Mirabeau's gilt: „daß, wo alle Welt Unrecht hat, alle Welt wieder Recht hat, weil das größte Talent der öffentlichen Zustimmung bedarf, um über die Umstände zu triumphiren."

Was insbesondere Oesterreich betraf, so war allerdings von dem politischen Freiheitsdrang, der sich jenseits und vielfach auch diesseits des Rheins in so unzweideutiger Weise Luft gemacht, zu jener Zeit im all= gemeinen nicht viel wahrzunehmen und wurde sogar um dieses Umstan= des willen unser Vaterland von Regierungen und Staatsmännern, denen der Geist der Unruhe und des Widerspruchs in ihren Ländern unaus=

gesetzt zu schaffen machte, wahrhaft beneidet. Allein, war vorauszusetzen, daß es immer so bleiben werde? daß die künstlichen Mittel, durch die man diesen Zustand aufrechtzuhalten bemüht war, nicht zuletzt ihre Kraft verlieren würden? Mußte nicht im Gegentheile die politische Wahrschein- lichkeitsrechnung auf die Vermuthung leiten, daß das Verlangen nach freiheitlichen Formen und Einrichtungen, das sich in der Nachbarschaft mehr und mehr zur Geltung brachte, früher oder später auch in den österreichischen Ländern zu unverkennbarem Ausdrucke gelangen werde? Und war es, wenn sich diese Vermuthung oder, geben wir es im Geiste der damaligen Regierungskunst zu, diese Befürchtung nicht abweisen ließ, nicht vielmehr geboten, bei Zeiten die zweckmäßigste Befriedigung jenes Verlangens anzubahnen und dadurch einer gewaltsamen Erzwin- gung des Verlangten vorzubauen, anstatt, wie es leider thatsächlich bei uns geschah, selbst noch die kärglichen Ueberbleibsel communaler und repräsentativer Selbstbewegung, die sich aus vergangenen Zeiten erhalten hatten, mehr und mehr zu verkümmern?

Es war aber nicht bloß die Form des Regierens, die unter den Völkern allmälig sich steigernde Unzufriedenheit und Mißvergnügen gebar. Die „alles für das Volk“ zu wirken sich rühmten, versahen es nur zu häufig in der Sache sebst, aus mangelhafter Einsicht, aus Gleichgiltig- keit und Fahrlässigkeit, wohl auch aus selbstsüchtigem Bestreben der eige- nen Machterhaltung — „après nous le déluge“ —. Uncontrollirte Gewalt hat im Selbstgefühl ihres Könnens mehr oder minder ausgeartet, so lang die Weltgeschichte steht. Die plötzlich losgebundene Wuth der ersten französischen Revolution hatte allerdings in einer kurzen Spanne Zeit ein Uebermaß von Aufregung und Unordnung, von roher Gewalt und Grausamkeit, von Gräuel und Schrecken gehäuft, von denen sich das Auge jedes edler fühlenden Menschen mit Abscheu wegwendet. Aber jene unabsehbare Kette von Druck und Belastung, von Härte und Will- kür, von Mißbräuchen und Uebergriffen, die sich die ganze lange Zeit des Mittelalters und bis weit in die Neuzeit herabzog, sie wäre nichts? „Ihr weiset hin“, sagt ein neuerer französischer Schriftsteller, „auf die ewig beklagenswerthen Opfer des September: wir weisen hin auf jene der Albigenser, der St. Bartholomäus = Nacht, der Cevennen! Ihr zählt hundert der Zerstörung preisgegebene Schlösser auf: wir zählen die tausend Frohnden und Herrenrechte auf, die unter dem Schutze ihrer Mauern emporwucherten! Ihr entrüstet euch über die vorübergehende

Tyrannei zur Verzweiflung gebrachter Massen: wir entrüsten uns über
die jahrhundertlange Tyrannei der ehemaligen Zwingherren!" Die Re=
stauration von 1814 und 1815 hatte nun allerdings die früheren Uebel=
stände in ihrer vollen Blüthe nicht wieder aufkommen lassen: es gab
keine Raubritter und unterirdischen Burgverließe, kein Faustrecht und keine
Behme mehr; es schwanden selbst Zopf und Perrücke, diese mehr komischen
Symbole vom strömenden Leben der Völkergeschichte hinweggeschwemmter
Verhältnisse. Allein Reste mittelalterlicher Zustände bestanden noch fast
in aller Herren Ländern. In den höhern Regionen der Gesellschaft ent=
schlug man sich nicht ohne zwingende Noth dessen, was durch jahrhun=
dertlange Gewohnheit zur zweiten Natur geworden war. Der wider=
natürliche Satz, daß Macht vor Recht gehe, hatte auch in der Restau=
rationsperiode in kleinen und großen Dingen seine verführerische Kraft
nicht verloren. Die Regierenden zeigten sich nur zu häufig geneigt, ihnen
unbequeme Ansprüche und Gerechtsame dem unterzuordnen, was sie als
ersprießlich für ihre Zwecke zu erkennen glaubten. Unter dem betrüge=
rischen Vorwand der Staatswohlfahrt wurden die begründetsten Forde=
rungen ganzer Länder und Völker überhört, wurde unläugbaren Miß=
bräuchen der Stempel unantastbarer Berechtigung aufgedrückt, wurden
allgemeine Interessen von tiefer Bedeutung dem Scheine eitler Macht=
vollkommenheit zum Opfer gebracht.

So hatten denn die gewandten Politiker der Restauration und ihre
in dieser Schule aufgewachsenen Nachfolger allerdings den Erfolg einer
lang dauernden, nur zeitweise und örtlich unterbrochenen Friedens=Periode
für sich. Allein um so unerbittlicher strafte zuletzt das überwältigende
Hereinbrechen der Ereignisse von 1848, in fast allen Ländern des euro=
päischen Welttheiles, sie und ihre lang gerühmte Staatskunst Lügen.
Denn als in den Februar= und Märztagen die ersten Laute von
Freiheit ertönten, da war es nicht allein die ungezügelte Masse, da
waren es nicht bloß verschrobene Köpfe und um sturzsüchtige Störefriede,
da waren es all die besten und edelsten Elemente der Bevölkerung, die
das Fallen der beengenden Schranken, die Eröffnung einer neuen glück=
verheißenden Bahn mit freudigem Danke begrüßten. Das Licht der
Märzsonne hätte nicht so allgemein durchdringen, nicht so hell und er=
wärmend wirken können, wären nicht früher allenthalben die Nebel so
beklemmend, die Schatten so schwer und düster gewesen. Wie behaglich
sich Viele in der vorausgegangenen stillfriedlichen Zeit gefühlt haben

mochten, mit geringen Ausnahmen jauchzten Alle auf, als der belebende
Hauch des „Völker-Frühlings“ über sie hinfuhr und neue Kräfte, für
gesetzliche Freiheit und Völkerglück begeistert, auf allen Punkten rege
wurden. Die ausgezeichneten Rechenmeister der Restaurations-Periode, das
wurde jetzt klar, sie hatten die äußern Erscheinungen ihrer Zeit trefflich
zu benützen gewußt; sie hatten den Gefahren und dem Ungemach, aus
denen sie den Staat nach langem Ringen gerettet, gründlich abzuhelfen
verstanden. Allein was in späteren Tagen, wenn einmal das Behagen
wiedergewonnener Ruhe und Sicherheit in das Unbehagen politischer
Ohnmacht und geistiger Erschlaffung übergegangen sein würde, bei dem
leisesten Anstoß von außen kommen werde, kommen müsse, das hatten
sie nicht in ihren Calcul einbezogen! Sie hatten sich als klug und gewandt erwiesen, aber die köstlichere Gabe der für kommende Zeiten vor-
sorgenden Weisheit war ihnen nicht beschieden. Wann trifft es sich
im Lauf der Jahrhunderte, daß einem Volk das beneidenswerthe Glück
mehr als dreißigjährigen Friedens in den Schoß fällt? Und nun war
man auf den Punkt gekommen, sich sagen zu müssen, daß man diese
dreißig Friedensjahre, vom Standtpunkte staatsmännischer Voraussicht,
in unverantwortlicher Weise ungenützt hatte vorübergehen lassen!

Und mehr noch mußte man sich sagen!. Man hatte in unseliger
Verblendung selbst die Elemente herangezogen, die jetzt erbarmungslose
Vergeltung zu üben sich anschickten. Denn nur zu bald wurde man inne,
daß es nicht neue Kräfte waren, die mit einem Schlage kampfgerüstet
emportauchten, und daß es nicht gesetzliche Freiheit und Völkerglück war,
was sie anstrebten und brachten. Tief im Grunde unter der trügerischen
Ruhe und Glätte des Spiegels, da hatte es lange begonnen zu gähren,
und der anhaltende Druck, der beklemmende Gewahrsam hatte gefährliche
Stoffe gebildet, die jetzt, wie böse Wetter, mit verheerender Gewalt an
die Oberfläche traten. Man hatte drei Jahrzehnte hindurch von Staats-
wegen das, was bloß ersprießlich schien, über jenes gesetzt, was Recht
und Gebühr verlangten: man durfte sich jetzt nicht wundern, wenn die
Masse von Volkeswegen in derselben Weise vorzugehen gedachte. Man
hatte bei keinem Anlasse, wo die Leute mit Polizei und Soldaten unge-
bührlich umsprangen, verabsäumt, ihnen den Gesetzessinn des Briten,
den Constabler mit dem weißen Stäbchen, als mustergiltiges Exempel
vorzuhalten; aber man hatte nichts gethan, jenen beneidenswerthen Gesetzessinn des Briten im eigenen Volke heranzuziehen. Man hatte ihn

im Gegentheile durch ein Syſtem abſoluten Gebietens und Herrſchens
völlig untergraben und einen ſtumpfen Unterthänigkeitsſinn geſchaffen, der
nun, nachdem die Feſſeln geſprengt waren, um ſo unbändiger ausartete,
je demüthiger er ſich früher geberdet hatte. Auf ſolche Weiſe kam, was
nicht ausbleiben konnte: auf ein Aeußerſtes folgte das andere. Auf der
einen Seite trat Abſpannung an die Stelle früheren Ueberreizes, auf der
anderen Ueberſtürzung an die Stelle früheren Bannes.

Wir werden im Folgenden die Maſſe der Ereigniſſe, die in der
größeren Hälfte des Jahres 1848 in raſchem Wechſel einander ablöſten,
vor unſerem Blicke flüchtig vorübergleiten laſſen, um uns mit größerer
Aufmerkſamkeit jenen Zuſtänden und Begebenheiten zuzuwenden, die in
der Spätzeit dieſes denkwürdigen Jahres in nähere Beziehung zu der
Aufgabe traten, die wir uns insbeſondere geſtellt haben. Wir werden
uns überall bemüht zeigen, die überraſchend mannigfaltigen Erſcheinungen
auf ihren innern Zuſammenhang zurückzuführen und dadurch jenen ge=
ſchichtlich=urſächlichen Standpunkt zu gewinnen, der uns in die Lage ſetzen
ſoll, ein gemeinſames Schluß=Ergebniß daraus zu ziehen. Wir werden
dabei die Vorgänge in unſerem öſterreichiſchen Vaterlande nicht unberührt
laſſen, allein wir werden dieß eben nur ſo weit thun, als dieſelben mit
dem Gange der allgemeinen Bewegung in Verbindung ſtehen und als
Glieder jener großen, den ganzen Welttheil durchziehenden Kette erſcheinen,
die eben das charakteriſtiſche Merkmal des Völkerſturmes im J. 1848 war.

2.

Das Jahr 1848 begann ſeine ruheloſe Arbeit in aller Frühe. Den
Anfang machte Italien. Die geheime Partei in Mailand hatte gegen
Ende 1847 ein Verbot des Rauchens kaiſerlicher Cigarren und der Be=
nützung des k. k. Lotto erlaſſen. Darüber am 2. und 3. Jänner Gegen=
Demonſtrationen des Militärs, Straßenaufläufe, Balgereien, Verwun=
dungen. Um dieſelbe Zeit aufgeregte Stimmung in Venedig, Reform=
Vorſchläge Manin's, Club=Reden Tommaſeo's, am 18. Abführung der
Beiden in die Staatsgefängniſſe. Stürmiſcher geht es bereits im Süden
her. Am 12. Jänner Aufſtand in Palermo, Kampf mit den königlichen

Truppen, die am folgenden Tage zum Weichen gebracht werden; Unab-
hängigkeitserklärung der Insel, provisorische Regierung unter Ruggiero
Settimo und Andern, 17. Zu spät kommen die administrativen Zugeständnisse Ferdinand II. von Neapel, 18., die Verkündigung allgemeinen
Vergebens und Vergessens, 20. Lord Minto, der eifrige Schürer aus
England, winkt den Sicilianern aufmunternd zu. Schon regt es sich
auch auf dem neapolitanischen Festlande; am 27. tricolore Demonstrationen in der Hauptstadt, die Minister danken ab, der Herzog von Serra-
Capriola tritt an die Spitze der Geschäfte; der 29. bringt die Zusicherung
einer freiheitlichen Verfassung für beide Sicilien. Großer Jubel von
einem Ende Italiens zum andern, Tedeums, Freudenfeste, ausgelassene
Kundgebungen in Rom, in Livorno, in Genua, in Turin. Am 8. Februar
befolgt König Carlo Alberto von Sardinien das Beispiel seines neapolitanischen Schwagers; am 17. erhält auch Toscana eine Verfassung.
Mittlerweile wächst die Gährung im österreichischen Italien. Studenten-
Unruhen in Padua und Pavia, welche die Schließung der beiden Universitäten zur Folge haben; meuchlerische Angriffe gegen kaiserliche Officiere
in Mailand; Calabreserhüte und Aufreizungen des Militärs durch gebildeten
und ungebildeten Pöbel in Bergamo, bis sich der Erzherzog-Vicekönig
genöthigt sieht, das Standrecht im ganzen Königreiche zu verkündigen, 22.

An demselben Tage betritt die Revolution einen großartigeren Schauplatz jenseits des Rheins. Aus Anlaß eines für den 22. Februar von
der oppositionellen Partei angekündigten, aber von der Regierung unter-
sagten Reformbankets entsteht große Aufregung in Paris; Arbeiter und
junge Leute durchziehen, die Marseillaise singend und „Nieder mit Guizot!"
rufend, die Straßen; hin und wieder Barricaden, einzelne Scharmützel
zwischen Volk und Municipalgarde. Am 23. neue Barricaden; Guizot
vom König verabschiedet. Abends lärmende Huldigungen vor der Wohnung Marrast's, während ein von Lagrange geführter Haufe unter Vor-
tragung der rothen Fahne bei Fackelschein gegen das Hotel des Ministeriums des Aeußern zieht; Zusammenstoß mit dem dort aufgestellten
Militär, Schüsse; der Haufe stäubt auseinander, die Leichname der Gefallenen mit Racheschwüren durch die Straßen führend. Am nächsten
Tage Paris in vollem Aufstand; Kämpfe, Gemetzel, Blut an allen Orten.
Marschall Bugeaud wird von der rathlosen Hofpartei genöthigt, den königlichen Truppen das Feuern zu verbieten; jetzt drehen viele Soldaten
die Gewehrkolben um, wechseln Brudergrüße mit dem Volke. Ludwig

Philipp dankt zu Gunsten des Grafen von Paris ab. „Es ist zu spät", schallt es aus den Reihen der Aufständischen zurück. „Die Abdankung ist nicht genug", ruft Lagrange, „die ganze Dynastie muß weg!" Flucht der königlichen Familie, Uiberfluthung der Tuilerien von der Meute, die sich in den Prunksälen einrichtet, Küche und Keller in Beschlag nimmt. Die Herzogin von Orleans erscheint mit ihren beiden Prinzen in der Deputirtenkammer; doch auch dahin dringen wilde Haufen; mit Mühe wird die Herzogin mit dem Grafen von Paris aus dem Saale gerettet, während der kleine Herzog von Chartres Gefahr lauft von den Füßen der Menge zertreten zu werden.

Einsetzung einer provisorischen Regierung: Dupont de l'Eure, Lamartine, Arago, Marie, Garnier=Pagès, Ledru=Rollin, Cremieux. Am 25. Gegenbestrebungen der communistischen und socialistischen Fractionen, deren Häupter Louis Blanc, Marrast, Bastide sich im Hotel de Ville einrichten, umschwärmt und umtobt von einer wüsten Menge, die alle Räume des Gebäudes, den Hof, den Platz, die umliegenden Straßen erfüllt. Der Gefahr trotzend erscheint Lamartine in diesem wilden Durcheinander, bricht sich über Leichen und todte Pferde, die man absichtlich in seinen Weg gelegt, Bahn auf den Balcon des Stadthauses, hält eine schwungvolle Rede „gegen die rothe Fahne" und preßt denselben Leuten Beifallsbezeigungen und Liebkosungen ab, die es kurz vorher auf seinen Sturz abgesehen hatten. Nun wird die provisorische Regierung in Paris und in ganz Frankreich anerkannt, Bugeaud stellt ihr seinen Degen zur Verfügung, der Herzog von Aumale, Generalgouverneur von Algier, legt seinen Oberbefehl in die Hände Changarnier's nieder. „Freiheit, Gleichheit, Brüderlichkeit" prangt an allen Orten, „National=Eigenthum" auf allen öffentlichen Gebäuden, die Göttin der Freiheit mit der phrygischen Mütze auf dem Haupt, Schild und Lanze in den Händen, auf den neuen Münzen. Jeder ist „Citoyen", die Blouse verdrängt den Frack oder — überdeckt ihn doch. Alle politischen Gefangenen sind ihrer Freiheit wiedergegeben, die Todesstrafe auf politische Verbrechen wird abgeschafft, die Schuldenhaft aufgehoben. Die Männer des Tagewerkes erhalten „Gewährleistung der Arbeit", Abkürzung der Arbeitszeit und Erhöhung des Lohnes; National=Werkstätten werden errichtet. Louis Blanc beginnt mit den Arbeitern, Mr. Albert an der Spitze, im Hotel Luxembourg die sociale Frage zu „studiren", Cabet und Raspail, Barbès und Blanqui schüren in den Clubs gegen die „Ausbeutung des Menschen durch den

ganz Italien ertönt jetzt das Kriegsgeschrei gegen Oesterreich, dessen kaiserliches Wappen in Neapel vom Gesandtschaftshotel herabgerissen wird, 25. März, worauf der österreichische Gesandte Fürst Felix Schwarzenberg, dem der bedrängte König keine Genugthuung verschaffen kann, Stadt und Land verläßt, 28.

Unmittelbar auf die Wiener Märzwoche 12.--17. folgte jene von Berlin. Am 18. blutiger Zusammenstoß zwischen Civil und Militär; zahlreiche Barricaden erheben sich in allen Stadttheilen, Gewehrfeuer, Kanonendonner, Geschrei der Kämpfenden hallen sieben Stunden lang durch die angstvoll erregte Stadt. Am 19 Proclamation Friedrich Wilhelm IV. an die Berliner, Entfernung des Militärs aus der Stadt, Volksbewaffnung, Ministerium Arnim-Schwerin-Auerswald, schwarz-roth-goldene Banner und Cocarden „und jeder raucht seine Cigarre auf der Straße." Am 20. Freilassung der gefangenen Polen, die im Triumph durch die Straßen der Hauptstadt gezogen werden, während sich am selben Tage in Posen ein polnisches National-Comité bildet. Am 21. Königsritt durch die Straßen: „Preußen geht in Deutschland auf." Am 22. feierliche Bestattung der Gefallenen. Am 24. ordnet eine königliche Cabinetsordre abgesonderte politische Verwaltung für Posen an, und alsbald tönt Kriegsgeschrei gegen Rußland von einem Ende Deutschlands zum andern.

Doch in diesem Punkte kommt das deutsche Nationalgefühl mit dem deutschen Gerechtigkeitssinne in Widerstreit, bis zuletzt jenes zum Abbruch des letztern die Oberhand behält. Das von dem Heidelberger Siebener-Ausschusse einberufene Vor-Parlament zu Frankfurt a. M., 31. März, spricht seinen Abscheu über die Theilung Polens aus, verhehlt aber gleichzeitig nicht das Gelüste der Einverleibung des Großherzogthums Posen, weil in dessen Umfange 400.000 Deutsche siedeln, und erklärt darum die posener Frage für eine offene. Ohne Zaudern dagegen schlägt es, obgleich die Hälfte der Einwohner dänischen Blutes ist, Schleswig zum deutschen Bundesgebiete. [1]) Auf solche Art beginnt die vorläufige Constituirung Deutschlands mit einer stillschweigenden Kriegserklärung nach zwei Seiten: von der einen greifen die Polen, die sich um die ihnen im ersten Freiheitstaumel gemachten Zusicherungen so rasch betrogen sehen, zu den Waffen und nöthigen die preußische Regierung zu militärischen Gegenmaßregeln; von der andern gewinnt in Kopenhagen die dänisch-nationale Partei die Oberhand, dänische Truppen brechen nach dem Süden auf, während sich die deutschen in den aufständischen Herzogthümern unter die Befehle der proviſoriſchen Regierung ſtellen, täglich wachſende Freiſchaaren und Zuläufe aus Deutſchland unter die Waffen treten und eine preußiſche Heeresabtheilung das Holſteiniſche beſetzt.

Mittlerweile war die von Frankreich ausgegangene Bewegung auch in den übrigen europäiſchen Ländern nicht ohne Folgen geblieben, und Aufregung, Unruhen, Aufſtände gab es auf allen Punkten. Unter die Pariſer Freiheitsrufe hatte ſich gleich in den erſten Tagen ein Feldgeſchrei gegen die mit den einheimiſchen Franzoſen im Broderwerb concurrirenden Engländer erhoben; franzöſiſche Herrſchaften mußten ihre transcanaliſchen Bedienten, Portiere, Jockeys, franzöſiſche Fabrikanten ihre britiſchen Werk= führer und Arbeiter aus dem Dienſt entlaſſen. Aus Rouen und andern Induſtrie=Orten ſtrömten zahlreiche Schaaren brodlos gewordener Briten in ihr Heimatland zurück; freigebige Geldſpenden, mit den Beiträgen der Königin und des Prinzen Albert an der Spitze, ſuchten der augenblick= lichen Noth zu ſteuern und der Gefahr vorzubeugen, daß durch dieſen unwillkommenen Zuwachs dem ohnehin weit verbreiteten Pauperismus neue Elemente zugeführt würden. Aber das Eindringen revolutionärer Zündſtoffe ließ ſich nicht gänzlich abhalten. Am 6.—8. März fanden Unfüge auf dem Trafalgarſquare und am Strand zu London ſtatt; Haufen Geſindels, die ſich ein Brett mit der Aufſchrift „Glorreiche Re= volution" vorantragen ließen, zogen lärmend durch die Straßen. In Glasgow richteten mehrere tauſend brodlos gewordene Arbeiter Zerſtörungen an, erſtürmten Bäckerläden, errichteten Barricaden, ließen die franzöſiſche Republik hochleben; es kam zu Straßenkämpfen mit dem Militär, die nicht ohne bedauerliche Folgen blieben Auch in Edinburg und Mancheſter gab es Ruheſtörungen, wildes Geſchrei und Getümmel, Zertrümmerung von Fenſtern und Laternen. In Birmingham und Nottingham fanden Meetings der Chartiſten ſtatt, wobei es an aufreizenden Reden und heftigen Scenen nicht fehlte. Gleichzeitig regte es ſich in Irland. Der jüngere O'Connell erſchien wieder auf dem Schauplatz, kündigte ſich als „Ober=Pacificator von Irland" an und ſuchte die Repeal=Bewegung im Geiſte ſeines Vaters im Geleiſe von Ruhe und Geſetzlichkeit zu erhalten. Allein Smith O'Brien, das Haupt von Jung=Irland, John Mitchell und Meagher gingen weiter, veranſtalteten öffentliche Verſammlungen, drangen auf gewaltſame Befreiung und Losreißung von England. Ein Monſtre=Meeting unter freiem Himmel bei Dublin votirte der provi=

sorischen Regierung Frankreichs eine Glückwunsch = Adresse, 20. März. „Nichts mehr von Königen und Königinen", rief Mitchell am 23. Abends in der Musikhalle, „ich werde nicht ruhen und rasten, bis ich in Irland eine freie Republik gegründet sehe." Die Londoner Regierung erließ Verhaftsbefehle gegen die Drei und sandte Truppenverstärkungen auf die grüne Insel.

Die beiden niederländischen Regierungen zeigten sich von dem Be= streben beseelt, den Wünschen ihrer Länder durch rechtzeitige Gewährungen entgegen zu kommen. Am 9. März kam den holländischen Generalstaaten eine königliche Botschaft zu, die einige Aenderungen im Grundgesetz vor= schlug. Als die öffentliche Meinung dadurch nicht befriedigt schien, allent= halben Petitionen in weitergehender Richtung vorbereitet wurden, beeilte sich Wilhelm II. sein Ministerium zu entlassen und aus den Reihen der Opposition einen Ausschuß niederzusetzen, dem die Berathung einer durchgängigen Umstaltung der Verfassungsgrundlagen anheimgegeben wurde. In Belgien hatte man schon vor Ausbruch der Februar=Revolution eine Reihe politischer Reformen in Angriff genommen; Regierung und Kammer befanden sich im besten Einklang. Dennoch ließ sich nicht verhindern, daß die französische Erschütterung ihre gewaltigen Wellenschläge in das Nachbarland fortpflanzte. Flüchtlinge aus den vom Sturm heimgesuchten Gegenden Frankreichs überschwemmten die belgischen Städte; aber auch Sendlinge der neuen Heilslehre und allerhand Gesindel aus Frankreich und Deutschland schlichen sich mit gefährlichen Absichten über die Gränze, während in Paris unter den Augen der provisorischen Regierung eine „belgische Legion" zur Revolutionirung des Landes geworben wurde. Eine Anzahl Strolche aus Deutschland, die in den Straßen von Brüssel die Republik ausrufen wollten, wurden von Polizeimännern beim Kragen gepackt und unter dem höhnischen Beifall der Menge abgeführt, mehrere Fremde von verdächtiger Haltung aus Stadt und Land gewiesen. Größere Gefahr drohte von den einheimischen unteren Classen, deren Noth durch das plötzliche Einstellen alles Aufwandes von Seite der Reichen und die dadurch herbeigeführte Stockung der Geschäfte nur erhöht wurde. Am 14. März gab es Unruhen in Gent, die sich zuletzt in einen Angriff gegen die Jesuiten zuspitzten. Tags darauf regten sich die Arbeiter in Brüssel; ein begütigender Bescheid aus dem Palaste des Königs brachte sie vor= läufig zur Ruhe. Schon zeigten sich aber die ersten Freischaaren an der französischen Gränze. Zwar wurde der Eisenbahnzug, der sie in's Land

2

bringen ſollte, in Quievrain von belgiſchen Truppen in Empfang genommen, worauf alles, was nicht ſchnell eingefangen werden konnte, ſein
Heil in der Flucht ſuchte. Doch blieb der mißlungene Verſuch nicht ohne
Nachwirkung und Nachahmung. In der Nacht vom 26. zum 27. ſtörten
lärmende Haufen, die Marſeillaiſe ſingend, die nächtliche Ruhe der Hauptſtadt, und bereits näherte ſich ein zweiter ſtärkerer Zug republicaniſcher
Freibeuter der Gränze des Landes. Einer Schaar von 2000 Köpfen
boten nicht ganz 300 königliche Soldaten bei Risquonstout in der Nähe
von Mouscron die Spitze, 29. März, und es koſtete einen mehrſtündigen
Kampf, ehe die Bande, von der einige fielen, mehrere in Gefangenſchaft
geriethen, zerſtreut wurde.

Von der Bewegung in Kopenhagen, die ein entſchieden nationales
(ſ. g. Caſino=) Miniſterium an die Spitze der Geſchäfte brachte, war
ſchon die Rede; aber auch das ſtammverwandte Schweden blieb von der
um ſich greifenden Aufregung nicht verſchont. Am 11. März berief König
Oskar, um derſelben die Spitze zu brechen, die Mitglieder des ſtändiſchen
Conſtitutions=Ausſchuſſes und forderte ſie auf, Vorſchläge zu entwerfen,
die allen billigen Forderungen der Nation gerecht würden. Die ge-
wünſchte Befriedigung trat nicht allſogleich ein. Ein großes Reformbanket
in Stockholm, 18., warf gefährliche Zündſtoffe unter die Maſſen; es
kam zu Straßenaufläufen, zu Tumult und Fenſtereinwürfen; das ein-
ſchreitende Militär wurde mit Steinen empfangen, Schüſſe fielen. Der
Aufruhr wurde erſt am nächſten Tage vollends bezwungen, nachdem
einige Perſonen vom Civil gefallen, einige verwundet waren. Die Bewegungspartei ſtellte darum ihre Arbeit nicht ein. Die Freunde der
Verfaſſungs=Reform einigten ſich in Clubs mit mehr oder minder weit-
gehenden Programmen, ſammelten Unterſchriften für Adreſſen, bereiteten
einen Petitions=Sturm an den König vor.

Im Südweſten Europas begann es auf der iberiſchen Halbinſel zu
gähren. In einzelnen Orten Spaniens, wie im Städtchen Marbella,
Provinz Malaga, wurde die Republik ausgerufen; die Partei der
Ayacuchos, die Espartero an die Spitze bringen wollte, ſchürte im Lande.
Am 26. März brachen Pöbelhaufen in Madrid in den Ruf „Muera la
Reina“ aus, eine Abtheilung Gensdarmerie gab Feuer; Barricaden er-
hoben ſich, ein erbitterter Straßenkampf währte bis drei Uhr Morgens.
Erſt am 28. war der Aufſtand vollſtändig bezwungen. Viele bekannte
und höher geſtellte Perſönlichkeiten entzogen ſich durch Flucht der ihnen

drohenden Verfolgung. Der General-Capitän von Madrid erklärte den Belagerungszustand, zahlreiche Verhaftungen wurden auf Befehl Narvaez' vorgenommen.

Minder gewaltthätig, doch nicht weniger unruhig, zeigte sich der Südosten unseres Welttheils. Auf den jonischen Inseln regten sich lang-gehegte Wünsche. Eine Anzahl der angesehensten Männer von Korfu sammelte Unterschriften für eine Adresse, worin sie Erfüllung dessen verlangten, was ihnen durch die Wiener und Pariser Verträge von 1815 verheißen worden war. In Kephalonia und Zante ging man weiter; die Adresse wurde zu zahm befunden und öffentlich verbrannt, Befreiung von der britischen Schutzhoheit war das Losungswort. In Griechenland konnte König Otto ernsteren Gefahren nur durch schleunige Verabschie-dung des Ministeriums Kolettis vorbeugen. Doch gab sich damit die öffentliche Meinung nicht gänzlich zufrieden. In den Kammern wurde eine Anklage gegen die abgetretenen Räthe der Krone, namentlich jenen für das Innere, Rigas Palamides, vorbereitet. An verschiedenen Punkten des Landes bildeten sich bewaffnete Schaaren; in Phthiotis tauchte der gefürchtete Velentzas auf, demagogische Umtriebe bedrohten die Ruhe von Korinth. Auch in den türkischen Donauländern griffen die aus dem Westen importirten Ideen, von der in Paris geschulten rumänischen Jugend gehegt und verbreitet, immer weiter um sich. In Galatz fanden die Behörden offenen Widerstand; Fürst Bibesco in Bukarest wurde mit Petitionen um Reformen bestürmt. In Konstantinopel wurde man über diese Vorgänge besorgt und sandte Truppen gegen Norden. Doch in der Hauptstadt der Osmanlis selbst war keine Ruhe; die Entdeckung einer geheimen Verschwörung hatte die Folge, daß mehrere Ulemas um einen Kopf kürzer gemacht wurden. Bis nach Aegypten hinüber pflanzte sich das Revolutions-Fieber fort, und der greise Mehemed Ali erlebte noch am Ende seiner Tage einen Aufstandsversuch; die Führer fangen, hängen, köpfen, war der Geschäftsgang, womit die Sache erledigt wurde.

3.

Von allen europäischen Staaten war es allein der russische, der von dem durch den ganzen Welttheil zuckenden Fieber völlig unberührt schien. Es war das eine bezeichnende Thatsache. Nicht als ob es in dem weiten Zaren-Reiche an mancherlei Anlässen zu Unzufriedenheit und Neuerungsgelüsten fehlte; im Gegentheile, solcher Anlässe gab es vielleicht in keinem andern Theile Europas so viele und so dringende als gerade da. Allein es hat sich in der Geschichte Rußlands wiederholt gezeigt — und darin besteht die unüberwindliche Kraft dieses großen Reiches — daß, so oft ernste Krisen die Sicherheit und den Bestand desselben bedrohen, das Gefühl der gemeinsamen Gefahr alle andern Wünsche und Bestrebungen derart in den Hintergrund drängt und allem, was von oben zur Abwendung derselben angeordnet wird, eine solche Einmüthigkeit und Opferwilligkeit der Bevölkerung entgegenkommt, daß dagegen, wenn nicht außerordentliche Umstände hinzutreten, selbst die in einem der wichtigsten Bestandtheile des Kaiserstaates, im Königreiche Polen, weitverbreitete, dauernde und tiefgewurzelte Abneigung gegen das russische Regiment und Wesen nichts auszurichten vermag.

Daß im Jahre 1848 solche außerordentliche Umstände hinzutraten, mußte die Gewandtheit des Cabinets von St. Petersburg sorgsam zu verhüten. Es warf Deutschland, von wo zunächst erbitterter Angriff drohte, den Atalanta-Apfel der Einverleibung Posens hin und verhinderte es dadurch, den anfänglichen Kriegsruf der „Gerechtigkeit für Polen" unter Umständen festzuhalten, wo man in Berlin und Frankfurt selbst sich anschickte, eine neue Ungerechtigkeit gegen Polen zu begehen. Die dadurch gewonnene Zeit benützte Rußland, die umfassendsten Vorsichtsmaßregeln zu treffen, um dem Sturme, der über das ganze übrige Europa hinbrauste, an seinen Marken Stillstand zu gebieten. Auf die ersten beunruhigenden Nachrichten aus Paris wurden die westlichen Gränzen des Reiches hermetisch abgesperrt, die auswärts weilenden Russen heimberufen, Kaufleuten, für die man sonst immer Ausnahmen gelten ließ, Pässe in's Ausland verweigert, sogar der mündliche Verkehr an den Zollschranken nur aus angemessener Entfernung und in russischer Sprache gestattet. Alle Theile des Königreichs Polen füllten sich mit Truppen, die aus dem Innern des Reiches fortwährenden Nachschub erhielten; die Festungen des Landes wurden in Vertheidigungsstand gesetzt, die Warschauer Citadelle durch ein detachirtes Fort verstärkt, der Brückenkopf von neuem befestigt. Der Militär-Gouverneur von Warschau, Fürst Gorčakow, hielt seine eiserne Faust über der zitternden Stadt, der Fürst-Statthalter Paskiewicz drohte in einer Proclamation, bei dem geringsten

Verſuch eines Aufſtandes Warſchau in einen Aſchenhaufen zu verwandeln, über dem ſich nur die Galgen für die Unruhſtifter erheben würden. Den polniſchen Zeitungen wurde die ſtrengſte Zurückhaltung auferlegt; erſt nach langem Zögern erhielten ſie die Erlaubniß, ihren Leſern mitzutheilen: „König Ludwig Philipp habe ſich aus Geſundheitsrückſichten in die Bäder von Brighton begeben; in ſeiner Abweſenheit habe es in Paris einen kleinen Volksauflauf gegeben, der jedoch bald unterdrückt werden ſei.“ Seinen Ruſſen aber verkündete der Zar „die revolutionäre Peſt“, von der Europa überſchwemmt; „wir ſind bereit“, rief er ihnen zu, „dem Feinde die Spitze zu bieten, überall wo wir ihm begegnen; wir werden kein Opfer ſcheuen, die Ehre des ruſſiſchen Namens und der Unverletz= lichkeit ſeines Gebietes zu vertheidigen“, $\frac{26.\ März}{4.\ April.}$

Das kaiſerliche Manifeſt rief allenthalben jenſeits der Gränzen Rußlands eben ſo große Entrüſtung hervor, als es innerhalb derſelben begeiſterten Wiederhall fand. Die wegen der Cholera in’s Stocken ge= rathene Recrutirung wurde mit verdoppeltem Eifer zu Ende geführt, die Urlauber beeilten ſich auf den Ruf des Kaiſers bei ihren Regimentern einzurücken, die ruſſiſche Kaufmannſchaft bot eine Beiſteuer von 5,000.000 Rubeln an wie in den Zeiten der größten Gefahr für das Reich. Außer den im Königreich Polen aufgeſtellten Truppen, deren Kanonen ihre Läufe gegen das Poſen’ſche richteten, wurden 150.000 Mann in Marſch geſetzt, um ſich in der ganzen Breite von Kurland bis Podolien am rechten Ufer des Bug aufzuſtellen. Hinter dem Niemen ſammelten ſich weitere 100.000 Mann als Reſerve, während gleichzeitig die in Beſſara= bien aufgeſtellte Heeresabtheilung Verſtärkungen erhielt.

Außer Rußland blieb, wie wir im vorigen Abſchnitte geſehen, eine ſtärkere oder ſchwächere Erſchütterung in keinem der europäiſchen Länder ganz aus; gab es doch in den geſellſchaftlichen oder ſtaatlichen Einrich= tungen eines jeden derſelben irgend etwas, was auf ſchwächeren Füßen ſtand und was darum, bei dem gewaltigen von Frankreich ausgegangenen Stoße, in ſich zuſammenſtürzen oder doch in’s Schwanken gerathen mußte. Doch ein großer Unterſchied zeigte ſich darin, wie ſich die Dinge weiter entwickelten. Denn in einigen Staaten war die Erſchütterung eine bloß theilweiſe und vorübergehende, und es gab ſich dabei in bei= ſpielsvoller Weiſe kund, wie ſehr im Grunde Volk und Regierung mit einander in Einklang standen und dadurch im Stande waren, in kürzester Frist die Gefahren zu beseitigen, unter deren allseitigem Hereinbrechen in den Nachbarländern alles aus den Fugen zu gehen schien.

Das war namentlich in dem jüngsten der europäischen Staaten= gebilde, in Belgien, der Fall. Als da bekannt wurde, daß König Leopold, unmittelbar nach dem Sturze der verschwägerten Herrscherfamilie von Frankreich, im Ministerrathe die Erklärung abgegeben habe, dem Nationalwillen, falls dieser auf eine Aenderung der Regierungsform hinausgehe, nicht hindernd im Wege bleiben zu wollen, antwortete ihm der begeisterte Zuruf der Nation, daß er mit ihr ausharren möge in festem Bunde wie bisher. „Unabhängigkeit und Nationalität" war das allgemeine Losungswort. Die inneren Factionen stellten ihren Hader ein, jeder Unterschied zwischen Kirchlichen und Liberalen schien geschwunden zu sein. „Aller Parteigeist ist beiseite gelegt", schrieb man aus Brüssel am 3. März, „und die Einigkeit so groß, daß einzelne Oppositions= journale sogar aufgehört haben zu erscheinen, um jeden Anlaß zu Zwistigkeiten zu entfernen." Und zwei Tage später: „Nie war die Krone von höherer Achtung umgeben als jetzt, nie ein Ministerium populärer als das gegenwärtige." Von den Kammern wurde fast einstimmig die beantragte Kriegsbereitschaft bewilligt, eine außerordentliche Geldhilfe der Regierung zur Verfügung gestellt. Nach den beiden verunglückten Ein= fällen revolutionärer Freischaaren aus Frankreich legte der einzige Re= publicaner in der Repräsentanten=Kammer, Castiau, sein Mandat nieder, da er wahrgenommen, welchen Empfang die Landbevölkerung seines Be= zirks eben jenen Freischaaren bereitet hatte. Ein Arbeiteraufstand, der noch zu Anfang Juni, am 5., in Anderlecht bei Brüssel ausbrach, wurde nach einigen Schüssen der Gensdarmerie bewältigt. Wie wenn alles rings herum im tiefsten Frieden wäre, setzte der gesetzgebende Körper seine schon vordem begonnenen Berathungen über die Wahl=Reform fort, und als der König gewahr wurde, daß sich die Mehrheit desselben mit den Wünschen der Bevölkerung nicht im Einklange befinde, konnte er die Kammern ruhig auflösen, 27. Mai, neue Wahlen ausschreiben und die am 26. Juni wieder zusammentretende Volksvertretung mit einer Rede eröffnen, worin er seinen Stolz und seinen Dank über die Haltung des Landes aussprach, die internationalen Verhältnisse als „nach allen Seiten ungetrübt" und insbesondere die Beziehungen zu Frankreich als „auf gegen= seitiges Wohlwollen gegründet" darstellte. In der ersten Hälfte August

begannen die Affiffen die gerichtliche Untersuchung über die eingefangenen
Freischärler vom 29. März; alle Verfuche, den Pöbel von Antwerpen zu
einer Störung der Verhandlungen aufzuregen, blieben fruchtlos, und nach
achtzehntägigen in größter Ordnung gepflogenen Debatten fprach der Ge=
richtshof unter dem Beifall des ganzen Landes fiebenzehn Theilnehmer an
der Affaire von Risquonstout des Hochverrathes fchuldig. In den Tagen
vom 23. bis 26. September feierte Belgien wie alljährlich das Wiegenfeft
feiner Freiheit und Selbftändigkeit; ein Ackerbau= und ein Lehrertag
wurden zur felben Zeit abgehalten, wo es in dem benachbarten Deutfchland
allerorts Emeuten und Barricaden gab; und während das ganze übrige
Mitteleuropa von Musketenfeuer und Kanonendonner wiederhallte, hielt
in Brüffel die englifch=amerikanifche Gefellfchaft der Friedensfreunde ihren
zweiten Congreß ab. Ende November fchrieb man aus Valenciennes:
„Brüffel gewinnt in diefem Momente alles, was Paris verliert. Die
reifenden Engländer, der Adel von Wien und Berlin, die reichen Müffig=
gänger Europas fcheinen fich in Belgiens friedlicher Hauptstadt ein
Rendezvous gegeben zu haben. Alle Gafthäufer find derart überfüllt,
daß fie keinen Fremden mehr aufnehmen können" 2c. Mit einem Worte,
Belgien bot inmitten der Erfchütterungen des Jahres 1848 ein wohl=
thuendes Bild, was ein Land vermöge, wo ein einfichtsvolles Volk und
ein weifer Herrfcher mit einander gehen.

Im benachbarten Holland zog fich die zu Anfang März begonnene
Bewegung wegen Aenderungen in der Verfaffung durch den größeren
Theil des Jahres hin. Aber fie nahm keinen andern Gang, als fie in
allfeits ruhigen Zeiten würde genommen haben. Am 10. September
gingen alle bezüglichen Gefetzentwürfe in der erften Kammer durch und
in der Abendfitzung der doppelten Kammer am 7. October kam die
Umftaltung des Grundgefetzes zu erwünfchtem Abfchluffe.

Einen ähnlichen Verlauf hatten die Dinge in Schweden. Am 19.
April legte eine Deputation der Reform=Freunde ihre Petition in die
Hände des Königs; am 2. Mai gab die Regierung ihren Vorfchlag
einer neuen Reichstagsordnung den Ständen zur Berathung, am 17.
genehmigte der Verfaffungsausfchuß denfelben in allen Punkten.

Auch das ftammverwandte Dänemark mochte der Entwicklung der
Dinge im übrigen Europa mit Ruhe zufehen, wenn nicht feine füdlichen
Gebietstheile von deutfchen Kriegsfchaaren überfluthet waren. Auf die
Nachricht von diefem Gewaltfchritte gerieth der nationale Geift in den

drei scandinavischen Reichen in heftige Gährung.   Die Universitäts-
Jugend von Lund und von Upsala erklärte sich bereit, in das Frei-Corps
der dänischen Studenten einzutreten, und stellte die Bitte in Waffen
geübt zu werden.   Zahlreiche schwedische Officiere erhielten Erlaubniß in
dänischen Reihen zu dienen.   In den Tagen vom 7. bis 10. Juni kam
der Dänenkönig in Helm und Panzer, gleich Hamlet's Vater „geharnischt
von dem Scheitel bis zur Zeh'", nach Malmö hinüber, wo ihn König
Oskar von seinen Söhnen umgeben mit Brudergruß empfing und auf
kriegerische Beihilfe vertröstete.   Nun wurden die schwedischen Festungen
Waxholm und Karlsten in Vertheidigungsstand gesetzt; schwedische Heeres-
abtheilungen sammelten sich bei Malmö, bei Landskrona, setzten auf Fünen
hinüber; Admiral Gyllengranat kreuzte in der Ostsee.   Doch der schwedische Reichstag bezeigte keine Lust, sich in einen langwierigen und kostspieligen Krieg mit Deutschland einzulassen; der König, der vorherrschenden
Stimmung des Landes nachgebend, legte seiner Kampflust Zügel an
und alles trat wieder in den Zustand gewohnten Friedens zurück.

Zu den Ländern, wo die Ruhe in Folge der allgemeinen Bewegung
zwar nicht völlig ungetrübt blieb, allein binnen verhältnißmäßig kurzer
Zeit und ohne bleibende Nachwirkung wieder hergestellt wurde, war auch
das Königreich Griechenland zu zählen.   Nur in den Monaten Mai und
Juni hatten die Zeitungen einiges zu berichten.   Am 5. machte ein Attentat
auf den Pforten-Gesandten Mussurus, der in seiner Wohnung zu Athen
meuchlerisch angefallen wurde, manches von sich reden, während im Lande
das Räuber- und Bandenwesen um sich griff, heimlich gefördert und
unterstützt — mindestens hielt man sich in Athen dessen überzeugt —
von den längs der Gränze aufgestellten türkischen Heereshaufen.   Doch
währten die Unfüge nicht lange.   Die Regierung sandte Truppen aus,
denen die bewaffneten Schaaren der Meuterer nirgends standhalten konnten.
Velentzas, der eine Zeit hindurch in Lokris und Phthiotis sein Unwesen
getrieben, wurde gegen die türkische Gränze zurückgedrängt; Pappakosta,
nachdem seine Leute durch General Garbifiotis Grivas auseinandergejagt,
suchte gegen Delphi fliehend Rettung in den höheren Schluchten des
Parnasses.   Kondojanni, der sich in Patragiki festsetzen zu wollen schien,
wurde von Oberst Pharmaki zu paaren getrieben, Perrotis aus Messerien
nach Lakonien gedrückt.   Andere Führer, wie Tarkazikis, Sismanis,
Markantonios ergaben sich an jedem Erfolge verzweifelnd, und Mitte
Juni war vollständige Ordnung im Lande wieder hergestellt.   Am 15.

September wurde in Athen die Verfassungsfeier in herkömmlicher Weise begangen. „Im Lande selbst", ließ sich die „D. A. Ztg." Anfangs November schreiben, „herrscht vollkommene Ruhe und die Hauptstadt liefert kaum durch mehrere nächtliche Diebstähle, die sich in schneller Aufeinanderfolge ereigneten, Stoff zu einigem Gerede."

Von verschiedenseitigem Interesse waren die Vorgänge in Groß-Britanien und Irland. Die Ausschreitungen, die an manchen Orten in den ersten Märztagen stattgefunden, waren bald spurlos vorüber. „London und England überhaupt ist so ruhig", hieß es in einer Correspondenz vom 24. März, „daß die neuesten Blätter, ihre Betrachtungen über die Ereignisse auf dem Festlande abgerechnet, fast nur fashionable Neuigkeiten zu melden haben." In den folgenden Monaten spukte zwar vielfach der chartistische Geist und gab auf der grünen Insel das unruhige Jung-Irland manches zu schaffen. Allein abgesehen davon, daß diese Bewegungen nicht erst durch die Ereignisse jenseits des Canals geweckt worden waren, fühlte sich die Regierung stark genug, dieselben in ernster Weise zu bannen, und fand hierin kräftigen Rückhalt bei der Bevölkerung. Als am 10. April ein Aufzug von mehr als hunderttausend Chartisten dem Unterhause eine Monstre-Petition überreichen wollte, während gleichzeitig Ernest Jones in Manchester durch eine aufreizende Rede die Bewegung zu fördern suchte, eilten jüngere und ältere Männer aus allen Ständen in solcher Anzahl herbei, sich als „Special-Constabler" zur Aufrechthaltung der Ruhe einzeichnen und vereidigen zu lassen — die Zahl betrug binnen wenig Tagen bei 150.000 Köpfe —, daß die Regierung allen weitern Demonstrationen mit Ruhe entgegenblicken konnte.

Gleiche Unterstützung fand sie bei der Mehrheit beider Häuser des Parlaments. Am 5. April kündigte Lord Grey im Unterhause unter allgemeinem Beifall die Einbringung einer Bill „zur besseren Sicherheit der Krone und Regierung" an. Ein paar Tage später, 11., lenkte der Herzog von Beaufort die Aufmerksamkeit des Oberhauses auf die vielen in London sich herumtreibenden Ausländer, namentlich Franzosen, in denen Aussendlinge der revolutionären Propaganda zu vermuthen seien, worauf der Marquis von Landsdowne eine Maßregel vorschlug, welche die Regierung in den Stand setzte, verdächtige Fremde, die den Zweck ihres Aufenthaltes in England nicht befriedigend darzulegen noch englische Bürgschaft zu leisten vermöchten, zeitlich auszuweisen (removal of aliens bill). Zwar ließ es die Opposition, als die Fremden = Bill im Hause der Gemeinen zur dritten Lesung kam, 11. Mai, an spitzen Worten und Ausfällen nicht mangeln. Mowatt meinte, „auch in Großbritanien durchdringe sich der denkende und gebildete Theil des Volkes mehr und mehr mit republica= nischen Ideen und Europas Zukunft gehöre der Republik." Cobden rief: „Das britische und das irische Volk wollen keine Zwangs = Bills, keine Mundsperrmaßregeln, keine Fremdengesetze; es verlangt Heil= und Aus hilfsvorkehrungen. Ihr werdet besser thun, wenn ihr den unnützen und barbarischen Flitterstaat eures Hofes, diesen aus dem Mittelalter über= kommenen kostspieligen Firlefanz, die Sinecuren und Pensionen eines faulenzerischen unnützen Junkerthums wegschneidet, als wenn ihr Maß= regeln wie die vorliegende gegen die Ausbreitung des Republicanismus fasset." Bright spöttelte, „manche Leute seien ängstlich geworden, weil in der letzten Zeit eine ungewöhnliche Anzahl Schnurr= und Backenbärte in den Londoner Straßen zu sehen gewesen, obgleich diese Fremden der mittlern und untern Stände für Englands Ruhe jedenfalls minder ge= fährlich seien als gewisse vornehme Fremblinge, die ihren Wohnsitz auf britischem Boden aufgeschlagen." Allein die überwiegende Mehrheit sprach unverhohlen ihre Billigung der von der Regierung vorgeschlagenen Maß= regeln aus und erklärte sich mit Lord Russel einverstanden, als dieser gegen die Ausfälle Cobden's erwiederte, „durch Beseitigung dessen, was Cobden den barbarischen Pomp der Krone nenne, würde man die öffent= liche Meinung kaum befriedigen; die Anhänglichkeit des britischen Volkes an den Thron sei nie stärker und herzlicher gewesen als eben jetzt, und mißgönne dasselbe der Krone nicht, was zur Aufrechthaltung ihrer Würde gehöre." Die Alien=Acte ging mit 146 Stimmen gegen 29 durch, und die „Morning=Post" bemerkte darüber, „wenn sich die Regierung nicht beeilt hätte, die Straßen Londons von den fremden Hallunken zu säu= bern, würde das Volk selbst Justiz geübt und jene an einen Ort geschafft haben, von wannen keine Habeascorpus=Acte sie mehr hätte zurückbringen können." ·

Wo dennoch vereinzelte Ausschreitungen vorfielen, trat die Regierung mit Kraft ein und thaten die Geschwornengerichte ihre Schuldigkeit. Als es in Limerick Ende April zu einem Kampfe zwischen Alt- und Jung- Irländern kam, trat das Militär wirksam dazwischen; die beabsichtigte Versammlung des „Dreihundertmännerrathes" wurde verboten, die bereits

begonnene Bildung der „National-Guard" eingestellt. Am 26. und 27.
Juni wurde John Mitchell durch die Dubliner Jury der Empörung
schuldig gesprochen und vom Gerichte zu vierzehnjähriger Deportation ver-
urtheilt. Einige unruhige Auftritte, die es in Folge dessen in den Straßen
Londons, in Leeds, Bradford u. a. gab, wurden ohne Anwendung von
Waffengewalt bezwungen, Mitte Juni in Old Bailey zehn Chartisten-
Führer zu Gefängniß mit harter Arbeit verurtheilt. Noch einmal, zur
Zeit, da die Dinge in Frankreich zu einer verhängnißvollen Katastrophe
reiften, nahm die revolutionäre Partei Irlands gewaltigen Anlauf. John
O'Conell, das Haupt der alten Repeal-Association seines Vaters, schien
durch die öffentliche Erklärung seines Rücktrittes, 21. Juni, der heftigeren
jung-irischen Partei gleichsam das Feld räumen zu wollen. Meagher trat
in der Grafschaft Waterford von neuem auf; Riesen-Meetings von einem
halben Hunderttausend Köpfen wurden abgehalten; in Carrick am Suir
erstürmte das Volk die Gefängnisse und holte den katholischen Geistlichen
Byrne im Triumphe heraus. Doch die Regierung zeigte sich nicht minder
rührig. Zahlreiche Verhaftungen in Dublin beraubten die Bewegung
einiger ihrer Häupter; über die vom Aufstande heimgesuchten Theile des
Landes wurde das Martial-Gesetz verhängt, 18. Juli. In London beantragte Russel die zeitweise Aufhebung der Habeascorpus-Acte für Irland,
22. Juli, was von beiden Häusern des Parlaments rasch in allen drei
Lesungen angenommen wurde. Verhaftbefehle ergingen gegen Smith
O'Brien, Meagher u. a. mit Preisen von 300 bis 500 Pfund für ihre
Einlieferung. Als die Nachricht von diesen Beschlüssen nach Dublin kam,
war die Bewegung wie auf einen Schlag gelähmt. Die conföderirten
Clubs lösten sich auf, die Führer ergriffen die Flucht; doch entgingen sie
ihrem Schicksale nicht. Smith O'Brien wurde auf der Eisenbahn-Station
von Thurles, Meagher mit zwei Genossen in der Grafschaft Tipperary
auf offener Landstraße ergriffen. Um dieselbe Zeit wurde zu Bradford
in England einer der berüchtigtsten Chartisten-Führer, der Grobschmied
Jsak Jefferson, vulgo „Wat Tyler of Bradford", in seinem Bette aufgehoben und gefangen in das Schloß von York gebracht, 21. September.
Von da an bekamen diesseits und jenseits des St. Georgs-Canals fast
nur die Gerichte zu thun. In London wurden die Chartisten Lacey, Fay
und Cuffey zu lebenslänglicher Deportation verurtheilt. Anfangs October
traten in Clonmel außerordentliche Assisen zusammen, die Smith O'Brien,
M'Manus, O'Donohue, Meagher des Hochverrathes schuldig befanden,

anderer, der moderne Tyrtaios Herwegh, flieht „unter'm Spritzleder"; Bornstedt u. a. gerathen in Gefangenschaft, und mit dem republicanischen Aufstandsversuche ist es vorläufig zu Ende.

Im Norden des deutschen Gebietes ist der deutsch-dänische Krieg in vollem Gange. Nach einem siegreichen Treffen gegen die Schleswig-Holsteiner bei Bau, 9. April, haben die Dänen Flensburg besetzt und bei Hollniß die Kieler Freischaaren aufgerieben. Allein schon ist Wrangel an der Spitze der „deutschen Reichstruppen" nicht fern, übersetzt nach einem glücklichen Vorpostengefecht bei Altenhof, 21. April, die Eider, greift am Ostersonntag die Dänen unter Hedemann bei Schleswig an, schlägt sie aus dem Danewirke heraus, zwingt sie Tags darauf nach achtstündigem Kampfe zum Rückzug auf Alsen, besetzt Flensburg, 25., rückt bei Hadersleben vor, 30., betritt am 2. Mai den Boden von Jütland und besetzt Friedericia.

Im Posen'schen erscheint Anfangs April der preußische General Willisen als königlicher Commissarius mit ausgedehnten Vollmachten zur Beruhigung des Landes, allein der angestrebte Zweck wird weder bei den Polen noch bei den Deutschen erreicht; den ersteren bietet seine Sendung zu wenig, den andern zu viel. Vom General Colomb wird die Festung Posen in Belagerungsstand erklärt, während im offenen Lande polnische Kriegshaufen herumziehen und lagern. Schon kommt es zwischen diesen und den königlichen Truppen zu vereinzelten Gefechten. Willisen trifft mit den Führern das Uebereinkommen von Jaroslawice, 11. April, das dem Großherzogthum eigene Civil= und Militär=Verwaltung verheißt. Allein schon hat man sich in Berlin eines andern besonnen: eine königliche Cabinetsordre vom 14. trennt die mehr von Deutschen bewohnten westlichen Kreise von den übrigen faft durchaus polnischen ab. Als die Nachricht hievon nach Posen gelangt, legt das polnische National=Comité feierliche Verwahrung gegen diese „neueste Theilung von Polen" ein, 17., und der bewaffnete Widerstand gewinnt an Stärke. Es kommt zu kurzen, aber erbitterten Kämpfen bei Gostyn, 19., und Kozmin, 22., was General Colomb willkommenen Anlaß gibt, die mit den Polen eingegangenen Verträge als von ihnen selbst gebrochen für null und nichtig zu erklären. Schon hat die heftige Aufregung das benachbarte Galizische ergriffen. Am 26. bricht der Aufstand in Krakau los. Die kaiserlichen Truppen ziehen sich, einen aufreibenden Straßenkampf zu vermeiden, aus der Stadt, wobei ihr Oberbefehlshaber, F. M. L. Caftiglioni, großartigerem Maßstabe wiederholte. Eine Menge von vielleicht 100.000 Köpfen mit den Bannern der Clubs, mit französischen und polnischen Fahnen wälzte sich drohend gegen das Palais der National-Versammlung, wo sie sich, eine kleine Abtheilung Mobilgarde bei Seite schiebend, Gitter niederreißend, Thüren erbrechend, Eingang in den Saal erzwang, den Präsidenten von seinem Sitze drängte und die Versammlung für aufgelöst erklärte, während die Chefs der socialistischen Sectionen ihren Sitz im Hotel de Ville aufschlugen. Da ertönt von allen Seiten Generalmarsch, Abtheilungen von Nationalgarde und Mobilen erscheinen am Platze, die Menge räumt den Sitzungssaal, Lamartine mit Ledru-Rollin an der Seite begibt sich zu Pferde auf das Stadthaus, wo die Sectionen, verdutzt keine Unterstützung zu finden, es ruhig geschehen lassen, daß ihre Führer festgenommen und nach Vincennes abgeführt werden. Vor Gericht gestellt, wurden Barbès und Albert zur Deportation, Blanqui zu sieben Jahren Gefängniß verurtheilt. Louis Blanc war durch Flucht entkommen.

Ueberhaupt schien sich die Revolution die Mitte Mai für einen entscheidenden Schlag in allen Ländern Mitteleuropas erkoren zu haben, obgleich sie nur an einem Hauptpunkte siegreich aus dem Kampfe hervorging.

Der vorschnelle Ausbruch in Madrid, durch die Ayacuchos angezettelt und allen Anzeichen nach durch den britischen Gesandten Henry Lytton Bulwer insgeheim begünstigt, fand nur bei einem Theile des Regiments España Unterstützung; die übrigen Truppen verloren im Straßenkampfe einen ihrer Führer, General Fulgosio, behaupteten aber das Feld, worauf die Mehrzahl der verführten Soldaten zu ihnen überging und nur eine Anzahl von 78 Meuterern nebst einigen Civilisten mit den Waffen in der Hand ergriffen wurde, 7. Mai. Die Regierung erklärte die Stadt in Belagerungszustand, sprach über die Gefangenen die Decimirung aus und ließ die ausgelosten Schlachtopfer, acht Soldaten und fünf Civilisten, am 8. längs einer Mauer erschießen, die, mit dem Blut und Gehirn von dreizehn zerschmetterten Menschenköpfen besudelt, mehrere Tage hindurch zu widerlicher Beschauung diente. Auch in Sevilla, wo am 13. ein Bataillon des Regiments Guadalazara die Republik ausrief, gewannen die fahnentreuen Truppen nach kurzem Widerstande die Oberhand. Der britische Gesandte empfing seine Pässe mit der Weisung, binnen achtundvierzig Stunden die Hauptstadt zu verlassen, und befand sich am 24. bereits in London, wo man sich im Parlamente über diesen dem britischen Namen angethanen Schimpf ohne weitern Erfolg ereiferte.

Eine noch entschiedenere und dabei nachhaltige Niederlage erlitt die Partei des Umsturzes in einem Theile der apenninischen Halbinsel. Den ganzen April hindurch wiederhallte dieselbe nur vom Kriegsgeschrei gegen Oesterreich, von dem Waffenlärm der Schaaren von „Kreuzfahrern" gegen dasselbe, von tumultuarischen Auftritten gegen jene Regierungen, die sich in den Kriegsrüstungen nicht eifrig genug zeigten. Schon am 29. März, einen Tag nach der Abreise des österreichischen Gesandten aus Neapel, schiffte sich die Fürstin Trivulzi Belgiojoso an der Spitze von 120 Crociati nach Genua ein. Am 3. April mußte König Ferdinand II. ein neues Ministerium mit dem Geschichtschreiber Carlo Troya an der Spitze bilden, das Verfassungsänderungen in demokratischer Richtung einleitete, während die Insel Sicilien, dessen Parlament am 13. „Ferdinand von Bourbon" und dessen Dynastie für immer des Thrones verlustig erklärte, ihre Revolution vollendete. Doch diese Ereignisse schienen über dem Eifer, die „Tedeschi" und „Croati" über die Alpen zurückzuwerfen, in den Hintergrund zu treten. Das Ministerium Troya erklärte Oesterreich den Krieg, 7. April; schon befanden sich 4000 Mann unter General Stabella auf dem Wege nach dem Norden, am 25. und 27. brach die Hauptmacht, bei 12000 Mann, unter General Pepe dahin auf. Gleiche Kriegswuth griff in Rom um sich. Als Pius IX. in einer Allocution an die Cardinäle seinen Abscheu gegen jeden Krieg und gegen den Plan ihn an die Spitze einer italienischen Republik zu stellen aussprach, 29. April, entstanden bedrohliche Straßenaufläufe, die revolutionären Clubs traten zusammen, die Guardia Civica bemächtigte sich aller Thore der Stadt, Rufe: „Nieder mit dem Cardinal-Ministerium! Fort mit dem österreichischen Gesandten!" ertönten, 30. April. Der Papst sah sich gezwungen nachzugeben, bildete ein neues größtentheils aus Laien, darunter Mamiani und Rossi, zusammengesetztes Ministerium, 2. Mai. Der österreichische Gesandte Graf Lützow verlangte seine Pässe am 5., erhielt sie drei Tage später und reiste bald darauf ab.

Ganz Lombardo-Venetien war jetzt von regulären Truppen aller italienischen Fürsten, von Freischaaren aller italienischen Länder überschwemmt, gegen deren Andrang sich der greise Held Radecky mit seiner

vielleicht um zwei Drittel geringeren Heeresmacht zu behaupten wagte.
Nach einem ungünstigen Vorpostengefecht bei Goito, 8. April, zog er
seine Truppen vollends hinter den Mincio zurück, überließ die Garda-
Festung Peschiera der umsichtigen Leitung des F. M. L. Rath und
sammelte in der festen Stellung von Verona seine Kräfte. In seinem
Rücken besetzten die wackern Tyroler die Gränzen ihres Heimatlandes
und wiesen die Freischaaren Allemandi's in wiederholten Kämpfen, 18.
bis 21., aus Judicarien blutig zurück. Schon war Waffenhilfe aus dem
Innern des Reiches im Anmarsch. Am 16. April überschritt F. Z. M.
Nugent den Isonzo, trieb am 18. die Freischaaren von Palmanuova
auseinander, zwang nach kurzer Beschießung Udine zur Uebergabe, 21.
bis 23., ging am 26. bis 28. über den Tagliamento, ließ durch den
tapfern General Culoz Belluno besetzen, 5. Mai, und erschien mit seiner
Hauptmacht, eine ihm entgegengesandte feindliche Abtheilung zurückwerfend,
11., vor Treviso, als ihn Erkrankung zwang den Oberbefehl an F. M. L.
Thurn abzutreten. Dieser brach, einen Theil seiner Truppen unter
F. M. L. Stürmer zur Cernirung von Treviso zurücklassend, in der
Nacht vom 17. zum 18. gegen Westen auf und bewerkstelligte, nachdem
er unterwegs, 23. zum 24., vergeblich versucht hatte Vicenza zur Ueber-
gabe zu zwingen, am 29. die Vereinigung des Isonzo-Heeres mit jenem
Radecky's, das in der Zwischenzeit am glänzenden Tage von Sta.
Lucia eine mehr als doppelt so starke Heeresmacht der Piemontesen
zurückgeworfen hatte.

Während dieser Vorgänge im nördlichen Italien nun waren im
Süden die Dinge einer folgenreichen Wendung entgegengegangen. Am
14. Mai waren in Neapel 99 Abgeordnete der neugewählten Kammer
zu einer Vorberathung zusammengetreten, während die Straßen der
Stadt von sicilischen Zuzügen und Cartucci's calabresischen Freischaaren
durchzogen wurden. Als der König den Forderungen der Volkspartei
nicht nachgeben wollte, erhoben sich um Mitternacht die ersten Barricaden
in der Toledo-Straße, die am folgenden Tage auch in andern Stadttheilen Nachahmung fanden. Um Blutvergießen zu vermeiden, erklärte
sich der König bereit Zugeständnisse zu machen. Allein je mehr er nachgab, desto mehr wurde verlangt, zuletzt: Uebergabe aller festen Plätze an
die Civica, Entfernung der Truppen bis auf 40 Miglien von der Stadt.
Schon war Ferdinand im Begriffe, selbst in den empfindlichsten Punkten
zugeben, als an einer Stelle der Stadt „aus Mißverständniß", wie

damals allerorts die Entschuldigung lautete, Schüsse auf das Militär fielen. Nun war dieses nicht länger zu halten. Drei Kanonenschüsse und die Aussteckung der rothen Fahne vom Fort St. Elmo gaben das Zeichen zum Angriff; mit unwiderstehlicher Gewalt drangen die Truppen, vor allem die Schweizer-Regimenter, auf die Aufständischen ein, erstürmten, von den für die königliche Sache gewonnenen Lazzaroni unterstützt, eine Barricade nach der andern, machten über 600 Gefangene, die auf ein Schiff in Sicherheit gebracht wurden, und waren noch vor Abend Herren der Stadt. Mitten in den heißen Stunden hatte Ferdinand den Fürsten Cariati mit der Bildung eines neuen Ministeriums beauftragt. Unter den Abgeordneten trat Feigheit an die Stelle des früheren Uebermuths; die schon entworfene Absetzungs-Acte des Königs wurde in Eile zerrissen, Ferdinand II. ein Lebehoch nach dem andern ausgebracht; alles stob in Verwirrung auseinander, einige der Compromittirtesten oder Furchtsamsten entflohen. Tags darauf wurde die Nationalgarde entwaffnet, am 17. die Auflösung der Kammern und die Einberufung neuer bis 1. Juli ausgesprochen; eine königliche Verordnung sagte die Aufrechthaltung der Verfassung zu. Von den eingefangenen Meuterern wurden neun erschossen, mehrere in Haft gehalten, die große Mehrzahl wieder in Freiheit gesetzt. Die gegen Oesterreich geschickten Truppen empfingen Gegenbefehle. General Pepe mit einer Abtheilung derselben warf sich nach Venedig, wo ihm die Oberleitung der militärischen Maßregeln anvertraut wurde; die übrigen marschirten in ihre Heimat zurück.

Wir sagten früher, daß an einem einzigen Hauptpunkte die Mai-Revolution einen entscheidenden Sieg davongetragen habe. Es war dieß ein unblutiger, der in Wien an demselben 15. Mai erfolgte, wo in Paris der Muth und die Geistesgegenwart Lamartine's die französische Gesellschaft rettete und wo im Süden Italiens die Anschläge der Umsturzpartei durch die königlichen Truppen vereitelt wurden. Nachdem Ficquelmont, der dem gefährlichen Drängen der Uiberstürzenden gegenüber noch einige Festigkeit entwickeln zu wollen schien, ein großartiges Mißtrauens-Votum in der damals beliebten Form einer Katzenmusik erhalten, 3. Mai, und Tags darauf seine Stelle niedergelegt hatte, war die Leitung der Geschäfte in die Hände Pillersdorff's gelegt worden. Am 11. wurde die Wahlordnung für den bevorstehenden Reichstag kundgemacht. Allein im Schoße der Parteien war man längst über den Standpunkt der octroirten Verfassung hinaus. Am 15. Mai wurde eine Sturm-Petition ver-

3*

veranstaltete die öffentliche Person von 2 Uhr N. M. ... ... tiefe Nacht von ... Massen ... der ... Minister von einer Deputation ... Aeußerlich ... Pillersdorff nach und mit den ... die Massen ... Rufe: „Alles bewilligt!" doch die Menge allmälig ... Es ist bewilligt worden ... niemand weniger als der ... Haufe der ... „Eine Kammer haben wir ihnen ... sagte in Nationalzügen ein Arbeitsmann zu einem andern, „dann die wollen, müssen sie uns die zweite auch geben." Am 1?. Mai wurde die ... Verfassung zurückgenommen; die Einberufung eines constituirenden Reichstages mit einer Kammer kundgemacht. Tags darauf reiste der Hof in aller Stille Schönbrunn in der Richtung von Tirol. Mit der ... davon wurde Wien am 1? überrascht, und da zeigte es sich, welches die wahre Gesinnung der überwiegenden Mehrheit der Bevölkerung war. Niedergeschlagenheit, Bestürzung, Reue über den neuen Gewaltthaten gegen den ... der Monarchen, ... gegen die Hetzer und Aufwiegler gaben sich an allen Orten kund. Häfner und Tuvora, die in den Vorstädten die Massen aufregen wollten, konnten den Ausbrüchen der Volkswuth nur dadurch entrissen werden, daß man sie festnahm und der gesetzlichen Behörde überlieferte. Die eingeschüchterte akademische Legion betrieb ihre Auflösung, viele Studenten erklärten in die Reihen der allgemeinen Volkswehr übertreten zu wollen. Da verdarb das Ministerium wieder alles. Hatte es sich am 15. durch mancherlei Nachgiebigkeit ausgezeichnet, so erfaltete es jetzt eine unnöthige Energie. Die Auflösung der akademischen Legion sollte mit militärischer Gewalt und mit Aufsehen erfolgen, und damit war ein aufregendes Schlagwort gegeben, dessen sich die Parteiführer rasch zu bemächtigen wußten. Am 26. Mai erhoben sich in allen Straßen der innern Stadt Barricaden, die niemand angriff; denn schon hatte das Ministerium allen Muth wieder eingebüßt. Häfner und Tuvora mußten freigegeben werden; der Nationalgarde-Ober-Commandant Graf Hoyos wurde festgenommen und als Geißel für die „Errungenschaften" des 15. und 16. Mai unter Aufsicht gestellt; auf Hye, dem man die Anregung der beabsichtigten Gewaltmaßregeln wider die akademische Legion zuschrieb, wurde gefahndet. Die Einsetzung eines provisorischen Ausschusses der Bürger, Nationalgarden und Studenten wurde beschlossen und am 27. von Pillersdorff bestätigt. Von jenem wurde Hoyos bald darauf freigegeben, der sich, tief gekränkt, in's Privatleben

zurückzog. Hye dagegen wurde vor den „Sicherheitsausschuß" ge=
stellt, in dessen Mitte sogar seine Verurtheilung zum Tode zur Sprache
kam, dann aber den ordentlichen Gerichten übergeben und von diesen
vollkommen schuldlos befunden.

Gleich Wien hatte auch Berlin seinen 15. Mai, obgleich in kleinerem
Maßstabe und nicht mit so schmählichem Ausgange für die Regierung.
Auf die Kunde, daß das Ministerium den seit den Märztagen vervehmten
in England weilenden Prinzen von Preußen eingeladen habe, sich als
Thronfolger zu dem bevorstehenden Reichstage in Berlin einzufinden, bil=
deten sich Straßenaufläufe; eine bewaffnete Volksversammlung wurde ein=
berufen und auf des Demokraten = Führers Held Antrag eine Massen=
Petition an den Minister Camphausen in's Werk gesetzt. Doch die Re=
gierung blieb in der Hauptsache fest, Held erklärte das Vorgefallene für
ein „Mißverständniß" und durch ganz Dentschland schien die Ruhe im
Großen gesichert.

Am 18. Mai erfolgte in Frankfurt a. M. die Eröffnung des
deutschen Parlamentes, zu dessen Präsidenten Heinrich von Gagern
gewählt wurde. Vier Tage später, 22., begrüßte Friedrich Wilhelm IV.
die Abgeordneten der constituirenden Versammlung Preußens im weißen
Saale zu Berlin; eine große „Vertrauens=Parade" der Nationalgarde
am 23. ging friedlich vor·sich, trotz aller Umtriebe der Wühler, die
ihrem Zorn in einer feierlichen Verbrennung des ministeriellen Verfassungs=
entwurfes und in allnächtlich sich wiederholenden Katzenmusiken Luft
machten, bis ihnen allmälig größeres gelang. Am 30. Mai Demon=
stration der Erdarbeiter vor der Wohnung des Arbeiter = Ministers v.
Patow wegen Erhöhung des Taglohnes; drohende Zusammenrottungen
an diesem und dem folgenden Tage vor dem Zeughause, das für dießmal
noch durch rechtzeitiges Einschreiten der Bürgerwehr gerettet wurde. Am
4. Juni Massenzug von vielleicht 20.000 Studenten, Handwerkern,
Arbeitern, Club-Mitgliedern u. dgl. zur Begräbnißstätte der gefallenen
„Helden" des 18. und 19. März. Am 7. erschien der Prinz von
Preußen in Generals-Uniform in der National=Versammlung; das Hurrah,
womit die Rechte seine kurze Anrede begrüßte, wurde von dem Zischen
der Linken übertönt; der Prinz verließ den Saal und zog sich nach
Potsdam zurück. Tags darauf stellte der Abgeordnete Behrends den
Antrag auf Anerkennung der Revolution und derer, die sich durch sie

um das Vaterland verdient gemacht; am 9. Verhandlung und Abstimmung darüber, die mit der geringen Mehrheit von 19 Stimmen das
Uebergehen zur Tagesordnung zur Folge hatte.   Darob gewaltige Aufregung unter den seit den Morgenstunden das Sitzungs-Locale in dicht-
gedrängten Haufen umlagernden Massen; Rufe, die National-Versammlung
zu sprengen; Angriffe gegen den heraustretenden Minister v. Arnim und
einzelne Abgeordnete, die mit Mühe den Händen der wilden Meute
entrissen und auf das Universitäts-Gebäude in Sicherheit gebracht werden.
Am 14. neue Unruhen der Erdarbeiter, Entfaltung der rothen Fahne
auf dem Alexanderplatze; zuletzt Erstürmung des Zeughauses, dessen
Inneres bei Fackelschein durchwühlt und ausgeraubt wird.   Am 15.
Verwerfung des Verfassungsentwurfes mit einer Mehrheit von 46 Stimmen; am 20. Rücktritt des Ministeriums, an dessen Stelle am 28. das
von Auerswald und Hansemann tritt.

Wie in Berlin gab es an vielen anderen Orten Deutschlands
Gährungen, die durch allerhand selbstgeschaffene Vertretungen, wie das
„Studenten-Parlament" zu Eisenach, 12. Juni, den demokratischen Congreß zu Frankfurt a. M., 14., nur noch gesteigert wurden. Im Württembergischen folgte eine Militär-Emeute auf die andere, am 15. in Heil-
bronn, am 22. in Ludwigsburg, am 27. in Ulm. Am 18. und 19.
war große Revolution in dem kleinen Altenburg, Sturmgeläute, Zuzüge
aus der Umgegend, Barricaden u. dgl. m.

5.

Wir sind mit der andeutenden Schilderung dieser Ereignisse tief in
den Juni hineingerathen, der in den Gang der mitteleuropäischen Revolution den ersten bedeutsamen Abschnitt bringen sollte.   Doch geschah
das erst gegen Ende des Monats, dessen erste beide Drittel Vorfälle
des verschiedensten Charakters ausfüllten.

Nach dem Mißlingen des Aufstandes in Krakau hatte die revolu-
tionäre Propaganda ihr nächstes Augenmerk auf Prag gerichtet, wo die
Gemüther des slavischen Theiles der Bevölkerung in eine immer gereiztere
Stimmung einerseits gegen Wien, andererseits gegen Frankfurt gerathen

waren. An Stelle Rudolph Stadion's, dem nach dem berühmten „Pode-
psal" („er hat's unterschrieben") am 31. März die Lust am Weiter-
regieren verleidet war, hatte Leo Thun die Leitung der Geschäfte übernommen, im Einklang mit dem in Prag tagenden National-Ausschusse
die Vorbereitungen zur Einberufung des neugestalteten Landtages getroffen
und jener des Slaven-Congresses kein Hinderniß in den Weg gelegt, als
die Kunde von den Wiener Ereignissen am 15. bis 17. Mai Stadt und
Land in die größte Aufregung versetzte. Der National-Ausschuß und der
Prager Gemeinderath schickten eine feierliche Deputation nach Innsbruck. Auf die Nachricht von den Vorfällen am 26. umgab sich Thun
im Einverständnisse mit dem Landes-Commandirenden mit einem aus
sieben Vertrauensmännern des National-Ausschusses gebildeten provisorischen Statthaltereirathe und entsandte Rieger und Albert Nostitz an das
kaiserliche Hoflager um Genehmigung dieses Schrittes. Mittlerweile
nahte der Eröffnungstag des Slaven-Congresses (2. Juni) heran, die
Straßen der Stadt füllten sich immer mehr mit erbetenen und unerbetenen
Gästen, revolutionäre Aussendlinge schürten in den Massen und unter
der Universitäts-Jugend, bis es am Pfingstmontag, 12. Juni, zum gewaltsamen Losbruch kam. Graf Thun, der sich in der Absicht zu beschwichtigen furchtlos mitten in den Herd des Aufruhrs begab, wurde
auf der Straße ergriffen, im Clementinum gefangen gehalten und mit
dem Tode bedroht. Die Truppen waren bereits Herren des größten
Theiles der Stadt, Thun wieder freigegeben, als aus Wien, auf An-
bringen des Sicherheitsausschusses vom Ministerium gesandt, F. Z. M.
Graf Mensdorf und Hofrath Klecansky erschienen, um eine Vermittlung
anzubahnen, 13. bis 15. Erst als sich dieser Versuch als erfolglos
herausstellte, gaben die Ministerialcommissäre dem Fürsten Windischgrätz
wieder freie Hand, 16., der nach einem kurzen Bombardement schon
am nächsten Tage die Aufständischen zu unbedingter Unterwerfung brachte.

Das Wiener Ministerium ohne Halt und Kraft schien durch den
Sieg der rechtmäßigen Gewalt in Prag eher in Verlegenheit gesetzt, als
aus einer großen Verlegenheit gerissen zu sein, und nicht geringere Be-
unruhigung bereitete ihm das Auftreten eines Mannes im Süden, der
es, ohne Stütze der Regierung, verläugnet und verlassen selbst vom Hofe,
auf eigene Verantwortung unternahm, die Interessen der Gesammt-
Monarchie gegen die Ränke der Einen und die Kurzsichtigkeit der Andern
zu verfechten. Am 22. März, fast unmittelbar nach Bewilligung des

Sonder-Ministeriums für Ungarn, zum Banus von Kroatien, Slavonien und Dalmatien ernannt, wußte Baron Jelačić bei der Banalconferenz zu Agram den Beschluß, sich der Wiener Regierung anstatt der Pester unterzuordnen, durchzusetzen, 8. Mai, und Verbindungen mit seinen gleich= gesinnten östlichen Nachbarn, den Serben, anzuknüpfen.

Unter diesen hatte die Verkündigung der ungarischen Märzgesetze ungemeine Aufregung hervorgerufen. In Groß=Kikinda, in Bác, in in Alt-Becse, in Zombor (1. Mai) fielen mehr oder minder bedeutende Ruhestörungen vor, Angriffe auf Häuser, Mißhandlung von Magistrats= Beamten — darunter des serbischen Magyaromanen Stephan Zako —; in Werschetz wurden die magyarisch abgefaßten Kirchenbücher dem Feuer= tode gewidmet u. dgl. Eine Deputation von mehreren hundert Köpfen, die sich aus Neusatz zum Erzbischof Rajačić in Karlovic begab, brachte zuerst die Einberufung eines National=Congresses in Anregung, der am 13. in der That zusammentrat und zwei Tage später die einstimmige Erklärung abgab, kaiserlich bleiben, keine Befehle vom Pester Ministerium annehmen zu wollen. Am 19. wurde Oberst Šuplikac zum Woiwoden, Metropolit Rajačić zum Patriarchen erkoren, und eine feierliche Depu= tation mit der Bitte um Bestätigung dieser Wahl=Acte nach Innsbruck entsendet.

Gleiches Widerstreben gegen die magyarischen Hegemonie=Gelüste bekundeten die siebenbürgischen Romanen. Eine mehrere tausend Köpfe zählende Volksversammlung auf der Ebene von Blasendorf kündigte in feierlicher Erklärung der Pester Regierung den Gehorsam auf, 15. Mai, während der magyarisch=szeklerische Landtag zu Klausenburg eben so feierlich die Union mit Ungarn proclamirte, 30. Noch vor diesem Be= schlusse war es im Lande zu gewaltsamen Auftritten gekommen. Am 22. hatte eine Division des I. Szekler=Regiments bei ihrem Durchmarsche durch Leschkirch die Einwohner gezwungen, die von ihrem Kirchthurm wehende kaiserliche Fahne herabzunehmen, am 25. eine andere Abtheilung desselben in dem romanischen Flecken Koslárd schmählichen Unfug ge= trieben. Am 2. Juni floß in dem benachbarten Flecken Mihályfalva das erste Bürgerblut, wo aus Anlaß agrarischer Widersetzlichkeit bei dreißig Walachen getödtet, mehr als hundert verwundet wurden. Das waren die Anfänge jenes erbitterten Kampfes zwischen der ungarischen Tricolore und dem schwarzgoldenen Banner, der über das unglückliche Land so maßlose Verluste an Gut und Blut bringen sollte.

Mittlerweile sammelten sich schwere Gewitter über dem Haupte des Banus Jelačić. Das Pester Ministerium verweigerte ihm die Installation und bestellte den F. M. L. Hrabowsky als königlichen Commissär für Kroatien und Slavonien, 11. Mai, während vom Hofe an ihn das Verbot erging den verfassungsmäßigen Landtag abzuhalten. Jelačić wagte beidem zu trotzen. Auf seine Einladung ersch'en Rajačić mit festlichem Gepränge in Agram, 2. Juni, und nahm am 5. seine Installation als Banus von Kroatien, Slavonien und Dalmatien vor. Tags darauf wurde der Landtag eröffnet und das treue Festhalten der kroatisch-slavonischen Nation an Kaiser und Reich proclamirt. Die unmittelbare Folge davon war ein königliches Manifest, gegeben zu Innsbruck den 10. Juni, das Jelačić aller seiner Ehren und Würden entkleidete. Auch dadurch ließ er sich in seinen Plänen nicht beirren. Am 12. erhob er sich an der Spitze einer landtäglichen Deputation von Agram, erwirkte am kaiserlichen Hoflager eine feierliche Audienz unter Beisein des ungarischen Ministers Esterházy, verfocht in zündender Ansprache die Gerechtigkeit seiner Sache, 19., und kehrte, von Innsbruck mit stillen Segenswünschen begleitet, aber in Agram mit lautem Jubel begrüßt, zu den Seinen zurück, 29. Seine Absetzung war nicht widerrufen, aber Erzherzog Johann, den der Kaiser kurz zuvor, 16. Juni, zu seinem Stellvertreter in allen Regierungsgeschäften ernannt hatte, beauftragt worden, einen friedlichen Ausgleich zwischen Kroatien und dem ungarischen Ministerium herbeizuführen.

In Pest hatte man allen Grund eine solche Lösung zu wünschen. Denn schon war auf serbischen Gebiete der Bürgerkrieg entbrannt und drohte mit jedem Tage größere Verhältnisse anzunehmen. Am 6. Juni waren Serben und Gränzer, von dem ehemaligen k. k. Officier Joanović geführt, von Titel ausgezogen, hatten sechs Geschütze in ihre Gewalt bekommen und sich hinter der Römerschanze festgesetzt. Darüber entstand gewaltige Aufregung in magyarischen Kreisen. Die Einwohner von Jankovac, Halas u. a. erhoben sich und zogen in Reih und Glied nach Theresiopel, wo sie vom Bačer Obergespan Jos. Rudić gemustert wurden. In Groß-Kikinda ließ der ung. Commissär Csernovics mehrere Serben hängen, mußte sich aber vor der wachsenden Erbitterung des Volkes nach Pest flüchten, 10. Juni, von wo Weisungen zu entscheidendem Handeln ergingen. Auf Hrabowsky's Befehl wurde am zweiten Pfingst-

tage, 12., Karlovic angegriffen, beschossen, einige Häuser geriethen in
Brand, worauf sich die Truppen, ehe noch der jugendliche Held Strati=
mirović die überraschten Serben zum Widerstande sammeln konnte, nach
Peterwardein zurückzogen. Eine Verhandlung, die Hrabowsky mit dem
von Jelačić gesandten Grafen Albert Nugent versuchte, um der steigenden
Aufregung unter den Gränzern zu steuern, blieb ohne Erfolg. Vielmehr
rüstete man sich auf beiden Seiten zum Kampfe. An 20.000 Bewaffnete
aus dem Bačer und Torontaler Comitate bezogen gegen die Serben ein
Lager bei O=Kér, 17., während in Titel die Čaikisten losschlugen, das
Zeughaus erbrachen, Waffen und Schießbedarf dem Karlovicer National=
Ausschusse zur Verfügung stellten, 18. Am 20. und 22. wurde Weiß=
kirchen wiederholt von den Serben angegriffen, am 29. die romanische
Ortschaft Sz. Mihály wegen ihrer Anhänglichkeit an die Magyaren mit
Feuer und Schwert verheert.

Allein nicht blos innerhalb der Gränzen des Königreichs kam die
Pester Regierung in's Gedränge; auch jenseits derselben zeigten sich be=
drohliche Erscheinungen. Während sich im Fürstenthum Serbien Schaaren
bewaffneter Freiwilligen zusammenfanden, um unter Knićanin's Führung
ihren österreichischen Stammverwandten zu Hilfe zu eilen, gingen in der
Moldau und Walachei die Dinge einer Entwicklung entgegen, die einer=
seits auf die Gemüther der österreichischen Romanen nicht ohne Einfluß
bleiben konnte und andererseits das Eingreifen einer auswärtigen Macht
herbeiführte, von der der Magyarismus nichts weniger als Förderung
seiner Pläne erwarten durfte. Schon Anfangs April hatte die Bewegung
in Jassy eine festere Gestalt angenommen, als der junge Basil Ghika
mehrere gleichgesinnte Bojaren in dem Gasthause „zur Stadt Preßburg"
versammelte und eine an den Hospodar gerichtete Petition, worin um
Abstellung der schreiendsten Mißbräuche gebeten wurde, unterschreiben
ließ, 9. Fürst Sturdza sandte seinen Minister des Innern in die Mitte
der Unzufriedenen, sich scheinbar mit ihnen auf einen guten Fuß zu
stellen, knüpfte aber gleichzeitig, um der unbequemen Dränger sobald als
möglich los zu werden, durch den russischen Viceconsul Tominski geheimen
Verkehr mit dem Befehlshaber der jenseits des Pruth aufgestellten kaiser=
lichen Truppen an. Auf russischer Seite schien man nur auf einen
solchen Anlaß gewartet zu haben, und sagte bereitwillig Hilfe zu; Sturdza,
dadurch ermuthigt, ließ in der Nacht vom 10. zum 11. die Unterzeichner
der Adresse von seinen Soldaten aufheben und über die Donau nach

Bulgarien bringen, wo sie von den türkischen Behörden übernommen wurden; nur Ghika entkam in die Bukowina, von wo er dann nach Paris ging. Die Pforte stellte sich schon darum auf die Seite der Mißvergnügten, weil Rußland die Sache ihres Bedrängers begünstigte. Die ausgelieferten Bojaren erfuhren eine milde Behandlung, und als Tallat Effendi als türkischer Commissär in Jassy eintraf, fand eine vom Metropoliten geführte Deputation der moldauischen Reform = Freunde wohlwollende Aufnahme, 14. Juni, was nicht ohne Rückwirkung auf die Hauptstadt der benachbarten Walachei blieb. Auch dort hatte der Ho= spodar dem Umsichgreifen der Aufregung durch Festnahme einiger Häupter zuvorkommen wollen; doch meuchlerische Schüsse, die am 22. Juni auf offener Straße in seinen Wagen fielen, benahmen ihm alle Lust ferneren Widerstrebens. Am nächsten Tage bewilligte Bibesco alles, was die Partei der Mißvergnügten wollte: Gleichheit vor dem Gesetze, Verfassung, Volkswehr, und als der Vertreter Rußlands, General Duhamel, gegen diesen Schritt Verwahrung einlegte, dankte er vollends ab und begab sich nach Oesterreich, 24. In Bukarest bildete sich jetzt eine provisorische Regierung, 25., die mit den unzufriedenen Bojaren der Moldau Verbin= dungen anknüpfte, ihre Fäden bis nach Siebenbürgen hineinspann und ihre Manifeste, in die europäischen Hauptsprachen übersetzt, in alle Sammelpunkte der Revolution schickte. Ein Versuch der Militärpartei, die provisorische Regierung zu stürzen, rief einen Straßenkampf hervor, der mit der Zurückziehung der Truppen und mit der Gefangennahme ihrer Hauptführer, der Obersten Odolesco und Salomon, endete, 30. Juni, und die walachische Revolution war gesichert, wenn nicht die bedrohliche Nähe der Russen und die unerwarteten Nachrichten aus Paris den Ereignissen eine andere Wendung gaben.

6.

Was im April zu Krakau, im Mai zu Neapel, im Juni zu Prag geschehen war, war, wenn auch an sich bedeutend, doch mehr von örtlicher Wirkung. Der Sieg des Königthums in Neapel konnte das Umsichgreifen des Mazzinismus im übrigen Italien eben so wenig aufhalten, als die

Capitulation von Krakau und die Unterwerfung von Prag den Fortgang
der Bewegung im übrigen Oeſterreich zu hemmen vermochten. Erſt durch
das, was ſich in der zweiten Hälfte Juni im Herzen Frankreichs ereignete,
wurde die Revolution in einem der größten und ohne Frage dem bedeu-
tendſten der von ihr ergriffenen europäiſchen Staaten vollſtändig zu Boden
geworfen und bezwungen.

Nachdem Ende Februar die neue Aera eingetreten war, hatten es
ihre Propheten und Jünger an begeiſterten Verheißungen aller Art nicht
fehlen laſſen. Es war vor 1848 eines ihrer ſtärkſten Argumente geweſen,
Parteien könne es nur unter einer dem Lande widernatürlich aufgedrungenen Regierung geben, nicht unter einer ſolchen, die den allgemeinen
Volkswillen zur Grundlage hat; reibe ſich dort die beſte Kraft der Nation
im Widerſtreite gegeneinander gehetzter Oppoſitionen auf, ſo könne hier
eine Verſchiedenheit der politiſchen Meinung, weil im großen Ganzen
in Eins verſchmelzend, gar nicht aufkommen. Dieſe Theorie wurde, nachdem der große Sieg errungen, ſchwungvoller als je verkündet. „Unter
der Republik ſind Revolutionen unmöglich“, rief der Haupt-Redacteur
eines Blattes dieſer Richtung; „kann ein Volk gegen ſich ſelbſt aufſtehen?!“
Es waren kaum zwei Monate in's Land gegangen, ſo gab das Blutbad
von Rouen, 27., 28. April, furchtbare Antwort auf dieſe Frage. Denn
es war dieß nicht etwa ein Kampf zwiſchen Republicanern und Anti-Re-
publicanern; wer hätte damals gewagt, für legitimiſtiſche oder orleaniſtiſche
Intereſſen in die Schranken zu treten? Die Bewohner der Arbeiter-
Quartiere Martainville und St. Hilaire waren ſicher keine Monarchiſten,
und General Gérard, der ſie mit ſeinen Bajonneten und Geſchützen zu
Paaren trieb, war es an der Spitze der Regierungstruppen eben ſo wenig.
Es war ganz eigentlich ein Kampf zwiſchen republicaniſchen Aufrührern
und den geſetzlichen Autoritäten der Republik. Im Freiſtaate, ſo lautet
die Theorie, regiert der allgemeine Volkswille. „Was iſt allgemeiner
Volkswille?“ ließe ſich fragen, wie Pilatus den Herrn frug: „Was iſt
Wahrheit?“ Die Thatſache ſtand in den erſten Tagen feſt: es gab unter
dem Walten der Republik eben ſo Parteien, wie es deren unter der Monarchie gegeben hatte, und wie in der letztern ſchieden ſie ſich in zwei
Hauptgruppen: die der Gemäßigten und jene der Maßloſen. Es ließ
ſich in den erſten Monaten der wiedererſtandenen franzöſiſchen Republik
wahrhaftig nicht ſagen, Demokratie, Socialismus und was an dieſen Schlagworten hängt, hätten nicht ausreichende Gelegenheit gehabt, ihre Grundſätze

in jeder Weise zur Geltung zu bringen. Doch was war das Ergebniß? Jahrzehente hindurch hatten die Männer der Schule, denen jene Principe die alleinheilbringenden waren, insgeheim und offen, in Schrift und Wort, ja von der parlamentarischen Rednerbühne herab, den Zeitpunkt der Erlösung herbeigesehnt, und als er endlich gekommen, als die Aufforderung gegeben war, die lang durchsprochenen Theorien in's Leben einzuführen, da erklärten Louis Blanc und Monsieur Albert im Palais Luxembourg, sie würden die gesellschaftliche Frage „studiren." Allein die Parteien, die sie zu vertreten sich einbildeten, waren über das Stadium des Studirens, worüber der beste Zeitpunkt verloren gehen konnte, bei weitem hinaus. Ueber ganz Frankreich breitete sich ein Netz socialistischer und communistischer Clubs, deren man zu einer Zeit allein in Lyon 132 zählte. Was in der späteren ruhigeren Zeit Léon Faucher der National-Versammlung von den Reden enthüllte, die da gehalten wurden, gränzt an's unglaubliche. Im Club „die Weintraube" sagte ein Redner: „Der Reiche hat kein Recht zum Besitz von Gütern; es muß alles frei und gemeinsam sein wie das Sonnenlicht." Im „Boulevard du Temple" rief man: „Jeder Besitz ist ein Raub am Nicht-Besitzenden; es muß jeder Unterschied zwischen arm und reich aufgehoben werden." Im Club „Faubourg Montmartre" wurde erklärt: „Die Stärksten müssen die Oberhand haben; man muß nicht anders handeln als mit dem Gewehr in der Hand." In einem der Clubs von Rouen hieß es unmittelbar vor dem Losbruch: „Laßt uns jeden Aristokraten, dem wir begegnen, in Stücke zerreißen, uns jeder ein Theil von seinem Fleische mitnehmen, es einsalzen und zum ewigen Andenken aufbewahren!" Unter „Aristokraten" aber wurden alle verstanden, die sich einigen Besitzes erfreuten. So waren die Verkünder der neuen Beglückungslehre einem Chirurgen zu vergleichen, „der uns den Kopf abschneidet, um uns vom Zahnweh zu heilen." [2] Jenen Blutreden gegenüber mochten die Pariser Arbeiter noch als zahm gelten, wenn sie in dem Kampfe gegen die Gesellschaft, der ihre Führer den Untergang geschworen, Fahnen entfalteten mit der Aufschrift: „Le pillage et le vol!"

Es war kaum ein Vierteljahr nach dem allgemeinen Umschwung vergangen und das republicanische Frankreich war in einen Zustand gerathen, der sich auf die Länge weder halten noch ertragen ließ. Die Executiv-Commission konnte einem entscheidenden Schritte nicht ausweichen; aber auch die Parteien drängte es nach einer Ausschlag gebenden Kund-

gebung. Den von beiden Seiten erwünschten Anlaß bot die von der
Regierung vorläufig angeordnete Entlassung von 7000 Arbeitern aus den
National=Werkstätten am 22. Juni; man wollte mit diesen Herden fort=
glimmender Unruhe und Widerstandslust nach und nach gänzlich aufräumen.
Auf die Kunde von jener Maßregel griff die revolutionäre Partei in
allen Stadttheilen zu den Waffen, bemächtigte sich des Pantheons, er=
richtete Barricaden um das Hotel de Dieu, auf dem Bastille=Platz, bei
der Porte St. Denis, St. Martin; die National=Versammlung erklärte
sich permanent, 23. Die Truppen, von Nationalgarden und Mobilen
unterstützt, begannen den Kampf, ohne nach mehrstündigen Mühen eine
Entscheidung herbeizuführen; schon waren mehrere Generale, wie Bedeau,
François, Foucher, und ihnen beigegebene Abgeordnete der National=Ver=
sammlung, wie Bixio, theils verwundet, theils getödtet. Am 24. ent=
brannte das Feuer von neuem; Paris wurde in Belagerungsstand erklärt,
General Cavaignac mit unumschränkter Gewalt bekleidet.
Die Pariser Bourgeoisie, anfangs lau und furchtsam, stellte immer mehr
Kämpfer in die sich lichtenden Reihen der Nationalgarde; aus Rouen,
aus Pontoise und andern Städten führte die Eisenbahn Zuzüge der dortigen
Volkswehr herbei; die Mobilgarde, junge von der Straße aufgelesene
Bursche, die Lamartine in schimmernde Uniformen gesteckt hatte, wett=
eiferte mit den Truppen an Muth und Tapferkeit. Mit ungeheuren Ver=
lusten auf beiden Seiten wurde das Pantheon erstürmt, der tapfere Ge=
neral Damesme mußte schwer verwundet den Platz räumen; ebenso nach
ihm Lafontaine, Korte. Am 25. Fortsetzung des Kampfes. Die Arbeiter
wehrten sich mit der Wuth der Verzweiflung, stellten wohlhabende Be=
wohner der Häuser, in deren Gewalt sie sich gesetzt hatten, in die Fenster,
auf die Balcone, auf die Barricaden, wo sie die Kugeln zuerst treffen
mußten, mordeten und schlachteten mit cannibalischer Grausamkeit, was
ihnen von ihren Angreifern in die Hände gerieth. Dreißig Nationalgarden
wurden noch zur rechten Zeit von den stürmenden Truppen aus einem
Backofen befreit, in dem sie geröstet werden sollten. General Bréa büßte
an der Barrière Fontainebleau den Versuch, mit den Aufständischen zu
unterhandeln, mit dem Tode. Den Erzbischof Affre streckte ein Schuß
nieder mitten in seiner Mission des Friedens, die er furchtlos auf sich
genommen. General Duvivier, sein Nachfolger Negrier und der letzterem
zur Seite reitende Abgeordnete Charbonnel fielen todt nieder; doch der
Bastille=Platz war erobert, die Verbindung mit Lamoricière hergestellt,

der sich nach Einnahme der Kirche Saint Vincent de Paul und Erstürmung des Clos Saint-Lazare seinen blutigen Weg durch den Faubourg
du Temple bahnte. Am 26. war der Stadttheil St. Antoine der letzte
Sammelpunkt des Aufstandes. Cavaignac ließ die Insurgenten auffordern,
sich auf Gnade und Ungnade zu ergeben; als dieß bis 10 Uhr V. M.
nicht erfolgt war, befahl er dem General Perrot die Barricaden der
Hauptstraße zu nehmen, während Lamoricière vom Faubourg du Temple
vordrang. Die Kanonade tobte so gräßlich, daß den Kanonieren das
Blut aus den Ohren floß. Von beiden Seiten wurde mit einer wahren
Berserkerwuth gefochten, gerungen, niedergeschlagen, kein Pardon gegeben.
Gräßliche Acte mordgieriger Rache fielen gegen jene vor, die lebend den
Gegnern in die Hände geriethen. Erst am Abend war alles beendet;
um 7 Uhr nahm General Courtigis die letzte Barricade an der Barrière
des Amandiers. Zwei Tage später gab Cavaignac seine außerordentlichen
Vollmachten der National-Versammlung zurück; diese aber erklärte durch
förmlichen Beschluß, daß er sich um das Vaterland verdient gemacht habe,
und stellte ihn an die Spitze der Executiv-Gewalt mit der Befugniß,
sich sein Ministerium selbst zu bilden. Die National-Werkstätten wurden
aufgelöst, die aus den Zeughäusern der Regierung verabfolgten Waffen
zurückgefordert. Eilf revolutionäre Journale, wahre Schand- und Brand-
blätter, und später noch zwei, der „Représentant du peuple" Proudhon's
und der „Peuple constituant" Lamennais' wurden unterdrückt; die
National-Versammlung decretirte mit großer Mehrheit eine Caution von
24000 Francs für jedes Tageblatt und Strafbestimmungen für Preß-
vergehen; desgleichen Vorsichten zur Überwachung der Clubs. Wie viel
Leute unmittelbar nach Beendigung des Kampfes, ohne Verhör und
Urtheil, von den erbitterten Siegern füsilirt wurden, hat niemand gezählt.
Von den am Leben gebliebenen Gefangenen, bei 11000 an der Zahl,
für deren Unterbringung die Räume der Pariser Festungswerke nicht hinreichten, wurden mehr als 4000 ohne rechtsförmliche Untersuchung über
das Meer in ungesunde Colonien gebracht, wo eine große Anzahl früh-
zeitigem Tode entgegenging. [3]) Paris glich einem Lager. Starke Patrouillen,
besonders vom Abend zum Morgen, durchstreiften die Stadt. In den
Straßen dienten Buden und Zelte zur Unterbringung der zahlreichen
Truppen, deren immer mehr in der Umgebung zusammengezogen wurden,
so daß auf einen Trommelschlag 50000 Mann bei einander sein konnten.

Kriegsbedarf wurde von allen Seiten herbeigeschafft, als gälte es jeden Augenblick einen neuen Kampf.

Die beffere Bevölkerung der Stadt und des Landes zeigte sich über all dieß keineswegs ungehalten. Erst jetzt, nachdem die erste Betäubung vorbei, blickte man mit schauderndem Entsetzen in den Abgrund, an deffen Rande man gestanden, und zitterte vor der Wiederkehr einer Gefahr, welche die ganze Gesellschaft mit dem Untergange bedrohte. Cavaignac war der Held des Tages und hatte Mühe sich den Huldigungen zu entziehen, die ihm in jeder Weife zugedacht wurden. Paris fing an sich neu zu beleben, der Fremdenzuzug wuchs, die Schauspielhäuser füllten sich wieder.

Die Männer der äußerften Partei hatten ihr Spiel verloren. Louis Blanc befand sich als Flüchtling in London; Ledru=Rollin, Cauffidière waren aus dem Sattel gehoben und ohne Ausficht die Zügel wieder in ihre Hand zu bekommen. Aber felbst Männer, deren Verdienste in den erften Monaten unbestreitbar gewesen, wie Lamartine, hatten sich durch ihre spätere Haltung unmöglich gemacht. Cavaignac zog drei seiner africanischen Waffengenoffen in seine Nähe, Changarnier als Oberbefehls= haber der Parifer Nationalgarde, Lamoricière als Minifter des Kriegs, Bedeau für die auswärtigen Angelegenheiten, für welch' letzteren, der noch krank an seiner Wunde lag, einstweilen Baftide die Gefchäfte führen follte; die andern Minifter waren Sénard für das Innere, Marie für die Juftiz, Goudchaux für die Finanzen, Carnot für den Unterricht, Recurt für die öffentlichen Arbeiten, Tourret für Ackerbau und Handel. Es waren darunter Männer von entschieden gemäßigten, ja felbst aus= gesprochen antirepublicanischen Grundfätzen, wie Changarnier; ein und der andere hatte seine früher überspannten Ansichten bedeutend herab= geftimmt, wie Carnot; dennoch hielt sich letzterer nicht lang, sondern mußte Achille de Vaulabelle weichen. Denn die große Mehrheit der National=Versammlung trat immer entschiedener gegen alles auf, was mit den vorausgegangenen Ausartungen in irgend einem Zusammenhange ftand, und noch unverhüllter gab sich in den Provinzen der Widerwille gegen die vorhergegangenen Zustände kund. In den Gemeindewahlen im Auguft wurden faft allenthalben Männer, die sich der Februar=Revolution angeschloffen hatten, aus den Municipal=Räthen entfernt, folche von gemäßigter Gefinnung, felbst alte Legitimiften und Orleaniften, an ihre

Stelle berufen.[4]) Großgrundbesitzer, vor wenig Wochen noch verhöhnt und wie geächtet, wurden gebeten an die Spitze der Gemeindeverwaltung zu treten. Ex-Pairs, Deputirte und Beamte aus der Zeit Ludwig Philipp's nahmen Platz in den Departements-Räthen; der Herzog von Broglie wurde Präsident im Department des Eure, Bignon in dem der untern Loire. Bei den Nachwahlen für die National-Versammlung im September setzte die Regierung nicht e i n e n ihrer Candidaten durch. In Bordeaux siegte der berühmte Royalist Molé gegen den Procurator der Republik Cormans. Die Namen Changarnier's, Achille Fould's gingen aus den Wahlurnen hervor; Thiers, im April zurückgewiesen, wurde in fünf Departements zugleich gewählt. So mußte denn auch der Ver=faffungsentwurf, als es zu deffen Berathung im Schoße der National= Versammlung kam, mehr als eine wesentliche Einbuße im Sinne der geänderten Anschauungen erleiden. Die verhängnißvolle Phrase: „die Republik erkennt das Recht auf Arbeit an", wurde nach drei denkwürdigen Sitzungen, in denen Thiers, Tocqueville, Dufaure ihre glänzendste Be= redsamkeit entfalteten, mit bedeutender Ueberzahl der Stimmen verworfen. Daffelbe Schicksal hatte die Progreffiv=Steuer; nur das Zweikammer= Syftem konnte, trotz der aufopfernden Anstrengungen von Thiers und Tocqueville, von Remusat und Odilon=Barrot nicht durchgesetzt werden. Bei allen diesen Kämpfen fehlte es nicht an stürmischen Auftritten in der Kammer; der Berg und die Rechte geriethen mehr als einmal wild an= einander, es fielen die härtesten Worte, geballte Fäuste erhoben sich drohend. Ueberhaupt schien sich die äußerste Partei von ihrem ersten Schrecken erholt zu haben. Die Clubs versuchten in Paris und in andern Städten auf's neue ihr früheres Treiben. Demokratische Bankets feierten den Jahrestag der ersten Republik; in Toulouse durchzogen bei dieser Gele= genheit wilde Haufen, die „Marat" und „die Guillotine" leben ließen, die Straßen. Allein im großen Ganzen gab das wenig aus. Die Pro= vinzen remonstrirten laut gegen dieses Unwesen, eiferten gegen die gefähr= liche Hegemonie von Paris, wo die Fäden aller politischen Entartungen und Leidenschaften zusammenliefen, begehrten adminiftrative Decentralisation als einziges Heilmittel dagegen. An die National = Verfammlung erging der Ruf, ihre Arbeiten zu beschleunigen und den Tag für die Präfiden= ten=Wahl bald möglichst anzusetzen.

Denn das war es, was mehr als alles andere die Gemüther beschäf= tigte. Man wollte endlich aus dem Zustande der Ungewißheit heraus=

kommen und feſten Boden unter ſeinen Füßen haben. Cavaignac hatte
ſich durch Wiederherſtellung der geſetzlichen Ordnung Sympathien in wei-
teſten Kreiſen errungen; allein er verlor ihrer viele, als man Unentſchloſ-
ſenheit in ſeinem Benehmen und ein gewiſſes Schwanken zwiſchen den
Wünſchen des Landes, das entſchiedenes Eintreten für Befeſtigung der
geſellſchaftlicher Zuſtände verlangte, und ſeinen Gefühlen für die demo-
kratiſche Partei, der er aus früheren Verbindungen naheſtand, zu gewahren
glaubte.

Was aus ſolchen Gründen der Sieger in der viertägigen Juniſchlacht
an allgemeinem Vertrauen einbüßte, das wandte ſich einem N a m e n zu,
der gleichſam das Symbol deſſen war, was in der haltloſen Lage Frankreichs die Leitung der öffentlichen Angelegenheiten am meiſten bedurfte:
Willen und Kraft. Der individuelle Träger dieſes Namens war Neben-
ſache; ja gerade die beſſeren Leute waren es, welche die möglichſt gering-
ſchätzende Meinung von ihm hatten. Auch ſchien, was man von ſeinen
Vorerlebniſſen wußte — und die Regierungs-Preſſe ſorgte mit allem Eifer
dafür, daß es nicht vergeſſen wurde —, wenig geeignet ihm die entgegen-
kommende Neigung der Einſichtsvollen zu gewinnen. Er hatte als junger
Menſch im Februar 1831 in der Romagna das Banner des Aufruhrs
gegen die italieniſchen Regierungen ergriffen und war dabei, ſo zum mindeſten ſtellte der böſe Leumund die Sache dar, fahnenflüchtig geworden.
Er hatte ſich wenig Monate ſpäter auf den Weg nach Polen gemacht,
um ſich, von Kniaziewicz, Plater u. a. eingeladen, an die Spitze der
dortigen Revolution zu ſtellen, als ihn in Dresden die Nachricht vom
Falle Warſchau's zur Umkehr bewog. Er hatte ſich am 30. October 1836
„das Vermächtniß des Kaiſers in der einen, den Degen von Auſterlitz
in der andern Hand" in Straßburg bei einem raſch unterdrückten Militär-
Aufſtand fangen und von Louis Philippe — ſo leicht wog in der Hand
des klugen Königs der tolle Jugendſtreich! — nach America in die Verbannung ſchicken laſſen. Er hatte vier Jahre ſpäter, 6. Auguſt 1840,
mit einem Handſtreiche auf Boulogne geſcheitert, war dießmal vom Pairs-
Hof zu lebenslänglicher Haft in der Veſte Ham verurtheilt worden und
war von da eines Tages, 25. Mai 1846, als Arbeiter in Blouſe und
Holzſchuhen verkleidet und mit einem Brett auf der Achſel davon gegangen,
wie etwa ſonſt ein verſchmitzter Häftling die Obſorge ſeiner Wächter zu
täuſchen weiß. Er war auch als Schriftſteller aufgetreten und ſeine

Widersacher wußten sich viel Spaßes damit, daß er 1832 in seinen „Rêveries politiques" für Frankreich „Republik mit einem Kaiser an der Spitze" vorgeschlagen hatte. Konnte man einen Menschen von solchem Thun und Treiben für einen ernsthaften politischen Charakter halten? Doch, wie gesagt, in den Augen derer, die ihre Blicke trotz alle dem auf diesen selben Menschen richteten, war, was er früher gethan und wie er sich gezeigt, von keinem Ausschlag. Der Name den er trug, und die Idee die dieser Name repräsentirte, wogen, da von dem Verbannten in Frohsdorf und von den Orleans doch nicht die Rede sein konnte, alles andere auf und, so sagten sich die Hoffenden, „vielleicht macht er sich noch". Allein so unbedeutend, als selbst viele seiner politischen Freunde damals noch meinten, war der Mann denn doch von allem Anfang nicht.

Louis Napoleon Bonaparte, der vierte Sohn Ludwig's wailand Königs von Holland und der Stieftochter des großen Kaisers Hortense, geboren zu Paris am 20. April 1808, war nach dem Hinsterben seiner ältern Brüder und des Herzogs von Reichstadt das anerkannte Haupt der Napoleoniden und in ihren Augen der rechtmäßige Erbe des kaiserlichen Thrones. Er selbst hatte seine Mission zu keiner Zeit ver= läugnet [5]) und eben so wenig hatten es seine Anhänger, deren er in seiner früheren Lebens = Periode nicht viele, aber um so rührigere und ausdau= erndere besaß. Er hatte, seit er zu Jahren gekommen, unausgesetzte Verbindungen mit den geheimen Bonapartisten in Frankreich unterhalten, und waren auch seine beiden Schilderhebungen in Straßburg und in Boulogne mißglückt, so waren sie doch andererseits geeignet die öffentliche Aufmerksamkeit zu beschäftigen und der Welt zu zeigen, daß die Partei noch lebe. Dabei wußten die mit den näheren Umständen Vertrauten sehr wohl, daß der Prinz bei seinen Putsch=Versuchen, wenn auch überall un= glücklich im Erfolge, persönlichen Muth, Hochsinn und Entschlossenheit an den Tag gelegt habe, wie denn auch die kühnen selbstbewußten Worte, die patriotischen Anklänge an eine ruhmreiche Vergangenheit, die der An= geklagte vor den Pairs von Frankreich gesprochen, nicht ganz unbeachtet verklungen waren. Den gleichen Zweck wie jene Unternehmungen erfüllten seine politischen Brochuren. Er lebte als Flüchtling in London, als er 1839 seine „Idées Napoléoniennes" herausgab und in der Vorrede sagte: „Wenn das Geschick, das meine Geburt mir prophezeite, nicht durch die Ereignisse wäre geändert worden, würde ich als Neffe des Kaisers ein Vertheidiger seines Thrones, einer der Fortpflanzer seiner

4*

Ideen geworden sein." Er gab sich in dem Buche als einen Anhänger
der Freiheit, als einen Vorkämpfer des Fortschritts, dessen Gesetz „ewig,
unwiderstehlich" sei, seinen Onkel als „testamentarischen Executor der Re=
volution", die „napoleonische Idee" als eine „sociale, industrielle, com=
mercielle und humane." Eben so wußte er, was er that, als er 1845 in
seiner „Extinction du paupérisme" eine gracchische Vertheilung der
9.190,000 Hectaren unbebauten Landes in Frankreich unter „alle armen
beschäftigungslosen Arbeiter" und einen aus der freien Wahl der Nichtbe=
sitzenden hervorgehenden Rath von Sachverständigen vorschlug, der als
Mittelglied zwischen der Macht und der Masse zu fungiren hätte.

Unmittelbar nach den Revolutions-Tagen waren die Napoleoniden
in Paris aufgetaucht: Napoleon Sohn Jérôme's, Pierre Sohn Lucian's,
Lucian Sohn Murat's. Auch Louis kam noch vor Ende Februar von
London herüber, „sich unter die Banner der Republik zu schaaren, mit
keinem andern Ehrgeiz als dem meinem Vaterlande zu dienen." Allein
den damaligen Machthabern war es in seiner Nähe vom ersten Augen=
blicke nicht ganz geheuer[6]); sie ließen ihn merken man sehe seine Gegen=
wart als gefährlich an, und er kehrte „aus Achtung vor der provisori=
schen Regierung" in sein Exil zurück. Das Schreiben, das er aus diesem
Anlasse an letztere richtete, wurde in den Journalen veröffentlicht, und so
geschah es pünktlich mit allen andern Schritten, die von Zeit zu Zeit die
öffentlichen Blicke auf ihn leiten konnten. Im April erfuhr man aus
London, der „Prinz" habe sich als freiwilliger Constabler einschreiben
lassen und der Regierung gegen die Umtriebe der Chartisten zur Verfü=
gung gestellt; das gefiel jenen Leuten in Frankreich, die keine Revolutio=
näre vom Handwerk waren. Anfangs Juni gab es Ergänzungswahlen für
die National-Versammlung. Louis Napoleon's Name ging in einem Pa=
riser Bezirk und in zwei Departements, Yonne und Nieder=Charente, aus
der Urne hervor. Mit eins entstanden in Paris vier Journale, die den
Satz vertheidigten, Louis Napoleon müsse Präsident von Frankreich werden.
Die Ergebnisse der Wahlen kamen vor die Kammer, die über deren Gil=
tigkeit zu entscheiden hatte. Schon einige Tage früher gab es Aufläufe
vor dem Gebäude der National-Versammlung. Am 12. Juni rückte eine
Abtheilung Nationalgarde aus, ihren Ober=Commandanten General Clé=
ment Thomas an der Spitze, der in barscher Weise die Menge auseinan=
dergehen hieß. Das vermehrte die Unruhe, ein Schuß wurde gehört, die
Leute machten boshafte Bemerkungen; Einige wollten aus dem Haufen

den Ruf „Vive l'Empereur" vernommen haben. Das kam der Executiv=Commission ganz gelegen. Während der Minister des Innern unmittelbar aus der Kammer an alle Präfecte und Unter=Präfecte in telegraphischem Wege den Befehl erließ, „Charles Louis Napoleon Bonaparte" falls er in ihrem Departement betroffen würde festzunehmen, stürzte Lamartine auf die Rednerbühne, machte aus dem wenig bedeutenden Auftritte ein hochwichtiges Ereigniß, sagte, seit den Februar=Tagen habe das erste Blut die „ewig reine und glorwürdige Sache der Revolution" besudelt, und legte der Versammlung den Entwurf eines Decretes vor, das die Ausschließung und Verbannung des Veranlassers jener Unordnungen aussprach. Doch seine zündenden Worte verfehlten dießmal ihre Wirkung[7]); mehrere Redner erhoben sich dagegen, selbst Louis Blanc — der es später freilich bitter bereute —; der Vorschlag wurde mit großer Stimmenmehrheit verworfen. Am 14. verlas der Präsident der National=Versammlung Sénard ein an ihn gerichtetes Schreiben des Prinzen, worin die Phrase vorkam: „Wenn mir das Volk Pflichten auferlegt, werde ich sie zu erfüllen wissen", aber nicht ein einzigesmal das Wort „Republik." Cavaignac, damals noch Kriegs=Minister, der bis dahin bei keinem Anlasse in der Kammer gesprochen hatte, erhob sich, um die Versammlung auf dieses eigenthümliche Uebersehen aufmerksam zu machen, und erzielte damit vorübergehende Wirkung; es erhob sich ein Sturm in der Versammlung wie kaum je, und Antoine Thouret beantragte ein Decret, daß Louis Napoleon Bonaparte aufgehört habe Volksvertreter zu sein. Allein Tags darauf erschien ein zweites Schreiben des Prinzen, das Oel über die aufgeregten Wogen goß; es war darin die Republik ausdrücklich erwähnt — „le maintien d'une république sage, grande et intelligente" — und zuletzt hieß es: „Die Feindseligkeit der Executiv=Gewalt und die Unruhen, die man zum Vorwand genommen, legen mir die Pflicht auf, eine Ehre abzulehnen die man durch Ränke erschlichen glaubt"; und er blieb neuerdings in London. Es folgten die Kämpfe der Juni=Tage[8]), die Bekleidung Cavaignac's mit der höchsten Gewalt, eine neuerliche Berufung des Prinzen vom Departement der Stamm=Insel seines Hauses und eine abermalige Ablehnung der Wahl von seiner Seite; „er wolle", schrieb er am 8. Juli an den Präsidenten der National=Versammlung, „durch seine Uneigennützigkeit (désinteressement) die Aufrichtigkeit seines Patriotismus bekunden; er wolle daß jene, die ihn des Ehrgeizes beschuldigen, von ihrem Irrthum überzeugt werden".

Wer bei all' dieſen Vorgängen verloren hatte, war gewiß nicht der
Prinz. Das Intereſſe für ihn war allgemein, die Aufmerkſamkeit auf ihn
und ſeine Schritte eine geſpanntere als je. Dazu hatte er den für ſeine
Widerſacher gefährlichen Nimbus eines Verfolgten gewonnen, etwas wie
der Lichtkreis einer Märtyrer-Krone ſpielte um ſein Haupt, und ſelbſt
ſeine Entfernung vom Schauplatze der Leidenſchaften kam ihm zu ſtatten[9]).
Der ausgiebigſte Verbündete Louis Napoleon's aber war das täglich wachſende Mißvergnügen mit der Regierung[10]). Zwar die Ultrademokraten
waren gegen ihn, und auch die Bourgeoiſie mißtraute noch dem Namen
Napoleon, der ihr mit den „natürlichen Gränzen Frankreichs" und folglich
mit einem europäiſchen Krieg gleichbedeutend war. Allein eben letzteres
machte ihn bei dem größten Theile der Armee beliebt, die mit Ausnahme
einiger Regimenter, die Cavaignac von ihren algeriſchen Campagnen her
ergeben waren, durchaus bonapartiſtiſche Sympathien bekundete. Noch vor
den Juni-Ereigniſſen, unmittelbar nach der Aufregung über die in der
Kammer beſtrittene Wahl des Prinzen, erzählte man in Paris von einem
Dragoner-Regiment, das durch Verſailles ziehend beim Anblick eines Frei-
heitsbaumes in den Ruf „A bas la liberté! Vive l'Empereur!" ausgebrochen ſei. Und was hing im Volke nicht alles mit der Armee zu-
ſammen! In jedem Dorfe lebte ein Veteran, der in die Geſpräche am
abendlichen Herde bewundernde Züge aus der großen Kaiſerzeit zu miſchen
wußte; in jeder Hütte fand ſich ein älteres oder neueres Conterfey des
großen Napoleon oder einzelner Kataſtrophen aus ſeinem Leben; in den
volksthümlichſten Liedern lebte die Erinnerung an ihn und die „große
Nation", deren Macht und Ruhm er in alle Theile der Welt getragen
hatte. Was wußte das Volk von Lamartine? Höchſtens, daß er ſchöne
Gedichte für die reichen Herren geſchrieben. Was wußte es von Cavaignac? Er war ihm ein neuer Mann. Aber geläufig war ihm der Name
Napoleon, und daß der Neffe des großen Kaiſers, der Erbe ſeines Titels
und ſeiner Rechte wieder erſchienen ſei, verbreitete ſich bis in die entlegenſten
Theile des Landes. Portraits des Prinzen fanden raſchen Abſatz; man
verglich ihre Züge mit denen des alten Kaiſers und fand die Aehnlich-
keiten heraus; ja hin und wieder tauchte im Volke, wie ſeinerzeit im por-
tugieſiſchen von Dom Sebaſtian oder im öſterreichiſchen von Joſeph II.,
der Glaube auf, der berühmte Schlachtenkaiſer ſei eigentlich nie todt
geweſen.

Unter ſolchen Verhältniſſen kamen in der zweiten Hälfte September abermals Nachwahlen an die Tagesordnung, und nun war der Eintritt des Prinzen in die Kammer nicht mehr aufzuhalten. Seine Rathgeber waren für ein ganz unbemerktes Erscheinen, um jede auffallende Kundgebung seitens der Menge zu vermeiden. Sah man doch Gruppen alter Soldaten und junger Leute halbe Tage lang die Vendome-Säule umlagern, weil sich das Gerücht verbreitet hatte, er werde in einem Hause jenes Platzes sein Absteige-Quartier nehmen. So trat Louis Napoleon am 26. September durch eine Seitenthüre in die Versammlung, deren Aufmerksamkeit eben durch einen Redner mindern Ranges nicht sehr in Anspruch genommen war, und nahm seinen Platz auf einer der rückwärtigen Bänke. Nachdem seine Anwesenheit bemerkt worden und die Tribüne geräumt war, legte er das Gelöbniß ab und hielt eine kurze, aber klare, klug gestellte Ansprache, welche durch das Versprechen, „an der Entwicklung der demokratischen Institutionen, que le peuple a droit à réclamer, arbeiten zu wollen", die Republicaner, noch weit mehr aber durch den Hinweis auf „die Aufrechthaltung der Sicherheit, ce premier besoin du pays" die Freunde der Ordnung befriedigte. Im übrigen trug er sich still und bescheiden, ließ sich nicht häufig blicken, enthielt sich bei mehr eingreifenden Fragen der Abstimmung und meldete sich zum Worte nur, wenn er um des Interesses seiner Sache willen nicht ausweichen konnte. Die Behauptung seiner persönlichen Bedeutungslosigkeit wurde von seinen Widersachern in der Kammer um so hartnäckiger herumgetragen, je zäher und ausdauernder außerhalb derselben seine Schildträger wirkten und je mehr sein Anhang, vorzüglich weit herum im Lande, von Tag zu Tag wuchs.

Während auf solche Art in Frankreich die Reaction gegen die Tendenzen des Umsturzes in unaufhaltsamem Wachsthum begriffen war, verdoppelte die Revolution ihre Anstrengungen in den übrigen Ländern Mitteleuropas, die zum Theil noch von anderem Unheil heimgesucht oder doch bedroht waren. Denn zu den Kriegsnöthen auf so vielen Schauplätzen, zu den Unruhen, Aufständen, Straßenkämpfen an allen Orten gesellte sich als neuer Menschenwürger die asiatische Cholera. Sie beschränkte sich anfangs auf das innere Rußland, und die ängstliche Gränzsperre, welche dieses Reich gegen das Hereinbrechen der Revolution aufgerichtet hatte, schien dem übrigen Europa gegen das Herausbrechen der verheerenden Pest zustatten zu kommen. Doch schlug diese Erwartung fehl. Die Cholera trat während des Mai in Moskau mit verstärkter Heftigkeit auf und begann gegen Ende Juni in St. Petersburg zu wüthen, wo sie um Mitte Juli ihren Höhepunkt, durchschnittlich bei 700 Erkrankungen und 400 Todesfälle im Tage, erreichte. Um dieselbe Zeit griff sie in den Ostsee-Provinzen um sich, wo besonders Riga zu leiden hatte. Schon war sie in die türkischen Provinzen, wie es scheint durch die russischen Truppen, eingeschleppt worden. In Jassy starben in der ersten Hälfte Juli im Durchschnitt 150 Personen täglich, in der Moldau überhaupt mehr als 8000. Auch in Konstantinopel raffte sie massenweise Opfer dahin. Im August tauchte sie in der Bukowina und in Galizien auf, wo sie in vielen Gegenden böse Verheerungen anrichtete, und pflanzte sich dann, obgleich an Kraft verlierend, durch das Schlesische und Posensche nach Berlin und Stettin, nach Rotterdam und Amsterdam bis nach England hinüber fort. Die Cholera war es auch, der die eine Barricade ihr Entstehen verdankte, mit welcher das Moskowiter-Reich im J. 1848 Bekanntschaft machte. Es war das alte Märchen von einer Verschwörung der Reichen und der Aerzte zur Vergiftung des gemeinen Volks, das darüber in Gährung gerieth und am 30. August an der Newskij-Perspective zu St. Petersburg sich zu verschanzen begann, bis Kaiser Nicolaus persönlich erschien, seine Truppen zurückbeorderte und die Menge ansprach, die sich, nachdem einige Widersetzlinge festgenommen waren, binnen kurzem verlief. So zum mindesten lautete unsichere Kunde aus dem hermetisch abgeschlossenen Reiche; vielleicht war auch das Ganze nur eine gerüchtweise Auffrischung des bekannten Vorfalles von 1830. Nach dieser kleinen Abschweifung nehmen wir den Faden unserer Erzählung da wieder auf, wo wir ihn, um den nachhaltigen Umschwung jenseits des Rheins im Zusammenhange zu erzählen, fallen gelassen haben.

Wir erwähnen kurz das Erscheinen des Erzherzogs Johann als Alter-Ego des Kaisers in der Hauptstadt Oesterreichs, 24. Juni, und wenige Tage später, 29., dessen Erwählung zum deutschen Reichsverweser; die Ankunft der Frankfurter Deputation in Wien, 4. Juli, die feierliche Verkündigung der Annahme des ihm zugedachten Postens

und seine Proclamation an die Wiener, 5.—7.; am 8. seine Abreise von
Wien, am 11. seinen feierlichen Einzug mit der „ersten deutschen Frau"
in Frankfurt; am 12. seine Vorstellung in der Paulskirche und den
Schluß der Sitzungen des Bundestages.

Unmittelbar nach dem Abgange des Erzherzogs nach Frankfurt traten
in Wien wichtige Veränderungen ein. Pillersdorff dankte ab, 8. Juli,
Doblhoff wurde mit der Bildung eines neuen Ministeriums betraut,
das um die Mitte des Monats zustande kam — Wessenberg Präsidium
und Aeußeres, Doblhoff Inneres, Latour Krieg, Bach Justiz, Kraus
Finanzen, Schwarzer öffentliche Arbeiten, Hornbostel Handel —. Am 10.
fand die erste vorberathende Sitzung des constituirenden Reichstages statt,
am 22. wurde derselbe feierlich eröffnet. Seine dießmalige kurze Anwesenheit in Wien benützte Erzherzog Johann zugleich, um den vom
Hofe gewünschten Austrag zwischen Ungarn und Kroatien zu versuchen.
Batthyány erschien in Wien, wo sich auch der Banus einfand, 26. Juli,
um eine der brillantesten Ovationen zu empfangen, die ihm am Abend
des 28. die kaiserliche Garnison unter massenhafter Betheiligung der
Bevölkerung bereitete. Obschon auch der Palatin von Buda-Pest her-
aufkam, 29., führten die Verhandlungen doch zu keinem befriedigenden
Ende; nur das Schwert konnte fortan den Streit entscheiden, wie es in
denselben Tagen einen anderen Streit zu einstweiligem Abschlusse brachte.

In Ober-Italien hatte Radeck nach der durch das Isonzo-Heer
erhaltenen Verstärkung einen kühnen Flankenmarsch gegen Mantua ausgeführt, die feindlichen Linien bei Curtatone erstürmt, 29. Mai, dagegen
am folgenden Tage durch den Grafen Wratislaw einen vergeblichen
Versuch auf Goito gemacht. Da zur selben Zeit die aller Lebensmittel
entblößte Festung Peschiera durch Capitulation in die Hände der Piemontesen kam, 30. Mai, ging Radeck vom 3. zum 4. Juni in seine
Stellung von Verona zurück, brach aber schon wenige Tage später, am
9., gegen Vicenza auf, zwang, nachdem die tapfern Zehner-Jäger die
Erstürmung des Monte Berico mit dem Tode ihres heldenmüthigen Obersten
Kopal erkauft, den General Durando mit 15000 päpstlichen Truppen
zum Abzuge, 10., und stellte durch die Besetzung der Stadt die Verbindung mit dem Benetianischen zur selben Zeit her, wo ihm andererseits
Karl Albert durch die Besetzung von Rivoli jene mit Süd-Tyrol zu verderben mußte. Bald darauf capitulirte Treviso an die Unsern, 14. Juni,

öffnete Padua ohne Kampf seine Thore, wurde Palmanuova zur Uiber-
gabe gezwungen, 24., und befand sich damit die ganze Terraferma im
Besitze der kaiserlichen Truppen, die nun im Stande waren, Venedig
von der Landseite einzuschließen. Zur See freilich hielt Albini mit seiner
Flotte den Hafen offen und verhängte, 8. Juni, über jenen von Triest
den Blocade-Zustand.

Überhaupt schien der Stern Karl Albert's noch immer im Steigen
zu sein. Schon am 29. Mai hatte sich Modena für den Anschluß an
Piemont erklärt; am 9. Juni war eine Deputation der provisorischen
Regierung von Mailand am Ufer des Garda-Sees erschienen, um dem
Könige die Anschluß-Acte der Lombardei zu überbringen; die venetianischen
Provinzen Vicenza, Padua, Rovigo und Treviso sandten zu gleichem
Zwecke Abgeordnete nach Turin, 14., wo die Kammern am 28. die Einverleibung all dieser Gebiete in ein großes norditalisches Königreich aussprachen. Selbst die stolze Königin der Adria schickte sich an, ihr Haupt
unter das sardinische Joch zu beugen; nach schwerer Selbstüberwindung
sprachen sich am 4. Juli die Versammelten im Dogen Palaste mit 133
gegen 127 Stimmen für den Anschluß ihrer Stadt an Sardinien aus.

Doch schon holte der kaiserliche Feldmarschall zu dem entscheidenden
Streiche aus, welchem auf der einen Seite die Überschreitung des Po
und die Demüthigung Ferrara's durch Franz Liechtenstein, 14. Juli,
auf der anderen der Angriff Thurn's und Lichnowski's gegen die feindliche
Stellung von Rivoli und der Rückzug der Piemontesen gegen Peschiera,
22., vorausging. Am Abende desselben Tages entwickelten sich aus dem
Lager und den Thoren von Verona die Streitmassen Radecky's, bis
ihnen eine furchtbare Gewitternacht, die alles in undurchdringliche Finsterniß hüllte, Stillstand gebot. Sonntags, den 23., war der Himmel geklärt und der Angriff begann. Die Höhen von Sona, von Montebello
und von Madonna del Monte wurden erstürmt, Sommacampagna nach
hartem Kampfe genommen und das Ufer des Mincio erreicht, den am
24. ein Theil der kaiserlichen Armee überschritt, während in ihrem Rücken
eine vereinzelte österreichische Brigade von der Hauptmacht Karl Albert's
bei Sommacampagna überfallen und vernichtet wurde. Schleunig zog
Radecky seine Colonnen wieder auf das linke Ufer zurück, FML. Haynau
sandte die letzte seiner Brigaden aus Verona in die Flanke des Feindes
und am 25. Juli bei einer Gluthhitze von nahezu 28 Graden erfolgte
der Hauptschlag von Custozza, der mit der vollständigen Niederlage

des Feindes endete. Der König begann um Mitternacht seinen Rückzug
über den Mincio, Radecky folgte ihm andern Tages auf dem Fuße.
Nach einem letzten hartnäckigen Kampfe in Volta, der vom Abend des
26. eine Schreckensnacht hindurch bis zum Vormittag des 27. wüthete,
setzte der Feind seinen Rückzug über Goito fort und sandte Parlamentäre
in das kaiserliche Lager, einen Waffenstillstand mit dem Oglio als
Scheidelinie anbietend. Radecky aber verlangte die Abda, die Uebergabe
aller von den Piemontesen besetzten Festungen, die Räumung von Venedig,
Parma und Modena. Als dieß nicht gewährt wurde, drangen die Unsern
mit ganzer Macht vorwärts, überschritten den Oglio, 30., die Abda, 1.
August, und standen am 4. vor Mailand. Am 5. capitulirte die Stadt,
aus der der König vor den Ausbrüchen der Volkswuth entweichen mußte,
am 6. wurde sie von den kaiserlichen Truppen besetzt. Jetzt dictirte
Radecky die Bedingungen des Waffenstillstandes; Peschiera, Rocca d'Anfo,
Osopo wurden von den Piemontesen zurückgegeben, Modena, Parma,
Piacenza von ihnen geräumt; eben so Venedig, das, sich selbst überlassen,
keinen Augenblick säumte, seinen früheren Beschluß der Einverleibung
mit Piemont zu widerrufen und die Republik wieder herzustellen, 10.

Die ganze Welt erfüllte der Kriegsruhm Radecky's und seines
tapfern Heeres; nur die tonangebende Partei in der Hauptstadt seines
eigenen Vaterlandes war andern Sinnes.

Seit dem 12. August befand sich der kaiserliche Hof wieder in
Wien, der sich durch die feierlichsten Versicherungen ungetrübter Ruhe
und Ordnung hatte bewegen lassen, seine tyroler Zufluchtsstätte zu verlassen. Doch schon bei der großen Feldmesse auf dem Glacis am 19.
tönte der „lederne Fuchs", den die Musikbande der vor dem kaiserlichen
Gezelte vorübermarschirenden akademischen Legion statt der Volkshymne
aufspielte, wie greller Hohn gegen jene loyalen Verheißungen. Wenige
Tage darauf gab es den ersten blutigen Zusammenstoß seit den Märztagen. Der Arbeits-Minister Schwarzer hatte den Lohn der lässigen
Tagewerker herabzusetzen befunden, 21., was Aufregung und Zusammenrottungen im Prater zur Folge hatte; die einschreitende Nationalgarde
und Sicherheitswache behielt nur nach hartem Kampfe, der beiderseits
Todte und Verwundete kostete, die Oberhand, 22. und 23. Der augenblicklichen Strömung nachgebend, löste sich der Sicherheitsausschuß auf,
24., ohne daß darum seine Partei ihr Spiel aufgegeben hätte. Das

zeigte sich schon, als in denselben Tagen die Reichstags-Abgeordneten
Selinger und Strasser eine Anerkennungs-Adresse für die kaiserliche Armee
in Italien befürworteten; Lachen und Zischen tönte von den Bänken der
Linken, und der Antrag fiel, 24. Bald fanden sich neue Zündstoffe.
Am 1. September wurde im constituirenden Reichstage die Entlastung
des unterthänigen Besitzstandes von Robot und Zehent ausgesprochen;
als aber hierbei der Justiz-Minister der Krone das Sanctions-Recht zu
wahren wagte, 4., galt dieß der Linken als ein Angriff auf die „Sou=
verainetät" der Kammer, und die bisherige Popularität des Ministeriums
erhielt ihren ersten Stoß. Die Aufregung wegen der s. g. Swoboda'-
schen Actien, durch die man den minderen Gewerbsleuten mehrere hundert=
tausend Gulden herausgeschwindelt hatte, bot der Umsturzpartei erwünschten
Anlaß ihrem Mißmuth Luft zu machen. Das Ministerium des Innern,
obgleich völlig unbetheiligt an jenem Unternehmen, wurde gestürmt, Dobl=
hoff mußte sich aus dem Gebäude durch eine Hinterthür retten, 13. Sep=
tember. Andern Tages bildeten sich neue Zusammenrottungen, deren
Parole die Wiederherstellung des Sicherheitsausschusses war. Das Mi=
litär rückte aus, auch ein Theil der Nationalgarde war bereit den Ur=
hebern der fortwährenden Störungen das Handwerk zu legen. Allein
Latour, von der Linken bestürmt, befahl die Truppen zurückzuziehen, und
wenn auch die Parteiführer für dießmal ihren Zweck nicht erreichten, so
hatte ihnen doch das Ministerium einen Beweis von Schwäche gegeben,
die ihren herausfordernden Trotz nur steigerte. Als am Abend des 24.
dem Abgeordneten Kudlich, von dem der erste Anstoß zur Auflösung des
Unterthänigkeitsverhältnisses ausgegangen war, ein großartiger Fackelzug
veranstaltet wurde, sagte man den zu der Feierlichkeit aus der Umgegend
aufgehobenen Bauernschaaren: „Wenn wir euch das nächstemal rufen,
werdet ihr wieder kommen, aber nicht mit Fackeln, sondern mit Waffen!"

Bei all diesen Versuchen und Kundgebungen war ungarisches Geld
im Spiele, da dem Pester Ministerium alles daran gelegen war, die
Regierung in Wien durch fortwährende Beschäftigung im eigenen Hause
an der Beeinflußung dessen zu hindern, was jenseits der Leitha vorging.
Denn selbst ohne solche Einmischung befand sich die Sache des Magha=
rismus in einer Lage, deren Schilderung Kossuth den Stoff zu einer
seiner gewaltigsten Reden bot. Er erklärte vor dem am 5. Juli in Pest
zusammengetretenen Reichstage das Vaterland in Gefahr und verlangte

zu deſſen Rettung ein Aufgebot von 200.000 Streitern und einen Credit von 42.000,000 fl.; beides bewilligte ihm die begeiſterte Zuſtimmung des Hauſes, 11. An Gelegenheit es zu verwenden war kein Mangel.

Auf dem ſerbiſchen Kriegsſchanplatze folgte Schlag auf Schlag, bald von der einen, bald von der andern Seite. Am 10. Juli fallen die Serben aus dem Perlaſſer Lager gegen Ecsla, das Haupt-Quartier von Kiß, aus; am 11. greifen ſie Werſchetz an, wo ihnen der Oberſt Blomberg von Schwarzenberg-Uhlanen die Stirne bietet; am 13. und 14. ſtürmen die Ungarn die Erdfeſtung Szent-Tamás, ohne nach mehr-ſtündigen Anſtrengungen einen Erfolg zu erzielen. Am 17. nehmen bei 1000 Serben vom ſyrmiſchen Ufer Futak in Angriff; das Unternehmen ſchlägt fehl, allein Tags darauf geben die Magyaren ihr Lager bei Földvár auf und ziehen ſich gegen Alt-Becse hinauf, und verlegen einige Zeit ſpäter jenes von Alt-Kér weiter nach Verbáß zurück. Am 25. wird von Perlaß aus der magyariſch geſinnte Ort Uszbin überfallen und verheert. Von Peſt aus werden von Zeit zu Zeit Verſtärkungen nach dem Süden geſchickt, am 1. Auguſt fährt der Dampfer Mészáros mit 12 Kanonen die Donau hinab, ohne daß ſich dadurch die Serben ein-ſchüchtern ließen. Unabläſſig brechen ſie aus der Römerſchanze hervor, überfallen Neuſina und Boba, 2., Jarek, 10., Verbáß, 13., und wenn ſie auch auf all dieſen Punkten vom harten Kampfe wieder ablaſſen müſſen, ſo vermögen andererſeits die Ungarn eben ſo wenig etwas aus-zurichten, obgleich der Kriegs-Miniſter Mészáros in Perſon im Lager von Verbáß erſcheint, 12., und einen neuen gewaltigeren Sturm gegen die Serbenlager von Szent-Tamás und Turja unternimmt, 19. Eben ſo erfolglos kämpft Major Asboth in der Gegend von Moldava gegen die Gränzer, 28—30., während der Serben-Führer Stratimirović in einer ſtürmiſchen Nacht den von 8000 Magyaren bewohnten Marktflecken Temerin überfällt und in Aſche legt und dabei auch das deutſche Jarek verheert, 29. zum 30. Dagegen mißlingt den Serben unter Peter Bobalić der Angriff auf Weißkirchen, 28., und gelingt es Kiß und Vetter das ſerbiſche Lager von Perlaß zu überrumpeln, 2. September. Legen die Serben das magyariſche Debelach in Aſche, 8. September, ſo läßt dafür Vetter bei einem neuen Angriff die Ortſchaft Perlaß in Flammen aufgehen, 9.

Während in ſolcher Weiſe Magyaren und Serben aufeinander ſchlugen und ſich gegenſeitig blühende Wohnſtätten anzündeten; wäh-

rend in Kroatien Jelačić immer eifriger seine Rüstungen betrieb und den
Ungarn durch die Wegnahme von Fiume, 31. August, die Verbindung
mit dem Meere abschnitt; während die romanische Bewegung in Siebenbürgen durch das Auftreten des entschlossenen Oberstlieutenants Urban (vom
II. walachischen Gränz-Inf.-Reg.) an äußerer Ausdehnung und innerer
Kraft gewann: gingen die Ereignisse in den beiden romanischen Hospo-
darien an der untern Donau einem Abschlusse entgegen, der für den Ver-
lauf der Dinge in Ungarn nichts weniger als gleichgiltig war. Anfangs
Juli hatten die Russen mit der Drohung ihres Einmarsches über den
Pruth Ernst gemacht; am 8. stand General Gerstenzweig vor Jassy und
breitete von da seine Truppen über die ganze Moldau aus. Die Nach-
richt von diesem Ereignisse versetzte die Regierung in Bukarest in solchen
Schrecken, daß die Mitglieder derselben, nachdem sie Odolesco und
Salomon freigegeben, Knall und Fall die Hauptstadt verließen, 11. Juli.
Sie erholten sich zwar wieder von der ersten Bestürzung und kehrten
nach Bukarest zurück, da es den Anschein gewann, daß die Russen das
walachische Gebiet nicht betreten würden. Allein statt dieser übersetzten
Ende Juli bei 20,000 Türken unter Omer Pascha bei Ruščuk die Donau
und bezogen bei Gjurgjewo ein Lager. Darüber neue Aufregung in
Bukarest, Volksversammlung auf dem Freiheitsfelde, feierliche Einsprache
gegen solche Verletzung des walachischen Gebietes, 1. August. Drei
Tage später traf Suleiman Pascha als außerordentlicher Pforten-Commissär
ein, die provisorische Regierung fand für gut sich aufzulösen, an ihre
Stelle trat eine türkische Kaimakamie, und Suleiman Pascha lud die
Agenten der auswärtigen Mächte ein, mit der neuen Statthalterschaft
in freundlichen Verkehr zu treten. Übrigens zeigte sich der Pforten-
Commissär den seit Bibesco's Rücktritt eingeleiteten Reformen keineswegs
abgeneigt, wie auch von General Gerstenzweig verlautete, daß er auf die
Klagen der moldauer Bojaren mehr horche als auf die Anschläge ihres
fürstlichen Bedrängers. Das lag jedoch nicht im Sinne der russischen
Regierung, von der Befehle zu entschiedenerem Auftreten eintrafen. Allen
Anzeichen nach stand damit die Katastrophe in Liova in Verbindung, wo
sich Gerstenzweig, nachdem er in einem Tagesbefehl von seinen Truppen
Abschied genommen, eine Kugel durch den Kopf jagte, Mitte August. An
die Stelle Suleiman Pascha's, der nach Konstantinopel zurückging, trat
jetzt Fuad Effendi, der ganz unter dem Einflusse des russischen Com-
missärs Duhamel handelte. Auf des Letztern Andringen wurden die

Häupter der walachischen Bewegung festgenommen, ein Aufstand, den die jung=walachische Partei versuchte, durch den Einmarsch der türkischen Truppen in die Hauptstadt gewaltsam unterdrückt, und der frühere Zustand der Dinge mit Konstantin Kantakuzenos als Kaimakam an der Spitze hergestellt, zweite Hälfte September. Nun ließen auch die russischen Truppen nicht auf sich warten. In den letzten Tagen des Monats überschritt Lüders, Gerstenzweig's Nachfolger, die walachische Gränze und besetzte alle wichtigeren Punkte des Landes, in dessen Hauptstadt zuletzt seine Truppen mit denen Omer Pascha's gemeinschaftlich garnisonirten.

So sehr sich die Pefter Regierung beglückwünschen konnte, der dakoromanischen Bewegung in den Donauländern, deren Verbindung mit ihren eigenen Walachen sie stets fürchtete, ein Ziel gesetzt zu sehen, so wenig ließ es ihr andrerseits Ruhe, daß gerade die Streitkräfte des nordischen Zaren=Reichs es waren, durch welche dieser Umschwung herbeigeführt worden. Die russischen Generale standen unverkennbar mit den unfern in Siebenbürgen im besten Einvernehmen, und ebenso war nicht vorauszusetzen, daß sich dieselben der serbischen und kroatischen Bewegung feindselig erweisen würden. Von schlimmen Ahnungen erfüllt, versuchte es die magyarische Partei den kaiserlichen Hof wieder in ihr Interesse zu ziehen; allein die großartige Deputation, die am 6. September von Pest abging, fand in Schönbrunn verschlossene Thüren und reiste am 10. voll Unwillen wieder heim. Mittlerweile thürmten sich die Gefahren von allen Seiten. Mit kaif. Manifest vom 4. September war Jelačić, der seine kriegerischen Vorbereitungen vollendet hatte, in alle seine Würden und Aemter wieder eingesetzt worden. Am 11. überschritt er bei Warasdin die Drau; kaiserliche Truppenkörper schloßen sich ihm auf seinem Marsche an, während andere im Marchfeld und an der Leitha auf höhern Befehl zusammengezogen wurden. Im Nordosten fiel der Slovaken= Führer Hurban an der Spitze von Freischaaren bei Pisek und Bisenz in die Trenčiner Gespanschaft ein, 16., und rückte auf Mijava los. Im Pefter Reichstage ging zwar der Gesetzvorschlag über die Vereinigung Siebenbürgens mit Ungarn durch, 12.; doch nicht ohne den entschiedensten Widerspruch der sächsischen Abgeordneten, die am 19. und in den folgenden Tagen die Hauptstadt verließen, um in ihrer Heimat den Widerstand der bis dahin ruhig gebliebenen Deutschen zu schüren. In dieser ringsum bedrohten Lage beschloß die magyarische Reichstags=Partei einen letzten Schritt in Wien zu machen. Eine neue Deputation ging von

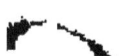

Pest ab, aber dießmal nicht an den Kaiser, sondern an den constituirenden Reichstag, in dessen Schoße sie zahlreicher Bundesgenossen versichert sein konnte. Allein nach zehnstündiger stürmischer Berathung entschied sich in der Winterreitschule eine Mehrheit von 186 gegen 108 Stimmen für den Antrag Helfert's auf Nicht-Zulassung der Deputation, 19. September. Eine aufgeregte Volksversammlung die zur selben Zeit im Odeon stattfand, und ein Fackelzug den die Parteiführer den im Gasthause „zur Stadt Frankfurt" abgestiegenen Ungarn brachten und wobei Tausenau alle Minen seiner feurigen Beredsamkeit springen ließ, brachten keinen Ausschlag und zum zweitenmale reisten die Sendlinge des Pester Ministeriums unverrichteter Dinge von Wien ab. In ihrem Lande stieg die Bedrängniß immer höher. Zwar gelang es die Freischaaren Hurban's, nachdem sie am 22. bei Březova einige Vortheile errungen, bald darauf, 28., vollständig zu schlagen und zu zerstreuen. Allein auf dem serbischen Kriegsschauplatze blieben die Dinge im früheren Stande; ein Angriff, der unter Mészáros' persönlicher Leitung gegen Szent-Tamás ausgeführt und wobei das Serbenlager von 4 Uhr Morgens bis 1 Uhr N. M. aus Geschützen von allem Caliber beschossen wurde, 21., hatte keine andere Folge, als daß ein paar Tage später, 23., der magyarische Ort Örményháza von den Serben überfallen und in Brand gesteckt wurde. Jelačić aber rückte dem Herzen Ungarns immer näher. Eine von der magyarischen Partei beabsichtigte Zusammenkunft des Palatins mit dem Banus auf einem Dampfer des Plattensees kam nicht zustande, 21. Erzherzog Stephan verließ Stadt und Land und legte in Schönbrunn seine Würde nieder, 24. Am selben Tage wurde General Šuplikac in in seiner Würde als serbischer Woiwode bestätigt, am folgenden General Graf Lamberg zum königl. Commissär und Commandirenden für Ungarn ernannt. Die schmähliche Ermordung des letztern auf der Pester Kettenbrücke, 27., diente nur dazu, dem Banus die Wege zu öffnen, der nach einem unentschiedenen Treffen bei Pákozd und Velencze, 29., seinen Marsch gegen die österreichische Gränze richtete, um dort die vom Wiener Ministerium ihm bereitgehaltenen Unterstützungen an sich zu ziehen und als neuernannter bevollmächtigter Commissär und Stellvertreter Sr. königl. Majestät in Ungarn die Unterwerfung des Landes einzuleiten.

Unter solchen Umständen blieb der Pester Regierung nur e i n Mittel: das Wiener Ministerium durch einen gewaltsamen Losbruch in Wien zu sprengen und dadurch der revolutionären Partei, die sich stets als willkommenes Werkzeug für die magyarische Sache hatte finden lassen, freien Spielraum zu verschaffen. In diesem Streben gingen Kossuth und seine Bannerschaft Hand in Hand mit den deutschen Revolutionären, die nun, eingeengt zwischen der Dictatur Cavaignac's im Osten, dem siegreichen Heere Radecky's im Süden und den jenseits der galizischen und ungari- schen Gränzen drohenden Kriegsmassen Rußlands alles daran setzen mußten, auf dem einzigen Gebiete wo Aufstand und Umsturz noch Aussicht auf Gelingen hatten, in Deutschland und Oesterreich, die gesetzlichen Ge- walten nicht zu Kräften kommen zu lassen.

8.

In Deutschland in seiner ganzen Ausdehnung hatten vor und nach Einsetzung der provisorischen Central=Gewalt Ausschreitungen aller Art nie aufgehört. Bald in Sachsenhausen ein Aufstand mit Barricaden und Bürgerblut, 6., 7. Juli, bald in Wiesbaden Tumult, den aus Mainz herbeigeholte österreichische und preußische Truppen zur Ruhe bringen müssen, 16. bis 18.; dann wieder Aufläufe in Berlin, wo der von De- magogen aufgehetzte Pöbel die königlichen Farben nicht länger dulden will, 29. Vom 31. Juli bis 3. August Unruhen in Schweidnitz, Angriffe auf das Commandantur=Gebäude, Schüsse zwischen Militär und Civile, am 20. August Balgerei zwischen Conservativen und Demokraten in Charlottenburg, am 21. zwischen Pöbel und Schutzmännern in Berlin, Angriffe gegen die Ministerien der Justiz und des Innern, Barri- caden; am selben Tage Unordnungen in München. Vom 10. bis 14. September Arbeiterkrawall in Chemnitz, Beschimpfung der preußischen Farben in Naumburg, Soldaten=Excesse in Köln, Straßenunfüge in Pots- dam, mit allerhand Volksversammlungen und Sicherheitsausschüssen, Straßenverrammelungen und Straßenkämpfen, Verwundungen und Ver- haftungen.

Gerechteres Aufsehen als diese verschiedenartigen Vorgänge mußten aber die Ereignisse machen, die sich in der zweiten Hälfte September unmittelbar am Sitze der deutschen National=Versammlung abspielten und die von der dänischen Frage ihren Ausgangspunkt nahmen. Gegen

Ende Mai hatte Wrangel, auf die Erklärung Rußlands eine dauernde
Beſetzung Jütlands für einen Kriegsfall anſehen zu müſſen, ſeine Truppen
wieder ſüdwärts gezogen und war hinter die Schlei zurückgegangen, 27.;
gleich darauf hatten die Dänen auf Sundewitt gelandet und die Deut=
ſchen nach hartem Kampfe von den Düppeler Höhen zum Rückzuge ge=
nöthigt, 28. Am 5. Juni gab es neuen Kampf bei Gravenſtein und
Sonderburg zum Vortheil der Deutſchen, am 29. und 30. bei Habers=
leben und Chriſtiansfeld, worauf die Dänen hinter die jütiſche Gränze
wichen. In die mehrmonatlichen Kämpfe zu Land und zur See hatte
der Waffenſtillſtand von Malmö, 26. Auguſt, eine zeitweilige Pauſe
gebracht. Er war zwiſchen dem Könige von Dänemark einerſeits und
jenem von Preußen im eigenen und im Namen des deutſchen Bundes
abgeſchloſſen worden. Die Hauptbedingungen waren: unverzügliche Auf=
hebung der däniſchen Küſten=Blocade, Freigebung aller Kriegs= und po=
litiſchen Gefangenen, Räumung der Herzogthümer Holſtein und Schleswig
ſowohl von däniſchen als von deutſchen Truppen, Waffenruhe durch ſieben
Monate. Die Abſchließung des Waffenſtillſtandes von Malmö war
formell ein Schlag ſowohl gegen die proviſoriſche Regierung der beiden
Herzogthümer, die mit einer feierlichen Verwahrung dagegen nicht warten
ließ, 4. September, als gegen die deutſche Central=Gewalt, deren Name
und Autorität, weil König Friedrich dagegen Einſprache erhob, umgangen
worden war. Unmittelbar nach dem Eintreffen dieſer Kunde in Frank=
furt erhob ſich deshalb gewaltiger Lärm in den Clubs, die bis in die
ſpäte Nacht beriethen. Am 5. gab es eine ſtürmiſche Sitzung in der
Paulskirche. Dahlmann als Berichterſtatter des Ausſchuſſes trug auf
Nicht=Anerkennung der Convention an; Schmerling, Radowitz, Lichnowski,
Baſſermann ſprachen in entgegengeſetztem Sinne, die Reichs = Miniſter
drohten mit ihrem Rücktritt, preußiſche Abgeordnete mit ihrem Ausſchei=
den aus der Verſammlung; dennoch wurde der Ausſchußantrag mit 238
Stimmen gegen 221 angenommen. Das Miniſterium gab ſeine Ent=
laſſung; Dahlmann wurde vom Reichsverweſer mit der Bildung eines
neuen betraut. Er irrte tagelang umher und mußte zuletzt erklären, daß
er keines zuſtande zu bringen vermöge. Nun ſollte es Herrmann aus
München verſuchen; ihm ging es nicht beſſer; durch acht Tage blieben
die Miniſterbänke leer.

Inzwiſchen hatte man Zeit zur Beſinnung. Der wahre Grund des
Widerſtrebens lag ganz wo anders, als wo ihn die Verfechter des Anſe=

hens der Reichsgewalt anfangs zu finden geglaubt; denn für die revolutionäre Partei war die Frage keine formelle, sondern eine bedeutend m a-
t e r i e l l e. Abgesehen davon, daß der deutsch-dänische Krieg ein fortwährender Zündstoff willkommener Aufregung und Erhitzung war, wurde
dadurch ein nicht unbedeutender Theil von Regierungstruppen an einen
Schauplatz gefesselt, wo er für dieselben Regierungen nicht wirken konnte.
Es zeigte sich auch sogleich, daß Preußen nicht säumte seine Streitkräfte
in's eigene Land zu ziehen und den bisherigen Führer gegen die Dänen,
General Wrangel, zum Oberbefehlshaber in den Marken zu ernennen,
15. Daher die Anstrengungen der demokratischen Partei, es zum Abbruch
der Feindseligkeiten gegen Dänemark nicht kommen zu lassen, und die
Gegenanstrengungen der Conservativen, aus der Falle, in die ein großer
Theil derselben durch seine Mitwirkung zu dem früheren Beschluß gegangen war, um jeden Preis wieder herauszukommen. Am 14., 15. und 16.
gab es neue Berathung in der National-Versammlung, wobei sich Heckscher durch verständige kluge Rede, Robert Blum durch die leidenschaft-
lichsten Angriffe und Ausfälle bemerkbar machten. Allen Anstrengungen
der Linken zum Trotz wurde zuletzt mit einer Mehrheit von 21 Stimmen
das Botum vom 5. zurückgenommen. Noch denselben Abend gab es Aufläufe an verschiedenen Punkten der Stadt, Rufe: „Es lebe Hecker, nieder
mit Heckscher", Angriffe gegen die Versammlungsorte der Rechten, gegen
das Haus Bethmann's, die Wohnung Heckscher's. Am 17. große Volksversammlung anf der Pfingstwiese, wüthende Reden von Schlöffel, Zitz,
Simon aus Trier, Robert Blum. Am 18. rückten von allen Seiten
Truppen in Frankfurt ein, Oesterreicher, Preußen, Kurhessen, Darmstäd-
ter; in der National-Versammlung erklärte im Namen des Ministeriums
Schmerling, die Geschäfte einstweilen wieder übernehmen zu wollen. In
den Straßen erhoben sich Barricaden, gegen welche die Truppen siegreich
vordrangen, während die Abgeordneten Lichnowski und Auerswald außerhalb Frankfurt einer Meute Wüthender in die Hände fielen, von deren
Axthieben sie hingeschlachtet wurden. Der Kampf in der Stadt währte
mit kurzer Unterbrechung bis 8 Uhr Abends; am 19. Morgens wurden
die letzten Haltpunkte der Aufständischen genommen. Der Reichsverweser
erklärte den Belagerungszustand, verkündete das Standrecht, setzte ein
Kriegsgericht nieder, forderte die Ablieferung aller Waffen binnen 24
Stunden. Die Linke verzehrte sich in vergeblicher Wuth, schürte Unruhen
in Koblenz, wo das Haus des Abgeordneten Adams vom Pöbel verwü-

5*

stet wurde, 19., veranstaltete in Köln eine Volksversammlung, die den
Barricaden=Kämpfern von Frankfurt ihre Anerkennung aussprach, 20.

. Die Verstimmung der revolutionären Partei war um so begreiflicher,
als um dieselbe Zeit eine neue republicanische Schilderhebung in Scene
gesetzt wurde, deren Ausgang nach dem Mißlingen des Frankfurter Auf=
standes kaum zweifelhaft sein konnte. Am 21. September brachen Struve,
Heinzen, Blind und andere Führer von Basel auf, um, wie Struve in
einem tyrtäischen Liede sang, „der Rache Donnerkeil zu werfen in das
Nest verthierter Bürger". In Lörrach wurde eine provisorische Regierung
eingesetzt, die Republik ausgerufen, darnach der Marsch gegen Freiburg
angetreten. Doch bei Staufen stellte sich General Hoffmann mit badischen
Truppen in den Weg, die Aufständischen wurden in die Flucht geschlagen,
24., Struve und Blind mit mehreren Genossen im Wirthshause zu Wehr
durch Schopfheimer Bürger gefangen, 25., an die Truppen ausgeliefert
und von diesen nach Rastatt gebracht. Auch an andern Orten scheiterten
die Anschläge der Umsturz=Partei. Ein Aufstand in Köln, wobei Waffen=
läden und Eisenhandlungen geplündert wurden, 25., hatte die Verhän=
gung des Belagerungszustandes mit allen seinen Anhängen zur Folge.
Georg Rau, der am 25. mit einer Schaar von 500 Köpfen von Rott=
weil gegen Kanstadt aufgebrochen war, um von einer Versammlung unter
freiem Himmel die Volks=Souverainetät proclamiren zu lassen, gerieth
dabei in das Garn der württembergischen Truppen, 28., stellte sich noch
denselben Abend freiwillig in Oberndorf zur Haft und ward nach dem
Hohenasperg abgeführt. Eine Miniatur=Revolution, die am 27. in Sig=
maringen ausbrach, bewog den Fürsten sich aus dem Ländchen zu entfer=
nen und nach Überlingen im Baden'schen zu begeben; die Partei des
Aufstandes, von der das kleine Militär=Contingent seit langem in ihre
Netze gezogen war, bekam dadurch für eine Zeit das Heft in die Hand,
bis zuletzt bayerische Truppen einrückten und die Ordnung wieder herstell=
ten. Auch das Fürstenthum Schwarzburg=Rudolstadt gerieth in die Lage,
die Hilfe des Reichs anzurufen, worauf ein Aufgebot von mehreren Com=
pagnien Reichstruppen, an die sich das einheimische Landes=Contingent
anschloß, unter Führung eines Reichs=Commissarius das Ländchen besetz=
te. Ueberhaupt entlud sich den ganzen October hindurch das revolutio=
näre Unwetter in allen deutschen Gauen bald hier bald dort. Am 6. Tu=
.multe zu Hildburghausen und in Zwickau, am 7. Ausschreitungen des
Pöbels in Lübeck, am 13. große Staatsumwälzung in Bernburg, der

Landtag erklärt sich permanent, umgibt sich mit den Colonnen der Bür-
gerwehr, unterwirft die herzogliche Kammer und Regierung seinem Macht-
gebot; am 15. grobe Gewaltthätigkeiten in Elbing, am 16. Putsch in
Greifswalde, am 17. Bierkrawall in München, am 19. Meuterei eines
Landwehr-Bataillons zu Liegnitz, am 23. Aufregung in Altenburg aus
Anlaß der Verhaftung des Republicaners Douai u. dgl. m.

Bedenklicher an Umfang und Bedeutung als jene örtlichen Wirren
waren, wie es schon der großartigere Schauplatz mit sich brachte, die
Vorfälle in Berlin. Auch ging nach dem kläglichen Ausgange ihrer
Unternehmungen im südwestlichen Deutschland das Bestreben der revolutionären Partei unverkennbar dahin, ihre volle Kraft in der Hauptstadt Preußens zu sammeln und für einen entscheidenden Schlag bereit
zu halten.

In Berlin war das Ministerium Auerswald, das in der Kammer
aus Anlaß des Stein'schen Antrages auf Vereidigung des Militärs auf
die Verfassung eine empfindliche Niederlage erlitten hatte, am 11. September zurückgetreten und nach zehntägigen Mühen ein neues mit dem
General von Pfuel als Kriegs-Minister an der Spitze zustande gekommen; die andern Mitglieder des Cabinets waren: Eichmann für Inneres,
von Bonin für Finanzen und Handel, Graf Dönhoff für das Aeußere,
Unterstaatssecretär Müller einstweilen für die Justiz. Am 22. erschienen
die neuen Minister zum erstenmal in der National-Versammlung. Die
vermittelnde Ansprache des Minister-Präsidenten wurde mit lautem Beifall aufgenommen, worin nur die Linke einige Zischlaute mischte. Auch mit
dieser wußte sich das Ministerium durch eine in der Sitzung v. 25.
über den Stein'schen Antrag abgegebene beschwichtigende Erklärung auf
leidlichen Fuß zu stellen, und alles schien sich zu einer friedlichen Lösung
anzulassen, wenn es nicht den Männern der Straße darum zu thun
gewesen wäre, um jeden Preis die Aufregung im Zuge zu erhalten. An
demselben 25. September, wo das Ministerium seine befriedigende Erklärung abgab, sammelten sich in mehreren entlegeneren Stadttheilen
Volksmassen; auf dem Molkenmarkte brüllte man nach Freilassung der
politischen Gefangenen und fing an Barricaden zu bauen. Als das versöhnende
Ereigniß des Parlaments bekannt wurde, machte sich der Unwille gegen
die Abgeordneten der Linken laut, „die das Volk nur von einem Tage
zum andern vertrösteten." Der ehemalige weggejagte Mädchenlehrer und

verdorbene Conditor Karbe — so schildert ihn Raumer — wurde in
einer Droschke unter Beifall und Jubel nach Hause gezogen, während
mehrere Mitglieder der Linken Katzenmusiken empfingen. Am 5. October
veranstaltete „Vater Karbe" einen feierlichen Aufzug mit einem Esel,
der ein Exemplar des neuen Bürgerwehrgesetzes zu einem vor dem
Sitzungsgebäude der National=Versammlung aufgerichteten Scheiterhaufen
schleppte, wo es dem Flammentode übergeben wurde. Von da an bekam
der „Linden=Club" — so nannten Spötter die Volksmassen, die sich in
aufgeregten Momenten Abends unter den Linden zu sammeln pflegten —
fast täglich neue Arbeit. Am 13. war die National=Versammlung, von der
das neue Bürgerwehrgesetz mit einer Mehrheit von 117 angenommen wurde,
von dichten Haufen umlagert, die herausgehenden Abgeordneten, die mit
„ja" gestimmt hatten, erfuhren Hohn und Drohung; der Prediger
Sydow wurde unter Schimpf und Geschrei verfolgt, bis er sich in ein
Haus der Kronenstraße flüchtete und die herbeieilende Schutzmannschaft
die Meute auseinanderjagte. Am 16. October veranlaßten Excesse der
Canal=Arbeiter das Einschreiten der Bürgerwehr, die Feuer gab, wobei
drei Unruhestifter fielen. Nun erhob sich Geschrei über „Verrath", der
Ruf „Zu den Waffen!" ertönte; Waffenläden und Eisenhandlungen wur=
den erstürmt und geplündert, Barricaden erbaut, die Gefallenen oder
Verwundeten unter Racheschwüren, wie in Paris am Abend des 23.
Februar, durch die Straßen getragen. Nur die massenhafte Entfaltung
aller 23 Bataillone der Bürgerwehr hemmte den Aufstand, doch nicht
ohne einige Verluste auf beiden Seiten, bis um 11 Uhr Nachts die Ruhe
wieder hergestellt war. Als in den Tagen darauf, 17. und 18., in der
National=Versammlung die Ereignisse des 16. zur Sprache kamen, er=
eiferten sich Waldeck, Jung, D'Ester, Temme zu Gunsten der Arbeiter
und verlangten die Verlegung der Truppen, deren Nähe allein an diesen
„Mißverständnissen" Schuld trage, aus der Gegend von Berlin. Wieder
war das Sitzungsgebäude von drohenden Massen umlagert; einzelne
aus der Menge hatten Stricke in den Händen, die sie gegen die heraus=
tretenden Abgeordneten der Rechten emporhielten. An demselben 18.
October hatte der Demokrat Hexamer unter dem Vorwande einer gehei=
men Vorberathung über die Leichenfeier der Gefallenen die Vertreter
aller Berliner Gewerke, fast durchaus Gesellen und Hilfsarbeiter, dann
jene der Clubs und fliegenden Corps einberufen, die dadurch eine Art
Mittel= und Einigungspunkt erhielten und von da an wiederholte

Berathungen über gemeinschaftlich zu unternehmende Schritte pflogen. Am 20. fand dann die feierliche Bestattung der Gefallenen statt. Es war ein endloser Zug, in welchem Mützen und qualmende Tabakspfeifen zahlreich vertreten waren. Am Abend wurde das Haus des Bäckermeisters Schulz, der fälschlich als Anstifter des Angriffes gegen die Arbeiter galt, gestürmt, in der Wohnung alles durcheinandergestürzt und ein Dienstmädchen, das allein zurückgeblieben war und muthvoll dem rohen Unfug wehren wollte, grausam mißhandelt.

Alle diese Vorgänge verfolgten, wie schon früher erwähnt, hauptsächlich den Zweck, das souveraine Volk von Berlin in erwünschter Laune zu erhalten, bis die Blicke nicht bloß der preußischen Metropole, sondern von Deutschland überhaupt, ja von ganz Europa mehr und mehr von den tiefernsten, gewaltthätigen und blutigen Ereignissen gefesselt wurden, die in der Hauptstadt Oesterreichs einer verhängnißvollen Katastrophe entgegengingen.

Es wurde früher berichtet, wie sich die kaiserliche Regierung endlich aufzuraffen schien, um ihr gesunkenes Ansehen dem Pester Parteitreiben gegenüber wieder herzustellen, und wie andererseits die Pester Reichstags-Partei alles daran setzte, durch Anfachung eines gewaltigen Losbruches in Wien die Kraft des dortigen Ministeriums zu lähmen, wo nicht ganz zu brechen. Den erwünschten Anlaß bot der Ausmarsch des der Wiener Garnison angehörigen Grenadier-Bataillons Richter, das am 6. October nach Ungarn aufbrechen sollte. Von den Parteiführern überredete Abtheilungen der Nationalgarde und akademischen Legion warfen sich den Grenadieren, an denen man die ganze Nacht hindurch alle Künste der Verlockung und Mittel der Berauschung geübt hatte, und den Truppenabtheilungen, die ihren Abmarsch decken sollten, an der Taborbrücke in den Weg. Es kam zum Kampf, der sich bald in die Stadt hinein fortpflanzte. Nach mehrstündigem wechselvollen, mit vielen Opfern auf beiden Seiten erkauften Ringen befahl der Kriegs-Minister die Truppen auf allen Punkten zurückzuziehen und entschied dadurch in einem letzten Augenblick der Schwäche das Schicksal der Stadt und das seine. Er fiel noch denselben Abend der entfesselten Volkswuth zum Opfer, am Morgen des andern Tages gerieth das letzte Bollwerk des Militärs, das kaiserliche Zeughaus, in die Hände der Aufständischen. Das Mini-

sterium war gesprengt; der Hof verließ Schönbrunn, um in der befestig=
ten Hauptstadt Mährens eine Zufluchtsstätte zu finden.

Die Kunde von den Wiener Vorfällen wirkte elektrisch in allen
revolutionären Kreisen. Oesterreichisch=deutsche Städte, in deren Gemeinde=
räthen das radicale Element den Ton angab, sandten Ergebenheits= und
Huldigungs=Adressen an den Wiener Reichstag ein; von auswärtigen
Clubs und Vereinen kamen Anerkennungsschreiben in überschwänglichem
Styl und Ton; Waldeck, D'Ester, Jung in Berlin priesen in ihrer
National = Versammlung das „herrliche Volk von Wien"; die Frank=
furter Linke beschickte die Aula mit einer eigenen Deputation, von deren
Mitgliedern Robert Blum und Julius Fröbel sogar in die Reihen der
Aufständischen traten. In Wien selbst aber herrschten Zweifel und Un=
entschlossenheit; man hatte eben den Aufstand nicht aus eigenem Anlaß
und Antrieb gemacht, man war in denselben durch äußere Einflüsse und
für fremde Zwecke gejagt worden. Ein großer Theil der Abgeordneten
zog sich aus dem Reichstage zurück; zahllose Flüchtlinge, meist den
bemittelteren Classen angehörig, strömten zu allen Thoren der Stadt
hinaus, an anderen Orten einstweilige Zuflucht zu suchen. Der Hof in
Olmütz empfing eine feierliche Botschaft und Ergebenheitsbezeugung nach
der andern, worin ganze Provinzen ihren Unwillen über die Wiener
Gewaltthat aussprachen. Zu diesem Zwiespalt im Innern und mit der
öffentlichen Meinung in vielen Theilen des Reiches gesellte sich steigende
Bedrängniß von außen. Wien befand sich zwar, seit der Commandirende
Graf Auersperg seine Truppen vollständig aus der Stadt herausgezogen
hatte, ganz und gar in den Händen des Aufstandes; allein schon stand
Jelačić, der auf die erste Nachricht von den Ereignissen des 6. October
sein Lager bei Wieselburg abgebrochen hatte, vor den Linien der Stadt
und vereinigte seine Kräfte mit jenen Auersperg's. Und kaum hatte man
sich von dem Schrecken, der dem Erscheinen der gefürchteten Kroaten
vorausflog, etwas erholt, so erfuhr man den Anmarsch von Windisch=
grätz' racheglühenden Regimentern, die sich von der einen Seite im
Marchfelde sammelten, von der andern über das Tulnerfeld heran=
bewegten. Die ganze Hoffnung stand jetzt auf der Vermittlung der
deutschen Central=Gewalt und auf der Hilfe der Ungarn. Allein von
Frankfurt erschienen nur zwei Reichs=Commissäre, Welcker und Mosle,
die sich überdieß nicht einmal in Wien zeigten, sondern durch das kaiser=
liche Lager geraden Weges nach Olmütz gingen, und General Moga

stand unschlüssig an der Leitha und wartete, daß ihn der Wiener Reichstag oder Gemeinderath riefen, die ihrerseits zu diesem entscheidenden Schritte
nicht den Muth hatten. Ebenso ungünstig war es mit der militärischen Vertheidigung der Stadt bestellt. Der Ober-Commandant Messenhauser war
ohne Kraft und klaren Blick, sein Feld-Adjutant Fenneberg ein ehrsüch-
tiger und ränkeschmiedender Bramarbas, der alte Polen-General Bem,
der einzige fähige Kopf und entschiedene Charakter des ganzen Wiener
Aufstandes, ein revolutionärer Vabanque-Spieler.

Am 19. October traf Windischgrätz in Lundenburg ein und erließ
von da am 20. seinen ersten Aufruf an die Wiener, von denen er unbedingte Unterwerfung forderte; am 23. erschien seine zweite Kundmachung aus Hetzendorf, worin er ihnen achtundvierzigstündige Bedenk-
zeit gab. Schon war die Stadt im ganzen Umkreise von kaiserlichen
Truppen umschlossen, jede Verbindung von außen und nach außen abgeschnitten; kleinere und größere Kämpfe zwischen dem Militär und Nationalgarden und Mobilen hatten mancherlei Verluste der Aufständischen sowie
zahlreiche Brände und Zerstörungen zur Folge. Am 27. gab Windischgrätz
eine neue vierundzwanzigstündige Frist. Nachdem auch diese fruchtlos
verstrichen war, erfolgte am 28. ein allgemeiner Angriff, der mit der
Einnahme der Landstraße am rechten und Erstürmung der Leopoldstadt
am linken Ufer des Donau-Canals endete und die Capitulation der
Stadt zur unmittelbaren Folge hatte, 29. Jetzt erst ging Moga mit
seinen ungarischen Streitkräften gegen Wien vor, um eine vollständige
Niederlage bei Schwechat zu erfahren, 30. Die weitere Folge seines
verspäteten Erscheinens war der unselige Capitulations-Bruch Messenhauser's, 30., und die vollständige Entfesselung des in der innern Stadt
angehäuften Proletariats, dessen Wüthen ein zweistündiges furchtbares
Bombardement, die Einschießung und Erstürmung des Burgthores und
der Einmarsch der Truppen in die innere Stadt ein Ende machte, 31.
Aehnliches Schicksal traf zwei Tage später die Stadt Lemberg, wo die
polnische Umsturz-Partei, irregeführt durch die aus Wien eintreffenden
Nachrichten, voreilig losschlug und sammt der in ihrer besonnenen Mehrheit dem Aufstande abholden Bevölkerung der Stadt durch die Geschütze
Hammerstein's zu paaren getrieben wurde, 2. November.

Mit der Einnahme Wiens und der Bezwingung Lembergs war die
Revolution in den westlichen und nördlichen Ländern des österreichischen
Kaiserstaates zu Boden geworfen, und die Organe der Regierung konnten

an den zweiten Theil ihrer Aufgabe, die Zurechtführung der ungarischen
Gebietstheile, schreiten. Was in dieser Linie zunächst geschah, sowie welche
unmittelbaren Folgen die Wiederherstellung der gesetzlichen Macht und
Ordnung in den nicht=ungarischen Ländern nach sich zog, wird Gegen=
stand späterer Berichte sein. Hier haben wir für's erste den Gang zu
verfolgen, welchen nach Bewältigung des Wiener October=Aufstandes
und theilweise im Zusammenhange damit die Ereignisse und Zustände
im übrigen Europa im Spätjahre 1848 nahmen. Wir werden hierbei
mehr, als es bisher geschehen konnte, in's einzelne gehen, um in die
allgemeine Weltlage, aus der heraus sich die Vorgänge in unserem
Vaterlande entwickelten, in die Anschauungen und Beweggründe, die
Stoffe und Kräfte, die in den von der Revolution zumeist ergriffenen
europäischen Gebieten mit einander in Streit lagen, möglichst klare und
begründete Einsicht zu gewinnen.

9.

In der Zeit, da der Losbruch des Wiener October=Aufstandes die
Dinge in Oesterreich auf die Spitze getrieben hatte, waren auch die
Berliner Zustände dem Punkte nahe gerückt, wo eine Katastrophe nicht
ausbleiben konnte, der man von Seite der Regierung mit aller Macht
die Spitze zu bieten gesonnen war. In revolutionären Kreisen verlautete
darüber mancherlei. Durch ganz Berlin lief das Wort von den „haar=
scharf geschliffenen Schwertern" und von der „Kugel im Lauf", das der
neue Oberbefehlshaber in den Marken zu seinen Truppen gesprochen.
Aus einem Armee=Befehle des Grafen Brandenburg, der damals in
Schlesien commandirte, war ähnliches herauszulesen. Bald darauf erfuhr
man von einer Bewirthung, die der Thronfolger und dessen Gemahlin
in Potsdam einer Abtheilung des Garde=Regiments gegeben, und sogleich
dachte man an das Fest der Gardes du Corps von Versailles im J. 1789.
Und als ob es an den vorhandenen Zündstoffen nicht genug wäre, schien
die preußische National=Versammlung, in welcher die Linke täglich mehr
Boden gewann, einzig darauf bedacht zu sein, sich Feinde nach allen
Richtungen zu machen. Sie verletzte die Hof=Partei durch die Aus-

merzung des „von Gottes Gnaden" aus dem königlichen Titel; sie reizte
den Adel, dem sie nicht bloß alle Standesvorrechte, sondern auch jede
gesellschaftliche Geltung nehmen zu können meinte; sie brachte die Patrioten aus Preußens ruhmreichster Vergangenheit wider sich auf, indem
sie alle Ordenszeichen, folglich auch das eiserne Kreuz aus den Be-
freiungskriegen, abschaffte [11]). Die Verstimmung des Königs, der bis
dahin nichts gethan hatte die Freiheit der Berathungen irgendwie zu
beirren, konnte angesichts solcher Kundgebungen nur wachsen. Als an
seinem Geburtstage, 15. October, große Auffahrt in Sanssouci war,
sagte er zur Deputation der National-Versammlung: „Danken Sie
Gott, daß Sie noch eine Obrigkeit von Gottes Gnaden haben"; und
zu jener der Bürgerwehr: „Vergessen Sie nicht, meine Herren, daß Ich
es bin, der Ihnen die Waffen in die Hände gegeben hat" — Aussprüche,
die schnell weiter getragen wurden und Jenen Recht zu geben schienen,
die von geheimen Vorbereitungen zu einem contrerevolutionären Haupt-
schlage munkelten.

Anstatt nun sorgfältig alles zu vermeiden, was einem solchen Vorhaben zum Anlaß dienen konnte, geschah von der Partei des Unfriedens
das gerade Gegentheil [12]). In den letzten Octobertagen schien die gesammte Demokratie Deutschlands sich in Berlin, dem „Eldorado der
Partei", dem „neuen Nazareth", ein Stelldichein gegeben zu haben. Am
26. eröffnete der Congreß deutscher Demokraten seine Sitzungen, an
denen sich auch Mitglieder der preußischen National-Versammlung, wie
Graf Reichenbach, d'Ester, betheiligten; am 27. trat die Conferenz
linksseitiger Volksvertreter mehrerer deutschen Ständeversammlungen zusammen. Die Erwartungen, welche die Partei an diese Kundgebungen
knüpfte, wurden allerdings nur in sehr bescheidenem Maße erfüllt. Von
500—600 Demokraten, deren Eintreffen in Berlin pomphaft voraus-
verkündet worden, waren es kaum 150, die sich am ersten Tage im
Saale des „englischen Hauses" zusammenfanden. In der Partei selbst
entstand ein tiefer Riß. Die Gemäßigteren, die eine friedliche Propaganda für republicanische Ideen befürworteten, standen den Drängern
gegenüber, die den ersten Anlaß zum Losschlagen benützen wollten. Zuletzt
erklärten die ersteren, darunter alle Schlesier, der Berliner Sachsenverein,
die Mecklenburger, förmlich ihren Austritt; die heftigsten, wie Kriege,
der communistische Schneidergeselle Weitling, der Schwager Herwegh's
Siegmund, behaupteten unangefochten das Feld. Es waren die Tage

der fieberhaftesten Aufregung über die Entwicklung der Dinge in Wien. Der Demokraten=Congreß entwarf eine Petition an die National=Ver= sammlung, in welcher Waldeck einen dießbezüglichen Antrag einbrachte; unter den Zelten declamirte Arnold Ruge für eine Massen=Demonstration für das bedrängte Wien, 29. Unter dem Aushängschilde einer Legion zur Hilfeleistung für Wien wurde eine förmliche Armee des Aufruhrs organisirt, deren Netz über alle Stadttheile Berlins sich ausbreiten sollte; auch die Freischärler aus Schleswig=Holstein wurden einbezogen, Samm= lungen zur Ausrüstung eingeleitet; der Oberbefehl war dem Landwehr= mann Braß zugedacht. Am 31. kam im Schauspielhause der Antrag Waldeck's zur Berathung. Der ganze Gensdarmenplatz war mit einer aufgeregten Masse angefüllt, gegen welche die zum Schutze der Volksvertretung ausgerückte Bürgerwehr kaum standhielt. Die maß= losesten Reden wurden gehalten, Stricke, woran die Deputirten der Rechten „baumeln" sollten, an die Thüre des Gebäudes genagelt, an das einzelne Strolche wiederholt Feuer zu legen versuchten. Als spät Abends das Ergebniß der Abstimmung, die gegen den Antrag Waldeck's aus= fiel, bekannt wurde, erreichte die Erbitterung der Menge den höchsten Grad. Zuletzt ermannte sich die Bürgerwehr und machte mit Gewalt etwas Luft. Doch hatten die heimkehrenden Abgeordneten Mühe genug durch die wilden Haufen zu kommen; einige, die erkannt wurden, er= fuhren Schimpf, selbst Mißhandlung; den greisen Minister=Präsidenten Pfuel nahm der linksseitige Abgeordnete Jung in Schutz und gewährte ihm Obdach und Thee in seiner Wohnung.

Die Vorfälle am Abend des 31. October hatten das Maß voll ge= macht. Der bessere Theil der Bevölkerung war entrüstet und wurde es noch mehr, als am nächsten Tage der Commandeur der Bürgerwehr, Kaufmann Rimpler, in einem Placate fast Abbitte leistete, daß es durch ein „Mißverständniß" zu einem Zusammenstoße mit dem Volke gekommen sei. Man forderte laut die Reorganisirung des Corps; Viele traten aus und erklärten nicht früher die Waffen ergreifen zu wollen, bevor das nicht geschehen sei. Von Seite der Regierung erschien ein Erlaß, vom Minister Eichmann unterzeichnet, daß künftig in allen Fällen, wo es der Bürger= wehr nicht möglich sei die Ordnung aufrecht zu halten, „der andere be= waffnete Theil des Volkes" einzuschreiten habe. Zu alle dem kam nun noch, was für die Führer der Revolution der empfindlichste Schlag war, die Nachricht aus Wien, daß Windischgrätz Herr der Stadt sei. „Wien ist gefallen", jammerte die „Reform" in ihrer am 3. November ausgegebenen Nummer; „die Barbaren hausen in der edelsten Stadt unseres Vaterlandes, und kein Themistokles hat die freien Männer hinaus auf das Meer führen können, um nach diesen Thermopylen der republicanischen Bildung ein zweites Salamis zu liefern. Wir haben uns zu spät betheiligt, und wenn jetzt nicht der Genius unseres Volkes seinen Todesschlaf bricht, so ist Deutschland in wenigen Tagen tiefer zurückgesunken als es vor der Märzbewegung war!"

Noch früher als im großen Publicum hatte man bei Hof den schließlichen Ausgang des Wiener October-Aufstandes erfahren, und säumte nicht sich den günstigen Augenblick zunutze zu machen. Schon sechs bis sieben Wochen früher war Generallieutenant Graf Brandenburg, natürlicher Oheim des Königs — er war ein Sohn König Friedrich Wilhelm II. und der Gräfin Dönhoff — nach Potsdam berufen worden; es gelte, sprach man damals, die Bildung eines Ministeriums — der Reaction. Was sich im September nicht erfüllte, das sollte jetzt eintreten. In der Morgensitzung des 2. November meldete Unruh das Eintreffen eines Schreibens, laut dessen der bisherige Ministerpräsident Pfuel sowie die Minister Eichmann, Bonin und Dönhoff ihre Entlassung gegeben [13]); ein zweites Schreiben enthielt die Mittheilung des Grafen Brandenburg, daß er mit der Bildung eines neuen Ministeriums beauftragt sei. Darüber erhob sich ein gewaltiger Sturm. Berg meinte, das Schreiben Brandenburg's, weil von keinem Minister gegengezeichnet, entbehre jedes amtlichen Charakters und gehöre höchstens in die Petitions-Commission; Jacoby schlug die Bildung einer Art Sicherheitsausschuß aus dem Schoße der Versammlung vor; Waldeck deutete an, man werde wohl die Sitzungen permanent machen müssen. Als es zur Abstimmung kam, erhob sich für den Vorschlag Jacoby's nur die reine Linke. Dagegen beschloß man auf Antrag Philipps' die Abfassung einer durch eine eigene Deputation dem Könige zu überreichenden Verwahrungs-Adresse. „Seit Wochen", hieß es darin, „liefen Gerüchte über Absichten der Reaction einher, die sich nicht beschwichtigen ließen; die Berufung eines Ministeriums Brandenburg müsse im Volke die größten Besorgnisse erregen und drohe unabsehbares Unglück über das Land zu bringen; es thue darum Noth durch ein volksthümliches Ministerium eine neue Bürgschaft dafür zu geben, daß des Königs Absichten und die Wünsche des Volkes im Einklang stehen." Gleichzeitig wurde der Vorschlag des Commandeurs der Bürgerwehr angenommen, eine Ehrenwache vor dem Hause zu halten und derselben den Schutz der Versammlung anzuvertrauen.

Die Deputation, vom Präsidenten aus allen Theilen des Hauses gewählt, begab sich noch am selben Abend nach Potsdam, und von da nach Sanssouci. Erst wollte sie der König gar nicht vorlassen; „er finde es unverträglich mit dem constitutionellen Princip, das er bis in die kleinsten Details aufrecht zu halten wünsche, Deputationen außer Beisein der verantwortlichen Minister zu empfangen." Da indessen von Berlin eine Depesche kam, worin die (abtretenden) Minister baten der Deputation Audienz zu geben, ließ sie der König am andern Tage vor, hörte die Adresse schweigend an, faltete sie zusammen und gab das Zei= chen zum Abschiede, als einer der Deputirten, Dr. Jacoby aus Königs= berg, vortrat und sagte: „Euer Majestät, wir sind nicht bloß hierher gekommen, die Adresse zu überreichen, sondern auch Sie von der Lage des Landes in Kenntniß zu setzen. Wollen Euer Majestät uns nicht Gehör schenken?" „„Nein"", antwortete der König, und befand sich be= reits unter der Thüre in das anstoßende Zimmer, als ihm jener, vorlaut und tactlos, nachrief: „Das ist eben das Unglück der Könige, daß sie die Wahrheit nicht hören wollen!" 14) Die Deputation kehrte nach Berlin zurück, wo am 3. Nachmittags eine von Eichmann gegengezeich= nete königliche Botschaft eintraf, deren Sinn dahin ging, „Se. Majestät könne sich durch die in der Adresse ohne nähere Begründung angedeuteten Muthmaßungen und Besorgnisse nicht bewogen finden, den in Folge wohlerwogener Entschließung dem Grafen Brandenburg ertheilten Auftrag zurückzunehmen." Die Versuche des Präsidenten der National=Versamm= lung, eine Audienz „sei es auch nur als Privatmann" beim Könige zu erhalten, schlugen fehl; nur vom Grafen Brandenburg wurde v. Unruh empfangen, dem er begreiflich zu machen strebte, daß Brandenburg von vornherein das constitutionelle Princip verletze, wenn er „dem politischen Mißtrauen der ganzen Versammlung gegenüber" ein Ministerium bilden wolle. Brandenburg war nicht der Mann, der es in constitutionellen Erörterungen und Unterscheidungen mit Unruh aufnehmen konnte; er war eine schlichte Soldatennatur, deren letztes Argument lautete: „Das ist eine königliche Botschaft, daher über allen Zweifel erhaben!"

Am 8. November war das neue Ministerium gebildet: Graf Bran=

denburg Präsident und bis auf weiteres für die auswärtigen Angelegenheiten, v. Ladenberg für die geistlichen, Unterrichts- und Medicinal-
Angelegenheiten, Otto v. Manteuffel für das Innere und einstweilen
auch für die landwirthschaftlichen Angelegenheiten, Generalmajor v. Strotha
für den Krieg; die Justiz-Geschäfte führte vorläufig der bisherige Justiz-
minister Kisker fort; mit der „Wahrnehmung" des Finanzministeriums
wurde der General-Steuerdirector Kühne, mit jener des Ministeriums
für Handel, Gewerbe und öffentliche Arbeiten der Wirkliche Geheime
Ober-Finanzrath v. Pommer-Esche beauftragt. Auf die Constituirung des
neuen Ministeriums folgte unmittelbar die Verlegung des Sitzes der
Nationalversammlung in die Stadt Brandenburg. „Solche beklagenswerthe Ereignisse", hieß es mit Beziehung auf die Vorgänge am 31.
October in der königlichen Botschaft, „beweisen nur zu deutlich, daß die
zur Vereinbarung der Verfassung berufene Versammlung die eigene Freiheit entbehrt und daß die Mitglieder dieser Versammlung bei den nicht
selten wiederkehrenden Bewegungen in der Haupt- und Residenzstadt
Berlin nicht jenen Schutz finden, der erforderlich ist, um ihre Berathungen vor dem Scheine der Einschüchterung zu bewahren." Am 9. November zeigten sich die neu ernannten Minister in der Nationalversammlung,
wo die königliche Botschaft verlesen wurde. Gleich darauf erhob sich
Brandenburg und begann zu sprechen. „Sie haben nicht das Wort",
rief es von der Linken. In den Bänken der Abgeordneten, in den Zu-
schauerräumen herrschte eine Aufregung, durch die sich die Glocke des
Präsidenten der Versammlung kaum vernehmen ließ. Endlich legte sich
etwas der Sturm und der Graf erhielt das Wort. „Die so eben ver-
lesene königliche Botschaft", sagte er, „fordert Sie auf, Ihre Berathungen sofort abzubrechen. Jede Fortsetzung derselben ist somit ungesetzlich
und ich muß im Namen der Krone feierlichst dagegen Verwahrung ein-
legen." Darauf erhob er sich mit den Mitgliedern seines Cabinets und
verließ, gefolgt von einem Theile der Rechten, den Saal. „Verhaften!"
schrie man von den Galerien den abgehenden Ministern nach, und eines
Winkes Unruh's bedurfte es, daß die Bürgerwehr that, was verlangt
wurde. Es brauchte eine Weile, ehe die Aufregung sich mäßigte. Der
Präsident erklärte, er könne nicht aus eigener Machtvollkommenheit die
Sitzung aufheben; Jacoby verlangte namentliche Abstimmung, und mit
252 gegen 30 Stimmen sprach man sich gegen den Schluß der Be-

rathungen aus. Eben so ging ein Antrag von Waldeck und Genossen
durch: „daß die Versammlung keinen Anlaß habe, ihren Sitz zu ändern;
daß sie der Krone nicht das Recht zugestehen könne, sie wider ihren
Willen zu vertagen, zu verlegen oder aufzulösen; daß die Beamten, die
der Krone zu diesem Schritte gerathen, sich schwerer Pflichtverletzung
schuldig gemacht haben"; endlich wurde ausgemacht, die Sitzungen in jedem Locale, wohin das Präsidium die Einladung ergehen ließe, fortzu-
setzen. Von den gefaßten Beschlüssen glaubte man dem Ministerium
Mittheilung machen zu sollen; von Brandenburg kam aber an den „königl.
Regierungsrath von Unruh" die Erklärung zurück, daß diese Beschlüsse
„nicht nur völlig ungesetzlich und nichtig" seien, „sondern daß auch die
Abgeordneten, die daran theilgenommen, sich der Anmaßung von Hoheits-
rechten und eines Vergehens wider die Verfassung schuldig gemacht
haben." [15])

National-Versammlung und Regierung befanden sich jetzt in offenem
Kampf. Das Bureau-Personale der ersteren erhielt vom Ministerium
des Innern, das stenographische vom Hofmarschallamte Befehl, ihre
Dienste im Schauspielhause einzustellen; Unruh dagegen befahl ihnen zu
bleiben und trug der Bürgerwehr auf, weder Beamte noch Schnell-
schreiber ohne seine ausdrückliche Zustimmung aus dem Gebäude zu lassen.
Die Versammlung vertagte sich bis 2 Uhr Nachm., sodann um 3 Uhr
auf's neue bis 6 Uhr Abends, endlich um 8 Uhr ein drittesmal bis
zum andern Morgen. Die Nacht über schienen sich beide Theile zum
Kampf zu rüsten. Die Minister warteten im Gebäude des Kriegsmini-
steriums, wie die unsern in Wien am 6. October, den Verlauf der
Krisis ab. Der Magistrat, unentschlossen auf welche Seite er sich wenden
solle, erklärte sich in Permanenz. Die Bürgerwehr, schon zeitlich früh
am 9. in den Bezirken durch das Horn alarmirt, hielt den Gensbar-
merieplatz besetzt. Eine Aufforderung des Ministeriums, den Sitzungssaal abzusperren und keinem der Abgeordneten Eintritt zu gestatten,
lehnte Rimpler ab, „da die Bürgerwehr gesetzlich die verfassungsmäßige
Freiheit zu schützen habe." Das Militär, mit allem Nöthigen versehen,
selbst mit Leinwand und Verbandzeug, befand sich außerhalb der Stadt;
nur im Zeughaus war ein Bataillon zurückgelassen, mit Mundvorrath
für acht Tage versorgt. Die Stadt war ruhig.

Am 10. November — dem „Geburtstag der vier deutschen Frei-
heitshelden: Luther, Schiller, Scharnhorst und Robert Blum", wie

Held in seinem: „Deutschlands Lehrjahre" bemerkt — fand sich die
National-Versammlung zeitlich Morgens in ernster Stimmung im Sitzungs-
gebäude ein. Der Tagesordnung nach wurde die Berathung über die
Grundrechte fortgesetzt; doch die Gedanken waren wo anders. Man wußte
daß die Truppen einrücken würden. In der Stadt herrschte unbeschreib-
liche Spannung; das Gerücht lief umher, der König habe befohlen die
National-Versammlung mit Gewalt zu sprengen; „gut", sagten die Andern,
„er spielt seinen letzten Trumpf aus, wir wollen sehen wer gewinnt".
Die Führer der demokratischen Sectionen saßen im Rathskeller, die
Häuptlinge des Frei-Corps Braß im Clubhaus, die Maschinenbauer
in der Gartenstraße bei Windeck, der demokratische Central-Ausschuß im
Hotel Mylius, die radicale Fraction der Studenten in der Aula. Man
machte Miene, als ob man zum äußersten entschlossen wäre. Man wollte
im entscheidenden Augenblick alle öffentlichen Cassen in Beschlag nehmen.
Es wurde eine Liste von „Reactionären" entworfen, deren man sich sogleich
zu versichern hätte; alle in Berlin anwesenden Mitglieder des königlichen
Hauses sollten aufgehoben und auf die Aula gebracht werden, dasselbe
mit Wrangel geschehen, „wenn man ihn bekäme". Da mit einemmal wurde
bekannt, Präsident von Unruh habe in der National-Versammlung das
Losungswort gegeben: „Passiver Widerstand in allen seinen
Consequenzen" 16) — und mit allen extremen Plänen hatte es ein
Ende zum großen Troste der Meisten, die großsprecherisch daran mitge-
arbeitet hatten.

Um 2 Uhr Nachmittag führte Wrangel seine Truppen, 13000 Mann
mit 60 Geschützen, von fünf Seiten in die Stadt. Auf den Gesichtern
nicht weniger Officiere malte sich eine mit Besorgniß kämpfende Ver-
wunderung, als sich von dem Widerstande, auf den sie vorbereitet waren,
nirgends etwas zeigte. Das Volk schien eher an der türkischen Musik,
„die man so lang nicht gehört hatte", sich zu erfreuen, und es fehlte
wenig, wie der Demokrat Held versichert, so hätte man die Soldaten
mit Jubel begrüßt. Ein Theil der Truppen marschirte auf dem Gensdarmenplatz auf; die Bürgerwehr zog sich gegen das Schauspielhaus
zurück und besetzte dessen Zugänge; ein paar tausend Menschen, unbe-
waffnet und nur von Neugierde getrieben, bewegten sich auf dem Platze
hin und her. Rimpler trat auf den zu Pferde sitzenden Wrangel zu und
erklärte, die Bürgerwehr, zum Schutze der Volksvertretung berufen,
werde ihren Posten nicht verlassen, und müßte sie acht Tage bleiben.

6

„Dann werde ich mit meinen Soldaten bis zum neunten warten", er=
wiederte Wrangel. Auch der Präsident der National=Versammlung, in
deren Saal die Gewehre von den Endpunkten des weiten Platzes durch
die Fenster funkelten, ließ anfragen, was diese Entfaltung militärischer
Kräfte bedeute. „Er werde", antwortete Wrangel, „jedermann hinaus,
aber niemand hineinlassen; eine National=Versammlung, da selbe vertagt
worden, kenne er nicht, und eben so wenig einen Präsidenten derselben,
mit dem er sich in Unterhandlung einlassen könnte". Die Soldaten
stellten ihre Gewehre in Pyramiden zusammen; ebenso that die Bürger=
wehr und die Leute machten harmlose Witze — „Du wrangelst mir nich",
sagte der Bürgersmann zum Soldaten, „und ich rimplere Dir nich,
also jut Freund!" —, während im Sitzungssaale eine „Ansprache an das
preußische Volk" und eine Verwahrung „gegen die ihr gegenüber ange=
wandte militärische Gewalt" beschlossen wurde. Unmittelbar darauf ver=
ließen die Versammelten, das Präsidium an der Spitze, den Saal und
durch die von der Bürgerwehr gebildete Gasse in ernstem Zuge das
Gebäude. Bald darauf zog die Bürgerwehr unter Trommelschlag ab,
zuletzt marschirten auch die Soldaten in ihre Casernen.

Des andern Morgens 9 Uhr fanden sich die Abgeordneten, 252 an
der Zahl, in geordnetem Zuge wieder vor dem Schauspielhause ein.
Es war geschlossen. Der Präsident klopfte an die Thüre; eine Stimme
aus dem Innern antwortete, auf Befehl des Ministeriums dürfe
nicht geöffnet werden. Unruh verlangte, da er sich nicht darauf
einlassen könne mit einem Unbekannten durch das Schlüsselloch zu
parlamentiren, es möge jemand herauskommen. Abermals die Stimme
aus dem Innern: „Ich bin als Commandant verpflichtet das Haus zu
halten und kann mich zu weitern Verhandlungen nicht verstehen." Die
Abgeordneten verfügten sich darauf in das Hotel de Russie und ließen
nicht ab, bis Unruh die Sitzung für eröffnet erkärte [17]). Die Stadtverord=
neten boten ihren Saal, die Glieder der Schützengilde ihre Halle an;
es wurde beschlossen, sich Nachmittags in letzterer einzufinden. Ehe dieß
zur Ausführung kam, wurde durch königliche Verordnung die Bürger=
wehr wegen ihrer Haltung in den letzten Tagen für aufgelöst erklärt
und ihr befohlen, am nächsten Morgen „die ihr gelieferten Waffen"
zurückzugeben. Die Nachmittags=Versammlung im Schützenhause erklärte
diese Maßregel für eine „durchaus ungesetzliche" und forderte die Staats=
regierung auf den Befehl sofort zurückzunehmen; „jeder, der zur Aus=

führung dieser Maßregel mitwirke, mache sich des Verrathes am Vater=
lande schuldig". Gleich darauf wurde von der Linken der Antrag gestellt,
man solle erklären, daß das Ministerium Brandenburg „weder zur Ver=
wendung der Staatsgelder noch zur Erhebung von Steuern berechtigt"
sei. Noch zeigte sich die Mehrheit der Versammlung nicht geneigt,
mit einem so folgenschweren Beschlusse den Boden der Revolution zu
betreten. Der Antrag wurde für's erste einer Commission zur Prüfung
überwiesen. Inzwischen hatte sich auch das Bürgerwehr=Commando ver=
sammelt; Rimpler legte seine Stelle nieder und zog sich zurück. In allen
Bataillonen wurde die Frage verhandelt, ob die Waffen zurückgegeben
werden sollten oder nicht; überall dieselbe Entschlossenheit wie am Vor=
mittage des 10.: „man werde die Waffen nicht abgeben, sich sie nur
mit Gewalt nehmen lassen." Im Café de Baviére wurde vorgeschlagen,
jene Bürgerwehrmänner, die in sich nicht den gehörigen Muth fühlen,
sollten ihre Waffen abliefern, die man beherztern Leuten aus dem Volke
in die Hände geben wolle. Stimmen ließen sich vernehmen, man solle
die bei den Bürgern bequartierten Soldaten überfallen, ermorden oder
doch ihrer Waffen berauben. Hin und wieder sammelten sich bewaffnete
Schaaren, während einzelne Abtheilungen Militär, vor jenen Anschlägen
gewarnt, die Zugänge ihrer Quartiere verrammelten.

Indessen geschah von alle dem nichts. Die Nacht sowie der fol=
gende Vormittag des 12. verliefen ruhig. Nur die fieberhafte Aufregung
dauerte fort. Tausende flüchteten aus der Stadt; Droschken und Wägen
jagten nach den Bahnhöfen, daß sie sich in wirrem Durcheinander ver=
fuhren. Selbst Führer der demokratischen Partei schickten ihre Familien
fort, „weil es am Nachmittag losgehen werde." Die Maschinenbauer
und Eisenbahnarbeiter sammelten sich im Windeck'schen Locale. Ein un=
heimliches Leben wühlte durch die Stadt. Einzelnen Bürgerwehrsleuten,
die ihre Waffen nach den bestimmten Sammelorten bringen wollten,
wurden diese von demokratischen Parteigängern auf offener Straße abge=
nommen. Mittlerweile tagten die Schildträger des passiven Widerstandes
wie am gestrigen Tage im Hause der Schützengilde. Es galt der Neu=
wahl des Bureaus: von 248 Anwesenden stimmten 245 für Unruh;
für die Vicepräsidenten=Stellen gingen die Namen Philipps, Waldeck,
Bornemann, Plönnies aus der Urne hervor. Der wiedergewählte Prä=
sident hielt sich „nach Vorschrift des Reglements" verpflichtet, von dem
Wahlergebnisse unmittelbare Anzeige „an des Königs Majestät" zu

machen; die Anzeige kam jedoch durch den Polizei-Präfidenten an den „königl. Regierungsrath v. Unruh" wieder zurück.

Während dieser Vorgänge hatte Wrangel ftets mehr Truppen in die Stadt und in deren Umgebung gezogen; allenthalben wurden die Land= wehr=Bataillone aufgeboten. Das Militär in Berlin, unter Commando des Generals v. Thümen, hatte bereits eine Stärke von 18000 Mann; alle öffentlichen Gebäude waren von ihnen ftark befetzt; 25 Schwadronen Cavallerie mit Artillerie und etwas Infanterie unter General v. Pritt= witz, 6000 Mann ftark, hielten Berlin von außen umschlossen. Um 6 Uhr Abends rückte aus dem Portal des königlichen Schlosses eine Compagnie, deren Officier nach dreimaligem Trommelschlag einen Erlaß des Staats= Minifteriums verlas, womit „die Stadt Berlin und deren zweimeiliger Umkreis" in Belagerungszuftand erklärt wurde. Dasselbe geschah vor andern königlichen Gebäuden und auf allen Hauptplätzen der Stadt. Daß dieß die Aufregung steigerte, war begreiflich. Das Schützenhaus war mit meh= reren tausend Bewaffneten umftellt, in deren Mitte die drohendften Reden vernommen wurden: das Militär, falls es anrückte, follte durch verftell= ten Rückzug in die engern Straßen verlockt und da erdrückt werden. Je länger man aber auf die Katastrophe wartete, desto mehr Zweifel und Bedenken stiegen bei Einzelnen auf, die sich unbemerkt davon schlichen; und zuletzt ließen sich auch die Andern von den Wortführern des Schützen= haufes bereden, durch herausfordernden Kampf nicht den ruhigen Fort= gang des passiven Widerftandes zu ftören.

Immer war die Lage eine äußerst bedrohliche. An den Straßenecken prangte, auf rothem Papier gedruckt, der „Traum eines Republicaners", um den Träumenden herum hingen Laternenpfähle voll. Reden von Thron= entsetzung fielen. Unruh äußerte in einem Gespräche mit Bassermann, der König folle abdanken, der Prinz von Preußen die Regierung übemeh= men und alle bisherigen Maßnahmen der Behörden widerrufen. Gemä= fitere, die dem Könige nicht an die Krone wollten, wie Kirchmann, for= derten als Bedingungen der Wiederaussöhnung: Entfernung alles Mili= tärs aus Berlin, Verhaftung Wrangel's und aller Minifter, Verbannung aller Prinzen außer den Gränzen der Monarchie, Unterwerfung des Kö= nigs unter die Beschlüsse der Nationalversammlung, bis die Verfassung fertig fei!*) Die Aufregung pflanzte sich von der Hauptstadt durch alle Theile der Monarchie fort; größtentheils gab sie sich freilich nur in Wort

und Schrift kund, die von Bruchtheilen der Bevölkerung ausgingen. Dem
Berliner Trotz=Parlament flossen Zustimmungs=, Huldigungs=, Aufmun-
terungs=Adressen einzelner Stadträthe und Magistrate, Bürgerwehr=Ab-
theilungen und Wahlbezirke, Handwerker= und politischer Vereine, der
vereinigten Landstände der Anhalt'schen Länder c. in solcher Masse zu,
daß sie deren in wenig Tagen über 200 zählte. Am 10. November erklärten die Stadtverordneten von Breslau in außerordentlicher Sitzung,
„daß man während der Dauer des Conflicts die National=Versammlung
einzig und allein als die gesetzgebende und beschließende Gewalt anerkennen werde"; zugleich wurde eine Adresse an den König mit der Bitte um
Zurücknahme des Vertagungs=Befehls und Berufung eines volksthümlichen Ministeriums beschlossen. Auch an Versuchen thätigen Widerstandes
fehlte es nicht. Schon in den letzten October=Tagen war an manchen
Orten die Einberufung und Einkleidung der Landwehr auf Schwierigkeiten gestoßen; so hatte dieselbe z. B. in Liegnitz am 30. nach Festnahme
der Rädelsführer mit Gewalt durchgeführt werden müssen. Als dann in
der ersten Hälfte November aus allen Richtungen Truppen zusammengezogen wurden, brachte das neue Conflicte. An einigen Orten, wie in
Frankfurt a. d. O., begnügte man sich damit, durch Deputationen gegen
den Abmarsch des Militärs nach Berlin Einsprache zu erheben, 10. November; an andern aber suchte man ihn gewaltsam zu verhindern. Als
am 11. in Potsdam bekannt wurde, daß ein Bataillon auf der Eisenbahn
nach der Hauptstadt befördert werden sollte, sammelten sich Gruppen vor
dem königlichen Schloß, reizten die Wache mit Steinwürfen, andere Haufen eilten nach Nowawes, alarmirten durch Trommelschlag die dortige
böhmische Kolonie, brachen Schienen aus, zerstörten den Telegraphendraht;
es mußte Militär anrücken, eine Decharge trieb die Meute auseinander,
während Eisenbahnarbeiter aufgeboten wurden das Schienengeleise der
Eisenbahn wieder herzustellen. In Brandenburg beschloß eine Volksversammlung am 12., kein neues Militär nach Berlin zu lassen; doch blieb
es bei dem Beschlusse. In Halle erließ der Kreisausschuß der sächsischen
Demokraten einen Aufruf, der bedrängten Hauptstadt zu Hilfe zu eilen.
Tags darauf war in Berlin ein bewaffneter Zuzug aus Stettin angesagt; das Militär hielt den Eisenbahnzug in Bernau auf, so daß die
Freischärler Leiterwägen mietheten und auf Umwegen ihre Reise fortsetzen
mußten; „man wolle dem Ministerium Brandenburg die Steuern ver-

weigern", erklärten sie in Berlin, „und sei bereit, Landwehr zur Verfü=
gung der National=Versammlung zu stellen."

In Hofkreisen war man sich des bedrohlichen Ernstes der Lage voll=
kommen bewußt; man zitterte, aber man wankte nicht. Der König äu=
ßerte zu Grabow: „Meine Krone steht auf dem Spiele; nichts destowe=
niger bin ich entschlossen nicht nachzugeben". Brandenburg hatte mit sich
abgeschlossen; einer Deputation der Bürgerwehr, die gegen das Verlangen
der Waffenablieferung Einsprache erhob, sagte er: „er wisse, daß er seinen
Kopf für die Laterne bereit halten müsse; darum möge man glauben,
daß er, was geschehen, nicht aus Vergnügen gethan, sondern aus Pflicht=
gefühl". Dabei suchte man jede unnöthige Strenge zu vermeiden. Der
Belagerungszustand wurde für's erste gelinde gehandhabt. Nach der Ver=
ordnung Wrangel's sollten nicht 20 Personen bei Tag, nicht 10 des
Nachts auf der Straße beisammen stehen; man konnte ihrer jedoch am
12. zu hunderten, ja zu tausenden in der großen Friedrichsstraße, unter
den Linden, auf dem Schloßplatz angesammelt sehen, zwischen denen klei=
nere Truppenabtheilungen, ohne zu stören, auf und ab marschirten.

Nur die weitern Sitzungen des Winkel=Parlaments durften nicht
länger geduldet werden. Am 13. fand sich dasselbe abermals im Schützen=
hause ein und befaßte sich mit der Berathung einer Denkschrift, worin
die „hochverrätherischen Attentate des Ministeriums Brandenburg" in zehn
Punkten zusammengestellt waren; im Namen der Versammlung schickte
Unruh dieses Schriftstück dem Oberstaatsanwalt Sethe mit dem Ersuchen
zu, „seine Pflicht zu thun." Die Sitzung war geendet und es befanden
sich nur Plönnies mit zwei Schriftführern im Saale, als Oberst v. Blücher
an der Spitze einer Abtheilung Militär erschien und einen schriftlichen
Befehl Manteuffel's vorwies, daß das Locale unverzüglich zu räumen
sei; da Jene keine Miene machten sich zu fügen, ließ Blücher den Vice=
Präsidenten am Arme hinausführen, worauf die beiden Andern gutwillig
folgten[19]). Von da an war den Mitgliedern des Wander=Parlaments
nirgends Rast noch Ruhe gegönnt. Am 14. sah man sie erst in das Cöll=
nische Rathhaus, dann aus diesem in ein Tanz=Locale der Königsstadt
ziehen, gegen Abend auch dieses verlassen; obgleich das Rathhaus inzwi=
schen vom Militär in's Auge genommen worden war, gelang es den
Abgeordneten doch auf Seitenwegen in das Gebäude zu gelangen und
dort eine Sitzung zu halten. Am 15. Vormittags wollte man sich wieder
daselbst versammeln, und bereits hatte sich eine Anzahl eingefunden, als
eine Abtheilung Soldaten herbeikam und den Saal räumte. Nachmittags

darauf sollte eine „Privat=Zusammenkunft" im Mielentz'schen Kaffeehause in der Taubenstraße stattfinden; die Anwesenden drangen aber in den Präsidenten, eine „förmliche Sitzung" daraus zu machen, in welcher Kirch=mann als Berichterstatter der Commission den Steuerverweigerungs=An=trag vom 11. zur Annahme empfahl. Schultze von Delitsch, Philipps, Schornbaum, Zachariä stellten Abänderungsanträge. Die Verhandlung hatte kaum begonnen, als ·Major von Herwarth mit vier Officieren und einem Piket Soldaten in den Saal trat und dem Präsidenten erklärte, daß er Befehl habe, den Saal zu räumen und nöthigenfalls Gewalt an=zuwenden. Die Versammlung erhob sich in der größten Aufregung; Waldeck trat hervor und rief den Officier an: „Holen Sie Ihre Bajon=nete und stechen Sie uns nieder; ein Landesverräther, der den Saal verläßt." Allmälig legte sich der Sturm und die Soldaten traten zurück, nachdem ihrem Befehlshaber zugesagt worden, daß sich´ die Versammlung, nachdem sie abgestimmt, entfernen werde. Und in solcher Lage, die Bajonnete vor der Thüre, ohne regelrechte Verhandlung, ohne Bera=thung über die verschiedenen Anträge, kam durch bloßes Erheben von den Sitzen der inhaltschwere Beschluß zustande: „Das Ministerium Brandenburg ist nicht berechtigt, über Staatsgelder zu verfügen und die Steuern zu erheben, so lange die National=Versammlung nicht in Berlin ihre Sitzungen frei fortsetzen kann. Dieser Beschluß tritt mit dem 17. November in Kraft."

Damit schloß die letzte Sitzung des Berliner Wander=Parlaments, und es kam jetzt auf die Bevölkerung der Hauptstadt und des Landes an, ob sie den vom Präsidenten desselben gepredigten p a s s i v e n Wider=stand durch Ausführung des Beschlusses vom 15. N. M. zu einem a c t i v e n machen und damit eine verhängnißvolle Aera offenen Kampfes wider die Maßnahmen der Regierung einleiten wolle. [20])

10

Um dieselbe Zeit, da die Dinge in Preußen in unblutigem Kampf und Gegenkampf auf die Spitze getrieben wurden, erreichte die Revolution in Italien in gewaltsam verbrecherischer Weise ihren Höhepunkt.

Je mehr sich die Ereignisse vor Wien ihrer Entscheidung zu nähern
schienen — denn an die vollständige Unterwerfung der Stadt wollte
man lang nicht glauben —, desto stürmischer wurde das Drängen der
Kriegspartei, desto heftiger die Sprache der radicalen Blätter, desto unbändiger das Geschrei der Clubs. Insbesondere die lombardische Emi-
gration mochte von keinem Aufschub wissen. „Oesterreich geht der Auflösung entgegen", schrieb ihr Abgesandter Lodovico Frapolli aus Paris,
„Deutschland ist uneiniger als je, in Frankreich halten die Provinzen
die Hauptstadt und die Hauptstadt die Provinzen im Auge, Rußland
wird am baltischen Meer von den Schweden, an der Weichsel von den
Polen, im Kaukasus von Schamyl in Schach gehalten: kann es für uns eine
günstigere Lage zum Losschlagen geben?" Der „Consiglio della Provincia
di Mantova", der in Genua seinen Sitz hatte, bestürmte die Turiner
„Consulta lombarda" und diese wieder die sardinische Regierung, den
Krieg um keinen Tag zu verschieben; „ganz Lombardo-Venetien und das
halbe Piemont, sette milioni sopra nove, verlangen es." Wenn ein
Sturmangriff gegen Radeckÿ seine Schwierigkeiten habe, meinte die „Opinione", warum versuche man es nicht mit einer „guerra di diversione?"
„Ein Corps werfe sich zwischen die Adda und den Ticino und bringe
die kräftige Bevölkerung des Veltlins, von Como und Bergamo auf die
Beine, unterstütze die immer zum Aufstand geneigten Brescianer; ein
anderes pflanze sich bei Bologna auf und rufe die tapfern Romagnuolen
unter die Waffen, während unsere Flotte an der istrianischen und dalmatinischen Küste erscheine, den mißvergnügten Bocchesen helfe, unsern
zahlreichen Parteigängern in Zara und Triest die Hand biete! Vor
allem aber fordere man den Landsturm auf! Von der Adda bis zum
Ifonzo erhebe sich alles, was sehnige Arme hat, und bewaffne sich mit
Gewehren, und wo es an Gewehren fehlt, da seien es Säbel, Sensen,
Messer, Dolche, Bratspieße, Lanzen, Heugabeln, Spaten, Hauen, Schau-
feln, Dreschflegel, Sicheln, Beile, beschlagene Stöcke, Schleudern; und
wer nicht die Kraft hat eine Waffe zu führen, der predige den Krieg
oder widme sich der Pflege der Kranken und Verwundeten!" [21] Je
williger sich das neue toscanische Ministerium von der Strömung mit-
reißen ließ, beim Großherzog auf Vermehrung des stehenden Heeres
drang, Freischaaren für den „Unabhängigkeitskrieg" warb [22], desto maß-
loser geiferten die Hetzer gegen die piemontesische Regierung, die zwar
auch rüstete, aber zum Wiederbeginn der Feindseligkeit eine gelegene Zeit

abwarten zu müssen glaubte. Als gegen Ende October Nachrichten von
dem Putsch in den Thälern ostwärts und nordwärts vom Comersee umherliefen; als Mazzini vom Val d'Intelvi einen zündenden Aufruf der
„Giunta centrale d'insurrezione" verbreitete; als Garibaldi aus Livorno
den Lombarden das Versprechen naher Hilfe sandte: da kannte vollends
die zornige Ungeduld keine Gränzen. „Und Piemont schweigt?" hieß es
in einem beißenden Artikel der Turiner „Concordia"; „und bei uns
wartet man auf die Opportunität? Was verstehen denn die Herren unter
Opportunität? Gebet acht, ihr Minister, ihr wandelt, vielleicht unbewußt,
eine Bahn der Feigheit und der Ehrlosigkeit, und Piemont will weder feig
noch ehrlos sein!" „Die Augenblicke sind vielleicht gezählt", schrieb die
„Consulta lombarda" an das sardinische Parlament; „Gott gewährt sie
nicht zu wiederholtenmalen den Völkern, die er retten will!" „Wollt
ihr warten, bis der Aufstand im Veltlin gesiegt hat?" rief Brofferio in
der Kammer den Ministern zu; „aber wenn Mailand durch die Republicaner befreit ist, wird es dann eine andere Regierung wollen als
die republicanische?" In Genua kam es in den letzten October-Tagen
27. bis 29. zu gewaltsamen Auftritten; die Rufe: „Tod Carlo Alberto!
Nieder mit dem Ministerium Pinelli! Hoch das souveraine Volk!" tönten durch die Straßen; das Gesindel warf sich auf eine von Militär
entblößte Caserne, um Waffen zu bekommen. Die Civica machte gegen
die Meuterer mit den Soldaten gemeine Sache und ließ sich durch das „Nieder
mit der Bürgerwehr! Nieder mit Pareto!" (ihrem General), durch die Wuth-
ausbrüche der Umsturz-Partei, die sie „Brudermörder", „Austriaci",
„Gesuiti" schimpfte, in ihrem Eifer nicht irre machen. Es gab Straßenkampf mit Verwundeten und Todten auf beiden Seiten. Doch zuletzt
wurden die Unruhen gestillt, die zahlreich in der Stadt weilenden Fremden, meist Lombarden, nach Sarzana verwiesen.

Die Parteiung in Italien wurde mit jedem Tage schroffer. In
Mailand wie in Venedig wollte man von Piemont nichts mehr wissen.
„Wir haben der Idee eines oberitalienischen Königreichs beigestimmt",
hieß es; „diese Idee ist jetzt unausführbar geworden. Pinelli, Revel
wollen Turiner bleiben, mögen sie es sein; wir aber sind Italiener und
wollen Italiener sein!" Bianchi-Giovini schlug ein selbständiges lombar-
disch-venetianisches Königreich unter Maximilian von Leuchtenberg vor;
dieser sei zwar nicht in Italien geboren, wie der Bruder, dem er nach-
folgte; allein er stamme aus einem Hause, das Italien stets große Zu-

neigung gezeigt habe; seiner noch lebenden Mutter, der Prinzessin Amalie, bewahre Mailand noch immer liebevolle Erinnerungen; der Zar begünstige die Bewerbung seines Schwiegersohnes, und Oesterreich werde es darum nicht wagen sich der Ausführung dieses Planes zu widersetzen. Auch in der Dogenstadt war man dem Vorschlage nicht abgeneigt; die provisorische Regierung empfing die Mahnung die Volksvertretung einzuberufen, um die Frage zur Entscheidung zu bringen. Die republicanische Partei dagegen wollte weder von dem Prinzen Maximilian noch sonst von einem Fürsten etwas hören, am wenigsten von Carlo Alberto, der nur Unglück über das Land gebracht habe. „Waren wir nicht ohne einen König siegreich?" schrieben die schweizer lombardischen Flüchtlinge den Piemontesen. „Haben wir nicht in den glorreichen Tagen von Mailand die Oesterreicher davon gejagt? Und war es nicht der Mann des Verhängnisses, der in seiner mörderischen Umarmung die Erhebung des Volkes erstickte? Und diesem Menschen sollen wir noch einmal unsere Geschicke anvertrauen? Nein, nur das Volk selbst kann sich helfen, das Volk mit seinen tausend Armen, mit seinem ungezähmten Muth, mit seinen Barricaden und seinen Sturmglocken! Das sind unsere Bataillone, das sind unsere Reihen, in die ihr eines Tages, enttäuscht und entmuthigt, treten werdet sie zu verstärken!" Die Sprache der radicalen Blätter ließ alles hinter sich, was Karl Albert und sein Ministerium bisher an Unglimpf und Verlästerung zu hören bekommen. „Der Reisende, der, die Königin der Abria besuchend, bei Verona vorbeikommt, das ihr nicht gewollt, bei Rivoli, das ihr aufgegeben, bei Vicenza, das ihr im Stich gelassen, wird seufzend rufen: Judas! Judas!! Judas!!!" Der Turiner „Pensiero italiano" brachte am 3. November den Entwurf einer Denksäule für den Kriegs-Minister, der, auf einem dicken Maulesel reitend, die Scheide eines Schleppsäbels an der Seite, mit der Rechten ein Fernglas dem Auge nähert, um zu sehen, ob die „opportunità" noch nicht da sei. [23])

Doch was half aller Schimpf und Hohn, alle Satyre und Ironie, alles Geschrei und Lärmen! Zuletzt mußte man doch die Thatsache gelten lassen, daß an demselben Tage, da Mazzini aufrief und Garibaldi verhieß, Haynau den veltliner Aufstand gebändigt hatte; daß Wien eingenommen und bezwungen war; daß die Regierung und Militärmacht Oesterreichs fester bestand als in den Monaten zuvor. Die Hitzköpfe wollten zwar auch jetzt nicht nachgeben. Als vom piemontesischen Abgeordnetenhause auf Antrag Gioja's ein Ausschuß niedergesetzt wurde, dem

die Minister den Plan und die Beweggründe ihres Verfahrens darzulegen
hätten, erklärte die Mehrheit desselben: „die bestehende Regierung sei
weder im Stande einen ehrenvollen Frieden zu schließen, noch einen
glücklichen Krieg zu führen; der Ausschuß befinde sich daher nicht in der
Lage ihre Haltung und Politik zu billigen", 6. November. Allein das
Ministerium und die Mehrheit in der Kammer blieben fest. In der
geheimen Sitzung vom 11. wurde der Antrag des Ausschusses abgelehnt
und mit dem Beifügen, daß dieser Beschluß in der nächsten öffentlichen
Sitzung bekannt gemacht werde, der Uebergang zur Tagesordnung an=
genommen. Vergebens brachten dann am 12. mehrere Abgeordnete der
Linken, Josti, Valerio, Sineo, alle Waffen ihrer heftigen Beredsamkeit
in's Feuer. Vergebens rief Brofferio: „So ist es denn wahr, daß wir
in wenig Monaten so wunderbar zurückgeschritten sind, daß wir uns in
voller Reaction befinden?" Es blieb bei der Meinung der Mehrheit und
bei der Politik des Ministeriums.

Da es nun für den Augenblick mit dem Kriege gegen Oesterreich
jedenfalls nichts war, so wandte sich die Thätigkeit der Parteien mit
erhöhtem Eifer einer Angelegenheit zu, die seit langem angeregt, aber
durch den Waffenlärm mehr in den Hintergrund geschoben war. Die
Idee der italienischen Einheit hatte in der vormärzlichen Zeit
die Gestalt eines Bundes der Fürsten und Regierungen der Halbinsel
mit dem Papste an der Spitze angenommen; besonders Gioberti hatte
in seinen Schriften für diesen Plan geschwärmt und zahlreiche begeisterte
Anhänger gewonnen. Nach den Ereignissen des Jahres 1848 war es
der römische Hof selbst, der jenen Gedanken wieder hervorzog. Im April
hatte Monf. Corboli, päpstlicher Legat in Turin, dem damaligen Minister
Grafen Balbo Vorschläge in solchem Sinne gemacht; doch Balbo war
jedem Bunde abgeneigt, in dem nicht sein eigener Fürst den ersten Platz
hätte. Auf Balbo war dann Casati gefolgt, in dessen Ministerium auch
Gioberti einen Platz fand. Von diesem war Abbate Rosmini nach Rom
gesandt worden, um die abgebrochenen Unterhandlungen neuerdings in
Gang zu bringen und sowohl die römische als die toscanische Regie=
rung — von Neapel glaubte man nach den Ereignissen des 15. Mai
vorläufig absehen zu müssen — dafür zu gewinnen. Die Folge dieses
Schrittes war der Entwurf eines unter Vorsitz des Papstes für ewige
Zeiten einzugehenden Schutz= und Trutzbündnisses zwischen dem Kirchen=
staate, dem Königreiche Sardinien und dem Großherzogthum Toscana,

der von Rosmini nach Turin zur Bestätigung gesandt wurde. Allein
dort hatte sich inzwischen das Ministerium wieder geändert, man ließ
lang auf eine Antwort warten, die zuletzt dahin ausfiel, daß man sich
wohl ein vorübergehendes Bündniß (lega temporaria) gefallen lassen,
aber auf einen immerwährenden Bund (federazione perpetua) nicht
eingehen könne. So standen die Dinge, als von dem Ministerium Mon=
tanelli-Guerrazzi in Florenz das Schlagwort eines allgemein-italienischen
Völkerbundes unter die Massen geworfen wurde. „Mit einem bloßen
Bunde der Staaten sei es nicht abgethan; nicht die Fürsten, nicht die
Regierungen, selbst nicht die Parlamente seien es, von denen die ange=
strebte Einigung Italiens ausgehen könne; das allgemeine Stimmrecht,
wie es in Frankreich zur That geworden, sei das einzige Mittel, eine
constituirende Versammlung zustande zu bringen, von der allein gesagt
werden könne, daß sie das italienische Volk vertrete.“ [24] War einmal
das große Ziel der nationalen Einigung erreicht, dann war von dem
Papste als Haupt, ja von dem Papste überhaupt keine Rede mehr; im
Gegentheil, Guerrazzi und sein Anhang erblickten im Papstthum „die
ewige Ursache des Unheils für Italien.“

Wenn der Vorschlag der Livorno=Männer von der republicanischen
Partei, von den Wortführern der Clubs, von der radicalen Presse mit
Entzücken begrüßt und mit Feuereifer verkündet und umhergetragen wurde,
so ließen sich doch nicht die Schwierigkeiten verkennen, womit die Aus=
führung desselben zu kämpfen hatte. Das lombardisch-venetianische Kö=
nigreich mit Ausnahme der Dogenstadt hielten Radecky und seine Generale in Schach. Die piemontesische Regierung war nichts wentger als
gesonnen, zu Gunsten einer erträumten Volkseinheit abzudanken, eben so
wenig jene von Neapel, die mit jedem Tage mehr Kraft entfaltete. Auf
der Insel Sicilien standen sich Königliche und Aufständische in offenem
Kampfe gegenüber, der sie für alles andere taub zu machen schien. Seit
der blutig verheerenden Einnahme Messinas durch den königlichen Gene=
ral Filangieri, September, waren die Leidenschaften der Sicilianer auf
den Siedpunkt gebracht; man hörte aus Palermo von einem öffentlichen
Volksschwur, sich eher unter den Trümmern ihrer Stadt begraben lassen
als den Söldnerschaaren Filangieri's ergeben zu wollen; man vernahm
aus Messina von Vorbereitungen zu einer neuen sicilianischen Vesper,
die allen Anhängern Ferdinand's den Garaus machen würde. Doch die
Hindernisse, die sich in den genannten Ländern der Einberufung der „Co=

stituente" in den Weg stellten, waren zu besiegen.   Trotz der Bajonnete Radetzky's, trotz der mißgünstigen Kammer-Majorität in Turin, trotz der Schweizer - Regimenter König Ferdinand's, trotz des Bürgerkrieges in Sicilien, mochten lombardische, venetianische, piemontesische, neapolitanische und sicilische Abgeordnete gewählt werden und sich am Orte des Zusammentritts einfinden.   Die größte Schwierigkeit bot nur Rom, oder vielmehr e i n Mann in Rom, der mit aller Kraft und Gewandtheit seines Wesens der drohenden Republicanisirung Italiens und dem Zu- standekommen der Costituente, die dahin führen mußte, entgegenwirkte.

Italiener von Geburt, zu Murat's Zeiten in die italienischen Ein- heitsbestrebungen verwickelt, in Folge dessen aus seiner Heimat flüchtig, viel in der Welt herumgeworfen und geprüft, Professor in jungen Jahren in Bologna, später im calvinischen Genf, zuletzt in Paris, dann Pair von Frankreich und im besondern Vertrauen Louis Philippe's, der ihn in den Grafenstand erhob, außerordentlicher Gesandter, später Botschafter am päpstlichen Hofe, hatte P e l l e g r i n o R o s s i in jeder dieser wechsel- vollen Stellungen erst mit Schwierigkeiten aller Art zu ringen gehabt, hatte aber zuletzt in jeder durch sein Wissen, durch seinen Geist, durch seine Ausdauer und Festigkeit als Sieger das Feld behauptet. Doch war aus jedem dieser Kämpfe an seinem Namen irgend etwas haften geblie- ben, das Neider und Anfeinder bei jedem gebotenen Anlasse hervorzuziehen wußten.   Wenn er in Paris seine italienische Abkunft nie ganz vergessen machen konnte, so wurde ihm nachmals von seinen Landsleuten vorge- worfen, daß er über dem Franzosen den Italiener verloren habe.   Im Cabinet des österreichischen Staatskanzlers sah man in ihm, seines Bo- logneser Vorlebens wegen, noch immer das geheime Haupt aller Carbo- nari Italiens, während er diesen letztern, um seiner diplomatischen Lauf- bahn willen, an Metternich verkauft erschien.   Die Republicaner haßten ihn als einen Abtrünnling von ihrer Sache, und die Sanfedisten miß- trauten ihm als verkapptem „Genfer" — er hatte als Professor in Genf eine Protestantin geheiratet, die jedoch später, in Paris, zum Katholi- cismus übertreten war —, der von den liberalen Ideen zu viel eingeso- gen habe, um es mit seiner Vertheidigung des gesetzlichen Ansehens von Kirche und Papst aufrichtig zu meinen. [25]) So hatte Rossi so ziemlich alles wider sich, als ihn der bedrängte Papst aus dem Privatstande, in den er sich seit der Februar - Revolution zurückgezogen hatte, in das

Ministerium berief, 18. September, auf daß er sein Versprechen wahr
mache, die Ordnung im Kirchenstaate ohne Gewalt und ohne auswärtige
Hilfe herstellen zu wollen. Rossi versah gleichzeitig drei Portefeuilles,
des Innern, der Finanzen und der Polizei; für die beiden letztern nahm
er Pietro Righetti und Accurci als stellvertretende Gehilfen an die Seite.
Seine Collegen waren: die Cardinäle Soglia für das Aeußere und
Bizzardelli für den Unterricht, der Herzog v. Regnano für den Krieg,
Advocat Cicognani für die Justiz, Professor Montanari für Handel und
öffentliche Arbeiten.

Mit dem Tage, da die Zügel der Regierung in Rossi's Hände gelegt waren, nahmen die Dinge im Kirchenstaate eine neue Wendung:
zum bessern, wie die ihm erst mißtrauenden Freunde von Gesetzlichkeit
und Ordnung gestehen mußten; zum schlimmern, wie Mazzini und die
Clubs zähneknirschend riefen. In allen Zweigen der Verwaltung wurde
mit Thatkraft eingegriffen, nicht ohne gleichzeitig zweckmäßige Neuerungen
vorzubereiten. An die Stelle der lärmerischen Prahlerei von früher trat
ein System rühriger Geschäftsthätigkeit, das Achtung und Vertrauen
einflößte. Rossi begann das Geldwesen zu ordnen, das Ansehen der
Polizei zu heben, ihre Wachsamkeit zu schärfen, die vielfach bedrohte
öffentliche Sicherheit auf einen bessern Stand zu bringen. War er auch
klug genug, nicht mit allen Gewohnheiten und Lieblingsgedanken der
letzten Jahre auf einmal zu brechen; schien er sogar den Schwächen des
Tages zu huldigen, indem er den aus dem oberitalischen Feldzuge heimkehrenden Freischärlern sowie den Witwen der Gefallenen Pensionen
aussetzte, dem venetianischen Unterhändler General Armandi Geldunter-
stützung in Aussicht stellte, durch die päpstliche Dampf-Flotille unter
Oberst Ciabbi die Postverbindung zwischen Ancona und Benedig unterhalten ließ [26] zc., so vermied er doch andrerseits alles, was zu einem
offenen Bruche mit Oesterreich führen konnte, und ließ keine Gelegenheit
vorübergehen, der Partei der Unruhe seinen gemessenen Ernst zu zeigen.
Gegen Ende September beschied er den Prinzen Canino, der sich jetzt
einfach „Buonaparte" nannte, zu sich, legte ihm schriftliche Beweise seiner
versteckten Umtriebe vor und entließ ihn mit drohenden Ermahnungen.
Am 23. October brach in Rom ein Krawall gegen die Juden aus, die
man beschuldigte römische Nationalgarden mißhandelt zu haben; eine
ausgelassene Volksrotte umlagerte das Ghetto, verhöhnte und bedrohte
die nach Hause eilenden Juden, erzwang sich gegen 10 Uhr Abend von

zwei Seiten den Eingang in das Judenviertel, wo sie Auslagekästen, Gewölbeschilder und Fenster zertrümmerte und andern Unfug trieb, bis es verstärkten Abtheilungen von Dragonern und Carabinieri gelang, die Tumultuanten auseinanderzutreiben. Die Haupträdelsführer wurden verhaftet, die Gerichte schritten wider sie ein; eine Bekanntmachung vom 25. verdammte in entschiedener Sprache die Gewaltthätigkeiten wider die Juden, die den allgemeinen Schutz der Gesetze genößen; „die Regierung werde der Civilisation und den Gesetzen nicht ungestraft Hohn sprechen lassen."

Einige Tage nach diesem Vorfalle trat General Zucchi, dem der Papst mittelst eigenen Handbillets das Indigenat im Kirchenstaate ertheilte, an die Spitze der Armee, die zu reorganisiren seine Aufgabe war. Ein Mann von großer Willenskraft, unverdrossener Arbeiter — er erschien Morgens 5 Uhr in seinem Amte, wo sich sonst die Beamten erst um die Hälfte des Vormittags einzufinden pflegten — zog er sogleich die Zügel der militärischen Zucht straffer an, wußte einen neuen Geist in die Militär-Verwaltung zu bringen und das Ansehen der bewaffneten Macht zu heben, als von Garibaldi an die päpstliche Regierung das Verlangen gestellt wurde, seiner Freischaar über das nördliche Gebiet des Kirchenstaates Durchzug nach Venedig zu gestatten. Das Ministerium gab eine ausweichende Antwort, ließ aber einige Schweizer-Compagnien an die toscanische Gränze marschiren, um Garibaldi den Einmarsch, falls er ihn dennoch versuchen sollte, zu verwehren. Darüber entstand gewaltige Aufregung, namentlich in Bologna, wo der Demagoge in der Mönchskutte P. Gavazzi auf offenem Markte jene Maßregel der Regierung wider den „tapfersten der Italiener" zum Gegenstande aufreizender Ausfälle machte. Zucchi eilte in Person nach Bologna, ermahnte eine Deputation, die sich zu ihm verfügte, in strengen Ausdrücken, das Volk von allen bewaffneten Kundgebungen abzuhalten, widrigens er für bedauerliche Folgen nicht stehen könne. Er ließ Verhaftungen vornehmen, die Straßen der Stadt von Schaarwachen durchstreifen, in der Nacht des 6. November die in den Häusern versteckten Waffen aufsuchen, bedrohte die Widerspänstigen mit dem Standrecht. Zwar fand sich die Regierung zuletzt doch bewogen, den Schaaren Garibaldi's den Durchmarsch zu gestatten; doch mußten sie an der Gränze die Waffen ablegen, die ihnen erst beim Austritt aus dem Kirchenstaat zurückgegeben werden sollten; auch durften sie nicht das Weichbild von Bologna berühren, sondern mußten ihren

Weg über Pianoro und Ravenna an die Küste nehmen. Am 16. traf von Rom der Befehl ein, Gavazzi zu verhaften, was am 17. Morgens geschah.

Wenn schon der Ernst und die Entschiedenheit, die das Ministerium Rossi nach allen Richtungen entfaltete, ein Mißvergnügen hervorrief, das bei den Anhängern des alten Systems, d. h. der alten Mißbräuche [27]) kaum geringer war als bei den Häuptern der Umsturz=Partei, so war es bei diesen letzteren doch mehr noch etwas anderes, was sie zu dem Entschlusse führte, Rossi um jeden Preis aus dem Wege zu schaffen. Von allem Anfang hatte sich die italienische Bewegung Rom als den Punkt erkoren, wo sie am sichersten ihre Anker auswerfen konnte. Die verrotteten Zustände der früheren politischen Verwaltung, das weitverbreitete Miß= vergnügen mit dem fast durchaus in geistliche Hände gelegten weltlichen Regiment, dann aber wieder die entschiedene Förderung, deren sich die jung=italienischen Bestrebungen seit dem Regierungsantritte Pius IX. zu erfreuen gehabt, die Erinnerungen endlich an die classisch=republicanische Vorzeit, an die Cola=Rienzi, selbst an die Tage des weltgebietenden Papst= thums, all das wirkte zusammen, die Blicke auf die ewige Stadt zu lenken, wie denn auch von den Vorkämpfern der italienischen Costituente Rom zum Sitze derselben vorausbestimmt war. Nun zeigte sich zwar Rossi mit dem Plane, Rom an die Spitze von Italien zu bringen, ganz einver= standen. Nur war es ein von den Ideen Montanelli's ganz verschiedener Weg, den er sich vorzeichnete: es sollte ein allgemeiner Congreß in Rom zu= sammentreten, wozu jede italienische Regierung ihre Vertreter senden würde, um über ihre gemeinschaftlichen Interessen zu berathen, organische gemeinsame Bestimmungen zu treffen, insbesondere ein Vertheidigungs= bündniß herzustellen. Das aber hieß, an die Stelle eines einheitlichen Italiens, wie es die mazzinistische Partei anstrebte, höchstens ein bundes= staatliches, an die Stelle eines volksfreien, republicanischen eines der neu zu kräftigenden Monarchien setzen! Zugleich knüpfte sich dadurch das Interesse der gesetzlichen Regierungen inniger als je an Rom, das in ihre Gewalt zu bekommen die Umsturz=Partei von Anbeginn als eines ihrer Hauptziele verfolgte. Schon zeitlich im Herbst 1848 bestand der Plan, nach Gewinnung der bewaffneten Macht alle Thore und wich= tigeren Plätze Roms zu besetzen, sich der Person des Papstes zu ver= sichern, ihn zur Entsagung seiner weltlichen Herrschaft zu zwingen, die Republik auszurufen und eine einstweilige Regierung mit Triumviren

zu bestellen. Auf eine den Männern des Circolo popolare ganz un-
begreifliche Weise [28]) gelangte aber Rossi in die Kenntniß aller ihrer
Anschläge und wußte im rechten Momente solche Gegenanstalten zu
treffen, daß der verabredete Losbruch jedesmal scheiterte oder von vorn-
herein abgesagt werden mußte. Ein solcher Versuch war auch der Juden-
Krawall am 23. October gewesen, der zum Ausgangspunkt umfassenderer
Thätlichkeiten hatte werden sollen, der aber durch das kraftvolle Ein-
schreiten der bewaffneten Macht im Keime erstickt worden war. Die
Enttäuschten stellten nun freilich die Sache so dar, als sei der ganze
Tumult nur eine von der Regierung gelegte Falle gewesen, um eine
Handhabe zu bekommen, gewaltsame Maßregeln zu ergreifen. Sterbini,
Mamiani, Buonaparte, die sich in jenen Tagen auf dem Turiner Con-
gresse befanden, donnerten dort gegen die Treulosigkeit, den Verrath, die
Hinterlist des päpstlichen Ministers, und schon damals war dessen Sturz
beschlossen. Als dann die römischen Abgeordneten auf der Heimreise
durch Toscana kamen, hatten sie mit den Vereinen in Livorno und
Florenz, mit Guerrazzi, Montanelli, Garibaldi viel Verkehr, und bei
einem in der toscanischen Hauptstadt ihnen zu Ehren gegebenen Gastmale
schwenkte Buonaparte sein Glas auf einen baldigen Umschwung in Rom [29]).
Rossi kam durch seine Organe unverweilt in Kenntniß von diesen Vorgängen, ohne sich dadurch in seiner Haltung im geringsten einschüchtern
zu lassen. Zu der Erbitterung, sich in allen ihren Unternehmungen ge-
kreuzt zu sehen, trat nun bei den Verschworenen der Verdacht, für die
Rache des Ministers aufgespart zu sein; man wollte wissen, Rossi besitze
eine Liste ihrer Namen, er bereite einen Staatsstreich vor, an einem
Tage zur bestimmten Stunde würden Sterbini, Ciceruacchio und andere
Häupter ergriffen und dem Tode überliefert werden u. dgl. Mehr wie
je wurde Rossi die Zielscheibe allen Hohns, allen Geifers und Hasses
der Parteiführer, die Verwünschungen, Anschuldigungen, Verläumdungen
jeder Art wider ihn häuften. Er wurde ein Werkzeug Neapels, Österreichs, Rußlands, ein Verräther an der Sache Italiens, ein Erbfeind
der freiheitlichen Grundsätze und Einrichtungen genannt. Die Sitzungen
des Circolo popolare, des Sammelpunktes der überspanntesten Köpfe
und maßlosesten Eiferer in Rom, widerhallten von den ungemessensten
Reden wider diesen „entarteten Sohn Italiens", wider diesen „Ausländer", diesen „Ketzer", diesen „Patron der Juden". Die öffentliche
Meinung wurde in so systematischer Weise gegen den thatkräftigen Minister

7

gehetzt, daß nicht bloß die ungebildeten Volksclassen in Rossi ein wahres
Ungeheuer zu erblicken glaubten, sondern daß auch viele der bessern
Classen in ihrer Meinung über ihn irre wurden. „É un forestiere
e un eretico", konnte man selbst von ruhigen Leuten hören. Auch war
nicht zu läugnen, daß Rossi durch manche Unklugheit in seinem Benehmen
nach verschiedenen Seiten hin verletzte, daß er durch eine offen zur Schau
getragene Verachtung der unselbständigen Menge diese geradezu heraus=
forderte und dadurch selbst seinen Feinden die geeignetsten Waffen in
die Hände spielte.

Die Eröffnung der römischen Kammern stand bevor. Voll Zuver=
sicht, durch die Kraft seiner Rede, durch klare Entwicklung seiner Ideen
bald die Mehrzahl der Abgeordneten auf seine Seite zu bringen, zeigte
sich Rossi in eben dem Grade stolz und siegesgewiß, in welchem seine
Widersacher ihre letzten Kräfte aufzubieten schienen, seinen Untergang
herbeizuführen. Am 13. November schleuderte Sterbini im „Contem=
poraneo" einen Schmähartikel gegen ihn, der alles überbot, was man
bis dahin zu sagen gewagt; er behauptete geradezu, daß Rossi im Solde
Österreichs stehe; Graf Lützow, durch die Volkswuth aus Rom vertrieben,
habe Rossi mit seiner Mission betraut und diese habe der schlaue Schüler
Guizot's getreulich eingehalten. Im „Circolo popolare" war es ausge=
machte Sache, daß der Tag der Kammereröffnung der letzte des Ministe=
riums Rossi sein sollte. Das Spottblatt „Don Pirlone" machte daraus
kein Hehl. „Von der Wiege bis zum Grabe", schrieb es am 13., „ist
nur ein kurzer Schritt; von heute bis übermorgen sind nur zwei Tage;
es wird bald vorüber sein." Was am 15. bevorstand, war ein Kampf
auf Leben und Tod, von den Mehreren im figürlichen, aber von einer
Bande schwarzer Gesellen im buchstäblichen Sinne genommen. Die nach
der Einnahme von Vicenza zurückgekehrten päpstlichen Truppen hatte
man nach Forli geschickt, die Gränze gegen Österreich zu bewachen;
nur eine Anzahl war wegen schlechter Aufführung ausgeschieden worden
und etwa anderthalbhundert dieser „Reduci", meist junge Leute von
ungezügelten Gelüsten und Sitten, waren zu einem Corps zusammen=
getreten, das sich einen gewissen Luigi Gradoni zum Anführer gewählt
hatte. Sie trugen die vorige Freischaaren=Uniform und standen mit den
Exaltados, welche die Woche zweimal im Teatro Capranica tagten, sowie
mit dem Volksverein im Palazzo Fiano in naher Verbindung. Bei
vierzig dieser Reduci, heißt es, würfelten um das Leben Rossi's; drei,

nach Andern sechs von ihnen traf das Los, das Vorhaben aus=
zuführen.

Rossi blieb nicht ungewarnt. Es kamen ihm anonyme Briefe zu
mit dem Aufgabsorte „Rom" und auch von auswärts; alle stimmten
darin überein, daß der 15. November eine gewaltsame Entscheidung
bringen werde. Auch an genaueren Vorhersagungen soll es nicht gefehlt
haben[30]). Rossi blickte seinen Gegnern kühn in's Auge. In der Regie-
rungszeitung „Gazetta romana" warf er den Sanfedisten vor, daß sie
die Pläne der Umsturzpartei insgeheim förderten, um ihren eigenen Sieg
vorzubereiten, während er den Radicalen gegenüber mit einer herausfordernden Ironie auf Verabredungen hinwies, die „in einer benachbarten Stadt" „inter scyphos" getroffen worden seien. Ohne Zweifel
war damit der Trinkspruch Canino's gemeint; doch Rossi's Feinde deu-
teten es auf die Costituente (die gleichfalls Gegenstand der Florentiner
Besprechungen gewesen war) und erklärten es für den frechsten Hohn,
womit man eine ganz Italien heilige Sache zu begeifern wage[31]). Bei
all seinem Muth unterließ Rossi nicht, Anstalten zu treffen, um für alle
Fälle, wie er meinte, gedeckt zu sein. Am 13. November zogen unver-
muthet 400 Carabinieri in Rom ein; das ganze Corps derselben wurde
im geschlossenen Hofe des Belvedere aufgestellt, wo es der Minister
besichtigte und eine Ansprache hielt, die zur Treue und Hingebung für
die Sache des Papstes aufforderte. Er ließ sie dann in auffallender
Weise durch die Stadt ziehen, um die Aufstandslustigen einzuschüchtern.
Allein diese wußten daraus nur einen neuen Vortheil zu ziehen, indem
sie die Civica aufhetzten, die, schon früher erbittert über die militärischen
Maßregeln des Ministeriums, jetzt eine förmliche Verwahrung gegen
das Herbeiziehen neuer Truppen einlegte. Für den Tag der Kammereröffnung wurde die Hauptmacht der Carabinieri in ihre Caserne con-
signirt; eine Anzahl von ihnen sollte in bürgerlicher Kleidung auf dem
Platze vor dem Sitzungsgebäude unter die Menge vertheilt werden, um
alles übersehen zu können und, wenn etwas vorfiele, gleich bei der Hand
zu sein. Rossi wollte ihnen auch den Dienst im Palaste anvertraut
wissen; doch als dieß bekannt wurde, wußten die Andern ein solches
Murren heraufzubeschwören, daß der Herzog von Regnano die ausdrückliche Versicherung gab, Bewachung und Schutz der Kammer werde allein
der Civica anvertraut bleiben. Im Innern des Sitzungssaales ließ
Rossi, um jedem Terrorismus der Galerien vorzubeugen, den Zuschauer-

7*

raum, der früher mehr als tausend Personen faßte, so weit beschränken,
daß darin wenig über hundert Platz hatten; eine Maßregel, die seine
Feinde nicht lässig waren gleichfalls in sein Sündenregister einzutragen.

So kam der 15. November heran. Rossi fand sich im Quirinal
beim Papste ein. Beim Fortgehen sagte ihm dieser: „Graf, seien Sie
auf Ihrer Hut; Ihre Feinde sind zahlreich und zu jeder schwarzen That
aufgelegt." Rossi erwiederte: „„Meine Feinde sind feig; ich fürchte sie
nicht."" Auch der Prälat Morini warnte ihn; er habe aus sicherer Quelle
erfahren, die Verschworenen würden ihn nicht lebendig in die Kammer
kommen lassen. „Ich muß gehen und ich will gehen", sagte Rossi; „die
Sache des Papstes ist die Sache Gottes!" Als er in den Wagen stieg,
um zur Sitzung zu fahren, lud er Righetti ein, ihn zu begleiten: „Mein
Cavalier, kommen Sie mit mir, wenn Sie sich nicht fürchten!" Je näher
die Kutsche dem Palaste der Cancellaria kam, desto langsamer mußte man
fahren; denn eine dichte Volksmenge füllte die Straßen, den Platz vor
dem Gebäude und den geräumigen Hof. Im Sitzungssaale, der sich im
ersten Stockwerke befand, waren die Bänke der Rechten vielfach unbesetzt;
um so zahlreicher war die Linke erschienen. Wenige Minuten nach eins
fuhr Rossi's Kutsche in den Hof und hielt am Ausgange der Treppe.
Lärm und vielstimmiges Pfeifen empfing den Ankommenden, der, wie
Einige erzählen, mit einer Miene voll Verachtung antwortete und mit
einer wegwerfenden Bewegung der Rechten seinen Handschuh schwang.
Die Vorhalle zur Treppe war von einer Anzahl junger Leute aus der
Freischaar Gradoni's erfüllt, die, als der Minister eintrat, eine Gasse
öffneten, aber gleich hinter ihm wieder schlossen, so daß er von seinem
Begleiter abgeschnitten wurde. Eben hatte Rossi mit festem Schritt die
ersten Stufen erreicht, als er einen Stoß in die rechte Seite empfing,
mit der Faust, wie die Einen, mit einem Stocke oder dem Knopfe eines
Dolches, wie Andere wollen. Mit stolzer Erhebung des Hauptes wandte
er sich nach der Richtung, von wo der Angriff gekommen war, und gab
dadurch die linke Seite seines Halses bloß, in die er im selben Augenblick einen Dolchstich dringen fühlte. Rossi führte rasch sein Sacktuch an
die verwundete Stelle und stieg mit dem halblauten Ausruf: „Meuchel-
mörder!" die Stufen weiter hinan, als er mit einemmal zu schwanken
begann, die Wand zu erreichen suchte und hier kraftlos niedersank, während das Blut, nachdem es das Sacktuch vollgetränkt hatte, in einem

Strome hervorquoll. Der Stoß hatte die Halsschlagader getroffen und
war so teuflisch gut geführt, daß das Gerücht ging, die Mordgesellen
hätten sich, um ihrer Sache gewiß zu sein, zuvor an einer Leiche geübt,
und daß sie in der wüsten Zeit, die bald darauf folgte, den Ehrentitel
„Karotis-Stecher" erhielten. Als sie ihr Opfer sinken sahen, entfernten sie
sich und verloren sich unbeachtet in der Menge, die keine Ahnung hatte,
was in den wenigen Augenblicken — denn all das war rascher geschehen,
als es sich erzählen läßt — schrecklich vorgefallen war. Righetti aber und
der Diener Rossi's sprangen dem Gestürzten zu Hilfe und hoben ihn unter
den Armen bis auf die Höhe der Treppe hinauf, wo er vollends zusam-
menbrach. Ein paar von der Civica, die hier ihren Dienst hatten, waren
Zeugen des ganzen Vorfalles gewesen, ohne das geringste zur Rettung
Rossi's thun zu können. An ihnen vorbei wurde Rossi in das Vorzimmer
des Cardinals Gazzoli getragen; der schnell herbeigerufene Pfarrer von
San Lorenzo, der dem Sterbenden die heilige Lossprechung ertheilen
wollte, fand eine Leiche. Im benachbarten Sitzungssaale wollte der Präsident Sturbinetti eben beginnen, als ein dumpfer Schrei wie Unheil verkündend aus dem Grunde des Zuhörerraumes vernommen wurde und
gleich darauf der Minister Montanari bleich und entstellt eintrat. Man
wußte schnell was geschehen war und es gab einen freimüthigen Mann
in der Versammlung, der den Antrag stellte, die Tribünen räumen, die
Thüren schließen zu lassen und das weitere Benehmen in Erwägung zu
ziehen. Allein Buonaparte rief: „Was soll uns beirren? Ist etwa der
König von Rom gestorben?" Und Sterbini suchte zu beschwichtigen: „Bleibt
ruhig, es ist nichts!" Der Präsident ließ das Protokoll der letzten (August-)
Sitzung verlesen und dann die Abgeordneten namentlich aufrufen; als sich
dabei zeigte, daß die Versammlung nicht vollzählig sei, erklärte er die
Sitzung für geschlossen.

Durch alle Kreise der besseren Bevölkerung ging ein Gefühl läh-
menden Schreckens; „denn es gab nichts als zu schweigen, um nicht ebenso
als Opfer zu fallen." Die beiden Söhne des Gemeuchelten, hineilend auf
den Schauplatz des Verbrechens, waren vielleicht die einzigen in Rom,
die ihrem Schmerz, ihrem Abscheu lauten Ausdruck zu geben wagten. Im
Quirinal herrschten Bestürzung und tiefe Trauer. Der Papst übertrug
Montanari die einstweilige Leitung der Geschäfte. Die Minister versammelten sich und ließen den Obersten der Carabinieri, Angelo Calderari,
rufen. Die Mannschaft und die Mehrzahl der Officiere waren vom besten

Geiste beseelt, allein Calderari zeigte sich unentschlossen; als die Minister in ihn drangen Anstalten zur Verfolgung der Mörder zu treffen, verlangte er einen schriftlichen Befehl und versprach sich am Abend wieder einzufinden.[32]) Allein am Abend sah es schon ganz anders aus. Die Partei des Umsturzes war nicht einen Augenblick lässig aus ihrem Siege Vortheil zu ziehen. Ein großartiger Zug wurde veranstaltet, der sich mit dreifarbigen Fahnen, mit Windlichtern und Fackeln, unter den Klängen eines militärischen Triumphmarsches gegen die Piazza del Popolo wälzte. Vor der Caserne der Carabinieri, vor jener der Dragoner wurde Halt gemacht; einzelne Soldaten, von ihren Officieren nicht gehindert, schlossen sich der Masse an. Hochrufe auf die italienische Costituente wechselten mit „Tod den Priestern!" oder: „Gesegnet die Hand, die den Rossi erstach!" Was will man mit der Grausamkeit der Hyäne? Sie ist ein unvernünftiges Thier, das der Fleischgier seines hungrigen Magens folgt! Von Leid gebrochen und von Schrecken gelähmt saß die Wittwe des Gemordeten in ihrem Hause, als der Strom des Volks unter ihren Fenstern anhielt und Hochrufe auf die Mörder ihres Gemahls hinaufbrüllte. Der französische Gesandte, Herzog von Harcourt, nahm sich der Verlassenen an und bot ihr Schutz in seinem Hotel an. Selbst an der Leiche Rossi's wollte man sich vergreifen und sie im Triumphzug mitschleppen; sie war aber kurz zuvor in die unterirdische Gruft von San Lorenzo im Palaste der Cancellaria gebracht worden, wohin der ausgesandte Haufen nicht bringen konnte.

Am Morgen des 16. November erschienen die Präsidenten der beiden Kammern im Quirinal, wohin auch der Advocat Giuseppe Galetti, der erst am Abend zuvor in Rom eingetroffen, beschieden wurde. Er war zu Zeiten Gregor's politischer Gefangener gewesen und schon darum unter den jetzigen Verhältnissen eine gefeierte Persönlichkeit. Doch selbst der Papst mochte ihn mehr leiden als Andere von Galetti's Farbe, und gedachte ihn bei der Neubildung des Ministeriums zu verwenden. Inzwischen trat, wie es Tags zuvor im Palazzo Fiano ausgemacht worden, eine immer stärker anschwellende Menge unter Vortritt einer Militärmusik-Banda und einiger Legionäre Gradoni's mit der Fahne des Circolo popolare ihren Marsch von der Piazza del Popolo über den Corso an. Vor dem Sitzungsgebäude der Deputirten hielt sie an. Sterbini[33]) erschien auf dem Balcon über dem Eingangsthore, hielt eine kurze Anrede und schloß sich dann mit einigen andern Deputirten dem Zuge gegen den Quirinal an; ein

anderer Trupp von Aufständischen, der sich auf der Piazza Venezia ge=
sammelt hatte, verfolgte unter Führung des Fürsten von Canino das
gleiche Ziel.[34]) Die Besatzung des Palastes bildeten Schweizer=Truppen.
Sonst waren keine militärischen Vorsichtsmaßregeln getroffen; Major Len=
tulo, der statt des unsichtbar gewordenen Herzogs von Regnano die Ge=
schäfte des Kriegs=Ministeriums führte, zeigte sich unentschlossen und
zaghaft.

Die Verhandlungen im Quirinal waren mittlerweile abgebrochen
worden und Galetti hatte den Palast in der Kutsche des Fürsten Corsini
verlassen, als er auf seiner Rückfahrt von Einigen aus der Menge
erkannt, mit Hochrufen begrüßt und zur Umkehr bewogen wurde. Er war
es jetzt, der an der Spitze einer aus Mitgliedern des Abgeordnetenhauses
und des Circolo popolare bestehenden Deputation von neuem in den
Palast Einlaß fand und den Cardinal Soglia ersuchte, dem Papste die
„einstimmigen Wünsche des Landes" vorzutragen; sie betrafen im we=
sentlichen: Bewilligung eines volksthümlichen Ministeriums, Einbe=
rufung einer Costituente für das vereinigte Italien und Kriegserklä=
rung gegen Österreich.[35]) Als Pius IX. sagen ließ: „was die Bildung
eines Ministeriums betreffe, werde es seine Sache sein, dafür zu sorgen;
er hoffe binnen vier und zwanzig Stunden damit zustande zu kommen,"
und die Depurtirten diesen Bescheid auf dem Platze kundmachten, geberdete
sich die Menge wie toll; Pfiffe und Rufe, Zornausbrüche und Verwün=
schungen gaben einen wüsten Lärm, der bis in die Gemächer des Palastes
drang, wo sich inzwischen, um die Person des Staatsoberhauptes mit ihrem
Ansehen zu decken, die Gesandten von Frankreich, Rußland, Spanien, Portu=
gal, Bayern eingefunden hatten. Zum zweitenmal verschaffte sich die De=
putation Einlaß in den Palast und trug nun dem Papste selbst ihr An=
liegen vor. Pius IX., durch alles Vorangegangene auf's äußerste gebracht, ent=
gegnete, daß er sich keinerlei Zugeständnisse durch Gewalt entreißen lassen werde;
daß er die vorgelegte Ministerliste nicht durchaus annehmen könne; daß er
in das Verlangen einer italienischen Costituente — „un trovato diabolico"
— nie willigen werde; er erinnerte die Abgeordneten an alles, was er
für Italien gethan, und schloß mit der Betheuerung, er sei bereit eher
das Märtyrerthum zu erdulden als etwas zu thun, was seiner Überzeu=
gung widerstrebe. Als Galetti sah, daß alles Vorstellen und Eindringen
keinen Erfolg habe, begab er sich auf die Terrasse des kleinen Thurmes
nächst dem Hauptthore des Quirinals und theilte mit Worten des Be=

dauerns der unten immer ungeduldiger sich gebärdenden Menge die Frucht=
losigkeit seiner Bemühungen mit. Jetzt brach der Sturm mit aller Macht
los. Hatte man früher bloß gelärmt und geschrien, so versuchte man jetzt
Gewalt, so daß die zum Schutze des Palastes aufgestellten Schweizer
sich eilig in das Innere zurückzogen und die Thorgitter hinter sich schloßen.
Einige Rasende warfen sich ihnen nach und begannen an den Eisenstäben
mit wüthender Kraft zu rütteln, als wollten sie sie durchbrechen. Die
Truppen rüsteten sich zur Abwehr des Angriffs. In diesem Augenblick
geschah, was in solcher Lage immer zu geschehen pflegt: es fiel ein Schuß;
woher, von wem, gegen wen, wußte niemand mit Bestimmtheit anzugeben;
aber die Wirkung war eine zündende. Mit dem Geschrei: „Verrath!
Zu den Waffen! Tod den Palast=Kroaten!" stob alles auseinander und
zerstreute sich durch die umliegenden Straßen. Einige suchten in den
Häusern nach Waffen; Andere versahen sich mit Brennstoffen; wieder
Andere bemächtigten sich auf dem Campo vaccino einer Anzahl Wagen
und Karren, die sie zum Barricadenbau herbeischleppten. Der Platz, eine
Weile fast geleert, füllte sich von neuem; bewaffnete Legionäre, National=
garden, selbst Soldaten mischten sich in den Haufen, während eine Ab=
theilung Carabinieri in geschlossenen Reihen die Via dell' Umiltà herauf=
kam, ohne jedoch, bei der Schwäche ihres Commandanten der sich der
tobenden Masse gegenüber auf's Bitten verlegte, das geringste zur Ver=
hinderung dessen zu thun, was sich jetzt vor ihren Augen entwickelte.
Denn nun erfolgte eine förmliche Belagerung des Papstes in seinem
Hause; nicht bloß von der Straße, aus den Fenstern, von den Dächern
der Häuser ringsherum, von benachbarten Kirchthürmen gab es einen
Hagel von Steinen und Kugeln kleineren und größeren Calibers, von
denen einzelne bis in das Gemach flogen wo sich Pius IX. befand.
Einer seiner Secretäre, Monsignor Palma, stürzte in dem Augenblicke,
da er an ein Fenster trat, von einer Kugel getroffen nieder. Cardinal
Lambruschini, dessen Wohnung in der Consulta ein Haufe von Legionären
durchstöberte, entging seinem Schicksale nur durch raschen Versteck zwischen
die Heu= und Strohbündel des Stalles, während die Stilete seiner Ver=
folger an seinen Hüten, Kleidern, Betten ihre ohnmächtige Wuth aus=
ließen. „So hat der Himmel keine Blitze mehr!" rief Pius, und zu
den Gesandten gewendet: „Meine Herren, Sie werden Ihren Höfen
Bericht erstatten, welche Behandlung das Oberhaupt der Kirche von diesem
undankbaren Volke erfahren muß!"

Während dieser Gewaltscenen vor dem Quirinal hatte sich aus dem Schoße des Volksvereins im Palazzo Fiano eine Permanenz gebildet; Leute vom Bataillon „Speranza" versahen den Wachdienst am Eingang des Palastes, eine Abtheilung leichter Reiterei stand für Ordonnanz- Dienste im Hofe bereit. Vinciguerra, Scifoni, Meucci verfaßten einen Aufruf an die Römer, sich den Weisungen des Ausschusses, der den wahren und obersten Willen des Volkes darstelle, zu fügen. An Stur- binetti erging ein Schreiben, einen Bevollmächtigten der Abgeordneten- kammer in die Mitte des Ausschusses zu entsenden. Sterbini, Pinto, Spini eilten in die Casernen, sich der Bereitwilligkeit der Soldaten zu versichern und den Commandanten der Engelsburg, Oberst Stewart, zu gewinnen. Ganz Rom war so gut wie in der Gewalt der Aufständischen, die auf dem Platze vor dem Quirinal die Dinge zum äußersten trieben. Schon hatten einige Strolche an das rückwärtige Thor des Palastes Feuer gelegt, das die Schweizer noch zur rechten Zeit bewältigten; schon hatte man aus der Caserne der Dragoner eine Kanone herbeigeschafft, durch die das Hauptthor eingeschossen werden sollte [36]), als einige Be- sonnenere mit dem Vorschlage durchdrangen, man solle, nachdem der Papst den Ernst der Bevölkerung gesehen, einen letzten Versuch machen ihn zur Nachgiebigkeit zu bewegen. Es war gegen acht Uhr Abends, als die Aufständischen das Schießen einstellten und vor dem Palaste eine Depu- tation mit der Mahnung erschien, es sei nun Zeit einen Entschluß zu fassen, wenn nicht der Quirinal mit Kanonen zusammengeschossen wer- den solle. Man suchte sie zu beschwichtigen; der Papst befinde sich mit Galetti in neuer Verhandlung, man möge sich eine halbe Stunde ge- dulden. Allein der Führer der Deputation gab nur eine Viertelstunde, nach deren fruchtlosem Ablauf man von neuem, und zwar mit schwerem Geschütz stürmen werde. Jetzt erst gab Pius IX. nach. Mit einer feier- lichen Verwahrung angesichts der Gesandten, daß er nur der Gewalt und um Blutvergießen zu vermeiden weiche, willigte er in das ihm vorgeschlagene Ministerium und erklärte rücksichtlich der andern Punkte, daß sie den Kammern zur Berathung vorgelegt werden sollten. Galetti eilte auf den Platz, dem Volke die Erfüllung seiner Wünsche zu ver- künden. Mit einem Triumphgeschrei, mit den ausgelassensten Ausbrüchen der Freude, mit Hochrufen auf Pio Nono wurde die Mittheilung auf- genommen. Doch wollte man noch den Schweizergarden an den Leib, und nicht ohne Mühe gelang es Galetti, die Leute von ihrem Vorhaben

abstehen zu machen. Am nächsten Tage wurde die Liste der neuen
Minister veröffentlicht. Es waren: Abbate Rosmini als Präsident und
für den Unterricht; die Advocaten Galetti, Lunati und Sereni für
Inneres, Finanzen und Justiz, Mamiani für das Aeußere, Sterbini für
Handel und öffentliche Arbeiten, Campello für Krieg. Da Rosmini die
Annahme verweigerte, trat Monsignor Graf Muzzarelli, bisher Prä=
sident des Alto Consiglio, an dessen Stelle [37]). Giuseppe Gallieno
bekam das Commando über die Civica, das Fürst Aldobrandini nieder=
gelegt hatte.

Der Circolo popolare hatte sein vollständiges Programm durch=
gesetzt. Die Zeitungen seiner Farbe: „Contemporaneo", „Epoca",
„Speranza", „Don Pirlone" sangen Hymnen und Loblieder. „Das
römische Volk ist erwacht, es hat seine Stärke kennen gelernt, es hat
sich seines Namens und seiner vorigen Größe würdig gezeigt. Rom
hat sich erhoben, sein Ruhm wird in ganz Italien Widerhall finden,
Europa wird dem Muthe der Römer Gerechtigkeit widerfahren
lassen. Rom wird der Eckstein der italienischen Freiheit werden;
denn außer dem römischen Boden gibt es kein dafür so geeignetes,
von der Natur dazu bestimmtes Land." Ueber die scheußliche That
des 15. ging die Mehrzahl der Blätter mit Stillschweigen hinweg,
wenn sie nicht gar Worte zu ihrer Verherrlichung fanden. Die
„Epoca" behandelte die Frage: ob das Geschehene ein Verbrechen oder
eine Heldenthat sei? und pries den „Engel des Meuchelmordes", der
Rom von seinem Thrannen befreit habe. Die Florentiner „Alba" rief
mit Emphase: „Die unsichtbare Hand, der Lamberg, Latour und Rossi
erlagen, schwebt über den Häuptern der übrigen Verräther!" Wie der
Mörder als ein neuer, als der „dritte" Brutus gepriesen wurde, so
blieben auch Vergleiche mit dem Ende Cäsar's nicht aus. „Wie Cäsar
auf seinem Gange in den Senat an den Idus des März", sagt Rus=
coni, „so war auch Rossi an dem Morgen dieses 15. November gewarnt
worden sich nicht in das Parlament zu begeben." „Die That geschah an
derselben Stelle, wo Cäsar ermordet worden", bemerkte die „Alba."
Durch ganz Italien feierte die mazzinistische Partei das Ereigniß des
15. November mit Banketen, Festlichkeiten, Illuminationen, oder wo die
Umstände solch offene Kundgebungen nicht zuließen, in vertrautem Kreise
mit Trinksprüchen, Lobreden und geheimen Ovationen. Ein gewisser
N. C. Garoni verfaßte „im Namen des italienischen Volkes" eine bom-

baftifche Anfprache der Mutter Italien an ihre glorreichen römifchen
Söhne, vor denen fie verehrend das Knie beuge: „Dank, o Volk, den
hochherzigen Quiriten entfproffen! Feierlicher Dank Dir, unfterbliches
Gefchlecht der Brutuffe, der Gracchen, der Mariuffe! Mögen in gleicher
Weife alle zu Grunde gehen, die Dir Schimpf anthun, o mein Volk,
mögen fie zu Staub und Aas werden!" [38])

Von einer Verfolgung, von einer gerichtlichen Unterfuchung gegen
die Mordgefellen war keine Rede; man zeigte in Rom mit Fingern auf
fie und fie felbft brüfteten fich mit ihrer That. [39])

11.

Die einzige italienifche Regierung, deren Kräfte fich, allen Schilderungen der radicalen Journaliftik von der troftlofen Lage des Landes
zum Trotz, täglich mehr entfalteten, war die Königs Ferdinand II. von
Neapel. Auf der Infel Sicilien ruhten feit der Erftürmung von Meffina, der die Uebergabe des feften Platzes Milazzo und der Infel Lipari
an die königlichen Truppen auf dem Fuße gefolgt war, die Waffen;
durch Vermittlung der Agenten Frankreichs und Englands, Rayneval
und Napier, und der Admirale Baudin und Parker war für die Königlichen, die den nordöftlichen Theil der Infel, und die Aufftändifchen, die
den füdweftlichen mit Palermo, Catania und Syrakus befetzt hielten,
eine Demarcationslinie gezogen und das zwifchen liegende Land für
neutral erklärt worden. Indeffen wurde von neapolitanifcher Seite
nichts unterlaffen, um den Kampf feinerzeit wieder aufzunehmen; das
bewiefen der Nachfchub neuer Truppen über die Meerenge von Meffina
und die eifrigen Werbungen in den Cantonen von Luzern, Schwyz,
Wallis. Auf dem Feftlande befferten fich die Zuftände mit jedem Tage.
Fehlte es auch nicht an mancherlei Umtrieben der Wühler und nahm,
wie in jenen Gegenden ftets in Zeiten politifcher Gährung, das Banden-
wefen in gefährlicher Weife überhand, fo gelang es den vereinten Mühen
des Militärs und der Volkswehr, den Übelthätern einen Vortheil nach
dem andern abzugewinnen. In den Monaten October und November
wurden mehrere Haufen, wie die Savella's und Mandatoricchio's, im

offenen Felde geschlagen und zersprengt, und fielen einzelne Häuptlinge, wie Matteo Capalbo von Bocchigliero, Gaetano Derose von Sartano, Michele Mandarino, Antonio Galluci und zahlreiche Aufrührer mindern Ranges umherstreifenden Commanden in die Hände, von denen sie den ordentlichen Gerichten übergeben wurden. Als es sich gegen Ende November um die Neuwahlen für die Kammer handelte, gingen diese auf dem Lande allenthalben in Ordnung vor sich. Nur in der Hauptstadt gährte es; Gerüchte liefen umher, die wiederzusammentretenden Deputirten würden die Räthe der Krone in Anklagestand versetzen, ein anderes Ministerium an deren Stelle bringen. Allein Ferdinand zeigte kein Bangen; er ließ an den Befestigungswerken von Neapel arbeiten, den Molo mit Batterien versehen. Er fühlte sich nur sicherer, als ihm Kaiser Nikolaus seine Sympathien ausdrückte und seinen Gesandten in Paris und London auftrug, eindringliche Vorstellungen gegen eine Intervention in Sicilien zu machen, die das Ansehen der Regierung nur schwächen, den Starrsinn der Rebellen nur bestärken könne. Ließ der König einen Ministerwechsel eintreten, so war es gewiß kein solcher, über den sich die Männer des Umsturzes zu freuen hatten.

Das gerade Widerspiel der Zustände im Neapolitanischen waren die im nördlichen Nachbarstaate. Von Rom hatte mit der Thronbesteigung Pius IX., freilich gegen dessen Absicht und Erwartung, die mitteleuropäische Revolution ihren Ausgang genommmen: in Rom sollte sie mit der Überwältigung des reformfreundlichen Papstes den letzten ihrer Triumphe feiern. Dieser schien für den Augenblick allerdings ein unbestrittener zu sein. Dem Hauptziel der mazzinistischen Partei, der Einberufung der Costituente, stand nichts mehr im Wege; alle localen Ideen und Pläne mußten vor der Verwirklichung des italienischen Einheitsgedankens schwinden. Das Project einer nord-italienischen Monarchie, jenes eines selbständigen lombardo-venetianischen Königreichs, ja selbst das Traumbild der wiedererstandenen Republik von San Marco erblaßten in dem leuchtenden Gesichtskreis, den das Glanzgestirn des römischen Nationalconvents um sich warf [40]. Von Pius IX., dem vor wenig Monaten vergötterten, war nirgends mehr die Rede. Am 20. November schien selbst Männern der Linken in der römischen Kammer ein natürliches Schicklichkeitsgefühl zu gebieten, daß dem in so schnöder Weise verletzten Monarchen eine Art von Sühne werde; Marchese Potenziani schlug eine Adresse vor, worin dem Papste der Dank für die ertheilten Gewährungen abgestattet, der gute Wille und die Ergebenheit der Kammer ausgesprochen würde. Allein Bürger Buonaparte wider= sprach diesem Vorhaben: „Das italienische Volk ist unser alleiniger Souverain, der es verstehen wird, Kammern, Minister und Throne zu stürzen, wenn sie dem großmüthigen Aufschwung der ersten Nation der Welt Hindernisse bereiten wollten." Pius war ein Gefangener in seinem eigenen Palast. Die ihm treu ergebene Schweizergarde hatte er schon am 17. entlassen müssen; ihre einzelnen Glieder mußten sich verbergen oder aus Rom entfernen, um nicht der Volkswuth zum Opfer zu fallen. Den Ehrendienst im Quirinal, eigentlich die Überwachung des Papstes und seiner nächsten Umgebung, übernahm die Civica. Pius legte in Gegenwart der fremden Gesandten wider diesen neuen Gewaltact Ver= wahrung ein und erließ an die Regierungsbehörden das Verbot, sich ferner in ihren Erlässen der üblichen Eingangsformel: „Sentito il volere di Sua Santità" zu bedienen. Schon liefen dunkle Gerüchte durch die Stadt, der Papst wolle sich aller scheinbaren Theilnahme an den Schritten des ihm aufgedrungenen Ministeriums durch seine Entfernung aus Rom entziehen; ein auf der Rhede von Civitavecchia vor Anker liegendes Schiff unter spanischer Flagge war Gegenstand mißtrauischer Beobachtung. Doch im Quirinal selbst, in der Haltung des Papstes war nichts wahrzu= nehmen, das den Verdacht bestätigte. Der Dienst im Palaste ging in der gewöhnlichen Weise vor sich; die Minister, die Vertreter der aus= wärtigen Mächte kamen und gingen wie sonst.

Am 21. November erhielt Pius IX. eine Sendung des Bischofs Chatrousse von Valence. Sie enthielt ein Schreiben desselben und eine in ein kleines seidenes Säckchen gehüllte Pyxis zur Aufbewahrung der heiligen Eucharistie, eine Hinterlassenschaft Pius VI., der dieselbe in der Zeit seines kummervollen Exils auf seiner Brust getragen und ihr in Valence vor seinem Hinübergange die letzte Wegzehrung entnommen hatte. „Erbe des Namens, des Sitzes, der Tugenden, des Muthes und so zu sagen der Prüfungen des großen Sechsten Pius", so schrieb Chatrousse, „werden Euere Heiligkeit dieser Reliquie vielleicht einigen Werth bei= legen" ⁴¹). Diese Botschaft erschien Pius IX. wie ein Fingerzeig des Himmels, und von diesem Augenblicke soll er den Gedanken gefaßt haben aus Rom zu fliehen.

Am 24. gegen 5 Uhr Abends erschien der Herzog von Harcourt im Quirinal und wurde zu einer Audienz beim Papste gemeldet. Nachdem sich hinter dem eintretenden Gesandten die Flügel des Empfangssaales geschlossen hatten, legte Pius in dessen Gegenwart die lange weiße Soutane, das Käppchen, die Pantoffel von rothem Saffian ab, kleidete sich in den Anzug eines einfachen Geistlichen, setzte eine Brille auf und entfernte sich durch eine Thüre, die in öde Gemächer und aus diesen durch den Corridor der Schweizergarde in den Hof führte. Da der Ausgang in diesen letzteren viele Jahre nicht benützt worden war, so wollte der Schlüssel nicht recht passen, und es entstand ein peinlicher Aufschub von etwa einer Viertelstunde, bis das Schloß zuletzt doch nachgab und das Freie gewonnen war. Man hatte absichtlich in den Tagen zuvor, und auch an diesem, eine alte Kutsche öfter wie im gewöhnlichen Palastdienste ab und zufahren lassen, die nun auch den unscheinbaren Abate mitten durch die zahlreichen Wachen, die nicht darauf merkten, zum Thore hinausbrachte. Als der französische Botschafter das Rollen des Wagens unter der Thorfahrt hörte, verließ er den Empfangssaal, wie nach geendeter Audienz; unten ertönte das Glockenzeichen des Portiers für seinen Wagen, und der dienstthuende Kämmerer benachrichtigte die Nobelgarde, daß Se. Heiligkeit, die sich zurückgezogen, für heute ihres Dienstes nicht mehr bedürfe. An der Kreuzung der Straßen von SS. Pietro e Marcellino stieg der Papst in den Wagen des bayerischen Gesandten Grafen Spaur, der ihn dort erwartete, und fuhr in Begleitung des letzteren zum Stadtthore hinaus, während die alte Kutsche, als ob nichts vorgefallen wäre, in den Quirinal zurückkehrte. Bei Gallora, einem einsamen Jesuitenkloster im Thale von Ariccia hinter Albano, traf man die Gemahlin des Grafen, die mit ihrem Söhnchen und dessen Hofmeister schon am Morgen desselben Tages zu diesem Zwecke vorausgefahren war, und im tiefen Dunkel der hereinbrechenden Nacht stieg der „Dottore", wie die Gräfin verabredeterweise den Papst anredete, in ihren Wagen; einer der Carabinieri, die hier die Sicherheit der Straße überwachten, öffnete und schloß, Auskunft gebend über die Richtung nach Terracina, ahnungslos den Schlag, während Spaur neben seinem Jäger den äußern Sitz hinter dem Wagen einnahm. Unbehelligt erreichte man die neapolitanische Gränze und fuhr 10 Uhr B. M. am 25 in Molo di Gaeta ein, wo in der Locanda di Cicerone Cardinal Antonelli und der Secretär der spanischen Gesandtschaft d'Arnao bereits warteten. Am Strande sollte ein

spanischer Dampfer in Bereitschaft stehen, um den Papst nach den Balearen
zu schaffen; denn so gesichert die Zustände im Neapolitanischen sein
mochten, lag es doch nicht in der ursprünglichen Absicht des Papstes, so
nahe den Gränzen seines revolutionirten Landes seine Zufluchtstätte zu
wählen. Doch von dem erwarteten Schiffe war nichts zu entdecken, und
nun erst eilte Graf Spaur nach Neapel, um den König von dem Vorgefallenen in Kenntniß zu setzen. In einem Gasthofe mindern Ranges,
il Giardinetto geheißen, weilte inzwischen der schwer geprüfte Flüchtling,
nicht ohne mannigfaltigen Verdacht beim Festungs=Commandanten, einem
ehrlichen Schweizer, zu erregen, als man um Mittagszeit am 26. Fahr-
zeuge unter königlicher Flagge, mit zahlreichen Truppen am Bord, von
Neapel herankommen sah. Es war Ferdinand II. selbst, der alsbald
mit seiner ganzen Familie an's Land stieg, um den heiligen Vater aus
der bescheidenen Locanda in die königliche Wohnung zu geleiten und ihm
daselbst ein Asyl für so lange anzubieten, als es die Umstände verlangen
würden [42]). Noch am 25. hatten sich Harcourt und der portugiesische
Gesandte in Gaeta eingefunden, am 26. trafen mehrere Cardinäle ein,
die zum Theil schon früher aus Rom nach Neapel geflüchtet waren; andere sowie der zurückgebliebene Theil des diplomatischen Corps kamen,
sobald sie den Aufenthalt des Papstes erfuhren, in den folgenden Tagen
nach. Bei seiner Entfernung aus Rom hatte Pius IX. ein Schreiben
an den Marchese Sacchetti hinterlassen, den er aufforderte, das Ministerium von seiner erfolgten Abreise in Kenntniß zu setzen, dem Schutze
desselben die Paläste sowie die Personen seines Hofstaates, die keinen
Theil an seinem Entschluße hätten, anzuempfehlen und vor allem die
Aufrechthaltung der Ruhe und Ordnung der Stadt an's Herz zu legen.
Am 27. erließ der Papst aus Gaeta ein Manifest, worin er „gegen die
unerhörte frevelhafte Gewaltthat", deren Opfer er geworden, feierliche
Einsprache erhob, „alle daraus hervorgegangenen Acte für kraftlos und
ungiltig" erklärte und eine Regierungs=Commission mit dem Cardinal
Castruccio Castracane an der Spitze [43]) „mit der weltlichen Leitung der
öffentlichen Angelegenheiten" betraute.

Die unerwartete Entfernung des Papstes aus Rom rief wohl im
ersten Augenblicke in allen Kreisen eine Bestürzung hervor, von der selbst
die tonangebenden Gewalten nicht unberührt blieben. Das Ministerium
machte kleinlaut und befangen noch am Nachmittag des 25. das Ereigniß
der Bevölkerung kund, indem es dasselbe als eine „Wirkung verderblicher

Rathschläge" bezeichnete. Die Reihen im Abgeordnetenhause wurden immer schütterer, die Mitglieder des Alto Consiglio verließen fast insgesammt ihre Sitze, die Minister Sereni und Lunati traten zurück. Die Kammer entsandte eine Deputation, den Fürsten Corsini an der Spitze, den Papst zur Rückkehr zu bewegen. Doch an der neapolitanischen Gränze wurde ihr die Weiterreise verwehrt; ein an den Cardinal Antonelli gerichtetes Schreiben hatte eine abschlägige Antwort zur Folge. Nun legte auch Mamiani sein Portefeuille zurück. Einzelne Städte kündigten Rom förmlich den Gehorsam auf; Bologna machte Miene, sich eine eigene provisorische Regierung zu bestellen.

Doch bald hatte sich die äußerste Partei wieder ermannt und begann sich nun erst recht ungebunden zu fühlen. Die Kammer erklärte sich in einem wechselnden Ausschusse ihres Drittels permanent und bestimmte, daß das Ministerium, dessen Lücken durch die Advocaten Armellini, Galleotti, Mariani ausgefüllt wurden, die Geschäfte weiter führen solle. Eine Kundmachung an die Völker des Kirchenstaates warnte diese vor einen: „gewissen hie und da verbreiteten, aller Ächtheit ermangelnden Actenstück" (der Rechtsverwahrung aus Gaeta). Der Theatiner Giachimo Ventura erschien in Rom und hielt am 28. in der Kirche S. Andrea della Valle eine Trauerrede „pe' martiri di Vienna", wo er über die Souverainetät des Volkes und die Dienstpflichtigkeit der Herrscher gegen ihre Völker sprach, die Wiener Revolution als „gerecht, heilig und im höchsten Sinne christlich" pries und sich dabei auf Aussprüche der Heiligen Chrysostomus und Thomas, des Bellarmin und Suarez berief. Die radicale Presse ergoß unerhörte Schmähungen über den Papst, die Könige von Sardinien und von Neapel: „Schmach und Fluch dieser Trias, bestehend aus einem Henker, einem Verräther und einem verdummten fanatischen Priester", der, statt sich zu begeistern aus den Büchern der Propheten und der Maccabäer, nur aus dem neuen Testamente, „diesem Codex unerhörter Feigheit", Lehren der Schwäche und der Nachgiebigkeit schöpfe! Abate Cuneo nannte im demokratischen Club. von Genua Pius IX. einen „Lügenfürsten", einen Freund der Kroaten, den Verbündeten eines „sceptertragenden, von italienischem Blute triefenden Henkers." In Rom selbst schien die Revolution immer festeren Fuß zu fassen. Entgegen der vom Papste bestellten Regierungs-Commission
nte die zweite Kammer eine andere, zusammengesetzt aus den der
mer angehörigen Vertretern der drei Städte Rom, Bologna

und Ancona: Fürst Corsini, Senator Zucchini und Gonfaloniere Camerata; an Stelle Zucchini's, der die Berufung ablehnte, trat dann später Minister Galetti, 11. December. Als bald darauf aus Gaeta ein an Cardinal Castracane übersandtes Ultimatum eintraf, das Entlassung des Ministeriums, Vertagung der Kammern, Auflösung der Nationalgarde, Schließung der Circoli verlangte, war keine Druckerei in Rom zu finden, die es angesichts des waltenden Dolch-Regiments wagte das Actenstück in die Presse zu geben; nur behutsam von Mund zu Mund verbreitete sich die Kunde davon.

Gegen den von der römischen Revolution auf die öffentliche Meinung in Italien geübten Druck vermochte zuletzt auch die Turiner Regierung nichts auszurichten. Zwar that das Ministerium Pinelli das mögliche, die öffentliche Ordnung aufrecht zu halten, und erfreute sich dabei mancher Unterstützung seitens der Bevölkerung. Bianchi-Giovini, Herausgeber der Turiner „Opinione", wurde in Anklagestand versetzt, weil er sich beleidigende Ausdrücke gegen den König erlaubt und einzelne Provinzen zum Abfall vom Reich angeeifert habe. In der Kammer beantragte das Ministerium ein Ausnahmsgesetz zur Aufrechthaltung der öffentlichen Sicherheit, 16. November; „wie ist es möglich", sagte Pinelli im Hinblick auf die Genueser Unruhen in den letzten October-Tagen, „einen Krieg nach außen zu führen, wenn wir Feinde im eigenen Hause haben?" Als sich am 21. und 22. November Zusammenrottungen auf dem Schloßplatze von Turin bildeten, schritt die bewaffnete Macht von der Bürgerwehr unterstützt mit Nachdruck ein und trieb die Masse, nicht ohne mehrfache Verwundungen, auseinander. Allein bald ließ sich auch hier die Rückwirkung der römischen Ereignisse fühlen und die Kunde von dem um dieselbe Zeit erfolgten Attentate in Modena [44]) mochte die Machthaber in Turin lehren, daß die finstere Partei, von deren Minen und Gängen die sardinischen Länder nicht weniger unterwühlt waren als die übrigen Gebiete der Halbinsel, noch Waffen in Bereitschaft habe unfügsame Persönlichkeiten aus dem Wege zu räumen. Das Ministerium fühlte den Boden unter seinen Füßen schwinden und bat den König um seine Entlassung; die Exaltirten verlangten. laut, daß Gioberti mit der Leitung der Geschäfte betraut werde. Er war der Mann, so meinten sie, Hand in Hand mit der römischen Revolution zu gehen, auf deren Gelingen sie all ihre Hoffnungen setzten.

8

Außerhalb Italien war, mit Ausschluß der Revolutionsmänner vom Fach, nur eine Stimme der Entrüstung über die schnöde Behandlung des wohlwollendsten der Monarchen. Als die ephemeren Gewalten, die sich an dessen Stelle gesetzt hatten, einen Vertrauensmann, Canuti, mit besondern Aufträgen für die Cabinete von Paris, Brüssel und London aussandten, fand dieser allenthalben verschlossene Thüren.

Dagegen entstand ein wahrer Wetteifer, welchem Lande es gegönnt sein solle, dem zur Flucht gezwungenen Papste — „dem Engel der Freiheit, der in segnender Liebe seinen Römern gegeben hatte was ein Fürst seinem Volke geben kann" — ein schützendes Obdach zu bieten. Die Gesandtschaften von Frankreich, Spanien und Bayern hatten zusammen= gewirkt, Pius IX. aus seinem umlauerten Palaste zur Freiheit zu ver= helfen. Spanien traf Anstalten, auf seinem Gebiete dem heiligen Vater eine Schutzstätte zu bereiten. Aber dieselbe Ehre nahm Frankreich für sich in Anspruch. „Könnte Frankreich es dulden", sprach der Erzbischof von Paris in einem Hirtenbrief, worin er seinen Pfarrern befahl alle Tage das Gebet pro summo Pontifice zu lesen, 26. November, „daß man es dergestalt in seinem Glauben, in seinen Überlieferungen, in seinen höchsten Interessen angreife?" Und das „Journal des Débats" schrieb: „Wir wünschen, daß das französische Gebiet zuerst die Ehre habe Pius IX. Gastfreundschaft anzubieten. Mögen die Paläste unserer Könige sich ihm öffnen! Möge er diesem Schauplatze unserer blutigen Zwietracht den Hauch des Friedens mittheilen und der Liebe! ‚Dilexi justitiam et odi iniquitatem, propterea morior in exilio', diese Worte, die nach sechzig Jahren des Kampfes und des Ruhmes einer seiner größten Vorfahren gesprochen, die kann jetzt auch Pius IX. sagen." In der Deputirtenkammer interpellirte Bixio die Minister wegen Rom, „dessen sich die Demagogie bemächtigt, nachdem sie als Vorspiel ihres Sieges einen niederträchtigen Meuchelmord begangen." Bereits hatte Cavai= gnac nach Toulon den Befehl telegraphirt, vier Dampf=Fregatten bereit zu stellen um die Brigade des Generals Moliére, dem M. de Courcelles als außerordentlicher Gesandter beigegeben wurde, nach Civitavecchia zu überführen. Der Berg erhob darüber gewaltigen Lärm, in der Sitzung v. 30. November verlangten seine Redner, daß deshalb der Tadel des Hauses ausgesprochen werde; allein mit 480 Stimmen gegen 23 ging die Versammlung, „die von der Regierung getroffenen Vorsichtsmaßregeln billigend", zur Tagesordnung über und erwartete mit Ungeduld das Eintreffen einer telegraphischen Depesche, welche die Ankunft des Papstes in Marseille melde; der Cultusminister war in jene Stadt abgereist, den heiligen Vater daselbst mit gebührenden Ehren zu empfangen. Erst als man erfuhr, der Papst habe seinen Sitz in Gaeta genommen, wurde die ganze Unternehmung eingestellt [45]).

Allein die Theilnahme für das Schicksal des römischen Papstes und die wetteifernde Hilfeleistung für ihn beschränkte sich keineswegs auf die katholische Welt. Der anglicanische Lord Normanby als Vertreter Englands bestärkte mit Eifer die Regierung Cavaignac's in ihrem Vorhaben; nur hielt er es für zweckmäßiger, statt einiger Dampfer mit einer Brigade an Bord den Admiral Baudin mit seiner Flotte in die Mündungen der Tiber einlaufen zu lassen. In den Londoner Zeitungen wurde unter den Gerüchten, die in den Tagen, wo man noch nicht wußte wohin sich der Papst gewendet habe, umherliefen, nicht ohne sichtliche Befriedigung jenes umhergetragen, er habe sich unter englischen Schutz nach Malta begeben. In der ersten Kammer von Hessen-Darmstadt stellte man den Antrag: „die Staatsregierung möge mit allen ihr zu Gebote stehenden Mitteln dahin wirken, daß dem Papste und den Cardinälen ein einstweiliges Asyl, ein verlängerter Aufenthalt in Deutschland angeboten werde". Es war eben keine Frage religiösen Bekenntnisses mehr, es war eine der politischen und socialen Ordnung, um die es sich angesichts der römischen Wirren handelte. Man war außerhalb Italien allenthalben revolutionsmüde. Man war das auch in Italien [46]); nur daß dort zu einem großen Theile die extremen Parteien noch das Heft in Händen hielten, das denselben in den andern mitteleuropäischen Ländern bereits entglitten war.

12.

Das zeigte sich recht auffallend an den Vorgängen, die in Preußen auf den berüchtigten Steuerverweigerungs-Beschluß des Mielentz'schen Winkel-Parlaments folgten. Die nächste Wirkung dieses alle Schranken der Ordnung und Gesetzlichkeit durchbrechenden Schrittes war, daß er die radicale Partei in aufflackernde Widerstandslust, einen großen Theil

8*

der Bevölkerung in bange Unschlüssigkeit, die bedeutende Mehrheit aber in unverhohlene Entrüstung, und alles in die gewaltigste Aufregung versetzte.

In Schlesien war es vor allem der Breslauer Magistrat, der die Partei der Steuerverweigerer ergriff. Der Ober=Präsident Pinder erklärte sich in einer eigenen Kundmachung vom 16. November außer Stande, dem Beschlusse der „National=Versammlung“ als einer „nothgedrungenen Abwehr der gegen dieselbe ergriffenen inconstitutionellen Maßregeln“ ent=gegenzutreten, und gab sämmtlichen Regierungs=Cassen der Provinz die Weisung keine Gelder ohne seine Genehmigung auszuliefern. In ähnli=chem Sinne verfügte der Magistrat von Görlitz, daß die Ablieferung der Steuern so lang ausgesetzt bleiben werde, bis der schwebende Conflict beseitigt sei. Ein Theil der Bürgerwehr von Schmiedeberg belegte die Post= und Steuer=Casse mit Beschlag, 17., und brach gegen Breslau auf, kam aber nur bis Landshut, 18. Auch der Pastor Meißner in Kaiserswaldau wollte eine Freischaar in die Hauptstadt führen, kehrte aber bald wieder um. In Guben, Provinz Brandenburg, wurde die Schlacht= und Mahl=steuer verweigert; die Nationalgarde versagte ihren Dienst, die königlichen Waffen mußten dem Gesetze Achtung verschaffen. Der Kreisausschuß der sächsischen Demokraten zu Halle erließ einen Aufruf, keinerlei Steuern, Gerichtsgebühren u. dgl. in die königlichen Cassen abzuführen, auf letztere Beschlag zu legen und zu verhindern daß von den Beamten Gelder daraus verabfolgt würden. Eine Volksversammlung bei Lossa, Regierungsbezirk Merseburg, von einem Dr. Stockmann geleitet, beschloß bewaffneten Zug nach Berlin, stob aber auf dem Marsche dahin bei Annäherung einer Abtheilung Militär auseinander, bei welcher Gelegenheit ihr Führer in der Zerstreuung die „Operationscasse“ mit sich nahm. An manchen Orten wurde die Einberufung der Landwehr zum Anlaß von Reibungen genom=men. In Erfurt suchte der von Unruhstiftern aufgehetzte Pöbel ihre Ein=kleidung zu verhindern, 24.; es kam zu einem blutigen Zusammenstoße mit den Truppen, der mit dem Siege der letztern und mit der Verhän=gung des Belagerungszustandes über die Stadt endigte. Aehnliche Auf=tritte gab es in den Rheinlanden. Der dortige demokratische Kreisausschuß forderte alle Zweigvereine der Provinz auf, die Abfuhr der Steuern durch jede Art von Widerstand zu hintertreiben. Adressen an den König wegen Zurücknahme seiner Verfügungen; Erklärungen, daß man die National=Versammlung in Berlin, aber nicht ein Ministerium Brandenburg aner=

kenne; Fälle von Steuerverweigerung, von Widerstand gegen die Einberufung und Einkleidung der Landwehr kamen an mehr als einem Orte
vor. Raveaux, wiederholt auf seinen Platz im Frankfurter Parlamente
zurückgerufen, schürte in Köln.   Die Düsseldorfer Bürgerwehr unter
Waffen versammelt beschloß die Beschlagnahme der Post-Cassa, 19. In
Koblenz, Bonn wurde die Malz- und Schlachtsteuer abgeschafft, bis das
Militär kräftig einschritt, 20.

Allein fast an all diesen Orten waren es nur kleine Bruchtheile der
Bevölkerung, die sich zu solchen Schritten verleiten ließen; im großen
Ganzen war ein entschiedener Umschwung der öffentlichen Meinung zu
Gunsten der Regierung nicht zu verkennen[47]).   Den vereinzelten Fällen
von Widerstand und Auflehnung ließen sich ungleich mehr Beispiele loyaler
Kundgebungen entgegenhalten. Die Stadtverordneten von Danzig lehnten
mit 45 gegen 5 Stimmen den Beitritt zu den Beschlüssen der National-
Versammlung ab, 15. November; jene von Magdeburg thaten das gleiche,
als ihr Vorstand den Beschluß der Steuerverweigerung ausgesprochen
wissen wollte, 18. Viele steuerpflichtige Bürger der Hauptstadt und anderer Orte erklärten in eigenen Adressen, daß sie ihrer Pflicht gemäß die
Steuern auch fernerhin entrichten würden.   Eine große Anzahl von Urwählern und Wahlmännern Stettins erklärte jene Abgeordneten, die an
der Abstimmung im Mielentz'schen Locale Theil genommen, für unfähig
Vertreter des Volkes zu sein. Einzelne Deputirte, die sich an den Verhandlungen des Wander-Parlaments betheiligt hatten, erhielten Mißtrau-
ens-Voten und Rügen aus ihren Wahlbezirken. In der Uckermark beschlossen
die Grundbesitzer, den einberufenen Landwehrmännern täglich 1 Sbgr.
Zulage per Mann zu geben, in andern Gegenden stellten die Begüterten
Geld und Naturalien für die Truppen zur Verfügung. In Halle, wo die
Wühler alles erdenkliche in Bewegung setzten die Einkleidung der Landwehr zu verhindern, war es die Bürgerwehr selbst, die für die Sache der
Ordnung eintrat und die Aufrührer zu paaren treiben half, 19. Die angesehensten, die berufensten Stimmen im Lande und außerhalb desselben
sprachen sich mit allem Nachdruck gegen den gesetzwidrigen Vorgang des
Rumpf-Parlamentes aus. Der greise Präsident des Revisions- und Cassa-
tionshofes für die Rhein-Provinzen Sethe, der als Richter einst Napoleon getrotzt, wies in einer eingehenden Erklärung das vollständige Recht
der Krone zu allen von ihr ergriffenen Maßregeln nach[48]). Ein von 62
Professoren der Universität Berlin, darunter die sieben Ordinarien der

juridischen Facultät, unterzeichnetes Gutachten sprach sich in gleichem Sinne aus. In Breslau erließ der Fürstbischof Diepenbrock eine oberhirtliche Belehrung, daß die Fortentrichtung der gesetzlichen Steuern an die dazu bestellten königlichen Behörden eine zweifellose Gewissenspflicht jedes katholischen Christen sei, und rief der evangelische Consistorialrath Falk die Bevölkerung auf, in dem alten guten Vertrauen zu ihrem Könige zu verharren. Der Abgeordnete Rintelen, obgleich er zu denen gehört hatte die sich am 2. November gegen das Ministerium Brandenburg ausgesprochen hatten, nahm jetzt das Portefeuille für die Justiz an und erklärte dieß darum zu thun, um seine Mißbilligung der gesetzlosen Übergriffe der National=Versammlung zu bethätigen. Das Frankfurter Parlament verwarf in seiner Sitzung vom 20. November den „offenbar rechtswidrigen die Staatsgesellschaft gefährdenden Beschluß der in Berlin zurückgebliebenen Versammlung" mit 276 gegen 150 Stimmen als „null und nichtig", und der Erzherzog=Reichsverweser gab in einem von den Reichs=Ministern mit-gezeichneten Aufrufe „an das deutsche Volk" seinen festen Entschluß kund, er werde „die Vollziehung eines Beschlusses nicht dulden, der durch Einstellung der Steuererhebung in Preußen die Wohlfahrt von ganz Deutschland gefährde", 21.

Die Regierung unterließ ihrerseits nichts das Vertrauen der Ordnungsliebenden zu stärken, und der Erfolg lohnte ihre Festigkeit. Da bei dem in der Hauptstadt noch immer waltenden Geiste einer gewissen Scheu vor demjenigen, was sich seit den Märztagen als die öffentliche Meinung geltend zu machen wußte, viele Bürgerwehrmänner nicht den Muth zeigten ihre Waffen freiwillig abzuliefern, so verkündete ein Erlaß des Stadt=Commandanten v. Thümen, daß die Inempfangnahme der Waffen durch das Militär selbst werde vorgenommen werden. Am 15. 9 Uhr Vorm. wurde damit begonnen. Militär=Piquets erschienen in den Straßen, Transportwägen hinter ihnen; auf das Zeichen der Trommel mußten alle in den Häusern befindlichen königlichen Waffen sammt Munition auf der Hausflur zusammengetragen und den Soldaten über-geben werden. Die Maßregel ging ohne Störung vor sich; noch denselben Tag wurden mehr als 3000 Gewehre auf diese Art eingesammelt. Selbst an Orten wo man auf Widerstand gefaßt war, wie bei den Maschinenbauern vor dem Oranienburger Thore, lief alles ruhig ab. Am 17. wurde der Ober=Rechnungsrath von Hinckeldey Polizeipräsident von Berlin und begann seines Amtes zu walten, ohne sich durch eine

Opposition einschüchtern zu lassen, die ihrem Unwillen in schalen Witzen Luft machte [49]). In allen Theilen des Reichs wurde mit Kraft dem Gesetze Achtung verschafft, jeder Versuch eines Widerstandes mit Nachdruck zurückgewiesen. Mobile Colonnen durchstreiften die Gegenden, in denen sich Wahrzeichen sträflicher Aufreizung kundgaben. Gewaltthätige Auflehnung wurde durch Maßregeln der Strenge gebrochen, die Anmaßung der sogenannten Volksführer in die geziemenden Schranken zurückgewiesen [50]). In mehreren Städten der Rhein = Provinz, wie Koblenz, Trier, Düsseldorf, wurde die Bürgerwehr aufgelöst und entwaffnet, erforderlichen Falles der Belagerungszustand erklärt.

Besonders über diese letztere Maßregel gerieth die radicale Partei außer sich. In einer Erklärung, welche 168 Mitglieder vom „Club Unruh" am 27. November an ihre „Mitbürger" veröffentlichten, gedachten sie „der widergesetzlichen Erfindung des Belagerungszustandes im tiefsten Frieden" als eines Werkzeuges „zur Unterdrückung der blutig errungenen Freiheiten der Presse und des Vereinigungsrechts". Und Waldeck meinte: „Allerdings habe auch die jetzige französische Republik den Belagerungszustand eingeführt, aber doch erst, nachdem eine dreitägige Schlacht geschlagen worden, in der zehntausend Menschen umkamen". Als ob es für Berlin besser gewesen wäre, wenn man die Dinge erst hätte sich weiter entwickeln lassen, bis auch dort die Nothwendigkeit eintrat eine dreitägige Schlacht zu schlagen und darin „zehntausend Menschen" umkommen zu lassen! Die Mehrzahl der Bevölkerung war aber anderer Meinung als Waldeck und die 166 Anhänger Unruh's. Als in Düsseldorf das Kriegsgesetz verkündet wurde, kam einer der ersten Briefe nach Frankfurt mit der Nachricht: „Gottlob wir sind im Belagerungszustand!" [51]) In Berlin konnte man von einzelnen Bürgern hören, es schmerze sie wohl daß sie ihre Waffen abgeben müßten, „aber besser noch dem Despotismus von oben als dem Despotismus der Bummler." „Die Belagerung", sagte ein Mitglied der vertagten National=Versammlung, „datirt nicht vom 10. November her, sie dauerte vom März bis zum 10. November. Da war die Stadt von der Anarchie umlagert, da lag eine ängstliche Spannung über den Gemüthern, da rief die Alarm=Trompete täglich den friedlichen Bürger zu den Waffen, da fragte man sich täglich ob der Feind eingedrungen. Nein, die Truppen haben uns nicht die Belagerung gebracht, sondern die Aufhebung derselben". Eine augenfällige Bekräftigung dieses Ausspruches lieferte die preußische Haupt-

stadt selbst, die schon wenige Tage nach Verkündigung der Ausnahme=
gesetze ihre Physiognomie ganz verändert hatte, aber nicht zum schlimmern,
sondern, wie Bassermann von der Rednerbühne der Paulskirche laut und
offen bezeugte, entschieden zum bessern.

13.

Was in Preußen unter Schutz und Führung des allmälig wieder
erstarkenden Königthums von oben herab geschah, das entwickelte sich
in Frankreich gegen Absicht und Willen der thatsächlich herrschenden
Gewalten von unten hinauf. Seit den Juni=Tagen hatten die
rothen Republicaner ihr Spiel verloren, jetzt gingen die weißen — von
Spöttern „die dummen" genannt — dem gleichen Schicksale entgegen. Die
rothe Republik hatte, wie es ihre Natur mit sich brachte, ein blutiges
Ende genommen, die weiße konnte, wieder wie es ihrer Eigenart entsprach,
nur ein klägliches nehmen. Je mehr die gesellschaftlichen Zustände,
die Cavaignac aus den Gefahren des Socialismus gerettet hatte, sich
festigten, desto mehr erkalteten die Sympathien für seine republicanischen
Grundsätze die man nothgedrungen mit in den Kauf genommen hatte[52]).
Nicht einmal die Mehrheit der National=Versammlung war noch für den
Dictator und dessen seitheriges Regierungssystem; das zeigte sich in der
ersten Hälfte October bei wiederholten Abstimmungen. Als es sich am
9. bei Berathung der Verfassung um die Wahl des Präsidenten handelte, verfocht das Ministerium dessen Ernennung durch die Kammer;
allein das, meinten die Besonnenen mit Recht, hieß denn doch die Furcht
vor der antirepublicanischen Gesinnung des Landes gar zu offen zur Schau
tragen, und der Vorschlag fiel mit 602 Stimmen gegen 211. Drei Tage
später erhob sich Xavier Durieu gegen die Maßregelung der Journalistik,
wie sie von Cavaignac geübt wurde; bei der Abstimmung erlitt die Regierung einen Pyrrhus=Sieg, mit einer Mehrheit von vier Stimmen,
worauf das Ministerium um seine Entlassung bat. Cavaignac gerieth
dadurch in nicht geringe Verlegenheit. Der Vorrath von administrativen
Capacitäten unter den Demokraten war erschöpft. Seit Februar zählte
man je drei Minister der Justiz, des Cultus und Unterrichts, des Acker-

baus und Handels, je vier des Innern, des Äußern, der Marine, der öffentlichen Arbeiten, je fünf der Finanzen, des Krieges. „Die Monarchie", bemerkte ein Journal, „hatte für den Unterricht, für die Künste und Wissenschaften Männer wie Cousin, Villemain, Guizot; die Republik hat das Mittel gefunden tief unter der Monarchie zu stehen." Zuletzt mußte der Chef der Executiv-Gewalt, ein starrer Republicaner, zu alten Royalisten greifen, und zum großen Ärger der orthodoxen Demokraten [53] traten, 14. October, Dufaure, Vivien und Freslon, die beiden Ersteren ehemalige Minister Louis Philippe's, an die Stelle von Sénard, Recurt und Baulabelle. Cavaignac ließ nun allerdings gegen Freunde und Genossen durchblicken, wie große Überwindung ihn dieser Schritt gekostet habe; auch mußte Vivien den „Sohn des berühmten Convent-Mitgliedes" Brissot zum Chef seines Cabinets ernennen und Recurt zum theilweisen Ersatz des eingebüßten Portefeuilles als Präfect des Seine-Departements placirt werden. Cavaignac meinte dadurch die Partei des Palais National wieder einigermaßen zu versöhnen und sich ihres Einflusses auf die bevorstehende Präsidenten-Wahl zu versichern [54]. Allein er verdarb es damit nur um so gründlicher mit der viel zahlreicheren und mächtigeren Gegenseite, welche in diesen Schritten einen neuen Beweis der Unverläßigkeit eines Mannes erblickte, der nicht die Kraft und den Muth hatte, auf der bessern Bahn, die er durch Berufung der drei neuen Minister betreten zu wollen schien, entschieden fortzuwandeln.

All das kam niemand mehr zu statten als Louis Napoleon Bonaparte, der sich bereits so sicher fühlte, daß er am 16. October seinen Entschluß kundgeben konnte, sich um die Präsidentschaft in Bewerbung zu setzen. Die große Mehrheit der Landbevölkerung hatte er schon lang für sich. „Der wird der Sache ein Ende machen", sagte der schlichte Mann, der nichts fürchtete als die Wiederkehr der rothen Republik. „Die Bauern werden ihn wählen", hieß es in Paris allgemein, „damit er wie einst sein Oheim der Republik den Garaus mache und die neue Verfassung in's Feuer werfe". Aber auch ganz bedeutende Leute fielen ihm zu; freilich nur zum geringsten Theile um seiner selbst willen. „Er hat wenigstens entschieden mit dem Berge gebrochen", führte Molé zu seinen Gunsten an. Viele Legitimisten begünstigten seine Candidatur aus einem für ihn allerdings nicht sehr schmeichelhaften Grunde; denn, meinten sie, er müsse erst völlig verbraucht und abgethan sein, bevor ihr Bewerber mit Aussicht auf Erfolg an die Reihe komme. Andere

träumten von ihm als einem zweiten Monk, der der rückkehrenden Monarchie den Weg bahnen werde. Die „Rue de Poitiers", die anfangs
gar keinen Candidaten aufstellen mochte, bequemte sich allmälig dazu, den
„Prinzen" — so hieß er schon allgemein — anzuerkennen. Die Burg-
grafen der Kammer, wie Thiers, Odilon=Barrot gaben schon Ende
October allen die sich an sie wandten den Rath, Louis Napoleon zu
wählen, „da seine Erwählung im gegenwärtigen Augenblicke die einzige
Aussicht bietet, das Land von dem vierjährigen Regiment jener unfähigen
Coterie zu erretten, die seit Februar die Herrschaft über dasselbe mono-
polisirt hat." Broglie, Pasquier u. a. waren derselben Ansicht. Wenn
ihnen ein Bedenken aufstieg, so war es nur das, wer für ihn regieren
werde; denn daß er es nicht vermöge, dessen hielten sie sich überzeugt.
Dann schmeichelten sie sich aber wieder mit dem Gedanken, ihnen selbst
werde es gelingen die Fäden zu lenken; „denn", wie jener legitimistische
Schneider Herrn von Raumer zuraunte, „er ist wohl erzogen und nicht
ohne Verstand und hat eine sehr gute Eigenschaft: sich leiten zu lassen."
Es schrieben auch schon einige der größeren Journale für ihn, so die
„Gazette de France", weil sie von ihm die Auflösung der Constituante
erwartete, die „Presse" aus Haß gegen Cavaignac, der Emil Girardin
acht Tage hatte festsetzen und dessen Journal einen Monat einstellen
lassen. Auch der „Constitutionel" Véron's war dem General bitter böse
und schon aus diesem Grunde der Bewerbung Louis Napoleon's günstig.

In den republicanischen Kreisen, in und außerhalb der Regierung,
gab man sich über das Auftreten L. N. Bonaparte's keiner Täuschung
hin. Was das Land wollte, war die Herbeiführung einer bleibenden
Ordnung, und unter allen Candidaten um die Präsidentschaftstelle war
es der Prinz allein, den Name, Herkunft und geschichtliche Überlieferung
über das Niveau eines gewöhnlichen „Bürgers" erhob, den man heute
einsetzen und morgen wieder absetzen könne, um das Land neuen Schwan-
kungen preiszugeben. Dabei trug jeder, ob Anhänger oder Gegner, das
Gefühl in sich, daß der Prinz und die Republik auf die Länge nicht
miteinander auskommen würden, und am lebendigsten war dieses Gefühl
im Schoße der National-Versammlung, der nachgerade um die Fortdauer
ihrer Herrlichkeit zu bangen begann. Noch bevor Louis Napoleon seine
Bewerbung um die Präsidentschaft angekündigt hatte, war am 9. October
ein Amendement eingebracht worden, daß „alle Mitglieder der Familien
die einst über Frankreich geherrscht" von der Präsidenten=Wahl ausge-

schloffen sein sollten. Einen so unmittelbaren Angriff — da ja von den Bourbons und den Orleans ohnedieß nicht die Rede sein konnte — glaubte Louis Napoleon mit einigen Worten abwehren zu müssen, was ihm aber, bei den unausgesetzten rohen Unterbrechungen vom Berge, so wenig gelang, daß Antoine Thouret bemerkte: „Nach dem, was man so eben vernommen, ziehe er sein Amendement als unnöthig zurück." Der Prinz verlor einer so ungeschlachten Verhöhnung gegenüber nicht einen Augenblick seine Kaltblütigkeit und Selbstbeherrschung, was ihm von feineren Beobachtern mehr zugute gerechnet wurde, als wenn er die glänzendste Beredsamkeit entfaltet hätte. Als man in der National-Versammlung sah daß eine unmittelbare Ausschließung der Napoleoniden doch nicht angehe, überbot man sich in Vorsichten, der Möglichkeit vorzubeugen, daß der künftige Auserwählte des Volkes sie als Werkzeug gebrauche statt sich von ihr als Werkzeug gebrauchen zu lassen. Vorerst wurde eine Bestimmung aufgenommen (Art. 47), welche die Präsidenten-Wahl wenigstens subsidiarisch, falls keiner der Bewerber die absolute Mehrheit erhielte, in die Hände der National-Versammlung gab. Dann wurde beschlossen, die Gewalten des Präsidenten sollten, wenn er sie wider die Versammlung mißbrauche, augenblicklich an letztere übergehen, die Bürger alles Gehorsams gegen ihn entbunden sein (Art 68). Überdieß: der Präsident solle kein Mitglied seiner Familie, den sechsten Grad der Verwandtschaft und Schwägerschaft inbegriffen, zum Nachfolger haben können (Art. 45). Wenn diese letztere Festsetzung so zu sagen mit dem Finger auf L. N. Bonaparte und dessen zahlreiche Vetterschaft hinwies, so fehlte es auch sonst nicht an Anwürfen, mitunter der tollsten Art, den gefährlichen Prätendenten unschädlich zu machen. Wie Raumer, damals Gesandter der deutschen Central-Gewalt in Paris, zum 2. November erzählt [55]), wurde unter andern „als Rettungsmittel für die Republik" vorgeschlagen, „alle Bonapartiden in der Nacht gefangen zu nehmen und nach Cayenne zu schicken"; doch sei der Gedanke „aus mehren Gründen" abgelehnt worden. Von der dem waltenden Regimente ergebenen Journalistik wurde lebhaft darüber verhandelt, ob man nicht die Präsidenten-Wahl hinausschieben solle; „geschähe das nur auf die Zeit einiger Monate, so würde L. N. Bonaparte schon vor derselben politisch todt sein." Am 3. November versuchte es Thouret noch einmal mit dem Vorschlage, alle Bonapartiden von der Bewerbung auszuschließen. Doch nun war es Cavaignac selbst, der für die Verwerfung des Antrags sprach. „Ich dürste darnach", sagte er, „zu wissen in wen die Nation ihr Vertrauen setzt, und ich verlange von der National = Versammlung, daß sie diesen Durst stille."

Am 19. October 1848 hatte die National=Versammlung den Belage= rungszustand, der seit 24. Juni über Paris und Umgebung verhängt war, für aufgehoben erklärt; im Publicum hatte man ihn fast vergessen, so gelind war er geübt worden. Die Arbeiten am neuen Verfassungswerk kamen am 4. November zu Ende, wo es mit der Mehrheit von 739 gegen 30 Stimmen angenommen wurde. Im Schoße der National=Versammlung legte man diesem Ereignisse nicht ohne Grund ungemeine Wichtigkeit bei; nicht so von Seite der Bevölkerung. In Paris, also da wo republicanische Gesinnungen vergleichsweise am meisten zu finden waren, gab es nicht einen Bewohner unter hunderten, der sich darum kümmerte was an jenem Tage im National=Palaste vorging. Als nun um 6 Uhr Abends plötzli= cher Kanonendonner durch die Stadt dröhnte — es waren die 101 Schüsse, womit die Annahme der Verfassung aus den Geschützen der Invaliden begrüßt wurde —, entstand erst ein jäher Schrecken und das Gerücht verbreitete sich, in der Vorstadt St. Marceau schaare man sich wieder um die Stellen wo im Juni die Barricaden gestanden. Als dann das Miß= verständniß aufgeklärt wurde, sprach sich laute Entrüstung darüber aus, daß man nicht rechtzeitig kundgemacht habe um was es sich handle. Freude bezeigte kein Mensch; beißende Bemerkungen aber bekam man genug zu hören. Lord Normanby bezeichnete die neue Verfassung als „die schlech= teste die je bis zum Stadium des Abschlusses gebracht worden"[56]). „Sie ist ein todtgebornes Kind", sagte einer der ersten Staatsbeamten zu Raumer; oder wie ein ärztlicher Spötter meinte: „Sie ist ein Achtmo= natkind, muß also sterben". Mittlerweile wurden auf der Place de la Concorde allerhand Vorbereitungen getroffen, Stangen und Maste ein= gerammt, dreifarbige Fahnen aufgehißt, Decorationen aller Art von Holz, Leinwand und Pappe angebracht, Zuschauerräume, Emporbühnen, ein Altar errichtet. Am 12. 9 Uhr V. M. verließ die National=Ver= sammlung ihren Palast und begab sich, während von der Esplanade der Invaliden 101 Kanonenschüsse donnerten, mit Cavaignac und Armand Marrast an der Spitze auf den Platz. Das Wetter war eiskalt, dabei ein starkes Schneegestöber, und der Präsident der National=Versammlung hatte dießmal keine leichte Aufgabe, als er den Text der Verfassungs= urkunde wohl eine Stunde lang herunter las, während sich Cavaignac gütlicher thun und in seinen africanischen Reitermantel hüllen konnte. Darnach hielt der Erzbischof von Paris unter Assistenz von vier Bischöfen und der gesammten Geistlichkeit von Paris ein feierliches Hochamt, worauf der Vorbeimarsch von mehr als 100000 Mann Linie und Nationalgarden eine Feierlichkeit schloß, der nichts fehlte als, nebst einer günstigen Witterung, eine nur irgend wahrnehmbare Theilnahme der wenigen Zuschauer·die sich dazu eingefunden hatten [57]). Sieben Tage später, am 19. November, fand die feierliche Kundmachung außerhalb der Hauptstadt, in allen Städten und Dörfern statt. In Arras nahm sie Marrast selbst vor. In Macon hielt Lamartine eine Rede, welche das „Journal des Débats" nicht ohne Grund einen „Galimathias der zweiten Potenz" nannte. „Mit der Vernunft der Volkes", sagte er unter andern, „wächst auch dessen Freiheit; mit der Freiheit die Gerechtigkeit; dann die Gleichheit, die eigentliche Verwirklichung der Gerechtigkeit; später das geistige Bürgerthum, die vervollkommnete Gleichheit, die aus der Nation e i n e Familie und aus allen Völkerfamilien e i n e Menschheit macht. Die Gottesherrschaft offenbart sich immer mehr und mehr unter den Völkern, bis endlich Herren, Vormünder, Thrannen, Könige verschwinden und die vergeistigte Souverainetät frei wird und alles erseht. Die Herrschaft Gottes durch die Vernunft Aller heißt Republik. Ihr Ausdruck ist das allgemeine Stimmrecht, ihr Ergebniß die Souverainetät Aller, die moralische Folge die Verbrüderung Aller. Wir herrschen alle nach dem Maße unserer Vernunft, unserer Einsicht, unserer Weisheit, unserer Tugend. Wir sind alle Könige unserer selbst und der Republik!" Die Aufnahme der neuen Verfassung war allenthalben eine kühle, im offenen Lande vielfach eine geradezu ablehnende; in manchen Orten war es der Maire allein, der sein pflichtschuldiges „Vive la republique, vive la constitution!" rief.

Auf solche Art wurde die Grund-Urkunde der republicanischen Verfassung Frankreichs zu einer Zeit verkündet, wo schon alle Welt aufgehört hatte an eine wirksame und gedeihliche Durchführung derselben zu glauben. In dem Zeitraume weniger Monate hatte es die Republik dahin gebracht, an der gefährlichsten Klippe die es für den Franzosen gibt, an der Lächerlichkeit derart zu scheitern, daß das feine und geistvolle Werk Louis Reybaud's „Jérôme Paturot à la recherche de la meilleure republique" in vier Monaten in mehr als 20000 Exemplaren abgesetzt wurde und Gebrüder Michel Lewy Ende November daran denken konnten,

eine illustrirte Prachtausgabe davon zu veranstalten. Da hatte man von
der einen Seite viele der neuen Machthaber, an deren Thun und Lassen
alles wahrzunehmen war, nur nicht republicanische Einfalt und Einfach-
heit. Herr und Frau Marrast führten einen Luxus der aller Welt zu
sprechen gab. Als bei ihnen um die Mitte November großer Ball war,
gab der Hausherr — „le marquis de la république" nannte ihn
Emil de Girardin — um 4 Uhr Früh das Zeichen zum Aufhören des
Tanzes dadurch, daß er seinen Hut aufsetzte, ein Gebrauch, der seit den
Tagen Ludwig XVI. selbst bei Hofe nicht mehr eingehalten wurde,
und dann kamen die Musiker in Reih und Glied vom Orchester hinab
in den Ballsaal und verneigten sich vor dem Herrn und der Frau des
Hauses mit der ergebensten Frage, ob sie mit ihren Leistungen zufrieden
gewesen [58]). Von der andern Seite geberdeten sich die Rothen, nachdem
ihnen ihr Spiel auf der Gasse verdorben war, in Reden und Theorien
wie toll, brachten die hirnverbranntesten Dinge auf's Tapet und geriethen
sich bei den communistischen und socialistischen Gelagen, die sie nach dem
Vorbild der früheren Reform-Banquets eins nach dem andern veranstalteten, gewöhnlich derart in die Haare, daß es nie vergessen wurde, in
den öffentlichen Blättern lobend zu erwähnen, wenn es dabei ni c h t zu
Schlägen kam. Zwischen den Äußersten und den etwas Gemäßigteren
war die Spaltung eine so offene, daß vom Standpunkte der erstern
Ledru-Rollin für einen Reactionär galt dem sie Pereats brachten. Bei
einem Banquet der „Völker-Verbrüderung", das anfangs November in
Paris gegeben wurde, brachte man Toaste aus auf Catilina, auf Jesus
Christus, auf Attila, auf J. J. Rousseau, auf Robespierre. Einer der
großen Wortführer des Tages, ein ehemaliger Arbeiter Pierre Leroux,
vertheidigte bei einem demokratischen Zweckessen in Batignolles, woran
gegen tausend Gäste theilnahmen, den Satz, man brauche keinen Präsidenten, sondern eine gemischte Behörde von drei Männern und drei
Frauen; habe doch die Frau das gleiche Recht die Rednerbühne zu besteigen
„puisqu' elle a le droit de monter à l'échafaud!" Mit solch ver-
rücktem Zeug meinten Leute vom Schlage Leroux', Pyat's u. a. die ganze
Menschheit umzugestalten, und schleuderten die heftigsten Drohungen gegen
alle die sich den neuen Weltbeglückungslehren nicht fügen wollten. Die
öffentliche Stimme verlangte laut daß solchem Unfug gesteuert werde;
allein die Regierung zeigte ihre gewohnte Unschlüssigkeit. Cavaignac ließ
durchblicken, er habe die Clubs auflösen wollen, allein Dufaure habe es

ihm widerrathen; und Dufaure wieder redete sich auf Cavaignac aus, der sich zu einer so entschiedenen Maßregel nicht entschließen könne. Es war diese in den Regierungskreisen herrschende Zerfahrenheit nur ein Wieder= schein jenes weit verbreiteten Mißtrauens in Gegenwart und Zukunft, jener die Zustände des damaligen Frankreichs bezeichnenden resignirten Stimmung, die eine menschliche Berechnung kaum mehr gelten ließ und keinen Ausweg=sah, wenn nicht etwa ein Zufall, ein unvorhergesehen ein= tretendes Ereigniß oder im günstigsten Falle der mehr oder minder glück= liche Griff, den man aus der Wahl=Urne des 10. December machen würde, aus dem allgemeinen Wirrsal heraushelfe [59]).

Denn mit Ausnahme der 739 Abgeordneten, welche die neue Ver= fassungs=Urkunde angenommen, gab es in Frankreich wenig Leute, die sich von allen 116 Artikeln derselben um andere kümmerten als um den 43.: „Das französische Volk überträgt die vollziehende Gewalt einem Bürger, der den Titel: Präsident der Republik führt", und um den 45.: „Der Präsident der Republik wird auf vier Jahre gewählt." Für den Kampf der am 10. December, dem Tag der vorzunehmenden Wahl, aus= gefochten werden sollte, rüstete alle Welt. Die republicanische Partei war vielfach gespalten; die Rothen arbeiteten theils für Raspail theils für Ledru=Rollin, die Weißen für Lamartine, Changarnier, Bugeaud, doch ungleich zahlreicher als für all die Genannten für Cavaignac. Er hatte vier Fünftel der National=Versammlung, vielleicht zwei Drittel der höhern Officiere bei der Armee, einen großen Theil der Bourgeoisie und des kleinen Gewerbstandes für sich. Ihm, dem thatsächlichen Inhaber der aus= übenden Macht, stand die ganze Verwaltungs=Maschine zu Gebote. Die angesehensten Tagesblätter, die „Débats", der „National", der „Siècle" schrieben für ihn. Der Bischof Fayet von Orleans empfahl ihn in einem eigenen Rundschreiben, vom 11. November, sämmtlichen Erzbischöfen und Bischöfen der Republik [60]). Cavaignac's Anhänger thaten für ihn was in ihren Kräften stand. Ballenweise wurden seine Lebensbeschreibungen aus den Bureaux der Ministerien und der National=Versammlung in alle Theile des Landes versandt. Viele Abgeordnete bereisten als Wahl=Com= missäre die Provinzen, so daß die Kammer, um durch die massenhaften Urlaube nicht beschlußunfähig zu werden, die Zahl der zur Abstimmung erforderlichen Mitglieder für diese Zeit herabsetzen mußte. Um seines Er= folges noch sicherer zu sein, veranstalteten Cavaignac und seine Freunde ein Aufsehen erregendes parlamentarisches Schauspiel. Am 21. November

bestieg er die Rednerbühne und brachte die verschiedenartigen Angriffe und
Verläumdungen zur Sprache, deren Gegenstand er seit den letzten Junitagen gewesen sei und die auch von mehreren Mitgliedern der Versammlung — er nannte Garnier-Pagès, Barthelemy St. Hilaire, Pagnerre,
Duclerc — unterstützt würden; er erbat sich die Ermächtigung an die
genannten „Bürger-Abgeordneten" Interpellationen zu richten, und verlangte, daß einer der nächsten Tage für diese Angelegenheit bestimmt
werde.   Am 25. November stand Cavaignac seinen Anklägern, die einer
nach dem andern die Rednerbühne bestiegen; er sprach in der von 1 Uhr
N. M. bis nach 11 Uhr Nachts währenden Sitzung wiederholt und mehrere Stunden lang, bis zuletzt mit der ungeheuren Mehrheit von 503
gegen 34 Stimmen die von Dupont de l'Eure vorgeschlagene Tagesordnung angenommen wurde, „daß die Kammer bei dem am 28. Juni gefaßten Beschlusse beharre, daß General Cavaignac sich um das Vaterland
verdient gemacht habe".   Cavaignac hatte einen vollständigen Sieg erfochten.   Er hatte gezeigt, daß er nicht bloß ein tapferer Soldat, sondern auch ein tüchtiger Kämpe auf parlamentarischem Boden sei. Freund
und Feind, die öffentlichen Blätter von allen Farben waren einig in
Ausdrücken des Lobes und der Anerkennung.   Molé sagte beim Weg-
gehen aus der Sitzung: „Cavaignac hat seine Präsidenten-Rede gehalten."
Andere meinten daß die Debatte, die ihn so sehr gefährden sollte, ihm
mindestens eine Million Stimmen zuführen werde.   In den Tagen
darauf war an allen Ecken die Aufforderung zur Theilnahme an einer
Subscription zu lesen,   um den Vortrag des Chefs der Executiv-
Gewalt in einer Auflage von einer Million Exemplare im Lande zu
verbreiten.   Es war aber nicht blos Frankreich, es war die öffentliche
Meinung von halb Europa für ihn.   Er hatte in den Junitagen gezeigt,
daß er in Augenblicken, wo es Noth that, Kraft mit Umsicht zu vereinen
wisse.   Alle Cabinete wußten ihm Dank für die besonnene Mäßigung,
die seine äußere Politik kennzeichnete.   Der Erfolg seiner Candidatur
konnte als gesichert betrachtet werden, wenn nicht e i n e s war, was ihm
den weitaus überwiegenden Theil der Bevölkerung Frankreichs entfremdete.
Er war ein aufrichtiger Republicaner; er war, was ihm in den Augen
Vieler noch mehr schadete, Sohn eines Convent-Mitgliedes, der für den
Tod Ludwig XVI. gestimmt und dem man allerhand terroristische Unmenschlichkeiten nachzusagen hatte; er rühmte sich Bruder jenes Geoffroy
Cavaignac zu sein, der 1830 auf der Barricade „als ein edles Opfer

der Freiheit" gefallen war. Es war eine ganze republicanische Tradition in der Familie; ihn wählen hieß die Republik legitimiren und damit die Revolution permanent machen.

Was hatte der einzige Nebenbuhler, den Cavaignac ernstlich zu fürchten hatte, gegen ihn in die Wagschale zu legen? Von der einen Seite sehr wenig, aber von der andern überaus viel, mehr als alle übrigen Candidaten zusammengenommen. Louis Napoleon mangelten die verdienstvolle Vergangenheit und viele von den persönlichen Eigenschaften des Generals; selbst sein ehemaliger Lehrer Vieillard äußerte nach dem Ereigniß des 25.: „Ich würde an dem Erfolge meines Zöglings nicht zweifeln, wenn er nur eine Viertelstunde so sprechen könnte, wie General Cavaignac gestern einen halben Tag". Louis Napoleon hatte weder den Einfluß der Regierung für sich, noch standen ihm und seinen Getreuen ausgiebige Geldquellen zur Verfügung, während der Anhang Cavaignac's alle Mittel und Vortheile seiner Stellung ausbeutete, den gefährlichen Rivalen in Mißcredit zu bringen. Man wollte von einem eigenen Bureau wissen, das die Aufgabe hatte Schmähschriften gegen L. N. Bonaparte zu verbreiten; Flugblätter und Zerrbilder, die seine Gestalt und Gesichtszüge, seine Lebensverhältnisse und Schicksale auf das schonungs= loseste entstellten, wurden Buch= und Kunsthandlungen portofrei zugesandt. Ja man sann darauf, in entlegene Gegenden des Landes Wahlzettel mit unrichtiger Aufschrift, wie „Jérôme Bonaparte" oder „Louis Napoleon" (ohne Zunamen), zu senden, die dann von den Bauern gebraucht ver= worfene Stimmen heißen könnten. Die meisten großen Blätter von Paris sowie viele der ersten Londoner Journale besprachen seine Can= didatur in der mißgünstigsten Weise. „Will man etwa Kriegssiege erfechten, daß man den Herrn Louis Bonaparte auf den Präsidentenstuhl drängt?" fragen die „Débats". „Krieg gibt es für die Republik keinen und kein Vernünftiger wünscht ihn. Oder möchte Herr Louis Bonaparte etwa Frankreich reorganisiren, Civilgesetzbücher schaffen, die Kirchen wieder öffnen? Trotz mancher bösen Tage befindet sich Frankreich doch keines= wegs in der Lage des Consulats. Louis Bonaparte stellt nicht die Zukunft, sondern das Unbekannte vor. Das beste was man für ihn thun kann, ist, Straßburg und Boulogne zu vergessen". „Frankreich", sagte die „Démocratie pacifique", „wenn es thöricht genug sein sollte den Versuch zu wagen, wird für immer geheilt sein von der Manie, eine Idee an einen Namen zu knüpfen. Die Monarchie des göttlichen

9

Rechtes hatte ihre Parodie in der Regierung Louis Philippe's, die aben-
teuerliche Monarchie Napoleon's kann in der Präsidentschaft des Helden
von Boulogne ihre Parodie finden" [61] „Jeder Tag und jede Post",
schrieb der Londoner „Morning Herald", „bestätigt mehr und mehr
unsere Meinung, daß die Aussichten des Prätendenten Louis Napoleon
auf die hohe Stellung eines Oberhauptes der französischen Republik
immer schwächer werden; Dank der Presse in Paris und in den Departements gibt es jetzt kaum noch einen Bauer der Vogesen oder des
Jura, der nicht wüßte daß Louis Napoleon kein Atom geerbt hat von
dem einfachen und aufrichtigen Charakter seines königlichen Baters Louis
von Holland".

Als dieß der „Herald" schrieb, standen in Wirklichkeit die Dinge
in Frankreich himmelweit anders. Es war nicht bloß der Bauer der
Vogesen und des Jura, es war die Masse der Landbevölkerung des
ganzen Landes, die nichts kannte und von nichts wußte als von dem
Erben und Namensträger des großen Schlachtenkaisers. Die Provinzial-
Blätter schrieben fast durchaus in bonapartistischem Geiste, und die Aussichten des Prinzen auf die erste Stelle im Staate wurden nicht von
Tag zu Tag schwächer, sondern von Tag zu Tag günstiger. Schon bei Verkündigung der Verfassung gab sich das in mehr als einer Gegend kund. In
Saint-Quentin ertönten Hochs auf den „Kaiser", in einem Orte des Departements du Nord wurde die Vorlesung durch Trupps von Arbeitern unterbrochen die „Vive Napoleon" riefen. Aber auch bei der Pariser Bevölkerung
gab sich ein unausgesetztes Interesse für ihn kund. Schon beschäftigte man
sich allgemein mit seinem Thun und Lassen, mit seinen Reden und Absichten; die Einen versicherten, er habe gesagt „er werde niemals
Krieg anfangen", die Andern: „er werde die Steuern vermindern und
sogleich Krieg beginnen". Lebte er meist zurückgezogen in einem Landhause in der Nähe von Paris, so war die Neugierde um so größer
wenn er sich mitunter öffentlich zeigte, und am 25. November, am Tage
Cavaignac's, drängte sich vom Vendôme-Platz bis zum Gitter vor dem
Nationalpalaste eine dichte Menge, nicht um der wichtigen Sitzung halber von der sie ja doch nichts hatte, sondern um den „Prinzen" zu
sehen und ihm ein Hoch zuzurufen. So schwer zog das Gewicht eines
großen volksthümlichen Namens, an den man sich in einer Zeit chaotischen
Durcheinandertreibens der verschiedensten Erwartungen und Befürchtungen
klammern konnte, daß schon viele Conservative ihren Candidaten Bugeaud

fallen ließen und sich für Louis Bonaparte aussprachen. Als er endlich am 27. November sein Wahl-Manifest herausgab, ließ sich aus der Zurückhaltung der „Débats", aus dem heftigen Tadel der „Reforme", aus dem Geifer des „National" ermessen, welch ungeheure Wirkung die Widersacher des „Prätendenten" von seinem Auftreten fürchteten. Je hartnäckiger sie noch fortwährend an der Meinung seiner gänzlichen Unfähigkeit festhielten [62]), desto entschiedener brach sich im Publicum die entgegengesetzte Ansicht Bahn. Mancher, der von ihm früher in der geringschätzigsten Weise gesprochen, belehrte jetzt seine Mitbürger, der Prinz sei denn „doch nicht so dumm als man glaubt"; er scheine nur den Zeitpunkt abzuwarten, um mit seinen Ansichten hervorzutreten. Die „Presse" aber sagte aus Anlaß des Manifestes geradezu: „Früher hielten wir den Prinzen für nothwendig, jetzt halten wir ihn auch für fähig".

Je näher die Zeit der Entscheidung heranrückte, desto größer wurde die Wahrscheinlichkeit für den schließlichen Erfolg des Prinzen. Hatte Cavaignac die Spitzen der Gesellschaft, den größten Theil der Beamten, der Prälaten, der Generäle für sich, so hatte Louis Bonaparte den Bauer im weiten Lande, die Mannschaft im Heere, die untere Geistlichkeit, also gerade jene vielgliederigen Elemente auf seiner Seite, die bei der Anwendung des allgemeinen Stimmrechtes den Ausschlag geben mußten. Zuletzt mußte man sich selbst in Regierungskreisen mit dem Gedanken vertraut machen daß Louis Bonaparte von allen Candidaten die meisten Stimmen haben dürfte, und man tröstete sich nur damit, es werde ihm doch die a b s o l u t e Mehrheit nicht zufallen, in welchem Falle daher die Entscheidung an die National-Versammlung käme. Die Bevölkerung der Hauptstadt selbst aber sagte: „Paris hat den Provinzen die Republik auferlegt, und die Provinzen werden zum Dank dafür der guten Stadt Paris den Prinzen Louis Bonaparte auferlegen." ·

14.

Revolutionen im Leben der Völker sind oft genug mit Krankheiten im Leben des Menschen verglichen worden. Beide haben jedenfalls den Ursprung: eine fehlerhafte Anlage oder eine arge Vernachlässigung im

9*

Organismus, dann aber auch die Gefahr der Ansteckung miteinander
gemein. Aber sie unterscheiden sich wieder, indem bei Krankheiten in der
Regel ein vernünftiger Arzt dazwischentritt, der den Grund des Uebels zu
erforschen, das Umsichgreifen desselben zu verhindern, es zur schließlichen Heilung zu führen sucht, während die Revolution, über jeden Versuch von dämmendem Entgegenwirken mit zerstörender Gewalt hinweg-
schreitend, unaufhaltsam in den eigenen Eingeweiden wühlt und wüthet,
aus den Übeln die sie geboren neue und größere erzeugt, die Kräfte mit
denen sie gewachsen selbst abnützt und verzehrt. Ihre beflissensten Freunde
werden dadurch ihre unwillkürlichen Schädiger, und was sie in der ersten
Zeit vorwärts zu bringen schien, bereitet ihr zuletzt den Untergang.

Zu keiner Zeit der europäischen Geschichte hat sich dieß in so augenfälliger Weise gezeigt, wie im Jahre 1848. Die Revolution war aus
weit verbreiteten und tief gewurzelten Übelständen und Mißverhältnissen
herausgewachsen und hatte, weil es solcher Übelstände und Mißverhält-
nisse mehr oder minder allenthalben gab, rasch die Runde durch den ganzen
Welttheil gemacht. Allein kaum minder rasch hatte sie ihren Kreislauf
vollendet. Sie war im Frühling mit dem Jubel der überwiegenden
Mehrheit der Bevölkerung aller Länder begrüßt worden; dieselbe überwiegende Mehrheit hatte kaum acht Monate später für sie nur Widerwillen
und Abscheu. Sie hatte sich überstürzt; sie hatte sich durch ihre Über-
stürzung verbraucht und abgenützt; ihre Führer und Bannerträger hatten
vollständig abgewirthschaftet. Das war in Frankreich, in Deutschland, in
Italien in ganz gleicher Weise der Fall, wenn auch in letzterem die republicanische Partei im Römischen und im Toscanischen, dann in Sicilien für den Augenblick noch die Oberhand hatte.

Den Anfang und Ausgangspunkt aller freiheitlichen Verfassungen seit
1789 bildete jederzeit der Grundsatz: „Alle Menschen werden frei und an
Rechten gleich geboren", worauf schon Bentham entgegnete: „Nein, nicht
e i n Mensch, nicht einer von allen, die waren, sind und sein werden." Zu
den beiden Schlagworten von Freiheit und Gleichheit kam im Jahre 1848
ein drittes, das der Brüderlichkeit, ein wahrer Hohn auf die Unmasse
von gegenseitigem Haß und Kampf, von Schlächtereien und Verwüstung,
die gerade die Ereignisse d i e s e s Jahres in fast allen Gebieten unseres
Welttheiles kennzeichneten. Doch lassen wir die „Egalité" und die „Fra-
ternité" dahingestellt; wie stand es mit der „Liberté"? Die naheliegendste
Auslegung des Begriffes von Freiheit ist gewiß die, daß man im Ein-

zelnleben dem Menschen, im Vereins- und Staatsleben der ausgesprochenen Mehrheit der Vereins- oder Staatsangehörigen ihre Meinung und
ihren Willen läßt. Denn da in öffentlichen Angelegenheiten der Einzelne
in der Gesammtheit aufgeht; da die vielen Einzelnen verschiedene Wil-
lensmeinungen haben, die Gesammtheit als solche aber nur nach einer
einzigen Willensmeinung geleitet und verwaltet werden kann; da es endlich
bei einer sich selbst leitenden und verwaltenden Gemeinsamkeit kein äußeres Kennzeichen gibt welche unter den verschiedenen Meinungen die richtige sei, weil eben jeder Einzelne und jede Partei ihre eigene Meinung
für die richtige hält: so bleibt kein anderer Ausweg übrig als der numerische, daß die Minderzahl sich der Mehrzahl füge. Wenn daher die
Meinung und der Wille der Mehrheit der Staatsangehörigen mißachtet,
wenn ihnen entgegengehandelt, wenn jener Mehrheit etwas, was ihre
Meinung und ihr Wille nicht ist, aufgedrungen wird, so ist das sicher
nicht ein Zustand von Freiheit, sondern einer des Gegentheils davon.
Fassen wir die Sache noch von einer andern Seite auf! Der Vorstellungen, die man sich unter wechselnden Verhältnissen von der Freiheit
macht, gibt es bekanntlich sehr verschiedene; aber der Begriff von dem,
was Recht sei, ist unter allen Verhältnissen nur einer, und zuletzt kommt
man darauf daß Recht und Freiheit in der Tiefe ihres Wesens untrenn-
bar miteinander verbunden, an einander geknüpft sind. Wenn nun der
mit den Pariser Februar-Tagen begonnene Umschwung mit der Verhei-
ßung auftrat, in den öffentlichen Verhältnissen Freiheit und Recht an die
Stelle der früheren Unterdrückung und Willkür zu setzen, so war man
berechtigt zu fragen, ob die neue Ära dieser von ihr selbst an die Spitze
gestellten Forderung genügt habe oder nicht?

Dasjenige europäische Land, wo die Revolution ihren vollständigsten
Sieg errungen, war Frankreich. Durch die Entthronung des regierenden
Königshauses war der Boden völlig frei gemacht, und die Republik wurde
als jene Staatsform verkündet die der Meinung und dem Willen der
Franzosen, oder doch der Mehrzahl der Franzosen entspreche. Nun währte
es aber nicht lange, so gaben sich die untrüglichsten Zeichen kund, daß
diese Voraussetzung durchaus nicht den wirklichen Zuständen entspreche.
Es waren keine acht Monate in's Land gegangen und die weitaus überwiegende Mehrzahl der Franzosen hatte die Ueberzeugung gewonnen, daß
die republicanische Regierungsform die schlechteste von allen sei solang die
Menschen keine Engel sind.[63]) Zwar wollten die Anhänger des herrschen-

den Systems die Welt glauben machen, nur der Bauer sei gegen die neue Ordnung der Dinge. Das war jedoch eine arge Täuschung; in den Städten, Paris nicht ausgenommen, stand es mit den Sympathien für die bestehende Regierungsform nicht besser. „Ich habe", versichert Raumer, „Gelegenheit gesucht und gefunden, mit Schneidern, Schustern, Kaufleuten, Buchhändlern, Kutschern ꝛc. über die jetzigen Verhältnisse zu sprechen, aber auch nicht einen Freund oder Bewunderer der Republik gefunden; vielmehr suchen Alle den Grund jedes Übels jetzt in der Revolution des Februar."[64]) Die National=Versammlung hatte man längst satt; man sagte ihr nach, daß sie weit über ihre ursprüngliche Aufgabe hinaus sich nur neue Geschäfte mache, um ihre Mitglieder möglichst lang in dem ge- nußreichen Paris und im Bezug täglicher 25 Fr. zu erhalten. Was für ein Geist in der „Provinz" der herrschende war, hatten die Juni=Kämpfe bewiesen; die Nationalgarden, die von allen Seiten herbeieilten den Auf- stand unterdrücken zu helfen, sahen in Paris nichts als den Herd alles dessen was ihren eigenen Wünschen und Ansichten schnurstracks zuwider- lief.[65]) Von Republik und Republicanern wollte man nichts mehr wissen; die rothen verfluchte man und die weißen bespöttelte man. Wenn es in den ersten Wochen nach dem 24. Februar gefährlich war von Königthum und Monarchie zu sprechen, so kam im Spätherbst förmlich in Verruf, wer sich in gutem Ernst um die demokratischen Institutionen annahm. Einen Beweis dafür lieferte die Verhandlung über das „Recht auf Arbeit", eine Formel, die noch kurz zuvor als unantastbares Axiom gegolten hatte und die jetzt Mathieu de la Drôme in der bescheidenen Gestalt eines „Anspruchs der Unglücklichen auf Beistand" in den Verfassungsentwurf einschmuggeln wollte. Während der Verhandlungen über dieses Amende- ment mußten Ledru Rollin, Cremieux, Frédéric Arnaud, der Lyonaiser Montagnard Pelletier, Martin Bernard der frühere Genosse Barbès', kurz alle, die kaum ein halbes Jahr früher die Forderung in ihrer vollen Nacktheit hingestellt hatten, nun die Sache mit aller erdenklichen Vorsicht anfassen, um gegen den ausgesprochenen Widerwillen ihrer Collegen nicht zu verstoßen; sie verwahrten sich auf das feierlichste gegen die Zumuthung, als ob sie zum Socialismus hinneigten, Utopien vertheidigen wollten, und verfochten im Grunde nur die Rücksicht für Arme und Nothleidende im Geiste allgemeiner Menschenliebe. Billaut, der nachmalige Napoleonist, einzige der sich etwas weiter vorwagte; allein auch er verthei- em Wahlspruch „république oblige" nur den Satz, eine Volksregierung müsse in diesem Punkte doch jedenfalls mehr thun als schon das gefallene Königthum gethan hatte.[66]) Wie in Frankreich mit der Republik, so stand es in Deutschland mit der Demokratie. Die ganze Physiognomie war über Sommer eine andere geworden. Nicht als ob es an Anlässen zu neuen Aufreizungen gemangelt und die Partei des Umsturzes sich schon für vollständig besiegt gehalten hätte; die spätern Ereignisse in Dresden, in der Pfalz und im Badenschen bewiesen das Gegentheil. Aber die Sympathien, die den Wortführern der allgemeinen Freiheit früher entgegenkamen, waren verschwunden; radicale Gesinnung galt nicht mehr als Empfehlung, sondern als das Gegentheil davon; der Name Demokrat diente nur zum Spielball für allerhand gute und schlechte Witze[67]). Auf dem Berliner October=Congresse zeigte sich recht deutlich, wie wenig die socialistischen Ideen in der Masse der deutschen Bevölkerung verfingen. Die Berichte, welche die verschiedenen „Bürger" über ihre gesammelten Wahrnehmungen abgaben, lauteten ungemein niederschlagend. Einer der Haupt=Faiseurs, ein gewisser Kriege (schon in früheren Jahren wegen communistischer Umtriebe zur Festungsstrafe verurtheilt, dann nach America ausgewandert, im J. 1848 wieder heimgekehrt) gestand unumwunden, daß er sich durch Norddeutschland „wie ein bettelnder Handwerksbursch" habe durchschlagen müssen; und alle waren darüber einig, „das Proletariat sei nicht im Stande, den Gedanken der Demokratie, den Ernst republicanischer Einrichtungen zu begreifen."[68])

Auch in Frankreich und in Italien täuschten sich die Parteiführer durchaus nicht über das Mißbehagen, das ihren Bestrebungen allerorts entgegentrat. Proudhon klagte offen daß die Mehrzahl der Arbeiter wenig Hinneigung zum Socialismus zeige, und Lamartine legte Anfangs October das Geständniß ab: „Die ersten Tage, die ersten Monate der Begeisterung, der Hoffnung, des Beifalls, der allgemeinen Zustimmung haben sich in einem großen Theile Frankreichs verwandelt in Zweifel, Mißtrauen, Unglauben und Abfall von der Republik". „Ach!" seufzte ein neapolitanischer Demokrat, „könnten wir nur Herr werden über die Truppen und das gemeine Volk und alle die Krämer, dann würden wir die Tyrannen fortjagen, die Lehre der Volks = Souverainetät verbreiten und eine wahrhaft demokratische Republik aufrichten; aber das Unglück ist, daß wir das ganze Volk gegen uns haben!" Welche Selbst=Ironie, das Volk bewältigen zu wollen, um die Theorie der Allmacht des Volkes zur Wahrheit zu machen! Eine Demokratie schaffen zu wollen, gegen

den ausgesprochenen Wunsch und Willen des Demos! Doch es war
dieß keine Selbst=Ironie, mindestens keine bewußte und willkürliche; die
Leute meinten es in vollem Ernst, und es war in der That von eigenthümlichem Interesse, die allerhand Wendungen und Drehungen zu
beobachten, die sie machten um mit ihren Grundsätzen gegen ihre
Grundsätze zu kämpfen. Wo sie im Parlament gegen die Mehrheit nicht
durchdringen konnten, da riefen sie, wie Violand in Wien und d'Ester
in Berlin: „Hinter der Minorität des Reichstags steht die Majorität
des Volks!" Nun mußte man doch eines von beiden gelten lassen: Entweder die gesetzlich gewählten Vertreter des Volks waren was sie hießen;
dann waren auch sie allein berufen, nach den Grundsätzen parlamentarischer Berathung und Abstimmung im Namen des Volkes zu entscheiden,
und es war geradezu unconstitutionelles Gebahren, in den Clubs zu verdammen was im Hause sanctionirt worden war. Oder man gab nicht
zu, daß die verfassungsmäßigen Vertretungskörper wirklich und wahrhaft
waren wofür sie galten: was und wozu waren sie dann? In diesem
Falle blieb nichts übrig als ehrlich und einfach das allgemeine Stimmrecht zu proclamiren, die Einrichtungen des classischen Alterthums her-
vorzusuchen, das Volk in allgemeinen Comitien sich versammeln und
seinen Willen aussprechen zu lassen.

Allein dadurch wurde die Sache nicht besser. Die Häupter der radicalen Partei wußten sehr wohl, daß sie, wenn es zur Äußerung des allgemeinen Willens käme, immer einen gefährlichen Theil der Bevölkerung
gegen sich haben würden. Die Einen sahen diesen widerstrebenden Theil
in den Gebildeten, und mit diesen müßte, meinten sie, früher aufge-
räumt werden; die Andern erblickten ihn in den Ungebildeten, denen daher
vorerst Belehrung zu Hilfe kommen müsse. Die deutschen Demokraten
schienen mehr der erstern Meinung zu huldigen. Dowiat in Berlin legte
alles Unglück und Unheil der „feigen Bürgerschaft der Hauptstadt" zur
Last, „die ihre Waffen nur gegen die revolutionären Arbeiter zu gebrauchen wisse", und Edgar Bauer meinte geradezu, „daß die Bourgeoisie
erst in's tiefste Elend gebracht werden müsse, bevor an wahre Freiheit
zu denken sei". Die französischen Demokraten aber waren der andern
Ansicht; sie klagten über die „tiefe Unwissenheit und sittliche Trägheit"
worein die Landbezirke Frankreichs versunken seien, und über die „numerische Überlegenheit der unwissenden Bauernschaft über die aufgeklärte
Stadtbevölkerung", und meinten es sei daher nothwendig die Wahlen

soviel als möglich hinauszuschieben, um in der Zwischenzeit „die Erziehung der Massen zu vervollständigen" 62). Es befanden sich also diejenigen, die sich für die Führer des Volkes ausgaben, in von ihnen selbst erkanntem und eingestandenem Widerspruche mit der Meinung und dem Willen der Mehrheit des Volkes, folglich in offenem Widerspruch mit ihrer eigenen auf eben dieser Grundlage der allgemeinen Willensmeinung aufgebauten Theorie; denn consequent mit dieser Theorie durften nicht sie den Volks- willen nach ihrem Ermessen ummodeln, sondern mußten sie ihr Ermessen dem Volkswillen anpassen und sich nach diesem richten. Sie kamen damit aber zu- gleich in offenen Widerspruch mit ihrem eigenen früheren Vorgehen. Zu- erst waren sie zu den niedersten Volks=Classen, auf die untersten Stufen der Bildung hinabgestiegen; denn da allein, hatten sie gesagt, ist ein ge- sundes Urtheil zu finden. Nun aber das Urtheil anders ausgefallen war als sie gehofft und erwartet hatten, hieß es wieder: nicht auf die große Masse des Volkes die selbst erst der Belehrung bedarf, sondern auf die erleuchteten Führer komme alles an, die das Volk über dessen eigenes Beste aufzuklären, es dafür heranzubilden haben. Mit dieser Deu- tung aber hatten die Demokraten vollends ihren Standpunkt verrückt. Denn war damit zugegeben, daß die Masse der Bevölkerung als solche, worüber die gescheidtesten Leute aller Länder von jeher einig waren, das unselbständigste und urtheilsloseste Geschöpf auf Gottes Erdboden ist; blieb die Sache, wie sich gebührt und geziemt, den freien und klaren Geistern, den Tonangebern und Wortführern anheimgestellt, von denen dieser die eine, jener eine andere Meinung hat und vertritt: woher wollten dann die Demokraten und Socialisten, die Republicaner und Revolutionäre ihre Allein = Berechtigung herleiten, die Masse der Bevölkerung gerade nur für jene Meinung heranzubilden die sie für die richtige hielten, dem Volke gerade nur jene Art von Wohl und Heil aufzudringen das sie als das wahre ausgedacht hatten? Mußte, die Frage auf diesen Punkt gestellt, die Meinung und Ansicht eines Tocqueville nicht jedenfalls eben so schwer wiegen als die eines Raspail, oder die eines Thiers nicht eben so viel gelten als die eines Louis Blanc, oder die eines Berryer nicht in gleicher Linie stehen mit der eines Pierre Leroux? Und konnten darum die Herren Tocqueville, Thiers, Berryer nicht mindestens ebenso gut Anspruch darauf erheben, die Bevölkerung im Sinne ihrer Meinung und Ansicht heranzuziehen, als die Herren Raspail, Louis Blanc, Pierre Leroux im Sinne der ihrigen?

Wenn aber die Parteien einander in solcher Weise gegenüber standen, dann war es ganz einfach eine Machtfrage um die es sich handelte, und in diesem Sinne wurde denn auch von den damaligen Gewalthabern, und das waren die Männer der republicanischen Richtung, die Sache praktisch aufgefaßt und behandelt. Nur hätten sie das offen eingestehen sollen, anstatt ein heuchlerisches Blendwerk mit Grundsätzen vorzuhalten, die von ihnen dem Scheine nach befolgt, in Wahrheit aber mit Füßen getreten wurden. Sie bestanden auf der Aufrechthaltung der Republik, nicht weil diese der allgemeine Volkswille Frankreichs oder auch nur der Mehrheit der Franzosen war; sie waren sich vielmehr bewußt, daß das Gegentheil davon stattfand. Sie bestanden darauf, weil sie diese Regierungsform für die beste hielten, weil ihnen dieselbe am meisten zusagte, theilweise auch weil sie ihnen die meisten persönlichen Vortheile brachte. Selbst Cavaignac, vielleicht der aufrichtigste von allen, schien, wie Normanby bemerken wollte, in seinem Innern überzeugt daß die Mehrheit des Landes nicht republicanisch sei, aber er betrachtete es als seinen Beruf sie republicanisch zu machen. Lamartine erkannte sehr wohl, daß Louis Napoleon „von allen Mitgliedern der verbannten Dynastie jener sei, den die Volksgunst am meisten auszeichne" [70]), und eben darum erblickte er in ihm das größte Hinderniß das man beseitigen müsse. Also ein vorgeblich aus dem Volkswillen hervorgegangenes und auf diesen sich stützendes Gouvernement glaubte einen politischen Charakter deshalb ausschließen zu dürfen, weil sich der Volkswille für ihn aussprechen könne!

Allein es waren den Koryphäen der Revolution noch viel stärkere Vorwürfe zu machen. Nicht bloß daß sie in ihrem Verhalten, in ihren Zielen und Bestrebungen den von ihnen selbst an die Spitze gestellten Grundsätzen untreu wurden; sie scheuten sich auch nicht, zur Durchführung ihrer Absichten Mittel in Anwendung zu bringen, deren Gebrauch sie früher dem von ihnen verrufenen „Polizeistaat" gewaltig verübelt hatten. Von den Angriffen, welche constitutionelle Regierungen zu allen Zeiten von den Bänken der Opposition über sich ergehen lassen mußten, waren keine häufiger und heftiger, als die wegen Anwendung unerlaubter Mittel zur Beeinflußung der Wahlen; aber die revolutionären Gewalten des Jahres 1848 gingen in diesem Punkte nicht nur in derselben Weise vor, sie trieben es mitunter noch viel ärger. Ein Beispiel davon lieferten die November=Wahlen in Toscana unter dem Walten des demokratischen Ministeriums Montanelli-Guerazzi. Bei den Wahlen im Frühjahr hatten viele Bauern den Namen ihres Großherzogs auf die Zettel geschrieben. Die Städter, höflich, von verweichlichten Sitten, jedem der Ausdauer und Beharrlichkeit zeigt eine leichte Beute, hatten fast ohne Kampf das livornefer Regiment über sich ergehen lassen und nur in den Kammern hatte sich einiger Widerstand gezeigt; letztere waren darum aufgelöst, neue Wahlen ausgeschrieben worden und Guerazzi ließ es an Rundschreiben und Vorkehrungen nicht fehlen, um dem allgemeinen Volkswillen eine dem bestehenden Ministerium günstige Wendung abzunöthigen. Als es ungeachtet all dieser Maßregeln nicht in erwünschter Weise von statten ging, wurden die Wahl=Collegien von Pisa und Florenz von stürmischen Rotten überfallen, die Wahlurnen zertrümmert, und die Machthaber errangen was sie verlangten, eine Kammer=Mehrheit, wenn auch eine nicht sehr bedeutende. Im republicanischen Frankreich fanden bei den Wahlen für die National=Versammlung zwar keine Gewaltthätigkeiten statt wie die genannten im Toscanischen; im übrigen jedoch wurden von Seite der Regierungs=Organe ganz dieselben Kunstgriffe und Umtriebe angewendet, wie sie zu Zeiten Louis Philippe's üblich waren, und dieselben Leute, die 1846 gegen den Minister Duchatel um solcher Dinge willen einen Schrei sittlicher Entrüstung ausgestoßen hatten, fanden jetzt alles schön und gut, weil es um ihrer eigenen politischen Geltung willen geschah. Es war alles Trug und Heuchelei! Jules Favre wollte den ehrlichen spielen und deckte in öffentlicher Sitzung (25. November) die unerlaubten Wahl=Manoeuvres auf; aber als er mit erkünstelter Würde ausrief: „Achten wir uns selbst und verderben wir nicht die öffentliche Sitte!" wurde ihm aus dem Schoße der Versammlung entgegnet: „Dachten Sie im Monat April ebenso wie heute?" Als die Frage der Präsidenten=Wahl herannahte, ließen die Machthaber Frankreichs, um sich bei der Gewalt zu erhalten, selbst solche Künste nicht unversucht, die mit ihrer republicanischen Überzeugung in geradem Widerspruch standen. Alle Welt war überzeugt, daß Cavaignac nur darum die Expedition nach Civitavecchia hatte ausrüsten und den Papst nach Frankreich einladen lassen, um sich dadurch eine Million Stimmen zu sichern die er sonst zu verlieren fürchtete. Aus allen Schritten der Regierungskreise, der National=Versammlung, der extremen Parteien gab sich das Bestreben kund, durch künstliche Veranstaltungen den wahren Willen des Landes nicht zum Durchbruch kommen zu lassen. Der Berg scheute nichts mehr als eine Berufung an das Land und lieferte dadurch, wie Lord Normanby be-

merkt, einen neuen Beweis, daß es keine so eigenmächtige und unduld=
same Oligarchie gibt als eine aus dem allgemeinen Stimmrecht hervor=
gegangene, sobald sie ihre Volksthümlichkeit verloren hat. Das allgemeine
Stimmrecht, dem sie ein halbes Jahr früher, als im ersten Taumel die
Republik proclamirt worden, ihre Sitze zu verdanken hatten, wurde von
ihnen jetzt, wo die Bevölkerung zu reiferer Besonnenheit gelangt war,
verdächtigt und jeder Hebel in Bewegung gesetzt es beiseite zu schieben [71]).
Namentlich die Wahl des Staatsoberhauptes sollte nicht in die Hände
des Volkes gelegt, vielmehr die ausübende Macht einzig von der Legis=
lative abhängig gemacht werden [72]); „die allein souveraine National=
Versammlung ernenne nach Ermessen eine Executiv=Gewalt; sie entlasse
sie, sobald sie ihr nicht mehr zusagt; nur auf diesem Wege kann zwischen
der Versammlung und ihren Organen immerdar die wünschenswerthe
Einigkeit herrschen“. Die natürliche Folgerung aus diesem Grundsatze
nun wäre gewesen, daß dasselbe auch von dem Verhältnisse der Volks=
vertretung zu denen, aus deren Schoße sie hervorgegangen, gelten müsse;
daß folglich die Wähler, sobald sie mit ihren Abgeordneten nicht über=
einstimmen, neue Männer ihres Vertrauens an deren Stelle setzen dür=
fen; denn nur auf diesem Wege ließe sich, so müßte man in Consequenz
mit dem früheren sprechen, zwischen dem Volke und seinen Vertretern der
jederzeit wünschenswerthe Einklang herstellen.

Wenn die thatsächlichen Inhaber der höchsten Gewalt in Frankreich
diese letztere Folgerung nicht gelten lassen wollten, so offenbarten sie dadurch
nur auf's neue, daß nicht die Frage nach dem was Rechtens sei, son=
dern einzig die Sorge sich im Besitze der Macht zu erhalten, sie beschäf=
tigte. In der That mußte ihnen für diesen Zweck alles herhalten was
ihn fördern konnte, und sollten sie dadurch in Widerspruch mit ihren
eigenen jüngsten Verheißungen kommen. Diese Erfahrung konnte man
an allen Orten machen, wo die Revolution auf kurz oder lang zur
Herrschaft gelangte. Wann wurde je in Wien das Hausrecht in so
ausgedehntem Maße verletzt als während der Octobertage nach Ermessen
des Studenten=Comités, auf Anordnung des Chefs der „Sicherheits=
Behörde“? Von Achtung des Briefgeheimnisses war so wenig die Rede,
daß die Postbeamten förmlich verhalten wurden, einlangende Briefe an
den Reichstagsausschuß abzuliefern, wo die verdächtigen eröffnet und
durchgesehen wurden. „Sedlnicky und seine Sbirren“, schrieb damals
jemand aus Wien, „waren unschuldige Kinder gegen unsere Matadore

der Freiheit". Die so viel berufenen „Grundrechte" schienen nur darauf berechnet zu sein, einer bestehenden kräftigen Regierung Hindernisse in den Weg zu legen, während die Revolutionsmänner durchaus nicht gemeint waren, sich dadurch, wenn es ihnen selbst gelang an's Ruder zu kommen, die Hände binden zu lassen. Einer der ersten Acte der provisorischen Regierung Frankreichs war die Abschaffung der Todesstrafe für politische Verbrechen, ein Gesetz pro domo für die neuen Machthaber, und so gab es auch in den Volksversammlungen, in den Clubs, in den Kammern aller von der Revolution ergriffenen Länder kein Gesetz, das von den Radicalen mit so ungeduldiger Hast betrieben wurde als dieses[73]). Aber die massenhaften Fusilladen nach den Pariser Junitagen, waren sie darum keine Hinrichtungen für politische Verbrechen, weil sie ohne Verhör und Urtheil vorgenommen wurden? oder deshalb, weil es ein republicanisches Staatsoberhaupt, weil es republicanische Minister und Generäle waren, die sie geschehen ließen? Oder würden es die rothen Republicaner, wenn ihnen der Sieg zugefallen wäre, etwa anders gemacht haben als die weißen? Dazu die zahllosen Verhaftungen und Deportationen, die Unterdrückung der Journale, die Maßregeln gegen die Clubs, die Verhängung des Belagerungszustandes endlich — und es gab fast keines der von der Revolution mit so großem Pomp verkündeten „allgemeinen Menschenrechte", dem nicht unter der Ägide der Freiheit, Gleichheit und Brüderlichkeit gerade in derselben Weise zuwidergehandelt wurde, wie unter ähnlichen Umständen von jeder andern auf ihr Heil bedachten Regierung[74]).

Die Republik in Frankreich hatte seit den Februar-Tagen eine Gestalt nach der andern angenommen: provisorische Regierung, Executiv-Commission, Dictatur; es hatte eine so wenig genügt wie die andere. Im Spätherbst stand man an der Schwelle der vierten Phase, der neuen Verfassung mit dem auf vier Jahre gewählten Präsidenten, und schon sahen sich die oberste Regierungsgewalt und der oberste Vertretungskörper der Nation im ausgesprochenen Gegensatze zur überwiegenden Stimmung des Landes, das von der neuen Verfassung nichts wissen mochte und die Einsetzung eines Präsidenten nur als möglichen Übergang in bessere Zustände hinnahm. In den andern mittel-europäischen Ländern war es der Revolution nicht gelungen, so vollständig und andauernd das Feld zu behaupten wie in Frankreich; allein die Stimmung der Gemüther war mit unwesentlichen Unterschieden dieselbe. Die Freiheit, nach der sich die Völker aus den beengenden Verhältnissen der Restaurationsperiode gesehnt,

war ihnen durch den Umsturz derselben nicht gebracht worden. Sie hatten
nur den Herrn gewechselt, sie hatten nur eine Thrannei gegen die andere
eingetauscht. Das eigenwillige selbstsüchtige aufbringliche Wesen, dessen
sie ihre früheren Regierungen geziehen, es war unter dem Walten der
Demokratie, wo diese auch nur vorübergehend zur Herrschaft gelangte,
dasselbe geblieben. Es war das alte Spiel, nur in andern Formen;
es waren die alten Sitten, nur in neuen Gewändern; es waren die alten
Mittel, Kunstgriffe, Kniffe, nur für ein geändertes Ziel. Die frühere
Monarchie hatte die Bevölkerung gegen die Überzeugung und den Willen
des vorgeschrittenen Theiles derselben unter dem schützenden Obdach des
patriarchalischen Absolutismus beglücken wollen: die Demokratie wollte
den Leuten gegen den Sinn und Wunsch der Mehrzahl von ihnen die
Formen und Gebote unpraktischer Theoreme aufnöthigen.

Ohne Zweifel hatte die Revolution von 1848 ihre innere Berechti=
gung, wie auch die Restauration von 1814 und 1815 die ihre gehabt
hatte. Aber wie die Politiker der Restaurations=Periode die Tiefe ihrer
Aufgabe nicht zu erfassen verstanden, so war dasselbe von den Führern
der Umsturz=Bewegung zu sagen. Beide hielten sich an gewisse äußere Er=
scheinungen, die ihnen zum Stein des Anstoßes geworden waren; jene
sahen den Sitz aller Übel in den Freiheitsbäumen und den Jacobiner=
mützen, in den Sansculottes und den Göttinen der Vernunft, diese in
den Monarchen und ihren Ministern, in den Uniformen und Ordenssternen,
nen, in allen Vornehmen und Reichen; die einen wie die andern verloren
darüber das eigentliche Wesen dessen aus den Augen, was an die Stelle
der vorangegangenen Unwirthschaft zu setzen ihr Beruf gewesen wäre.
Allein den Politikern der Restaurations=Periode ließ sich zum mindesten
nicht absprechen, daß sie ihre Sache klug anzufassen und geschickt auf ihr
Ziel hinzusteuern wußten; die Führer der Bewegung des Jahres 1848
dagegen stürmten unbesonnen und ohne alle Rücksichten auf das ihre los,
als hätten sie es darauf abgesehen, es zu überschießen statt es zu errei=
chen. Während jene allmälig und mit Bedacht die Bahn des Rückschrittes
gegangen waren, wollten die ungeduldigen Apostel des Fortschrittes auf
einen Schlag das vollendete Gebäude vor sich sehen. Die schöne und edle
Freiheit, das ersehnte Gut aller selbstwilligen Geschöpfe, wurde unter
ihren täppisch dareinfahrenden Händen rasch zum Zerrbild verunstaltet, an
dem kein Vernünftiger mehr Gefallen finden konnte. Daher der Unterschied
in dem Geschicke des frühern Systems und des ihrigen. Sie hatten der

Restaurations=Politik nicht ohne Grund vorgeworfen, daß sie sich überlebt habe; allein es hatte doch ein ganzes Menschenalter bedurft, ehe dieselbe bei diesem Punkte angelangt war. Was aber auf jene Politik folgte, brauchte kaum acht Monate um am Ende seiner Laufbahn zu sein. Und mehr noch! War die Monarchie der Restaurations=Periode gefallen, so war sie an den Consequenzen ihres Systems gescheitert: die Februar=Revolution und ihr Anhang dagegen gingen an den Widersprü= chen mit ihren eigenen Principien zu Grunde.

II.

Die Nationalitäten-Frage in Österreich.

„So lang man in Österreich bei einem
Fünftel deutscher gegenüber vier Fünfteln
nicht-deutscher Bevölkerung von einem ‚vorzugsweise deutschen‘ Gesammtstaate, in
Ungarn aber bei einem Drittel magyarischer
ohne Rücksicht auf zwei Drittel nicht-ma-
gyarischer Bevölkerung von einem ‚magyarischen‘ Staate (Magyarország) hören wird,
kann es kein Glück, keinen Frieden und
keinen Segen im Reiche geben.“

O. Ostrojinski.

Wenn es sich im Jahre 1848 in den andern von der Revolution
heimgesuchten Ländern der Hauptsache nach nur um den Gegensatz von
Radicalismus und Conservatismus, von wüstem Umsturz und erhaltendem
Weiterbau handelte, so war in Österreich mit der Lösung dieses Zwie-
spaltes nur e i n e der Aufgaben gelöst: eine andere, ungleich verwickelter
und schwieriger, stand gleichzeitig daneben. Unsere Monarchie ist eine
in der Geschichte der Staaten und Völker ganz eigenthümliche Erscheinung;
sie ist gewissermassen ein Problem, zu dessen Lösung wohl Manche den
Schlüssel gefunden zu haben meinten, nur leider niemals die, denen es
ihre Stellung auferlegte von Schlüssel und Lösung maßgebend Gebrauch
zu machen. Daß sich in e i n e m staatlichen Gesammtverbande so ungemein
verschiedene Stämme und Gebiete vereinigen konnten, wurde von der
denkenden Geschichtschreibung stets für mehr als bloßes Spiel des Zufalls
gehalten. Lang bevor in Prag das erste Wort von „Gleichberechtigung“
gesprochen wurde, hatte man auf Lehrstühlen der deutschen Universitäten

das Wesen Österreichs darin erkannt, daß es die Vermittlung anbahne
zwischen den drei großen unsern Welttheil beherrschenden Racen, der
romanischen, der germanischen und der slavischen. Nur die Lenker der
neuern Geschicke unseres Staates selbst huldigten nie dieser Ansicht. Von
der Voraussetzung des ausschließend deutschen Berufes des Kaiserreiches
befangen, ging ihnen das Verständniß der wahren Bestimmung Österreichs vollständig ab und übersahen sie alle Wahrzeichen und Merksteine,
die auf eine andere Richtung als die von ihnen mit blinder Beharrlichkeit eingehaltene hinwiesen. Es gab deren, die es mit Mund und
Wort versicherten, „die berechtigten Forderungen des Zeitgeistes" be-
achten zu wollen: allein als berechtigt galten ihnen eben nur jene, die
in ihren vorlängst ausgebauten Gedankenkreis hineinpaßten, und durchaus
unberechtigt waren in ihren Augen alle die, die an dem deutschen Beruf
Österreichs zu rütteln wagten. Ohne ihr meisterndes Dareingreifen
würden sich die lebensfähigen unter den österreichischen Nationalitäten
zwanglos entwickelt, würde diese Entwicklung in freiem Laufe ihr natürliches Bett gefunden und würden all die vielsprachigen Stämme neben
einander ihr friedliches Auskommen gefunden haben. Allein indem unsere
Staatskünstler die Nationalitäts-Bewegung für etwas ungehöriges ansahen, sie durch gesuchte Mittel zu dämmen und zu stauen strebten, stif-
teten sie nur Unfrieden, reizten sie die willkürlich beengten Stämme zu
Neid und Mißgunst gegen die zur Herrschaft gedrängte Race und stei-
gerten die Widerstandskraft jener, deren Macht sie allmälig unterhöhlen
und zuletzt brechen zu können meinten.

Die Nationalitäten-Frage ist bekanntlich erst in der jüngsten Zeit
der österreichischen Geschichte an die politische Tagesordnung gekommen.
Es vergingen Jahrhunderte, wo man von Schwierigkeiten oder gar
Hindernissen in dieser Beziehung nichts wußte. Es gab in allen Gebieten
des damaligen europäischen Staaten-Systems nur eine Sprache die zugleich die diplomatische, die gelehrte und die heilige war, und die Spitzen
aller Richtungen der Gesellschaft verkehrten durch sie miteinander von
einem Ende der gebildeten Welt zum andern, während die Masse des
Volkes, bunter und mehrzüngig als heutigen Tages, frei und ungezwungen in angestammter Sitte Gewohnheit und Sprache lebte. Was insbesondere das Bereich des heutigen Kaiserstaates betraf, so bot in der
vorjosephinischen Periode die Vielfältigkeit der Idiome der Verwaltung
hauptsächlich darum keine Schwierigkeit, weil die einzelnen Länder abge-

10

sondert von einander gehalten und regiert wurden. Noch über Kaiser Karl VI. hinaus hatten Böhmen und Tyrol, Mailand und Schlesien, Ungarn und Siebenbürgen nicht bloß ihre eigenen Landtage, ihre eigenen landesfürstlichen Behörden, ihre eigenen mitunter sehr abweichenden Verfassungen: auch in Wien, im politischen Mittelpunkte der damaligen „k. k. Erbstaaten", gab es für die oberste Leitung eine „böheimische", eine nieder- und eine inner-österreichische „geheime Hof-Canzley", einen „hungarischen" und einen siebenbürgischen „Hof-Rath und Canzley"; es gab „in cameralisticis" eine „Haupt-Commission der Hungarischen und andern dahin confinirenden Landen", eine solche „derer drey Böheimischen Landen", eine dritte „der österreichischen Landen"; es gab einen „Höchsten Spanischen Rath" mit Abtheilungen für Mailand, für Flandern ꝛc. Unter der Regierung der großen Kaiserin bestanden als abgesonderte oberste Behörden: die böhmische und österreichische „Hof-Canzley", der „Hungarische Hof-Rath und Canzley", ebenso der siebenbürgische, die „Deputation in Illyricis", das niederländische und das italienische „Departement", die „Obriste Justizstelle in Bohemicis" ꝛc., vorüber-gehend auch die galizische Hofkanzlei. Lebten in den einzelnen Ländern selbst wieder Stämme von verschiedener Nationalität, so war bei ihnen, wie bei den Slovenen in Innerösterreich, das National-Bewußtsein noch nicht erwacht oder, wie bei den Čechoslaven, durch vorangegangene trau-rige Ereignisse darniedergehalten, oder es waren, wie in Ungarn und Galizien, Reibungen und Mißverständnisse im öffentlichen Verkehr dadurch fern gehalten, daß das Latein als allgemeine Gerichts-, Verhandlungs- und Verwaltungs-, ja selbst als Umgangssprache der gebildeteren Stände in Übung war, auf deren neutralem Gebiete der Magyare, Pole und Deutsche, der Slovake und Ruthene, der „Raitze" und „Walache" des Widerstreites ihrer verschiedenen Muttersprachen gar nicht inne wurden.

Dieser Zustand des Friedens oder, richtiger gesprochen, der Hint-anhaltung des Krieges mußte mit dem Zeitpunkt ein Ende nehmen, wo die österreichischen Staatsmänner das Ziel anstrebten, die Bande, durch welche die einzelnen Bestandtheile der Monarchie zusammengehalten wurden, fester anzuziehen und der obersten Verwaltung statt des bisherigen föde-rativen Charakters einen mehr centralisirenden zu geben. Im Staats-rathe Maria Theresiens wurde zwar vorderhand nur von der „Einför-migkeit der allgemeinen Denkungsart" gesprochen, von der „unvermerkten harmonischen politischen Übereinstimmung unter den an Sitten, Gebräuchen,

Clima zc. verschiedenen Nationen der Monarchie", wodurch ein „wahrer
Nationalgeist" gebildet werden sollte. Allein schon damals zeigten sich
die ersten Keime jenes Strebens, nach und nach alle volksthümlichen
Eigenheiten zu verwischen und in dem allein zur Herrschaft berufenen
deutschen Elemente aufgehen zu machen, und mit der Einführung des
„deutschen" Schulwesens in den siebenziger Jahren trat die Absicht, nicht
bloß in Amt und Verwaltung alles auf gleichen Fuß zu bringen, sondern
auch die verschiedenen Umgangssprachen durch eine gemeinsame zu ersetzen,
ganz unverkennbar hervor. Dabei wußte jedoch die Einsicht und das
milde Gerechtigkeitsgefühl der hohen Monarchin allen Schroffheiten die
zu ihrer Kenntniß gelangten entgegenzutreten, und noch im December
1777 rescribirte sie eigenhändig über den Druck von böhmischen Gymna-
sialbüchern „weillen es vor dem staatt nothwendig ist." Solchen Sinnes
und Meinens war nun ihr Sohn und Nachfolger nicht. Joseph II. war
eine jener schnellfertigen Entweder-Oder-Naturen, die kein Drittes, kein
Besonderes und Eigenthümliches gelten lassen und denen sich, wo sie
etwas nach ihrem subjectiven Ermessen als das rechte erfaßt haben, alles
ohne Widerrede fügen soll. Wie Kaiser Joseph über Nationalität und
Sprache dachte, hat er nirgends schroffer ausgesprochen als in dem
Schreiben an einen ungarischen Magnaten, der ihm gegen die allgemeine
Einführung der deutschen Sprache in seinem Heimatslande Vorstellungen
gemacht hatte. „Die deutsche Sprache", so antwortete der Kaiser, „ist
die Universal-Sprache meines Reiches; warum sollte ich die Gesetze und
die öffentlichen Geschäfte in einer einzigen Provinz nach der National-
Sprache derselben tractiren lassen? Ich bin Kaiser des deutschen Reiches;
demzufolge sind die übrigen Staaten, die ich besitze, Provinzen" zc.

Allein gerade in Ungarn ließen sich bekanntlich die Germanisirungs-
Pläne der Wiener Staatskunst nicht durchführen. Die Folge davon war
nun nicht etwa die, daß man durch diesen Widerstand aufmerksam gemacht auch in den andern Provinzen von der Einführung eines wider-
natürlichen Sprachzwanges abließ, sondern im Gegentheil die, daß man,
was mit dem ganzen Reiche nicht anging, um so nachdrücklicher in der
einen Hälfte des Reichs zur Geltung zu bringen suchte. In Ungarn ließ
man die Dinge gehen, wie man es nicht ändern zu können meinte; die
übrigen Länder jedoch waren „deutsch" und sollten es bleiben. Als Rechts-
grund galt die Zugehörigkeit zum deutschen Reiche, als Nothwendigkeits-
grund die Einheit der Verwaltung. Wenn jenes Moment auf einige

10*

Theile der nicht-ungarischen Reichshälfte, wie auf Galizien, das ex-vene=
tianische Istrien, nicht recht passen wollte, so waren es dort die „Her=
zogthümer Auschwitz und Sator", hier die Stadt Triest, deren ehemalige
Beziehungen zum deutschen Reiche auch für das ganze Hinterland dem
sie angehörten als Rechts-Titel dienen mußten. Das andere Moment,
das der administrativen Nothwendigkeit, ließ sich dagegen gleichmäßig auf
alle Provinzen ausdehnen, da es als ausgemacht galt, daß ein größerer
Staat nur dann regiert werden könne, wenn es in ihm eine gemeinsame
Amts=, Geschäfts= und Gerichtssprache gebe, der auch das öffentliche
Schulwesen dienstbar sein müsse; diese gemeinsame Sprache könne aber
nur die deutsche sein, mit deren Bildungshöhe Literatur und Ausbreitung
sich keine der andern im Reiche bestehenden zu messen vermöge. Mit der
Zeit ging man in letzterer Richtung immer weiter; man griff wenn nicht
der That nach, mindestens in Ideen und Plänen selbst nach Ungarn
hinüber, ja über Ungarn hinaus. Bald war die Donau ein „deutscher
Strom", obgleich der größte und mächtigste Theil ihres Laufes durch
nicht-deutsche Gebiete ging, bald träumte man von einem „deutschen
Städtekranz am schwarzen Meere"; denn die deutsche Sprache sei es
allein, die Bildung und Sitte in den uncultivirten Osten tragen und
sich das halb barbarische Slaventhum und Hellenthum unterwerfen müsse.
Man besann sich allerdings zuweilen, daß die Deutschen in Österreich
nicht den überwiegenden Theil der Bevölkerung dieses Großstaates aus=
machten; allein man zählte auf die moralische Fähigkeit und Kraft des
deutschen Elements, dem es unter dem Schutze und mit den Mitteln der
Regierung gelingen werde, die andern Nationalitäten mit der Zeit in
sich aufgehen zu machen. Und warum sollte, sprach man, wenn die Staats=
verwaltung nur die rechten Maßregeln ergreift und mit unverrückter
Ausdauer ihrem Ziele nachgeht, Österreich mit seinen Čechoslaven, Gali=
zianern, Slovenen nicht dasselbe gelingen, was der preußischen Politik
in so bewundernswerther Weise mit ihren polnischen Unterthanen gelungen?

    Bei diesen Überschlägen und Voraussichten war wohl manches
übersehen. Was zunächst den Hinweis auf Preußen betraf, so sollte auf=
fallen, e r s t e n s: daß dort die slavische Bevölkerung des Großherzogthums
Posen gegen die deutsche des Gesammtstaates nur einen verhältnißmäßig
kleinen Bruchtheil ausmachte, während in Österreich das Deutschthum
gegen die andersprachigen Stämme in entschiedener Minderzahl stand;
und z w e i t e n s: daß in Preußen, trotz der in dieser Hinsicht ungleich

günſtigeren Verhältniſſe, die Regierung weit davon entfernt war mit ihren
polniſchen Unterthanen „fertig" zu ſein, die vielmehr, ſo oft es ſich im nahen
Königreiche regte, ihre nationale Exiſtenz in ganz unzweideutiger Weiſe
fühlbar machten und bis auf den heutigen Tag fühlbar machen [75]).
Wenn man dann weiter den öſterreichiſchen Nationalitäten gegenüber
fortwährend auf das Übergewicht der deutſchen Bildung pochte, ſo
durften erſtere doch wohl anführen, daß ja ſeit mehr als einem halben
Jahrhundert für deutſche Schule und Erziehung alles geſchehen ſei,
für die andersſprachige dagegen, den Unterricht in den unterſten Dorf=
ſchulen ausgenommen, ſo viel wie nichts, und daß daher unter ſolchen
Umſtänden nicht von thatſächlicher Bildung, die bei den nicht=deutſchen
Nationalitäten geradezu vernachläſſigt und verabſäumt worden, ſondern
nur von Bildungsfähigkeit die Rede ſein könne, in welcher Hin=
ſicht keiner der öſterreichiſchen Volksſtämme dem deutſchen nachſtehe.
Überdieß war nicht zu verkennen, daß die Wortführer der herrſchenden
Nationalität bei ihrem Wettſtreit mit den Andern ſich die Sache etwas
gar leicht machten. Denn wenn ſie den ganzen Vierzig=Millionen=Stamm *)
der in und außer Öſterreich wohnenden Deutſchen in die eine Wag=
ſchale legten, und dagegen z. B. die vier Millionen *) Čechoſlaven in die
andere, ſo mußte wohl die letztere federleicht in die Höhe ſchnellen.
Wandte man hingegen jenen Maßſtab an, den man allein als billig und
richtig gelten laſſen kann: wie viel Männer hatten dann, trotz ihrer
Überzahl gegen die böhmiſch=mähriſchen Slaven, die öſterreichiſchen
Deutſchen aufzuweiſen, welche ſie an Hiſtorikern einem Palacky, an
Sprachforſchern einem Dobrowsky und Šafařik, an bahnbrechenden Na=
turforſchern einem Purkyně, Škoda und Rokitansky entgegenzuſetzen
vermochten?
　　Allerdings hatten dieſe und zahlloſe andere Männer ſlaviſcher Ab=
kunft ihre geiſtige Ausbildung mehr oder minder deutſcher Sprache und
Schule zu verdanken, weil eben Lehranſtalten in ihrer Mutterſprache
damals nicht beſtanden. Allein ſchon gaben ſich in Böhmen und Mähren
unzweideutige Wahrzeichen einer langſamen, aber ſtetig fortſchreitenden

---

*) Es werden hier überall nur große runde Ziffern angeſetzt und zwar erſtens
mit Rückſicht auf die Verhältniſſe vor 1848, und zweitens mit Ausſchluß der
ungariſchen Länder, von deren Nationalitäts=Zuſtänden im folgenden Abſchnitt
die Rede ſein wird.

Wandelung in diesen Verhältnissen kund, einer Wandelung die insofern
nicht ohne Mitwirken der Regierung geschah, als gerade das zwangs-
weise Vorgehen der letztern es war, das den Reiz des Widerstandes
weckte und die Kräfte dazu stählte. Wie aus den Spalten und Ritzen
eines darüber gewälzten Steinbaues, so quoll der Born unverwüstlichen
Volkslebens überall hervor und zersetzte das immer loser werdende Gefüge willkürlicher Einengung und Fesselung. Eine Anzahl opferwilliger
Patrioten, die, wie Joseph Jungmann, selbst einer von ihnen, sich ausdrückte, „den Gegnern zum Ärgerniß, den Ihrigen nicht zu Gefallen,
sich selbst häufig zum Schaden" [75b]) ihre beiseite geschobene Muttersprache an's Licht zogen und ausbildeten, rückte sacht und unbemerkt in die Rolle von Führern hinauf, deren Mahnrufe vielstim-
migen Wiederhall fanden. Trotz des Mangels von Lehrstühlen und
regelmäßigem Unterricht schlug die Pflege der Muttersprache immer
tiefere Wurzeln und entwickelte sich mit nur sporadischer Unterstützung
einflußreicher und vermöglicher Mäcenaten allmälig eine Literatur, die
mit der Sichtung der vernachläßigten Volkssprache durch Erforschung
und Bearbeitung der Grammatik, mit der Wiederherausgabe von Werken
alter Schriftsteller, mit Übersetzungen, schüchternen poetischen Versuchen,
gemeinfaßlichen Volks- und Jugendschriften begann, aber mit der Zeit
auch ernstere Fächer in das Bereich ihrer vorwärtsstrebenden Thätigkeit
zog. Daneben bildeten sich Liebhabertheater, gesellige Vereine mit vorübergehenden Zusammenkünften und Ausflügen oder in ständigen Räumlichkeiten (besedy), deren Wände mit den Bildnissen berühmter Männer
der nationalen Vergangenheit oder der gefeierten Wiedererwecker und
„Patriarchen" der Nationalität geschmückt waren. Die Landes- oder
Stammesfarben kamen da zur Geltung, die Muttersprache wurde in
Redeübungen, im Vortrage volksthümlicher Dichtungen, im Gesange ein-
heimischer Volkslieder gepflegt, Nationaltänze wurden aufgeführt und durch
diese und ähnliche Mittel das schlummernde Gemeingefühl in täglich sich
erweiternden Kreisen wachgerufen und angeeifert. Solche Dinge konnte
man nicht sehen, wenn man geflissentlich vor ihnen den Blick verschloß;
aber übersehen, wenn man die Augen offen hielt und gebrauchen
wollte, konnte man sie nicht.

Daß es überhaupt mit der Aufsaugung der andern Nationalitäten
durch das Deutschthum nicht so leicht gehen werde als man von dieser
Seite hoffte und wünschte, zeigte sich um dieselbe Zeit an einem wenig

zahlreichen Volksstamme im Herzen der innerösterreichischen Lande. Als
die krainer Slovenen das Germanisirungs-System Kaiser Joseph's traf,
schienen sie unausweichlich dem Schicksale der preußischen Elbe-Slaven
entgegengehen zu müssen. „Gebet- und Erbauungsbüchlein, dann Lieder
waren fast das ganze Um und Auf der Literatur der früheren Zeiten"[76].
Allein das rücksichtslose Aufdrängen einer dem gemeinen Manne fremden
Sprache stachelte nur zu um so eifrigerer Pflege der Mutterlaute auf.
Als dann Illyrien unter französisches Regiment kam, wurde die kluge
Fürsorge, welche die neuen Machthaber der Ausbildung des Slovenischen
zuwandten, von den geistigen Führern der Nation dankbar empfunden,
während die zurückkehrende österreichische Herrschaft in die alten Fehler
verfiel. Krains gefeiertster Dichter, Valentin Vodnik, büßte die Begeisterung, die ihn während der duldsamen Zwischen-Regierung zu seinem
Gedichte „Ilirja oživljena" (das wiedererwachte Illyrien) entflammt hatte,
mit der Entfernung vom Lehramte. Doch war das in's Rollen gekom-
mene Rad nicht mehr aufzuhalten. Eine Anzahl mit tüchtigen Kenntnissen
ausgestatteter, von Liebe für Heimat und Muttersprache erglühter junger
Männer sammelte sich um Vodnik und trat in seine Fußstapfen. „Von
welchem Stande sie auch waren, wie verschiedenartig auch das Streben
der Einzelnen sein mochte, alle waren sie gleich und einig darin, daß sie
den Hochmuth nicht kannten, allen Schein verschmähten, aus inniger Überzeugung sprachen und handelten, und jene Menschenliebe fühlten von
welcher der Apostel (Röm. 13, 8) sagt daß sie des Gesetzes Erfüllung
ist"[77]. Von den Behörden scheel angesehen, von den „Josephinern" be-
mitleidet oder verlacht, selbst von der Masse der Bevölkerung, für deren
Wohl und Heil ihr ganzes Herz schlug, wenig gekannt und verstanden,
warfen sie den Samen ihres Wortes nach allen Seiten aus, ungewiß
und unverdrossen, ob die Tage kommen würden die ihn zur schwellenden
Saat, zur lohnenden Reise brächten.

So offenbarte sich, was in Dingen geistigen Strebens von jeher die
Folge zwangsweiser Maßregeln war, auch an dem josephinischen Germanisirungs-System: es brachte das Gegentheil von dem zuwege was es
zum Ziele hatte; statt die nicht-deutschen Nationalitäten zu beugen, bewirkte es ihre nur um so kräftigere selbstbewußte Aufrichtung. Es knüpfte
sich aber eine noch viel schlimmere Folge daran. Wo das kaiserliche Regiment, wenn es allen unter seiner Herrschaft vereinigten Stämmen in
gleicher Weise gerecht wurde, ihrer wetteifernden Neigung und Anhäng-

lichkeit versichert sein konnte, lud es durch die ungerechtfertigte Begünstigung einer einzigen Nationalität die Mißgunst und Anfeindung der andern
auf sich. Die Heimatfreunde in allen Ländern sprachen nicht von einer
österreichischen, sondern nur von einer „Wiener" Regierung; die Hauptstadt des Reiches, die auf alle Theile als Anziehungspunkt wirken sollte,
wurde zu einem Gegenstande mürrischer Abkehr[78]). Der österreichische
Staatsgedanke, mit der nationalitäts-feindlichen Oberherrschaft des
Deutschthums verquickt, fand bei den Führern der zurückgesetzten Volksstämme kaum einen Anklang; ein österreichisches Staatsbewußtsein konnte,
da ihm in allen Kundgebungen der Regierung das deutsche Reichsbewußt-
sein zur Seite ging, bei den nicht-deutschen Stämmen nicht zu freudigem
Ausdruck gelangen. Ihre Sympathien wandten sich fast ausschließend den
„von oben" verkannten Interessen ihrer engern Heimat zu, so daß für
das große Staatsganze dem sie angehörten kaum etwas übrig blieb.

Wenn man auf diese und ähnliche Thatsachen hinweist, kann man
von deutscher Seite noch heute die Bemerkung hören, die österreichische
Regierung habe „nur zu wenig" germanisirt, sonst stünde es heute nicht
„so schlecht". Wir gestehen, daß es uns für eine solche Auffassung an
jedem Verständniß gebricht. Denn da unter dem vormärzlichen Systeme
die Nöthigung zur Erlernung des Deutschen theilweise schon in den untersten Schulen begann, alle mittlern und höhern Lehranstalten aber durchaus auf deutschem Fuße eingerichtet waren; da nicht bloß der innere
Dienst bei allen Staatsbehörden von unten bis hinauf deutsch, sondern
dasselbe auch bei dem Verkehr mit den Parteien, bei den Verhandlungen
mit ihnen, bei den an sie gerichteten Aufträgen, Erlassen, Bescheiden, Urtheilen der Fall war; da deutsch die allein autorisirte Gesetzsprache, der
deutsche Text der Gesetzbücher der authentische war, an den man sich bei
allen Gerichten halten mußte; da endlich dieses System durch eine Reihe
von mehr als fünf Decennien mit unerbittlicher Strenge durchgeführt
wurde: so wüßten wir in der That nicht, was die Regierung n o ch hätte
thun sollen, um dem Zweck fortschreitender Germanisirung zu genügen.

Mit mehr Recht war dem frühern System, wenn schon vom Standpunkte desselben etwas beklagt werden will, ein anderer Vorwurf zu
machen, nämlich der, daß es nicht den Muth oder nicht die Kraft hatte,
seine Maßregeln in allen Ländern und allen Volksstämmen gegenüber in
gleicher Weise durchzuführen. Die Gebiete italienischer Zunge waren es,

die ſich im Punkte der Sprache einer Schonung zu erfreuen hatten, die
mitunter in völlige Außerachtlaſſung anderweitig gebotener Vorſichten ausartete. Daß man in dem bis auf geringe Bruchtheile der Bevölkerung
durchaus italieniſchen Doppel-Königreiche zwiſchen dem Ticino und der
Adria Verwaltung und Gerechtigkeitspflege, Unterricht und Schule durchaus auf italieniſchen Fuß ſetzte, war kaum zu umgehen, wenn gleich auch
hier, im Intereſſe des in den andern Theilen der Monarchie herrſchenden
Syſtems, für Kenntniß und Pflege der allgemeinen Reichsſprache mehr
und beſſeres geſchehen konnte, als thatſächlich geſchah. Allein man that
noch mehr: man ließ das wälſche Element auch in den Nachbargebieten
in einer Weiſe um ſich greifen, die ſelbſt auf Rechnung des ſo ſehr begünſtigten deutſchen ging. Während in den Sette und Tredici Communi
unter venetianiſcher Herrſchaft die deutſchen Elemente, die ſich in ihrem
abgeſchiedenen Umkreiſe Jahrhunderte hindurch erhalten hatten, gewahrt
und geſchont wurden, ließ ſie die kaiſerliche Regierung mehr und mehr der
Italieniſirung anheimfallen. Daſſelbe geſchah, nur in größerem Maß-
ſtabe, in Süd-Tyrol. Es iſt noch nicht ſo lange her, wo die italieniſche
Sprache an der Gränze des Trienter Kreiſes anfing, die Gegend von
Salurn, Neumarkt, Leifers und das anliegende rechte Etſchgelände, die
Gegend von Terlan, Burgſtall und Gorgoza ausſchließend deutſche Bevölkerung beſaß; wo ſelbſt jenſeits dieſer Grenze Sitten und Begriffe
vielfach deutſchen Anſtrich hatten, deutſche Ausdrücke und Wendungen fortwährend im Geſpräche auftauchten, deutſche Orts- und Familien-Namen
den germaniſchen Urſprung verriethen; wo man von Trient, Roveredo
und Riva die Knaben der Bürgerfamilien zur Erlernung der deutſchen
Sprache nach Bozen, Meran und Brixen in Tauſch ſandte, die höhere
Geſellſchaft in den Salons von Trient durchaus deutſch ſprach, deutſche
Prälaten den Stab des heiligen Vigilius führten und deutſche General-
vicare ihnen zur Seite ſtanden; wo man endlich ſtolz darauf war zum
deutſchen Kaiſerreiche zu gehören und ſich des Namens eines Thyrolers
rühmte. Das alles jedoch wurde im Hingang der Jahre verwiſcht, und
wenn auch natürliche Verhältniſſe des Verkehrs und der Bewegung der
Bevölkerung großen Antheil an dem Nordwärtsbringen des wälſchen Ele-
mentes hatten, ſo war doch die öſterreichiſche Regierung von dem Vorwurfe nicht frei zu ſprechen, durch unkluges Gebahren dieſen Proceß bedeutend gefördert zu haben. Wenn das italieniſche Element keinen Anlaß
unbeachtet ließ, im Gefolge ſeiner ſich ausbreitenden Anſiedler auf Schule

und Unterricht Beschlag zu legen, die Berücksichtigung vor Amt und Gericht zu beanspruchen, italienische Seelsorger auf Pfarren zu bringen,
deren Einwohner noch zu einem guten Theile deutsch waren: so unter-
nahmen die kaiserlichen Behörden ihrerseits nichts um dem eingebornen
Stamme in den vom Wälschthum bedrohten Gegenden feste Stütz- und
Anhaltspunkte zu geben, und leisteten wohl gar, unbedacht oder eingeschüchtert, den gegentheiligen Maßregeln jeden möglichen Vorschub, so daß
die italienische Sprachgrenze immer weiter in Gebiete hineinrückte, die
ihrer Geschichte, ihrem Entwicklungsgange, ihren staatsrechtlichen Verhältnissen nach ausschließend dem deutschen Stamme angehörten [79]).

Im Görzischen und in Triest erfreute sich das italienische Element
seitens der Regierungsbehörden einer ähnlichen Bevorzugung wie im
südlichen Theile von Tyrol; und eine noch weit größere wurde ihm im
istrischen Küftenstriche und in Dalmatien zutheil, wo übrigens nicht
Deutsche, sondern Slaven es waren, denen das Wälschthum alle Geltung
abrang. Die Bevölkerung Dalmatiens war ursprünglich rein slavisch,
und ist es noch heute zu mehr als neun Zehntheilen. Das italienische
Element in den Städten, und auch in diesen meistens in der Minderheit, rührt aus der venetianischen Periode her, wo Beamte und Soldaten der Republik, Handelsleute und Handwerker vom andern Ufer der
Abria herüberkamen und zum Theil in der neuen Wohnstätte seßhaft
blieben. Bei der begreiflichen Sorgfalt die San Marco seinen jenseits
des Golfs angesiedelten Söhnen fortwährend zuwandte, kam es bald dahin,
daß alles, was auf Bildung Anspruch machte oder nach höheren Zielen
strebte, sich als Italiener tragen mußte. Auch ein großer Theil der
lat.-kath. Geistlichkeit warf sich dem italienischen Elemente, das ihr Aussichten bis in die höchsten Stufen der Hierarchie eröffnete, in die Arme,
und nur der ärmere Land-Clerus war es, der mit ausharrender Treue
zu seinem Volke stand, in seinen Kirchenbüchern die althergebrachte Gla-
golica wahrte und auf seinen Pfarrhöfen der einheimischen Sprache, in
der er mit seinen Seelsorgekindern verkehrte, nothdürftige Pflege angedeihen ließ. Von dem, was wir heute unter dem Namen Dalmatien
begreifen, stand das Gebiet von Ragusa, das eine aristokratische Oligarchie
für sich bildete, nie unmittelbar unter venetianischer Herrschaft, und hier
befand sich das slavische Wesen in voller Blüthe, durchdrang alle Kreise
des weltlichen und geistlichen Lebens und zog eine Literatur groß, deren
Erzeugnisse zu dem schönsten gehören was südslavische Kunst-Poesie ge-

schaffen. Auch das Gebiet von Cattaro, obgleich es die Oberhoheit von
San Marco anerkannte, befand sich in einer eigenthümlichen Stellung.
Die kluge Handels-Republik wußte den politischen und militärischen Werth
dieses Besitzes zu schätzen und that darum alles mögliche, sich das Vertrauen und die Zuneigung der Bevölkerung zu erhalten. Es bezog fast
keine Steuern und nur geringe Gebühren aus dem Landstriche, deren
Erträgniß es wieder für Zwecke desselben (Besoldung der Gemeindevor-
stände u. dgl.) verwendete; nur Castelnuovo, das als erobertes Gebiet
galt, zahlte ein mäßiges jährliches Pauschale. Für das übrige Gebiet
hatte Venedig nur einen Senator als „Estraordinario" in Cattaro und
überließ die Verwaltung der innern Angelegenheiten durchaus den Familien der Nobili in der Stadt und der Knezen (Conti) in den Landgemeinden. Es verlangte keine Truppenstellung; aber freiwillig leistete
die kriegerische Jugend Militärdienste, so oft es die Umstände erheischten.

Als Dalmatien österreichisch wurde, änderten sich diese Verhältnisse
durchaus. Die venetianische Republik hatte selbst in den Gebieten des
eigentlichen Dalmatien wenigstens etwas für die Bildung der slavischen
Einwohner gethan; seit der Mitte des achtzehnten Jahrhunderts bestanden
zwei katholische Seminarien, in Zara und bei Almissa, wo in slavischer
Sprache mit glagolitischer Schrift unterrichtet wurde. Unter der kaiserlichen Regierung aber wurden beide Anstalten aufgehoben und ein Central-
Seminarium in Zara trat an ihre Stelle, in welchem der Unterricht in
der Muttersprache ganz vernachlässigt, jener in der slavischen Kirchensprache auf ein geringstes Ausmaß beschränkt, sonst nur lateinisch vorgetragen wurde. Ähnliches galt von dem griechischen Clerus, dessen Ritus
von Seite Venedigs schon wegen des Einflusses auf die stammverwandten
Nachbarvölker in den türkischen Provinzen wohlbedacht geschont wurde;
auch trug man Sorge, daß die für den griechisch-orientalischen Cultus
benöthigten Kirchenbücher in Benedig gedruckt wurden. Unter der österreichischen Verwaltung wurde das vernachlässigt und den griechisch-orientalischen Gemeinden Anlaß gegeben, nach Rußland um Abhilfe zu blicken,
die ihnen denn auch von dorther bei jedem gegebenen Anlasse in frei-
gebiger Weise zutheil wurde. Im ganzen Lande gab es von jeher sehr
wenige Landschulen, slavische gar keine, und wurde auf solche Weise
unter der deutschen Regierung Österreichs dem wälschen Element ein
Übergewicht in die Hände gespielt, das es in diesem Maße selbst zur
Zeit der italienischen Herrschaft Benedigs nicht besessen. Die Gebiete

von Ragusa und Cattaro machten in diesem Punkte keine Ausnahme; auch hier wurde die Verwaltung in allen Zweigen auf italienischen Fuß gesetzt. Einzelne Patrioten, die des verwahrlosten Volkes dauerte und die in ihrem Wirkungskreise das Unrecht, das sie ihm zugefügt sahen, zu lindern suchten, wurden von der italienischen Partei als staatsgefähr= liche „Panslavisten" verschrien und der Regierung verdächtigt.

Dasselbe widernatürliche System bestand in der kaiserlichen Marine, deren Mannschaft sich fast ausschließend aus der slavischen Bevölkerung der Inseln und Küstenstriche ergänzte. Trotzdem war das Italienische allgemeine Verkehrssprache; das Commando war italienisch, in den Matrosenschulen bestand italienischer Unterricht. Die Regierung sorgte durch italienische Erbauungsbücher für die religiösen Bedürfnisse des wälschen Seemanns, während für die überwiegende Mehrheit der slavischen Schiffs= bemannung nichts ähnliches geschah. So hatte das kaiserliche Seewesen einen durchaus italienischen Anstrich, und nur mit den Verhältnissen näher Vertraute kannten dessen vorwaltend slavischen Kern.

Diese auffallende Begünstigung des italienischen Elements in allen Gebieten, wo es die Herrschaft anstrebte, war seitens des vormärzlichen Systems nicht nur eine Inconsequenz, die der in den andern Theilen des Reiches festgehaltenen Germanisirung zuwiderlief, sondern auch eine Unklugheit ersten Ranges, da dringende Staatsrücksichten vielmehr ein ganz entgegengesetztes Verfahren geboten [80]). Denn daß der italienische Geist dem kaiserlichen Regimente gründlich widerstrebte, ja daß er es geradezu auf Lostrennung aller ihm zugänglichen Landstriche vom Ver= bande der Monarchie abgesehen hatte, war doch lang vor 1848 kein Geheimniß mehr. Durch die ganze italienische Literatur ging dieser Zug, der von einem Lustrum zum andern an Stärke und Allgemeinheit zunahm, und trotz Bücherverboten und Schlagbäumen alle Kreise nationalen Lebens erfüllte. Schon wenig Jahre nach Wiedererwerbung der Lombardie, 1819, hatte Silvio Pellico in Mailand mit Confalonieri, Manzoni u. a. den „Conciliatore" gegründet, dessen Mitarbeiter eine tiefe Entrüstung über die geistige Gränzsperre verriethen, die ihr Land von dem übrigen Italien abschloß. In den Poesien Gio. Berchet's, 1825, spielte die Idee eines einigen Italien schon eine bedeutende Rolle; der „Romito del Cenisio" klagt: in Italien sei kein Jubel sondern Trauer, sein Weh sei unner= meßlich wie das Meer das es umgibt; in einem andern Gedichte ruft ein Mädchen, das sein Vater einem Österreicher zur Gattin geben will,

voll Leidenschaft aus: „Zwischen den Sclaven und den Tyrannen sei
Haß der einzige Vertrag!" Giu. Giusti's Satyren überschütteten das
Walten der Fremden, die Zustände geistlicher und weltlicher Führung
mit der Lauge ihres Spottes. Die italienischen Dramen und Romane
wählten sich mit Vorliebe solche geschichtliche Stoffe, die ihnen Anlaß
boten die Abschüttelung unerträglicher Gewaltherrschaft zu feiern, die Zeit
der lombardischen Liga gegen Barbarossa, des Einfalls und Rückzugs der
Franzosen unter Carl VIII. u. dgl. Die Tragödien des vielgefeierten
Giambattista Niccolini waren im Grunde nichts als politische Abhandlungen, wobei die zu Grunde gelegte Fabel nur den Text abgab; sein
„Arnold von Brescia" schilderte in grellen Farben die Mißbräuche der
kirchlichen Gewalt, die Sittenlosigkeit der Priester, die Befreiung Italiens
von der Herrschaft der Päpste und von der Herrschaft der Kaiser. Die
ernste Literatur ging in dieser Richtung mit der Belletristik Hand in
Hand. Geschichtschreiber wie Botta, Colletta waren ganz von gleichem
Geiste erfüllt. Die Schriften Pepe's, des Grafen Santarosa über die
piemontesische Revolution des Jahres 1821 veranschaulichten die Übel des
österreichischen Übergewichts in Italien, das sich jeder politischen Verbesserung in den Weg stelle. Im J. 1843 trat Vinc. Gioberti mit
seiner Schrift „Del primato morale e civile degli Italiani" hervor,
wo er das Papstthum an die Spitze eines italienischen Staatenbundes
und den Beherrscher von Sardinien an die Spitze der italienischen
Militär-Macht stellt; es ist zu glauben, wenn behauptet wird, auf zwei
Männer habe die Schrift Gioberti's besondern Eindruck gemacht, auf
Karl Albert und auf den Bischof Mastai Feretti. Zwei Jahre später
warnte Massimo d' Azeglio in seinem „Gli ultimi casi di Romagna"
vor allen fernern unbesonnenen Aufständen und vertröstete auf Piemont
als die einzige schlagfertige Macht, von der die Befreiung Italiens
binnen kurzem ausgehen werde. Cesare Balbo in seinen „Speranze
d' Italia", Giu. Ricciardi in den „Conforti d' Italia", Gino Capponi
in der Schrift: „Delle attuali condizioni dello Stato romano" ver-
hießen die politische Wiedergeburt Italiens, zeigten die Nothwendigkeit
einer allgemeinen Revolution und eines Volkskrieges und vertrösteten
auf einen großen Kampf zwischen den Hauptstaaten Europa's; diese Gelegenheit müsse dann Italien benützen, sich von der Herrschaft Österreichs
zu befreien, dem ein Ersatz in den östlichen Donauländern geboten
werden könne.

- Bei all diesen Plänen für die Zukunft wurden die Gränzen Ita=
liens immer weiter hinausgeschoben.   Erst hieß es nur, Italien müsse
frei sein „vom Meer bis zu den Alpen"; allmälig rückte man einerseits
durch das südliche Tyrol, dessen goldene Jugend an den Universitäten
von Padua und Pavia immer mehr in die Grundsätze des „einigen
Italien" eingeweiht wurde, bis an den Fuß des Brenner vor, registrirte
anderseits alle Schmerzensschreie, welche die Italianissimi aus Triest und
aus den dalmatinischen Küstenstädten zeitweise herübersandten, und nahm
ohne weiters die dazu gehörigen Hinterlande mit, deren durchaus sla=
vische Bevölkerung, Dank dem von der Regierung eingehaltenen Ver=
fahren, mundtobt war und daher vor dem Richterstuhl der völkerbefreien=
den Idee nicht mitzählte.

Wenn in der geschilderten Weise eine vergriffene Politik im Süd=
westen des Reiches der Losreißung vom Gesammtverbande förmlich in
die Hände arbeitete, so war es in dem nordöstlichen Karpathen=Lande
der Blick eines genialen Staatsmannes, welcher der hier drohenden
gleichen Gefahr, man möchte sagen, in der eilften Stunde vorzubeugen
wußte.   Auch seine Politik war ein Abfall vom herrschenden System,
aber nicht ein solcher, der, wie in den italienisirten Gebieten, an die
Stelle einer nationalen Hegemonie eine andere, und zwar höchst gefähr=
liche, setzte, sondern einer, der dem allein wahren und gerechten Grund=
satze der gleichmäßigen Behandlung der verschiedenen Stämme zu hul=
digen begann.

Die ethnographischen Verhältnisse unserer Monarchie sind derart
verwickelt, daß in einigen Gebieten derselben unter und neben dem
Walten des Germanisirungs=Princips gewisse Stämme noch einen ander=
weitigen nationalen Druck zu erdulden hatten, ja daß ihnen dieser viel
empfindlicher als jene von Leidenschaft und Gehässigkeit im allgemeinen
freie Oberherrschaft des deutschen Elements wurde und sie wohl gar
unter den Schutz der letzteren gegen die Angriffe ihrer nähern Dränger
flüchteten.   In einer solchen Lage befanden sich die Rusinen (Rusniaken,
Klein=Russen), oder wie sie gewöhnlich genannt werden, Ruthenen, dem
Polenthum gegenüber.   Die östliche größere Hälfte von Galizien gehörte
vom Anbeginn der historischen Zeit diesem Volksstamm an; erst unter
Kazimir dem Großen um die Mitte des vierzehnten Jahrhunderts waren
die Polen als Eroberer in's Land gekommen und hatten darin alle

Herrschaft an sich gerissen. Aber noch heutigen Tages bilden die Ruthenen den weitaus überwiegenden Theil der Bevölkerung Ost-Galiziens;
nur in den Städten, obgleich auch hier fast überall in der Minderzahl,
dann zerstreut und vereinzelt auf den Sitzen der Edelleute, in den
Häusern und Höfen der Gutsverwalter (Mandatare) und Gutspächter,
endlich bei den lateinisch-katholischen Pfarren waltet das polnische Element vor, neben welchem seit der Besitzergreifung durch Österreich im
J. 1772 auch das deutsche, namentlich in den Beamtenkreisen, vielfache
Verbreitung fand. Die Hauptstadt Lemberg hatte, weil die eben genannten Classen der Bevölkerung hier vorzugsweise zusammenströmten,
einen überwiegend polnischen und nebenbei deutschen Charakter. Während
sich die spärlicher studierende ruthenische Jugend großentheils dem geistlichen Berufe in ihren Seminarien zuwandte, wurden die weltlichen
Facultäten der Universität fast nur von Söhnen der deutschen Beamten,
dann der polnischen Edelleute, Mandatare u. dgl. besucht, so daß man
in der That glauben konnte, auch das Land draußen sei durchaus oder
doch überwiegend polnisch. Diese Anschauung zu verbreiten war niemand
eifriger als die Polen selbst, und wenn vom ersten Augenblicke der
Unterwerfung des Landes ihr Streben dahin gerichtet war, die von
ihnen nach Abstammung und Sprache, nach Sitten und Gewohnheiten,
nach Schrift und Ritus durchaus verschiedenen Ruthenen in jeder Weise
zu unterdrücken, so waren sie endlich so weit gelangt, den Volksstamm
der Klein-Russen gänzlich zu übersehen, ihr Idiom für eine bloße Mundart des polnischen auszugeben, ihnen jedes nationale Befugniß und Bewußtsein abzustreiten. Unter solchen Umständen war die Lage der Ruthenen keine beneidenswerthe. Gehaßt, verleumdet und verfolgt von dem
Polenthum, geknechtet, in's Joch gespannt und mißhandelt von ihren
Grund- und Leibherren, verkannt, vernachläßigt und mit Lasten über-
bürdet von der Regierung, war es nur die griechisch-katholische Geistlichkeit, die schon wegen der Verschiedenheit ihres slavischen Ritus von dem
lateinischen der Polen ihre Nationalität wahrte und sich des Volkes so
weit annahm, als es ihre eigene ziemlich verwahrloste Lage zuließ. Ohne
weitreichende Literatur, mit einer halbvergessenen Geschichte, in einer
trostlosen Gegenwart fand der galizische Klein-Russe vorübergehend poetischen Trost in seinen „Dumky", schmucklosen Gesängen von ungeschul-
ten Dichtern und Tonkünstern geschaffen, deren klagende Weisen sich hinzogen „gleich dem Windhauch der über die unabsehbaren Gefilde der

Ukraine streicht" und deren Inhalt ihm Bilder einer glänzenden Vergangenheit, einer ritterlichen Zeit voll heldenmüthiger Kämpfe vor die
Seele brachte. Daß es die Ruthenen in ihrem Idiom, der sanftesten
aller slavischen Sprachen, nicht vorwärts brachten, dafür war gesorgt.
Die wenigen ärmlichen Schulen die sie besaßen standen unter dem
lateinisch-katholischen d. i. polnischen Consistorium. Ihre Sprache hatte
keinen Lehrstuhl; höchstens daß hie und da ein patriotischer Geistlicher
die Fähigeren seiner Gemeinde in seinem Pfarrhause um sich sammelte
und ihnen die Fertigkeit im Lesen der alten Kirchenbücher beibrachte.
„Das waren die einzigen Hochschulen eines über zwei ein halb Millionen zählenden Volks, und die aus ihm herstammenden Schriftgelehrten
versahen im ganzen Lande den Di̇.. ..er Kirchensänger, dziaki
genannt."

Als Galizien an Österreich kam, gab sich bei den Staatsmännern
Maria Theresiens manches Verständniß für die nationalen Zustände des
Landes kund. Der zur Einrichtung des Schulwesens dahin gesandte
Gubernialrath Koranda machte schon 1775 die kaiserliche Regierung aufmerksam, daß man es in den „revindicirten" Königreichen keineswegs
bloß mit dem Polenthum zu thun habe, daß vielmehr „in dem größten
Theile" derselben „nicht die polnische, sondern eine Art der russischen
oder illyrischen die Sprache des gemeinen Mannes" sei. Kaiser Joseph
sorgte für ruthenische Vorträge für die griechisch-katholischen Theologen; es
wurden Leitfäden der theologischen Disciplinen in ruthenischer Sprache
gedruckt u. dgl. Zu bald aber ging diese Einrichtung verloren und überhaupt schienen die österreichischen Staatsmänner bei ihrem stets mehr
hervortretenden Germanisirungs-Eifer den Sinn für anderweitige nationale Verhältnisse eingebüßt zu haben, bis manche bittere Erfahrung, die
sie an dem vergleichsweise günstiger behandelten Theile der Landesbevölkerung Galiziens machten, ihnen die halb vergessenen Ruthenen wieder
in Erinnerung brachte. Denn der unglückselige Aufstand von 1846
würde, der unvorbereiteten und vollständig überraschten österreichischen
Regierung gegenüber, einen ganz andern Ausgang genommen haben,
wenn die Leiter desselben nicht zwei wichtige Potenzen außer Rechnung
gebracht hätten: den Kastenhaß der bäuerlichen Bevölkerung gegen ihre
ehemaligen Unterdrücker, die Edelleute, und die Stammesabneigung der
Ruthenen gegen alles polnische Wesen. Die Ruthenen Galiziens hatten,
seit sie Österreich angehörten, unter allen Umständen Anhänglichkeit gegen

von Kroatien,
Selbst in der
Anton Brancll,
he; der Bischof
Lactantius in's
ungarische Ge-
Herrschaft das
en Thron und
Ämter und Be-
lle Großwürden-
war Widerstand
rtheile, daß der
Sache zu erlernen.
Karl VI. und
daß der König la-
n lateinisch debat-
b sich das von selbst
nem barschen Ger-
Die Ungarn die
nzuwenden gehabt,
gegen das Deutsche
von dem eingebornen
tag zu Reichstag mehr
lichen Fessel für alle
einen ähnlichen Wider-
Deutschthum entgegen-

seinem Nationalcharakter
dann wieder ganz unaus-
Magyar ist treuherzig und
ist so leicht durch Vertrauen
offenbaren ein eigenthümliches
und Gutmüthigkeit; obgleich heftig
wieder versöhnt. Gemüthlichkeit im
Gastfreundschaft vom Palast bis zur
ungebildetste Bauer besitzt eine Art ange-
höhern gesellschaftlichen Kreisen zur liebens-

11*

trauen und damit zur Emporarbeitung aus ihrer kümmerlichen Lage zu
bieten, das hatte er schon als Gouverneur von Triest der vernachläßigten
istrischen Landbevölkerung gegenüber bewiesen; und so mochte ein gleich
wohlwollendes Streben auch bei seinen Maßnahmen zur Hebung der
galizischen Ruthenen mit im Spiele sein. Allein vorwaltend war es denn
doch, was ihm bei Antritt seines Lemberger Postens vorschwebte, der
staatsmännische Gedanke, durch Kräftigung eines bisher unterdrückten, aber von jeher treuen und dankbaren Volksstammes der polnischen
Bewegungspartei einen Damm zu setzen, an welchem all ihre Mühen
und Künste, ein wichtiges Kronland von dem Verbande der Monarchie
loszureißen, zerschellen mußten.

2.

Was in ethnographischer Hinsicht Groß-Österreich im Ganzen, das
ist in kleinerem Rahmen Ungarn. Es finden sich da nicht blos stärkere
oder minder bedeutende Verzweigungen aller in den übrigen Theilen der
Monarchie lebenden Volksstämme, sondern noch einige andere dazu. Das
war seit Gedenken nie anders. Wessen Stammes die ältesten Bewohner
des Landes gewesen, mag hier bei Seite bleiben; in der geschichtlichen
Zeit nach den mehrhundertjährigen Völkerzügen, deren größter Theil
über Ungarn hinwegging, wohnen Slaven und Dako-Romanen weitver-
breitet im Lande, zwischen denen sich zu Ende des neunten Jahrhunderts
die Magyaren gewaltsam Platz machen und als Herren festsetzen. Doch
anerkennen ihre Könige das gleichberechtigte Dasein der nicht-magyarischen
Bewohner, ja erheben diese Anerkennung zu einem Grundsatze ihrer Regierungskunst. „Unius linguae uniusque moris regnum imbecille et
fragile est", heißt es nach dem Ausspruche des heiligen Stephan in
den „Decreta Regum" lib. I cap. 2 [81]). Bei solchem Gebahren befanden sich alle Theile wohl, von einem Sprachenkampf in heutigem
Sinne war nirgends die Rede. Die andern Stämme ließen sich in
Staats- und öffentlichen Angelegenheiten das Ungarische gern gefallen,
weil es ihnen nicht aufgedrungen wurde, sondern sich als ungezwungenes
Verkehrsmittel von selbst darbot. Der ungarische Landtag richtete Schrei-

ben in ungarischer Sprache an die General-Congregation von Kroatien, ohne daß von dieser dagegen Einsprache erhoben wurde. Selbst in der Literatur gewann das Ungarische Boden; der Kroate Anton Brančić, 1503—1573, schrieb eine Chronik in ungarischer Sprache; der Bischof und Banus Georg Drašković übersetzte die Werke des Lactantius in's Ungarische; der Enkel des Helden von Szigeth verfaßte ungarische Gedichte. Ebenso ungezwungen fand unter österreichischer Herrschaft das Latein Eingang in die öffentlichen Verhandlungen zwischen Thron und Ständen, und auch zwischen diesen selbst, ja in die aller Ämter und Behörden. Als Ferdinand I. zuerst den Befehl gab daß alle Großwürdenträger des Reiches Latein verstehen müßten, erhob sich zwar Widerstand und die Ungarn verlangten 1550 und 1569 im Gegentheile, daß der Sohn ihres Herrschers verbunden sei die ungarische Sprache zu erlernen. Allein dieser Zwiespalt legte sich wieder, und zu Zeiten Karl VI. und Maria Theresiens hatte sich alles derart ausgeglichen, daß der König lateinisch rescribirte, daß man am Reichstage in Preßburg lateinisch debattirte, bei den Gerichtshöfen lateinisch processirte, als ob sich das von selbst verstände. Da kam das josephinische System mit seinem barschen Germanisirungs-Gebote, und alles gerieth in Aufruhr. Die Ungarn die früher gegen das Latein als Geschäftssprache nichts einzuwenden gehabt, kehrten sich jetzt mit gleichem Eifer gegen dieses wie gegen das Deutsche und wollten von nichts anderem mehr wissen als von dem eingebornen Ungarisch, das sie von 1790 bis 1840 von Reichstag zu Reichstag mehr in den Vordergrund schoben, bis es zur unerträglichen Fessel für alle nicht-magyarischen Stämme wurde und bei diesen einen ähnlichen Widerstand hervorrief, den vordem die Magyaren dem Deutschthum entgegengesetzt hatten.

Die Magyaren sind ein Volk, das in seinem Nationalcharakter auffallenderweise höchst liebenswürdige und dann wieder ganz unausstehliche Eigenschaften vereinigt. Der einzelne Magyar ist treuherzig und von geradem Sinn, kein Volk der Welt ist so leicht durch Vertrauen und Liebe zu gewinnen. Seine Züge offenbaren ein eigenthümliches Gepräge von selbstbewußter Kraft und Gutmüthigkeit; obgleich heftig und auffahrend ist er doch leicht wieder versöhnt. Gemüthlichkeit im Familienleben, verschwenderische Gastfreundschaft vom Palast bis zur Hütte zeichnen ihn aus. Der ungebildetste Bauer besitzt eine Art angeborner Höflichkeit, die in den höhern gesellschaftlichen Kreisen zur liebens-

11*

würdigen Ritterlichkeit wird [82]). Doch alle diese persönlichen Vorzüge
treten zurück, wo der maßlose Stolz des Magyaren in's Spiel kommt,
jene „Verliebtheit in ihre Race", die sich, wie der Slovake Hodža bemerkt,
selbst an ihren verbrecherischen Ausartungen mit Wohlgefallen weidet [83]).
Der Magyar hat seinen eigenen Herrgott (magyar isten). Seine
Sprache gilt ihm als das höchste was es gibt, und es ist ihm gar
nicht so unglaublich was ihm einer seiner „Philologen" bewiesen: daß
Adam ein magyarischer Name, der erste Mensch also ein Magyar ge=
wesen sei. Auf alle anderen Stämme des Landes blickt er mit vornehmer
Geringschätzung herab. Selbst ihre unläugbaren Vorzüge, die Betrieb=
samkeit des Deutschen, der Arbeitsfleiß des Slovaken sind ihm nur ein
Gegenstand des Spottes: „sie seien zu nichts anderem geboren". Die
Sprache des Slovaken ist ihm die Sprache der Heumäher und Tag=
löhner, die magyarische dagegen die Sprache des Herrn; der Slovak ist
ihm „kein Mensch". Aber auch die Deutschen sind nicht viel besseres;
sie sind „Bettler", „zusammengelaufenes Volk", „Einwanderer", die nur
in's Land gekommen „sich von den Einkünften Ungarns zu nähren"; der
Deutsche ist „der Kehricht des Landes". Vollends ein Gegenstand des
Abscheus sind dem Magyaren der „Walach" und der „Rácz" [84]).

Aus dieser sonderbaren Organisation des magyarischen National=
Dünkels war es denn auch zu erklären, wie den andern Völkerschaften
gegenüber Forderungen ausgesprochen und Maßregeln angewendet werden
konnten, die in unseren europäischen Verhältnissen eben so unglaublich
klangen als sie ernstlich gemeint waren. Daß die magyarische Nationa=
lität für die „politische" des Landes erklärt wurde, mochte hingehen;
war es doch ohne Frage im Laufe der Geschichte sie, die das zusam=
menhaltende Band des ungarischen Staates bildete, die mit ihrer ange=
borenen feurigen Freiheitsliebe im Punkte der Vertheidigung ihrer
Sonderrechte, der angestrebten Selbständigkeit und Unabhängigkeit des
Landes, die andern Stämme gleichsam mit fortriß. Auch daß sie ihre
Sprache zur „diplomatischen" d. i. zur Amts= und gemeinsamen Ver=
handlungssprache machen wollten, ließ sich allenfalls hören; obgleich die
andern Stämme nicht minder Recht hatten, wenn sie auf das Beispiel
der Schweiz hinwiesen, bei deren Tagsatzungen drei lebende Sprachen
ohne Anstand nebeneinander in Geltung seien. Allein damit war es
dem Magyarismus keineswegs genug. Nach dem Grundsatze, daß die
ungarische Sprache in allen Stücken an die Stelle der lateinischen zu

treten habe, sollte im ganzen Lande nicht anders öffentlich verhandelt werden als magyarisch; die Slaven in ihren Municipal-Versammlungen, die Romanen wo sie unter sich waren, durften nicht von ihrer Mutter-sprache Gebrauch machen; „das Gesetz wird sie daran hindern", sagte Kossuth. In stockslavischen ꝛc. Gemeinden sollten die Kirchenbücher ungarisch geführt und keine Seelsorger angestellt werden, die nicht, auch wenn sie es mit durchaus nicht-magyarischen Gemeinden zu thun hätten, jener Sprache mächtig wären. So weit verstieg sich der nationale Dünkel, daß er selbst dem Ausland die Erlernung eines unter allen Sprachstämmen des Welttheils vereinzelt dastehenden Idioms zumuthete und über die Gränze gehende Zuschriften, Pässe u. dgl. ungarisch, ohne beigefügte Übersetzung in einer gangbaren Sprache, abfassen ließ. „Wir haben nie gehört daß Frankreich oder England mit dem Ausland anders als in ihrer eigenen Sprache correspondiren", sagte man mit großer Bescheidenheit. Mit alle dem war es mindestens nur auf das öffent-liche Leben abgesehen; „in den häuslichen Kreis wird sich die ungarische Sprache nie gewaltsam eindrängen; für das Gebet bleibt den andern in Ungarn lebenden Stämmen noch immer ihre Sprache" [85]). Allein bald gingen ihre Pläne weiter; ganz Ungarn sollte durch und durch magyarisch werden. Der Herrscher müsse es nicht mit siebenzehn ver-schiedenen Völkerschaften, sondern mit dreizehn Millionen Ungarn zu thun haben. Wer in Ungarn lebt, müsse ungarisch sprechen, wie in Frankreich jeder französisch, in England jeder englisch spreche; wenn sich im Elsaß der Deutsche so entnationalisiren konnte daß er jetzt nur Franzose ist, solle in Ungarn nicht das gleiche mit dem Slovaken, mit dem Raitzen, mit dem Walachen geschehen? „Ungarn", sagte Graf Zay, „wird erst alsdann groß und glücklich sein wenn es ganz magyarisch wird"; und Stephan Széchényi meinte, es bedürfe nicht mehr als eines Menschenalters um dieß zustande zu bringen. In solcher Weise spitzte sich der Patriotismus des Magyarenthums immer mehr zu einer lingui-stischen Monomanie zu, die mit allen Mitteln der Kunst und Gewalt die übrigen Landessprachen nicht bloß aus dem öffentlichen Leben in Amt Kirche und Schule zu verdrängen suchte, sondern sie im Laufe der Zeit mit Stumpf und Stiel auszurotten hoffte [86]). Da konnte man nun in Ungarn sehen, wie nicht-magyarische Gemeinden sich magyarische Rund-schreiben und Befehle gefallen lassen, Beamte, die des Ungarischen völlig unkundig waren, die wichtigsten Actenstücke in dieser Sprache unterzeichnen,

Stockslaven, Deutsche, Romanen magyarische Eidesformeln nachsprechen mußten, ohne nur zu wissen daß Gott im Ungarischen Isten heißt. Gleich vernunftwidriger Zwang wurde in der Kirchenverwaltung geübt, wo man von deutschen oder slavischen Pfarrern, die in ihrem Dienste ergraut waren, die Ausfertigung von Tauf- und andern Zeugnissen in ungarischer Sprache verlangte, ohne daß sie von dem von ihnen selbst Geschriebenen ein Wort verstanden, oder umgekehrt magyarische Geistliche in deutsche oder slavische Gemeinden, deren Sprache sie gar nicht kannten, setzte und jeden versuchten Widerstand der letztern in wahrhaft barbarischer Weise züchtigte [87] „Lieber schlecht soll das Volk in Ungarn werden als nicht-magyarisch" — dergleichen wurde nicht bloß gedacht sondern unumwunden gesagt.

Den empfindlichsten Druck hatten die Slovaken zu erbulden; es war, als ob es die Magyaren um so mehr auf sie abgesehen hätten, je weniger sie von Seiten dieses im allgemeinen gut- und langmüthigen Volkes auf einen ernstlichen Widerstand gefaßt waren. Auch gab es nicht wenige seiner Söhne, die den Ihrigen den Rücken kehrend sich offen dem Magyarismus in die Arme warfen, ja in dieser ihrer abtrünnigen Leidenschaft mitunter weiter gingen als geborne Söhne Arpád's [88]). Allein dafür waren andere da, die mit um so glühenderer Begeisterung für die Rechte ihres Volksstammes einstanden und sich durch kein Hinderniß, keine Schwierigkeit von dem Ziele, das sie sich mit Hintansetzung ihrer persönlichen Interessen gesteckt, abwendig machen ließen. Konnte auch Jan Kollár, erst Caplan, dann Prediger der deutsch-slavischen Evangelischen in Pest, seinen Zweck nicht erreichen, die Slaven, um den unausgesetzten nationalen Neckereien zu entgehen, in eine abgesonderte Kirchengemeinde zu vereinigen, so wirkte er um so nachhaltiger auf schriftstellerischem Gebiete, weckte die Idee der „literarischen Wechselseitigkeit zwischen den verschiedenen Stämmen und Mundarten der Slaven" (1837) und schenkte in seiner „Slávy dcera" der čechoslavischen Literatur ein Dichterwerk, das, an und für sich von hohem poetischen Werth, noch ungleich bedeutender durch den zündenden Einfluß wurde, den es weit über die Gränzen seines engeren Heimatlandes sichtlich übte. Mehr in praktischer Richtung thätig, waren andere Männer bemüht durch Gründung von nationalen Vereinen, von slavischen Jugendbünden an den Lyceen und Akademien, von Lehrkanzeln für ihre Muttersprache, von Zeitschriften in derselben, die Sache ihres Volkes zu heben. Sie hatten mit Rerge-

leien, mit Verdächtigungen, mit Verfolgungen jeder Art zu kämpfen [89]).
Georg Palkovič in Preßburg wollte eine „Slavische National=Zeitung"
(Slovenské národni nowiny) als Wochenschrift herausgeben und hatte
deßhalb von Seite der Comitats=Behörde einen förmlichen Proceß zu
bestehen; zuletzt wurde ihm die „National=Zeitung" erlaubt, aber das „Sla=
vische" mußte fallen. Nach jahrelangen Mühen und Bewerbungen gelang
es Štúr, unter dem neuen Hofkanzler Georg Apponyi (s. 1844) die
Erlaubniß zur Herausgabe einer slovakischen Zeitung zu erringen, wozu
der opferwillige Patriot Kaspar Fejérpataky die Caution erlegte; das
Blatt begann kaum eine wirksame Thätigkeit zu entfalten, als sein Erscheinen
eingestellt, sein Redacteur landesverwiesen, mehr als einer seiner Mit=
arbeiter mit Hausdurchsuchungen verfolgt wurde. Gleiches Schicksal hat=
ten alle Versuche, der slavischen Sprache Eingang an den zu einem
großen oder zum größten Theile durch slavische Mittel erhaltenen Lehr=
anstalten zu verschaffen. Die vom Primas Rudnay, einem gebornen
Slovaken, in Tyrnau gegründete literarische Gesellschaft erfuhr bald nach
seinem Tode solche Quälereien, daß sie einging. Bald darauf trat in
Preßburg ein slavisches Institut in's Leben, das die Heranbildung sla=
vischer Candidaten des Lehr= und Prediger=Amtes zur Aufgabe hatte;
von magyarischer Seite wurde ihr jeder öffentliche Beruf, ihren Zeug=
nissen jede ämtliche Anerkennung verweigert, die Widmung geldlicher
Zuflüsse verhindert u. dgl. Als sich vollends die geistigen Führer der
Nation an die königl. Statthalterei mit der Bitte um Errichtung einer
Professur ihrer Sprache an der Landes=Universität wandten, entstand in
den magyarischen Kreisen von Pest ein förmlicher Aufruhr über die Zu=
muthung, im Herzen Ungarns eine „panslavistische" Lehrkanzel entstehen
zu lassen. Nebenbei wurden, den „panslavistischen Geist" zu bannen,
kleine Mittel aller Art fortwährend in Thätigkeit gesetzt. Slavisch=gesinnte
Studierende wurden von den magyarischen Professoren verfolgt, in den
Geschichtsvorträgen mit Verunglimpfung ihrer National=Helden, wie
Svatopluk's, gehöhnt; sie sahen sich in den Fortgangsnoten verkürzt,
um Stipendien gebracht, aus Seminarien und Convicten hinausgedrückt;
man erschwerte ihnen die Comitats=Zeugnisse zur Erlangung von Regie=
rungspässen, die sie zum Besuche der deutschen Universitäten benöthigten.
Andererseits machte jenen Professoren, die wegen slavischer Gesinnung
„anrüchig" waren, die magyarische Studentenschaft durch allerhand
Schul=Krawalle zu schaffen, brachte ihnen Katzenmusiken, warf ihnen

die Fenster ein, fügte ihnen persönlichen Unglimpf zu, wie dieß z. B.
dem berühmten Kollár bei der Herausgabe fast jeder seiner čecho-slavischen
Schriften widerfuhr.[89 b]) Als sich zuletzt die Slovaken, in ihren heiligsten
Interessen verletzt, von den Führern der Magyaren-Partei öffentlich als
Staatsverräther gebrandmarkt, in einer mit mehr als hundert Namen
bedeckten Beschwerdeschrift an des Königs Majestät wandten und eine
aus dem Superintendenten Paul Jozeffi und den Pfarrern Chalupka,
Ferjenčík und Hodža bestehende Deputation nach Wien sandten, fanden
sie beim Monarchen und beim Erzherzog Franz Karl[90]) wohlwollende
Aufnahme, empfingen von Fürst Metternich aufmunternde Worte; allein
im eigenen Lande hatte ihr Schritt keine andere Folge, als daß der
greise Jozeffi dafür in eine comitats-behördliche Untersuchung gezogen
wurde und die nationale Bedrückung nach wie vor dieselbe blieb. War
es unter solchen Verhältnissen zu wundern, wenn unter dem sonst gutmüthigen Volke tiefe Erbitterung mehr und mehr um sich griff; wenn
seine Führer ihren übermüthigen Peinigern ein leidenschaftliches „Quousque tandem"[91]), dem „belagernden magyarischen Porsenna" ein drohen-
des „Trecenti juravimus idem" entgegenschleuderten; wenn sie auf die
bündige Drohung Zay's: „Entweder magyarisch oder die russische
Knute!" eben so bündige Antwort gaben: „Lieber die russische Knute
als die magyarische Zwingherrschaft, da jene uns nur physisch knechten
würde, diese aber uns moralisches Verderben und Tod droht"?![92])
Im Ganzen betrachtet stand den Slovaken keine andere Waffe zu
Gebote als die Berufung auf ihr natürliches Recht, eben so gut als
Nation zu existiren und in ihrer Eigenart anerkannt zu werden wie jeder
andere besondere Volksstamm. Im übrigen hatten sie weder ein politisch
abgegränztes Territorium, noch eine verbriefte Stellung in den Landes-
gesetzen, worauf sie sich den Ansprüchen des Magyarismus gegenüber
stützen konnten; und dasselbe war mit den Deutschen im Lande der Fall,
welche letztere übrigens im großen Durchschnitt sich ihrer Volksthümlichkeit
in einem Grade zu entäußern wußten, daß sie einen eigenen Stolz darein
setzten, nicht für Deutsche gehalten zu werden[93]). Wenn aber die
Führer des Magyarismus zur Unterstützung ihrer Zumuthungen sich
unter andern darauf beriefen, daß sie die ältesten Bewohner und folglich
die Herren des Landes seien, so gab es im Gegentheile im Gebiete der
ungarischen Krone nur zwei bedeutendere Volksstämme, deren Einwanderung erst nach jener der Magyaren erfolgt war: die Sachsen in Sie-

benbürgen und die Serben im südlichen Ungarn, und gerade die politische Selbstberechtigung dieser beiden Völkerschaften war durch gesetzliches Herkommen und durch Privilegien geschützt, die sie gegen die Ansprüche der herrschenden Partei zur Geltung zu bringen nicht unterließen.

Die serbischen Einwanderungen, deren man von den Zeiten König Sigmund's bis zu jenen Kaiser Leopold I. sechs bedeutendere zählte [94]), hatten durchaus die Unbilden zum Anlaß, denen die Nation der „Rascier" unter der Gewaltherrschaft des Halbmondes ausgesetzt war. Von den ungarischen Königen wurden ihnen eigene Sitze in Gegenden angewiesen, die in Folge der langdauernden Türkenkriege verödet und verlassen waren, zumeist in Syrmien und im Banat, aber auch auf der Insel Csepel, bei Ofen und St. Andrä. In ihrer neuen Heimat kamen ihnen aber zugleich werthvolle Begünstigungen zu statten; es wurde ihnen Ausübung ihrer Religion, freie Wahl eines nationalen Erzbischofs als geistlichen und eines Woiwoden als weltlichen Hauptes, Selbstverwaltung unter eigenen Magistraten verbürgt. Die „Privilegien der illyrischen Nation" spielten durch das ganze vorige Jahrhundert wiederholt eine hervorragende Rolle, und wenn auch zu Anfang der neunziger Jahre die abgesonderte „illyrische Hofkanzlei" in Wien, deren sie sich zur obersten Leitung ihrer Angelegenheiten eine Zeitlang erfreuten, wieder aufgelöst und mit der ungarischen vereinigt wurde, so erstarb damit die Erinnerung an ihre vorlängst erworbenen und besiegelten Vorrechte so wenig, daß sie vielmehr gerade jetzt, wo sich der übermüthige Magyarismus darüber hinauszusetzen anschickte, auf der Anerkennung derselben stärker als je bestanden.

In ähnlicher Weise verhielt es sich mit den Sachsen in Siebenbürgen. Seit der unter Johann Zápolya 1437 gegründeten Union der drei föderirten Nationen genossen die schon unter König Geisa II. 1142 in's Land gerufenen und durch spätere Nachschübe verstärkten Deutschen eine verfassungsmäßig gesicherte Stellung mit eigener Verwaltung durch die s. g. sächsische Universität (Versammlung der Bezirks-Abgeordneten) unter einem frei gewählten Nations-Grafen. Hatten die siebenbürgischen Sachsen von jeher mit eifersüchtiger Wachsamkeit ihre Privilegien zu vertheidigen verstanden, so war nichts geeigneter ihr reges Stammesgefühl zu entschiedenem Widerstande zu reizen, als die Forderungen des Magyarenthums in der Sprachenfrage. Seit Gedenken gab es im Sachsenlande keine so volksthümliche Opposition. Die Angriffe auf ihr ererbtes Deutschthum erregten einen wahren Sturm unter den Alten und Jüngeren. Die früher ganz unbedeutenden Zeitungen von Hermannstadt und Kronstadt nahmen einen nie geahnten Aufschwung, legten für ihre bedrohte Sprache und Nationalität die schärfsten Lanzen ein und wimmelten trotz der bestehenden Censur von Bannflüchen in Versen und in Prosa gegen ihre fanatischen Bedränger. Die gebildete Jugend, fast durchaus auf deutschen Universitäten entwickelt, erhob sich mit einmüthiger Kraft für das Palladium ihrer Volksthümlichkeit, das deutsche Schulwesen im Lande. Die Literatur entwickelte eine vordem nicht gekannte Rührigkeit; ein „Verein für siebenbürgische Landeskunde" sammelte wie in einem Brennpunkte die Koryphäen des Gelehrtenstandes, an dem es unter den siebenbürger Sachsen zu keiner Zeit gefehlt hatte. Auf dem ungarischen Landtage von 184¹/₃ bestanden ihre Abgeordneten auf dem Verlangen, daß, wenn schon die lateinische Sprache beseitigt würde, für ihre öffentlichen Angelegenheiten die deutsche an deren Stelle trete; zugleich legten sie gegen den ausschließlichen Gebrauch des Magyarischen als Landtagssprache Verwahrung ein. Von ungarischer Seite gestand man ihnen zuletzt zu, in ihren Particular-Sitzungen deutsch zu verhandeln; im Landtage aber, dem sie in ihrer Eigenschaft als ungarische Staatsbürger beiwohnten, müßten sie sich des herrschenden Idioms bedienen.

Die siebenbürgische Verfassung hatte die naturwidrige Eigenthümlichkeit, daß gerade der älteste, dabei zahlreichste Volksstamm des Landes von all und jeder staatsrechtlichen Stellung ausgeschlossen war. Die Ungarn, die Szekler, die Sachsen waren privilegirt, die „Walachen" waren in ihrem nationalen Bestande weder anerkannt noch begnadigt. Ihre Landesbischöfe, der katholische und der „disunirte", hatten im Laufe des vorigen und des jetzigen Jahrhunderts wiederholte Schritte beim siebenbürgischen Landtage gethan, um gleiche Rechte der Romanen mit den Sachsen auf königlichem Grunde, Anerkennung der romanischen Nation als solcher, verfassungsmäßige Gleichstellung derselben mit den drei andern Landes-Nationen zu erlangen. Alles umsonst. Die Sachsen, die das ihnen selbst von magyarischer Seite drohende Unrecht so schwer empfanden, waren die ersten, die sich den gleicher Wurzel entsprossenen Beschwerden ihrer romanischen Landesgenossen entgegenstellten; in den neunziger Jahren war es E. Eder, in den vierziger Professor E. Schuller, die ihre gelehrten Federn in Bewegung setzten, das Unstatthafte der romanischen Forderungen nachzuweisen ⁹⁵). Dabei sahen sich die Romanen Siebenbürgens von magyarischer wie deutscher Seite einer Verachtung

ausgesetzt, die das Gefühl der Edleren ihrer Nation um so empfindlicher
verletzen, um so tiefer empören mußte, je eifriger sie die Erinnerungen
an die ehemalige Größe und Heldenkraft des Dakerthums, an ihre Vermischung mit den Römern, ja ihre Abstammung von den letztern, deren
Wahrzeichen sie in ihrem Namen, in ihrer „fast römischen" Sprache, in
ihrer Gesichtsbildung und selbst vielfach in ihrer Nationaltracht ausge-
prägt fanden, wachzuerhalten bestrebt waren [96]). Zur Verweigeruug einer
verfassungsmäßig gesicherten Stellung, zur Verunglimpfung ihrer Volksthümlichkeit, zu den vielfachen Erpressungen, Verfolgungen, Gewaltthätigkeiten, denen der größtentheils hörige Stamm der Romanen ausgesetzt
war, kamen nun noch die Gesetze in der Sprachenfrage, um das Maß
der Unbilden voll zu machen. „Seit Jahrhunderten", sprachen die Führer
der Nation, „haben uns die Magyaren unter dem Sclavenjoche gehalten;
jetzt aber wollen sie auch unsere Sprache vernichten, um aus den verschiedenen Volksstämmen eine große und mächtige Nation zu bilden, die
sich dann von Österreich lostrennen und ein selbständiges Reich gründen
soll. Wir aber wollen weder unsere Nationalität aufgeben, noch dem
österreichischen Kaiserhause untreu werden" [97]).

In keinem Lande der ungarischen Krone waren die Zumuthungen
des Magyarismus übler angebracht als in Kroatien. Zwar wagte man
es der compacten durch anerkannte Verfassungsrechte geschützten Bevölkerung dieses Königreichs gegenüber nicht, mit dem vollen Maße jener
Forderungen aufzutreten die man den andern Volksstämmen als Gebot
auferlegte; man begnügte sich mit dem Verlangen, daß in der innern
Verwaltung des Landes das Gesetz von 1805, das den Gebrauch der
lateinischen Sprache vorschrieb, aufrechterhalten, und daß nur im ungarischen Landtage keine andere als die magharische angewendet werde.
Allein von kroatischer Seite wurde erwiedert: „Warum soll, was euch
genehm ist, nicht auch für uns gelten? Wenn ihr in euren Geschäften
und Ämtern an die Stelle der todten lateinischen eure lebende Muttersprache einführt, so wollen wir unserseits dasselbe thun. Und wenn ihr
euch in eurem Landtage unser Kroatisch nicht gefallen lassen wollt, so
mögen auch wir uns nicht Eurem Magharischen fügen, sondern werden
euch gegenüber beim hergebrachten Latein bleiben". Dabei ersahen sich
die Kroaten sehr richtig des Vortheils, den ihnen für ihren Widerstand
dieselbe Verfassung bot, von deren Boden der Angriff gegen ihre Natio-

nalität ausging; an der Spitze ihres Programmes stand der Grundsatz,
„die ungarische Constitution so tapfer zu vertheidigen wie die Ungarn
selbst“ [98]).

Der Beginn der nationalen Erhebung der Kroaten knüpft sich an
den Namen Ljudevit Gaj's. Zu Krapina 1809 geboren, brachte er
in Warasdin, Karlstadt, Wien und Grätz die Gymnasial- und philosophischen Classen hinter sich und ging zur Betreibung der juridischen
Studien nach Pest, wo die Bekanntschaft Kollár's, der ihn in die böhmische Sprache und Literatur und in die Ideen der literarischen Wechselseitigkeit unter den Slaven einweihte, von entscheidendem Einflusse auf
seine Geistesrichtung wurde. Von der Überzeugung durchdrungen, daß
das kroatische Volk in seiner Vereinzelung nicht im Stande sein würde,
den Kampf um seine nationale Existenz erfolgreich zu bestehen und überhaupt eine höhere Stufe geistiger Bildung zu erklimmen, setzte er sich's
zum Ziele, dem ganzen südslavischen Stamme des „illyrischen“ Dreiecks
eine gemeinsame Schriftsprache zu schaffen, für die er die lateinischen
Lettern und die Grundsätze der neueren böhmischen Rechtschreibung wählte.
Süd-Steiermark, Kärnthen, Krain, Istrien und Görz, Kroatien, Slavonien und Dalmatien, Bosnien, Hercegovina und Montenegro, Serbien
und Nieder-Ungarn bildeten das Gebiet, auf welchem er „alle Brüder
Groß-Illyriens“ in innigem geistigen und literarischen Wechselverkehr zu
verbinden gedachte [99]). Wenn der mährische Svatopluk, um seinen Söhnen
die Vortheile der Einigkeit anschaulich zu machen, das Gleichniß mit dem
Ruthenbündel wählte, so wies Gaj auf den südslavischen National-Tanz
Kolo als Sinnbild hin, wie sich „nach einer und derselben Regel ganze
Ländergebiete bewegen“ müßten; „denn will nur Einer seinen Fuß nicht
zu gleicher Zeit vorwärts oder zurück bewegen, thut es nur Einer träge
oder auf willkürliche Art, gleich verwirrt und verstrickt sich alles, und es
gibt keinen Kolo, es gibt keinen Tanz.“ Die 1835 begründete „kroatische
Zeitung“ (Novine horvatske), deren Namen er schon das Jahr darauf
in „illyrische Zeitung“ (Novine ilirske) umwandelte, bildete das Organ,
durch welches Gaj seine Ideen verbreitete und täglich neue begeisterte
Anhänger für dieselben gewann. Stephan Kukuljević wurde mit seinem:
„Wo ist des Slaven Vaterland?“ zum illyrischen Arndt. Ljudevit Bukotinović, Ivan Tarnsky, Karl Szelyan, Dragutin Rakovac, Stanko
Vraz befanden sich unter den ersten, welche die „Danica“, das literarische
Beiblatt der „Novine“, mit Beiträgen aus ihrer Feder bereicherten, und

wenn sie sich hierbei in Gedanken und Ausdrücken mitunter etwas freier
ergingen, so war der königl. Bücher-Censor Stephan Moyses, Professor
der Philosophie an der Agramer Akademie, ganz der Mann, solchen Überschwänglichkeiten jugendlicher Begeisterung wohlwollende Nachsicht angedeihen
zu lassen. Eine eigene illyrische Druckerei, für deren Errichtung Gaj die
Erlaubniß der Behörden zu erlangen wußte, förderte durch Herausgabe
zahlreicher Schriften den Aufschwung einer Sache, die der Magyarismus
solange höhnte und verlachte [100]), bis sie ihm zuletzt die Achtung der
Furcht abzwang. Denn schon hatten die Ideen Gaj's hochgestellte Gönner
gefunden; der Agramer Bischof Georg Haulik, gleich Moyses aus Ober-
Ungarn gebürtig, zeigte sich ihnen nicht abgeneigt; Graf Janko Drašković,
Vorsitzer der Banal-Tafel, erließ einen Aufruf „an Illyriens hochherzige
Töchter" und wurde Begründer eines illyrischen Lesevereins (Čitaonica),
der durch Auflegung von Zeitschriften in allen slavischen Sprachen, durch
Veröffentlichung patriotischer Lieder und Gedichte, durch Concerte und
Bälle auf immer weitere Kreise wirkte. Dabei beschränkte sich der Ein-
fluß Gaj's und seiner Freunde keineswegs auf sein enges Heimatsland;
aus dem Banat, aus dem Schoße der „Srbska Matica" in Pest, tönten
befreundete Klänge ihm zu. „Jeder von uns sei seiner Kirche getreu",
schrieb der Präses der letztern, Sabbas Tököly, „aber alle wollen wir
getreu sein dem Gebote Christi von der Liebe. Azbuka oder lateinische
Lettern, was hindert uns, sich der einen oder der andern zu bedienen?
Und wollen wir uns darum fern bleiben, weil der eine von der rechten
Seite zur linken, der andere von der linken zur rechten das Kreuz macht?"
In Bosnien und der Hercegovina begannen Römische und Orientalen
ihr altes Mißtrauen gegen einander abzulegen; die Glieder des Fran-
ciscaner-Ordens förderten mit Eifer den nationalen Aufschwung, und in
so verschiedenartige Verhältnisse griffen aneifernd und aufregend die
neuen Ideen ein, daß Gaj fast zur gleichen Zeit vom Bischof Barašić
beim päpstlichen Stuhle als abtrünniger Katholik und vom türkischen
Pascha bei seinem Kaiser als hochverrätherischer Unruhstifter angeschwärzt
wurde. Gaj siegte über beide; der Bischof wurde von seinem Sitze ab-
berufen und Kaiser Ferdinand gab Gaj durch Übersendung eines Bril-
lant-Ringes eine glänzende Genugthuung. Noch war kaum ein Jahrze-
hent seit Gaj's erstem Auftreten verflossen, und er konnte das stolze Wort
sprechen: „Von nun an wird jedes Kind im Vaterlande mir geboren!"
Zu Anfang der vierziger Jahre war die illyrische Partei bereits so

erstarkt, daß sie gegen die magyarische in die Schranken des politischen
Kampfplatzes treten konnte. Als der ungarische Patriot Déak auf dem
Preßburger Landtage von 1840 Gaj Vorwürfe über sein Gebahren in
nationaler Hinsicht machte, erwiederte dieser: „Die Magyaren sind eine
Insel im slavischen Ocean. Ich habe den Ocean nicht geschaffen, noch
seine Wogen aufgewühlt; ihr aber seht euch vor, daß sie nicht über euren
Häuptern zusammenschlagen und euch verschlingen!" Auf der Agramer
Comitats=Congregation des folgenden Jahres erschienen die Nationalen
zum erstenmal in der bulgarischen Surka (Bauernrock), serbische Opanken
(Halbstiefel) an den Beinen und rothe Mützen auf dem Haupte mit dem
„Stern über dem liegenden Halbmond" als Abzeichen ihrer Partei. Ende
Mai 1842 galt es die Beamten=Erneuerung im Agramer Comitat. Die
ungarische Partei, den Comes von Turopolje Anton v. Josipović an der
Spitze, erschien ohne Waffen; die nationale, ein buntes Getümmel aus
allen Classen der Bevölkerung das sich durch „Cortes"= Werben auf offener Straße fortwährend mehrte, zog in wilden mit Säbeln, Pistolen,
selbst Flinten bewaffneten Haufen, entflammende Davorien (Kriegslieder)
singend, durch die Straßen der Stadt, trieb am 31., am Wahltage, ihre
Gegner mit gewaltthätigem Angriff aus dem Comitats=Gebäude und behauptete allein das Feld[101]). Am 16. October desselben Jahres erfolgte
die feierliche Installation des Grafen Franz Haller als Banus von Kroatien, der entschieden zur ungarischen Partei hielt, während der Ober=Ge-
span des Agramer Comitats, Nicolaus Sdenczay für einen verbissenen
„Illyrier" galt. Unter des Letzteren Walten wußten sich die Nationalen
bei der am 27. April 1843 abgehaltenen Landes=Congregation halb durch
List halb durch Gewalt in den ausschließlichen Besitz des Wahlplatzes zu
setzen und für den bevorstehenden ungarischen Landtag ihre Candidaten,
Hermann Buzan, Karl Klobučarić und Metell Ožegović, durchzusetzen.
Unter den Instructions=Punkten, die ihnen mitgegeben wurden, war der:
sich bei den Verhandlungen in Preßburg nicht der magyarischen, sondern
der herkömmlichen lateinischen Sprache zu bedienen. Der ungarische Landtag trat im Juni zusammen. Die am 20. im Sinne seines Auftrags
von Ožegović abgegebene Erklärung erregte im Abgeordnetenhause eine
stürmische Aufregung; „seien sie etwa des Ungarischen nicht mächtig?
hätten sie nicht Beweise vom Gegentheil wiederholt in den Circular=
Sitzungen gegeben?" Acht Tage später, am 28., kam derselbe Gegenstand
bei der Magnaten=Tafel zur Sprache, wo sich Bischof Haulik und Graf

Drašković um ihre Landesgenossen im andern Hause annahmen und Baron
Eötvös den vermittelnden Antrag stellte, eine Frist von sechs Jahren zu
gönnen, ehe man auf der unbedingten Einhaltung des Sprachengesetzes
bestehe. In ähnlichem Sinne äußerte sich Zsedényi in der untern Tafel,
von der jedoch mit Stimmenmehrheit der Beschluß gefaßt wurde, es sei
den kroatischen Deputirten zu verbieten sich im Landtagssaale einer andern
als der ungarischen Sprache zu bedienen. Ein königl. Rescript v. 18.
October verweigerte diesem Beschluße die Genehmigung, und in Folge
dessen erhob sich in der Sitzung v. 18. December Ožegović von neuem,
um sich in lateinischer Sprache an den Verhandlungen zu betheiligen. Es
entstand ein Lärmen und Toben, daß er nicht weiter reden konnte; der
Präsident mußte die Sitzung unterbrechen. Als sie wieder eröffnet wurde,
beantragte Szemere, die kroatischen Deputirten nicht gewaltsam am Vortrage zu hindern, aber ihre Reden als nicht gesprochen anzusehen. Von
da an schwiegen die Kroaten ganz und gar; sie erschienen in den Sitzungen, aber sie betheiligten sich nicht an Debatten und Beschlüssen.

Die Stimmung in Kroatien wurde in Folge dieser Vorgänge eine
stets gereiztere. Die am 9. December 1843 zu Agram abgehaltene
Congregation führte zu einem förmlichen Straßenkampf zwischen der
ungarischen und nationalen Partei, welch letztere zwar den kürzeren zog,
aber doch so bedrohliche Mittel entfaltete, daß ihre Gegner nur unter
militärischer Bedeckung nach Hause ziehen konnten. Im Februar darauf
wurde Zdenczay seiner Würde als Ober-Gespan enthoben, Graf Haller
mit der Leitung des Comitats betraut und Joseph v. Rudics als
königl. Commissär mit der Untersuchung der vorgefallenen Excesse beauftragt. Rudics erschien in Agram Ende Mai 1844; allein grobe Insulte
die er erfuhr, und ein Attentat auf seinen Sohn trieben ihn bald unverrichteter Dinge aus der Stadt. In den letzten Tagen Juli 1845 war
abermalige „Restauration". Es handelte sich zunächst um die Wahl des
ersten Vice-Gespans; Benedict Lentulay war Candidat der nationalen,
Joseph Šuvić jener der ungarischen Partei. Letztere hatte dießmal alle
ihre Kräfte aufgeboten, so daß ihr Sieg kaum zweifelhaft sein konnte.
Schon am ersten Wahltage, 28., war die Aufregung eine ungeheure.
Die nationale Jugend machte einen Versuch, sich gewaltsam des zur
Aufnahme der Stimm-Marken bestimmten Kästchens zu bemächtigen,
konnte aber bei der Wachsamkeit der andern Partei ihren Vorsatz nicht
ausführen. Am 29. erreichte die leidenschaftliche Spannung den höchsten

Grab; noch während der Stimmabgabe wurde auf einen der ungarischen Cortesführer ein Pistolenschuß abgefeuert, die Kugel ging aber neben ihm in die Mauer. Gegen Abend wurde das Wahl=Ergebniß bekannt gemacht. Suvić war mit 1289 Stimmen gegen Lentulay, der nur 974 zählte, gewählt; nach dem Herkommen sollte Suvić eine Dankrede halten, allein er zog sich schlimmes befürchtend zurück. In der That kannte die Wuth der kroatischen Partei keine Gränzen. Die Straßen der Stadt füllten sich mit Bewaffneten, die Wohnung des Banus wurde unter dem Rufe: „Balaša, balaša!“ (Verräther) mit Sturm bedroht, so daß man Militär herbeiziehen mußte. Nun kam es zu einer förmlichen Schlacht; Schüsse krachten, Säbelhiebe fielen, Stöcke schwirrten, Steine flogen. Zuletzt behaupteten die Soldaten das Feld, sie hatten 9 Verwundete, darunter 3 lebensgefährlich; von der andern Seite waren bei 60 verwundet, bei 17 gefallen. Von der auf ein paar Tage später, 2. August, angesagten Wahl der Deputirten des Agramer Comitats hielt sich die nationale Partei ganz fern: die ungarische feierte mit ihren beiden Candidaten, Koloman Bedeković und Joseph Briglević, einen entschiedenen Sieg.

Doch konnte sie sich dessen wenig freuen. Die erlittene Niederlage stärkte die Erbitterung, aber zugleich die Widerstandskraft der Nationalen. Der Zwiespalt zwischen ihnen und den Magyaren wurde mit jedem Tage größer. Die ungarische Sprache, vordem unangefochten und gern gehört im Lande, war jetzt wie verpönt und geächtet; an die Stelle des früheren „fratres nostri Hungari“ trat das gehässige „dušmani“ (Feinde). Satyrische Gedichte, Spottlieder, Pamphlete gegen die „Magyaronen“ und „Slavo = Magyaren“, gegen die „Landesverräther“ und „Dienstjäger“, gegen die „Lügner“ und „Finsterlinge“ waren an der Tagesordnung. Wilde Davorien ertönten von Haß gegen den „Erbfeind“, verkündeten Abschüttelung seines unerträglichen Joches; dem magyarischen „isten“ stellten sie den „Gott der Slaven“ entgegen. Die ungarische Krone, ehedem das geheiligte Symbol der Staatszugehörigkeit wurde zum Gegenstand höhnischer Pereats für Straßenjungen. Schon im Jahre 1840 hatten die Sextaner des Agramer Gymnasiums ihre magyarischen Schulbücher auf einen Haufen geworfen, den sie den Flammen übergaben. Ein andermal hatten Studenten auf dem „Viehplatz“ einen Strohmann in ungarische Kleider gesteckt, um ihn dann tüchtig durchzugerben. Bald durfte keine militärische Musikbande mehr wagen ein ungarisches Thema aufzuspielen, wollte sie nicht ausgepfiffen werden.

Als 1846 Ende Juli der berühmte Lißt in Agram Concerte gab, empfing er den wohlmeinenden Rath, ja nicht seinen „ungarischen Marsch“
zu spielen; und als bald darauf Franz Hevh mit einer ungarischen
Sängergesellschaft erschien, wurde ihm gedroht man werde ihn von der
Bühne herabschießen, wenn er sich unterfange im Theater aufzutreten.
Ja, der eingeschüchterten ungarischen Partei bangte vor einer Verschwörung ihrer Gegner, alle Glieder der siegenden Landtags - Majorität bis
auf den letzten Mann umzubringen; sie wollte sogar den Tag, 10. December 1844, wissen, wann diese „illyrische Vesper“ stattfinden sollte.

Die Einsichtigeren der ungarischen Nation erkannten nun wohl die
Gefahr, die man durch eine eben so ungerechte als verletzende Behandlung
der andern Volksstämme heraufbeschworen hatte. In seiner berühmten
akademischen Rede am 27. November 1842 erklärte Széchényi unumwunden, die Magyaren seien viel weiter gegangen als das Gesetz wolle,
hätten ganz verkehrte Mittel zur Verbreitung ihrer Sprache angewendet,
dadurch aber nur Widerwillen und Haß gegen sich erregt. Allein als
der edle Graf so sprach, als er, um Pulszky’s Worte zu gebrauchen,
„kaltes Wasser auf die Flammen des Enthusiasmus goß, konnte er diese
nicht mehr löschen; die Lohe schlug nur um so heftiger auf und verzehrte die ganze Popularität des um Ungarn so hochverdienten Mannes“ [102]).
Die Wortführer des Magyarismus hörten auf keinen Mahnruf, keine
Warnung, wollten von einem Einlenken in eine andere Bahn nichts
wissen. Angesichts des von allen Seiten gegen ihre Übergriffe sich er-
hebenden Widerstandes waren es jetzt sie selbst, welche die Welt mit
ihren Klagen erfüllten, und spielten sie selbst die Rolle der Angegriffenen, die man in ihren heiligsten Rechten, ja in ihrem nationalen Bestande bedrohe. Jener Widerstand, meinten sie, sei ein eben so unbe-
gründeter als unnatürlicher. „Wo seien denn die Spuren jener angeblichen
Unterdrückung, welche die Gegner unaufhörlich als Klagepunkt anführen? [103])
Und womit antworte Ungarn auf solche Kundgebungen des Hasses?
Durch die brüderliche Theilung aller staatlichen Freiheiten zwischen Magyaren, Deutschen und Slaven! Könne es einen auffallenderen Beweis
geben, daß alles, was gegen die Ungarn vorgebracht werde, nur künstlich
angefacht sei? Würde das harm- und anspruchlose Völklein der Slovaken
sich so widerspänstig geberden, wenn es nicht erst geknetet worden wäre
durch allerhöchste Köche aus Wien und allerniedrigste Küchenjungen aus

Prag? Sei Ljudevit Gaj etwas anderes als ein erkaufter Herold des
Zar? Liefen nicht Šafařík und Kollár als ächte Speichellecker an dem
Siegeswagen des russischen Despotismus einher? Und sei etwa die
Protestation der siebenbürger Sachsen eine nationale Manifestation?
Nichts als eine Explosion österreichischer Intriguen!" [104])

In den Augen eines unbetheiligten Beobachters konnte freilich schon
das Verdacht erregen, daß die Schildträger des Magyarismus die Gegenbestrebungen der Andern in einem Athem bald als ungemein winzig
und daher verächtlich, und dann wieder als ungeheuer groß und darum
gefährlich darstellten. Einerseits waren ihnen die Slaven gar nicht
eine Nation, sondern in unendlich viele Dialekte zersplittert, deren jeder
einzelne sich zur Höhe einer Sprache erheben möchte und die sich unmöglich in eine Einheit verschmelzen ließen. Was z. B. Gaj das Illyrische nenne, sei weder jenes Illyrische das einst in Ragusa gesprochen
und geschrieben worden, noch das Wendische, noch das Kroatische, noch
das Serbische, noch das Bosnische. Ja, die einzelnen Slavenstämme
selbst seien wieder in Gegensätze geschieden und lägen mit einander um
confessioneller wie um linguistischer Dinge willen in Streit, wie z. B.
die Serben, von denen die „Raitzen" der griechischen und die „Scho-
kazen" der katholischen Kirche angehörten [105]), jene die Azbuka, diese die
Wuk'sche Orthographie gebrauchten. Eben so wenig besäßen die Slaven
eine gemeinsame Geschichte; sie hätten sich von jeher unter einander gehaßt und haßten sich noch heute; die Dalmatiner wollten nichts von
einer Vereinigung mit den Kroaten wissen ꝛc. Andrerseits aber erblickten sie wieder in den Slaven aller Länder und Erdtheile eine riesige
Nation von 75000000 Seelen, und der „Panslavismus" war ihnen jene
fürchterliche Waffe, mit der sie, losgelassen, ganz Europa, seine Bildung
und seine Freiheit überschwemmen würden. Die Verschwörung nach
dem Tode Alexander I. von Rußland, Kollár's „Slávy dcera", auf
deren revolutionären Charakter zuerst Emerich Henszelmann in der „Vierteljahrschrift von und für Ungarn" aufmerksam machte, Goldmann's „Europäische Pentarchie", Šafařík's ethnographische Karte, die sogar vom
Zalaer Comitat als corpus delicti nach Wien an den Hof eingeschickt
wurde, Gaj's groß=illyrische Phantasien waren die Glieder jener Kette,
die der zahllose Slavenstamm zur Knechtung Europas zu schmieden begann. Denn nun erwachte bei ihm „die Ahnung der Kraft, die aus der
eigenen Nationalität geschöpft werden kann, und seitdem rüttelt Gog und

Magog mit drohender Miene an jenen eisernen Pforten, mit denen der
Sage nach Alexander der Doppelgehörnte ihren Ausgang verschlossen hat;
denn sie haben den Talisman schon in den Händen der die siebenfachen
Riegel beim ersten Berühren sprengt, und ist einmal das Siegel gelöst,
dann stürzt die Völkerfluth Asiens noch einmal wie zur Zeit der ersten
Wanderung über Europa, die jetzige Civilisation zerstörend" [106]). Welch
ein Glück daher, dieses Wiederaufleben des magyarischen Geistes für
ganz Europa! „Wir Magyaren", rief Zay aus, „sind seine Vormauer
gegen die slavische Macht, wie wir es früher gegen die türkische gewesen!"
„Die Sache der Magyaren ist die Sache Ungarns, und die Sache
Ungarns ist die Sache Europas! Möge sich darum Ungarn ‚die grüne
Insel im Ocean des slavischen Ostens‘ waffnen und zum zweitenmal
der Retter des Welttheils werden?" Nationale Dichter wie Börösmarty
sangen Lieder voll heiliger Kriegsbegeisterung. Wesselényi warnte in
einer eigenen Schrift vor St. Petersburg, wohin von Constantinopel
die Türken gewandert seien; die Nation möge sich bewaffnet versammeln,
im Kriegswerk üben, wie sie es zur Zeit der großen Kriege gethan!

Doch von der Gegenseite blieb man die Antwort nicht schuldig.
Riefen die Magyaren für ihre Sache das Urtheil und Interesse Europas
an, so thaten die Andern desgleichen. „Hätte etwa der Magyar allein
das Recht sich in seinem Stammesgefühle zu sonnen, Anerkennung und
Geltung als Nation zu verlangen? Und wer sind sie denn, diese Letzten
unter den Völkern unseres Welttheils? Eine Handvoll (šaka mala)
asiatischer Ankömmlinge gegen die Menge und Wichtigkeit europäischer
Urbewohner! Welches ist der Rechtstitel ihres angeblichen Besitzes? Eroberung, gewaltsames Eindringen auf ein ursprünglich von Slaven und
Romanen bewohntes Gebiet! Wie können sie wagen, auf solch einen
Titel zu pochen ohne ein Zurückeroberungsrecht von der andern Seite
zu gewärtigen? Der Magyare hat vor tausend Jahren das Land an
sich gerissen: es kommt darauf an, wer nach tausend Jahren der stärkere
sein wird! Oder ist das anmaßende Beginnen der Magyaren nicht
ein strafwürdiges Attentat auf die ganze dreibrüderliche romanisch-germa-
nisch-slavische Geschlechter-Familie? Und ihr Deutschen, die ihr von ihnen
angerufen werdet, wollt ihr es zugeben, daß dieß finnische Geschlecht den
achten Theil von eurem Brudervolke, den Slaven, an sein fremd-euro-
päisches Wesen reiße? Und was ist denn ihre Sprache, die sie den
andern Völkerstämmen Ungarns aufzwingen wollen? Ist sie eine Welt-

ſprache? Iſt ſie eine Mutter der Bildung? Was bietet ſie in Kunſt
und Wiſſenſchaft, im ſocialen und induſtriellen Leben? Worin beſitzt ſie
irgend eine Originalität, als etwa in Erfindung der grellſten Flüche auf
die nur die Phantaſie eines rohen Naturſohnes gerathen kann? Stehen
nicht die Magyaren in allen andern Stücken gegen ihre ſlaviſchen Lands=
leute, von den Deutſchen gar nicht zu reden, bei weitem zurück? Sind
dieſe ihnen nicht in Cultur und Induſtrie voran? Sind dieſe nicht ohne
Vergleich bildungsfähiger, bildungsſüchtiger, überhaupt ſtrebſamer und
rühriger? Wenn nun ein ſolches Volk, ungeachtet ihm ſeit Jahrhun=
derten der Deutſche und Slave als Muſter der Gewerbsthätigkeit vor=
leuchten, dennoch dazu nur wenig Sinn gewinnen konnte; wenn es, das
ſeine Bildung nur dieſen beiden ihm in jeder Hinſicht ſo weit vorange=
ſchrittenen Völkerſtämmen verdankt, dieſelben zwingen will in ſeiner
orientaliſchen Nationalität unterzugehen: was kann man vernünftigerweiſe
dazu ſagen? Wenn es ſchon ſein müßte, daß die nicht=magyariſchen
Völkerſchaften Ungarns um höherer Zwecke willen die Staatsgiltigkeit
ihrer Sprache aufgeben, ſo wähle man doch um Himmelswillen eine
Sprache die zu erlernen ſich der Mühe lohnt! Tauſendmal lieber würden
die Slaven, wenn es darauf ankäme, den Germanismus d. h. ihren
eigenen Europäismus, als nur einmal den Magyarismus d. h. den
ihnen fremden aſiatiſch=uraliſchen Sibirismus mögen!" [107])

3.

Wir leben in einer wunderlichen Zeit! Ein neuerer Philoſoph hat
eine Äſthetik des Häßlichen geſchrieben; ein Socialiſt unſerer Tage hat
das Eigenthum für Diebſtahl erklärt; wir können uns darauf gefaßt
machen, daß irgend ein Humaniſt der jüngſten Schule die Nächſten=
liebe des Bruderhaſſes in ein theoretiſches Syſtem bringt. Prak=
tiſch wurde ſie auf dem Gebiete unſeres Kaiſerſtaates hin und wieder
ſchon vor 1848 geübt, und als die März= Ereigniſſe eintraten, ſchien
vollends ein Krieg Aller gegen Alle zu entbrennen, und Unheil brach von
allen Seiten über den in ſeinen Fugen erzitternden Bau herein.

Zwar für einen Augenblick gewann alles ein friedlich heiteres An=

sehen. Ein beglückender Freudenrausch wollte alle Unterschiede ausgleichen, alle früheren Unbilden und Feindschaften vergessen machen. Wien zierte sich unmittelbar nach den Besorgnissen des 12. März mit dem weißen Abzeichen der Versöhnung; Flaggen von allen Farben wehten von den Häusern der Stadt, deren Bevölkerung sich zu überbieten schien, welche der zahlreichen Sendschaften aus allen Theilen des Reiches, die unga-rische, die böhmische, die kroatische, die galizische, sie mit größeren Ehren, mit stürmischerem Jubel empfangen solle. In Prag traten die geachtetsten Schriftsteller beider Landessprachen¹⁰⁸) zusammen, um mit allen Kräften dahin zu wirken, „daß das glückliche Verhältniß der Eintracht der böh-mischen und deutschen Bevölkerung nicht gestört sondern fest aufrecht er-halten werde." In Ungarn weckte die Verkündigung der neuen Gesetzes-Artikel bei den nicht-magyarischen Völkerstämmen Hoffnungen einer neuen glückverheißenden Zeit; das Volk strömte in die Comitats-Gebäude, halb ungläubig vor Freude, daß es zu etwas anderem erscheinen solle als die Ansage der Frohnden und Herrendienste, die Ausschreibung neuer Steuern und Abgaben zu vernehmen; der Adel bekannte sich zu seinen Stammes-genossen, Bruderkuß und Umarmung wanden um alle ein fröhliches Band¹⁰⁹). In den Städten Galiziens und Lombardo-Venetiens war Gleichheit und Brüderlichkeit das Losungswort; „wszyscy jesteśmy bracia" ertönte es in den Straßen Lembergs, „adesso siamo tutti fra-telli" in jenen Venedigs; dort eilten Polen, hier Italiener auf jeden Deutschen zu, mit warmem Druck seine Hände ergreifend; selbst die Herren im doppelfarbigen Tuche konnten sich mit Mühe den stürmischen Liebkosungen entziehen. Was wurde aus Österreich, wenn es bei diesen Gesinnungen blieb! wenn die überwallenden Empfindungen der ersten Tage sich zu festen Grundsätzen, zur fruchtbaren That gestalteten!

Es war begreiflich, daß jene Nationalitäten, die ihre Entwicklung bisher nur kümmerlich und mit fortwährenden Schwierigkeiten kämpfend hatten suchen müssen, keinen Augenblick säumten von der neu gewonnenen Freiheit möglichst ausgedehnten Gebrauch zu machen. „Lasse nicht den Muth sinken", rief Ustyanovič seinen Ruthenen zu; „dein gesegnetes Land von Milch und Honig überfließend bedarf nur der Strahlen der Auf-klärung, um sich in ein wahres Paradies umschaffen zu lassen!" Allent-halben erhoben sich nationale Männer, die sich zum Organ der Wünsche ihres Volkes machten, durch improvisirte Vorträge und Curse für eine erfolgreiche Pflege ihrer Muttersprache sorgten, in Vereine zusammen-

traten für das Beste der Ihrigen nach allen Seiten zu wirken. In solchem
Geiste entwarf die Prager „Slovanská Lípa" ihre Statuten (24. Mai),
unter deren Grundsätzen die Wahrung und Hebung der slavischen Nationalität, die Förderung ihres geistigen und materiellen Wohlstandes,
die Pflege der Wechselseitigkeit unter den verschiedenen Slavenstämmen,
aber auch die gegenseitige Achtung der Rechte der andern Nationalitäten
obenan standen. Nach dem Muster des Hauptvereines entstanden Zweigvereine in allen größeren Orten des slavischen Böhmen, in Olmütz und
andern mährischen Städten; in Teschen bildete sich ein slavischer Leseverein, dem der Advocat Dr. Klucky einen Theil seiner Wohnung zur
Verfügung stellte. Nicht minder eifrig war man im benachbarten Galizien. Besaßen die dortigen Polen ihren „National-Rath" (rada narodowa) der mit seinen Kreis- und Bezirks-Vereinen ein Netz über das
ganze Land spannte, so schufen sich ihre Landesgenossen einen ruffinischen
Rath (rada ruska) und stellten den griech.-kath. Bischof von Przemysl
Gregor Jachimowicz, „die Hoffnung des ruthenischen Volkes", an dessen
Spitze. Eine der wichtigsten Lebensäußerungen des neuen Vereins war,
nach böhmischem Vorbilde, die Gründung einer „Matice ruska", eines
Fondes für Druck Herausgabe und Verbreitung volksthümlicher Schriften.
In den Gebieten Inner-Österreichs, wo die Nationalität der Slovenen
„überall hervorsproß wie frisches Grün nach warmem Sonnenschein",
blieb man nicht müßig. In Klagenfurt brachten Mathias Majer und
P. Andreas Einspieler einen Verein der kärntnerischen Slovenen zusammen; Slaven-Vereine entstanden in Südsteier, in Görz, in Neustadtl, in
Laibach. Wohl waren die meisten derselben in ihren Anfängen schwach,
ihre Lebensäußerungen gering, ihre gesellschaftliche Stellung wenig bedeutend. Der Slavenverein in Görz zählte keine hundert Mitglieder, die
in der Mehrzahl der studierenden Jugend angehörten; den Hauptbestand-
theil jenes in Neustadtl bildete die Landgeistlichkeit, die auch in dem von
Laibach stark vertreten war. Der letztere, der bedeutendste von allen,
bei dreihundert Mitglieder zählend, sorgte für Lectüre besonders slavischer
Zeitungen und Zeitschriften, veranstaltete gesellige Unterhaltungen, gab
von Zeit zu Zeit slovenische Vorstellungen im Theater und blieb auch in
politischer Richtung nicht unthätig. An der Spitze seiner Statuten stand:
„Ausbildung der slovenischen Sprache und Wahrung der Rechte der slovenischen Nation auf gesetzlichem Wege." Unter seinen eifrigen Förderern
machte sich von allem Anfang Dr. Bleiweis bemerkbar. Auch in Triest

kam ein „Slavjanski sbor" zustande, der seinen Sitz in gemietheten Räumlichkeiten des Tergesteum aufschlug. Es waren bei 200 Mitglieder die den verschiedensten Ständen, aber auch den verschiedensten österreichischen Slavenstämmen angehörten; es gab da Kaufleute, Geistliche, Schiffs-Capitäne, Beamte, selbst kaiserliche Officiere und unter diesen wieder Slovenen, Čecho-Slaven, Serben, Dalmaten, Kroaten, Polen, und so bekam man auch bei seinen Versammlungen Vorträge in allen möglichen slavischen Idiomen zu hören. An nationalen Berühmtheiten besaß der Verein keinen Überfluß; genannt wurde der slovenische Dichter Vesel (Koseški) und der südslavische Schriftsteller Vladislav Carević[110]). Von den Wogen der allgemeinen Bewegung blieben auch die dalmatinischen Küsten nicht unberührt. Die alten Patricier-Familien von Ragusa besannen sich ihrer halb vergessenen Stammesabkunft; „es ist eine Schmach", rief Bratić aus, „seine Nationalität zu verläugnen; ich bin ein Slave!" Um dem neuerwachten Geist reichere Nahrung zuzuführen, faßte der Reichstags-Abgeordnete Petranović den Entschluß eine südslavische Matica nach Art der Prager Musteranstalt in's Leben zu rufen. Freilich waren bei der Armuth des Landes die Anfänge kümmerlich genug; nach monatelangen Bitten und Bewerbungen hatte Petranović kaum ein paar hundert Gulden zusammengebracht.

Der Lauf der Dinge brachte es mit sich, daß diese allseitigen Kundgebungen des Slaventhums auch das germanische Stammesgefühl in lebhaftere Bewegung versetzten, daß die erhöhten Lebensäußerungen der einen Seite auch dem nationalen Eifer auf der andern neue Nahrung zuführten. Das war nun an und für sich keineswegs von Übel, wenn nur die Zielpunkte, die man hier und dort ins Auge faßte, friedlich neben einander bestehen konnten. Leider kam es anders. Das Wort, das Jos. Wenzig im October 1847 gesprochen hatte: „Teut und Slawa, ein so stattliches Paar, werden sich hoffentlich noch verstehen lernen, und die deutsche Eiche wird grünen während die slavische Linde neben ihr blüht"[111]), schien in den Wind gesprochen. Teut und Slawa standen bald nicht nachbarlich neben einander, sondern feindlich gegen einander, sahen sich nicht mit freundlichen Blicken an, sondern warfen sich trotzige zu. Den ersten Anlaß, den Gegensatz zwischen Deutschen und Slaven schärfer hervortreten zu lassen, gaben die Vorgänge in Frankfurt a. M. und die Art und Weise wie man dort und anderwärts die deutsche Sache auffaßte. Kaum daß die Kunde von dem Zusammentritt der

Einundfünfzig zu Heidelberg und von der Einberufung des Frankfurter
Vor=Parlaments nach Wien gedrungen war, ließ der Sänger Formes
in einem der Oper „Martha" eingelegten Liede den „deutschen Kaiser"
leben, 21. März. Bald darauf wehte von der Spitze des St. Stephans=
Thurmes das schwarz=roth=goldene Banner; aus den Fenstern der Hof-
burg ließ man es durch die Hand des Monarchen schwingen; den
bewaffneten Schaaren der Nationalgarde und der akademischen Legion
wurde es vorangetragen; an Hüten und in Knopflöchern der Männer,
am Aufputz der Damen prangten die „deutschen" Farben, während das
österreichische „Schwarzgelb", das einigende Abzeichen für die vielzüngigen
Völker des Reiches, verhöhnt und verpönt ward. Zwar wurde am
Maine bald darauf den nicht=deutschen Nationalitäten gegenüber als
Grundsatz ausgesprochen, daß ihnen im Umfange des deutschen Bundes=
gebietes alles Recht „in Rücksicht auf Unterricht und innere Verwaltung"
solle gewährleistet werden; allein was thatsächlich in Frankfurt geschah
und von dort ausging, strafte diesen Ausspruch fortwährend Lügen. Es
war nur zu deutlich, daß die dortige Bewegung nicht bloß einen politisch=
deutschen, sondern zugleich einen national=deutschen Charakter annahm,
welchem letzteren gegenüber alles nicht=deutsche als fremdes Element
erscheinen mußte. Es war als ob die Deutschen an selbstsüchtigem Eigen=
nutz einbringen wollten, was sie im Jahrhundert zuvor an kosmopoli=
tischer Selbstverläugnung zu viel gethan. Nach ihrem Sinne sollte die
westliche Hälfte der österreichischen Monarchie den national=deutschen
Körper vermehren helfen, obgleich Böhmen und Mähren, Krain und das
Küstenland in der Überzahl, Steiermark und Thyrol zu einem großen
Theile ihrer Bevölkerung national nicht=deutsch waren. Die Gegenströ=
mung konnte nicht ausbleiben, deren Folgen sich zuerst in Prag fühlbar machten. Palacky schrieb dem Frankfurter Fünfziger=Ausschuß seinen
vielgenannten Absagebrief (11. April). Die Nichtwahl für das deutsche
Parlament wurde Losungswort in allen slavischen Kreisen. Der hitz=
köpfige Havliček drohte den nach Prag gesandten Vermittlern des Frank=
furter Parlaments mit gewaltsamer Ausweisung, und der nicht minder
heißblütige Rieger erwiederte die Warnung, man werde die Böhmen
„mit der Schneide des Schwertes" zwingen, durch die andere, die Böhmen
würden darauf „mit Dreschflegel=Argumenten" antworten. In den letzten
Tagen April einigte sich eine Anzahl böhmischer Cavaliere und Literaten
in dem Gedanken, eine Zusammenkunft österreichischer Slaven zu ver=

anstalten, „um über die Maßregeln zu berathen, wie den Unterjochungs-
gelüsten von Frankfurt und Pest am sichersten entgegenzutreten sei"; zur
selben Zeit, 29. April, traf in Prag eine Nummer der Agramer Zeitung
ein, wo Ivan Kukuljević einen ähnlichen Vorschlag machte und Prag als
Ort der Zusammenkunft vorschlug. Am 1. Mai erging ein Aufruf an
alle „Slavenbrüder" in Österreich, sich am 31. desselben Monats in
Prag einzufinden; „die Zeit ist gekommen", hieß es, „daß auch wir
Slaven uns mit einander verständigen und uns vereinigen in unserer
Gesinnung". Ein zum Zwecke der nöthigen Vorbereitungen niedergesetzter
Ausschuß entwarf das Programm, von dessen Punkten einer lautete:
„Abweisung jeder Unterwerfung unter eine fremde Nationalität, demnach
Protestation gegen das Aufgehen und Einverleiben Österreichs in Deutsch-
land, dagegen inniger Freundschaftsbund mit der deutschen und allen
übrigen Nationen".

Die Verhandlungen des Slaven-Congresses gediehen bekanntlich zu
keinem Abschlusse. Das immer stärkere Hervortreten neuer, seinem beabsichtigten Charakter fremder Elemente hatte ihn bereits aus seiner klar
vorgezeichneten Bahn geschleudert, ehe noch der Losbruch des Prager
Juni-Aufstandes ihn gewaltsam auseinandersprengte [112]). Doch mit
seinem vorschnellen Ende war die Sache nicht abgethan; trübe Erinnerungen auf der einen Seite, maßlose Erbitterung auf der andern blieben
haften. Daß die Slaven Österreichs sich angesichts der Frankfurter
National-Versammlung zu einigen und zu verständigen gesucht, wurde
ihnen von den Deutschen als Hochverrath angerechnet. Dr. Jordan,
Docent an der Leipziger Universität, mußte seinen Posten räumen, weil
er die Erklärung vom 1. Mai mit unterzeichnet hatte. Der von Wuttke [113])
in Leipzig gestiftete „Verein für Wahrung der deutschen Interessen in
den östlichen Gränzländern" stachelte seine „deutschen Brüder in Böhmen"
zu gewaltthätiger Erhebung wider ihre slavischen Landesgenossen auf; „ganz
Deutschland steht zu Eurem Schutz hinter Euch, ermannt Euch also und handelt!" Man wandte sich an das sächsische Ministerium, an die Regierungen
von Preußen und Bayern wegen kriegerischer Beihilfe zu diesem Zwecke
und veranstaltete ein deutsches Verbrüderungsfest in der deutsch-böhmischen
Stadt Aussig, wo alle Mittel der Beredsamkeit aufgeboten wurden, den
Nationalhaß zu schüren; „bei irgend einer Gefahr, Ihr deutschen Böhmen",
riefen Wuttke und Dr. Böschen der Menge zu, „werden wir mit Leib
und Leben Euch als Brüder zu Hilfe eilen!" Gegenseitige Anfeindung

und Verdächtigung wurden nun zu einem förmlichen Glaubens=Artikel
der nationalen Wortführer. Im Gegensatze zu den zahlreichen Linden=
Vereinen in Böhmen entstanden allenthalben deutsche Vereine im Lande,
deren Vertrauensmänner im August zu Teplitz zusammenkamen und jenen
von Reichenberg als Central=Verein an die Spitze stellten; das von ihnen
angenommene „allgemeine Glaubensbekenntniß" betonte mit vorzüglichem
Nachdruck die Weckung und Belebung der deutschen Nationalität, die
Beschützung derselben gegen jede Beeinträchtigung, die innigste Verbindung
mit dem übrigen Deutschland [113 b]). Deutsche Volksvereine entstanden
in Steiermark, in Kärnten, in Krain, die zu den slavischen in ausge=
sprochenen Widerstreit traten. Dabei hatte die deutsche Bewegung gegen
die slavische den großen Vortheil voraus, daß sich ihr die einflußreichsten
Elemente der Gesellschaft anschloßen. Das Beamtenthum, in josephi=
nischen Germanisirungs = Grundsätzen aufgewachsen und herangebildet,
der größte Theil des Lehrerstandes an den höheren Volksschulen und
Gymnasien bildeten fast überall das Haupt=Contingent der deutschen
Vereine, denen überdieß die Geldkräfte reicher Industrieller vielfach zu
statten kamen. So geschah es, daß selbst in solchen Städten der west=
lichen Kronländer, wo das slavische Element, freilich nur in den minder
bemittelten Classen der Bevölkerung vertreten, das numerische Übergewicht
hatte, das deutsche die Herrschaft an sich zu reißen mußte. Die volk=
reiche Stadt Budweis im südlichen Böhmen hatte einen fast ganz deut=
schen Anstrich; ein Zweigverein der Slovanská Lipa, der sich daselbst
bilden wollte, mußte mit den größten Hindernissen kämpfen. In der
benachbarten Kreisstadt Pisek ließ man nichts unversucht, jede Regung
der slavischen Nationalität, welche die überwiegende Mehrheit der Ein=
wohnerschaft bildete, im Keim zu ersticken. In noch höherem Grade als
in den Städten Böhmens war dieß in jenen Mährens der Fall, die sich
in Unduldsamkeit gegen ihre slavischen Mitbürger zu überbieten schienen.
Während es an mehr als einem Orte kein Nationaler wagen durfte sich
in den Landesfarben blicken zu lassen, legte sich die andere Partei in
den herausforderndsten Kundgebungen für Frankfurt nicht den geringsten
Zwang auf [114]). Die Nationalgarde hatte ihre schwarz=roth=goldenen
Abzeichen, der Stadtrath amtirte ausschließlich deutsch, obgleich sich in den
Reihen jener und in den Bänken dieses nicht wenige befanden, die kaum
ein paar Worte deutsch radebrechen konnten. Unter der studirenden
Jugend verschwisterte sich das Deutschthum mit den extremsten politischen

Ideen. Die deutsche Studentenschaft in Olmütz, die einen „philosophisch-juridisch-politisch-chirurgischen Leseverein" nach Art des Wiener juridisch-politischen gründete, erschien bei den wüsten Zechgelagen, die sie als Blüthe ächten Burschenlebens einführte, mit Jacobiner-Mützen auf ihren gelockten Häuptern. Auch in den beiden Hauptstädten Schlesiens war es nicht sowohl die inoffensive Mehrzahl ihrer Einwohner als vielmehr ein kleines Häuflein überspannter Köpfe, das sich durch die Heftigkeit, mit der es die deutsche Sache betrieb und die slavische anfeindete, bemerkbar machte. Sie sahen nichts als böhmische Umtriebe; sie witterten überall „čechischen Verrath", geheime Verbindungen mit Rußland; bei jedem Anlasse ertönten ihre Kassandra-Rufe: „man wolle Mähren und Schlesien den Čechen überliefern, alles müsse dann böhmisch werden und reden; Österreich habe nur die Wahl zwischen dem germanischen und dem slavischen Princip, und könne da eine Frage sein, auf welche Seite es sich schlagen solle? Jenes sei eins mit der Freiheit, dieses diene nur Zwecken der Willkür!"

Schön und leuchtend war die März-Sonne über den Völkern Österreichs aufgegangen; doch sie erwärmte sie nicht zu wohlwollenden Empfindungen gegen einander, sie erhitzte sie nur zu grimmem Bruderhaß. Wohin man auch blickte, wo verschiedensprachig die Söhne eines Landes wohnten, überall herrschte Zwiespalt, wo nicht Todfeindschaft zwischen ihnen. Letzteres war namentlich in Galizien der Fall. Erbitterter als je gestaltete sich das Verhältniß zwischen den beiden stammverwandten Völkerschaften des Landes. Von polnischer Seite wurde nichts gespart, um das nationale Aufstreben der Ruthenen im gehässigsten Lichte erscheinen zu lassen. Bald war es eine geheime Hinneigung zu Rußland, die Letztere hinter ihrer geheuchelten Anhänglichkeit an die österreichische Regierung verbargen. Bald waren es communistische Tendenzen, worauf ihre ganze Bewegung hinauslief; dem Landvolke wurde die Vertheilung des grundherrlichen Eigenthums unter alle Dorfinsassen in Aussicht gestellt, um sie zu ausschließlichen Herren von Grund und Boden zu machen. Dann wieder trug die griech.-kath. Geistlichkeit die ganze Schuld, der noch immer die Vereinigung mit Rom als ein Abfall von ihrer Mutterkirche, der orientalischen, gelte und der darum die Verbreitung der ruthenischen „Mundart" sowie die Pflege der nationalen Kirchensprache nur als ein Mittel diene, das Volk unbemerkt auf den Weg nach Konstantinopel zu führen. Oder es waren ein paar Ehr-

geizige, die nichts im Sinne hatten, als „über den Ruinen der theuer=
sten Interessen des Landes sich selbst zu erheben". Zu diesen Verdäch=
tigungen gesellten sich Hohn und Spott jeder Art. Während die Polen
den Ruthenen die Verwahrlosung ihrer Sprache und Literatur vorwarfen,
an der doch niemand Schuld war als das von jenen seit Jahrhunderten
hergebrachte Regierungs=System, thaten sie andererseits alles mögliche,
die Einführung des ruthenischen Unterrichtes, der allein diesen Übelständen
abhelfen konnte, zu hintertreiben. Es kamen Fälle vor, daß Söhne
polnischer oder polonisirter Ältern ihre Rüden in die ruthenischen Hörsäle
trieben, „weil nur Hunde diese Sprache zu lernen würdig seien". Kein
Wunder, wenn die Ruthenen solchen Liebesgaben von polnischer Seite
den Gegendienst nicht schuldig blieben, vielmehr die Vorwürfe mit reichen
Zinsen heimzahlten, die ihnen von ihren unversöhnlichen Anfeindern ge=
macht wurden; wenn sie auf die Verdächtigung, die Ruthenen hegten
geheime Losreißungsgelüste, sich höhnend verwunderten: „wie sehr doch
den Polen die Integrität Österreichs am Herzen liege"; wenn sie den Polen
vorrückten, ihre ganze Wuth rühre nur daher, weil sie einsähen daß es
ihnen ferner nicht mehr möglich sein werde die Ruthenen „als eine
bewußtlose Herde auf die Schlachtbank zu führen, sie als ein Inventar=
stück in ihrer Gewalt zu behalten um bei dem Baue eines künftigen
Polenreiches eine hinreichende Anzahl von Handlangern und Bausteinen
zu haben"; wenn sie ihnen den Scheidegruß zuriefen, sie wollten nichts
mit den Polen gemein haben „als den Boden, der fruchtbar genug sei
ihnen beiden hinreichende Nahrung zu gewähren"; wenn sie endlich ihre
Hoffnungen geradezu auf den Untergang ihres Erbfeindes bauten ——
„Finis Poloniae initium Rutheniae!" — und ihnen, eingekeilt zwischen
den „Österreichern" von der einen Seite und den Ruthenen von der
andern, unabwendbares Verderben voraussagten [115]!

Kaum minder gereizt als das Verhältniß der Polen und Ruthenen
in Galizien gestaltete sich das der Wälschen und Südslaven in den ad=
riatischen Küstengegenden, insbesondere in Dalmatien, wo das städtische
Element im Bunde mit dem fast durchaus italienisirten Beamtenthum in
alle Wege bemüht war, das erwachende Stammesgefühl der illyrischen
Bevölkerung darniederzuhalten. Schimpf und Unglimpf, Bedrohung und
Verfolgung jeder Art warteten des slavischen Patrioten, der für seine
Nation das thun wollte, was die Italiener in viel sträflicherem Sinne
für die ihrige anstrebten. „Wer von uns Slaven", so ertönte die Klage

der letzteren, „darf sich getrauen auf öffentlichem Platze oder in öffentlicher Versammlung die Kroaten unsere Brüder zu nennen, den Banus als unsern Schützer zu preisen? Keiner, der nicht Amt und Leben auf's Spiel setzen will!“[116]) Dem südslavischen Schriftsteller Mathias Ban, der in nationalem Geiste unter seinen Landsleuten wirkte, stellte die andere Partei derart nach, daß ihm der Prätor bedeuten ließ, er könne ihm „bei der gegenwärtigen Ohnmacht der Behörden“ nicht für seine persönliche Sicherheit bürgen wenn er länger in der Stadt verweile; er mußte Verstecke suchen, sich mit Waffen zu seinem Schutze versehen, bis es ihm gelang in die Berge zu fliehen, wo ihm gleichgesinnte Landgeistliche Unterstand gaben. Wenig besser erging es andern slavischen Patrioten, die unter nichtigen Vorwänden aus ihrem Aufenthaltsorte verwiesen oder wohl gar gewaltsam fortgeschafft, hochverrätherischer Anschläge bezichtigt und vor Gericht gezogen wurden. Sicher konnten derartige Maßnahmen die Zuneigung der slavischen Dalmaten zu ihren italienischen Mitbürgern nicht erhöhen. Im Gegentheile, sie erblickten ihr einziges Heil in dem Anschluß an Kroatien, sie suchten ihre Landsleute für diese Idee empfänglich zu machen, sorgten für Verbreitung kroatischer Aufrufe, warben Freiwillige um den Kroaten gegen die Magyaren Hilfe zu bringen u. dgl. m.

So boten denn die Erscheinungen, die sich in allen Ländern gemischter Nationalität hervordrängten, nur betrübendes. Ihre Bewohner sahen sich an einen und denselben Boden gewiesen, sie konnten nur bei friedlichem Miteinanderleben gedeihen; und sie befehdeten sich auf's bitterste, als wäre es ihnen darum zu thun sich ihr eigenes Dasein unerträglich zu machen. Sie waren darauf angewiesen, die kaum erlangte Freiheit zu allseitigem Nutz und Frommen zu hüten und zu wahren; und sie machten fast nur davon Gebrauch, um sich den Genuß derselben gegenseitig zu verleiden.[117]) „Die Geschichte scheint mir fast zu bürgen, daß die Menschen keine Vernunft haben“, sagt der ehrenhafte Seume in seinen „Apokryphen.“ Es ist derselbe Gedanke, dem Schiller mit seinem „Ewigblinden“ nur noch kräftigeren Ausdruck leiht. Die Einzelnen mögen gutmüthig, besonnen, verständigen Mahnungen und Vorstellungen zugänglich sein: wo die Leute in Masse auftreten, sind sie das Gegentheil von alle dem. Die große Menge kennt in dem was sie liebt und was sie haßt, was sie hofft und was sie fürchtet, was sie anstrebt und was sie von sich stößt, kein Maß und keine Gränzen; sie reißt, die sich ihre Führer dünken, mit sich fort, und selbst das vielköpfige Ganze das man Regierung nennt

unterliegt ihrem Einfluße, wenn nicht ein umfassender Einzelgeist die
Tageserscheinungen mächtig beherrscht und nach klar erkanntem Ziele hin-
lenkt. Wo es daran fehlt, geht es in den obern Regionen des Staatslebens kaum minder sinnlos zu als in den untern. „Die ganze Synopse
unserer Politik", spricht Seume weiter, „liegt in den zwei Versen von
Bürger: ‚Du hast uns lang genug geknufft, man wird dich wieder knuffen,
Schuft!' Weiter hat Vernunft und Gerechtigkeit nichts damit zu thun."
Es birgt dieser Ausspruch ein nur zu treues Abbild unserer Zustände im
Jahre 1848. Besonnenheit und Versöhnlichkeit schienen mit jedem Tage
mehr zu schwinden. Nur selten und vereinzelt erklangen Stimmen gleich
der jenes schlichten mährischen Landmanns [118]), der den Mitgliedern des
Olmützer Lindenvereines herzlichen Gruß, aber auch die Mahnung zu-
sandte: man werde den Deutschen kein Ärgerniß geben wollen, wo Eintracht so sehr Noth thue; „laßt den Nationalitäten-Hader vor den lauten
Forderungen des Zeitgeistes verstummen, reicht Euch Deutsche und Slaven
die Bruderhand!" Oder gleich jenen Bewohnern von Reichenberg, die
mehrere hundert an der Zahl in einer den Zeitungen eingerückten „offenen Erklärung" sich von jeder Anfeindung und Verdächtigung ihrer anderssprachigen Heimatsgenossen lossagten; „wir reichen unsern čechischen
Landsleuten die Hand und bitten sie, daß sie unsere freundschaftliche und
brüderliche Gesinnung für wahr und aufrichtig halten und sich in dieser
Überzeugung durch keinerlei Gerüchte beirren lassen" [119]). Auch die conservative Journalistik, namentlich Wiens, gab sich redliche Mühe, die Vorurtheile der deutschen Bevölkerung gegen die Regungen ihrer slavischen
Mitbürger zu verscheuchen, sie zur Eintracht, zu aufrichtigem Einverständ-
niß, zur Beachtung der Allen gemeinsamen Interessen aufzufordern.
Doch was war die Folge solch wohlmeinender Mahnrufe und Rathschläge?
Daß gegenüber der Reichenberger „Erklärung" rasch Leute bei der Hand
waren, die Ächtheit ihres Ursprungs in Zweifel zu ziehen, und daß die
Blätter, die sich an der Verketzerung des „Panslavismus" nicht betheiligen wollten, sich nachsagen lassen mußten, sie seien, von der deutschen
Seite abtrünnig, in das andere Lager hinübergelaufen! Die Dränger und
Hetzer wollten eben keinen Frieden, und auf eine Stimme der Mäßi-
gung waren zehn andere zu vernehmen, welche die Gemüther der unver-
ständigen Masse mit Mißtrauen und Befürchtungen aller Art erfüllten,
Gift und Galle in ihre Ohren träufelten, ihnen Kampf und Widerstand
predigten. „Müßte man auch", hieß es von deutscher Seite, „Österreich

auf dem Altar des wiedererstandenen Deutschlands zum Opfer bringen, immer sei es noch besser, zerstückelt der politischen Freiheit zugeführt zu werden, als ungetrennt dem Slavismus zur Beute fallen!" „Wir deutschen Österreicher", wüthete nach den October-Tagen ein Grätzer Blatt, das allen andern in Unsinn und Unmaß jeder Art voraus war, „haben bereits die slavische Herrschaft kennen gelernt. Saß nicht Sedlnicky, der Böhme, oben und leitete die Geistes-Inquisition? Kennen wir nicht Strbensky, den Bedienten Metternich's, und wissen wir nicht, daß wenigstens zwei Drittheile unserer gottverdammten Bureaukraten Čechen sind. Daß aber jetzt auch noch wir Deutsche, Magyaren und Italiener den Slaven zum Fußschemmel dienen sollen, auf welchem sie zur Höhe ihrer Macht emporsteigen wollen, das dürfte denn doch selbst für die Schafsgeduld der Deutschen zu viel werden." Gleichsam als Antwort darauf erschien vierzehn Tage später in dem Journale Karl Havlíček's ein „Slaven, habt acht! — Slované pozor!" überschriebener Artikel, worin es unter andern hieß: „Slaven! euere Gouverneure und Präsidenten sind fast alle deutsch. Ihr habt noch viele Kreishauptleute und Beamten, die vor euch für die Freiheit sprechen, aber hinter eurem Rücken schwere und ewige Fesseln schmieden. Ihr habt noch viele Secretäre und Schreiber, die ihr mit eurem slavischen Gelde bezahlt und die, weil sie eure schöne Sprache nicht kennen, euren Nationalgeist ertödten. Slaven, ihr habt die Italiener, ihr habt das große Wien bezwungen, ihr werdet binnen kurzem die räuberischen Horden der magyarischen Asiaten vernichten; solltet ihr euch nicht jener zu erwehren im Stande sein, die euch ohne Waffen auf dem Nacken sitzen? Verflucht sei jeder Slave, der inner den Gränzen seines Gebietes von einem Andern Befehle annimmt als von einem Slaven; der sich von den Behörden andere Schriften zustellen läßt oder ihnen andere zustellt als slavisch geschriebene; der auf den Landtagen, vor Gericht eine andere Sprache spricht als slavisch!"[120]

4.

Wenn in den nicht-ungarischen Ländern ein unvernünftiger Racen-Streit zumeist auf das Feld leidenschaftlicher Polemik beschränkt blieb

und Ausbrüche roher Gewalt nur als vereinzelte Ausnahmen vorfielen:
so nahm derselbe im größten Theile des Gebietes jenseits der Leitha
einen ungleich heftigeren, einen blutig kriegerischen Charakter an. Wir
haben es hier weniger mit dem geschichtlichen Verlaufe dieses Kampfes
zu thun, dessen hervortretenste Erscheinungen bereits im vorigen Abschnitte in dem Zusammenhang der allgemeinen Weltbegebenheiten einge-
flochten wurden; jetzt handelt es sich vielmehr um die allgemeinen Gesichtspunkte, aus denen jener Widerstreit zu erfassen ist, und um das
bezeichnende Gepräge, das ihm durch seinen Ursprung, seine Beweggründe
und Ziele, seine Kräfte und Mittel aufgedrückt wurde.

Als die magyarische Partei, Ludwig Kossuth an der Spitze, ihre
großen März-Zugeständnisse durchsetzte, da war es das Losungswort der
Freiheit, mit dessen verlockendem Klang sie die Bevölkerung Wiens
in deren Mitte sie ihren Sieg errang, aber auch weithin die Völkerstämme
in ihrem eigenen Lande zu bestricken und zu begeistern wußte. Waren
doch jene Gesetze bestimmt „die Wunden einer mehr als dreihundert-
jährigen Unterdrückung zu heilen", damit „der Unrath des österreichischen
Augias-Stalles weggeräumt und die verschütteten Quellen des von Gott
gesegneten Landes wieder geöffnet" werden könnten! [120 b]) Verantwort-
liches Ministerium, Preßfreiheit, Gleichheit vor dem Gesetze, Repräsen-
tativ-System, Nationalgarde, Schwurgerichte, Aufhebung der Frohndienste,
kurz alle die Schlagworte, die damals die Runde durch Europa machten,
standen auf ihrem Programm. Nur wie dazwischen geschoben waren drei
nicht nach der Schablone gearbeitete Punkte: Verlegung des Reichstages
von Preßburg nach Pest; Einberufung des ungarischen Militärs und
Ausquartirung der „fremden" Truppen; Union mit Siebenbürgen. Aber
gerade um diese drei letztern Punkte war es den Führern ganz vorzüglich
zu thun. Auch zeigte sich gleich nachdem der erste Moment allgemein
freudiger Betäubung vorübergegangen, daß sie von allen Gewährungen
nur zum Vortheil ihrer eigenen Parteistrebungen Gebrauch zu machen,
dagegen überall, wo deren Anwendung in's Gegentheil ausschlagen konnte,
nach früher gewohnter Weise vorzugehen gedachten, mit andern Worten,
daß es nur dem Gesammtstaate Österreich gegenüber die Revolution,
ihren eigenen andersprachigen Landesgenossen gegenüber aber das historische Recht oder richtiger das historische Unrecht war, wessen sich
der „O'Conell Ungarns"[121]) und seine Bannerschaft bediente. Als sich
gleich nach Verkündigung der ungarischen März-Gesetze die Liptauer Slo-

vaken beeilten ihre langgehegten Wünsche in einer Gesammt-Petition zu formuliren, empfing die Comitats-Behörde vom Grafen Batthyányi die Weisung die geringste Erneuerung solcher Schritte mit einer „Fiscal-Action" niederzuschlagen, und Kossuth — „ein zweiter Konrad Wallenrod, aber selbst unbewußt und selbst absichtslos", wie ihn Hodža nannte — that einen Schwur, jeden einkerkern zu lassen der mit ähnlichen Forderungen aufzutreten wagte. Kaum besser erging es einer Deputation der sächsischen Nations-Universität, die nach Eröffnung des Pester Reichstages dem ungarischen Ministerium eine Denkschrift über die Bedingungen überreichte, unter denen sich die Sachsen die Vereinigung mit Ungarn gefallen lassen wollten; Deák nahm gleich an dem Ausdruck „Bedingungen" Anstoß und wollte so etwas nicht gelten lassen, worauf ihm Pfarrer Fabini, eines der Deputations-Glieder, entgegnete: „Verlangen Sie etwa, ein Volk solle sich erst als Gnade jene Rechte erbitten, die es schon besitzt und die ihm von Rechtswegen zustehen?"

Doch die Slovaken waren ein langmüthiges Völklein, die viel über sich ergehen ließen, ehe sie einen Versuch ernsten Widerstandes machten. Alle Grundsätze constitutioneller Freiheit, von denen tagtäglich die Wände des Pester Sitzungssaales widerhallten, schienen nur für sie nicht vorhanden zu sein. Ihre Presse war geknebelt; das Petitions-, das Associations-Recht, dafern sie davon zu Gunsten ihrer National-Wünsche Gebrauch machen wollten, waren ihnen verwehrt; Volksversammlungen unter freiem Himmel, sonst in ganz Ungarn an der Tagesordnung, waren ihnen nicht gestattet.[122]) Slovakische Patrioten, wie Hodža's Bruder, der Dichter Jan Kral, der Schullehrer Notarides zu Pribet u. a. wurden verfolgt, eingekerkert, mißhandelt. Und als endlich nach so lang erlittener Drangsal und Ungemach in der zweiten Hälfte September Hurban, unterstützt von Štúr, Hodža, Bloudek, Zach, Janeček, den Versuch wagte Gewalt mit Gewalt abzuwehren, und mit einem Freischaarenzuge von mehreren hundert Köpfen in's Trenčiner Comitat einfiel nur einen Landsturm zu organisiren, da ließ ihn die eingeschüchterte Bevölkerung fast gänzlich im Stich, während auf den Hilferuf der ungarischen Behörden aus Preßburg, Tyrnau, Diószég, aus der Schütt und den Bergstädten, aus dem ungarischen Theile des Neutraer Comitats zahlreiche Nationalgarde-Schaaren herbeirückten, gegen deren Übermacht Hurban zuletzt das Feld räumen mußte. Über das arme slovakische Volk brach jetzt eine traurigere Zeit als früher herein. So unbedeutend und vereinzelt die Beihilfe war, die sie den

Freischärlern angedeihen lassen, so schwer traf sie der Rächerarm der magyarischen Behörden; die Verhaftungen nahmen kein Ende, junge Bursche
wurden massenweise unter die Honvéds gesteckt, das ganze Waagthal
hinauf und hinab war kein größeres Dorf zu finden, an dessen Ausgang
nicht ein frisch aufgerichteter Galgen die Leiber hingerichteter Slovaken
trug. Erst das Einrücken des kaiserlichen Militärs gab dem unglücklichen
Volke Ruhe und Sicherheit zurück.

Auch das ernste rechtsförmliche Wesen der siebenbürger Sachsen
vertrug sich mit keiner rasch entflammenden Voreiligkeit. Trotz des
mancherlei Unglimpfs, den ihre Abgeordneten schon auf ihrer Reise durch
Ungarn zu erdulden hatten; trotz der üblen Aufnahme, die ihre Vorstellungen beim Pester Ministerium fanden; trotz offener Eingriffe in die
Verfassung, die sich dasselbe gegen die sächsische Nation erlaubte; trotz
allerhand Plackereien, denen geborne Siebenbürger aus ganz geringfügigen
Anlässen allen constitutionellen Grundsätzen zuwider in Pest ausgesetzt
waren [123]), hielten die Vertreter der Sachsen-Stühle und Städte im
Reichstage aus, bis der Gesetzesvorschlag über die Vereinigung Siebenbürgens mit Ungarn von der keine Einwendung und Verwahrung duldenden
magyarischen Partei angenommen wurde. Nun erst verließen die Abgeordneten von Hermannstadt Mediasch und Leschkirch, nachdem sie sich zuvor
beim Präsidenten Pazmandy geziemend gemeldet, Reichstag und Stadt;
die meisten ihrer Collegen gingen, theils mit theils ohne Urlaub, in den
Tagen darauf denselben Weg. Die übermüthige Reichstagsmehrheit
aber rief ihnen das Stichwort „Ausreißer" (szökevény) nach; der
Szekler Abgeordnete Pálffy forderte sogar die Köpfe der „Verräther"
und erbat sich, wenn man ihn als königlichen Commissär nach Siebenbürgen schicke, die „Aufwiegler" mit eiserner Strenge zu verfolgen. Am
26. September sagte sich die Hermannstädter Bürger-Versammlung
förmlich von Ungarn los: „Die Gefahr unseres Deutschthums drängt;
das Gefühl der unerschütterlichen Treue und Anhänglichkeit an das
deutsche Kaiserhaus, die dem sächsischen Bürger im Herzen wohnt, treibt
unsere Nation jetzt mehr denn je, entschieden und fest entschlossen sich
dahin zu stellen von wannen ihr allein Rettung kommt!" Drei Tage
später, 29., gab der Hermannstädter Stuhl eine ähnliche Erklärung ab:
„Ein tapferer slavischer Stamm hat zu den Waffen gegriffen, und uns
muthet man zu, zur Bekämpfung dieses heldenmüthigen Volkes unsere

waffenfähige Jugend zu opfern, zum angeblichen Schutze des Königs gegen die Angriffe 'wilder Räuber' in's Feld zu rücken?!"

Der „tapfere slavische Stamm", das „heldenmüthige Volk", von dem in dieser Erklärung die Rede war, und die „wilden Räuber", denen man magharischerseits die sächsische Jugend entgegenführen wollte, waren die Serben und Gränzer in den benachbarten süd-ungarischen Comitaten. Allein in Siebenbürgen selbst konnten die Sachsen auf einen Volksstamm hinweisen, der, minder geduldig als die Slovaken und nicht zu langwierigen Verhandlungen aufgelegt wie die Sachsen, jeden Augenblick zu offenem Kampfe bereit stand. „Brüder Römer", riefen die Führer der Romanen ihrem Volke zu, „ein härteres Los hat keine andere Nation Europas erfahren, weiter hat keine andere die Tugend der Geduld getrieben. Jetzt hören wir überall das Evangelium der Freiheit und Gleichheit predigen; sollen diese Zauberworte für die ganze Menschheit Geltung haben, nur für uns leerer Schall sein? Unsere Nation seufzte bisher unter den Formen eines barbarischen Egoismus, dem nur die Sathre den Namen einer Verfassung beizulegen vermochte. Wir sind die Mehrheit und doch haben unsere Thrannen, die Ungarn Szekler und Sachsen, uns ausgestossen; wir werden unterthäniges Volk, Knechte genannt, während jene allein den Namen von Nationen usurpiren. So wurden wir behandelt, wir die nach Millionen zählen, in deren Menge Jene gleich einem Wassertropfen im Meere verschwinden! Brüder, seid eingedenk des Ruhmes unserer Vorfahren, der Herren der Welt, der Römer! Wir wollen die gleichberechtigte vierte Nation im Lande sein! Nicht ferner soll man uns 'Walachen' (oláhok) nennen dürfen, 'Romanen' soll man uns heißen! Von einer Union mit Ungarn wollen wir nichts wissen! Die Ungarn mögen Trauerflöre um ihre Hüte winden, wenn sie bei ihrem Verlangen beharren!" [124]) Die Worte, auf dem „Freiheitsfelde" bei Blasendorf gesprochen, gingen durch's ganze romanische Land, von Gemeinde zu Gemeinde, bis auf die höchsten Alpen, bis in die abgelegensten Bergthäler. Abgeordnete von allen Compagnien des ersten Romanen-Regiments erschienen zu Orlat, Repräsentanten des zweiten zu Naßod, um die Erklärung abzugeben, daß sie nie vom Pester Ministerium Befehle annehmen würden. Umsonst wurden von Seite der magharischen Partei alle Mittel aufgeboten der Bewegung Einhalt zu thun. Man schob die Leiden der Romanen der früheren absolutistischen Regierung zu; „jetzt, in der Ära der Freiheit, werde sich alles anders

13*

gestalten". Man suchte sie zu einem Bündniß mit den Ungarn und
Szeklern zu verlocken; „sonst würden sie alle vom deutschen und
slavischen Elemente erdrückt werden". Als Schmeichelworte nichts
fruchteten, kamen Drohungen und Gewalt an die Reihe: romanische
Patrioten wurden verfolgt, verhaftet, Monate hindurch unter Leiden
und rohen Mißhandlungen aus einem Kerker in den andern geschleppt;
so der Pfarrer Simeon Balinte von Berespatak, der Advocat Florian
Micasiu zu Vásárhely, die Professoren Lauriani und Balasiescu zu
Hermannstadt (welche letzteren beiden jedoch nach acht Tagen wieder
in Freiheit gesetzt wurden, 18.—25. August). Doch all das fachte nur
die Widerstandslust der Romanen zu heftigerer Lohe an. Kein Jüng-
ling der Nation ließ sich für die Pester Regierung anwerben, in hellen
Haufen rotteten sie sich zusammen, den ausgesandten Werb-Commanden
bewaffneten Widerstand zu leisten. Schaarenweise liefen sie den Stabs-
orten ihrer National-Regimenter zu, ihre Dienste dem kaiserlichen Militär
anzubieten; mehr als achtzig romanische Dörfer baten um Aufnahme
in den Gränz-Verband und verlangten militärisch organisirt zu werden,
um den Magyaren besser widerstehen zu können. In den Tagen vom
16. bis 29. September fand eine abermalige Versammlung auf dem
Freiheitsfelde bei Blasendorf statt; Jancu, Severu, Bradu erschienen,
jeder mit großem Anhang; über 40.000 zählte man der Köpfe, die nicht
abließen, bis sie die Herausgabe ihrer verhafteten Brüder erwirkt hatten.
Jancu schlug jetzt sein Lager bei Campeni auf und begann die Organisirung seiner Legion; sein Unterbefehlshaber Probu sammelte die Seinen
bei Muzsina. Der Bürgerkrieg mit all seinen Wildheiten brach los.

Im Banat und in der Bácka stand derselbe bereits seit Monaten
in hellem Feuer. Schon im April hatten die Serben an einzelnen Orten
losgeschlagen; Mitte Mai hatte der National-Congreß von Karlovic damit
begonnen, dem Pester Ministerium den Gehorsam aufzusagen und sich
durch eine eigene Deputation, den Metropoliten Joseph Rajačić an der
Spitze, an das kaiserliche Hoflager zu wenden. Ihre Forderungen betrafen
im wesentlichen: Erneuerung und thatsächliche Durchführung der ihnen bei
ihrer ursprünglichen Einwanderung gemachten Zugeständnisse; Erhebung
ihres Metropoliten zum Patriarchen als geistlichen und Ernennung eines
eigenen Woiwoden als weltlichen obersten Organs ihrer National-Inter-
essen; endlich Umschreibung eines eigenen Territoriums, das den Banat,
die Comitate Bác und Baranya, dann Syrmien und die anliegenden

Militär-Gränzbezirke umfassen sollte. Von Innsbruck kam ablehnender Bescheid: „Der National-Congreß sei nicht gesetzlich berufen worden und habe daher keine Beschlüsse fassen können, die in Erwägung zu ziehen wären"; und nun drang der serbische Hauptausschuß in den Metropoliten, sich mit unumschränkter Gewalt an die Spitze der Bewegung zu stellen, sie zu organisiren und zu leiten. Rajačić schied den Ausschuß in sieben Sectionen (für Diplomatie, Polizei, Finanzen, Verwaltung, Gesundheitswesen, Kirchliches, Aufklärung) und nahm als „einstweiliger nationaler Verweser" (upravitelj) die militärischen und diplomatischen Angelegenheiten unmittelbar in seine Hand. Nebstbei wurde ein besonderer Ausschuß für nationale Rechtspflege und ein anderer für finanziell-volkswirthschaftliche Interessen gebildet[125]). Unter der Central-Leitung standen die zur Organisirung des Aufstandes, zur Herbeischaffung des Kriegsbedarfs und der Verpflegung eingesetzten Kreis- und die Orts-Ausschüsse (odbori); ihre Mitglieder wurden von den Gemeinden gewählt und waren Popen, Handelsleute, Schullehrer, Handels- und Forstmänner, häufig auch, namentlich in der Militär-Gränze, ausroulirte Chargen, eine Menschen-Classe die bei den Stabs-Behörden seit jeher in dem Geruche unruhiger Stänkerei und Planmacherei stand. Gegen das Fürstenthum Serbien wurde die Gränzsperre aufgehoben, mit dem Banus von Kroatien eine Verbindung eingegangen. Um dem Aufstande materielle Mittel zuzuführen, wurden die in der National-Casse vorhandenen Gelder nach Belgrad in Sicherheit gebracht; ein .gewisser Stanimirović, Bürger von Pančova, belegte die Dreißigstamt-Caffa von Alt-Palanka mit Beschlag; ein Beispiel das auch in den andern Gränzorten nachgeahmt wurde; außerdem flossen der National-Regierung von Körperschaften und Privaten Geldbeiträge und Naturalien ziemlich reichlich zu.

In Pest hatte man von allem Anfang die serbische Bewegung als die gefährlichste von allen erkannt, und darum die Einberufung eines illyrischen Nationalcongresses beschlossen, der am 27. Mai beginnen und vom Temescher Obergespan Peter Černović als Regierungs-Commissär geleitet werden sollte. Doch die Ereignisse waren der Ausführung dieses Vorhabens vorangeeilt, und so mußten andere Mittel ergriffen werden. F.-M.-L. Hrabowsky, Commandirender von Slavonien und Syrmien, empfing gemessene Instructionen; Sabbas Vuković für das Banat, Ladislaus Csany für Kroatien wurden als königl. Commissäre mit ausgedehnten Vollmachten versehen. Doch die Autorität der letzteren war in den aufgeregten Bezirken gleich null; Hrabowsky wurde vom Karlovicer Ausschusse als Feind der serbischen Nation und des Kaisers erklärt. Da kam der Angriff auf Karlovic am Pfingst=Montag, der dem serbischen Aufstande in seinem Hauptpunkte den Untergang bereiten sollte, der aber, mißlungen, nur ein um so rascheres Umsichgreifen desselben zur Folge hatte. „Der Tag wirkte wie Zauber auf das Volk." In kurzer Frist waren bei 10000 Mann Gränzer und Provincialisten beisammen, die sich aus den ärarischen Magazinen mit Waffen und Schießbedarf versahen. Alle militärische Zucht war gelöst, nur das nationale Interesse hatte Geltung. Das Peterwar=deiner Regiments=Commando consignirte sein Reserve=Bataillon nach Mitrovic, allein der National=Ausschuß rief es zum Schutze von Karlovic herbei und es marschirte in die Vorposten=Linie gegen Peterwardein ab. Das zweite Bataillon, nach Italien bestimmt, wurde auf seine Bitte vom Banus in Agram zurückgehalten und bald darnach auf Dampfern nach Mitrovic in seinen Regiments=Bezirk zurückgeschickt (10. Juli), wo es nicht ruhte bis es an die Seite seiner Stammesbrüder gestellt wurde. Die Čajkisten erhoben sich in Titel und unterwarfen sich dem Karlovicer Ausschusse, von welchem Georg Stratimirović mit dem einstweiligen Ober=befehle über die gesammten „National=Truppen" betraut wurde. Die Römerschanze wurde in Vertheidigungsstand gesetzt, bei Illok und Kamenic, bei Čerević, später bei Szent=Tamás, Perlaß u. a. Lager errichtet; bewaffnete Zuzüge aus dem Fürstenthum strömten über die Gränze. In Pest versuchte man alle Mittel der Gewalt, der Klugheit und List, die Bewegung zu ersticken oder in andere Bahnen zu lenken. Rajačić wurde zur Verantwortung vorgeladen, der Bischof von Ofen Platon Athanac=ković mit der einstweiligen Leitung des Karlovicer Erzbisthums betraut (2. August), Černović durch Szent=Királyi (24. Juli) und bald darauf (4. August) durch Beöthy ersetzt, die Entwaffnung von Zombor, die Vornahme zahlreicher Verhaftungen eingeleitet. Daneben liefen Versuche Zwiespalt unter den Aufständischen zu säen, wozu die Verschiedenheit ihres Glaubensbekenntnisses eine Handhabe zu bieten schien[126]). Die Anhänger der Pester Regierung stellten den Serben des lateinischen Ritus den Auf=stand so dar, als sei derselbe bloß gegen die Interessen der katholischen Religion gerichtet; der Banus selbst, sagten sie, habe sich mit dem Metropoliten verstanden, sei zum griechischen Ritus übergetreten und wolle die katholischen Kroaten vom Glauben ihrer Väter abwendig machen. In der That blieben diese Aufreizungen nicht ganz ohne Folgen. Katholische

Gränzer weigerten sich gemeinschaftlich mit den griechischen Serben zu kämpfen, und gingen unter einander Verbindungen ein, wodurch sie wieder das Mißtrauen der Andern erregten. Dadurch kam es an einzelnen Orten zu ernsten Auftritten. Als am 15. Juli die serbischen Katholiken im Bräuhause von Mitrovic eine Berathung abhielten, rotteten sich die Griechen zusammen, stürmten das Gebäude und sprengten die Versammlung, wobei der Braumeister Guldi, Katholik, seinen Tod fand. Auch in Golubice gab es aus zufälligem Anlasse einen Conflict, der ein Menschenleben kostete. Man mußte zuletzt die katholischen Serben in eine eigene Abtheilung zusammenstellen, die unter Befehl des Hauptmanns Turina bei der Cernirung von Peterwardein verwendet wurde. Hiermit war dann die Sache abgethan und weiter von Zwistigkeiten zwischen Katholiken und Griechen im serbischen Lager nichts mehr zu hören. Der Kampf gegen die Magyaren und die von der Pester Regierung entsendeten Truppen wurde mit Ausdauer fortgesetzt; der Aufstand nahm stets größere Verhältnisse an, und bald standen der untere Theil des Banates und der Bačka, die Bezirke des Peterwardeiner und deutsch-banater Regiments, dann jener des serbisch-banater mit Ausnahme der Umgebung von Weißkirchen, thatsächlich unter den Befehlen des Karlovicer National-Comités, dessen Absicht auf nichts geringeres hinausging, als das ganze Gebiet der „Woiwodschaft" in seine Macht zu bekommen.

Von magyarischer Seite hat man sich stets Mühe gegeben, die Erhebung der Serben und Romanen lediglich als eine Folge von Wien und Innsbruck aus gesponnener Ränke darzustellen. Der Banus war ihnen nichts als ein „Söldling der aristokratischen Reactionsclique", sein Auftreten die „Ausgeburt eines von der Camarilla geschmiedeten Complotts". Sie zu hören, hatte man es in Hofkreisen verstanden, die Serben, die sich zu allen Zeiten „als treue Knechte der Wiener Regierung" erwiesen, gegen das Pester Ministerium aufzustacheln; „slavische und österreichische Emissäre" bearbeiteten die Gemüther dieses „noch ungebildeten und bigotten Volkes". Für die Seele des „walachischen" Comités von Hermannstadt gaben sie den Procurator Barnucz (Barnutiu) aus; dieser selbst aber habe gar kein Nationalgefühl besessen, sondern nur „unbedingt nach den Instructionen der Camarilla" gehandelt. Gegen Ende August wurde in Pest eine Adresse colportirt, von „mehreren Einwohnern der Stadt Agram" an ihre „lieben Brüder Magyaren" gerichtet, worin be-

hauptet wurde, ganz Kroatien sei für Ungarn „mit Ausnahme einiger
fünfzig in die Dienste der Wiener Camarilla verstrickter Personen, wie
Kulmer, Ožegović, Bužan, Kukuljević, Bukotinović"; diese ließen kein
Mittel unversucht die übrige Bevölkerung einzuschüchtern und dem kroatischen Militär fortwährenden Anlaß zu Ausschreitungen und Grausamkeiten zu geben; es bedürfe nur eines Einmarsches ungarischer Regierungs-
Truppen, und die ganze kroatische Nation werde sich „wie ein Mann"
erheben, um sich unter ihre Fahnen zu schaaren [127]).

An allen diesen Ausstreuungen war kein wahres Wort. Daß die Er-
hebung der Serben und Romanen von Wien und Innsbruck aus in
Scene gesetzt worden, war so wenig der Fall, daß vielmehr das gerade
Gegentheil davon behauptet werden muß. Fühlte man gleich in den
Hofkreisen eine instinctartige Theilnahme für das was sich im Süden
vorbereitete, und konnte man darum den Männern, die sich dort vor den
Wallriß stellten, nicht ernstlich gram sein, so hatte man andrerseits Sinn
und Muth so vollständig verloren, daß man nicht nur nichts that der
Bewegung thatsächlich oder auch nur moralisch zu Hilfe zu kommen [128]),
sondern, von magyarischen Einflüßen beherrscht, dieselbe geradezu verläugnete und preisgab. In den aufständischen Gebieten befand sich bis
in den Hochsommer hinein fast alles, was kaiserlich-königlich war, nicht
auf der Seite der um ihre Freiheit ringenden Völker, sondern auf jener
der sie bekämpfenden Pester Regierung, wie denn auch bei Ausbruch des
serbischen Aufstandes von Temesvár und von Peterwardein an alle k. k.
Officiere das Verbot erging, sich „bei Verlust der Charge" jeder Theilnahme zu enthalten. Von hervorragenden dem Staatsdienste angehörigen
Persönlichkeiten machte nur Jelačić von allem Anfang eine Ausnahme;
die andern unterwarfen sich entweder dem im Abglanze der königlichen Majestät sich sonnenden ungarischen Ministerium oder traten, zweifelhaft
oder unwillig, gänzlich vom Schauplatze ab.

Der Gang der serbischen Bewegung zeigt dieß klar. Das erste
was sich von kaiserlichem Militär derselben anschloß, war das Peterwardeiner Gränz-Regiment; aber geschah dieß von Seite der Officiere?
Nichts weniger als das! Als die Ereignisse hereinbrachen, befanden sich
das 1. Feld-Bataillon in Italien, das 2. auf dem Sprunge dahin abzumarschiren, mit ihnen die tüchtigsten Officiere. Was von letzteren zurückgeblieben, war theils vereinzelt und ohnmächtig, theils unentschlossen
und rathlos; so insbesondere der Stellvertreter des Regiments-Comman-

danten, Oberstlieutenant Hallavanja. Unter der Mannschaft aber gährte
es bereits. Mit Mißtrauen blickte sie auf Peterwardein, gleichsam die
Festung ihres Regiments, die ihr in den Händen einer zum größten
Theil aus Don Miguel-Infanterie bestehenden Garnison nicht gesichert
schien; zu ihrer Beruhigung mußte Hallavanja den Hauptmann-Auditor
Radosavljević an Hrabowsky mit der Bitte senden, wenigstens eine
Division des Regiments in die Festung aufzunehmen; ein Begehren,
dem Hrabowsky weit entfernt war zu entsprechen. Als das 2. Feld-
Bataillon, wie früher erzählt worden, von Jelačić in seinen Bezirk zu-
rückgesandt wurde, brach in Mitrovic offene Meuterei aus, 15. Juli;
die meisten Officiere, Oberst Rastić an der Spitze, verließen den Regiments-Bezirk. Daß sich nicht alle Bande lösten, ergriff Radosavljević auf
eigene Verantwortung die Zügel, organisirte eine Bürgerwehr, publicirte
das Standrecht, ließ einige der Rädelsführer hinrichten und hielt dadurch
die Übrigen im Zaum, bis Jelačić, der bald darauf (18. Juli) selbst
nach Mitrovic kam, Radosavljević als provisorischen Regiments-Com-
mandanten bestätigte. Doch war nicht früher Ruhe, als bis man die
Mannschaft des Bataillons in die Schanzen von Szent-Tamás abrücken
ließ. Ähnliche Vorgänge fanden an andern Punkten der Gränze statt.
Officiere in ihren Stationsorten, die sich dem Aufstande nicht anschließen
wollten, wurden zur Abreise gezwungen, einige selbst festgenommen und
als Gefangene nach Karlovic gebracht. Der Oberst von Beller vom
Čajkisten-Bataillon brachte, als seine Truppe sich der Karlovicer Sache
anschloß, seine Person hinter den Mauern von Peterwardein in Sicherheit, Major Molinary und einige andere Officiere wurden durch die
Mannschaft gewaltsam fortgeschafft. Der Commandant des illyrisch-
banater Gränz-Regiments Oberst Dreihann mußte flüchten; seine Leute
zogen aus, um Weißkirchen in Schach zu halten, während ihre Waffen-
brüder, die Deutsch-Banater, ein Lager bei Perlaß bezogen. Auch der
gepriesene Held von Temesvár, der greise Rukavina, der früher als andere kaiserliche Feldoberste das gefährliche Treiben des Magyarismus
durchschaute und demselben bei Zeiten vorzubauen wußte, war gleichwohl der
serbischen Sache nichts weniger als hold. Militär von altem Schrott und
Korn, in strammes Formwesen eingelebt, widerstrebte ihm das regellose
Treiben nationaler Begeisterung; weit entfernt die Erhebung der Serben
zu begünstigen, legte er derselben, mindestens in der ersten Zeit, Hinder-

nisse aller Art in den Weg, wollte den administrativen Einfluß des Patriarchen nicht anerkennen 2c.

Die Folge aller dieser Zustände war, daß sich der serbische Aufstand die ersten Monate hindurch ohne alle höhere Officiere befand. Die
oberste militärische Autorität war thatsächlich der griechische Kirchenfürst,
dem jeder andere Vorzug nachzurühmen war, nur sicher nicht strategische
Kenntnisse [129]). Galt es irgend eine militärische Action, so trat er mit
dem jungen Grafen Albert Nugent (geb. 1816) und dem noch jüngern
Stratimirović (geb. 1822) zum Kriegsrathe zusammen. Gereifte Männer
waren damals unter den höhern Officieren etwas so ungewohntes, daß
einer der Theilnehmer jener Ereignisse, selbst ein blutjunger Lieutenant,
es in seinem Tagebuche ganz besonders anmerkte, er habe am 9. September Stratimirović getroffen, „an seiner Seite eine neue Erscheinung —
einen vollbärtigen Rathgeber" [130]). Wenn es in den Reihen der
obersten Leitung so aussah, kann man sich denken, wie es mit den untern
Posten bestellt war. Daß bei den Militär-Gränzern k. k. Feldwebel
ganze Compagnien, k. k. Lieutenants ganze Bataillons regelmäßig an-
führten, war durchaus kein seltener Fall; traf den Führer einer Unternehmung das Unglück daß er kampfunfähig wurde, so übernahm auch
wohl ein bloßer Corporal das Commando, wie sich dieß z. B. mit Vasa
Čakovan aus Margitica bei dem Angriff auf Neusina ereignete. Der
Capitän-Lieutenant Michael Jovanović befehligte drei, später sogar vier
Bataillons. Die Erdfestung von Szent-Tamás hatte erst einen Feldwebel, Theodor Bosnić, zum Commandanten, bis am 18. August der
Oberlieutenant Peter Bigga mit dem 2. Peterwardeiner Feld-Bataillon
einrückte und das Commando über 6000 Mann übernahm. Um diesem
Mangel an Officieren abzuhelfen, griff Rajačić zu der Auskunft fähigere
Individuen zu „National-Officieren" zu ernennen oder Militär-Chargen
einen höheren Rang im National-Officierscorps zu verleihen. Letztere
machten bei solcher Gelegenheit oft wahre Riesensprünge: der früher genannte Feldwebel Bosnić avancirte ohne weiters zum Hauptmann, der
pensionirte k. k. Lieutenant Johann Dragulić, der das Lager von Perlaß
errichtete, zum Obersten, Stratimirović, der einige Jahre früher als
Lieutenant seinen Abschied genommen hatte, gar zum General. Wie
ganz anders sah es drüben im ungarischen Lager aus! Da wimmelte
es von wirklichen Generalen, Obersten und Officieren jeden Grades,
da schimmerte es von goldenen Aufschlägen und Borten, von grünen

Federbüschen und schwarz=goldenen Feldbinden, von Kreuzen und Sternen.
Da war der kön. ungarische Kriegsminister Mészáros; da waren die
k. k. Feldmarschall=Lieutenants Hrabowsky und Bechtold, die k. k. General=
majors Wohlnhofer und Eichenheim, die k. k. Oberste Kolowrat, Kiß,
Castiglione, Blomberg (Schwarzenberg=Uhlanen Nr. 2) 2c. 2c. Die
kaiserlichen Linien=Regimenter Alexander, Miguel u. a. fochten in ge=
schlossenen Reihen gegen die kaum gebildeten National=Bataillone und
Compagnien der Serben und Serbianer. Die Anwesenheit so vieler
hochgestellter Officiere im ungarischen Lager und der gänzliche Mangel
derselben in den Reihen der Serben wirkte auch insofern zu Ungunsten
der letzteren, als dadurch manche nicht=magyarische Truppenkörper, die
nur mit Unlust gegen die Gränzer fochten, doch wieder irre wurden in
ihrer Meinung, auf welcher Seite die wahre kaiserliche Sache, der sie
Treue geschworen, zu finden sei. Das war namentlich bei Schwarzenberg=
Uhlanen der Fall, die bis Mitte Juli, als ob es nicht anders sein könnte,
mit den Ungarn gemeinsame Sache machten, bis sie sich allmälig, bei
wachsendem Mißtrauen gegen die Absichten ihrer bisherigen Waffen=
genossen, von jeder ernstern Theilnahme am Kampfe gegen die Gränzer,
die sie doch auch als k. k. Truppen erkannten, zu enthalten begannen.

So war es denn ein **Volkskrieg** in der eigentlichsten Bedeutung
des Wortes, was sich in der größern Hälfte des Jahres 1848 zwischen
der untern Save und dem Einflusse der Theiß in die Donau abspielte,
ein Volkskrieg einerseits mit allen Mängeln kunstgerechter Organisation
und Strategie, aber andrerseits mit aller hingebenden Begeisterung einer
für Haus und Herd muthvoll kämpfenden Masse. Die Abtheilungen der
Gränzer brachten zwar ihre militärische Ordnung und Eintheilung mit
und hielten an ihr fest, und die ihren Reihen entnommenen National=
Officiere suchten diese Ordnung und Eintheilung auch in die Masse der
Leute aus dem Volke zu übertragen; allein das ging nicht so leicht und
beim geringsten Anstosse zerfiel es wieder. Und bunt genug sah es in
den Gliedern dieser National=Kämpfer aus. Fast von den Knabenjahren
bis zum Greisenthum waren alle Altersstufen vertreten; „meines Vaters
Kriegsgefährten von Leipzig und meine Mitschüler standen in einer Reihe",
erzählt ein junger Lieutenant, den seine Begeisterung für die nationale
Sache in das Lager von Perlaß geführt hatte. Nur Weiber, wie das
sonst bei Volkskriegen vorzukommen pflegt, duldeten die Serben nicht in
ihrer Mitte; sie hielten das unter ihrer Würde und für eine Schmach,

daß die Männer nicht hinreichen sollten dem Feinde zu begegnen.   Zu
den österreichischen Serben kamen nun noch zahlreiche Schaaren ihrer
Stammesbrüder aus dem benachbarten Fürstenthum. Von allem Anfang
hatte die Belgrader Regierung das Comité von Karlovic mit Geld
Waffen Kriegsbedarf unterstützt; sie gestattete überdieß ihren Unter=
thanen sich am Kampfe des Brudervolkes zu betheiligen, und nun setzten
Tausende von Serbianern über die Donau und eilten auf den Kriegs=
schauplatz.   Sie kamen unter ihren eigenen Führern, dem tüchtigen
Milevoj, dem tapfern Belić, dem gefeierten „Kapetan“ Janča, und vor
allem dem Ober=Anführer Knićanin (spr. Knitjanin), der Muth mit
Ruhe, Scharfblick mit Ausdauer verband, eine achtunggebietende Erschei=
nung, ganz geschaffen rohen Natursöhnen zu gebieten.   Denn das waren
wilde Gesellen, diese Serbianer in ihrer nationalen Tracht und Bewaff=
nung, mit der orientalischen Langflinte, zwei Pistolen und dem furcht=
baren Jatagan oder Handžar (ein langes gerades Messer mit gespaltenem
beinernen Griff) im Gürtel, die Gewandtheit und List, Körperkraft und
Sicherheit im Gebrauch ihrer Waffe ebenso auszeichneten, wie sie sich
andererseits durch Zuchtlosigkeit und wüstes unbändiges Wesen selbst dem
Gränzvolk, wenn sich dieses nicht unbedingt ihrem Willen fügen wollte,
furchtbar machten.   Da war es nur Knićanin, der ihre Wildheit brechen
konnte: ein Zucken seines Auges, seine erhobene Hand waren genug, sie
zu scheuem Gehorsam zu bringen.

Ursprünglich und vielfach ungeregelt wie die Zusammensetzung und
Ausrüstung der serbischen Schlachthaufen waren auch die Mittel ihrer
Vertheidigung und Kriegsführung.   In einer Nacht zu Anfang Juli
waren auf Wägen einige hundert Serben und Čajkisten mit eilf Kanonen
in das schlafende Szent=Tamás eingefahren und hatten sich da, ohne
daß die ungarischen Behörden sich davon etwas träumen ließen, festzusetzen
begonnen.   So entstand durch Aufwerfung einfacher Erdwälle gegen die
bedrohtesten Seiten das berühmteste aller Serben=Lager, das wiederholten
angestrengten Bemühungen der ungarischen Streitkräfte erfolgreichen Widerstand entgegensetzte.   Freilich hatten die serbischen Baubans in ihrer
Naivetät übersehen, daß die Erdfestung von Szent=Tamás und das benachbarte Lager von Turja sammt den Vertheidigungswerken der Römerschanze gleichsam in der Luft schwebten, so lange die Ungarn in ihrem
Rücken Földvár besetzt hielten.   Doch zum Glücke war in der ersten Zeit
des Kampfes die Kriegskunst der von k. k. Generalen befehligten Ungarn

wo möglich noch naiver als jene der von National-Obersten, Majors und Hauptleuten geführten Serben. Die Erdfestung von Szent-Tamás war von den Serben errichtet und die Römerschanze war von ihnen besetzt, während ihre Gegner noch immer ihr Lager bei O-Kér auf offener Heide hatten, das erst später nach Verbász zurückverlegt wurde; und eines schönen Morgens ließen sich die Ungarn in Földvár vom Feinde überraschen und heraustreiben, ohne eine Ahnung zu haben, welch wichtigen Haltpunkt sie damit verloren. Der Čajkisten-Hauptmann Stephan Surbučki, Commandant von Čurug, führte Mitte Juli diesen Handstreich gegen Földvár aus, das von da an eines der wichtigsten Serbenlager blieb. Wurden in der geschilderten Weise Fehler gemacht und Schwächen enthüllt, deren sich ein kunstgeübtes Heer in der Regel nicht schuldig machen wird, so traten andrerseits wieder Eigenschaften hervor und wurde ein Erfindungsgeist entwickelt, wie solche nur bei ungeschwächten Naturkindern anzutreffen sind. Das Kundschafterwesen war bei den Serben in einer Weise ausgebildet, um die sie jeder Feldherr discipli-nirter Truppen beneiden konnte. Hauptmann Bigga in Szent-Tamás unterhielt von seinem Lager über die Donau hinüber bis tief nach Syr-mien und Slavonien eine geheime Posten-Kette, die durch die serbischen Ortschaften über die Ebene strich. Ein gewisser Alex. Živanović der als Lager-Courier fungirte, entschlossen, findig, abgehärtet, durchkreuzte Syrmien und das südliche Banat nach allen Richtungen, kam und ver-schwand wie der Blitz, „er war überall und nirgends". Ein anderer, Vasa Milovanov aus Bavaniste, verband Tapferkeit im Gefecht mit einer seltenen Keckheit und Entschlossenheit im Ausspähen; er war jeden Augenblick bereit in's feindliche Lager zu gehen und die genauesten Nachrichten über Stärke und Stellung des Feindes einzuholen; er erbat sich dabei stets die Erlaubniß, allein, ohne jede Begleitung, das zu voll-führen. Den Streifzügen, die zeitweise aus den Lagern unternommen wurden, schloßen sich stets Sendlinge an, die nicht selten bis in die Nähe von Szegedin drangen, um die Stammesgenossen der Gegend zum Aufstand zu ermuthigen. In jedem Lager standen jederzeit 80 bis 100 Wägen bereit, unentgeldlich von den Gemeinden beigestellt; war ein Lager bedroht, so konnten demselben aus dem nächsten im Fluge bewaff-nete Schaaren als Verstärkung zugeführt werden. Kam es dann zur Schlacht, so zeigten sich die bewehrten Männer im Kampf: aber im Lager, das sie vertheidigten, arbeitete die ganze Bevölkerung mit. Wenn

das Lager angegriffen wurde, so besorgte ein Theil der Weiber das
Mittagmal, andere löschten mit bereit gehaltenen nassen Kotzen in Brand
gerathene Häuser, fertigten Patronen an, pflegten die Verwundeten. Die
Kinder lauerten auf daher rollende Kanonenkugeln, die sie, kaum daß
jene unschädlich geworden, in das Munitions = Magazin, die Kirche,
trugen; andern Tags warf man sie dann dem Feinde wieder zurück,
denn man hatte nichts im Überfluß. Den ganzen Tag stand in
jedem Hause das Mal auf dem Tische bereit; wer kam, aß davon und
ging dann in's Lager zurück, von den Segenswünschen der Hausbewohner
begleitet. Währte der Kampf zu lang, dann konnte man mehr als eine
Hausfrau sehen, die den Kriegern Speise und Trank in die Feuerlinie
zutrug [131]).

Im Monate August trat der erste höhere Officier, Oberst Mayerhofer, österreichischer Consul in Belgrad, offen in die Reihen der Serben
und unternahm im Einverständnisse mit dem „Patriarchen", aus dem
Chaos eine Art Organisation zu bilden. Es war dieß um dieselbe Zeit,
da Latour seine ersten geheimen Beziehungen zu Jelačić eröffnete, die in
dem von beiden gemeinschaftlich vorbereiteten Zuge des Banus gegen
Pest, Mitte September, ihren Ausdruck fanden. Es soll nun keineswegs
behauptet werden, als ob das Interesse der kaiserlichen Regierung für
die Serben und Kroaten erst mit diesem Augenblicke seinen Anfang genommen hätte; dieses Interesse datirte vielmehr schon von der Zeit des
Auftretens Jelačić' in Innsbruck und der eben so glänzenden als ergrei-
fenden Weise, wie er dort die Sache seines Volkes mit der des Hofes
in die innigste Wechselbeziehung zu setzen wußte. Allein aller geschichtlichen Wahrheit liefe es zuwider, wenn man schon von diesem Vorgange
an — geschweige denn, wie ungarischerseits ausgestreut wurde, schon von
den April= und Maitagen her — ein unmittelbares oder auch nur
mittelbares Einwirken des Hofes auf die Ereignisse im Süden voraussetzen wollte. Bis zu den ersten Eröffnungen Latour's hatte Jelačić
wohl die Sympathien der höchstgestellten Mitglieder des Herrscherhauses
auf seiner Seite, sonst aber auch nichts; und die serbische Erhebung im
Osten, die ihm seine rechte Flanke deckte, war eine National=Bewegung,
und was sie betrieb, ein Volks=Krieg in des Wortes vollstem Sinne,
nicht angefacht, nicht anerkannt, nicht gefördert von Seite der kaiserlichen
Regierung, vielmehr, wie wir gesehen, verläugnet, verpönt und behindert
von den verschiedensten Organen derselben.

Mit dem Eintreten Mayerhofer's in die Action begannen sich auf dem serbischen Kriegsschauplatze die Verhältnisse zwischen Freund und Feind zu klären. Schon in der ersten Hälfte August hatte Blomberg in der Nähe von Weißkirchen eine Zusammenkunft mit Mayerhofer, der auch Albert Nugent und Oberlieutenant Peter Bobalić, Commandant des Lagers bei Bračevgaj, beiwohnte; am 29. desselben Monats, nach dem verunglückten Angriffe der Serben auf Weißkirchen, rückte der Oberst mit einem Flügel Schwarzenberg=Uhlanen nach Temesvár ab, stellte sich unter die Befehle Rukavina's und erließ an alle Abtheilungen seines Regiments das Gebot, ihre Sache von der der Ungarn zu trennen. Fast ein Monat später, 24. September, traf General Suplikac als der von den Serben erwählte und nun auch vom Kaiser bestätigte „Woiwode" aus Italien ein und vollendete das Werk, das Mayerhofer begonnen hatte. Erst von diesem Zeitpunkte gab es ein geordnetes regelmäßiges, von der Wiener Regierung förmlich anerkanntes k. k. österr. serbisches Corps, von welchem gleichwohl die irregulären National=Kämpfer noch immer einen beträcht= lichen Bestandtheil ausmachten[132]).

Ganz dasselbe, was von der südslavischen Erhebung in Ungarn und Kroatien, galt von der romanischen in Siebenbürgen. Auch sie war einzig aus dem Schoße des Volkes hervorgegangen, nicht nur nicht begünstigt und gefördert von den Organen der Regierung, vielmehr von derselben mit Mißtrauen beobachtet und durchaus im Sinne des Pester Ministe= riums gemaßregelt. Wie überall bei derlei nationalen Bewegungen ständ die Geistlichkeit an der Spitze: Niclas Szaucsaly Erzpriester, Nic. Er= dély, Peter Bradu, Joh. Popovics, Ant. Vestimianu, Georg Raicu, Thomas Kocsis; von den beiden romanischen Landesbischöfen hielt sich der katholische, Leménhi, ein ehrwürdiger Greis, versöhnlich, der orienta= lische, Schaguna, vorsichtig und klug — letzterer ein Mann in der Voll= kraft seiner Jahre, den eine imposante Gestalt, eine wohllautende kräftige Stimme, eine mahlerische mit gesuchter Reinlichkeit gehaltene Tracht zu einer die Massen beherrschenden Erscheinung stempelten. Neben den „Popen" und von ihnen geschützt waren es einzelne Flüchtlinge aus der nahen Walachei, die in Verbindung mit der romanischen Studentenschaft das Feuer schürten. Werfen wir einen Blick auf die Mai=Versammlung bei Blasendorf. In Trupps von 20 bis 30 Köpfen, auch Weiber und Kinder darunter, von ihren Geistlichen geführt, strömen die „Walachen" aus

allen Gegenden des Landes herbei und halten auf einer weiten Ebene vor
der Stadt. Die früher genannten Repräsentanten der romanischen Intel-
ligenz fungiren als Ordner, machen in der Mitte einen kreisförmigen
Platz frei und lassen von diesem strahlenförmig mehrere Gassen durch die
dichte Masse auslaufen; den äußern Rand jenes Kreises und dieser Gassen
bilden auf der Erde kauernde Leute, die sich nicht von der Stelle rühren
und niemand durchlassen, mit einer Beharrlichkeit die keine Störung dul-
det, so daß, wie sich ein „authentischer" Bericht von magyarischer Seite
ausdrückt[133]), das Ganze einen wahrhaft imposanten Anblick darbietet.
In der Mitte des Kreises ist ein Gerüst aufgeschlagen, mit österreichischen,
walachischen und russischen Fahnen geschmückt: es trägt die Honoratioren
der Versammlung und dient zugleich als Rednerbühne. Unter jenen bemerken wir die beiden National-Bischöfe des Landes, aber auch einen weltlichen Würdenträger, Ladislaus Nopcsa; er war bisher als ein solcher
bekannt, dem man nicht ungestraft seine „walachische" Abkunft vorhalten
durfte, jetzt scheint er als Obergespan eines großentheils von Romanen
bewohnten Comitats gute Miene zum bösen Spiel zu machen. Die Redner
sind durchaus Leute aus dem Volke, meist aus den unbemittelten Classen
desselben, junge Bursche mit struppigem Haar, ärmlich gekleidet, in ab-
geschabten Röcken, von nichts weniger als distinguirtem Aussehen, gleichsam als ob es sich für einen Volksstamm, dem der Stempel jahrhundertlanger Leiden aufgedrückt war, nicht anders schickte. Die Männer sprechen,
die Menge horcht, bei gewissen Absätzen stellt der Redner eine Frage:
„Wir wollen eine Nation sein wie die andern, nicht wahr?" Asah (so
ist es), ruft es zurück aus den tausend Kehlen der Menge. In der Pause,
die dem Schlusse einer Rede folgt, hört man seufzen schluchzen fluchen;
dann tritt ein anderer vor und lautlose Stille erfolgt. „Brüder Romanen", fragt er zuletzt, „wollen wir den Druck länger dulden, nicht
wahr nein?" Nu, tönt es tausendstimmig aus der Masse und tausend
Hände strecken sich dabei zum Schwure empor. Nach geendetem Meeting
entfernen sich die Honoratioren in die Stadt, der lebendige Zaun, der
den Kreis und die Gassen gebildet, verschwindet, und die bisher ruhig
abgetheilten Haufen fluthen in eine dunkle wimmelnde Masse durcheinander.

Die Blasendorfer Versammlung blieb keineswegs ohne Betheiligung
der gesetzlichen Organe des Landes: auf der Bühne in der Mitte befanden
sich zur Überwachung des Vorgangs zwei Commissäre des Klausenburger
Guberniums und in einiger Entfernung hielt eine Abtheilung kaiserlichen

Militärs „zur Aufrechthaltung der Ruhe vom commandirenden General dahin beordert" [134]); hindern hatte man die Zusammenkunft nicht können, aber im Auge halten mußte man sie. Die ungarischen und die kaiserlichen Behörden gingen dabei Hand in Hand. Widerstrebten den Einen loyale Kundgebungen im Grundsatze, so suchten die Andern sie hintanzuhalten „um nicht aufzureizen". Letztere leisteten in diesem Punkte mitunter wahrhaft großartiges an mattherziger Selbstverläugnung. Es kam vor, daß Officiere, die den Schein nicht vermeiden wollten an der Sache ihres Kaisers und obersten Kriegsherrn zu halten, von ihren militärischen Vorgesetzten landesverwiesen wurden [135]); daß Abtheilungen Militär magyarischen Garden Beistand leisteten, kaiserlich gesinnte Ortschaften zu züchtigen u. dgl. Unter solchen Umständen waren die Romanen die längste Zeit nicht bloß auf ihre eigenen Kräfte angewiesen; sie mußten auch jeden Augenblick gewärtig sein, mit den Organen der kaiserlichen Regierung in Zusammenstoß zu gerathen. Und welches waren ihre Führer? Leute von ganz untergeordneter Bildung, wie Moga, Produ, Buteanu, Balas, Auxentiu Severu [136]). Selbst der „Alpenkönig" Jancu, den die Andern als ihr Haupt erkannten, hatte es nicht weiter als zum Kanzellisten bei der siebenbürgischen obersten Gerichtstafel gebracht, als ihn die Ereignisse des Jahres 1848 in seine heimatlichen Berge an der Westgränze von Siebenbürgen zurückführten. Dort in den Thälern am großen Aranyos, an Számos, am wilden Körös bis zum Kiralyhágó sammelten sich um ihn die Jünglinge der wilden, sechs Schuh hohen Motzen oder Burczesti, auf den Augenblick lauernd, wo sie sich die seit Jahrhunderten vorenthaltenen Rechte würden erzwingen können. In ähnlicher Lage, was den Abgang jeder Unterstützung von oben betraf, befanden sich ihre Brüder im Gebiete der Militär-Gränze. Von den Officieren hielten es einige offen mit der ungarischen Partei, andere waren unzuverlässig oder schwankend. Im ersten Romanen-Regimente betrug sich der Oberst als blinder Anhänger des Pester Ministeriums; Officiere, die nicht nach dieser Fährte gingen, wurden verfolgt, zur Rechenschaft gezogen. Die magyarischen Emissäre hatten freies Spiel den Regiments-Bezirk nach allen Richtungen zu durchziehen, die Mannschaft zu bearbeiten, durch Geld und Verheißungen zu verlocken. Nicht viel anders sah es im zweiten Romanen-Regimente aus. Der Oberst war unsicher; ein Major schritt um seine Pension ein, der zweite nahm „aus Gesundheitsrücksichten" Urlaub, um sich in den Schoß seiner Familie zurückzuziehen; unter den andern Offi-

14

eieren waren viele Magyaren oder Sachsen, und darum den Romanen
entweder verhaßt oder verdächtig. Mehrere traten aus, um für die magyarische Sache um so eifriger zu wirken; sie beredeten ihre Leute sich
für die Union zu erklären, zu versprechen daß sie gegen die Ungarn
nicht fechten wollten, den Szekler-Haufen mit weißen Fahnen entgegen-
zuziehen rc. Allein die Mannschaft hielt fast überall wacker aus. Wie
bei den Gränzern der serbischen und kroatischen Bezirke, war es auch
hier der gemeine Soldat, dessen schlichter Sinn das rechte traf und daran
festhielt. Als das erste Bataillon des Naßober Regimentes den Befehl
erhielt nach Szegedin abzumarschiren, von wo man es wider die Serben
zu gebrauchen beabsichtigte, weigerten sich die Gränzer entschieden, sich
dem ungarischen Commando zu fügen, und blieben im Lande. Von allen
höhern Officieren der beiden Walachen-Regimenter war es allein der
Oberstlieutenant Urban, der von allem Anfang entschieden auf der Gegenseite der Pester Regierung stand. Lang vermochte er nur mittelbar
zu wirken, indem er den verderblichen Einflüsterungen magyarischer Sendboten entgegen arbeitete, seine Gränzer zum Ausharren an der Sache
ihres Kaisers aneiferte. Erst als nach dem Abgange seines Obersten
das einstweilige Regiments-Commando in seine Hände kam, konnte er
sich frei bewegen, und von diesem Zeitpunkte, wie bei den Serben vom
Auftreten des Obersten Mayerhofer, bekamen die Dinge im Norden
Siebenbürgens eine andere Wendung. Unter Urban's Führung war es,
daß Abgeordnete der Gemeinden, eingeborne und im Regimentsbezirke
dienende oder als Pensionisten seßhafte Beamten und Officiere, zu Naßob
jenes entschiedene Protokoll unterzeichneten ($^{13}/_{14}$ September), worin sie
sich vom ungarischen Ministerium lossagten, die Union Siebenbürgens
mit Ungarn verwarfen und mit Gut und Blut für die Einheit der Monarchie einzustehen sich verbanden [137]). Urban unternahm Rundreisen durch
die romanischen Bezirke, rief die Ortsbewohner zusammen, ließ sie dem
Kaiser Ferdinand I. Treue, seinen Generälen Gehorsam und Bereitwilligkeit schwören und theilte ihnen dagegen s. g. Schutzbriefe (pašura)
aus, die, mit dem Doppeladler versehen, ihren Besitzern als gemeinsames
Erkennungszeichen und zugleich als eine Art Legitimation dienten.

Was den siebenbürgischen Volkskampf von dem serbischen unterschied,
war, daß jener gewissermaßen ein doppelseitiger war. Denn während
den wenig disciplinirten Haufen der Serben und Serbianer von allem
Anfang die regulären Truppen des Pester Ministeriums gegenüberstanden,

waren es in Siebenbürgen die wilden Schaaren der Romanen auf der
einen und die nicht minder wilden Schaaren der Szekler auf der andern
Seite, die gegen einander wütheten. Allerdings hatten die letzteren dabei
immer den Vortheil, daß sich an ihre Spitze, da sie der ungarischen
Regierung anhingen, mitunter Führer aus bessern Familien stellten, von
denen wohl manche die ganze Sache wie einen willkommenen Sport hin-
nahmen, aber jedenfalls an Gewandtheit und Schlagfertigkeit den ungezügelten Massen des walachischen Aufgebots sich bedeutend überlegen
zeigten. Ungefähr um dieselbe Zeit, da Urban im Norden Siebenbürgens die Erhebung seiner Romänen zu organisiren begann, erschien
vom Pester Ministerium gesandt Ladislaus Berzenczei in seiner Heimat
(Ende August); er hatte zunächst den Auftrag, unter seinen Stammesgenossen ein Reitergeschwader von 300 Köpfen, die nachmals s. g.
Mátyás-Husaren, zusammenzubringen [138]). Berzenczei aber schien seine
Aufgabe in anderer Richtung aufgefaßt zu haben und verlegte sich,
während er das ihm anvertraute Werbgeschäft durch Andere betreiben
ließ, mehr auf das Agitiren, wobei ihm seine Bekanntschaft mit Land
und Leuten und eine Art derber Beredsamkeit zu statten kam. Thatsache
ist, daß seine Anwesenheit im Lande die Aufregung unter den Szeklern
vermehrte und daß ihre verheerenden Züge in die von Walachen bewohnten Gegenden einen neuen Aufschwung nahmen, was wieder Ver-
geltungs-Acte von Seite der letzteren hervorrief. Überhaupt drückte der
Umstand, daß der Kampf in Siebenbürgen Volkskrieg von beiden
Seiten war, demselben jenes Gepräge unerhörter Wildheit und Unmenschlichkeit auf, dessen Spuren noch heute in der schaudernden Erinnerung des Landes nicht gänzlich verwischt sind. Es war das wie
einer jener Sclaven-Aufstände, deren die alte, oder jener Bauernkriege,
deren die mittlere Geschichte so viele zu verzeichnen hatte, bei denen ein
fürchterlicher Vergeltungsact auf den andern folgt, so daß einer der
kämpfenden Theile den andern überbieten zu wollen scheint, was er an
ausgesuchter Rohheit und Grausamkeit mehr zu leisten vermöge. Da
sind, was man im gewöhnlichen Leben als Mord und Todschlag, als
Raub und Brandstiftung verabscheut, vergleichsweise läßliche Vorgänge;
da werden nicht einzelne Häuser oder Gehöfte, sondern auf einmal ganze
Ortschaften in Asche gelegt; da werden die Menschen in Masse hingeschlachtet, und nicht rasch und einfach hingeschlachtet, sondern vorerst
gefoltert und verstümmelt, ehe man ihnen den Garaus macht. Den

14*

Leuten Nasen und Ohren wegschneiden, Arme und Beine abhauen;
Schwangern den Bauch aufreißen und die Leibesfrucht an Spieße stecken;
Müttern den Säugling von der Brust reißen und vor ihren Augen er-
stechen oder in's Feuer werfen; Männer bis zum Halse in die Erde
eingraben und dann mit Piken zu Tode martern oder langsamem Ver-
enden preißgeben — solche und noch viel andere Dinge waren es, die
in jenem unglückseligen Bruderkampfe täglich vorfielen und denselben an
Gräuel und Schrecknissen zu dem ärgsten stempelten, wovon die neuere
Geschichte unseres Welttheiles zu erzählen weiß [139]).

In den maßgebenden Kreisen von Hermannstadt war man bis auf
diese Zeit entweder noch nicht auf dem Punkte angelangt das eigentliche
Wesen des unnatürlichen Bruderkampfes zu erkennen, oder hatte, wenn
man es erkannt, noch nicht den Muth es sich zu gestehen und seine
Maßregeln darnach zu ergreifen. Man faßte das gegenseitige Wüthen
der Walachen und Szekler nur vom Gesichtspunkte des Strafgesetzes auf,
das gegen solch unziemliches Gebaren die Verkündigung des Standrechtes
vorschrieb; von der politischen Seite des Kampfes schien man nichts zu
wissen oder nichts wissen zu wollen. Der Commandirende F. M. L. Puchner,
der schon auf dem Punkte stand mit der Pester Regierung zu brechen,
lag krank darnieder, und die oberste Militär-Behörde des Landes fertigte
sich selbst überlassen ihre geschäftsmäßige Tagesarbeit ab, als ob sich
nirgends um sie herum etwas geändert hätte. Während man selbst in
sächsischen Kreisen längst merkte wo die Sachen hinauswollten; während
die Hermannstädter Stuhl-Versammlung es offen aussprach, man habe
magyarischerseits „den König von Ungarn in eine so feindselige Stellung
zu dem ihm identischen Kaiser von Österreich zu bringen gewußt, daß
eine Vereinigung beider Kronen auf einem und demselben Haupte kaum
mehr möglich" sei (29. September), fuhr das Hermannstädter General-
commando fort, ungarische Nationalgarden und Honvéds durch k. k. Officiere abrichten zu lassen, sie mit ärarischen Waffen zu betheilen, den
Máthás-Husaren in dienstlichem Wege Remonten beizustellen; und schon
war es daran, der Klausenburger Volkswehr selbst Kanonen heraus-
zugeben, als zuletzt der steigende Übermuth der magyarischen Partei den
kaiserlichen Militär-Behörden denn doch die Augen öffnete [140]). Den
eigentlichen Ausschlag gab — Puchner war bereits wieder genesen — die
von Berzenczei in Scene gesetzte Volksversammlung von Agyagfalva,
von welcher Alexander Sombori, Oberst von Szekler-Husaren, an die

Spitze der Bewegung berufen wurde, während andrerseits Oberstlieutenant Urban Anstalten traf, an der Spitze seiner Romanen=Gränzer gegen
Süden zu ziehen und auf Klausenburg, den Sitz der magharischen Regierung, loszugehen. Jetzt hätte man wohl gern die Gewehre und Ausrüstungs=
stücke zurückgehabt, die aus den Depots von Karlsburg in alle ungarischen und szeklerischen Gebiete vertheilt worden waren, und begann mit
allem Eifer wider den Gegner zu rüsten, den man selbst bewaffnet hatte.
Außer den militärischen Vorkehrungen, die für solchen Zweck an die
Reihe kamen, dachte man auch daran, von den Kräften der Bevölkerung,
die seit langem ihre Meinung in so entschiedener Weise kundgegeben
hatte, in ausreichender Weise Gebrauch zu machen. Vor allem wurde
der romanische Landsturm in eine bestimmte Regel und Ordnung gebracht. Jeder Ort hatte seine wehrhaften Männer zu zählen und mit
Schuß= oder andern Waffen zu bewehren. Da wo sich Militär befände,
sollte sich der Landsturm an dieses anschließen; sonst werde dafür gesorgt
werden, den einzelnen Abtheilungen, dafern sie darum ansuchten, militärische Führer beizugeben. In Orten, wo sich einige Leute beritten
machen könnten, sollten dieselben durch die Ortsrichter Lanzen erhalten
und sich an die nächste Cavallerie=Abtheilung anschließen 2c. Um den
aufgeregten National=Gefühlen zu schmeicheln wurde die ganze Organisation auf römischen Fuß gestellt, fünfzehn „Legionen" unter je einem
„Präfecten" und „Vice=Präfecten" — die zugleich Geschäfte der innern
Verwaltung in ihrem „Präfectur"=Bezirke zu besorgen hatten — gebildet
und in zehn bis zwölf von „Tribunen" und „Vice=Tribunen" befehligte
Abtheilungen geschieden, die wieder in Haufen von beiläufig hundert
Mann, „Centurien" mit „Centurionen" und „Vice=Centurionen" an der
Spitze, zerfielen. Je pomphafter diese Eintheilung war, desto bescheidener
stand es mit der Bewaffnung. Die wenigsten hatten ordentliche Gewehre,
die Mehrzahl versah sich mit selbst erzeugten Lanzen, mit Sensen und
Heugabeln; auch die Sachsen lieferten ihnen Spieße und Piken. Von
Reitern brachte der Mühlbacher Präfect Dion Martianu 600, der
Kronstädter Vice=Präfect Secarianu 800 zusammen; auch diese waren
aus eigenen Mitteln nur kümmerlich bewaffnet. Denken wir uns dazu
die hölzernen Kanonen, ausgehöhlte mit eisernen Ringen umspannte Baum-
stöcke, woraus sich Steine, mitunter auch eiserne Kugeln schleudern ließen,
so haben wir ein beiläufiges Bild des romanischen Volksheeres, dessen
Stärke auf 195.000 Mann berechnet wurde, das aber in Wirklichkeit wohl

niemals die Hälfte dieser Ziffer erreichte [141]). Auch ein sächsischer Landsturm wurde gebildet, der in Bataillone und Compagnien abgetheilt war;
jeder Mann war verpflichtet, sich beim Ausrücken mit Lebensmitteln auf
vier Tage zu versehen, bei längerer Dauer des Dienstes im Felde sollte
ärarische Verpflegung eintreten. Außerdem erbot sich der sächsische Sicher-
heits-Ausschuß, durch freie Werbung ein eigenes sächsisches Jäger-Bataillon
von 1250 Mann zu errichten; die Ziffer wurde thatsächlich nie erreicht [142]).

So hat sich uns denn auch hier gezeigt, daß die Erhebung der
nicht=ungarischen Volksstämme Siebenbürgens, weit entfernt von den
Organen der Wiener Regierung angeregt und betrieben zu sein, unmittelbar aus ihrem National=Bewußtsein hervorging; daß die kaiserlichen Behörden, die sich Monate hindurch jener Erhebung theils gleichgiltig theils geradezu abwehrend gezeigt, ziemlich spät zur Erkenntniß
ihrer wahren Bedeutung kamen und erst zu einer Zeit in die Action
eintraten, wo die ungebildeten Romanen durch Wort und That im Lande,
die rechtsförmlichen Sachsen durch verwahrende Einsprache in Pest und
in Hermannstadt den Beginn ihres Kampfes gegen die magyarischen
Hegemonie-Gelüste längst besiegelt hatten. Zwar kam es jetzt auch in
Siebenbürgen dahin, was im Banat schon früher der Fall war: daß
Glieder und Genossen einer und derselben Armee, in denselben Uniformen
gekleidet, mit denselben Ehrenzeichen geschmückt, sich kriegsmäßig als
Feinde gegenüberstanden; allein andrerseits brachte eben diese Kriegs-
mäßigkeit, die an die Stelle des früheren ungezügelten Wüthens von
beiden Seiten trat, auch manches gute mit sich. Fielen selbst dann noch
Acte von roher Grausamkeit und Zerstörungswuth vor, so war dieß doch
nicht mehr Regel wie vordem, sondern Ausnahme. Wo die Präfecten
selbst oder durch ihre Unterbefehlshaber eingreifen konnten, wurde manchem
Unheil vorgebeugt. Der als Ausbund von Wildheit und Blutdurst ver-
schriene Auxentiu, Präfect von Blasendorf, rühmte nachmals von sich,
daß bei der Entwaffnung der ungarischen Bevölkerung in 120 Dörfern
seines Bezirks nur sechs Magyaren das Leben verloren, „und auch diese
nur, weil sie pochend auf ihre Feuergewehre, die den Romanen gänzlich
mangelten, dieselben abzuliefern sich weigerten und Widerstand leisteten.“
Vor allem aber erwarb sich Jancu in dieser Hinsicht entschiedene Verdienste, und wenn man ungarischerseits heute noch seinen Namen
Abscheu ausspricht, mit Fluch und Verwünschung . . . . . . ! . !
man des vielen Übels nicht vergessen, das durch

Sein Ansehen war das größte, sein Wort das geachtetste, und er war sichtlich bestrebt, davon seinen wilden Gesellen gegenüber besten Gebrauch zu machen. „Ich bin moralisch überzeugt", schrieb der k. k. Hauptmann Gratze in einem amtlichen Berichte an General Wohlgemuth, „daß mit seinem Wissen, auf seine Veranlassung niemandem Unrecht geschehen ist"; er rühmt an ihm „rechtliches tabelloses Verhalten, richtige Unterscheidung zwischen dem bewaffneten und wehrlosen Feinde", und führt einige Beispiele der musterhaften Ordnung und Zucht an, in der er seine Haufen zu erhalten wußte [143]). Wir mögen es daher Jancu glauben, wenn er sich darauf beruft, daß mehr als einmal romanische „Garden" — so betitelte er seine Landstürmler — zum Schutze grundherrlicher Höfe und Güter requirirt, ja von magyarischen Familien selbst als sicheres Geleite ausgebeten wurden.

5.

Aus der wirren Zeit König Ludwig's von Ungarn und Böhmen (1516—1526) hat sich ein allegorisch-satyrisches Bild erhalten, den böhmischen Staatswagen vorstellend, an den nach vorn und nach rückwärts Rosse angespannt sind die von ihren Kutschern in entgegengesetzter Richtung angetrieben werden; im Wagen selbst sind Personen zu schauen, die einander in den Haaren liegen, auf einander losschlagen, das Schwert ziehen, andere die jammern und wehklagen [144]). Wollte man in ähnlicher Weise die Zustände unseres Kaiserstaates in der größern Hälfte des Jahres 1848 zu deutungsvoller Anschauung bringen, so ließe sich dazu nur das Bild eines Menschen gebrauchen, an dessen Armen und Beinen gleichzeitig nach vier verschiedenen Richtungen gezerrt und gezogen wird: im Norden hatte es der Polonismus, im Süden der Italianismus, im Osten der Magyarismus, im Westen der Frankfurtismus auf Losreißung gewisser Länder und Ländertheile vom Gesammtgebiete und somit auf Zertrümmerung des letztern abgesehen.

Der Magyarismus hielt zwar, im eigenen Lande von den anderssprachigen Stämmen hart bedrängt, vor der Hand noch die Maske loyaler Anhänglichkeit an die Dynastie vor; allein diese Dynastie war ihm einzig in dem ungarischen König Ferdinand V. verkörpert: von einem österreichischen Kaiser Ferdinand I. wollte man jenseits der Leitha seit den Märztagen nichts mehr wissen.

Der Frankfurtismus hatte die staatsrechtliche Einigung aller Gebiete des früheren deutschen Bundes mit Hinzugabe einiger anderen, wie Schleswigs und des Posnischen, zum ausgesprochenen Zwecke und war darum grundsätzlicher Widerpart der österreichischen Einheits-Idee. Die bisher zum deutschen Bunde gehörigen Provinzen des Kaiserstaates sollten im einigen Deutschland aufgehen, dazu etwa noch aus militärisch-politischen Rücksichten das lombardisch-venetianische Königreich; alles andere, Galizien, Ungarn und Kroatien, selbst Siebenbürgen mit seinen Sachsen, mochte seine eigenen Wege gehen. Solche Gelüste waren nun den Herren von der Saale und von der Weser, vom Main und vom Neckar nicht gerade zu verübeln: ein trauriges Zeichen der Zeit dagegen war es, daß selbst inner den Marken des Kaiserstaates von deutscher Seite in dieser Richtung geschürt wurde. Julius Fröbel, der im Spätsommer 1848 in Wien weilte, vernahm zu seinem Erstaunen Äußerungen von Eingebornen, „daß ihre Stadt, so sehr es zu bedauern sei, mit ihrer Blüthe und politischen Bedeutung dem deutschen Vaterlande ein Opfer bringen müsse" [145]). Vom Begründer einer Art demokratischen Clubs in Brünn cursirte der etwas delphische Ausspruch: „Ein starkes Österreich mit dem Schwerpunkt in Frankfurt!" Auch in Troppau standen die Führer der bis in den Spätherbst tonangebenden Partei in unausgesetztem Verkehr mit den schlesischen Abgeordneten in Frankfurt, die zum Theil, wie Adolf Kolatschek, der äußersten Linken angehörten. Daß in der Hauptstadt Böhmens der Frankfurtismus sich nicht laut machen konnte, war begreiflich; hatten doch gleich nach den Märztagen die in Prag weilenden Deutschen, um die Nationalen der andern Seite nicht zu verletzen, ihrer dreifarbigen Abzeichen sich zu enthalten befunden. Dafür traten Reichenberg und Eger an die Spitze der nach der Paulskirche hinüberblickenden Deutschböhmen. In letzterer Stadt wurde in der zweiten Hälfte November, 20.—24., eine Versammlung deutscher Vertrauensmänner aus Böhmen abgehalten, wo diese Gesinnung unverhohlenen Ausdruck fand. Während man eine Sympathie-Adresse nach Schleswig-Holstein sandte und die noch rückständigen Wahlen zur deutschen National-Versammlung schleunigst vorgenommen wissen wollte, wurde anderseits als Grundsatz ausgesprochen, daß man für den Fall der

Einberufung eines böhmischen Landtags nach Prag alle deutschen Bezirke auffordern wolle nicht zu wählen oder, falls dieß bereits geschehen wäre, ihre Wahlen zurückzunehmen. Wenn bei den Egerer Verhandlungen noch ein gewisser Ton der Mäßigung vorwaltete und das Interesse für den Gesammtstaat mindestens nicht unmittelbar auf's Spiel gesetzt wurde, so machten die zahlreichen „Volksvereine", „deutschen Vereine" 2c., sowie die radicale Journalistik in den inner-österreichischen Ländern weniger Hehl mit ihren letzten Zielen. Von der Überzeugung durchdrungen, daß der vielgliedrige Körper der österreichischen Monarchie einen zu spröden Stoff für das deutsche Einheitsgebilde abgebe das sie träumten, sprachen sie es mehr oder minder offen aus, daß man den Koloß in Stücke schlagen, die heterogenen Bestandtheile ablösen und das übrigbleibende, seiner Selbständigkeit entkleidet, dem neu-deutschen Gesammtkörper einverleiben müsse [146]).

Nicht minder offen trat von allem Anfang der Polonismus hervor. Der erste Gebrauch, den die polnische Partei von der kaum gewährten Preßfreiheit machte, bestand darin, daß ihre Tagesblätter die Angelegenheiten der übrigen Länder des Kaiserstaates unter der Rubrik „Ausland" (wiadomości, rzeczy zagraniczne) besprachen. Die Wiederherstellung Polens inner den Gränzen von 1772 war ihr Ziel; vom österreichischen Staatsgebiete brauchte man dazu Galizien und Lodomerien, Krakau und die Bukowina, aber auch den östlichen Landstrich von Schlesien, der, wie die Parteiführer erläuterten, vordem einen Bestandtheil der polnischen Republik ausgemacht habe, nur durch Eigenmacht davon getrennt worden sei und durch Sitte Sprache und alle Beziehungen seiner Lage und seines Verkehrs dahin gehöre. Seit der verunglückten Erhebung von 1830/1 Anhänger einer ruhelosen Gelegenheits-Politik, waren die Sendboten des Polonismus auch im J. 1848 überall zu finden, wo eine Aussicht winkte den allgemeinen Brand zu schüren, das europäische Staaten-System zu sprengen, den Zerfall Österreichs zu beschleunigen. Das Mißlingen des Krakauer Aufstandes und der Posener Empörung, die Demüthigung Wiens, die Bezwingung Lembergs vermochten die Partei nicht zur Besinnung zu bringen. Die radicale Journalistik Krakaus — im östlichen Theile des Landes herrschte Belagerungszustand — führte im Spätjahr 1848 eine heftigere Sprache als je; „wenn man ein Polen anstrebe, so sei das kein österreichisches; wer im Anschlusse an Österreich Polens Heil suche, sei ein Verräther" 2c.

Im Posen'schen hatte sich nach den verunglückten April-Ereignissen
eine „Liga polska" gebildet, die ihre Verzweigungen im ganzen Lande,
in allen Schichten der Bevölkerung hatte und allmälig ihren Weg
auch auf das Krakauer Gebiet fand. Sie sah, wie man ihr nachsagte,
bei ihren Werbungen nicht auf hervorragende Eigenschaften, sie suchte
keine Capacitäten; im Gegentheile, ihr waren solche Leute willkommen,
denen es an einem selbständigen Urtheil gebrach, die sich durch Schlagworte leicht ködern ließen und deren man daher, wo es sich um Massen-
Bewegungen, um lärmende Kundgebungen auf der Straße handelte,
versichert sein konnte. Der Bestand und das Endziel dieser Verbrüderung
war im allgemeinen eben so bekannt, als sich die näheren Verhältnisse
ihrer Mitgliedschaft und ihrer Statuten in undurchdringliches Geheimniß
hüllten. Im uneingeweihten Publicum wollte man von allerhand geheimen Anstalten und Vorgängen bei der Aufnahme wissen, von furcht-
baren Eiden und Gelöbnissen, von einer Art Vehmgericht, das die ver-
trauteren Mitglieder der „National-Regierung" bildeten und das die
von der nationalen Sache abgefallenen Stammesgenossen zu Dolch oder
Gift, zu Strang oder Kugel verurtheilte.

Dem Italianismus genügte vom österreichischen Staatsgebiete
keineswegs die Lombardei und Venetien; bis zum Fuße des Brenners
und längs den nördlichen und östlichen Küsten des adriatischen Meeres
ließ er seine begehrlichen Blicke schweifen und fand in all diesen Gebieten einzelne Anhänger, die theils offen den Anschluß an Italien auf
ihre Fahne schrieben, theils in verstecker Weise auf dasselbe Ziel hin-
arbeiteten. Im Görzischen und in den dalmatinischen Städten versäumte
eine kleine aber ungemein rührige Partei keinen Anlaß, die „panslavistischen" Tendenzen des Landvolkes zu verdächtigen, um ihre eigenen
panitalischen um so sicherer verfolgen zu können. In Triest wurden von
Seite der Italianissimi alle Mittel angewandt, die Stadt als eine ausschließlich italienische erscheinen zu lassen. Obgleich viele der angesehensten
Handelshäuser deutschen Ursprungs und auch sonst deutsche Sprache und
Sitte in den städtischen Kreisen vielfach vertreten waren, brachte man
unter der studierenden Jugend einen Verein zustande, dessen Mitglieder
sich verpflichteten nicht anders als italienisch zu reden. Eine eigene
„Società dei Triestini", aus den fanatischsten Italienern zusammengesetzt, erwies sich unermüdlich in dem Bestreben den Markt der Tages-
literatur zu beherrschen. Die „Gazetta di Trieste" brachte Mailand,

nachdem es längst wieder kaiserlich geworden, regelmäßig unter der Rubrik „Italien". Der „Costituzionale" behandelte in allen möglichen
Abwandlungen das Thema, daß Triest eine italienische Stadt sei und
Istrien zu Italien gehöre. Das heftigste und schamloseste von allen,
das „Giornale di Trieste", predigte offen die Auflösung der Monarchie; freilich erhielt es sich großentheils nur durch die Abnehmer die
es jenseits der Adria hatte und mußte darum, als ihm Radetzky im
Umfange des lombardisch-venetianischen Königreichs den postalischen
Vertrieb entzog, sein Erscheinen einstellen. Als die Partei auf dem
Wege der Journalistik nicht schnell genug zu ihrem Ziele gelangte und
namentlich bei dem gewiegteren Theile der Bevölkerung wenig Anklang
fand, regte sie den Gedanken einer italienischen Universität in Triest an,
der denn auch von dem provisorischen Stadtrath angenommen und höheren Ortes befürwortet wurde. Für die Sache selbst ließen sich allerdings
einige Gründe vorbringen; allein dem tiefer Blickenden konnte der
wahre Beweggrund nicht verborgen bleiben. Durch die Professoren, für deren
Stellen sich Einzelne mit dem Anerbieten meldeten ihr Amt unentgeldlich zu
versehen, und noch mehr durch die aus Ober-Italien, aus den istrianischen
und dalmatinischen Städten zuströmenden Studenten hoffte die Partei
auf die übrige Bevölkerung erfolgreicher wirken zu können; und hatte man
in der leicht entflammten Jugend nicht eine fertige Miliz, um die sich im
entscheidenden Moment die Gleichgesinnten nur zu schaaren brauchten?! [147]

Nicht anders stand es in Süd-Tyrol. Obgleich die Fürstbisthümer
Trient und Brixen seit den frühesten Zeiten ihrer Geschichte zum deutschen
Reiche gehörten; obgleich andrerseits die Wälsch-Tyroler, die unter der
österreichischen Herrschaft im lombardisch-venetianischen Gebiete häufige
Bedienstung in der Justiz und Administration fanden, von den italienischen
Parteiführern als „Tedeschi" angefeindet und verunglimpft wurden, geberdeten sich die Anhänger der italienischen Einheits-Idee in Versammlungen und Adressen, in Zeitungs-Artikeln und Flugschriften, in den
Reden ihrer Abgeordneten zu Frankfurt und zu Wien als reine Italiener
(„Italiani noi siam, non Tirolesi"), denen daher die italienische Nationalität („che ci compete per diritto di natura") nicht vorenthalten
oder verkümmert werden dürfe. Sie errichteten in den größern Städten
s. g. Sicherheitsausschüsse im entschieden italienischen Geiste und um-
spannten die beiden Kreise von Trient und Roveredo mit einem Netze
gleichgesinnter Filialen; sie ertheilten Instructionen, trieben Unterschriften

zu Monstre-Petitionen zusammen, und wußten die Andersmeinenden der gebildeten Classen derart einzuschüchtern, die urtheilslose Masse der städtischen Bevölkerung derart zu beherrschen, daß Fernerstehende in der That glauben mochten, die ganze süd-tyrolische Bevölkerung sei es, die über-den Einmarsch Carlo Alberto's heimlich gejubelt, die die Frei-schaaren Allemandi's und der Fürstin Belgiojoso in's Land gerufen und die nachmals über die Siege Radecky's Trauer angelegt hatte. In ihren öffentlichen Kundgebungen gingen die tyrolischen Italianissimi freilich vorderhand noch nicht so weit. Den Landesbehörden, den Ministerien gegenüber schoben sie vielmehr jene Beschwerden über die Innsbrucker Regierung, die seit Jahrzehnten auch von treugesinnten Männern erhoben wurden, in den Vordergrund und gründeten darauf die Forderung, einen Landstrich, der durch seine Bodenfrüchte, die Lebensweise seiner Bevöl-kerung, seine Grundverhältnisse durchaus von Deutsch-Tyrol verschieden sei, gänzlich von letzterem sowie von Deutschland überhaupt zu trennen und als „Fürstenthum Trient" unmittelbar unter die Wiener Reichs-Behörden zu stellen. In der zweiten Hälfte November führten sie in Trient mit ungewöhnlichem Gepränge einen weiblichen Popanz durch die Straßen an das Ufer der Etsch, in deren Fluthen sie ihn begruben; in italienischer Sprache von ihnen ausgegebene Partezettel meldeten den Hintritt ihrer „Stiefmutter, der deutsch-tyrolischen Landesversammlung". Es war das gleichsam ein allegorisches Vorspiel zu der feierlicheren Kundgebung, die am 28. in einer ebenfalls zu Trient abgehaltenen Wählerversammlung in Scene gesetzt wurde. Da nämlich wurde mit jenem der wälschen Race eigenthümlichen großsprecherischen Pathos die gänzliche und vollständige Trennung der Kreise Trient und Roveredo von Tyrol als allgemeiner Wunsch von 300.000 „Italienern" proclamirt: „parole ripetute da ben trenta miriadi di Italiani, e taciute solo dai bambini o da pocchi bamboleggianti!" Die beiden Reichstags-Abgeordneten Maffei und Clementi, die in gemäßigterem Sinne sprachen, liefen Gefahr verpönt zu werden, wenn nicht für ersteren Doctor Faes, Vice-Präsident des Trienter Sicherheitsausschusses, für letzteren dessen Collega Turco mit entschuldigenden Worten Fürsprache einlegten, worauf beide unter allgemeiner Rührung wieder zu Gnaden aufgenommen wurden. Die Versammlung, die der Reichstags-Abgeordnete Festi als „ein that-sächlich vom deutschen Parlament von Innsbruck geschiedenes National-Parlament" bezeichnete, wurde durch eine Rede des Dott. Panizza, Podestà

und Präses des Sicherheitsausschusses von Trient, geschlossen, worin er
die unauflösliche Vereinigung von Trient und Roveredo, „sempre sorelle
per natura, ma molto più adesso per amore“, verkündigte und den
Segen des Himmels auf sie herabflehte; „mögen unsere Gegner uns
in's Antlitz blicken und lernen, welches der Pfad der Ehre sei und
folglich der der Macht!“ [148])

Wenn in der geschilderten Weise Magyarismus und Frankfurtismus,
Polonismus und Italianismus in dem einen Punkte zusammentrafen,
wo ihnen der Bestand eines einigen und ungetheilten Österreich im Wege
stand, so war es begreiflich, daß sie in ihrem Bemühen die Lösung
dieses Verbandes herbeizuführen, vielfach mit einander in Berührung
kamen, ja geradezu Hand in Hand miteinander gingen.

Zwar der Italianismus war so ziemlich auf seine eigenen Kräfte
angewiesen. Polen lag ihm gebietlich zu fern; das Pester Ministerium
hielt noch immer den Namen und das Banner König Ferdinand V.
empor und durfte den Sympathie=Bezeugungen und Hilferufen, die ihm
insbesondere von Seite der Manin'schen Republik häufig genug zukamen,
nur in vorsichtiger Weise Bescheid thun; mit dem Frankfurter Parlamente aber stand das einige Italien in offenem Kampf. Als im Juni
ein sardinisch=neapolitanisch=venetianisches Geschwader unter Albini Triest
blokirte, legte man in Frankfurt bei dem Turiner Gesandten Pallavicini
feierliche Verwahrung wegen dieser „Verletzung deutschen Bundesgebietes“
ein (16. Juni), und der Präsident der Bundesversammlung stellte den
Antrag den diplomatischen Verkehr mit Sardinien sofort abzubrechen
(20.), als ihn noch zu rechter Zeit Pallavicini von der stattgefundenen
Aufhebung der Blocade benachrichtigte. Allein nicht bloß um Triest und
Istrien war es den Staatsmännern der Paulskirche zu thun. Sie mochten
weder von der Lombardei noch vom Venetianischen lassen; jenes war
ihnen alter deutscher Boden, ehemaliges deutsches Reichslehen, Venedig
war ihnen als Gegenhafen von Triest, das gesammte Po=Gebiet als
Vorland der „deutschen“ Alpen gegen Süden von Wichtigkeit. Darum
jubelte man in Frankfurt über die „deutschen“ Siege Radecky's, sandte
eine Adresse in sein Hauptquartier, worin man „herzliche Theilnahme,
Anerkennung und Bewunderung“ über seine Erfolge aussprach (21.
August), und war entzückt über die Antwort, die, classisch im Ausdruck
und in den Gedanken wie alle Kundgebungen des greisen Feldherrn aus

jener Zeit, nach Frankfurt zurückkam [149]). Die Italiener vergalten Frankfurt diese Gesinnungen mit dem glühendsten Deutschenhaß; in ihren militärischen und parlamentarischen Kämpfen kannten sie fast keine Österreicher, sondern neben den „Croati" nur „Tedeschi", und es war kaum
zu entscheiden, wen von diesen beiden sie in ihrer Todfeindschaft höher
stellten.

Auch der Polonismus stand in der ersten Zeit mit dem Frankfurtismus in gereiztem Zwiespalt. Letzterer nahm für sein neudeutsches
Reich die schönere Hälfte des Großherzogthums Posen in Beschlag;
ersterer wollte nicht nur dieses, sondern nach dem Stande von 1772
noch andere Gebietstheile der ehemaligen königlichen Republik von Preußen
wieder heraushaben, worüber es im März und April zu jenen erbitterten
Kämpfen an der Warte und Netze kam, deren an den betreffenden Stellen
unserer Geschichtserzählung gedacht wurde. Seither aber war diese Frage
in den Hintergrund getreten; ein deutscher Mann hatte in einem offenen
Sendschreiben an eines der gefeiertsten Mitglieder der deutschen National-
Versammlung „Gerechtigkeit für Polen" verlangt [150]); und im October-
Reichstage war das Bündniß der Mehrzahl der galizischen Abgeordneten
mit der Wiener, und den Sendboten der Frankfurter, Linken inniger als
je. Von slavischer Seite wurde es den Polen bitter vorgeworfen, daß
sie sich, um vorübergehenden Vortheils willen der ihnen zuletzt doch
entgehen mußte, Solchen in die Arme warfen, die es Hand in Hand
mit den Ungarn auf die vollständige Unterdrückung des Slaventhums
abgesehen [151]).

Denn noch viel früher als mit dem Frankfurtismus hatte sich die
polnische Gelegenheits-Politik mit dem Magyarismus verstanden. Schon
nach den dreißiger Jahren war es die gemeinsame Furcht vor Rußland,
aber auch der gemeinsame Antagonismus gegen das Wiener Regiment, was
Ungarn und Polen einander näherte; schon damals erblickten die Vorkämpfer
der magyarischen Idee in ihrem nördlichen Nachbarlande eine „nothwendige
Schutzwehr gegen gewisse Eingriffe eines drohenden Ehrgeizes" und erklärten
offen: „Weil Polen Polen ist, besitzt es unsere aufrichtigsten Wünsche" [152]).
Die Ereignisse des Jahres 1848 gaben vollends der Politik beider Länder,
dem gemeinsamen Hemmniß Österreich gegenüber, eine und dieselbe Richtung. Aus Schonung für Ungarn hielten die Polen, die den angränzen-
den Theil von Österreichisch-Schlesien zurückverlangten, mit ihren Ansprüchen auf die Zips, den ersten Landstrich der 1770 ihrer Republik ent-

riffen worden war, vorsichtig zurück. Als sich beim Wiener Reichstage
eine Deputation des Agramer Landtages meldete, wirkten die galizischen
Abgeordneten eifrig mit, die Vorlassung derselben vor die Schranken des
Hauses zu verhindern, und beriefen sich dabei auf denselben Paragraph
der Geschäftsordnung, von dem sie ein paar Wochen später, als eine Deputation des Pester Reichstages mit gleichem Begehren in Wien erschien,
nichts mehr wissen wollten. Je entschiedener die Dinge einer Katastrophe
entgegengingen, desto vielfältiger wurden die Beziehungen der polnischen
Abfallspartei mit der Pester Regierung. In der October-Zeit arbeiteten
die in Wien zurückgebliebenen galizischen Abgeordneten ungescheut Kossuth
in die Hände. Bem und sein Generalstab waren schon innerhalb der
Mauern der österreichischen Hauptstadt für Ungarn thätig, in dessen Dienste
sie nach dem Falle Wiens offen traten, während sich unter den Lemberger
Akademikern Freischaaren bildeten, um mit bewaffneter Hand über die
Karpathen den Ungarn zu Hilfe zu eilen.

Von der verhängnißvollsten Bedeutung für Österreich war ohne Frage
der Bund des Frankfurtismus mit dem Magyarismus,
wenn derselbe von jener Seite mit gleicher Entschiedenheit eingegangen
und festgehalten wurde, wie ihn letzterer wünschte und anstrebte. Die ungarische Politik Deutschland gegenüber war eine eben so einfache als klug
ausgedachte; sie concentrirte sich in dem Grundsatze: dem Deutschthum
jenseits der Leitha alles mögliche zu gönnen und nach Kräften zu verschaffen, um im eigenen Lande mit den Slaven und Romanen, aber auch
mit den Deutschen selbst, um so freiere Hand zu haben. Je schnöder die
Haltung war die sich der Magyare in seiner Heimat dem deutschen Landesgenossen gegenüber nur zu häufig erlaubte, desto einschmeichelnder waren
schon vor dem Jahre 1848 die Sirenen-Stimmen, die von den Ufern
der Donau und Theiß zu den außer-ungarischen Deutschen hinüber klangen; und nach Eintritt der neuen Ära gab es kaum in Frankfurt selbst
so beredte Anwälte und Befürworter der nationalen Entwicklung und
Einigung Deutschlands als die Führer der Pester Reichstagspartei. Ihren
Landsleuten sagten sie, „daß sie nur im schwarz-roth-goldenen d. h. in
dem mit Deutschland verschmolzenen (außer-ungarischen) Österreich einen
aufrichtigen Freund begrüßen dürften"; und die Frankfurter Staatsmänner mahnten sie nicht zu vergessen, „daß Österreich nur durch Ungarn gezwungen werden könne, ehrlich und ohne Rückhalt auf Deutschlands Wie-
dergestaltung einzugehen"[153]). In der That verfolgte der Magyarismus

auf seinem Gebiete dasselbe Ziel, das sich der Frankfurtismus innerhalb des von ihm angestrebten Einheitsstaates vorgesteckt hatte. Innerhalb der Marken Deutschlands sollte alles deutsch werden, die Dänen in Schleswig, die Polen in Posen, die Čechoslaven in Böhmen und Mähren, die Slovenen in Kärnten Krain und Südsteier: innerhalb der Gränzen Ungarns sollte alles magyarisch werden, die Slovaken und Ruthenen, die Kroaten und Serben, die Romanen und Sachsen. Wollten die Magyaren ihre eigenen Bestrebungen in der Heimat anerkannt haben, so mußten sie so billig und zugleich so klug sein, die gleichen Bestrebungen im Nachbarlande gelten zu lassen. Sollten der Magyarismus hier, der Frankfurtismus dort ihren Zweck erreichen, so konnte dieß, so erkannte man in Pest sehr richtig, nur dadurch geschehen, daß Ungarn und Deutschland einander über Österreich hinweg die Hände reichten.

Schon Anfangs Mai waren Dionys Pazmandy und Ladislaus Szalay vom Erzherzog Palatin nach Frankfurt gesandt worden, „um dort über die Erhaltung und Kräftigung der zwischen den ungarischen und deutschen Staaten obwaltenden freundschaftlichen Verhältnisse zu wachen". Die vom Pester Ministerium den beiden „Regierungs-Bevollmächtigten" mitgegebenen Instructionen waren mit schlauer Berechnung abgefaßt. Sie sollten die Sympathie Ungarns für das deutsche Element aussprechen, „weil es ein Element der Civilisation ist". Sie sollten es klar machen, daß Ungarn „nur auf den Fall ein gewichtiger und nutzbringender Bundesgenosse Deutschlands" werden könne, „wenn es sich unter der Ägide seiner (der magyarischen) Nationalität entwickelt." Sie sollten es den Frankfurter Staatsmännern zu Gemüthe führen, wie „unangenehm" es Ungarn berühren würde, „wenn die österreichische Monarchie auf eine Weise umgestaltet werden sollte, daß jene Provinzen derselben, die bisher zum deutschen Bunde gehörten, in slavische Staaten umgewandelt würden". Pillersdorff, der damalige Lenker der Geschicke Österreichs, war gefällig genug, sich in einer an den Fürsten Esterházy gerichteten Zuschrift mit diesen Instructionen „vollkommen einverstanden" zu erklären, 20. Mai, was ihm von Szalay ein paar Monate später damit vergolten wurde, daß dieser der Frankfurter Central-Gewalt gegenüber jenes „ohnmächtige Cabinet" höhnte, „das nicht einmal die Stadt Wien repräsentirte; denn es war hier eben so wenig maßgebend als anderswo". Die Sache war die, daß Szalay zu jener Zeit, Anfangs August, schon einen weit andern Standpunkt einnahm, als damals im Mai, wo er höflich und vorsichtig

Pillersdorff ſeine Vollmachten hatte einſehen laſſen. „Ungarn", ſo ſchrieb
er jetzt an den deutſchen Miniſterraths-Präſidenten Fürſten von Leiningen,
„hat nicht nur ſein eigenes unabhängiges Miniſterium, ſondern für den
Augenblick ſelbſt ſeinen eigenen von jenem der öſterreichiſchen Staaten
verſchiedenen Regenten (den Palatin). Bei dieſer Sachlage wäre, vom
ſtrengen Rechtsſtandpunkte betrachtet, das öſterreichiſche Cabinet verpflichtet
geweſen vor Europa hinzutreten und zu ſagen: Ich bin nicht mehr was
ich war; ich repräſentire nicht eine Hufe Landes von dem ungariſchen
Gebiete; ich fordere daher die europäiſchen Mächte auf, ſich in directen
diplomatiſchen Verkehr mit der Krone Ungarns zu ſetzen, damit ihre
Schutzbefohlenen nicht etwa in internationalem Bezug Schaden nehmen.
Doch wie könnte man", fügte Szalay ſpöttiſch bei, „ſo unbillig ſein zu
fordern daß jemand ſeine eigene Ohnmacht erkläre?" Die Abſicht der
Peſter Regierung ging nämlich von allem Anfang dahin, daß die Frankfurter Central-Gewalt einen „ſtändigen Repräſentanten Deutſchlands" nach
Buda-Peſt ſchicke, und es wurde ungariſcherſeits namentlich auf den Fürſten F. Lichnowski hingewieſen, der von mütterlicher Seite ein Ungar,
ein Enkel jenes Grafen Karl Zichy ſei, unter deſſen Präſidentſchaft 1790
in das Oberhaus „das von Ungarn ſo oft angerufene Unabhängigkeits-
geſetz gebracht wurde, das endlich nach mehr als einem halben Jahrhundert zur Wirklichkeit geworden iſt". Zu dieſer urſprünglichen Aufgabe,
deren Durchführung Szalay aufgetragen worden, kam Anfangs September
eine zweite noch weiter gehende: es war der deutſchen Central-Gewalt
ein förmliches „Bündniß zwiſchen Ungarn und Deutſchland" anzubieten,
das „nicht nur ein Handelsvertrag, ſondern auch eine Allianz", und zwar
eine Kriegs-Allianz ſein ſollte. Der erſte Artikel nämlich hatte nichts geringeres im Auge als dieſes: „Ungarn und Deutſchland verpflichten ſich
gegenſeitig zur Aufſtellung einer Hilfs-Armee von 100000 Mann als
Maximum für den Fall daß die Grenzen des deutſchen Reiches oder
Ungarns durch das ſlaviſche Element oder durch eine andere mit dem
ſlaviſchen Elemente verbündete Macht angegriffen werden ſollten".

Zum Verdruß der Peſter Reichstagspartei legte man in Frankfurt
keinen ſo hohen Werth auf eine Annäherung mit Ungarn, als dieſes
eine ſolche mit Deutſchland erſehnte; man ſchien Ungarn kaum für
ebenbürtig zu halten um mit Deutſchland auf eine Linie geſtellt zu
werden, und noch minder fühlte man ſich in Frankfurt geneigt den Vor-
ſtellungen einer politiſchen Selbſtändigkeit zu trauen, die Ungarn ſeit

15

1526 nie beseffen hatte. Szalay wurde nicht müde, in der ihm von
Pest vorgezeichneten Richtung unausgesetzt zu drängen; er entwickelte
und befürwortete seine beiden großen Angelegenheiten in einer Reihe
von Noten, nahm zur Betreibung derselben wiederholte Audienzen bei
den Ministern der deutschen Central-Gewalt, bei dem Präsidenten der
National-Versammlung, beim Erzherzog-Reichsverweser, ohne vom Flecke
zu kommen, als ihm Mitte September der Reichs-Minister des Äußern
Heckscher die Eröffnung machte, daß der Palatinus seiner Würde entkleidet worden, womit auch die ihm (Szalay) von jenem ertheilte Vollmacht als erloschen zu betrachten sei. Szalay bemühte sich zwar in einer
längern Zuschrift dem Reichs-Minister auseinanderzusetzen, daß jenes
„angeblich" königliche Rescript, das den Erzherzog-Palatinus von seiner
Statthalterschaft enthoben haben solle, in Wahrheit gar nicht existire,
indem es keine Gegenzeichnung eines Ministers aufweise; daß König
Ferdinand V. angesichts des Gesetzes v. 11. April 1848 ein solches
Rescript gar nicht habe erlassen können; daß folglich von einem Erlöschen seiner Eigenschaft als Bevollmächtigten der kön. ung. Regierung
keine Rede sei 2c. Allein Schmerling, der Nachfolger Heckscher's, wollte
sich von dem Gewichte dieser Argumente nicht überzeugen lassen, sondern
berief sich einfach auf das a. h. Handschreiben v. 7. September, laut
dessen Se. Majestät die „Sendung Szalay's für null und nichtig" erklärte, „da nach dem klaren Sinne des Gesetzes des letzten Reichstages
dem Königreiche Ungarn dem Auslande gegenüber keine andere diplomatische Vertretung zustehe, als diejenige der österreichischen Gesammt-
Monarchie." Nach dieser kategorischen Erklärung blieb Szalay nichts
übrig, als sein Bedauern auszudrücken „daß um formeller Gründe
willen das Bündniß zwischen Ungarn und Deutschland weiter hinausgerückt werde", und sich die Einholung weiterer Instructionen „seiner"
Regierung vorzubehalten, die „im Vollgefühl der Rechtlichkeit ihres Verfahrens selbem geeigneten Ortes Anerkennung erwirken" werde [154]).

So war, für den Augenblick mindestens, die formelle Allianz zwischen
Frankfurt und Pest gelöst. Aber ließ sich dasselbe von dem thatsächlichen
Bündniß der deutschen Revolution mit der ungarischen sagen? Stand
nicht die letztere gerade in der Zeit, da Szalay in Frankfurt seine Pässe
nahm, im Begriffe, ihre bisherige Maske abzuwerfen und mit den
: in der Hand der „deutschen" Revolution in Wien zu Hilfe zu
Und wenn die maßgebenden Staatsmänner in Frankfurt, theils

Österreicher theils Freunde Österreichs, Tact genug besessen hatten, den zudringlichen Einflüsterungen des Pester Ministeriums kein Gehör zu leihen, waren nicht die Versammelten der Paulskirche eben daran, durch Satzungen ihres deutschen Verfassungsentwurfes den Kitt zu lösen der seit Jahrhunderten die ungarischen und die nicht=ungarischen Länder des öster= reichischen Kaiserstaates miteinander verband, und dadurch mittelbar das her= beizuführen worauf man von Pest aus seit den Märztagen losarbeitete?

Von den beiden constituirenden Parlamenten an der Donau und am Main wurde im Jahre 1848 gesagt: „Wenn in Wien weniger Bauern und in Frankfurt weniger Professoren säßen, wäre beiden ge= holfen!" In Wahrheit aber war es weniger gelehrtes Professorenthum als nationaler Fanatismus, was in der Paulskirche bei den Verhand= lungen über die deutsch=österreichische Frage den Ausschlag gab. Von der Mehrheit des Verfassungsausschusses waren in den I. Abschnitt der „deutschen Reichsverfassung" folgende zwei Bestimmungen aufgenommen:

„§. 2. Kein Theil des deutschen Reiches kann mit nicht=deutschen Ländern zu einem Staate vereinigt sein."

„§. 3. Hat ein deutsches Land mit einem nicht=deutschen Land das= selbe Staatsoberhaupt, so ist das Verhältniß zwischen bei= den Ländern nach den Grundsätzen der reinen Personal= Union zu ordnen."

Es fehlte nicht an Solchen, denen die verhängnißvolle Tragweite dieser beiden Grundsätze keineswegs genügte; Claussen und Rößler von Öls wollten, daß das Staatsoberhaupt, das zugleich nicht=deutsche Län= der beherrsche, weder deutsche Truppen in seine nicht=deutschen Län= der noch umgekehrt verlegen dürfe; und Trützschler mit Genossen ver= langte sogar, daß das Staatsoberhaupt eines deutschen Landes nicht zugleich Staatsoberhaupt eines außerdeutschen Landes sei. Dagegen war von der Minderheit des Verfassungsausschusses, Dr. von Mühlfeld aus Wien an der Spitze, mit Rücksicht auf „die eigenthümlichen Verhältnisse Österreichs" ein Zusatz zu §. 2. beantragt, laut dessen der „innigste Anschluß Österreichs an Deutschland im Wege eines völkerrechtlichen Bündnisses" zu erzielen wäre. Ein großer Theil der Tyroler: Schuler, Flir, Beda Weber, Gspan u. a. wollten die Bestimmung des §. 2 nur für künftige Fälle gelten lassen; wo ein solches Verhältniß bereits vor= liege, sei es „durch besondere Staatsverträge festzustellen". Schreiner

15*

aus Grätz, Schmerling u. a. wünschten, daß „bei der höchst eigenthüm=
lichen und schwierigen Lage Österreichs" die Durchführung der beiden
§§. weiterer Erwägung und Verhandlung vorbehalten werde. In gleicher
Richtung wurden von Jahn, von Arneth und Würth, dann von Ignaz
Kaiser aus Wien mit vielen Andern Verbesserungsanträge eingebracht.

In vier Sitzungen, am 20., 24., 26. und 27. October wurde
über diese Lebensfrage des zu constituirenden Deutschlands verhandelt.
Die Verfechter einer ruhigeren Anschauung erschöpften alle Gründe der
Überredung, ihre Gegner von dem hartnäckigen Bestehen auf unerfüll=
baren Forderungen abzuhalten, oder sie doch zum Zugeständniß einer
Ausnahme für Österreich zu bewegen. „Oder wäre vielleicht Österreich
eines solchen Opfers nicht werth", fragte Reichensperger von Köln,
„Österreich, das so oft seinen Wohlstand und sein Blut an die deutsche
Sache gesetzt hat, Österreich, um dessen Namen sich so zu sagen die
deutsche Geschichte gruppirt, Österreich, das mit der Wucht dieser Ge=
schichte, mit der Wucht seiner unerschöpflichen Naturkraft bis jetzt auf
unserer Seite steht?" Sie stellten die Unmöglichkeit dar, die deutschen
und die nicht=deutschen Länder der österreichischen Monarchie im Sinne
der §§. 2 und 3 zu trennen. „Beide sind durch ihre Geschichte, durch
ihre Schicksale die sie mit einander verlebt, durch zahlreiche Kriege die
sie gemeinschaftlich geführt, durch Handel und Industrie, durch eine ge=
meinsame Regierung, welche alle Interessen, Blicke, Fäden in das Cen=
trum der Monarchie leitet und von diesem aus wieder in die Provinzen
führt, auf das innigste verbunden; ihr Zusammenleben ist ein orga=
nisches; tausend Adern laufen von einer Provinz in die andere; wir
würden durch einen solchen Riß Österreich aus tausend Wunden bluten
machen" (Fritsch von Ried). „Die Erhaltung Österreichs", rief Arneth,
„ist keineswegs durch dynastische Interessen, nein, sie ist durch jene
Politik geboten, welche das Wohl des Volkes als den Endpunkt ihrer Be=
strebungen anerkennt", und Würth bekräftigte, es müsse „das Interesse
der Völker selbst es sein, diese durch viele Jahrhunderte so innig ver=
bunden zu halten, ungeachtet aller Versuche, die schon früher gemacht
wurden die österreichische Monarchie zu zerstören". Beidtel von Brünn
hob den juridischen Standpunkt hervor. „Es ist", sagte er, „schon nach
allgemeinen Rechtsgrundsätzen Deutschland nicht berechtigt, die deutschen
Provinzen Österreichs zu den nicht=deutschen außer staatliche Verbindung
zu setzen. Dieß könnte allein eine vollständige Vertretung aller öster=

reichischen Völker thun; eine Versammlung, die nicht ganz Österreich
repräsentirt, kann das nimmermehr entscheiden". Aber auch gegen die
übrigen europäischen Staaten, bemerkte Fritsch, habe man in dieser Beziehung Verpflichtungen; „Europa hat durch zahlreiche Verträge die
Existenz der gesammten Monarchie verbürgt und sichergestellt; es hat
die pragmatische Sanction in den Verträgen von 1815 anerkannt; es
kann nicht zugeben, daß diese Monarchie auseinander gerissen werde".
Das größte Hinderniß aber würde die Ausführung eines solchen Beschlusses an dem Widerstreben der österreichischen Völker selbst finden.
„Ist es denkbar", warnte Clemens von Bonn, „daß in einem Augenblicke, wo ein verfassunggebender Reichstag für Österreich versammelt
ist, ein von Frankfurt aus ergangenes Auflösungs-Decret dieses einzigen
gesetzmäßigen Organs des österreichischen Volkes Gehör und Gehorsam
finden werde?" Arneth, der erst vor wenigen Wochen in seiner Heimat
gewesen, gab den Versammelten die Versicherung, „daß die große Mehrheit des deutsch-österreichischen Volkes seine Zustimmung zur Zerreißung
Österreichs nicht geben wol.e", und Beda Weber erklärte mit Nachdruck:
„In einem solchen Kampfe, wo das österreichische Volk zu beweisen hat, daß
der Ausspruch: ‚Österreich muß aufhören zu bestehen, weil es nicht mehr
bestehen kann', eine Lüge sei; in einem solchen Kampfe wird das österreichische Volk, die österreichische Monarchie mit aller Kraft aufstehen
und sich dagegen verwahren." „Österreich wird aufstehen wie ein Mann,
wenn es gelten wird, seinen Bestand, seine Einheit und Freiheit zu
bewahren; Österreich das Jahrhunderte gedauert wird nimmermehr dulden,
daß es mitten im Frieden zerrissen werde und untergehe, untergehe noch
dazu durch Freunde, untergehe durch eine Versammlung zu der es selbst
seine Vertreter geschickt hat" (Beidtel). Die Verfechter der österreichischen
Sache unterließen nicht, auf die Gefahren hinzuweisen welche die §§. 2 und
3 in ihrem Gefolge haben müßten. „Wenn Staaten mit einander nichts
anderes gemein haben können als die Personal-Union", sagte Heinrich von
Gagern, „dann haben sie besser nichts mehr gemein, und jeder geht
seinen eigenen Weg." Wenn man auf Schweden und Norwegen hin-
weise, bemerkte Würth, so stehen diese „fern von den europäischen Verhältnissen, ganz hinausgerückt aus jenen Verwicklungen die Schwierigkeiten herbeiführen könnten", während es sich in Österreich „um große
schwerwiegende und eben durch ihre Wucht nach der einen oder andern
Seite hin bedeutende Völkermassen handelt". Die Personal-Union für

das deutsche und nicht-deutsche Österreich aussprechen, heiße nichts anderes
als letzteres für Deutschland verlieren; „denn es ist doch nicht daran
zu denken, daß Venedig mit Hermannstadt, Dalmatien mit Galizien
verbunden bleiben wird, wenn Wien nicht mehr der Mittelpunkt der
österreichischen Länder ist" (Mühlfeld). Könne man so etwas wollen?
„Wir denken mit Wehmuth an Elsaß, an Lothringen, Burgund, an die
Schweiz, an Holland und Belgien, die einst zum deutschen Reiche gehörten, und nach so großen Verlusten, nachdem so viele edle Glieder vom
Leibe der Germania weggeschnitten worden, hat man noch den Muth,
die österreichischen Länder in eine Position zu bringen, wo sie aus der
Mitte der deutschen Bundesstaaten scheiden müssen!" (Wiesner). „Andere Nationen würden für ihre erste Pflicht halten, durch das Verfassungswerk den Besitz nicht eines Dorfes in Frage zu stellen, und wir
sollten leichtsinnig eine ganze Saat der Zukunft, eine reiche Anwart-
schaft künftiger nationaler Entwicklung dem bisherigen Zusammenhang
entfremden!?" (Gagern). „Gerade weil wir Böhmen nicht fahren
lassen können", bemerkte Vincke, „weil dieses eine Gebirgsfestung gegen
Rußland ist, und weil andererseits der venetianische Theil von Italien unsere Flanke sowohl gegen das übrige Italien als gegen Frankreich decken soll, ist es eine wahre Lebensaufgabe für uns, daß wir
die Verbindung mit jenen österreichischen Ländern so innig zu machen
suchen, als es nur immer in unserer Macht steht". Aber nicht bloß
daß Deutschland, wenn die §§. 2 und 3 in Ausführung kämen, die
nicht-deutschen Länder Österreichs verlöre, es würde sich sogar aus
Freunden Feinde machen. „Sie werden", führte Ignaz Kaiser der Versammlung zu Gemüthe, „ein deutsches Österreich bilden, aber dabei ein
selbständiges Nord-Italien, ein selbständiges Galizien, ein selbständiges
Ungarn; Dalmatiens und Istriens nicht zu gedenken. Diese einzelnen
Staaten werden eben so wenig unter sich verbunden sein, als überhaupt
irgend eines derselben mit Österreich, als mit Deutschland selbst; sie
werden, einmal aus dem gemeinsamen Mittelpunkte herausgerissen, nach
den verschiedensten Richtungen hin gravitiren. Sie werden mit Ihrer
Personal-Union das nördliche Italien unter französisches Protectorat
stellen, Sie werden Galizien Rußland in die Arme werfen, Sie werden
ein südslavisches Reich entstehen sehen, das bis in das Herz Deutschlands sich hineinerstrecken wird". Aber mehr noch! „Wenn Sie", fuhr
Kaiser fort, „jeder Nationalität es frei lassen, sich dorthin zu wenden,

wo es ihren Neigungen zusagt, mit welchem Rechte wollen Sie dann
die Slovenen und Čechen auf dem deutschen Territorium bei sich behalten"? „Und glauben Sie denn", bemerkte Arneth, „wenn es Ihnen
gelingen sollte, die deutsche Herrschaft durch Bajonette in den slavischen
Bezirken Böhmens aufrecht zu erhalten, daß es Ihnen auch gelingen
werde, die gesegnete Südsteiermark, die slavischen Theile von Kärnten,
ganz Krain und das Land bis hinunter an die adriatische Küste fest
zu halten?"

Doch was konnten alle diese ernsten besonnenen Vorstellungen in
einer Versammlung wirken, deren Mehrzahl ihren Beschluß gefaßt hatte
noch ehe es zur Berathung kam? Das zeigte sich gleich in der ersten
Sitzung. Wenn die Redner für die Annahme der §§. 2 und 3 sprechen
durften so lang sie wollten, wurden jene welche die österreichische Sache
verfochten in der unartigsten Weise unterbrochen, zum „Schluß" gerufen
und durch so geräuschvolle Unruhe gestört, daß man ihre Worte kaum
vernehmen konnte. Während der Vorträge von Fritsch, Arneth, Würth
mußten Gagern und Simson die Versammlung wiederholt zur Ordnung
verweisen; der zungenfertige Giskra dagegen sprach allein länger als jene
drei zusammengenommen, und als er von seinem Gegenstande abschweifte
und meinte, er werde „zu dieser Digression" wohl die Zustimmung der
Versammlung haben, wurde ihm „Ja, ja!" zugerufen. Dabei trugen
die Redner dieser Partei eine Unkenntniß der österreichischen Verhältnisse
und der der Durchführung ihrer Pläne entgegenstehenden Hindernisse zur
Schau, oder bekundeten einen jungenhaften Übermuth sich über alle Rück=
sichten hinwegzusetzen, die man belächeln konnte, wenn nicht das Bedauern
überwog, eine Angelegenheit von so weit greifenden Folgen in solch schnöder
Weise behandelt zu sehen[154b]). Gleich der erste Redner, Eisenmann von
Würzburg, spöttelte über die pragmatische Sanction, „die erst vor vier
Wochen entdeckt worden" und die ihm vorkomme „wie der Hut eines
Taschenspielers, der sich in zwanzigfache Formen stellen läßt. So geht
es mit dieser pragmatischen Sanction, in der man alles findet was man
will. Sie haben schon manches Pergament unter den Tisch geworfen",
rief er der Versammlung zu; „warum wollen Sie dem österreichischen
nicht das gleiche Schicksal widerfahren lassen?" „Alles Pergament",
ergänzte Giskra, „es mag so alt wie die Menschheit sein, ist nur Hader=
werk, wenn es die Interessen der Völker verletzt, es ist nur Fetzwerk,
wenn man damit Dynastenrechte gegen Völkerrechte schirmen will. Die

Unantaſtbarkeit dieſer Urkunde hat die Geſchichte vielfach widerlegt. Wo
iſt die untrennbare Niederlande? Wo ſind die Vorlande, wo die ſechzehn
ſchleſiſchen Fürſtenthümer, für die alle die pragmatiſche Sanction gegolten?
Die pragmatiſche Sanction iſt ein Schild voll Löcher, die Hieb und
Stoß demjenigen verſtatten, der nach dem Geſchützten greifen will.“ Über
die von der andern Seite mit Nachdruck betonte hiſtoriſche Nothwendigkeit
Öſterreichs gingen ſie mit frevelndem Spott hinweg. „Man ſpricht von
‚vielfältigen Beziehungen‘, von ‚gemeinſchaftlich vergoſſenem Blut‘ und
hat noch mehr dergleichen myſtiſche Phraſen der ſchwarzgelben Politik
hier aufgetiſcht, um zu zeigen daß die öſterreichiſche Geſammt-Monarchie
eine hiſtoriſche Nothwendigkeit ſei. Was iſt es nun damit? Wenn Sie
die Geſchichte durchgehen, ſo werden Sie finden, daß man zur Hervor-
bringung der öſterreichiſchen Monarchie ſich ſolcher Mittel bedient hat,
die ſich aus den Zeiten herſchreiben, wo man über Menſchen und Länder
wie über Dinge verfügte“ (J. N. Berger von Wien). „Was die ſo-
genannte Vorſehung betrifft, durch welche Öſterreich entſtanden iſt, ſo
finde ich dieſe Vorſehung nur in Heirathen“, ſagte Reiter von Prag; und
Eiſenmann meinte: „Wenn die öſterreichiſche Monarchie durch die Vorſehung geſchaffen wurde, was würden Sie ſagen, meine Herren, wenn
ſie durch die Vorſehung wieder geſtürzt wird?“ „Wir hören die treue
Anhänglichkeit an unſere kaiſerliche Dynaſtie, wir hören die Stimme tief-
liegender geſchichtlicher Erinnerungen an das gewaltige Öſterreich, und
dieſe verbieten das Band des Geſammtſtaates zu lockern! Vor dem zer-
ſetzenden Verſtande wiegen Sympathien für Vergangenheit ſo wenig gegen
das Bedürfniß der Zukunft, wie ein abgelebter Greis gegen das Drängen
eines Jünglings. Sympathien für Herrſcherhäuſer können, werden und
dürfen keine Staaten bauen und ordnen; das werden hinfort nur die
Intereſſen und Bedürfniſſe der Völker. Dynaſtiſche Intereſſen ſind heute
nur Feſſeln von Glas, die zerſpringen, wenn das Blut in den Völkern
nur wärmer wird, vielmehr wenn es ſiedend heiß wird und wallt im
Turpor (?) ſelbſtändigen Nationalgefühls“ (Giskra)[155]. Und wohin laufe
es am Ende hinaus mit dieſer vorgeſchützten Unantaſtbarkeit des Beſtandes
von Geſammtöſterreich?! „Die Papierbeſitzer ſind es, die mit aller
Zähigkeit ſich an den alten Zuſtand halten möchten, da ſie fürchten, eine
Änderung in ſtaatsrechtlicher Hinſicht könne auch ihre Papiere deplaciren.
Dieſe nebſt Beamten und Militär ſind die wärmſten Patrioten für Groß-
öſterreich im Sinne der alten Real-Union; ſie fragen, was wird aus

den Papieren werden?" (Giskra). „Unter der österreichischen Gesammt=
Monarchie ist nichts anderes verstanden als die Unterdrückung der ein=
zelnen Nationalitäten mit Gewalt, die Zusammenkettung derselben, indem
man eine durch die andere bezwingt" (Vogt von Gießen). Das aber
könne bei dem gegenwärtigen Umschwunge der Dinge nicht länger mehr
währen; denn Metternich habe, wie Marek von Grätz zum Beweise
seiner Behauptung anführte, „ganz richtig gesagt: Österreich ist ein aus
verschiedenen Theilen zusammengeleimtes Ganze, und wenn einst die
Wogen der Constitution über das Kaiserreich hereinbrechen, geht alles
aus dem Leim!" „Man wirft uns vor, daß wir hier Österreich zerreißen
wollen", meinten Reiter von Prag und Wurm von Hamburg. „Aber
was thun in diesem Augenblicke die Ungarn? die Italiener? Arbeiten
sie für die Erhaltung der Monarchie? Wir sind es nicht, die den Feuer=
brand hineinschleudern in das schon brennende Gebäude, wir nicht, welche
die österreichische Monarchie zertrümmern. Einer solchen Anschuldigung
können wir entgegenhalten, was Niebuhr in einem ähnlichen Falle be=
merkte: ‚Ich habe noch nie gehört, daß man demjenigen, der die Leiche
begräbt, nachsagte, er sei es der den Mann erschlagen habe!'" Was
könne man daher besseres thun, als trennen was ohnedies nicht zusam=
menhalten wolle? Und was liege am Ende an Österreich, wo es sich
um das Interesse Deutschlands handle! „Als am 15. Mai die Wiener
sich erhoben", sagte der Student Schneider von Wien, „war der Sieg
der Demokratie in Österreich nicht nur ein Sieg der Freiheit, sondern
auch der deutschen Einheit, und richtig rief mir an jenem Tage ein ge=
achteter Staatsmann zu: ‚Was haben Sie erreicht? Gewiß kein großes
einiges Österreich!' Wohl hatte er Recht; aber ich freute mich dessen;
denn ich wollte und will ein großes einiges durch die Freiheit seiner
Völker mächtiges Deutschland!" Im günstigsten Falle könnten die Länder
die bisher Österreich gebildet durch die Person des gemeinsamen Herrschers
vereinigt bleiben; welche andere Stellung man Österreich immer geben
möge, so werde es nur eine zwitterhafte sein. „Gesetzt wir proclamiren
das constitutionelle Kaiserthum: sollen dann die österreichischen Länder
zu zwei Kaiserthümern gehören? Oder wir proclamiren die Republik:
sollen die österreichischen Staaten nach der einen Seite hin monarchisch,
nach der andern republicanisch sein?" (Wichmann von Stendal). Übrigens
könne die Durchführung der Personal=Union für die österreichischen Länder
keine Schwierigkeiten bieten. „Was die Finanz=Verwaltung betrifft, so

ift nur das Hinderniß der Staatsschuld; ließe sich aber da kein billiges
Abkommen treffen, so träte das alte Casus nocet domino in Wirk=
samkeit. Das scheinbar größte Hinderniß böte die Vertretung nach außen.
Jedoch mit nichten. Österreich möge neben dem Gesandten der Central=
Gewalt seine ungarischen oder galizischen oder dalmatinischen haben; ich
glaube, es kann Einer für Alle sein. In Collisionsfälle können sie nicht
kommen. Und käme es vor, daß der König von Ungarn eine andere Po=
litik hätte als der deutsche Fürst von Österreich, dann verfluche ich die
Möglichkeit einer solchen Politik wie sie selbst, und wünsche keine Perso=
nal= und keine Real=Union, sondern die völlige Zerreißung der Bande"
(Giskra).

Das Haupt=Argument war und blieb natürlich das Deutschthum,
das um jeden Preis zum Durchbruch kommen müsse. „Ich will", sagte
Waitz von Göttingen, „daß das, was deutsch ist und deutsch war seit
Jahrhunderten von Österreich, daß das ganz deutsch bleibe, daß es ganz
und völlig dem Gesammtbau angehöre, den wir zu gründen unternommen
haben. Es ist nur die Alternative: die deutsch=österreichischen Länder bleiben
bei uns oder sie bleiben bei den erblich verbundenen ungarisch=slavisch=
italienischen Ländern". Eisenmann wollte seinen Ohren nicht trauen, „daß
es in der Paulskirche je in Frage kommen könne, ob Österreich deutsch
sein solle? Wer im slavischen Interesse sprechen will", fügte er bei, „der
gehe nach Prag, nach Galizien, zu den Kroaten!" Daß aber das, was
man von Österreich für Deutschland in Anspruch nahm, ausschließend
oder doch maßgebend deutsch sei, darüber ließen die Erhitzten keinen Zweifel
aufkommen. „Wo ist die wirksamste deutsche Revolution ausgebrochen?"
rief Giskra. „In der deutschen Stadt Wien! Wer ist ihr Träger bis
zur Stunde? Die deutschgesinnten Wiener! Wem dankt die deutsche Frei=
heit mehr als der deutschen Legion in Wien? Wer kämpft in diesem
Augenblick den neuen Kampf der Revolution mit den Schaaren einer frei=
heitsmörderischen Camarilla? Das deutsche Wien!" „Wer Österreich
kennt", setzte Wagner von Steyr auseinander, „der muß sagen, es ist
deutsches Land! Gehen Sie in seine Gebirge, steigen Sie in seine Thäler
hinab, betrachten Sie das Physische des Volkes, betrachten Sie seine Ge=
bräuche, Sitten, alles ist deutsch. Hier kommt nicht in Betracht, daß von
zwölf Millionen mehr als ein Drittel" — Rufe: „Zwei Drittel!" —
„auf die slavische Bevölkerung kommt. Wo ist diese slavische Bevölkerung?
Sie ist auf einzelnen Kernpunkten in Mähren und Böhmen und hinab

gegen die adriatische Küste; sonst ist sie nur an kurzen Säumen, Gränz-
strichen, zerstreuten Punkten". Eben so leicht stellte sich Reiter die Sache
vor: „Böhmen müssen wir haben", sagte er. „Wir brauchen aber dabei
gar nicht gewaltthätig zu handeln. Nah an 2,000.000 Deutsche wohnen
in Böhmen, deren Sympathien wir haben. Vom slavischen Volke haben
wir keinen Widerstand zu erwarten; der čechische Bauer kümmert sich nicht
um die politischen Tendenzen der Gelehrten in Prag". Andere waren
freilich einer entgegengesetzten Ansicht. Forderten Jene die Zerreißung
Österreichs als Recht der vorwiegend deutschen Bevölkerung, so stellten
Diese sie als nothwendigen Schutz des in seiner Existenz bedrohten Deutschthums dar. „Verhehlen wir es uns nicht", warnte Riehl von Zwettl,
„daß wir in Gefahr sind. Die sieben bis acht Millionen Deutschen wohnen
nicht zusammen; der compacte Theil der deutschen Bevölkerung umfaßt
etwa fünf Millionen; wie leicht würde es sein, uns, wenn wir von
Deutschland getrennt vereinzelt dastehen, in jeder Beziehung dem nicht-
deutschen Elemente unterzuordnen". „Wie kann das deutsche Österreich Macht
üben, wenn es selbst überwältigt ist?" sprach der Dichter Uhland; „wie
kann es leuchten und aufklären, wenn es zugedeckt und verdunkelt ist?
Mag immerhin Österreich den Beruf haben eine Laterne für den Osten
zu sein: es hat einen näheren höheren Beruf, eine Pulsader zu sein im
Herzen Deutschlands." Auf den Einwand, daß man Österreich doch erst
fragen müsse ehe man in so einschneidender Weise über sein Schicksal
beschließe, wurde geantwortet: „Wir sind allein constituirend und keine
Macht der Welt hat hier darein zu reden, weder Kaiser noch König,
weder Regierung noch Provinzial-Landtag" (Giskra). „Sibi res, non ab
rebus subjicere, das ist das richtige Losungswort der jetzigen Politik.
Greifen wir ein in die Räder des schnell dahin rollenden Schicksalwagens,
kühn und muthig, und welche sich fürchten sich dabei die Hand zu verletzen, die fordere ich auf, ihre Mandate zurückzulegen und Männern
Platz zu machen" (Marek).

Die viertägige, durch wenige Zwischenräume parlamentarischer Waffenruhe unterbrochene Schlacht über die Paragraphe 2 und 3 der künftigen deutschen Reichsverfassung hielt alle politischen Leidenschaften nicht
bloß im Hallenraume der Paulskirche sondern auch außerhalb derselben
in unausgesetzter Spannung. In den verschiedenen Clubs wurde während
dieser ganzen Zeit kaum minder lebhaft verhandelt als in der Reichsversammlung. Der bedeutendste von jenen war das „Casino", an sich ein

kleines Parlament, bei 150 Köpfe, vorzugsweise „die Professorenpartei"
genannt; die meisten Functionäre der Central-Gewalt, Minister, Staats-
secretäre, Gesandten gehörten zu ihm; von hevorragenden Österreichern:
Andrian, Deym, Sommaruga, Schmerling, Mayern, Würth u. a. Eine
Abzweigung des Casino war der „Landsberg". Das Casino und der
Landsberg repräsentirten die Partei des rechten Centrums, während die
des linken Centrums, darunter von Österreichern Giskra, Makowička,
Schneider, im „Württemberger Hof" ihren Hauptsitz hatte; eine Abzweigung desselben, und zwar die mehr nach rechts neigende, war der „Augsburger Hof", zu dem sich von den österreichischen Abgeordneten Arneth,
Schreiner, Rößler, Kaiser u. a. bekannten. Auf der äußersten Linken,
deren Versammlungsort bald der „Holländische Hof", bald der „Don-
nersberg" war, saßen von Österreichern Joseph Rank, Wiesner, Hartmann, J. N. Berger, Gritzner, A. Kolatschek, Marek. Der Schwerpunkt
der Entscheidung über die brennende Tagesfrage lag im rechten Centrum;
zwischen dem Casino, dem Landsberg und dem Augsburger Hof fanden
vor und während der Schlachttage vielfach gegenseitige Beschickungen und
Verhandlungen statt.

Der Präsident der National-Versammlung, Heinrich von Gagern,
nahm seiner Stellung halber an keinem Club unmittelbar Theil; er
hatte aber seine persönlichen Anknüpfungen im Casino. Kurze Zeit vor
Beginn der öffentlichen Verhandlung über die verhängnißvollen Paragraphe hatte er in seiner Wohnung an drei Abenden nacheinander etwa
dreißig Abgeordnete, die er für die wichtigsten hielt, versammelt und hier
schon vorläufig jene Gedanken vorgebracht, die er dann in der Sitzung
vom 26. förmlich entwickelte und in den Antrag zuspitzte: „Österreich
bleibt in Berücksichtigung seiner staatsrechtlichen Verbindung mit nicht-
deutschen Ländern und Provinzen mit dem übrigen Deutschland in
beständigem und unauflöslichem Bunde; die organischen Bestimmungen
für dieses Bundverhältniß, welche die veränderten Umstände nöthig
machen, werden Inhalt einer besondern Bundesacte". Allein so sehr war
die große Überzahl des Parlaments mit sich im reinen oder, vielleicht
richtiger gesprochen, so sehr war sie in das was sie durchbringen zu
müssen glaubte verrannt, daß Gagern, der gefeierte, der bis dahin
vergötterte Gagern zum erstenmal an seinem Ansehen einbüßte, als er
aus tiefster Überzeugung und mit schwerem Seelenkampf dem Belieben
der Mehrheit seine abweichende Überzeugung entgegenstellte. Die wür-

dige gediegene Rede, worin er die Gründe seiner Ansicht auseinander-
setzte, schuf der Majorität eine peinliche Stunde; es fiel ihr eben so
hart dem allverehrten Manne eine Niederlage zu bereiten, als es ihr
unmöglich schien von ihrem bis dahin festgehaltenen Vorhaben abzulassen.
Am 27. kam es zur Abstimmung, sie sollte durch Namens-Ausruf stattfinden. Der Versammlung fiel ein Stein vom Herzen, als im letzten
Augenblicke Gagern seinen Antrag, „um mit einer namentlichen Abstimmung über denselben nicht die Zeit der Versammlung verschwenden zu
lassen", zurückzog und dem Zeitpunkte der zweiten Lesung vorbehielt.
Nach Verwerfung aller sonstigen Zusätze und Verbesserungs-Anträge
wurde sodann §. 2 in unveränderter Fassung mit 340 Stimmen gegen
76 und in gleicher Weise §. 3 mit 316 gegen 90 Stimmen angenommen.

Wenn zwei kurze Bestimmungen einer geschäftsordnungsmäßig in
Bureaus und im Verhandlungssaale zustande gekommenen Verfassung
die Kraft besaßen, staatsrechtlich begründete und thatsächlich bestehende
Verhältnisse ganzer Länder und Völker zu ändern, so war der mehr als
dreihundertjährige Verband der Kronen von Ungarn und Böhmen mit
dem Habsburgischen Erbe für immer gelöst und der stolze österreichische
Adler hatte von nun an nicht bloß zwei Köpfe, sondern auch zwei Leiber.

6.

Stand die Sache irgend eines Staatskörpers je verzweifelter, als
die Groß-Österreichs im Jahre 1848? Von vier Factoren nach verschiedenen Richtungen in die Klemme genommen; Factoren, die in allem
andern abweichend nur in dem Punkte mit einander wirkten, daß sie
den österreichischen Gesammtstaat nicht wollten; Factoren endlich, denen
dem Blute und der Zunge nach vielleicht zwei Drittheile der eigenen
Bevölkerung des Kaiserstaates angehörten, und die auf ihr verlockendes
Banner eben jenes Losungswort schrieben, das seiner Natur nach auf
jene einheimischen Elemente den mächtigsten, ja einen unwiderstehlichen
Einfluß üben mußte: das der Nationalität — konnte da für den stark-
müthigsten österreichischen Patrioten die Hoffnung nicht wankend werden,

daß sein Vaterland die allseitigen Stürme glücklich bestehen werde? Und
doch h a t sie Österreich bestanden! Sein tapferes Heer, aus Söhnen aller
Stämme der Monarchie gebildet, jener selben Stämme die außerhalb
des kaiserlichen Feldlagers fast allerorts einander anfeindeten und selbst
bekämpften, hatte siegreich den äußern Feind über die Gränzen des
Reiches zurückgedrängt und den innern Feind in mehreren seiner wichtigsten Sammelplätze zu Boden geworfen. Im Südosten der Monarchie
hatten sich urkräftige Völkerschaften erhoben, den gemeinsamen Bestand
Österreichs an die Spitze ihres politischen Glaubensbekenntnisses gestellt,
und standen seit Monaten gerüstet im Felde, Gut und Blut für ·ihre
Erhaltung, und dadurch auch für die Erhaltung des Gesammtstaates
einzusetzen. Und der Aufruf, der jetzt vom Main an die deutsche Bevölkerung Österreichs herübertönte, die staatlichen Bande zu zerreißen,
die sie seit Jahrhunderten mit den andern Nationalitäten der Monarchie
verknüpft, er sollte der überwiegenden Mehrheit dieser Bevölkerung nur
Gelegenheit bieten, ihre politische Stimmung und Meinung im ·gerade
entgegengesetzten Sinne kundzugeben!

Denn es war ein Pyrrhussieg, den die Mehrheit der deutschen
National-Versammlung am 27. October erfochten hatte. Die theore-
tischen Beschlüsse traten, kaum daß sie gefaßt worden, mit der Macht
der Thatsachen, mit der Einsicht aller Besonnenen und mit dem ausgesprochenen Willen der österreichischen Völker in einen so schreienden
Widerspruch, daß mit Recht gesagt wurde, nichts habe dem Vertrauen
in den staatsmännischen Beruf und das Ansehen des Frankfurter Parlaments einen empfindlicheren Stoß versetzt als das Ergebniß der Abstimmung über die §§. 2 und 3 der künftigen Reichsverfassung. Noch
am selben Tage überreichten 23 österreichische Abgeordnete dem Präsidium
eine Erklärung, worin sie gegen die gefaßten Beschlüsse mit dem Beifügen
Einspiache erhoben, daß sie durch diesen ihren Schritt „die Rechte des
österreichischen Volkes gewahrt wissen wollten". Ihnen schloßen sich
zwanzig andere an, um in einer am 1. November gemeinschaftlich unterzeichneten Ansprache den Wählern in ihrer Heimat auseinanderzusetzen,
warum sie den von der Mehrheit gefaßten Beschlüssen ihre Zustimmung
versagen mußten; denn „damit würde der österreichische Gesammtstaat,
der Name Österreich aus der Geschichte verschwinden. Wenn uns daher
auch", hieß es zum Schlusse, „das lebhafteste Bestreben für die engste
Verbindung Österreichs mit Deutschland beseelt, so konnte uns dieß doch

nicht zum Beitritt zu dem in den §§. 2 und 3 ausgesprochenen Grundsatze der bis auf die Personal-Union zu führenden Theilung Österreichs
bestimmen" [156]). Einzelne, die zur Zeit nicht an Ort und Stelle waren,
traten dem Proteste nachträglich bei (wie M. Grünblinger von Amstetten)
oder sie gaben die Erklärung ab, daß sie es „der von ihnen vertretenen
Bevölkerung schuldig zu sein glauben, sich von der ferneren Abstimmung
über Verfassungsnormen, welche die Spaltung Österreichs voraussetzen,
zu enthalten" (Stein für Görz in der Sitzung vom 30. October). Auch
mehrere Mandats-Niederlegungen, welche in diese Zeit fielen, wie die
von Leopold Kreibig für Auspitz, von Dr. Friedrich Moriz Burger für
Triest, schienen hauptsächlich durch die Ergebnisse der letzten Frankfurter
Abstimmung herbeigeführt worden zu sein. Nur der geringere Theil der
österreichischen Abgeordneten (darunter auffallenderweise Wiesner, der
doch in den Tagen zuvor gegen die Personal-Union gesprochen hatte)
schloß sich einer Erklärung an, worin sie den „deutschen Österreichern"
einen „Brudergruß von den deutsch gesinnten Männern ihrer Wahl zu
Frankfurt" sandten und in einer schwülstigen Sprache mit weit hergeholten,
zum Theil sogar trügerischen Ausflüchten [157]) die Annahme §§. 2 und 3
zu rechtfertigen versuchten.

Es war darauf zu rechnen, daß die Frankfurter Kundgebung vom
27. October in den Reihen der „deutschen Vereine" und der radicalen
Presse der deutsch-österreichischen Länder manchen Anklang finden werde.
„Die Reichsversammlung in Frankfurt hat ihre Schuldigkeit gethan";
hieß es von dieser Seite; „wenn Österreich gleichfalls seine Schuldigkeit
thut, so sind wir über alle Schwierigkeiten hinaus. Daß es aber die
Schuldigkeit Österreichs sei, dem souverainen Ausspruche der National-
Versammlung sich zu fügen, wer will das bezweifeln? Deutsch-Österreich
ist ein unzertrennlicher Theil des deutschen Staatskörpers und hat als
solcher sein Gesetz aus der Paulskirche zu empfangen, so gut wie der
unbedeutendste der Duodezstaaten. Die Rücksicht auf die andern österreichischen Nationalitäten kann dabei nicht in's Gewicht fallen. Im
Gegentheile, wenn man das, was an sich so verschiedenartig, unter sich
absondert, so zerreißt man nicht, man ordnet vielmehr, man löst die
Fesseln des unnatürlichen Ganges und veranlaßt dadurch freie Entwicklung, Wachsthum, Kräftigung der einzelnen Theile und mittelbar
auch des Ganzen. Und was ist es mit der Vaterlandsliebe? Sollen
wir österreichischen Deutschen sie etwa auf Ungarn ausdehnen, dessen

Bewohner uns verachten? oder auf Italien, wo Kind und Greis in den Ruf ‚Morte ai Tedeschi' einstimmen? oder auf die Slaven, deren Übergriffe wir fürchten?!" Der Gemeinderath von Salzburg, von jenen Fanatikern eingeschüchtert die auch den Octoberzug nach Wien veranstaltet hatten, sprach in einer Adresse seine volle Zustimmung zu den Frankfurter Beschlüssen aus, und in gleichem Sinne erging aus dem Gasteiner Thale ein Zuruf an die deutsche National=Versammlung: „Erhaltet die Thäler, die Gauen Salzburgs, ja ganz Deutsch=Österreichs für Deutschland! Gebt nicht zu, daß euch ein ungemischter reindeutscher Volksstamm verloren gehe! Laßt deutsche Macht und Einheit auf keinerlei Weise geschmälert werden! Gestattet nicht, daß für fremde Convenienz unsere und euere heiligsten Gefühle und Interessen geopfert werden". Auch der Klagenfurter Volksverein glaubte sich herausnehmen zu dürfen, „im Namen der großen Mehrheit der nach Vereinigung mit den deutschen Stammgenossen strebenden Bewohner von Kärnten" seine „freudige Unterwerfung unter die Beschlüsse des hohen Reichsparlaments in Frankfurt" und die Überzeugung auszusprechen, „daß nur jenes Recht und Gesetz im deutschen Österreich gelten darf, das seine Männer als solches erkennen". Derselbe Geist waltete im allgemeinen auf dem Congresse der deutsch=böhmischen Vertrauensmänner zu Eger. „Die Commission", sagte der Berichterstatter Dr. Tedesco aus Prag in der Versammlung vom 23. November, „ging von der Ansicht aus, daß das Frankfurter Parlament für die Angelegenheiten Deutschlands das höchste einzige Tribunal sei und daß ein jeder seiner Beschlüsse von Jedem, der sich Deutscher nennt, unbedingt angenommen werden müsse. Wir befinden uns in einem Dilemma: entweder wir schließen uns ganz an Austria an und lassen jede Verbindung mit Deutschland fahren, oder wir trennen uns von dem nicht=deutschen Österreich auf friedlichem Wege, so daß noch immer ein gewisser Zusammenhang bleiben könnte z. B. Handel, Finanzen, Krieg. Ist aber Einer in dieser Versammlung, der sich nicht lieber von den ihm fremden Kroaten, Panduren, Italienern, Dalmatinern, Walachen trennen würde, als von seinen deutschen Stammesbrüdern? Täuschen wir uns nicht, Österreich ist keine Großmacht mehr; Dänemark konnte es mit Deutschland aufnehmen, Österreich könnte es nicht. Man sagt, wir Deutschen seien der Kitt, der den Westen mit dem Osten verbindet; ich aber sage, ohne Deutschland sind wir nicht der Kitt, sondern bloß der Staub, der mit den Füßen getreten wird.

Das eine große Österreich ist nur eine Spiegelfechterei der Hölle, um dann, wenn die Slaven erstarkt sein, wenn sie das Deutschthum unterdrückt haben werden, auf den Trümmern Österreichs ein slavisches Reich zu gründen!" In der an die österreichischen Abgeordneten der Frankfurter National-Versammlung gerichteten Adresse, die am genannten Tage von dem Congresse angenommen wurde, drückte selber seine „Freude" aus, wenn die §§. 2 und 3 zum Beschlusse erhoben würden, erkannte die National-Versammlung zu Frankfurt a. M. als „die höchste gesetzgebende Gewalt in Deutschland" an und erklärte sich „bereit, jedes nöthige Opfer zu bringen, um in der Verbindung mit dem übrigen Deutschland zu bleiben" [158]).

Wie man sieht, begnügte sich der Partei-Eifer nicht damit, den österreichischen Patriotismus völlig über Bord zu werfen und einem einseitigen Nationalismus die Zügel schießen zu lassen, der es ganz zu übersehen schien, daß auf jenen Gebieten, die er als deutsches Eigenthum Frankfurt unterworfen wissen wollte, mehr als vier Millionen Čechoslaven, mehr als eine Million Slovenen und mehrere Hunderttausend Italiener wohnten. Man benützte zugleich den gebotenen Anlaß, auf die jenseits des deutschen Bundesgebietes wohnenden „Kroaten und Panduren" verächtliche Seitenblicke zu werfen, als ob es durchaus nicht anginge, für die eigene Nationalität warm zu fühlen, ohne jede fremde anzufeinden und zu verunglimpfen. Überdieß zeigte man sich in übersprudelndem Diensteifer frankfurtischer als Frankfurt selbst, da das, wofür man unbedingte Unterwerfung aussprach und forderte, im Grunde noch gar nicht existirte, jedenfalls noch nicht zu Recht bestand. Denn es war ja nur die erste Lesung, bei welcher die §§. 2 und 3 von der Mehrheit der National-Versammlung angenommen worden waren, und die Möglichkeit blieb nicht ausgeschlossen, daß bei der zweiten Lesung andere Bestimmungen getroffen würden, in welcher Hinsicht sogar mehrere wichtige Abänderungsanträge, wie namentlich die tiefgreifenden Gagern's, bereits vorlagen. Dazu kam, daß selbst von Jenen, die am 27. October für die beiden Paragraphe gestimmt, nicht wenige von vorn herein ihr Votum als kein endgiltiges abgegeben hatten, indem sie, darunter selbst Mitglieder des Verfassungs-Ausschusses, die Abstimmung nur als eine Anfrage betrachtet wissen wollten, „um von Österreich einmal zu vernehmen, wie es sich sein künftiges Verhältniß zu Deutschland denkt" [159]).

Die Antwort auf diese Anfrage nun sollte ihnen in reichlichem

16

Maße und in ganz unzweideutiger Weise werden. Denn verschwindend
klein waren die Kundgebungen der zuvor beschriebenen Art gegen die
weitaus überwiegende Mehrheit Jener, die gegen den Versuch einer Zerreißung Österreichs laute entschiedene und kräftige Verwahrung einlegten.
Schon der Congreß zu Eger hatte unter den ihm eingesandten Zuschriften
auch solche zu registriren, welche, wie die von Neudek an der sächsischen
Gränze, ihren Protest gegen die §§. 2 und 3 der Reichsverfassung aussprachen; und der Klagenfurter demokratische Verein mußte sich vom
kärntnerischen Landesausschusse eine empfindliche Zurechtweisung gefallen
lassen, indem sich letzterer „gegenüber seinen Committenten" verpflichtet
fühlte, „entschieden zu erklären, daß jener Verein jedenfalls nur eine
sehr kleine abgesonderte Partei bilde, deren Gesinnungen und Ansichten
mit der durch die gewählten Volksvertreter ausgesprochenen Majorität
durchaus in keinem Einklange stehen". Im steirischen provisorischen Land=
tage konnte zwar der Antrag, gegen die Frankfurter Beschlüsse Verwahrung
einzulegen, die Mehrheit der Stimmen nicht erringen — 29 dafür, 48
dagegen, 8. November —; einen um so glänzenderen Sieg dagegen erfocht
Tschabuschnigg mit gleichem Antrage im Ausschusse des provisorischen
Landtages von Klagenfurt, 5. December, nachdem schon vierzehn Tage
früher, 19. November, die dortigen Wahlmänner den Frankfurter Abgeordneten ihres Landes, die am 27. October sämmtlich mit „nein" gestimmt, einhellig ihre laute Anerkennung votirt hatten. Die gleiche Gesinnung gab sich in den Wahlkreisen von Niederösterreich kund, wo man,
eben erst aus den Banden der radicalen Gewaltherrschaft erlöst, wieder
freier aufzuathmen begann. Am 28. November fand in Mölk eine Neu=
wahl für die deutsche National=Versammlung statt, da sowohl der Abgeordnete als dessen Stellvertreter ihre Vollmacht heimgesagt hatten. Der
Justiziär Frölich aus Burgstall und Professor Dr. Werner aus St. Pölten
traten als Bewerber um die erledigten Posten auf. Ersterer hob in seiner
Ansprache hervor, daß jetzt den deutsch=österreichischen Wahlkörpern der
schicklichste Anlaß gegeben sei, auf die Beschlüsse des Frankfurter Parlaments eine kategorische jeden Zweifel beseitigende Antwort zu geben; letzterer versprach, mit allen Kräften für den ungeschmälerten Bestand der
Monarchie kämpfen zu wollen, und trug seinen Wählern die Rede vor,
die er in dieser Richtung bei der zweiten Lesung des Reichsverfassungsentwurfes in der Paulskirche zu halten gedenke. Das Ergebniß der
Abstimmung war unzweideutig: Werner wurde mit überwiegender Stim-

menmehrheit zum Abgeordneten, Frölich mit noch größerer, 90 gegen
14, zum Stellvertreter gewählt. Die sprechendsten Beweise ihrer groß-
österreichischen Gesinnung aber gab die Bevölkerung der Reichshauptstadt
Wien. Vom 27. bis 30. November hielten, nach vorher eingeholter Erlaubniß des Militärcommandos, die Wahlmänner des I. und II. Bezirkes
der innern Stadt, jene der Wieden und der Landstraße Versammlungen
ab, wobei den von Frankfurt anwesenden Deputirten Mayern, Egger,
Mühlfeld u. a. Beifall und Dank sowie Fortbauer des ihnen geschenkten
vollsten Vertrauens ausgesprochen wurde. Die Wahlmänner des I. Stadt-
bezirkes faßten gleichzeitig (30. November) zwei Adressen ab, die eine an
die Majestät des Kaisers, die andere an ihren Abgeordneten gerichtet.
„Wir hängen“, hieß es in der ersteren, „mit aufrichtiger Liebe an allen
unsern österreichischen Brüdern, deren Geschicke wir so lange getheilt. Wir
würden ein Verbrechen an unseren nicht-deutschen Brüdern zu begehen
glauben, wenn wir uns von ihnen lossagten, wenn wir das Schiff in
Trümmer schlügen, auf dem wir gemeinschaftlich allen Stürmen der Zeit
getrotzt haben. Wir können in der Gestaltung Österreichs nicht ein bloßes
Werk des Zufalls oder dynastischen Ehrgeizes erblicken. Wir finden darin
ein organisches Gebilde, dazu bestimmt zahlreiche Völkerschaften, die vereinzelt ihre Selbständigkeit nicht wahren könnten, mit gleicher Berechtigung
zu einem großen Ganzen zu vereinigen, zu einer Weltmacht welche ge-
bietend in die Schicksale Europas einzugreifen berufen ist und als Stützpunkt eines mitteleuropäischen Staatenbundes jedwedem Übergriffe, er
komme von Osten oder von Westen, gleich kräftig entgegenzutreten vermag.“
Und zu Mühlfeld sprachen sie: „Als im April die Wahlen zum Frankfurter Parlamente stattfanden, da gab sich in allen Ländern Österreichs
nur eine Gesinnung kund: der Wunsch eines innigen Anschlusses an
Deutschland — jedoch unbeschadet dem Bestande eines großen einigen
Österreich. Diese Gesinnung hat sich nicht geändert, sie ist vielmehr durch
alles was seither geschah nur befestigt und gekräftigt worden. In einem
Augenblicke, wo Österreichs constituirende Reichsversammlung tagt, um
durch das große Werk einer freien Verfassung alle Völker und Stämme
der Monarchie, bei voller Sicherstellung ihrer landschaftlichen Autonomie,
inniger als es je der Fall war zu einem staatlichen Ganzen zu verbinden; in einem Augenblicke, wo sich dieß Österreich zur Wahrung seiner
Kraft und Einheit gegen die Bestrebungen separatistischer Factionen in
ungeahnter Energie erhoben, in einem solchen Augenblicke kann Österreich

16*

am allerwenigsten geneigt sein, durch Annahme einer schwächlichen illu=
sorischen Personal=Union an die Stelle der altvererbten Real=Verbindung
seiner Bestandtheile die Hand zur Selbstauflösung zu bieten" rc. Dagegen
empfingen solche Abgeordnete der deutsch=österreichischen Gebiete, die für
die §§. 2 u. 3 gestimmt hatten, aus ihren Wahlkreisen Mißtrauens=Be=
zeigungen, wo nicht gar die Aufforderung ihre Mandate niederzulegen,
wie dieß unter andern dem Vertreter von Klosterneuburg Eduard Bauern=
schmid widerfuhr. „Wir erwarten von Ihrer Ehrenhaftigkeit", hieß es in
der von 120 Wahlmännern unterzeichneten Adresse, „daß Sie bei der
zweiten Lesung des Reichsverfassungsentwurfes die allseitigen Wünsche
ihrer Committenten für die Aufrechthaltung der Integrität der österreichi=
schen Monarchie gewissenhaft berücksichtigen und gegen die unbedingte An=
nahme der §§. 2 und 3 protestiren, widrigenfalls aber Ihr Mandat zu=
rücklegen werden"[160]).

Unverhohlener, um nicht zu sagen schonungsloser, als in diesen
Kundgebungen von officiellem oder quasi=officiellem Charakter sprach
sich im großen Publicum und in den bedeutendsten Journalen die allge=
meine Meinung der österreichischen Deutschen aus. Die Bekanntwerdung
der §§. 2 und 3 der beantragten deutschen Reichsverfassung hatte die
anfängliche Begeisterung für Frankfurt nicht blos gründlich abgekühlt,
sondern vielfach in ihr Gegentheil umgewandelt. Man begann sich als
Österreicher zu fühlen. Man empfand als Angehöriger eines großartigen
Staatsganzen etwas beschämendes darin, sich als dienendes Werkzeug
einem national=politischen Traumgebilde, wie der Einheit des kleinstaatlich
zerrissenen Deutschlands, hergeben zu wollen. „Soll Österreich die Leiter
sein, worauf die Herren in Frankfurt die geträumte Höhe des Deutsch=
thums erklettern möchten?!" Man verübelte es den in die Paulskirche
gesandten Vertretern, die sich hinreißen ließen, für die Annahme „so
unpraktischer Paragraphe" zu stimmen. Man ereiferte sich über jene
„Maulschwätzer, politischen Abenteurer, Marktschreier und unreifen Kna=
ben", die „durch unlautere Einflüsse aus der Fremde geleitet" keinen
Anstand nähmen, das wahre Interesse, die Ehre und Würde Österreichs
einem „schwarzrothgoldenen Feldgeschrei" zum Opfer zu bringen. Man
erinnerte die österreichischen Vertheidiger der Frankfurter Beschlüsse, daß
die Ansichten, die sie von der Tribüne der Paulskirche vertheidigten, mit
der wahren Meinung ihrer Wahlbezirke im Widerspruch stünden, daß
sie „durch ihre unverzeihliche Handlungsweise" ihrem Vaterlande nur

Wunden schlügen und sich nebstbei lächerlich machten; „jedesmal wenn die Giskra ihre Phrasen aussprudeln, büßt die deutsche Sache Öster-reichs tausend Anhänger ein, und es gibt nichts absurderes als ein Schwert ziehen wollen das erst geschmiedet werden soll". Man ver-schonte die Gesammtheit des Frankfurter Parlaments nicht; „die poli-tische Unreife hat die Integrität Österreichs bedroht!" Man machte es ihr zum schweren Vorwurf, daß sie, um so folgenschwere Beschlüsse für Österreich zu fassen, wie absichtlich einen Zeitpunkt gewählt habe wo das österreichische Staatsschiff ohne Steuer auf offener See herumtrieb. „Im gewöhnlichen Laufe der Dinge pflegen nur Feindlichgesinnte die Bedrängnißstunde eines Dritten zu benützen, um ihm, wenigstens nach ihrer Meinung, den Todesstoß zu versetzen; unsere fürgeblichen guten Freunde zu Frankfurt machten aber zu Gunsten Österreichs eine Aus-nahme von dieser Regel: sie schleuderten ihre auf Vernichtung unserer politischen Existenz abzielenden Donnerkeile in eben der Stunde ab, wo sie wußten daß die alten und neuesten Feinde Deutschlands, daß Fran-zosen, Polen, Italiener und ungarische Kossuthe sich mit den Anarchisten Wiens verbinden, um Österreich den Garaus zu geben!" Man bat die gelehrten Herren am Main, „die sich einbilden daß wenige Worte oder ein in blumenreicher Sprache abgefaßtes Decret die Bande eines Staates zerreißen, die Gesetze der Gewohnheit, des Handels und Verkehrs auf-heben und alles was durch Überlieferungen werth und theuer geworden zerstören können", die Frage zu beantworten ob denn „den bisher mit Österreichs deutschem Bundesgebiete zu einem Ganzen verbundenen Gali-zianern, Istrianern, Dalmatinern, den zu Österreich haltenden Sieben-bürgern, Kroaten u. s. w. kein Recht zustehen solle, über die Auflösung oder Fortdauer der österreichischen Real-Union eine Stimme abzugeben?" Man forderte endlich diese „Böhmen Mährer und Schlesier, Illyrier und Küstenländer, Dalmaten Kroaten Slavonier und Gränzer, Sieben-bürger und Galizianer" ausdrücklich auf, ihre unumwundene Meinung zu sagen; „ihr seid Alle bei dieser Frage betheiligt, sprecht euch Alle aus!" [161])

Es bedurfte, was die nicht-deutschen Kreise des österreichischen Bundesgebietes betraf, nicht erst einer solchen Aufforderung; hatten doch dieselben seit Monaten und bei wiederholten Anlässen ihre Willens-meinung in dieser Richtung unverhohlen kundgethan. Gleich auf die

erste Aufforderung des Frankfurter Fünfziger-Ausschusses hatten sie durch
den Mund Palacký's die Erklärung abgegeben, sie könnten nicht beitragen „einen Staat zu schwächen, ja ihn unmöglich zu machen, deffen
Erhaltung Integrität und Kräftigung eine hohe und wichtige Angelegenheit nicht ihres Volkes allein sondern ganz Europas sei, einen Staat
den man, wenn er nicht schon längst existirte, im Interesse der Humanität und der Civilisation zu schaffen sich beeilen müßte"; sie sähen sich
„durch natürliche und geschichtliche Gründe angewiesen ihre Blicke nach
Wien zu richten und dort das Centrum zu suchen, das geeignet und
berufen ist, ihres Volkes Frieden Freiheit und Recht zu sichern und zu
schützen" 162). Kaum drei Wochen später wurden die Vorbereitungen zu
dem Prager Slaven-Congresse getroffen, der ausgesprochen den Zweck
verfolgte, wider die Bestrebungen des Frankfurter Parlaments ein Gegengewicht zu schaffen und dem gesammt-österreichischen Gedanken gegen den
deutsch-einheitlichen zur Anerkennung zu verhelfen. In diesem Sinne
verpflichtete man sich (Erklärung vom 5. Mai) „dem regierenden Hause
Habsburg-Lothringen die alte Treue unverändert zu bewahren und die
Erhaltung der Integrität und Souverainetät des österreichischen Kaiserstaates mit allen zu Gebote stehenden Mitteln zu sichern", und stellte
(Programm des Slaven-Congresses), um über die eigentliche Absicht ja
keinen Zweifel aufkommen zu lassen, als Grundsatz auf, nie und nimmermehr die Souverainetät Deutschlands über sich dulden zu wollen:
„Kaiser und König Ferdinand ist und bleibt unser alleiniger Souverain
wie bisher; über ihm erkennen wir keine zweite Autorität". Das war
eine Einsprache gegen die §§. 2 und 3, ein halbes Jahr früher als
man in Frankfurt daran ging sie zu formuliren. Wenn man in Folge
dieser Vorgänge in den slavischen Kreisen der westlichen Reichshälfte von
allem Anfang gegen jede Beschickung des Frankfurter Parlaments gewesen
war — von den 190 österreichischen Wahlbezirken für dasselbe hatten
einige sechzig keine Abgeordneten gesandt, in vielen der andern hatten
ganz unbedeutende Minoritäts-Wahlen stattgefunden —; wenn es
namentlich in Böhmen Solchen, die dennoch in die Paulskirche sich
wählen ließen oder für diese Wahlen besonders thätig waren, an Angriffen verschiedener Art, an Hohn und Spott nicht gefehlt hatte, wovon
die in böhmischen Gaffenhauern verläfterten Makowička und Schufelka
und der in Kolin thatsächlich verunglimpfte Kuranda (worüber der Proceß im November noch immer in der Schwebe war) zu erzählen wußten:

so wurde dieser Geist des Widerspruchs durch die Verhandlungen in der
Paulskirche über die §§. 2 und 3, durch die bei dieser Gelegenheit gefallenen vielfach beleidigenden und verletzenden Worte und durch die
Schlußfassung darüber nur in erhöhtem Grade gereizt. Als es sich in
der zweiten Hälfte November im Bezirke von Krumau um die Vornahme einer Neuwahl für die deutsche National-Versammlung handelte,
erschienen in der Stadt nur 5 Urwähler, die 12 Wahlmänner benannten,
23.; die übrige Bevölkerung erklärte ihre Anhänglichkeit an das Kaiserhaus, aber von einer Wahl nach Frankfurt wollten sie nichts mehr
wissen. Am Wahltage selbst, 30., fanden sich zwar aus den deutschen
Gemeinden 105 Wahlmänner zusammen, allein 60 davon weigerten sich
an der Wahl theilzunehmen, so daß nur 45 übrig blieben die von ihrem
Rechte Gebrauch machten [163]). Einige Tage später, 9. December, nahm
die Prager Slovanská Lipa einen Vortrag des Dr. Sweștka gegen die
Ausschreibung neuer Wahlen für Frankfurt und einen dazu gemachten
Verbesserungsantrag auf Abberufung der in der Paulskirche weilenden
österreichischen Abgeordneten mit rauschendem Beifalle auf. In den
Wahlkreisen Mährens, selbst in solchen wo in den ersten Monaten die
Stimmung für Frankfurt eine günstige gewesen, schlug dieselbe in Folge
der Beschlüsse über die §§. 2 und 3 derart um [164]), daß sich in der Sitzung
des Landtags vom 10. November Ritter von Chlumecky veranlaßt sah,
nebst einer Verwahrung gegen jene Beschlüsse ein Mißtrauensvotum für
die 29 österreichischen Abgeordneten, die am 27. October mit „ja" gestimmt, zu beantragen, und der Abgeordnete Wurm die Rückberufung
der mährischen Abgeordneten von Frankfurt verlangte, welche beiden
Vorschläge die Versammlung einem eigenen Ausschusse zur Erwägung über-
gab. In einer eigenen Lage befand sich der schlesische Landtag, der, noch
vor kurzem von vorwiegend frankfurtischem Geiste beherrscht, nun den
Boden unter seinen Füßen schwanken fühlte und darum am besten zu
thun meinte, wenn er an der Erörterung von Fragen, die ihn mit seiner
früheren Haltung in Widersprüche verwickeln konnten, stillschweigend vor-
überging [165]). Ohnedieß waren es in Schlesien mehr die protestantischen
Elemente, die von ihren vielfach auswärts gebürtigen Pastoren für ein
Traumgebilde deutscher Reichseinheit angeeifert worden waren, über dessen
ihren wahren Wünschen zuwiderlaufende Kehrseite sie sich nun mit einemmal aufgeklärt fanden. Den Zustand eines großen Theiles der katholischen Bevölkerung des Landes konnte man als den einer künstlichen

Erhitzung bezeichnen; nachdem diese verdampft war, und das bewirkte wunderbar schnell die Kunde von den Frankfurter Beschlüssen, trat der ungekünstelte österreichische Patriotismus schön und warm zu Tage. Troppau und Teschen schienen wie über Nacht „schwarzgelb" geworden zu sein. Wo noch wenige Wochen zuvor das einheimische Regiment Schönhals bei seinem Durchmarsche von Krakau nach Niederösterreich nur Mißgunst und Widerwillen erfahren hatte, da empfingen jetzt die gegen Ungarn bestimmten kaiserlichen Truppen immer neue Beweise von Theilnahme und Opferwilligkeit der Schlesier. Freiwillige Sammlungen versorgten sie mit Lebensmitteln, mit Heu und Stroh, mit Geld, und, was ihnen für den bevorstehenden Winterfeldzug noch werthvoller war, mit Winterkleidern; vor der k. k. Hauptwache in Teschen paradirte im December der Posten mit einem warmen Pelz angethan, der Widmung eines mitfühlenden Bürgers.

Nirgends innerhalb des österreichischen deutschen Bundesgebietes war die Aufregung über die Frankfurter Beschlüsse größer als in den slovenischen Bezirken. Der Laibacher Verein hatte erst kurz zuvor, 15. October, an die Spitze seiner Statuten die Hebung der slovenischen Nationalität „in ihrer harmonischen Unterordnung unter die Idee des constitutionellen österreichischen Kaiserstaates" gestellt [166]), als die Nachricht von jener Abstimmung in der Paulskirche kam, vor welcher, wenn sie zum endgiltigen Grundsatze erhoben wurde, Slovenismus und österreichisches Kaiserthum für immer fallen mußten. In ganz Krain erhob sich jetzt nur eine Stimme des Widerspruchs. Der Abgeordnete Anton Laschan für Neustadtl fand es für nöthig, sich in einem eigenen Schreiben, 8. November, vor seinen Wählern zu rechtfertigen, warum er während der Verhandlungstage in der Paulskirche nicht das Wort ergriffen; er habe sich „für eine die Extreme bekämpfende Richtung" zum Worte gemeldet, allein dieses dem Präsidenten Gagern abgetreten, der gleichfalls gegen die Personal-Union gesprochen. Am 13. November beschloß der verstärkte ständische Ausschuß in Laibach die Abfassung einer Adresse an den Kaiser, worin entschiedene Verwahrung eingelegt wurde, „daß die bisher zum deutschen Bunde gehörigen Provinzen Österreichs in Deutschland aufzugehen haben, die übrigen aber ihrem Schicksale preißgegeben werden mögen"; man könne „der Frankfurter National-Versammlung nicht das Recht zuerkennen über österreichische Provinzen, von denen der größte Theil nicht deutschen Stammes ist, zu verfügen"; das Frankfurter Parlament solle sich nicht herausnehmen Gesetze zu geben, „die wir nur von unserem Kaiser, unserem Reichstage empfangen wollen"; keine Provinz könne solche Übergriffe dulden, „die geradezu den Untergang Österreichs bezwecken"; Se. Majestät geruhe daher „im Vereine mit dem Reichstage jene Maßregeln zu ergreifen, die den ungetheilten Fortbestand der Monarchie zu sichern geeignet sind, und im Einverständnisse mit den übrigen Provinzen die Abberufung der sämmtlichen österreichischen Deputirten von dem Frankfurter Parlamente zu verfügen". Einen gleichen Schritt that der Laibacher slovenische Verein in einer zahlreich besuchten außerordentlichen Generalversammlung am 22. November; anknüpfend an die Thatsache, daß das Volk von Krain „gegen seine Überzeugung und nur aus Achtung für das kaiserliche Gebot" für Frankfurt gewählt habe, „wie dies die Wahl-Protokolle darthun", wurde die Bitte gestellt, Se. Majestät geruhe „die Abberufung der südslavischen Abgeordneten allergnädigst zu veranlassen". Ein ähnliches Verlangen sprach der Görzer Slavenverein aus, nachdem der österreichische Reichstagsabgeordnete Doliak bereits in einem von „Görz im October 1848" datirten Artikel es als „höchste Zeit" bezeichnet hatte, „daß jene slavischen Bezirke, welche Abgeordnete nach Frankfurt geschickt haben, selbe alsogleich zurückberufen" [167]).

Es hat sich uns früher gezeigt, welche Anstrengungen der Italianismus machte, um die wichtige Hafenstadt Triest in seine Netze zu ziehen. Allein wenn es schon unter der wälschen Einwohnerschaft der Stadt eine mächtige Partei gab, die treu an Österreich haltend dem Treiben der excentrischen Nationalen einen festen Damm entgegensetzte, so war dieß in noch höherem Grade bei den an Zahl und Ansehen nicht unbedeutend deutschen Familien der Fall. Die slavischen Elemente endlich gehörten zwar im großen Durchschnitt den minder bemittelten, ja den untern Schichten der Bevölkerung an; allein auch sie hatten unter den Fittigen der neuen Freiheit ihr politisches Dasein zur Geltung zu bringen begonnen und die „Erhaltung Österreichs als Gesammtstaat und des constitutionellen Thrones" war das Losungswort, unter dem sie ihr nationales Banner emporhielten [168]). So war es gekommen, daß Triest gleich von den Märztagen an eine loyale Haltung bewährte, die sich weder durch die unausgesetzten Wühlereien der Italianissimi innerhalb und außerhalb seiner Mauern noch durch die gefährliche Nähe der Schiffe Albini's einschüchtern ließ und die der Gubernial-Präsident Altgraf Salm und der Militär-Commandant Graf Gyulai durch tactvoll ermuthigendes Benehmen warm zu erhalten wußten. Dabei hatte Triest nicht unterlaffen seine Abgeordneten in das Parlament von Frankfurt zu fenden, von der Über- zeugung durchdrungen, daß, wie die Zugehörigkeit zu Öfterreich, so auch die Verbindung mit Deutschland für die Wohlfahrt und Blüthe feiner maritimen Bedeutung von unbeftreitbarer Wichtigkeit feien. Da traf in der erften Hälfte November faft gleichzeitig die Kunde von den Frank- furter Beschlüffen am 27. October und von dem Rücktritte eines ihrer Abgeordneten, des Dr. Burger, in der Stadt ein; die früher gewählten Erfaßmänner weigerten sich unter den obwaltenden Umftänden in die Paulskirche einzutreten, und es sollte daher eine Neuwahl vorgenommen werden, gegen die sich aber die provisorische Municipalcommission ent- schieden ftemmte. Kam nun das allerdings den Italianissimi, die von Anfang her von Frankfurt nichts wissen wollten, ganz erwünscht, so waren es doch diesmal nicht minder die deutschen Elemente der Stadt die in diesen Wunsch einstimmten, und so ging mit Stimmeneinhelligkeit der Beschluß durch, 20. November, sich an das Ministerium mit der Bitte zu wenden, daß es von der angeordneten Neuwahl für das Frank- furter Parlament sein Abkommen haben möge, „Angesichts von Beschlüssen die offenbar dahin zielen, die Macht des Souverains zu verkürzen, die Grundveste der Einheit des öfterreichischen Kaiserstaates zu erschüttern, die wechselseitigen Bande zu löfen die durch so viele Jahrhunderte die deutschen und die nicht-deutschen Länder unter einem gemeinsamen Herr- scher vereinigen, und jene Verbrüderung der einzelnen Stämme zu unter- graben und zu zerstören, die ihnen, Dank der gewährten Verfassung, die Aufrechthaltung ihrer Nationalität verbürgt" [169]).

Die nicht-magyarischen Volksstämme Ungarns waren zwar der Be- forgniß enthoben, durch das Aufgehen in einem neu zu construirenden Deutschland ihre Nationalität gefährdet zu sehen; allein Groß-Öfterreich, unter dessen schüßendes Banner sie sich gegen die Übergriffe des Magha- rismus geflüchtet, ging darüber in Trümmer, und darum waren mittel- bar auch sie durch das berührt, was in der Paulskirche am Main angestrebt wurde. Doch ließen die kriegerischen Ereignisse, die in Sieben- bürgen, im Norden Westen und Süden Ungarns in vollem Gange waren oder ernst drohend sich vorbereiteten, kaum die Zeit, mit einer vergleichsweise ferner liegenden Angelegenheit sich zu beschäftigen. Da war es der Banal-Rath der vereinigten Königreiche Kroatien Dalmatien und Slavonien, der für sie Alle das Wort ergriff. In einer an des

Kaisers Majestät gerichteten Adresse legten die Versammelten feierliche Verwahrung dagegen ein, „aus einem mehrhundertjährigen Real-Verbande mit den übrigen Ländern der österreichischen Gesammt-Monarchie gedrängt zu werden"; unter keinen Umständen könnten sie „der deutschen Reichsversammlung die Befugniß und die Macht zuerkennen, über die künftigen Geschicke und völkerrechtlichen Verbindungen dieser Länder autonomisch zu decretiren"; sie sähen nicht ein, „daß es nöthig sein sollte das Band gegenseitiger Unterstützung sowohl im friedlichen Verkehr als in Kriegszeiten, womit die pragmatische Sanction die Völker aller Zungen im Kaiserstaate umschlingt, zu lösen und an dessen Stelle sich lediglich auf den Grundsatz der Personal-Union zu beschränken"; sie müßten „der betrübenden Vermuthung" Raum geben, „daß das biedere deutsche Volk oder vielmehr dessen Vertreter zu Frankfurt für jene Hingebung und heldenmüthigen Anstrengungen keine Erinnerung bewahren, durch welche die Söhne der nicht-deutschen Länder Österreichs im treuen Vereine mit ihren deutschen Waffenbrüdern, ihnen stets beistehend, das drückende und schmachvolle Joch der Fremdherrschaft abschütteln halfen, unter welchem Deutschland jahrelang schmachtete". „Wir glauben", so hieß es zum Schluße, „ein volles unzweifelhaftes Recht zu haben, zu fordern, daß die deutschen Länder Österreichs keinen Treubruch an uns begehen, indem sie sich nach dem Verlangen der Reichsversammlung zu Frankfurt einseitig von uns lossagen, ein neues unserer materiellen und geistigen Entwicklung geringe Bürgschaft bietendes Bündniß eingehen und die durch Jahrhunderte ihnen treu verbündeten Gefährten aller ihrer Schicksale auf neue Bahnen drängen würden, auf welchen sie ihre Wohlfahrt nach innen und die Wahrung ihrer Selbständigkeit nach außen zu suchen bemüßigt wären" [170]).

Als Abbild und in gewissem Sinne Vertreterin der vielsprachigen Bevölkerung unseres Kaiserstaates hat von jeher die kaiserliche Armee gegolten, und die Gefühle und Wünsche, die sich in ihren Reihen in Freud und Leid über das Allgemeine unserer Verhältnisse kundgaben, konnten zu allen Zeiten als ein Widerhall dessen gelten, was in den unverdorbenen Herzen der Völker pulsirt, aus deren Schoße die Blüthe männlichen Nachwuchses in ihr zusammenströmt. Was der ritterliche Banus, der Kroate, zu den Deputirten der Landstraße sagte: „Ich ehre die Sympathien der deutschen Bewohner unserer Monarchie für ihre übrigen deutschen Brüder, so wie ich meine Sympathie für meine Stammesbrüder geehrt

wissen will; aber es kann auch den Deutschen in Österreich nicht zugemuthet werden dieser Sympathien halber aufzuhören Österreicher zu sein
und, um Deutsche zu werden, die eigene Existenz als ein Volk mit einer
ruhmvollen Geschichte zu vernichten"; was der an Lebensjahren und an
Kriegsruhm reichste Soldat des Kaiserstaates, als er die Abstimmung
in Frankfurt und die von der Mehrzahl der österreichischen Abgeordneten
dagegen erhobene Einsprache erfuhr, an einen der letzteren aus seinem
Hauptquartier Mailand schrieb: Österreich wird sich eher von Deutschland als von Österreich trennen"[170 b]) — daswar aus der Seele jedes
Gliedes der kaiserlichen Armee gesprochen. „Österreich", so schrieb ein Un-
genannter mit beredten, wenn auch mitunter soldatisch derben Worten,
„Österreich, das schöne weite Land, von dort wo Rübezahl's Märchen
klingen, bis hin wo der Vily Klagen tönen, von dort wo des armenischen
Häuslers Kaftan rauscht, bis hin wo des Südens Wärme allein des Wälschen Blöße deckt, dieses mächtige und, was mehr, dieses freie Stück
Welt, es füllte unserer Seele Hoffen im Kampfestoben, im Siegesjubel
es war das Banner, bei dem treulich auszuharren in Freud und Harm
wir schwuren. Bei uns im Lager galt längst der Deutsche dem Slaven
ein Bruder. Der Mann, der seine Heimat an des Dnjesters Strande hat,
er sprach seit vielen vielen Jahren zu dem Manne, der an des eisigen
Ortles Fuß in der bretternen Hütte die Seinen weiß, mit dem traulichen
Du. Und das wäre nun vorbei? Ein Blatt Papier, von Ideologen
oder ehrgeizigen Schwindlern befleckt, zöge eine Linie durch unser Herz?
Zwei Paragraphe, der Paulskirche entspringend, vermöchten das zu trennen,
was die Stürme der Jahrhunderte überdauert? Wollen wir österreichische
Soldaten dazu schweigen? Nimmermehr!" Daran reihte sich die Aufforderung, die italienische, die böhmische und die galizische Armee möchten
offene Sendschreiben an die ihrem Stande angehörigen Deputirten in
Frankfurt, Oberst Mayern, Hauptmann Möring und Dr. Pollatschek
richten, um sie „von dort, wo ihre herrlichen Kräfte nutzlos, ja zu ihrer
Heimat Unheil beschäftigt sind, abzuberufen"[171]).

Was Arneth, Beda Weber, Beidtel u. a. in den Tagen des großen
parlamentarischen Kampfes in der Paulskirche vorausgesagt hatten:
Österreichs Völker würden aufstehen wie ein Mann sich gegen die Zerreißung ihrer Monarchie zu verwahren, das war zur Wahrheit geworden
und lag als unbestreitbare Thatsache vor Aller Augen. Zwar blieb, selbst

nach dieser Erfahrung, der Hartnäckigen, die nicht hören und nicht sehen wollten, noch immer eine erkleckliche Anzahl in der Paulskirche, wie sich während der leidenschaftlichen Verhandlungen am 29. und 30. November offenbarte.

Die National-Versammlung hatte nämlich am 3. November aus Anlaß der Wiener Vorgänge den Beschluß gefaßt das Reichs-Ministerium aufzufordern, „die Anerkennung der deutschen Central-Gewalt in Österreich zur vollen Geltung zu bringen"; es waren in derselben Sache von verschiedenen Seiten Anträge gestellt worden und man hatte darüber einen Ausschuß niedergesetzt, der am 29. November durch den Mund seines Berichterstatters seine Meinung dahin abgab: „Die constituirende Reichsversammlung habe das Ministerium von neuem aufzufordern, erstens, jenen Beschluß vom 3. November zum Vollzug zu bringen, und zweitens, durch einen neuerlich nach Österreich zu sendenden Reichs-Commissar ohne ferneren Aufschub die offene und unumwundene Anerkennung der deutschen Central-Gewalt zu erwirken." Vergebens machte Beda Weber aufmerksam, daß man so verfahre als seien die §§. 2 und 3 schon angenommen, während man sich doch selbst erst noch eine zweite und dritte Lesung vorbehalten habe; es gelte um der deutschen Einheit willen die österreichische Regierung nicht zu reizen, sondern ihr entgegenzukommen; man habe, statt unhaltbare Forderungen im Befehlstone zu stellen, mit Österreich zu vereinbaren. Vergebens hielt Welcker der Linken vor, sie bringe durch ihre maßlosen Vorschläge und undurchführbaren Ansprüche das Verhältniß zwischen Österreich und der deutschen Central-Gewalt in Verwirrung, um nachher wegen der gestörten Verhältnisse Lärm zu schlagen. Vergebens sagte Graf Friedrich Deym gerade heraus, „zwingen könne die National-Versammlung Österreich nicht durch Decrete; wolle sie Gewalt anwenden, so müsse sie Heere aufstellen und sich die deutsch-österreichischen Provinzen erobern; vermöge sie das nicht, so bleibe nichts übrig als der Weg freundschaftlichen Übereinkommens" 2c. Für die Heißsporne in der Versammlung waren alle diese Vorstellungen verloren. Giskra donnerte gegen die Vertreter der Executive, indem er alte und neue Vorgänge zusammenfaßte und den Reichs-Ministern zur Last legte: daß Österreich von Anfang her die Gesetze der Central-Gewalt nicht amtlich veröffentlicht, daß es dem Träger der deutschen Einheit bei der Feier am 6. August nicht gehuldigt, daß es die Beschlüsse des Parlaments über die Geldausfuhr nicht beachtet, daß es die Vermittlung der Central-Gewalt als

Schiedsrichterin in den jüngsten Wiener Wirren zurückgewiesen, und daß in allen diesen Stücken das Reichs-Ministerium nichs gethan habe, Öster-reich unter die Beschlüsse der deutschen Reichsversammlung zu beugen [172]). Raveaux rief aufgeregt dem Grafen Deym zu: „Wenn Ihr solche Über-zeugungen in Euch traget, wie konntet Ihr wagen hierher zu kommen und theilzunehmen an dem Werke der Gesetzgebung einer Nation, zu der Ihr nicht gehören wollt und, wie Ihr sagt, nicht gehören könnt?" Zuletzt stellte Freudentheil aus Stade geradezu den Antrag: Preußen und Bayern seien aufzufordern, die Beschlüsse der National-Versammlung zum Vollzug zu bringen; „jetzt oder nie", rief er aus, „gelangt Deutschland und muß es zur Einheit gelangen, daher nöthigenfalls Waffengewalt gegen die renitirenden Staaten, damit sie dem Gesammtwohle sich unterwerfen".

Doch es war nicht Vielen in der Paulskirche so muthig und kampfesfreudig um's Herz wie den Herren, die eine Armee gegen das widerspänstige Österreich schicken wollten. Es beschlich so manchen die Ahnung, daß man mit dem souverainen Standpunkte, auf den man sich Österreich gegenüber zu stellen versucht, denn doch nicht an's gewünschte Ziel kommen werde und daß es darum an der Zeit sei, die Hand zu einem befriedigenden Ausgleich zu bieten. Dann sträubten sich aber wie-der Eitelkeit und Rechthaberei, den Allmachtswahn, in den man sich ver-fangen, fahren zu lassen und den Verfassungsentwurf aufzugeben oder auch nur zu umstalten, und also einen politischen Fehler einzugestehen. „Man suchte deshalb Ausflüchte und Selbsttäuschungen und hob nun hervor, wie undeutsch Österreich doch im Grunde sei, und insbesondere wie es sich auflehne gegen die National-Versammlung und die Central-Gewalt, und übersah dabei fortwährend, daß Preußen in demselben Augenblicke dasselbe that und es sammt Hannover, Bayern, Sachsen von Anfang her gethan hatte, ohne daß man daraus schloß, diese Staa-ten müßten also aus dem Reiche hinausgelassen werden". Die Wenigsten hatten den Muth offen zu gestehen, daß sie nun die Dinge mit andern Augen sähen als früher; daß Österreich, wie sich nun zeige, die §§. 2 und 3 nicht annehmen werde und zur Annahme derselben nicht gezwungen werden könne; daß folglich der ganze Entwurf, wie er angelegt war, für Österreich nicht passe; daß man mit einem Worte eine „ganz un-genügende, unpraktische, nach constitutionellem Schema angelegte Ver-fassung in Aussicht genommen" habe [173]).

7.

Der überraschende Rückschlag, den die Beschlüsse der Frankfurter National-Versammlung in allen österreichischen Landen äußerten, enthüllte der erstaunten Welt mit überzeugender Kraft die Macht der österreichischen Staats-Idee; er brachte zugleich die Macht dieser Idee den österreichischen Völkern selbst, denen sie im stürmischen Strudel der letzten Monate wie abhanden gekommen war, zu neuem kräftigen Bewußtsein; er lieferte endlich, was namentlich die deutsche Bevölkerung des Kaiserstaates betraf, den Beweis, daß dieselbe, ohne ihr deutsches Stammesbewußtsein aufgeben oder verläugnen zu wollen, eben so wenig gesonnen sei, das politische Bewußtsein ihrer österreichischen Staatsangehörigkeit aufzugeben oder zu verläugnen.

Allein ein noch interessanteres, weil noch weniger geahntes und vorausgesetztes, Schauspiel mußte dem denkenden Politiker die Weise bieten, wie sich, und zwar nicht erst in Folge der §§. 2 und 3, die nicht-deutschen Nationalitäten zur österreichischen Staats-Idee stellten. Wenn die vormärzliche Regierung bei Begünstigung des deutschen und magyarischen, theilweise auch des italienischen Elements, die Interessen der andersprachigen Volksstämme fast gänzlich hintansetzte, so gingen ihre Staatsmänner unläugbar von der Besorgniß aus, daß die Monarchie, wenn man den National-Gefühlen der letztern ungehindert gewähren lasse, bei einem so bunten Völkergemische früher oder später in die Brüche gehen müsse. Bekanntlich verfehlte die vormärzliche Staatskunst ihr Ziel; die Slaven in den nicht-ungarischen Ländern waren zurückgesetzt, die Slaven und Romanen in den ungarischen waren gedrückt; aber jene wie diese lebten, ja sie lebten kräftiger als man unter den beengenden Verhältnissen vermuthen konnte und hoben sich, kaum daß das Losungswort der Freiheit erschollen war, mit ungeahnter Behendigkeit und Macht aus der unterthänigen Rolle empor, die man sie bisher hatte spielen lassen. Nun hätte, wenn die Voraussicht der vormärzlichen Rechenmeister richtig war, der österreichische Staat durch sie zu Grunde gehen müssen; es trat aber das Gegentheil ein: der österreichische Staat wurde wesentlich durch sie gerettet. Gerade jene Stämme, die allen Grund hatten einer Regierung abhold zu sein die sie in ihren lebensvollsten Interessen verkürzt und gehemmt hatte, gerade sie waren es, die jetzt in der Stunde der Gefahr einstanden für Österreich und ausharrten als feste Stützpfeiler des von allen Seiten erschütterten Staatsgebäudes.   Österreichs Flotte war mit dem Abfall Venedigs verloren, wenn nicht der dalmatinische Matrose seinen treu- brüchigen wälschen Kameraden und Officieren einen Damm setzte und aller Verlockungsversuche ungeachtet treu bei der Flagge aushielt, der er den Eid geleistet. Daß die Serben sich nichts besseres verlangten als österreichisch zu bleiben, bewiesen ihre Erklärungen auf dem National- Congresse zu Karlovic; und die am gleichen Tage bei Blasendorf abge- haltene Volksversammlung der Romanen Siebenbürgens gab durch ein dreimaliges donnerndes „Se treaske Imperatu" (Es lebe der Kaiser) sowie durch den feierlichen Eid: „dem österreichischen Kaiser, Großfürsten von Siebenbürgen Ferdinand I. und dem erlauchtigsten Erzhause Österreich ewig treu, den Freunden Sr. Majestät und des Vaterlandes Freund, den Feinden derselben Feind zu sein", die gleiche Gesinnung kund. Ähnlich lautete die einstimmige Erklärung der Abgeordneten des I. Romanen-Gr. J. R. zu Orlat, „nur unter der unmittelbaren Regierung des Kaisers stehen zu wollen" (10/11 September), und noch entschiedener jene des II. zu Naßod, die sich, obgleich im eigenen Lande bedroht, freiwillig anboten, nebst den bereits ausgerüsteten ersten und zweiten Bataillons ein drittes, ja ein viertes und fünftes in's Feld stellen und außer der Gränze „zur Vertheidigung der Integrität der Monarchie" verwenden lassen zu wollen [174]). Wie sehr man in den Jahren zuvor die Walachen und noch mehr die Slaven wegen verstecter Hinneigung zu einer aus- wärtigen Macht verdächtiget und beargwohnt hatte, nichts in den Mo- naten der ärgsten Wirren kam hervor, was die Beschuldigung rechtfer- tigen konnte: auf den Beherrscher Österreichs setzten sie ihre Hoffnungen, nicht auf den moskovitischen Zar.   „Der Grundsatz der Gesammtheit Österreichs", darauf konnten mit vollem Grunde ihre Organe hinweisen, „ausgesprochen in unsern Zeitungen, in unserem National-Ausschuße, im Slaven-Congresse, blieb von Anfang der gegenwärtigen Wirren un- verändert. Die Slaven Österreichs wollen nicht in der russischen Gewalt- herrschaft aufgehen. Sie wollen freie Österreicher sein, und deshalb liebten sie dieses Österreich und hängen an ihm mit ganzer Kraft der

Seele, mit aller Entschiedenheit des Willens. Denn die Sympathien der Völker werden durch ihre großen Interessen, die Bedingungen ihres menschlichen und staatlichen Seins begründet, und all diese Interessen, diese Bedingungen findet der österreichische Slave im Kaiserstaate vereinigt" [175]).

Natürlich hatten es, die also sprachen und für die Erhaltung Österreichs zusammenstanden, nicht also gemeint, als ob sie auch die bisherigen Zustände und Einrichtungen der Monarchie forterhalten wissen wollten. So weit ging ihre Selbstverläugnung keineswegs. Es waren nicht die Fleischtöpfe Ägyptens, nach denen sie sich zurücksehnten: es waren andere Geschirre und neue Köche, die sie auf und um den Herd gestellt zu sehen verlangten. Unter einem neuen Österreich hofften sie einer eben so glücklichen und segenbringenden Zukunft entgegenzugehen, als traurig und verderbendrohend die Vergangenheit war, die sich ihnen an den Gedanken des früheren Österreich knüpfte. Wie aber dachten sie sich dieses neue Österreich, wo es mit aller Hintansetzung, Verkürzung, Bedrückung einer Nationalität durch die andere ein Ende haben sollte? Da gab es nun allerdings der Vorschläge und Pläne, auch wohl der Phantasien und Träume gar viel!

Das nächstliegende schien Manchen s p r a c h l i c h = g e b i e t l i c h e S c h e i d u n g. So verlangte der Verein der kärntnerischen Slovenen Trennung des Landes in einen deutschen und einen slavischen Kreis. Es war dieß eigentlich nur ein Theil der weitergehenden Forderung: alle von Slovenen bewohnten Gebiete, also Krain, das Görzische und Friaul, Istrien, den slovenischen Theil Kärntens und die südliche Steiermark, zu einem politischen Ganzen unter dem Namen eines Königsreichs Slovenien mit Laibach als Hauptstadt und Regierungssitz zu verschmelzen [176]).

Auch von den Lemberger Ruthenen wurde das Verlangen einer Theilung des Landes in das polnische West-, das ruthenische Ost-Galizien und die romanische Bukowina ausgesprochen und darüber besonders in der vom 19. bis 26. October abgehaltenen Haupt-Versammlung der Matica ruska unter Leitung des Domherrn Kuziemski, einstweiligen Vorstandes der jungen Anstalt, verhandelt. In einer an das kaiserliche Ministerium des Innern gerichteten Petition suchte man die Nothwendigkeit jener Theilung aus nationalen wie politischen und administrativen Gründen nachzuweisen; es sei dieß eine Lebensaufgabe der Ruthenen, denn „nur dadurch könne den Anschlägen der Polen auf diesen Landstrich ein Ende gemacht und ihnen die Aussicht benommen werden, ihre frühere Herrschaft wieder

17

aufzurichten; nur dadurch könne der Ruthene dem Terrorismus, unter dem er seufze, entrissen und ihm die Möglichkeit freier Entwicklung geboten werden". Unter dieser Voraussetzung wollten sich die Ruthenen, im Hinblick auf den unter den bisherigen Verhältnissen zurückgebliebenen Stand ihrer Sprache und Literatur, in ihrem Gebiete gern den vorläufigen Gebrauch der deutschen Sprache gefallen lassen, nimmermehr aber den der polnischen, die nur ein Mittel zur vollständigen Beseitigung der ruthenischen abgeben würde[177].

Daß die ungarischen Serben ein eigenes abgegränztes Territorium unter dem Namen der serbischen Woiwodschaft für sich in Anspruch nahmen, wurde schon früher erzählt. Viel weiter, über die Gränzen ihres eigenen Volksstammes hinaus, gingen die Führer der Slovaken in ihren Vorschlägen. Sie verlangten die Absonderung aller Nationalitäten Ungarns nach Sprachgränzen mit besondern National-Landtagen, „damit die magyarische Minorität nicht gezwungen wäre einer slovakischen Majorität, und eine slovakische Minderheit der magyarischen Mehrheit zu dienen und sich zu ergeben". Auf dem gemeinschaftlichen Reichstage solle jede Nationalität als solche vertreten sein und ihre Muttersprache gebrauchen; das gegenseitige Verständniß hier zu vermitteln, aber auch sonst eine gegenseitige Annäherung anzubahnen, sollten die ungarischen Comitate Lehrstellen der slovakischen Sprache für die Magyaren, desgleichen die slovakischen Comitate Lehrstellen der ungarischen Sprache für die Slaven errichten. Jede Nation solle ihre eigenen Farben, die Slovaken weiß-roth, die Magyaren weiß-roth-grün, jede ihre eigene Volkswehr mit Commando in ihrer Muttersprache haben.[178] Die naheliegende Frage, wie es aber mit den gleichfalls Ungarn angehörigen Ruthenen, Serben, Romanen und Deutschen in ihrer Wechselseitigkeit zu den Magyaren gehalten sein solle, ob jede dieser Nationen sich das Verständniß aller Sprachen der andern zu verschaffen hätte, blieb in diesem Programme offenbar ungelöst.

Solche Unklarheit des Gedankens und Verschwommenheit der Wünsche gab sich auch vielfach auf dem Prager Slaventage kund. Nach seinem Programme zerfiel derselbe sprachlich in drei Gruppen: die čechoslavische, die polnisch-ruthenische (zu der sich auch die s. g. Wasser-Polaken in Schlesien schlugen) und die südslavische (Slovenen, Serben, Kroaten, Dalmaten), während er in seinen an den Monarchen gestellten Petitions-Punkten die verschiedenen Stämme nicht nach ihrer sprachlichen Zusammen-

gehörigkeit, sondern nach ihrer Vertheilung in die verschiedenen Länder
des Kaiserstaates auftreten ließ: die Böhmen, die Mährer, die „Galizier
des polnischen und ruthenischen Stammes" 2c. So wurde auch viel von
dem „Abschluß eines slavischen Schutz- und Trutzbündnisses", von einem
Slaven-Verein „zur Wahrung ihrer Nationalität im vollen Sinne des
Wortes" gesprochen; Lubomirski verlangte ein slavisches journalistisches
Central-Organ, die Gründung einer allgemeinen slavischen Bibliothek,
einer slavischen Akademie der Wissenschaften; die slavischen Gelehrten
sollten sich „wie die italienischen und deutschen alljährlich in Congressen
zu Berathung und Austausch vereinen" [178 b]). Andrerseits faßte man
wieder die Frage allgemeiner auf, sprach von „Bundesstaat", von „Volks-
bund", von einem „Völkertag" zu Wien, um über die „gemeinschaftlichen Völker-Interessen" sich zu verständigen. Zach verlangte einen Fö-
derativ-Tractat nicht der Slaven allein, sondern aller österreichischer
Völker überhaupt. Stúr schwärmte für die Bildung unabhängiger slavischer Gemeinden unter österreichischer Herrschaft. Libelt und Bakunin
wollten den ganzen Kaiserstaat in einen Föderativ-Staat gleichberechtigter
Nationen umgeschaffen wissen u. dgl. m.

In letzterem Sinne tauchten auch viele Vorschläge Einzelner auf,
von denen hier nur das „Programm zur Constituirung des österreichischen
Kaiserstaates" des südslavischen Publicisten Og. Ostrozinski [179]) erwähnt
sein möge. Von dem Grundsatze, daß die verschiedenen nationalen Elemente als „freie National-Personen höherer Potenz" zur Geltung kommen
müßten, und von der Annahme ausgehend, daß in Österreich „zehn
compact organisch abgeschlossene Nationalitäten" bestünden, forderte jenes
Programm eine neue ethnographische Gebietseintheilung Österreichs, so
daß die Nationalitäts-Territorien zugleich Verwaltungsbezirke wären.
Ein National-Congreß, zu welchem jeder dieser „National-Staaten" eine
gleiche aus den „National-Landtagen" zu wählende Anzahl von Abgeordneten, etwa je 25, zu senden hätte, wäre das legislative Organ der
internationalen, ein Central-Reichstag, aus allen Theilen der Gesammt-
Monarchie nach der Volkszahl (etwa 1 auf 100000) gewählt, das legislative Organ der politischen Conföderation. An der Spitze der Central-
Verwaltung stünde ein Reichs-Ministerium (Präsidium, dann Äußeres,
Krieg, Finanzen, Handel) und je ein Hofkanzler als Landes-Minister
(für Inneres, Justiz, Polizei, Unterricht und Cultus, Landes-Cultur), an
der Spitze der Landesverwaltung je ein vom betreffenden Hofkanzler

17*

abhängiger Landes=Chef mit den von ihm candidirten und vom Kaiser
ernannten Räthen 2c.

Wie man sieht, lief es bei all diesen Vorschlägen im Grunde auf
eine Umstaltung der Gebietseintheilung von Österreich hinaus; daß daraus,
den Grundsatz streng eingehalten, eine buntscheckige Musterkarte der son=
derbarsten Art hervorgehen müßte, schien man ganz zu übersehen. Denn
wie viel sind nicht der Strecken im Umfange unseres Kaiserstaates, wo
mitten in einem Sprachgebiete Bewohner eines andern Volksstammes
mehr oder minder zahlreich beisammen wohnen? Gar nicht zu gedenken
der noch zahlreicheren kleinen Bruchtheile, die sich in eine andersprachige
Masse eingesprengt finden. Wollte man dem entgegnen, derlei Ausnahmen
könnten die Regel nicht hindern, die Minderzahl müsse sich der Mehrheit
fügen, so war damit nur eine neue Schwierigkeit geschaffen. Denn
abgesehen davon, daß man sich dann gegenüber jener Minderheit desselben
Unrechts, derselben Unbilligkeit schuldig machte, um derenwillen man die
territoriale Neugestaltung Österreichs verlangte, so befand man sich ja
damit ganz auf demselben Boden, von welchem aus die bisher begün=
stigten Nationen den andern gegenüber ihren Vorrang behauptet hatten [180]).
Denn verlangte die deutsche Nation die Unterordnung der auf ihrem
Bundesgebiete seßhaften Čechoslaven und Slovenen aus einem andern
Grunde als dem, daß sich die Minderzahl der Mehrheit fügen müsse?
Und wenn der Magyarismus innerhalb seiner Marken alles ungarisch
haben wollte, waren ihm die dazwischen wohnenden Slovaken, Ruthenen,
Serben, Kroaten, Romanen, Deutschen etwas anderes als Ausnahmen
welche die Regel nicht aufheben könnten? Zudem war als gewiß anzu=
nehmen, daß gerade die wichtigsten Bestandtheile der Monarchie, Ungarn
und Böhmen, Galizien und Tyrol, einer derartigen Harlekinisirung ihres
Stammgebietes den lebhaftesten Widerstand entgegensetzen würden. Endlich
kam dazu, daß das Nationalitäts=Princip, in solcher Schroffheit und
Ausschließlichkeit aufgefaßt, bei der bloß bundesstaatlichen Sonderung
nicht stehen bleiben konnte, sondern zum Verlangen völlig selbständiger
und unabhängiger Völkerstaaten führen mußte, wie denn in der That
der Italianismus einzig auf Grund der Besonderheit seiner Nationalität
dieses Zugeständniß für sich in Anspruch nahm [181]).

Wollten die österreichischen Slaven von einem solchen Schlußer=
gebnisse nichts wissen, sollte aber auch einerseits den Unzukömmlichkeiten

einer Umstürzung aller territorialen Verhältnisse ausgewichen und andrer=
seits dem Vorwurfe, daß man die frühere Unbilligkeit nur auf ein anderes
Feld übertragen wolle, begegnet werden, so waren es zwei Grundsätze,
an denen man festzuhalten hatte:

erstens daß die Lösung der Nationalitäts=Frage nicht ohne
Rücksicht auf die staatsrechtlich=gebietlichen Verhält=
nisse zu suchen sei, diese letzteren vielmehr die Vorbedingung und
den Unterbau für die Behandlung der erstern abgeben müssen [182]); und

zweitens daß auf dieser Grundlage und innerhalb dieser Gränzen
nicht von irgend einer nationalen Über= und Unterordnung, sondern
nur von nationaler Gleichstellung die Rede sein dürfe.

In ersterer Hinsicht waren die Magyaren vorangegangen, indem
sie, bei aller Vorliebe für ihre Nationalität, den staatsrechtlichen Grund=
satz der Integrität des Gebietes der St. Stephans=Krone an die Spitze
ihrer Bestrebungen stellten: in Beziehung auf das andere Moment das
Losungswort gegeben zu haben, war das unbestrittene Verdienst der
Čechoslaven, die aber gleichzeitig auch auf der Anerkennung der staatsrecht=
lichen Sonderheit des böhmischen Krongebietes bestanden.

Doch schien man sich in Böhmen von Anfang weder über den
Umfang noch über die Tragweite dieses letztern Grundsatzes vollkommen
klar zu sein. Der Artikel 2 der ersten Prager Petition (13. März 1848)
verlangte in dieser Hinsicht die „Anbahnung des Verbandes von Böhmen,
Mähren und Schlesien zu gemeinsamer Stände=Versammlung", ein Ver=
langen das in dem kaiserlichen Cabinets=Schreiben vom 8. April als
ein „Gegenstand der Verhandlung auf dem nächsten Reichstage" bezeichnet
wurde. Daß im Lande alle öffentlichen Ämter und Gerichtsbehörden
nur durch solche besetzt werden sollten, die beider Landessprachen kundig
seien, war eine mit dem Grundsatze der nationalen Gleichberechtigung in
nahem, wenn auch nicht in nothwendigem Zusammenhang stehende For=
derung; ungerechtfertigt aber war es zu verlangen, daß alle Beamten
und Richter auch nur „gebürtige Böhmen" sein sollten, und ganz ent=
sprechend wurde daher vom Monarchen (a. h. Cab. Schr. v. 8. April
Absatz 9) das erstere gewährt, das letztere stillschweigend abgelehnt. Das
Verhältniß der zur böhmischen Krone gehörigen Länder dachte man sich
so, daß für die Gesammtheit derselben in Prag eigene Central=Behörden
unter einem verantwortlichen Minister des Innern errichtet würden und
daß alljährlich eine gemeinschaftliche böhmisch=mährisch=schlesische Landes=

vertretung abwechselnd in den Hauptstädten Böhmens und Mährens
zusammenkomme; doch sollte weder durch das ein' noch andere den „spe-
ciellen Provincial=Interessen" der einzelnen Kronländer präjudicirt werden.
Diese Punkte waren offenbar solcher Art, daß darüber auch die Mährer
und Schlesier gehört zu werden verlangen durften, und von Seite des
Hofes wurde darum vorläufig nur die „Errichtung verantwortlicher
Central=Behörden für das Königreich Böhmen in Prag mit einem aus-
gedehnteren Wirkungskreise" (a. h. Cab. Schr. Absatz 3) zugestanden.
In Schlesien war die Mehrzahl der Bewohner einer näheren Verbindung mit Böhmen entschieden mißgünstig gestimmt, wie denn auch in
früheren Jahrhunderten, da noch der böhmische Staat selbständig gewesen,
die schlesischen Fürsten und Stände stets eine gewisse Sonderstellung
angestrebt hatten. Auch in Mähren waren es im Jahre 1848 eigentlich
nur die Vertreter am Slaven=Congresse, die im Namen ihrer Landesgenossen, der „angestammten Brüder der Böhmen", das Verlangen
stellten „daß die oberste verantwortliche Central = Stelle für Böhmen
auch die innern Angelegenheiten Mährens in den Bereich ihrer Verpflichtungen aufnehme" und „daß die Ausschüsse des böhmischen und
mährischen Landtags sich zu gemeinschaftlichen Berathungen versammeln" [183]). Sonst gab es eine jedenfalls sehr bedeutende Partei im
Lande, die, ohne den „vielhundertjährigen Verband mit der Krone Böhmen" in Frage zu stellen, auf eigener Volksvertretung und Provincial=
Verfassung und von Böhmen unabhängiger Verwaltung bestand. Zu
alle dem kam, daß das geschichtlich nachweisbare Vorbild der ehemaligen,
Böhmen Mähren und Schlesien gemeinschaftlichen (s. g. General=)
Landtage weit von dem entfernt war, was man nun unter Volksvertre-
tung und legislativer Körperschaft verstand und auf die Länder der St.
Wenzels=Krone angewendet wissen wollte [184]).

Was das staatsrechtliche Verhältniß der einzelnen Länder zum Reiche
betraf, so schieden sich in dieser Hinsicht von allem Anfang zwei Parteien
gegeneinander ab, von denen die eine das Hauptgewicht auf den gemeinschaftlichen Mittelpunkt, die andere auf die zum Ganzen zusammenwir-
kenden Theile legte; aber es gab keinen Centralisten der nicht den einzelnen Ländern eigene Landtage zugestand, und es gab keinen Decentra-
listen der nicht für den Gesammtstaat einen Reichstag zuließ. Der
Streit drehte sich immer nur um das Mehr oder Weniger, das dem
Ganzen oder seinen politisch=nationalen Bestandtheilen zufallen solle. Zum

erstenmal wurde die Frage praktisch, als es sich um den Zusammentritt des constituirenden Reichstags handelte. Die Einen meinten, dieser müsse jedenfalls vorausgehen, auf ihn erst die Berufung der Landtage folgen, weil das Ganze die einzelnen Theile zusammenfasse und beisammen erhalte. Die Andern, darunter insbesondere die böhmischen Führer, verlangten im Gegentheile, daß die Landtage dem Reichstage vorausgingen, weil sich aus den Theilen erst das Ganze bilde und entwickele [185]). Die Partei, die den zuletzt erwähnten Grundsätzen anhing, hat sich schon im Jahre 1848 die föderalistische, das was sie anstrebte Föderation genannt, welche Ausdrücke sich seither erhielten, obgleich sie, von den schweizerischen und nordamericanischen Staatsverhältnissen entlehnt, auf die österreichischen nicht recht zu passen scheinen. Seinen hauptsächlichsten Anhang hatte dieses System in Böhmen und Mähren, in den slavischen Gebieten von Inneresterreich (dem angestrebten Königreich Slovenien), unter den slavischen Dalmaten und unter der nicht-magyarischen Bevölkerung Ungarns. Auch unter den galizischen Polen fanden sich Einzelne, die, weit entfernt die Losreißungs-Ideen der Pariser Revolutions-Propaganda zu theilen, in dem neuzugestaltenden Österreich mit seinem den einzelnen Ländern zu gewährenden Selfgovernement das Heil ihrer Vaterlandes und insbesondere die einzige Schutzwehr gegen die Verschlingung desselben durch das drohende Moskovitenthum erblickten [186]).

Wenn die Frage der staatsrechtlichen Centralisation oder Decentralisation, des Mehr oder Weniger das dem einen und dem andern Principe zufallen solle, unter allen Umständen eine solche war, deren Lösung mit der endgiltigen Feststellung der neuen Verfassungs-Formen zusammenfiel, einer Feststellung die nach Beseitigung der Constitution vom 25. April ein fernes Ziel vor sich hatte: so stellte sich dagegen der Grundsatz der nationalen Gleichberechtigung in einer Weise hin, welche die einzelnen Volksstämme gleichsam aufforderte, sich unmittelbar selbstthätig zu zeigen und von ihrer Seite die Voraussetzungen zu schaffen, ohne deren Vorhandensein sich an die Verwirklichung jenes Grundsatzes nicht schreiten ließ.

Die nationale Gleichberechtigung wurde zuerst in der Prager Petition vom 13. März in der Weise formulirt, daß man die „vollkommene Gleichstellung der böhmischen und deutschen Sprache in Schule und Amt" verlangte (Artikel 1), was in dem a. h. Cabinets-Schreiben vom 8. April

„als Grundsatz" genehmigt und in der Verfassungs-Urkunde vom 25. April auch auf die andern Länder des Reichs ausgedehnt wurde. Ging nun freilich in Folge der Wiener Mai-Ereignisse mit der octroyirten Verfassung auch der §. 4 derselben — „Allen Volksstämmen ist die Unverletzlichkeit ihrer Nationalität und Sprache gewährleistet" — in die Brüche, so ließ man in Prag den Gegenstand keinen Augenblick aus dem Auge und bildete die sprachliche Gleichberechtigung einen stehenden Artikel aller von da ausgehenden internationalen Kundgebungen. So stellte es die Erklärung vom 5. Mai als eine der Aufgaben des Slaven-Congresses auf, „dem Grundsatze der Gleichberechtigung aller Nationalitäten im österreichischen Kaiserstaate Anerkennung und Geltung zu verschaffen", und bezeichnete bei der Eröffnungs-Feierlichkeit am 2. Juni Fürst Georg Lubomirski die „Freiheit und Gleichheit aller Nationen" als das von den versammelten Vertretern der österreichischen Slaven anzustrebende Ziel: „sie sei der neue Standpunkt, den das Slaventhum ganz Europa bringe" [187]). So hieß es auch in dem „Manifest an die Völker Europa's": „Die Natur kennt weder edle noch unedle Völker, sie hat keines berufen einem andern als Mittel zu dessen besondern Zwecken zu dienen; die gleiche Berechtigung Aller ist daher ein Gesetz Gottes, das keines ungestraft verletzen darf". So unverkennbar war die Billigkeit dieser Forderung, daß sie allmälig selbst in das politische Glaubensbekenntniß der österreichischen Deutschen Eingang fand. Zeuge dessen das vom Wiener Sicherheitsausschusse im Juni veröffentlichte „Programm des Central-Wahl-Comités für den bevorstehenden constituirenden Reichstag" [188]), wo diejenigen Punkte aufgestellt wurden, die der Ausschuß den Wahl-Bewerbern gegenüber „als unerläßliche Bedingung seiner Unterstützung" forderte; der 5. Absatz lautete: „Anerkennung der vollkommenen staatlichen Gleichberechtigung aller Nationalitäten des österreichischen Kaiserstaates". Zuletzt fand derselbe Grundsatz in dem Olmüzer Manifeste vom 20. October den Völkern Ungarns gegenüber in den Worten Ausdruck, mit denen der Monarch die magyarischen Übergriffe zurückwies: „Jede Nationalität hat bei Uns stets Schutz und in Uns einen sorgsamen Pfleger ihrer friedlichen Entwicklung gefunden; diese Richtung werden Wir stets verfolgen und nie dulden, daß eine Nationalität die andere unterdrücke; die gleiche Berechtigung Aller ist Unser Zweck, den Wir mit den Uns zu Gebote stehenden Mitteln auf der Grundlage der con-

stitutionellen Gesetze auch in den zur ungarischen Krone gehörigen Ländern verwirklichen wollen".

Der Grundsatz der nationalen Gleichberechtigung griff in seiner
Anwendung in die verschiedensten Gebiete des öffentlichen Lebens ein. Als
das erste und wichtigste, weil Vorbedingung und Unterlage von allem
weiteren, kam jedenfalls die S c h u l e in Betracht, auf welche denn auch
die Führer der Nationalen ihr besonderes Augenmerk richteten. Das Josephinische System hatte den nicht=deutschen Landessprachen nur eine nothdürftige Stelle in den einfachsten Dorfschulen angewiesen; aus allen obern
Classen der Volksschulen, aus den höheren Kategorien derselben (Haupt=
schulen), so wie aus·den Mittelschulen durchaus waren sie verbannt. An
den Universitäten gab es Lehrstühle der betreffenden Landessprache und
Literatur, mehr für den praktischen Gebrauch bestimmt; außerdem wurden
für die Theologen homiletische und katechetische Übungen in der Volkssprache vorgenommen und in eben dieser den des Deutschen unkundigen
Hebammen die ihnen nothwendigsten Kenntnisse beigebracht. Das Streben
der Nationalen ging nun zuvörderst dahin, geeignete Vorbereitungen zu
treffen um ihrer Muttersprache bald möglichst auf allen Stufen des Unterrichts Eingang zu verschaffen, und die kaiserlichen Behörden kamen im
allgemeinen diesem wohlbegründeten Begehren willfährig entgegen. Ein
Erlaß des Unterrichts=Ministeriums an das böhmische Gubernium vom
21. October, kundgemacht mit Gubernialdecret vom 6. November, befahl
die Bestellung eigener aus dem Studienfonde zu besoldender Lehrer der
böhmischen Sprache und Literatur an allen in böhmischen Gegenden bestehenden Gymnasien, also namentlich an den drei Prager Gymnasien,
ferner an jenen von Jičin, Königgrätz, Reichenau, Jungbunzlau, Deutsch=
brod, Neuhaus, Pisek, Pilsen, Klattau, Leitomyšl. Desgleichen wurde
unter dem Vorsitze Šafařik's ein eigenes Comité „zur Besorgung provi-
sorischer böhmischer Gymnasial=Lehrbücher" niedergesetzt, um dem ersten
Bedarfe in dieser Hinsicht abzuhelfen und den Neulingen im Lehrfache
mit erprobtem Rathe an die Hand zu gehen [189]). In Brünn wurden
Mitte November an der mährischen Landes=Akademie Doppel=Vorlesungen
für geborne Slaven und für Deutsche über böhmische Sprache und Literatur eröffnet, zu denen Facultätshörer, Zöglinge der höheren Gymna-
sialclassen, Lehramts=Candidaten, Beamte und andere Personen, die das
fünfzehnte Jahr vollendet hatten, zugelassen werden sollten; an der Olmützer Universität begann in der zweiten Hälfte December Helcelet ähn-

liche Vorträge in der Eigenschaft eines supplirenden Professors. Behufs der Organisirung des nationalen Schulwesens im Lande sollte ein eigener Landesschulrath in's Leben treten, und die Olmützer Slovanská Lipa säumte nicht, den Vice-Präsidenten Grafen Lažanský auf Männer aufmerksam zu machen, die für die geistigen Bedürfnisse ihrer Stammesgenossen das erforderliche Verständniß und Wohlwollen mitbrächten; Klácel, Žák, Šembera, Hanuš, Helcelet, Škorpík, Bily, Graf Sylva-Tarouca, Baron Königsbrunn wurden genannt. Auch die höhere Töchterbildung blieb vom nationalen Standpunkte nicht unberücksichtigt. Im November 1848 war in Prag ein slavischer Frauenverein (spolek Slovanek) in der Bildung begriffen, der sich regelmäßige Zusammenkünfte mit Lectüre und Vorträgen, dann die Errichtung einer Töchterbildungsanstalt zum Ziele setzte[190]).

Auch in Galizien regte es sich bei Zeiten. Für die Polen brachte die Rada narodowa die Sache in Anregung; unter den Ruthenen war es die studierende Jugend selbst, die in diesem Sinne drängte. Eine Anzahl Lemberger Akademiker, 41 Ruthenen und 3 Deutsche, richtete eine Adresse an den ruthenischen Haupt-Nationalrath und zugleich einen Aufruf an ihre Studiengenossen zur Pflege ihrer vernachlässigten Muttersprache. Bei Eröffnung der Matica ruska hielt Ustyanovič über denselben Gegenstand eine so eindringliche Rede, daß den Zuhörern, wie ein gleichzeitiger Bericht lautete, „die Augen zuerst auf- und dann vor Thränen übergingen". „Es ist wahr", sagte die „Zorja halycka", „unsere Literatur ist verfallen, aber eben darum ist es auch die höchste Zeit, unsere Sprache in den Schulen einzuführen". Von Seite der Behörden geschah wie in Böhmen und Mähren das möglichste, um den allseitig ausgesprochenen Wünschen der Bevölkerung gerecht zu werden. Bei Wiedereröffnung der Schulen Anfang December wurde angeordnet, daß das Polnische an allen Gymnasien, das Ruthenische an jenen der östlichen Kreise in die Reihe der Lehrgegenstände aufzunehmen, und daß an den theologischen Lehranstalten von Lemberg und Przemysl Pastoral und Katechetik für die Theologen ritus latini polnisch, für die Griechisch-Katholischen ruthenisch vorzutragen seien. Auch an den Gymnasien sollten neben dem eigentlichen Sprachstudium noch andere Fächer in der betreffenden Muttersprache vorgetragen werden, und in Lemberg wurde sogleich eines der beiden Gymnasien, das bei den Dominicanern, für den polnischen Unterricht eingerichtet. Bezüglich des Ruthenischen ergab sich eine doppelte Schwierigkeit, erstens der Mangel an für den Vortrag in dieser

Sprache geeigneten Lehrern, und zweitens der Mangel an passenden Lehrbüchern, und es wurde daher im Einverständnisse mit dem ruthenischen Nationalrathe die Bestimmung getroffen, daß vorläufig, bis diesen beiden Mängeln abgeholfen sein würde, die deutsche Vortrags- sprache beibehalten werden solle; für die Beistellung geeigneter Schul- bücher zu sorgen, war eine der Hauptaufgaben der neugegründeten Matica ruska. Zunächst wurde für eine Lehrkanzel der ruthenischen Sprache an der Lemberger Universität Vorsorge getroffen und Jacob Fedorovič Holowacky als der geeignetste zur Versehung derselben auserlesen.

In einer ähnlichen Lage wie die Ruthenen Galiziens befanden sich die krainerischen Slovenen. Diese nahmen erst einen großen Anlauf, sie verlangten in einer an das Unterrichts-Ministerium gerichteten Eingabe nicht weniger als die Errichtung einer eigenen Universität in Laibach. Allein wenn es sich um die Vertretung ihrer nationalen Interessen an derselben fragte, mußten sie sich doch gestehen daß dazu noch so viel wie alles fehle. Selbst dem ersten und dringendsten Bedürfnisse jeder höheren Sprachentwicklung, der Zustandebringung eines umfassenden Wörterbuchs der slovenischen Sprache, war noch nicht genügt. Der gefeierte Vodnik hatte diesem Mangel abzuhelfen sich ernstlich bemüht; allein er war über seiner Arbeit aus den Lebenden geschieden und es hatte sich seitdem nie- mand gefunden sie weiterzuführen. Das beschloß nun der Laibacher Ver- ein zu thun und für diesen Zweck vor allem das unvollendete Manuscript des verstorbenen Meisters, das sich in den Händen des Professors Metelko befand, zu erwerben. Darnach galt es, die wissenschaftliche Terminologie festzusetzen, Lehrbücher für die verschiedenen Disciplinen abzufassen u. s. w.

Nebst der Berücksichtigung der Landessprachen im Unterricht war es aber weiter ihre gleichberechtigte Geltung vor Amt und Gericht, was die Nationalen anstrebten. Gewiß war dieses Verlangen nicht weniger billig als das erstere. Wenn dem Bürger Gesetze und Verordnungen zukommen, die er zur Richtschnur seines Handelns machen soll; wenn er von Behörden Aufträge empfängt, denen er sich zu fügen oder denen gemäß er etwas zu leisten hat; wenn über das Mein und Dein oder über Schuld und Nichtschuld verhandelt und abgesprochen wird, hat er gewiß das wohlbegründete Recht und hat die Regierung die unabweis- bare Pflicht, daß alles dieß in einer Sprache veranstaltet werde, die Jenen, die ihr Inhalt angeht, verständlich ist. Das war unter dem Walten des Josephinismus nur in sehr unvollkommenem Grade der Fall gewesen und wenn es sich die Leute damals gefallen ließen, weil sie es eben sich gefallen lassen mußten und weil jedes Widerstreben gegen selbst un= billige Regierungsmaßregeln in unnachsichtlicher Weise geahndet wurde, so hatten sich jetzt die Zeiten geändert und der frei gewordene Mann bestand auf dem, wozu er sich berechtigt fühlte. Einzelne und ganze Ge= meinden verlangten, daß man bei Verhandlungen die mit ihnen geführt, bei Protokollen die mit ihnen aufgenommen würden, ihre Muttersprache gebrauche, damit sie wüßten was sie zu unterschreiben und woran sie sich zu halten hätten. An manchen Orte setzte der Beamtenstand solchem Verlangen ganz rücksichtslosen Widerstand entgegen, an andern fügte er sich entweder seiner besseren Einsicht oder dem energischen Beharren der Bevölkerung auf ihrem Begehren [191]). In den höheren Regierungskreisen herrschte im allgemeinen willfähriges Entgegenkommen. Der Landesaus= schuß von Kärnten schritt selbst beim Ministerium ein, darauf Bedacht nehmen zu wollen, daß in den slavischen Bezirken nur solche Beamte angestellt würden denen die vollendete Kenntniß der dortigen Landes= sprache zu statten käme, und daß man, um diesen Zweck um so besser zu erfüllen, am Lyceum und am Gymnasium von Klagenfurt Lehr= kanzeln der slovenischen Sprache errichten möge. In Prag trat auf An= regung des Gubernial=Vice=Präsidenten Baron Mecséry eine aus Mit= gliedern des böhmischen Museums, aus den beiden Gubernial=Translatoren und aus drei kaiserlichen Beamten gebildete Commission zusammen, welche die Aufgabe hatte für die in der Verwaltung und vor Gericht vorkommenden Fachausdrücke die geeigneten slavischen Benennungen fest= zustellen — eine Maßregel, die bei der argen Verwahrlosung, welche in dieser Richtung bisher gewaltet hatte, durchaus zweckmäßig war und der Regierung in den Kreisen der Nationalen neue Freunde zuführte. Auch im constituirenden Reichstage kam man den Ansprüchen der Natio= nalen soweit nach, daß für die des Deutschen nicht mächtigen Abgeord= neten wenigstens die Anträge, bevor zur Abstimmung darüber geschritten wurde, von eigens dazu erwählten Translatoren in böhmischer polnischer ruthenischer und italienischer Sprache übersetzt und erläutert wurden, eine Einrichtung die den Keim der späteren zehnsprachigen Redaction des Reichsgesetzblattes bildete.

Überhaupt gab es kaum eine Richtung des öffentlichen Lebens, wo sich die Führer der slavischen Nationalen nicht bestrebt gezeigt hätten, kampfgerüstet in die Schranken zu treten. Wo bis zum März 1848 außer den amtlichen Zeitungen in den Hauptstädten der größern Provinzen kein einziges politisches und nur sehr wenige belletristische oder Fach-Journale in anderer als deutscher Sprache bestanden hatten: da schoßen ihrer, kaum daß die Fesseln der Censur gesprengt waren, immer neue wie die Pilze aus der Erde hervor. In Krakau entstanden unmittelbar nach den Tagen des Umschwungs die beiden Oppositions-Blätter „Intrzenka" (erste Nr. am 21. März, Redacteur A. Szukiewicz) und „Dziennik Narodowy" (1. April, Hilary Męciszewski), wozu im Spätherbst der an Umfang und Inhalt ungleich bedeutendere „Czas", von Lucian Siemieński redigirt, kam; in Lemberg erschienen die „Gazeta Narodowa" (Jan Dobrański), „Gazeta Powszechna" u. a. In Prag begründete der rasche Karl Havlíček mit seinen „Národni Nowiny" (erste Nr. am 5. April) das erste größere politische Tageblatt in böhmischer Sprache; W. W. Tomek's „Pokrok" (6. Juni) ging in Folge der Pfingst-Ereignisse schon mit der fünften Nummer ein; dagegen entstanden und erhielten sich eine Menge von Blättern kleineren Umfangs: „Pražský Wečerni List" (J. Kneblhans Liblinský), „Kwěty a Plody" (Karl B. Storch) und „Ranni List" (W. Swoboda und Fr. Girgl), „Pražský Posel" (J. K. Tyl); in Mähren Joh. Ohéral's „Týdennik", die „Morawské Nowiny" von Klácel und Šembera, die „Holomaucké Nowiny" von Helcelet und Hanuš u. a. m. Aber auch Idiome, die sich bisher dieses Mittels ihrer Pflege nicht zu erfreuen hatten, betraten jetzt die neue Bahn. In Teschen gab Dr. Kluck? auf eigene Kosten einen „Tygodnik" (Tageblatt) heraus und hatte an Professor Plucar und Dr. Fischer thätige Mitarbeiter. In Lemberg erschien die „Zorja halycka" (galizische Morgenröthe) wöchentlich einmal, vom J. 1849 an zweimal. Auch der Lehrer der ruthenischen Sprache am Dominicaner Gymnasium Iwan Gußalewicz kündigte eine politische Zeitung („Nowiny") mit wöchentlich zweimaligem Erscheinen an, und Professor Holowacky bereitete die Herausgabe einer Vierteljahrschrift der Matica ruska, nach Muster der böhmischen Museums-Zeitschrift, für gelehrte Abhandlungen vor.

Allerdings waren es mitunter anscheinend unbedeutende Dinge, bezüglich deren die slavischen Nationalen auf Durchführung der Gleichberechtigung bestanden. So mußte der Magistrat von Laibach auf Andringen des slovenischen Vereines bei den Platz- und Gassen-Aufschriften auch

dem Slovenischen sein Recht widerfahren lassen, und das gleiche Ver=
langen stellte in Lemberg bezüglich des Ruthenischen die Rada ruska.
Allein bei Lichte besehen, war es nicht ein begreifliches Begehren, daß
der slovenische oder ruthenische Bauer, wenn er in der Hauptstadt seines
Landes zu thun bekam, nicht erst nöthig haben sollte die Gefälligkeit
eines deutschen Dolmetsch anzurufen, um sich in ihren Gassen zurechtzu=
finden? Oder lag etwas ungebührliches darin, wenn die Prager Slo=
vanská Lipa den bildenden Einfluß der Bühne auch dem böhmischen
Publicum gewahrt wissen wollte und daher gegen die Intendantur des
ständischen Theaters den Wunsch aussprach, daß einige Abende der Woche
auch Vorstellungen in böhmischer Sprache gegeben, daß namentlich Opern
mit böhmischem Texte aufgeführt werden möchten, deren musikalischer
Theil selbst für das deutsche Publicum nicht ohne Genuß wäre? Andrer=
seits war wohl nicht zu läugnen, daß sich der überströmende Eifer der
Nationalen nicht selten auf Gebiete verirrte, die vernünftigerweise mit
der Gleichberechtigung nichts zu schaffen hatten. Es führte zu endlosem
Zwiespalt und Streitigkeiten und hatte zudem den gehässigen Beigeschmack
als suchte man nur Vergeltung zu üben, wenn in Prag das Commando
bei der Nationalgarde, das bisher durchaus deutsch gewesen, von nun an
durchaus böhmisch werden sollte, wobei es sich ein übertriebener Purismus
nicht nehmen ließ alle Fremdwörter zu verbannen. Mitte December
war in der That diese Neuerung bei allen Bataillonen bis auf eines
durchgeführt, und auch dieses brachte zuletzt die Sache zum Durchbruch.
Als nämlich bei der militärischen Festlichkeit des 20. der Bataillons=
commandant in gewohnter Weise die deutschen Commandoworte rief,
blieben die Reihen regungslos stehen als ob sie nichts vernommen hätten,
bis zwei Officiere heraustraten und den Major ersuchten seine Befehle
in böhmischer Sprache zu ertheilen; andern Tags trat dieser, ein ge=
achteter Mann, von seinem Posten zurück. Aber, so wurde nicht ohne
Grund von der Gegenseite eingewendet, gesetzt es wäre früher den sla=
vischen Elementen der Nationalgarde durch das deutsche Commando
Unrecht geschehen, mußte darum jetzt durch das slavische den Deutschen
Unrecht zugefügt werden? Und ist überhaupt das militärische Commando
etwas, worauf die Grundsätze sprachlicher Gleichberechtigung in gleicher
Weise Anwendung finden wie auf Schule und Amt? Gehört dasselbe
nicht vielmehr in den Bereich jener Dinge, rücksichtlich deren in erster
Linie nicht von Recht oder Unrecht, sondern nur von Zweckmäßigkeit

ober Unzweckmäßigkeit die Rede sein kann? Der Beweis wäre leicht zu
führen, daß der Grundsatz der sprachlichen Gleichberechtigung auf die
militärische Commando-Sprache angewendet, in einem Staate von so viel=
fältiger Völkermischung wie Österreich consequent durchgeführt, geradezu
auf Unsinn hinauslaufen würde. Dazu kommt, daß die übliche Com=
mando-Sprache vielfach nicht einmal deutsch ist sondern fremde Ausdrücke
zu den ihrigen gemacht hat, die sich, ohne Rücksicht auf ihren lingui=
stischen Ursprung so ziemlich in allen Armeen der europäischen Staaten
wiederfinden [192]). Doch abgesehen von derlei Fehlgriffen, die, wo eine
Sache neu und unerfahren in's Leben tritt, niemals ausbleiben, mußte
jeder Unbefangene bekennen, daß die slavischen Nationalen im allgemeinen
nur zu erreichen strebten, was ihnen nach Recht und Billigkeit weder
vorenthalten noch bestritten werden konnte und daß ihr Drang, den lange
brach gelegenen Boden naturgemäßer Bildung und Gesittung in allen
Richtungen zu bebauen, ein durchaus löblicher war.

Interessant war übrigens die Thatsache, daß die aufstrebende Be=
wegung, die durch das ganze österreichische Slaventhum lief, ihre Wir=
kungen selbst jenseits der Gränzen unserer Monarchie äußerte. Unter
den Slaven Preußisch-Schlesiens standen einzelne Führer auf, die das
Volk antrieben, gleich ihren Brüdern in Mähren die Berücksichtigung
ihrer Sprache vor Amt und Gericht zu verlangen. Ähnliches geschah bei
den Wenden der sächsischen Oberlausitz, in deren Hauptstadt Bautzen sich
durch Zuthun mehrerer Patrioten, wie Jan Smoler, Jmiš, ein serbischer
Redeverein (ryčenske serbske towarstwo) bildete, der schnelle Ver=
breitung auf dem Lande sowohl in katholischen Pfarrorten (Khrósćicy,
Radvorj, Ralbicy, Njebjelcicy) als in protestantischen (Minekał, Bart,
Rakecy, Budestecy, Bukecy) fand. In einer zu Bautzen abgehaltenen
allgemeinen Versammlung wurde der dortige Verein zum leitenden Mittel=
punkt erhoben; das politische Organ ihrer gemeinschaftlichen Interessen
„Tydzenska Nowina", von Smoler redigirt, sowie die erst kurz zuvor
in's Leben getretene Matice (serbska mačica) gewannen täglich mehr
Theilnehmer. Die königl. sächsische Regierung zeigte sich den billigen
Wünschen ihrer slavischen Unterthanen nicht obhold. Sie traf Vorsorge,
daß die zahlreichen Wenden von Dresden, bei 5000 Seelen, in religiöser
Hinsicht nicht außer Beachtung blieben — am 10. December 1848 fand
in der Kreuzkirche der erste Gottesdienst in wendischer Sprache statt —;
sie sagte die Kundmachung der wichtigeren Gesetze in wendischer Sprache

zu; sie versprach bei der neuen Gerichtseintheilung darauf zu sehen, daß
in wendischen Gegenden sprachkundige Beamte angestellt würden 2c. Von
s. g. panslavistischen Tendenzen war hierbei überall keine Spur.   Wer
es einzelnen lausitzer Serben verargen wollte, das sie ein lebhafteres
Interesse für die Ereignisse bei den Böhmen, bei den Kroaten an den
Tag legten, der mußte es in gleichem Grade seinen deutschen Landsleuten verübeln, die aus ihrer Theilnahme für das Schicksal der siebenbürger Sachsen kein Hehl machten. Auf die Wortführer der preußisch-
schlesischen Slaven wurde der Verdacht geworfen, daß sie die Vereinigung
ihrer Stammesgenossen mit Mähren und Österreichisch-Schlesien anstrebten; doch gehörte dieß nur in das Gebiet grundloser Verläumbung.

Auch den österreichischen Nationalen blieben begreiflicherweise Ver-
läumbungen ähnlicher Art nicht erspart. Dieselben hat niemand treffen-
der widerlegt, als Ban Jelačić, der ritterliche Paladin der Gleichberechtigungs-Idee. Er hatte letztere von seinem ersten Auftreten mit überzeugender Beredsamkeit vertreten; er hatte für sie das Schwert gezogen
und sich zur Erhaltung der Monarchie, die nach seiner Auffassung allen
ihren Völkern in gleichem Maße gerecht sein werde, an die Spitze seiner
Kroaten gestellt; er ließ auch sonst keine Gelegenheit vorübergehen seinen
großösterreichischen Standpunkt vor aller Welt kund zu thun. Als ihn
am 13. November eine Deputation der in Wien wohnenden Slovenen
— Miklošić und Dr. Dolenz darunter — begrüßen kam, lehnte er ihren
Dank für sein hochherziges Beginnen freundlich ab: es sei nicht sein
Verdienst; er erkenne die Eingebung und das Walten der göttlichen Vorsehung darin, daß er sich schon von Jugend auf mit dem Gedanken nationaler Gleichberechtigung beschäftigt habe. „Es wollte mir
niemals einleuchten", fuhr er fort, „daß der Stempel des Adels und
der Bildung nur einzelnen Stämmen aufgedrückt sein solle; ich konnte
nicht einsehen, warum ein Volk unter dem andern stehen, dieses herrschen,
jenes gehorsamen solle. Eine solche Einrichtung widerstreitet den ewigen
Grundsätzen der Vernunft, denen ich bereit bin Geltung zu verschaffen
und wenn es mein Leben kostete. Mit uns Slaven hat man durch
lange Jahrhunderte verfahren wie mit Unfreien. Doch der Riese ist
erwacht. Wohl traut er noch seinen Augen nicht und blickt wie ein aus
dem Schlafe erwachtes Kind um sich; allein mit des Himmels Hilfe
wird sich der göttliche Funke in ihm entzünden und nicht wieder erlöschen.
Die Slaven bilden die Grundlage und den Eckstein der österreichischen

Monarchie; wir müssen als Brüder fest zusammenstehen. Ein einiges, starkes und freies Österreich ist das Ziel meines Strebens". Zu einer Sendschaft der Vorstadt Landstraße sprach er: „Kroate von Geburt liebe ich mein Heimatland mit der ganzen Wärme meines Herzens, und diese Liebe ist es die mich mit unauflöslichen Banden an meine Landsleute knüpft, die mich anspornt auch ihnen jene nationale Gleichberechtigung zu erkämpfen, nach welcher alle Nationen unseres Staaten-Conglomerates mit solcher Begeisterung ringen, wornach nie und nimmermehr eine Nation über die andere herrschen, eine die andere knechten soll. Wenn ich aber Kroate durch Geburt und Neigung bin, so bin ich eben so sehr begeisterter Österreicher. Als Österreicher geboren will ich als Österreicher sterben. Mein Glaubensbekenntniß liegt in den wenigen Worten: der herrliche Kaiser-staat möge fort und fort einig und mächtig zum Heile aller ihn bildenden Nationen verbleiben!" Während seiner kurzen Anwesenheit am kaiser-lichen Hoflager zu Anfang December begrüßte ihn unter andern die Olmüzer Slovanská Lipa mit einer Adresse, worin es hieß: „Wie die Sonne die dunkeln Nebeln, so hat Ihr heller Geist die Finsterniß des Unverstandes und des bösen Willens überwunden, und als ruhmvoller Retter stehen Sie nun den Magyaren gegenüber, um nach deren helden-müthiger Bekämpfung das neue freie Österreich zu befestigen". Jelačić erwiederte, „er vertrete mit ganzer Seele und aus allen Kräften die Freiheit jeder Person und jeder Nationalität im österreichischen Gesammt-verbande und damit dieß, und nicht ein Titelchen minder, den Slaven zutheil werde, dafür sei er bereit sein Leben einzusetzen; für diesen Zweck müsse auch der Magyarismus, der jenem Heil der Völker wider-strebe, bekämpft werden, und möchten die Hindernisse und Schwierig-keiten noch so groß sein, wie denn in der That noch ein großes Stück Arbeit zu thun übrig sei".

8.

Der Grundsatz der nationalen Gleichberechtigung, wie er von den edelsten Geistern des österreichischen Slaventhums aufgefaßt und zu ihrem Losungswort gemacht wurde, war eben so einfach und klar als, so sollte man meinen, gerecht und unanfechtbar. Denn verlangte er in Hinsicht der Stammesverschiedenheit etwas anderes, als was zur selben Zeit bezüglich sonstiger Verhältnisse laut gefordert und ohne Widerspruch zugestanden wurde? Es gibt reiche und arme, vornehme und geringe, gebildete und ungebildete Leute, so wie es an Längenmaß hohe und kürzere, an Farbe blonde und schwarze, an Körperbildung ebenmäßige und verwachsene gibt: aber wie ihnen allen, abgesehen von Länge Farbe und Gestalt, der eine und gleiche Charakter der Menschheit zuerkannt werden muß, so sind sie auch, abgesehen von Vermögen Ansehen und Bildung, alle in ihrer Eigenschaft als Staatsbürger als gleich zu halten. Die „Gleichheit Aller vor dem Gesetze" war seit dem Eintritt der März-Ereignisse ein in allen Verfassungs-Entwürfen so allgemein anerkanntes Princip, daß dagegen anzukämpfen ein wahrhaft tollsinniges Unternehmen gewesen wäre. Forderten aber mit der Gleichberechtigungs-Idee die Führer der Nationalen für ihre Völkerstämme etwas anderes, als was von den Gesetzgebungen aller Länder für die Stellung des Einzelnen im Staate anstandslos zugegeben war? Und mußte, wenn die bisherige ungleiche Behandlung der einzelnen Bürger im freien Staate für ungerecht und unhaltbar galt, die bisherige ungleiche Behandlung ganzer Volksstämme nicht in ungleich höherem Grade als ungerecht und unhaltbar erkannt werden?

War der Grundsatz der nationalen Gleichberechtigung theoretisch genommen klar und unanfechtbar, so war damit vom praktischen Standpunkte unläugbar das Wesen dessen getroffen, was Österreich zu Österreich macht. An die Verfassungs- und Verwaltungszustände unserer Monarchie den Maßstab der französischen legen zu wollen, wurde schon in der vormärzlichen Zeit von allen besonnen Urtheilenden als ein naturwidriges Beginnen erkannt. „Man muß nicht vergessen", schrieb Graf Caspar Sternberg im J. 1837, „daß der österreichische Staat aus Nationen und Königreichen zusammengesetzt ist, die alle ihre eigene Geschichte, ihre eigene Verfassung gehabt haben und zum Theil noch haben. Da kann man nicht alles über einen Kamm scheren. Geschichte, Zunge und tausendjähriges Herkommen muß berücksichtigt werden, wenn man nicht bei allen Ständen unpopulär werden will." Graf Sternberg war ein vielgeprüfter und vielgereister Mann von Welt, zu dem man sich einer freieren Anschauung der Verhältnisse wohl versehen konnte. Aber auch Gelehrte, österreichische Männer von echt deutschem Wesen, dachten in der vormärzlichen

Zeit kaum anders. Nicht leicht dürfte jemand den Historiker Chmel, der nichts böhmisches an sich hatte als seinen Namen, für einen Föderalisten gehalten haben; und doch war er es, als er im J. 1845 schrieb: „Die österreichischen Völker hält der gemeinschaftliche Vortheil zusammen; es ist jeder einzelnen der Nationen des großen österreichischen Staates in jeglicher Beziehung vortheilhafter, wenn sie friedlich und einig zusammenleben, als wenn sie Rivalen sind und sich befehden". Und weiter: „Es wird in nicht langer Zeit vielleicht Bedürfniß werden für jeden patriotischen Österreicher von Bildung, die Hauptsprachen der Monarchie zu kennen, der er angehört; jedenfalls wird es ihm nützlicher sein als viel anderer literarischer Ballast"[193]). Oder sollen wir den edlen Bolzano anführen, der schon im J. 1816 seine schönen Vorträge „über das Verhältniß der beiden Volksstämme in Böhmen" hielt und den Jüngern derselben die gegenseitige Berücksichtigung ihrer Gefühle und Bedürfnisse an's Herz legte?[194]) Diese Mahnungen, sie hatten durch die Ereignisse des Jahres 1848 nur hundertfältigen Nachdruck erhalten und nur eine Politik, die sich Rücksichtnahme der Vielheit in der Einheit und Wahrung der Einheit in der Vielheit zum Ziele setzte, schien fürderhin angezeigt zu sein. Bei Aufrechthaltung ihrer staatsrechtlichen Sonderheit hatte sich keines der österreichischen Länder, bei Anerkennung der nationalen Gleichberechtigung keiner der Volksstämme zu beschweren, die im Umfange der Monarchie wohnen. Und hatte nicht namentlich Ungarn seine Lehre daraus zu ziehen? Das politische Ungarn, wenn es zugleich in nationaler Hinsicht inner seiner Gränzen dem Grundsatz der Gleichberechtigung huldigte, hat im Rahmen von Österreich alle Aussicht groß und gewaltig zu werden: ein exclusiv nationales Magyarien kann, ob im Rahmen von Österreich oder außerhalb desselben, nur früherer oder späterer Zerstücklung entgegensehen. Allerdings waren augenblicklich jenseits der Leitha die Leidenschaften in einer Weise angeregt, daß solch friedliche Anschauung unter dem magyarischen Theile der Bevölkerung nur wenig Anhänger und gar keine öffentlichen Vertheidiger finden konnte; allein der Kampf im Lande konnte nicht ewig dauern, die Leidenschaften mußten zuletzt ermatten, eine Zeit besonnener Überlegung mußte kommen.

Für den Augenblick war, wie gesagt, diese Zeit besonnener Überlegung allerdings nicht vorhanden. Unter Umständen, wo die Anerkennung und gewissenhafte Wahrung gegenseitiger Rechte mehr wie je geboten war, wurde diese Anerkennung und Wahrung durch die zügellos waltenden

Leidenſchaften mehr wie je außerachtgelaſſen. Gegen den jugendlichen Trotz der aus ihren früheren Banden befreiten Volksſtämme bäumte ſich der ganze Stolz und Übermuth der bisher durch Geſetz und Herkommen begünſtigten Nationen. Meinten jene auf unweigerlicher Gewährung alles deſſen beſtehen zu müſſen was ihnen ſo lang vorenthalten worden, ſo glaubten dieſe keinen Zollbreit von dem weichen zu dürfen was ſie ſeit ihrer Ahnen Tagen in unbeſtrittenem Beſitze gehabt. Wer der Gering- ſchätzung, ja der Verachtung eingedenk war, mit welcher der vormärzliche Magyar auf die andersſprachigen Bewohner ſeines Landes herabzuſehen ſich gewöhnt hatte, den konnte es nicht befremden, daß die von letzteren jetzt geſtellten Anſprüche auf Zuerkennung gleicher Rechte und gleicher ver- faſſungsmäßiger Stellung mit unverhehltem Hohne zurückgewieſen wurden. „Gäbe man den Grundſatz zu“, hörte man die Verfechter des Magya- rismus ſprechen, „ſo könnten ja wohl ſelbſt die paar franzöſiſchen Dörfer im Banat die Forderung erheben, auf gleiche Stufe mit der politiſchen Nation Ungarns gehoben zu werden? Und beſitzen die nomadiſchen Zigeu- ner nicht jedenfalls zwanzigmal mehr Befähigung von eigenen National- Rechten zu träumen als die Mehrzahl der Walachen?“[195]) Noch unma- nierlicher als die Magyaren mit ihren nicht-magyariſchen Landsleuten gingen die galiziſchen Polen mit ihren ruthenischen Stammverwandten um. Zwar auf dem Slaven-Congreſſe, der überhaupt in ſeinen kurzle- bigen Verhandlungen manchen glückverheißenden Anlauf genommen, war auch die Ausſöhnung und gegenſeitige Anerkennung der beiden Volksſtämme Galiziens angebahnt worden[196]). Allein das war nur zu ſchnell wieder vergeſſen; von der kaum vereinbarten Gleichſtellung der Ruthenen mit den Polen war bald keine Rede mehr; ja dieſe ſtritten jenen geradezu ihre nationale Daſeinsberechtigung ab. „Wir legen ausdrücklich laut und ent- ſchieden Verwahrung ein gegen den Namen einer ruthenischen Nation“, ſo ſprachen die Vertreter des Polonismus, ſo druckten ihre Zeitungen, ſo ſchrieben ſie in alle auswärtigen Blätter. „Sie iſt das Kind irgend welcher reactionären Bedürfniſſe, ausgebrütet im hoch- und ehrwürdigen St. Georgen-Rathe. Eine ruthenische Nation iſt in der Geſchichte nicht bekannt, hat nie beſtanden und wird nie in der Welt beſtehen. Sie iſt nur ein Kind der ‚gegebenen Verhältniſſe‘ und erhält nur aus der Hand der öſterreichiſchen Regierung die Belehnungs-Urkunde, die ihr Rurik und deſſen Nachkommen auszuſtellen vergeſſen. Die öſterreichiſche Regierung iſt jener Veſpucci, der in unſerem Welttheile die ruthenische Nation entdeckt und sie feierlich anerkannt hat"[197]). So weit als die Polen den Ruthenen gegenüber gingen nun wohl die Deutschen ihren slavischen Mitbewohnern gegenüber nicht; allein von einem ·gleichen Recht derselben wollten auch sie nichts wissen. "Haben sie nicht für sich ihre Sprache? Haben sie nicht mit uns die politische Freiheit? Was wollen sie noch?" Die Gleichberechtigung, welche die Slaven mit den Deutschen verlangten, wurde als ein anmaßendes Streben nach einem Vorrecht über die Deutschen, nach einer ungebührlichen Herrschaft über dieselben ausgelegt. Wenn einmal das Deutschthum aufhöre über den andern österreichischen Nationalitäten zu stehen, so könne, schien man deutscherseits zu meinen, nichts anderes eintreten als daß die Deutschen unter dieselben zu stehen kämen; und dürfe man so etwas ertragen? "Kann sich Österreich eine solche Umwandlung seiner Staatsverwaltung in eine slavische, eine solch trostlose Abhängigkeit von einer minder gebildeten und feindselig gestimmten Nationalität gefallen lassen?!"[198])

Aber man ging noch weiter. Man beschuldigte die Führer der slavischen Nationalen, ein Ding in den Vordergrund zu schieben, das eigentlich für sich gar keine Berechtigung und keine stichhältige geschichtliche Grundlage habe. Es sei ein Stück mittelalterlichen Wildfangrechtes, das der nationalen Anschauung zu Grunde liegt; der vasallische Stolz der territorialen Abstammung sei, wofern er sich nicht auf ein großes Classen-Interesse stützt, eitel Täuschung Schwärmerei und Sclavensinn; der Kammerdiener brüste sich mit seiner Herrschaft und der Knecht wisse sich viel darauf, daß er gerade dem und keinem andern Herrn angehört[199]). Die deutsch=radicalen Blätter hörten nicht auf den Slaven es zum bittern Vorwurf zu machen, daß sie die Nationalität über die Freiheit setzten, daß sie dadurch die Kraft ihres Volkes lähmten, dessen Anstrengungen zersplitterten, "anstatt sich unbekümmert um die Vorurtheile der Geburt zur Bekämpfung und Hinwegräumung privilegirter Vorrechte zu verbrüdern und bloß das gleiche Menschenrecht anzuerkennen". Als ob derjenige, der sich in seinem freien Menschenrecht gekränkt fühlt, sich, um desselben theilhaftig zu werden, erst seiner angebornen Sprache entäußern und eine fremde aneignen sollte?

Dabei war nicht zu übersehen, daß diese und ähnliche Vorwürfe von Solchen ausgingen, die ihrerseits von dem herrschenden Nationalitäts=Fieber in nicht minderem Grade ergriffen waren und die sich höchlich darüber würden aufgehalten haben, wenn man ihnen die Zumuthung

hätte machen wollen, den kosmopolitischen Standpunkt mit ihrem volks-
bewußten umzutauschen. Wurde aber letzteres von deutscher Seite zurückgewiesen, war es den slavischen Stämmen zu verübeln, wenn sie zuvörderst ihr nationales Sein und Wesen anstrebten? Mußte ihnen nicht
die Anerkennung ihrer nationalen Individualität und der zur Erhaltung
derselben unerläßlichen Bedingungen das vorderste und vorzüglichste sein,
was sie zu erkämpfen hatten? Vollends unbegründet war der Vorwurf,
als ob die Slaven Österreichs über dem Streben nach Anerkennung ihrer
Nationalität das nach Erringung staatlicher Freiheit aus den Augen verloren hätten. Im Gegentheil, gerade die Mittel die sie anwandten, um
dem von ihnen verfochtenen Grundsatze nationaler Gleichberechtigung
praktische Geltung zu verschaffen, waren nichts anderes, als die werk-
thätige Besitznahme von den durch die neue Ära ihnen gebotenen verfassungsmäßigen Freiheiten. Die Rührigkeit, welche die Slovanská Lipa
in Böhmen und Mähren, der ruthenische Hauptrath in Galizien, die
slavischen Vereine in den inner-österreichischen Ländern entfalteten, lieferte den besten Beweis, welch klugen Gebrauch man von den Errungenschaften des jungen Verfassungslebens, der Rede- und Preßfreiheit, dem
Vereins- und Versammlungsrechte zu machen verstand.

Mochte es bei einzelnen Deutschen angestammter Widerwille sein,
was sie gegen die slavische Race in Harnisch brachte: bei der großen
Mehrzahl war es ein anderer, ein staatlicher Beweggrund, warum sie
sich gegen die Forderungen der österreichischen Slaven so entschieden
stemmten. Denn wurden diese zugestanden, so bildeten sie das mächtigste
Hinderniß jener Einverleibung der deutsch-österreichischen Länder des Kaiserstaates in das übrige Deutschland, die in den Frankfurter §§. 2 und 3
ihren Ausdruck gefunden hatte. Allein es wurden denn doch, sowohl
innerhalb der Paulskirche als außerhalb derselben, auch Stimmen laut,
die eine Neugestaltung Deutschlands anderer Art als sie in jenen beiden
Paragraphen formulirt war anstrebten, und zwar eine solche, wobei
einerseits der österreichischen Monarchie die Zumuthung eines theilweisen
Aufgehens in Deutschland nicht gemacht, und wobei andrerseits der
Durchführung der nationalen Gleichberechtigung kein Hinderniß gelegt,
vielmehr dieser Grundsatz ausdrücklich anerkannt, ja an die Spitze des
Programms gestellt wurde.

Eine dahin gehörige Idee hatte bereits in der ersten Hälfte September Julius Fröbel ausgesprochen. Fröbel hatte sich im Sommer 1848 — noch vor seiner unglückseligen Octoberfahrt — einige Zeit in Wien aufgehalten und daselbst von den Verhältnissen des Kaiserstaates richtigere Ansichten gewonnen, als er ohne Zweifel dahin mitgebracht. In einer vom 12. September 1848 datirten Flugschrift „Wien Deutschland und Europa" entwickelte er folgenden Gedankengang: „Der große Trieb der Geschichte geht nicht auf die Sonderung, sondern auf die Verschmelzung der Racen; die gegenwärtige Eifersucht der Nationalitäten ist nichts als eine vorübergehende Erscheinung von vorzugsweise negativem Charakter. Darum muß für die Frage der deutschen Einheit eine tiefere Lösung gesucht werden als die der nationalen Abrundung. Dieß muß auch aus dem Grunde geschehen, weil die Mehrzahl der deutschen Österreicher zwar den Anschluß an Deutschland, aber zugleich die Integrität ihrer Monarchie wünscht. Es muß vielmehr Wien zum Mittelpunkte und Sitze der centralen Gewalten eines bundesstaatlichen Systems gemacht werden, das aus ganz Deutschland, Polen, Ungarn, den südslavischen und walachischen Ländern besteht. Die Bedeutung Wiens ist die Folge natürlicher geographischer und ethnographischer Bedingungen. Wien ist der Ort des Verkehrs und der Wechselwirkung zwischen den vier großen Völker=Racen unseres Welttheiles: der romanischen, germanischen, slavischen und tatarischen. Nur hier, an diesem einzigen Punkte treten diese vier Racen gleichförmig und auf dem Boden politischer Zusammengehörigkeit, also eines sittlichen Verhältnisses, in Wechselwirkung. Schließlich ist noch etwas anderes zu bedenken. Wir haben entweder die Südslaven und Westslaven, die Magyaren und Walachen mit uns für die Freiheit gegen das Zarenthum; oder wir haben sie gegen uns und gegen die Freiheit mit dem Zarenthum. Soll nicht Wien an die russische Gränze kommen, so muß es der Mittelpunkt eines Systems verbündeter Staaten werden, das vom Rhein bis an die Mündung der Donau reicht" [200]).

Das wesentliche der Vorschläge Fröbel's bestand demnach darin, daß zwischen dem außerösterreichischen Deutschland und dem ganzen Österreich eine Art bundesstaatlichen Bündnisses eingegangen werde, ein Gedanke der anderthalb Monate später in der Paulskirche vielfach wiederkehrte. Schon bei den Vorberathungen über die §§. 2 und 3 hatte der bedeutende Dahlmann erklärt, er werde entschieden für dieselben stimmen, aber nicht als ob er sie damit ein für allemal festzustellen meinte, sondern um von ihnen als einem Fühler Österreich gegenüber Gebrauch zu machen.

„Denn eines von beiden", fuhr er fort, „scheint eintreten zu müssen: entweder wird es sich ergeben, daß Österreich sich in seine nationalen Bestandtheile auflöst, und dann wäre doch kein Zweifel mehr, daß die deutsch-österreichischen Länder uns zufallen müßten. Der andere Fall ist, daß Österreich in seiner weltgeschichtlichen Bedeutung als Ganzes beisammen bleibt, und wir müssen dann wohl unsere Wünsche trennen von dem was die Nothwendigkeit gebietet. Wir verzichten dann auf den Eintritt Österreichs in unsern Bundesstaat: neben einem mächtigen Österreich bestehe ein mächtiges Deutschland. So gehen wir dann nicht als Einheit fort in der Geschichte, aber einig"[201]).

Mit letzterem war angedeutet, worauf gleich bei Beginn der Debatten Mühlfeld und Genossen abzielten und was im Laufe derselben vom Präsidenten der National-Versammlung vorgeschlagen wurde. „Die Begriffe von Bundesstaat und Staatenbund", sagte Gagern bei Begründung seines Antrages, „sind unbestimmte; es können auch Bundesverhältnisse gedacht werden, die zwischen beiden in der Mitte liegen und die Übergänge bilden. Österreich kann nicht in den deutschen Bundesstaat gezogen werden, und doch ist die Erhaltung Österreichs eine Nothwendigkeit für Deutschland. Es muß daher ein weiterer Bund mit Österreich gegründet werden. Unsere Aufgabe ist nicht, ein Einheits-Princip in die Verfassung aufzunehmen das uns auf uns selbst beschränkt und, während andere Nationen an Macht und Einfluß sich ausdehnen, uns verurtheilt in stiller Zurückgezogenheit uns am Ofen zu wärmen. Hüten wir uns daß wir zu enge Formeln wählen, die nationalen Interessen gegen ihre Natur in eine Zwangsjacke drängen: thun wir vielmehr das Thor weit auf, daß der Eintritt nicht erschwert sei in die deutsche Familie und ihr gastliches Haus; daß wir der Bestimmung nachleben können die uns nach dem Orient zu gesteckt ist; daß wir diejenigen Völker, die längs der Donau zur Selbständigkeit weder Beruf noch Anspruch haben, wie Trabanten in unser Planetensystem einschließen!" Wenn Gagern, wie begreiflich, die Frage vom ausschließlich deutschen Standpunkte auffaßte, so war es der Wiener Mühlfeld, der zunächst die österreichischen Verhältnisse in's Auge faßte. Die meisten von denen, die sich im österreichischen Sinne gegen die §§. 2 und 3 ausgesprochen, hatten eigentlich nur gesagt was sie nicht wollten: einerseits die Zerreißung ihrer Monarchie, andrerseits die Hinausdrängung Österreichs aus Deutschland. Was aber geschehen solle um etwas zu schaffen wobei diese beiden Übel vermieden würden, davon schienen sie entweder keine rechte Vorstellung oder, es auszusprechen, nicht den rechten Muth zu haben. Mühlfeld war es zuerst, der die Sache offenen Blickes in's Auge faßte und ihre Lösung in bestimmter Form hinstellte: Anbahnung eines völkerrechtlichen Bünd= nisses zwischen dem geeinigten Österreich und dem zu einigenden Deutsch= land. Von allen Österreichern, die ritterlich und mit treuem Sinn ihre Lanze für den Bestand ihres Vaterlandes einlegten, war es keiner der die groß=österreichische Idee beredter, schwungvoller ausführte; und von aller deutschen Männern insgesammt war es keiner der den Inhalt dessen, was seinen nicht=deutschen Landsleuten Noth that, klarer erfaßte und nachdrucksvoller verlangte. „Ich halte dafür", so sprach er im Hin= blick auf die Zumuthungen ausschließlichen Deutschthums, „daß das Princip der exclusiven Nationalität nicht das einzige ist, worauf ein Staat gegründet bestehen kann. Ich halte dafür, daß jenes Princip, das von der österreichischen Regierung, von dem österreichischen Reichstage, von den österreichischen Völkern ausgesprochen wurde, das Princip der Gleichberechtigung der Nationalitäten eben ein solches ist worauf ein Staat gegründet sein kann, und ich gestehe, daß, wenn ich die beiden Principe vergleiche, ich nicht einen Augenblick in Zweifel bin, dem Prin= cipe der Gleichberechtigung der Nationalitäten als dem edlern, größern, der Humanität entsprechenderen, den Vorzug zu geben vor dem Principe der Ausschließung jener vom Staate, die nicht demselben Stamme ent= sprossen sind, nicht der nämlichen Race angehören, nicht die gleiche Sprache reden. Mag dann Österreich die deutsche Cultur und Sitte nicht mehr nach dem Süden und Südosten tragen, aber die Freiheit wird das freie Österreich dorthin bringen, und um so sicherer, wenn es als Föderativ= Staat mit Gleichberechtigung der verschiedenen Nationalitäten besteht, wenn es den fremden Völkerschaften Freiheit ohne Herrschaft bringt".

Es wurde früher erzählt, wie Gagern in Folge seines Auftretens am 26. October daran war seine ganze Beliebtheit einzubüßen, und wie er selbe nur dadurch wieder gewann daß er unmittelbar vor der Abstim= mung seinen Antrag zurückzog. So bekam auch Mühlfeld im Weiter= gang der Verhandlungen manches scharfe und bittere Wort darüber zu hören, daß er sich herausgenommen anderer Meinung zu sein als die Mehrheit der Versammlung. Allein lang bevor es zur zweiten Lesung der vielberufenen beiden Paragraphe kam, standen Gagern und Mühl= feld mit ihrer Sondermeinung nicht mehr vereinzelt da. Es mehrten sich von österreichischer wie von außer=österreichischer Seite die Stimmen, die sich im gleichen Sinne aussprachen und den Gedanken eines An= schlusses von Deutschland an das ungetheilte Österreich in der verschie= densten Weise entwickelten.   War man auf slavischer Seite von allem Anfang für nichts weiteres gestimmt, als was in Mühlfeld's Antrage lag, so waren es die energischen Kundgebungen gegen die Frankfurter Beschlüsse aus dem Schoße des österreichischen Volkes, die, wie Dahl= mann geahnt zu haben schien, einen sichtlichen Umschwung in weiten deutschen Kreisen nach sich zogen [202]). Als Welcker in der Sitzung vom 30. November seine und Mosle's Sendung nach Wien besprach, gab er deutlich zu erkennen, daß nach den von ihnen gewonnenen Anschau= ungen die §§. 2 und 3 auf die Verhältnisse Österreichs unanwendbar seien, daß in Österreich der Grundsatz der nationalen Gleichberechtigung immer stärkere Anerkennung verlange und daß es nur ein völkerrecht= liches Bündniß sein könne, welches das Band zwischen Österreich und Deutschland zu knüpfen habe.   Ungefähr um dieselbe Zeit trat der berühmte Verfasser von „Österreichs Zukunft", Baron Andrian, von seinem Gesandtschaftsposten in London zurück und richtete aus diesem Anlasse an seine Wähler in Wiener=Neustadt ein Schreiben, worin er seine Überzeugung aussprach, „daß Österreich dem neuen deutschen Bundes= staate, wie er gegenwärtig in Frankfurt beabsichtigt wird, nicht ange= hören könne ohne einen politischen Selbstmord zu begehen, welcher eben so für Österreich wie für Deutschland verderblich wäre"; zwischen Öster= reich und Deutschland könne nur ein staatenbündliches Verhältniß beste= hen, für dessen Aufrechthaltung und Inswerksetzung er ein von beiden Seiten zu gleichen Theilen gebildetes permanentes Directorium und periodische Einberufung von Ausschüssen der deutschen wie der öster= reichischen National=Versammlung vorschlug.   Von kroatischem Stand= punkte wollte Ostrozinski, dessen „Programm zur Constituirung des österreichischen Kaiserstaates" bereits früher besprochen wurde, zuerst inner den Gränzen der Monarchie eine „freie Conföderation aller Nationali= täten" durchgeführt und daran einen Anschluß des ganzen österreichischen Staates an Deutschland durch ein Schutz= und Trutzbündniß geknüpft wissen; auf solche Weise „würde das in offener See nun allen Stür= men preisgegebene Staatsschiff Österreichs plötzlich in sichern Port gelangen und obendrein der Ballast zum politischen Gleichgewichte von Europa" werden. An Ostrozinski's Ideen anknüpfend verlangte auch der

k. k. Hauptmann Möring, daß sich Österreich zuerst auf Grundlage des Föderativ-Staates — „der eigentlich schon besteht, namentlich in der Stellung Böhmens zur Krone" — constituire und dann als ungetheilter Staat an Deutschland anschließe; das gäbe dann ein großes starkes freies Mittel-Europa mit vier Meeren zur Gränze, Holland, Schweiz, Belgien, Dänemark und Scandinavien, „ja selbst England die Hand zum Bunde der germanischen Elemente reichend" [203]). Es gaben sich, nachdem man einmal in dieser Richtung war, wohl manche sanguinische Überschwänglichkeiten kund, über die man lächeln konnte, die man aber immerhin als bedeutsame Wahrzeichen der Zeit gelten lassen mußte. So dachte sich der Galizianer Moriz Ritter von Ostrow [204]) eine Vereinigung von „Posen, Ost- und West-Preußen, Italien, Ungarn sammt Siebenbürgen und Galizien" mit Deutschland; das gäbe, meinte er, „eine Gesammt-Völkerfamilie von 66 Millionen Staatsbürgern der intelligentesten und streitbarsten Nationen", und dieser Verein könnte noch fortwährend wachsen und durch Aufnahme der Schweiz Belgiens und Hollands, „ohnehin alter Bestandtheile des deutschen Reiches", vergrößert werden. Die Vereinigung würde sich auf nichts mehr als „das Auswärtige, die Marine, die Finanzen und das Kriegswesen" beziehen; der Zweck derselben wäre eine wirksame Wehrkraft nach außen und die möglichste Sicherheit im Innern zum Behufe ungehinderter Entfaltung jeder Art von Nationalität [205]). Noch weiter als Ostrow ging in seinen Phantasien Graf Friedrich Deym, der vor den Versammelten der Paulskirche das Bild eines „mitteleuropäischen Riesenreiches von siebenzig, wo möglich von achtzig oder hundert Millionen" entrollte, um gerüstet dazustehen „gegen Osten und gegen Westen, gegen die slavischen und lateinischen Völker, den Engländern die Seeherrschaft abzuringen und das größte mächtigste Volk auf diesem Erdenrund zu werden" [206]) ....

Ja, es ist wahr, Österreich ist ein Staatengefüge von ganz eigenthümlichem Gepräge. Aber noch eigenthümlicher als dieses Gepräge ist die Erscheinung, daß unsere Monarchie bis auf den heutigen Tag keinen leitenden Staatsmann zu besitzen das Glück hatte, der ihr Wesen zu erfassen und, wenn er es erfaßt, anstatt davor zurückzuschrecken oder daran zu verzweifeln, es auszunützen und zu dauerndem Heile anzuwenden verstanden oder auch nur versucht hätte. Jene Eigenthümlichkeit des österreichischen Staates liegt bekanntlich in der vielfach verschlungenen Racen-Mischung seiner Bevölkerung, und die eigentliche Aufgabe der österreichischen Staatskunst besteht also darin, die vorhandene weder hinwegzubringende noch hinwegzuläugnende Thatsache dieser Racen-Mischung mit der allgemeinen Staatswohlfahrt im Einklang zu erhalten. Denn wenn kein Vernünftiger wird zugeben wollen, daß sich die verschiedenen Nationalitäten Österreichs in gegenseitigem Widerstreit aufreiben sollen, so kann es nur darauf ankommen Mittel ausfindig zu machen, wie sie friedlich und ohne Grund zu Neid und Mißgunst neben und mit einander zu leben vermögen.

Was vor und im Jahre 1848 die Nationalitäten Österreichs in Haß, zum Theil selbst in blutigem Kampf einander gegenüber stellte, war ihre ungleiche Stellung und Behandlung: lag nicht, um allem Haber und Zwiespalt den Boden zu entziehen, die Aufforderung nahe, es einmal mit ihrer gleichen Stellung und Behandlung zu versuchen? Die frühere Ungleichheit bestand darin, daß in der ungarischen Hälfte des Reiches das Magyarenthum eine bevorzugte Lage inne hatte, während in der nicht-ungarischen, sowie in der Gesammt-Leitung des Reiches das Deutschthum im Vordergrund gehalten wurde. Was hat aber, so wurde von nicht-deutscher Seite gefragt, die österreichische Regierung für einen haltbaren Grund ihrer Politik ein ausschließlich deutsches Gepräge aufzudrücken? Einen nationalen gewiß nicht, da der deutsche Stamm dieß- und jenseits der Leitha und der Karpathen die Minderzahl der Bevölkerung ausmacht. Einen staatsrechtlichen aber eben so wenig, seit Kaiser Franz die deutsche Kaiserkrone, die seine erlauchten Ahnen getragen, niederlegte und sich die österreichische auf's Haupt setzte. Die politische Bedeutung dieses Actes war keine andere, als den Stützpunkt zum Fortbestande des Staates, den Franz II. auf dem deutschen Kaiserthrone nicht länger finden konnte, in den selbsteigenen Kräften seiner Erbstaaten und namentlich in den beiden mächtigen Ländergruppen der ungarischen und böhmischen Krone zu suchen; denn bekanntlich ging man 1804 in den Wiener Hofkreisen lang darüber zu Rathe, ob der Monarch nicht den Titel eines Kaisers „von Ungarn und Böhmen" annehmen solle [207]. Fortan durfte die innere wie äußere Politik unserer Monarchie nur eine ausschließlich österreichische sein. Österreich mußte seinen Schwerpunkt in sich selbst suchen; es mußte lang gewohnte und beliebte Schein-Interessen seinen wahren Interessen opfern. Nur auf diesem Wege konnte Österreich sich und seine Völker wiederfinden; nur auf diesem Wege war zugleich die Versöhnung der letzteren zu erzielen, die sich,

keine gegen die andere künstlich bevorzugt, sondern alle ein ander gleich-
gestellt, jeden Grund von Überhebung und Anfeindung der Einen, von
Neid Mißgunst Haß der Andern benommen und sich allein auf den
freien edlen Wettkampf untereinander angewiesen sahen.

Was war gegen die unläugbaren Vortheile einer solchen Veranstaltung von der andern Seite in die Wagschale zu legen? Eine Befürchtung, ein Bedenken und ein Zweifel. Doch waren Befürchtung Bedenken und Zweifel gegründet? Mit nichten!

Die Befürchtung betraf den Panslavismus, beziehungsweise die
„russische Riesenmacht", der durch Freigebung der österreichischen Nationalitäten der Weg zum „Universal-Staate" gebahnt werden müsse.
Allein selbst der deutsche Fröbel meinte, daß ihr im Gegentheile gerade
nur dadurch dieser Weg verschlossen werden könne [208]). Und mit Recht!
Denn war es zu wundern, wenn im Vormärz die österreichischen Slaven vielfach zu Rußland hinneigten? Rußland war ihnen eine stammverwandte, eine sympathische Macht, was ihnen doch wahrhaftig das
deutsche Österreich eben so wenig sein konnte als das magyarische
Ungarn. Rußland nahm Interesse an ihren nationalen Bestrebungen,
gegen die sich die österreichische Regierung gleichgiltig, das Magyarenthum unverhohlen feindlich verhielt. Rußland half insbesondere den
kirchlichen Bedürfnissen der glaubensverwandten Serben mit werkthätiger
Beihilfe ab, während im eigenen Lande die Bemühungen, sie gegen Neigung und alte Überlieferung zur Union hinüberzuziehen, nie ganz auf-
hörten [209]). Laßt euer exclusives Deutschthum, euer hegemones Magyarenthum fallen, werden sich dann die in eurer Mitte lebenden Slaven
und Romanen als Fremde fühlen? Gönnt ihrem nationalen Aufschwung
ungehinderten Lauf, werden sie dann Anlaß finden, sich um einen auswärtigen Beschützer umzuschauen? Laßt ab von jeder Proselyten-Macherei
in confessioneller und ritueller Hinsicht, wird der slavische Orientale
nöthig haben seinen weltlichen Schirmherrn jenseits der Gränze zu
suchen? Übrigens war die nationale Hinneigung der österreichischen Slaven selbst unter den früheren gedrückten Verhältnissen von einem Verlangen nach politischer Vereinigung mit Rußland sehr entschieden zu
trennen. Der von Karl Havlíček's Gegnern oft berufene Ausspruch:
„Lieber die russische Knute als die deutsche Freiheit" war ein zu sicht-
licher Erguß augenblicklicher Aufwallung des worthitzigen Mannes, als
daß man im Ernste darauf Gewicht legen konnte. Wer übrigens Hav-

licke persönlich kannte, wird mehr als eines Vorfalles sich erinnern, wo er aus seinen eigenen Erlebnissen von russischen Zuständen Schilderungen entwarf, die alles andere verriethen als die Sehnsucht mit ihnen neue Bekanntschaft zu machen. Palacky aber, dem mit dem Eintritt der März-Ereignisse die Führerschaft des čechoslavischen Stammes zugefallen zu sein schien, hat seinem Gedanken über diesen Punkt von allem Anfang ganz unzweideutigen Ausdruck gegeben. In seiner Antwort an den Frankfurter Fünfziger-Ausschuß wies er darauf hin, „welche Macht der ganze große Osten unseres Welttheiles inne hat" und wie „diese Macht, schon jetzt zu kolossaler Größe herangewachsen, von Innen heraus mit jedem Jahrzehnt in größerem Maße sich stärkt und hebt"; er läugne nicht das lebhafte Interesse, das ihm die Entwickelung dieser „vorzugsweise slavischen" Macht einflöße; „da ich jedoch", fuhr er fort, „bei aller heißen Liebe zu meinem Volke, die Interessen der Humanität und Wissenschaft von jeher noch über die der Nationalität stelle, so findet schon die bloße Möglichkeit einer russischen Universal-Monarchie keinen entschiedeneren Gegner und Bekämpfer als mich; nicht weil sie russisch, sondern weil sie eine Universal-Monarchie wäre" [210]).

Das Bedenken gegen die Neugestaltung des Kaiserstaates auf national-föderalistischer Grundlage ging von deutscher Seite aus. Denn müßte nicht, so meinte man, bei dem numerischen Übergewichte, das die nicht-deutsche Bevölkerung Österreichs unläugbar hat, das deutsche Element mehr und mehr verkürzt, ja zuletzt ganz erdrückt werden?! Allein dieses Bedenken war nicht mehr begründet als die eben besprochene Befürchtung. Die deutsche Sprache ist und wird stets eine der mächtigsten Weltsprachen bleiben, die sich, je größern Fortschritt die Wechselwirkung der Völker macht, in immer weitere Kreise Eingang verschaffen muß. Der natürliche Zug des deutschen Einflusses geht eben durch Österreich nach Osten. Die andern Nationalitäten werden es zwar nie dulden, ihre Donau einen „deutschen" Strom nennen zu hören; es wird sich zwar kein „deutscher" Städtekranz um die Säume des schwarzen Meeres winden: allein durch den natürlichen Verkehr, auf Schienenwegen und Dampfern, wird die Kenntniß deutschen Wissens und Wesens stets weiter in Gegenden getragen werden, wo bisher das Wälschthum fast ausschließliches Verständigungsmittel gewesen. Und meinte etwa jemand, das Italienische sei, was es im Morgenlande gilt, durch directes Gebot, durch künstliche Veranstaltung, durch aufdringliches Wesen geworden? Im Gegentheile durch

Mittel solcher Art wäre es jenes, aller Wahrscheinlichkeit nach, n i c h t geworden. Es ist ein ganz abgedroschener, obgleich, so scheint es, noch immer nicht gebührend gewürdigter Satz, daß in nationalen (wie in confessionalen) Dingen nur Freiheit der Bewegung das zuwege bringen kann, was man durch Mittel des Zwanges vergeblich herbeizuführen versuchen würde. Eines der auffallendsten Beispiele hievon lieferte Ungarn, wo, wie bekannt, Kaiser Joseph das Deutsche zur Geschäftssprache machen wollte. „Welcher Widerwille", versichert ein ungarischer Publicist, „welcher Haß gegen alles, was deutsch war, wurde dadurch im Lande erregt! Aber kaum ließ der Zwang nach, lernte alles ganz freiwillig die Sprache der Deutschen, so zwar, daß es damit als Geschäftssprache schon lang nicht die geringste Noth gehabt hätte. Ich frage: welcher — ich sage nicht Gebildete, sondern nur dem gemeinen Mann seis auch noch so wenig Uiberlegene, spricht bei uns nicht deutsch?"[211] Von einsichtsvollen Slaven wurde die eigenthümliche Stellung, die in unsern Gegenden das Deutschthum unter allen Umständen wird einnehmen müssen, weder verkannt noch geläugnet. „Das germanische Element", ließ sich im December 1848 eine Stimme aus Laibach vernehmen, „hat fort und fort die hohe weltgeschichtliche Mission, das Verbindungs= und Culturmittel für die Völker des Ostens zu sein; Slaven, Magyaren, Romanen werden ihm freiwillig gern huldigen, den Germanisirungs=Zwang aber nie dulden!" So stellte auch der Kroate Ostrožinski in seinem früher erwähnten Programm die deutsche Sprache geradezu als jene hin, die den Verkehr der Central=Stellen unter einander und mit dem Kaiser, aber auch die gegenseitige Correspondenz der Länderstellen verschiedener Kronländer vermitteln werde; überhaupt, meinte er, werde die deutsche Sprache als Verständigungssprache aus zwei Gründen unter allen Umständen den Vorzug haben: „erstens weil sie für lange Zeit noch im Osten von Europa die Trägerin der europäischen Cultur sein wird; und zweitens weil sie auch im gewöhnlichen Leben in unserer Berührung mit Deutschland unumgänglich nöthig ist, und ohnehin gelernt wird." —

Den Z w e i f e l endlich erhoben die staatsmännischen Routiniers. Das, was ihnen von Seite der nationalen Reform=Freunde zugemuthet wurde, war ihnen so neu, so allen hergebrachten Begriffen und langgewohnten Weisen zuwiderlaufend, daß sie es geradezu für undurchführbar hielten. Und doch stand ihnen, in einer gewissen Richtung, ein praktisches Vorbild unmittelbar vor Augen. Die kaiserliche Armee, die in vielen

Stücken ein Österreich im kleinen ist, hat von der bunten Völkermischung des Kaiserstaates ·von jeher besten Gebrauch zu machen verstanden. Die lanzengewohnten Mazuren stellten ihr die gewandtesten Uhlanen. Sie dankte dem feurigen Ungar die vorzüglichsten Husaren-Regimenter, gegen die alles, was in andern Heeren den gleichen Namen führt, nur unvollkommene Nachahmung ist. Der ernstgediegene Böhme füllte die Reihen ihrer Artillerie und technischen Corps. Der Tyroler mit dem Falkenauge und dem kräftig-gewandten Gliederbau gab einen unübertrefflichen Schützen und Gebirgskämpfer ab. Ihre Meeres-Flotten bemannte der zum Seedienst wie geschaffene Dalmate, ihre Donau- und Theiß-Kaiken der geschmeidige Serbe. Warum hat die innere Politik Österreichs nie auch nur den Versuch gemacht, dasjenige, woraus seine Armee-Organisation so vielfachen Nutzen zu ziehen verstand, für ihre Zwecke in Thätigkeit zu setzen? Sei es daß man, wie für die Einheit der Armee das deutsche Commando, so für die Einheit der Verwaltung in gewissem Umfange die deutsche Amtssprache brauchte — und das wurde, wie sich uns gezeigt hat, selbst von nicht-deutscher Seite zugegeben —, so war in keinem Falle an der Möglichkeit zu zweifeln, daneben den verschiedenen Völkerschaften des Reiches in ihren Kreisen jede freie und naturgemäße Entfaltung ihrer nationalen Eigenart zu gönnen. Die Vielsprachigkeit der Bevölkerung als ein Übel, ja als den Keim des Zerfalles zu betrachten, war von vorn herein eine Verblendung der sich aus der allgemeinen Staatengeschichte die schlagendsten Beweise vom Gegentheil entgegenhalten ließen. Man mache sich nur ernstlich daran, aus dem Völkergedränge für staatliche Zwecke Vortheile herauszusuchen, und man wird sie eben so finden wie man sie für militärische zu benützen wußte. Wir wollen nicht auf den früher erwähnten tausendjährigen Ausspruch König Stephan's von Ungarn zurückgreifen: wir wollen das Urtheil eines modernen deutschen Publicisten anführen, der, von jenseits der Gränze gekommen, die Natur Österreichs mit vorurtheillosem Blicke zu erfassen wußte. Julius Fröbel fand „die deutschen Geschicke mit denen der West-Slaven Süd-Slaven Magyaren und Romanen so eng verbunden, daß man sich aus der Verbindung nicht lösen sollte", und erwartete „von den frischen Kräften des Ostens und von der Mischung der Nationalitäten, die dort bei all ihrer gegenseitigen Feindschaft unaufhaltsam vor sich geht, für die Verjüngung von Europa mehr als von der abgeblühten Pflege der specifisch deutschen Bildung" [212]. Man kann ohne Übertreibung sagen, die unberechenbaren Vortheile, die Österreich aus einer weisen Leitung seiner verschiedenen Volksstämme erwachsen müßten, seien ein noch ungehobener Schatz und die Behauptung von den unerschöpflichen Hilfsquellen unserer Monarchie sei eine unverstandene Phrase, wenn man dabei den hochbedeutenden Umstand, daß sich auf ihrem Boden alle Haupt-Racen der Bevölkerung unseres Welttheils berühren, außer Beachtung läßt. Weit entfernt durch Verwerthung dieses Umstandes Österreich dem Verfalle preiszugeben, würde unsere innere Politik vielmehr dadurch auf ihre einzig wahre, weil aus den gegebenen Verhältnissen entspringende Grundlage gestellt; es würde dadurch ein neues, früher nicht gekanntes, innerliches Staatsleben voll Geist und Rührigkeit, voll wohlverstandener Anhänglichkeit und freudigem Zusammenwirken begründet werden, das demselben eine sicherere Bürgschaft seines Bestandes und Gedeihens bieten müßte, als ihm die bisherige Verfolgung künstlicher äußerer Zwecke je zu verschaffen im Stande war.

Man hat Österreich in der vormärzlichen Zeit, auf chinesische Stillstands-Verhältnisse anspielend, spottweise das „Reich der Mitte" genannt: Österreich könnte, wenn es in politisch-nationalem Sinne seine Aufgabe richtig zu erfassen wüßte, in anderem und besserem Sinne ein „Reich der Mitte" des europäischen Staaten-Systems werden!

III.

Annus confusionis.

„Wir gleichen dem Armen, der durch einen
Zufall reich geworden ist und der das viele
Geld nicht anzuwenden versteht".

Friedrich Römer,
württemb. Minister 1848.

Als Julius Cäsar, von einem der Triumviren zum Unusvir geworden,
Hand anlegte an die Neugestaltung des römischen Gemeinwesens, war
es unter andern der Calender, der in bessere Ordnung gebracht werden
mußte. Das Numa'sche Calenderjahr befand sich mit dem wirklichen
Sonnenjahr in argem Widerstreit. Die Idus des März, die dem be-
rühmtesten der Römer so verhängnißvoll werden sollten, fielen um nahezu
eilf Wochen vor die Frühlingstagundnachtgleiche. Um das astronomische
Gleichgewicht herzustellen schaltete der alexandrinische Mathematiker So-
sigenes, den Cäsar mit dieser Aufgabe betraut hatte, einen Monat von
23 Tagen, Mercedonius genannt, zwischen den Februar und März und
einen ungenannten Doppelmonat von 67 Tagen zwischen den November
und December des Jahres 708 von Erbauung der Stadt (45 v. Chr.),
das auf solche Art nicht weniger als 455 Tage und vierzehn Monate,
davon einen von ungewöhnlich kurzer, den andern von mehr als doppelter
Ausdehnung zählte. Aber mehr noch, diese zwei Monate schwebten so zu

sagen in der Luft. Man lebte in denselben um nichts, kein Mensch
wurde während dieser 23 und 67 Tage älter, weil das Jahr im Ganzen
doch nur eines blieb. Es waren zwei leere Blätter in der römischen
Zeit, ohne dies fastus oder nefastus, ohne Erinnerungstage, weder
rückwärts in die Vergangenheit noch vorwärts in die Zukunft; denn sie
waren früher niemals da, noch konnten sie jemals wiederkehren. Wer so
unglücklich war, im Mercedonius oder im namenlosen Doppelmonat zur
Welt zu kommen, hatte sein Lebelang, und wenn er hundert Jahre alt
wurde, keinen Geburtstag zu begehen. Die wichtigsten Ereignisse die
in diese calenderlose Zeit fielen blieben ohne Gedenkfeier. Es ist uns
nichts näheres darüber aufbehalten, welch zahllose Rechtsstreite über Mün=
digkeit und Großjährigkeit, über Vormundschaften, über Verpflichtungen
die nach gewissen Fristen auferlegt oder eingegangen, über Strafen und
Verbote die an eine ziffermäßig bestimmte Zeit geknüpft waren, entstanden
seien; nur das eine wissen wir, daß dieses monströse Jahr wegen der
mannigfachen Verwicklungen, die es in seinem Gefolge hatte, das Jahr
der Verwirrung, annus confusionis, genannt wurde.

Ein solches Jahr der Verwirrung konnte auch das Jahr 1848 ge=
nannt werden, doch in anderem Sinne als jenes 708 a. u. c. Mit dem
Calender stand es 1848 in bester Ordnung und das Jahr selbst ging
schöner in's Land hinein als irgend eines. Ein vorzeitiger Frühling
brachte schon um die Mitte März eine Reihe der herrlichsten Tage, und
das währte so fort mit kurzen Unterbrechungen bis in den späten Herbst
hinein, auf den ein strenger, aber ruhiger und schöner Winter folgte.
In reicher Fülle goß der Himmel seine besten Gaben über die Erde aus,
alle Früchte gediehen vorzüglich, es wuchs ein trefflicher Wein. Doch
wie sah es, im grellen Gegensatz zu dem freundlichen Himmel und der
lachenden Erde, unter den Menschen aus? Vom Cap Finisterre bis an
die Gränzen der Dobrudja, und von der Südspitze Siciliens bis zum
nördlichsten Ausläufer der Halbinsel Jütland schien alles aus den Fugen
gehen zu wollen. Throne waren umgestürzt, Verfassungen über den Haufen
geworfen, Fürsten vertrieben, Minister davongejagt, Bürgermeister abge=
setzt. Ein Theil des Volkes stand gegen den andern auf, zwischen beiden
hielt der Soldat das Gewehr im Arm, trotzig auf die schauend, die ihn
mit mißtrauischem Blicke maßen. Leidenschaft Anfeindung Zwiespalt ging
durch alle Kreise, Aufruhr und Gewaltscenen gab es an jedem Orte.
Politische Parteien, entzweite Nationalitäten, benachbarte Staaten führten

gegeneinander erbitterten Krieg zu Land und zur See. An allen Enden
Scharmützel und Gefechte, Treffen und Schlachten, Belagerungen und
Blocaden, Bombardements und Straßenkämpfe, Hinrichtungen und Füsil-
laden, Meuchelmord und Todtschlag mit offenem Visier. Alle Bande der
gesellschaftlichen Ordnung schienen gelöst zu sein, die Gesetze hatten ihr
Ansehen, der richterliche Arm hatte seine Macht verloren. Alles ging im
Parteigeiste unter, der selbst in den Schoß der Familien schneidende
Risse zog.

Wer mochte Österreich wiedererkennen, der es in früheren Tagen
gesehen und der es jetzt sah? jenes Österreich, von dem Fortschritt im
westlichen Europa gehöhnt und verspottet, aber von allen Regierenden
und von vielen Regierten beneidet; jenes Österreich mit der spiegelglatten
heitern Oberfläche seines öffentlichen Lebens, kaum hie und da von einem
spielenden Luftzug aufgekräuselt, aber durch mehr als drei Jahrzehende
von keinem aufwühlenden Sturme gepeitscht und zerrissen; jenes Österreich
mit dem ruhigen friedsamen Zustand seiner Völker, deren Lenkbarkeit und
politische Unbefangenheit die alljährlich für ein paar Stunden zusammen-
tretenden „Postulat-Landtage" nicht geschaffen waren zu stören; mit seinen
bewaffneten mit Vorrechten und Auszeichnungen begnadigten, in kostbaren
Uniformen schimmernden Bürger-Corps, die durch ihre mit vielfacher
Unbehilflichkeit verquickte Nachahmung militärischen Wesens so reichen
Stoff zu gutmüthigen Witzen boten; mit seiner „Österreichisch-Kaiserlich
privilegirten Wiener Zeitung", mit seinem „Österreichischen Beobachter"
der das kaiserliche Privilegium nur nicht offen an der Stirne trug, mit
den k. k. a. p. Zeitungen in seinen Provinzial-Hauptstädten, neben denen
es wohl eine Handvoll belletristischer und scientifischer Zeitschriften, Unter-
haltungs- und Mode-Journale, aber nicht ein politisches Tagblatt gab?!

Wie war das mit einemmal anders geworden! Die „Wiener Zeitung"
bestand noch, sie hatte noch den Doppeladler — mit Ausnahme jenes
berüchtigten 29. Mai-Blattes — an der Spitze, aber das „österreichisch-
kaiserliche Privilegium" war verschwunden. Das Metternich-Pilat'sche
Blatt, das siebenunddreißig Jahre lang „österreichisch beobachtet" hatte,
bestand weder dem Namen noch dem Wesen nach mehr; es war in neue
Hände gekommen, hatte seinen Titel geändert und befand sich — seine
beiden Begründer mußten das erleben! — in der Opposition. Die
andern vordem allein begnadigten Zeitungen hatten insgesammt das „a.
p.", die meisten auch das „k. k.", viele selbst den kaiserlichen Adler fallen

gelassen und hatten jetzt als einfache „Prager", „Lemberger", „Laibacher"
2c. Zeitung, obgleich noch immer in einer gewissen Amtstracht, den schweren
Wettkampf mit einer Fülle von größeren und kleineren Tages= und Wo=
chenblättern zu bestehen, die seither neben ihnen emporgeschossen waren
und die in ihrer freieren Haltung und Sprache auf alle Classen des
lesenden Publicums ungleich größere Anziehungskraft übten.

Die nach außen schimmernden und glänzenden, doch innerhalb ihrer
vier Mauern bescheidenen und unterwürfigen Postulat = Landtage waren
verschwunden.   An ihre Stelle waren politische Vertretungskörper auf
erweiterter Grundlage und mit erweitertem Wirkungskreise gekommen.
Zu den alt=ständischen Mitgliedern hatte man, mit Vorbehalt der seiner=
zeiten endgiltigen Einrichtung, eine entsprechende Anzahl von Vertretern
der nicht=matriculirten größeren Grundbesitzer, der höheren Industrie in
den Städten und der Landgemeinden hinzugestoßen. In einzelnen Ländern,
wie in Mähren Oberösterreich Krain, tagten diese „provisorischen Land=
tage" in regelmäßigen Sitzungen neben dem Reichstage, und beriethen
die verschiedensten die Interessen ihrer Bevölkerung berührenden Gegen=
stände, Gemeindeordnungen, Jagdgesetze, Schulangelegenheiten, Vorschriften
über das Zusammenwirken beim Straßenbau, Maßregeln zur Hintan=
haltung gemeinsamer Gefahren wie der Rinderpest, oder zur Linderung
von Nothstand und Geschäftsstockung u. dgl. Sie litten freilich noch an
vielen Gebrechen, hatten an manchen Orten nicht einmal eine rechte
Unterkunft wie z. B. in Brünn, wo der Landtag in buchstäblichem Sinne
bei offener Thüre verhandelte, weil das Publicum im Saale keinen Platz
fand; wer nicht das Glück hatte unmittelbar in den Thüreingang zu
stehen zu kommen, konnte wohl einen lungenkräftigeren Redner hören, aber
durchaus nichts sehen was drinnen vorging. Die neuen Elemente bildeten
mitunter eine eigene Erscheinung; neben dem schwarzen Frack und dem
bürgerlichen Gehrock waren weiße Tuchmäntel, lange Röcke oder kurze
Jacken von allen Farben zu sehen, an denen man Studien über die ver=
schiedenen Trachten der Landbevölkerung machen konnte. Aber in der
Stellung und Berechtigung machte die französische Tracht und der Bauern=
kittel keinen Unterschied.   Die Vertreter des bisher arg verwahrlosten
bäuerlichen Elements, von den Herren und Beamten, zu denen sie aus
dem früheren Unterthänigkeitsverhältnisse erst nur demüthig aufzublicken
gewagt, als Collegen behandelt, überwanden allmälig die Scheu in so
ungewohnter Versammlung das Wort zu ergreifen, und sprachen zuletzt,

wenn auch nicht ohne Verletzung mancher parlamentarischen Sitte und Ordnung, wacker heraus was sie und wie sie es zu verstehen glaubten. Auch im constituirenden Reichstage saßen nicht wenige Bauern: böhmische mährische oberösterreichische ostgalizische. Letztere nur ihrer ruthenischen Muttersprache mächtig verstanden nicht, was deutsch verhandelt wurde; aber sie zählten mit, sahen auf Stadion und Jachimowicz, auf Szaszkiewicz und Prokopczyc und gaben, wenn sie sich wie auf Commando erhoben, in mehr als einer Frage den Ausschlag.

Aber nicht bloß die Presse und die Verfassungsverhältnisse waren gegen den Vormärz durchaus andere geworden; auch der friedfertig ehr- same Bürger von ehedem war in dem jetzigen bis an die Zähne be- waffneten Volkswehrmann nicht wieder zu erkennen. Die früher bevor- zugten Bürger-Corps waren völlig in den Hintergrund gedrängt; sie waren von der neugeschaffenen Nationalgarde an Zahl und Ausdehnung bei weitem überflügelt; sie durften nicht mehr großthun mit ihren gol- denen Epaulettes und Portd'épées, sie mußten froh sein daß man sie als besondere Körper noch fortduldete und nicht, wie von mehr als einer Seite laut gefordert wurde, in der allgemeinen Bürgerwehr auf- gehen ließ. Denn jetzt steckte in Orten mit städtischer Bevölkerung so ziemlich alles, was männlichen Geschlechtes und über die Knabenjahre hinaus war, in Waffen und Uniform, exercirte und marschirte, bezog Posten und Hauptwachen, patrouillirte und machte Ronden, und ließ außer Dienst den wuchtigen Schleppsäbel laut klirrend über das Pflaster streifen.

Das buntbewegte Leben das durch alle diese Einrichtungen ge- schaffen wurde, die verschiedenen Anzüge und Uniformen, der farben- reiche Aufputz mit Cocarden und Schleifen, Binden und Schärpen; hier die Wiener Nationalgarde zu Fuß und zu Pferde in ihrer kleidsamen Uniform, und die Legionärs mit Stürmer und wallender Feder; dort die Prager „Swornost" mit der weißgrauen Pelzmütze und heraushängendem rothen Futter, dem grauen Rock mit weiß-rothen Schnüren und der Pike in der Hand, dann die „Slavia" mit der weiß-rothen Konfederatka, dem dunkelblauen enganschließenden Rock mit rothem Brustlatz, die Jünger der drei weltlichen Facultäten und der Technik mit den rothen, blauen, grünen, violetten Käppchen; dann wieder unterschiedliche Frauen- zimmer in phantastischer Tracht, in weiß-rothen oder weiß-roth-blauen oder schwarz-roth-goldenen oder weiß-grün-rothen Farben, mitunter einen reichen Gürtel um die Hüfte geschlungen, ein Dolch oder eine Pistole darinnen — ein nüchterner Beobachter mochte sich die Augen reiben, ob er nicht einen cisalpinen Carneval von Venedig, ein Fastnachtspiel mitten in der schönen Jahreszeit vor sich habe! Dazu das Treiben der politischen Vereine, Clubs, Kränzchen, Lese= und Redezirkel, Casinos mit politischem Anstrich, mit Zeitungs= und Conversations=Zimmern, deren in größern und kleineren Städten täglich neue auftauchten; an öffent= lichen Orten allerhand Zusammenkünfte und Berathungen, Reden und Abstimmungen, von unberufenen Leuten veranstaltet, von Stegreifrittern geleitet, von ungebildeten oder anrüchigen Subjecten mit wildem Phrasen= gebrülle beherrscht, von einem bunt zusammengewürfelten Haufen beklatscht und bejubelt; auf der Straße alle Mauerecken mit riesigen Placaten beklebt, Zeitungsjungen und Flugschriftenweiber ihre Waare ausschreiend; immer wechselnde Aufzüge mit Fahnen und Fackeln, Aufläufe und Zu= sammenrottungen, Massen= und Sturm=Petitionen, Katzenmusiken mit ohrenzerreißendem Geschrei und wildem Gejohle, ein constitutionelles Haberfeldtreiben das nicht bloß den unmittelbar Bedrohten, sondern die ganze Nachbarschaft in Unruhe und Schrecken versetzte — konnte man nicht meinen, die ganze Welt sei ein großes Tollhaus geworden? Und ein gefährliches Tollhaus dazu! Denn es blieb nicht bei bloßen Ausgelassenheiten; es kamen Angriffe persönlicher Sicherheit und eigen= thümlicher Habe, es kamen Auflehnungen gegen die gesetzliche Macht in kleinerem und größerem Maße dazu. Die Stadt glaubte nicht auf der Höhe der Zeit zu sein, die nicht zum mindesten von einem kleinen Aufruhr in ihren Mauern zu erzählen hatte. Dann ruft der General= marsch die Truppen auf ihre Sammelplätze, die Alarmtrommel die be= wehrten Bürger aus ihren Häusern; von den Thürmen tönt Sturm= geheul, auf den Straßen Geschrei und Gekreisch der durcheinander fluthenden Menge, Barricaden erheben sich aus dem Boden. Ob nun der Kampf entbrennt, Flintengeknatter durch die Straßen hallt, das laute „Hurrah" der Stürmenden einen traurigen Sieg von Bürgern gegen Bürger verkündet, oder ob mit einem „Alles bewilligt!" der frü= heren Zügellosigkeit und Widerstandslust von neuem Thür und Thor geöffnet werden — man wußte nicht, was von beiden man mehr zu bedauern hatte.

Der Geist der Unordnung und Unruhe durchdrang alle Kreise; es gab keinen friedlichen Winkel wo man unangefochten seine Tage ver=

bringen konnte. Man erzählte damals von einer den höchsten Kreisen
angehörigen Dame, die nach den unruhigen Märztagen aus Wien ent=
floh und in dem freundlichen Preßburg Zuflucht suchte. Sie war nicht
lange dort, als ihr die wüsten Scenen der Judenverfolgung den Aufent=
halt verleideten. Sie ging nach Brünn wo bis dahin alles still und
friedsam gewesen; doch nicht lange, und es gab einen bedrohlichen Ar=
beiter=Krawall der sie aus der mährischen Hauptstadt vertrieb. Von
Brünn kam sie gerade noch zur rechten Zeit nach Prag, um den Schrecken
der Junitage in alle Glieder zu bekommen. Wohin sie von Prag ge=
gangen, haben wir nicht erfahren; vermuthlich nach Innsbruck, und damit
würde sie es zuletzt getroffen haben. Von allen österreichischen Ländern
machte in jener bewegten Zeit Deutsch=Tyrol eine rühmliche Ausnahme,
das, während aus allen Gegenden des Reiches der schwankende Thron
mit Adressen und Petitionen bestürmt wurde, von Anfang her erklärt
hatte, eine ruhigere Zeit abwarten zu wollen seine Wünsche und Be=
schwerden vorzubringen. Das biedere Volk, das die Ruhe seines öffent=
lichen Lebens durch keinen der politischen Mode=Artikel, Zusammenrot=
tungen bei Tag und Katzenmusiken bei Nacht, Barricaden in den Straßen
und Sturmgetön von den Thürmen, sondern nur durch Ausmärsche und
Heimfahrten seiner Landesschützen, Durchzüge kaiserlicher Truppen, Trans=
porte von Kriegsgefangenen und Verwundeten unterbrochen sah, mußte
sich dafür von jenseits der Gränze spöttisch nachsagen lassen, seine „Libe=
ralen" seien „eigentlich servile Leute die insgeheim freisinnige Gedanken
hegen".

Wir haben in unserem ersten Abschnitte den Kampf geschildert, in
den die mitteleuropäischen Geschicke durch den großen Gegensatz der Par=
teien des Umsturzes und der Erhaltung verwickelt wurden; wir haben
im zweiten den Ursprung, die Entfaltung und die Zielpunkte des Natio=
nalitäten=Streites in Österreich eingehender Betrachtung unterzogen. Aber
auch sonst war, wie wir so eben mit flüchtigen Strichen angedeutet, die
Physiognomie des öffentlichen Lebens und der gesellschaftlichen Zustände
in allen Stücken eine bunt erregte. Namentlich in unserem Vaterlande
war in allem Denken und Fühlen, in allem Regen und Treiben ein so
ungeheurer Umschwung eingetreten, daß unsere Darstellung unvollständig
sein würde, wenn wir nicht auch diese Art von Erscheinungen in den
Kreis unserer Erwägung ziehen wollten. Wir werden dabei hauptsächlich
den Zuständen in Österreich unsere Aufmerksamkeit zuwenden, ohne ana=

loge Erscheinungen, die jenseits unserer Gränzen in der verschiedensten
Weise zu Tage traten, gänzlich aus dem Auge zu verlieren. Wir werden
zu diesem Behufe vorerst einen Blick auf die allgemeinen Ursachen des
so rasch und so durchgreifend vor sich gegangenen Wechsels werfen und
sodann nach allgemeinen Gesichtspunkten die mannigfaltig gearteten Wirkungen zusammenfassen, welche dieser Wechsel in seinem Gefolge hatte.

2.

Tiefer blickende Politiker und Geschichtschreiber Englands haben es
von jeher als einen wesentlichen Vorzug ihres Landes hervorgehoben, daß
sich seit Jahrhunderten die Regierung soviel als möglich davon fernhalten
mußte, sich in die innern Angelegenheiten der Bevölkerung zu mischen,
so daß dieselben, in ihrem natürlichen Entwicklungsgange durch kein will-
kürliches Belieben und Ermessen gestört, ungehindert den großen Gesetzen der Menschheitsbildung folgen konnten. In allen Staaten des
mitteleuropäischen Festlandes fand bis auf die neueste Zeit das gerade
Gegentheil statt. Die Regierungen betrachteten es als ihren Beruf, in
allem und jedem in die Zustände und Verhältnisse des Völkerlebens einzugreifen, hier vorwärts treibend, dort zurückdämmend, überall regelnd;
Staatsmänner und Gesetzgebungen setzten all ihr Streben und Verdienst
hauptsächlich in diesen einen Punkt. Es geschah dieß nicht selten in kurz-
sichtiger Weise zur Erreichung eigenwilliger Ziele; es geschah aber auch
häufig in der besten Absicht und für die löblichsten Zwecke.

Nun schlagen wir die Macht staatsmännischer und legislatorischer
Einwirkung durchaus nicht gering an. Im Gegentheile wir finden der
Beispiele genug in der Geschichte, wo in Folge solcher Einwirkung die
Physiognomie ganzer Staaten ein dauernd anderes Aussehen gewann,
als sie hätte erhalten müssen, wenn das Völkerleben ohne Zwang und
künstliche Herrichtung seiner natürlichen Entwicklung wäre überlassen
worden; wo willkürliche Systeme, getragen von reichen Mitteln äußerer
Gewalt und festgehalten vom überlegenen Geiste gewandter Fürsten und
Staatsmänner, dem natürlichen Zuge des Völkerlebens eine nachhaltig
eigenthümliche Richtung zu geben im Stande waren Wir erinnern in

nationaler Hinsicht, um ein naheliegendes Beispiel zu wählen, an die Un=
terdrückung des Elbslaventhums, in Folge dessen der Kern des preußischen
Staates seinen rein deutschen Charakter erhielt. In confessioneller Hin=
sicht wurde Spanien durch jahrhundertlange unerbittliche Unterdrückung
aller saracenischen jüdischen und häretischen Elemente zu einem rein ka=
tholischen Staat umgeschaffen. Und was durch eine Politik, die sich ihres
Zieles und der dahin führenden Wege klar bewußt ist, in gesellschaftlicher
Hinsicht geleistet werden kann, zeigt die von Richelieu begonnene, von
seinen Nachfolgern fortgesetzte und unter den letzten Ludwigen vollendete
Umwandlung des altfranzösischen Dynastenthums in einen im Glanze
des Königsthrones sich sonnenden Hof= und Dienstadel. Niemand wird
behaupten wollen, daß die innere Entwicklung und in Folge dessen auch
die äußeren Schicksale Preußens, Spaniens, Frankreichs den Verlauf,
den sie thatsächlich nahmen, auch dann genommen haben würden, wenn
die Staatskunst und Gesetzgebung dieser drei Reiche die nationalen con=
fessionellen oder socialen Elemente, die sie auf ihrem Gebiete vorfanden
und mit ihren angestrebten Zielen unverträglich hielten, ihrem ungehin=
derten Wachsthum überlassen hätten, und es muß somit als außer Frage
angenommen werden, daß künstliche Einwirkung die Verhältnisse und Zu=
stände des Völkerlebens aus ihrem natürlichen Zuge heraus in nachhal=
tiger Weise in eine geänderte Richtung zu leiten vermöge. Aber freilich
war solches jederzeit nur unter der dreifachen Bedingung zu erreichen:
erstens daß die staatsmännische und legislatorische Thätigkeit durch eine
entsprechend lange Zeit wirken konnten; zweitens daß diese Einwirkung
in einer und derselben Richtung mit unerbittlicher Consequenz fortge=
setzt; und drittens daß nicht etwas angestrebt wurde, was dem natürli=
chen Entwicklungsgange des Völkerlebens gerade zuwiderlief. Wo der
letzteren Forderung entgegengehandelt wird, da muß es unausweichlich
früher oder später zu einem Gegenstoß kommen, der nur um so gewaltiger
sein kann je unnatürlicher der bis dahin geübte Druck gewesen. Aber
auch wo es der eine gewisse Richtung verfolgenden Regierung an der er=
forderlichen Willenskraft und Folgestrenge gebricht; wo sie in ihrem
Wollen und Thun schwankt; wo sie sich in der Ergreifung und Festhal=
tung der für ihren Zweck dienlichen Mittel unschlüssig schwach nachgiebig
zeigt, kann es nicht ausbleiben, daß die zu bändigenden Elemente mit ge=
gründeter Aussicht auf Erfolg eine Gelegenheit suchen ihrer gehemmten
Entfaltung Luft zu machen, und die erste Störung des Gleichgewichtes

benützen sich zur freien Geltung zu bringen. Und dasselbe wird dann eintreten, wo eine Regierung in ihrer auf die Niederhaltung gewisser ihr nicht zusagender Factoren gerichteten Arbeit unterbrochen wird, bevor sie ihre Aufgabe vollendet hat d. h. bevor jene Factoren um ihre völlige Kraft und Wirksamkeit gebracht sind.

Dem vormärzlichen Regimente in Österreich hat es an allen den genannten drei Voraussetzungen zugleich gefehlt. Sie hat theilweise etwas ganz unnatürliches angestrebt; sie hat in ihrer Thätigkeit nicht den erforderlichen unbeugsamen Ernst walten lassen; und es war ihr nicht die erforderliche Zeit gegönnt, um die weitausgreifende Arbeit die sie sich vorgesteckt zu Ende zu führen.

Seit den Tagen der Kaiserin Maria Theresia hat die österreichische Regierung das Ziel verfolgt, die sogenannten Erbländer in ein einheitlich gleichförmiges Staatsgebilde umzuschaffen. Was sie für diesen Zweck in nationaler Richtung anstrebte, wie sie es in diesem Bemühen an der nöthigen allseitigen Consequenz fehlen ließ, und wie sie deßhalb damit scheiterte, haben wir in unserem zweiten Abschnitte zu zeigen uns bemüht. Aber es galt ihr nebst den nationalen auch alle staatsrechtlichen und administrativen Unterschiede zu verwischen, die ersteren in einem einheitlichen Gesammtstaate, die zweiten in einem gleichförmigen Verwaltungs-Organismus aufgehen zu machen. Wenn dem philosophisch-kosmopolitischen Zeitgeiste, unter dessen Walten jene Idee zuerst aufkam, nicht alles Verständniß für die wirklichen Grundlagen des Völkerlebens gemangelt hätte, würde er haben erkennen müssen, daß es bei der großen Verschiedenheit der Länder und Stämme, deren Complex den Erbstand des regierenden Hauses bildete, eine wahre Riesenarbeit war selbe in einen gleichartigen Guß zu bringen; eine Aufgabe, deren Lösung die unermüdliche ununterbrochene unbeirrte Arbeit von Jahrhunderten verlangte; ein Werk endlich, an dessen Durchführung, wenn nicht sichere Aussicht vorhanden war es zu vollbringen, lieber gar nicht zu schreiten war. Denn einerseits hatte man zu erwägen, daß, wenn die auf Beseitigung oder Umwandlung aller widerstrebenden Elemente gerichtete Arbeit unterbrochen wurde ehe sie vollendet war, die Gegenströmung die dann nicht ausbleiben konnte nur um so gewaltiger werden, den Bestand und Zusammenhalt des Ganzen nur um so gefährlicher bedrohen mußte. Und andrerseits, wenn jene angestrebte Gleichförmigkeit der Einrichtungen und des Geschäftsganges ohne Zweifel ihre großen Vorzüge hat, lassen sich nicht unter andern Verhältnissen, mit andern Mitteln, auf andern Wegen Vortheile von kaum geringerem Werthe erreichen? Kann nicht auch ein Staatskörper groß und stark, einig und glücklich sein, der den verschiedenen Bestandtheilen, aus denen er zusammengesetzt, die Freiheit naturgemäßer Entfaltung gönnt und eben dadurch jeden Wunsch einer Änderung ihrer Lage entzieht, weil in ihnen die Überzeugung lebendig wird, daß sie durch ein Ausscheiden aus dem Verbande, der sie mächtig schützend umfängt, möglicherweise verlieren, aber nie gewinnen können? Wir brauchen es nicht weiter auszuführen, daß die vormärzliche Regierung Österreichs nicht für gut befand den letzteren Weg einzuschlagen, und daß sie in ihrer Arbeit unterbrochen wurde ehe sie auf dem erstern an ihr Ziel gelangt war.

Zu dem seit den Zeiten der großen Kaiserin festgehaltenen Streben die verschiedenen Bestandtheile des Reiches, oder mindestens die nicht-ungarischen derselben, untereinander auf gleichen Fuß zu setzen, trat zu Anfang dieses Jahrhunderts ein zweites Bemühen, dem vollends die Hoffnung auf dauernden Sieg abzusprechen war. Kaiser Franz hatte seine Regierung unter dem Eindrucke der französischen Revolutions-Gräuel begonnen, und um sich und seine Länder vor ähnlichem Unglück zu bewahren, ging seine innere Politik dahin, den Staat auf das sorgfältigste gegen die Ideen des westlichen Europa abzuschließen, einen Geistes-Cordon gegen alle Einschmuggelung störender Anschauungen, unstatthafter Pläne und Gelüste zu ziehen, durch eine unerbittliche Censur jede freiere Regung der einheimischen Geister zu bannen und so, der mächtigen Strömung des Zeitgeistes zum Trotz, die österreichischen Völker in einem Zustand politischer Harmlosigkeit und Unbegehrlichkeit, in einem Verhältniß patriarchalischer Anhänglichkeit und Abhängigkeit zu erhalten. Allein wenn das erstere Streben ein solches war, das sich nur in der Voraussetzung durch unabsehbar lange Zeit ruhig dafür wirken zu können mit Erfolg durchführen ließ, so war das letztere von einer Art, daß es sich, weil es dem natürlichen Laufe der Dinge widerstritt, von vornherein und unter allen Umständen nicht halten konnte. Es fanden sich zu seiner Vertheidigung nicht einmal die eigenen Organe der Regierung immer herbei, und noch weniger ließen sich jene, gegen die ihre Maßregeln gerichtet waren, willig finden. Im Gegentheil es läßt sich sagen, daß nichts dem Sturz des vormärzlichen Regiments wirksamer vorgearbeitet hat, als gerade das was nach der Meinung seiner Staatslenker der sicherste Schutz desselben sein sollte. Laut frohlockte man höhnend im beobachtenden Ausland, und mit kaum verhaltener Freude weidete man sich in dem polizeilich gehüteten Inland, wenn das unnatürliche System täglich neue Risse zeigte. Der Regierung selbst mangelten nachgerade die Mittel ihre Aufgabe mit einigem Anstand durchzuführen, und ihre eigenen Organe trugen bewußt oder unbewußt am meisten dazu bei ihr Ansehen zu untergraben. Betraute man hier mit dem Censorenamte die bornirtesten Köpfe, von deren unwissendem Dünkel sich die aufgewecktesten Geister schulmeistern lassen mußten, so benützten dort literatur-freundliche Regierungs-Beamte ihre Stellung, um gegen die Meinung ihrer Obern den geplagten Schriftstellern möglichst Vorschub zu leisten. Unter günstigen Umständen brauchten witzige Köpfe Finten aller Art, um unter den Augen der Censur ihrem Publicum die picantesten Bissen aufzutischen und auf solche Art vor aller Welt mit Gesetz und Behörden ein höhnisches Spiel zu treiben [213]), während Andere ihr schriftstellerisches Eigen nach Stuttgart zu Hallberger, nach Leipzig zu Karl B. Lorck oder Ludwig Herbig, nach Hamburg zu Hoffmann und Campe ꝛc. sandten und unmuthsvoll von dort herübergrollten:

"Das Licht vom Himmel läßt sich nicht versprengen,
    Noch läßt der Sonnenaufgang sich verhängen" --

oder in tief empfundene Klage über ihr Vaterland ausbrachen:

"Du Märtyrer der Völker Du
    Wann wirst Du auferstehen wieder?!" --

oder den österreichischen Unterthan in den Gemächern der Staatskanzlei antichambriren und ironisch-demüthig fragen ließen:

"Dürft' ich wohl so frei sein, frei zu sein?"

Denn daß ihre Verse dort vernommen und verbreitet würden wohin sie gerichtet waren, darum durfte ihnen nicht bange sein. Trotz Zollschranken und Bücher-Revisions-Ämtern war die verbotene Waare an allen Orten zu haben, und wurde dieß zuletzt als etwas so selbstverständliches angesehen daß, als der Censurbeamte Kankoffer, vom Grafen Sedlnicky eigens für diesen Zweck aus Lemberg berufen, sich zu sprechen vermaß: "In sechs Wochen gibt es kein verbotenes Buch mehr in Wien", in allen Buchhändlerkreisen der Hauptstadt lautes Zetergeschrei erhoben und förmliche Beschwerde über diese Schädigung ihres Gewerbes erhoben wurde, da doch im Grunde Kankoffer nur thun zu wollen erklärte, was angesichts der in Kraft bestehenden Gesetze seine

Vorgänger im Amte nie hätten unterlassen sollen. In ein solches Laby=
rinth von Widersinn hatte man sich verfahren! In solch klaffenden
Zwiespalt zwischen dem was man ausführen wollte, und dem was man
nicht hindern konnte, war man gerathen! In so grellem Widerspruche
standen die auf dem Papier durch die drakonischesten Strafandrohungen
geschützten Verwaltungszustände mit den unabweislichen Geboten der
fortgeschrittenen Zeit und mit den Ansichten und Wünschen der loyalsten
Söhne des Vaterlandes!

Dieses Mißverhältniß zwischen Wollen und Thun, zwischen schar=
fem Vorsatz und lässiger Ausführung zeigte sich auch in andern Dingen;
es war eine bezeichnende Eigenthümlichkeit der vormärzlichen Regierung.
Sie hat ihre Ziele zu keiner Zeit mit der erforderlichen Energie und
Consequenz verfolgt; sie hat die Zügel bald stramm angezogen, bald
locker schlendern lassen; sie hat in vielen Dingen an dem Einen halten
zu müssen und von dem Andern nicht lassen zu dürfen geglaubt; sie ist
dadurch häufig in Halbheiten gerathen, in Schwäche verfallen. Kaiser
Joseph II. wollte alle ständische und landtägliche Wirksamkeit einfach bei=
seite schieben, ließ keine Landtage, keinen ungarischen Reichstag zusammen=
rufen, arbeitete mit seinem Staatsrath und seinen Central=Stellen allein.
Als in Folge dessen allgemeine Mißstimmung hervorbrach, selbst Auf=
stand drohte, hob Leopold II. mit einemmal allen auf die provinziellen
Vertretungskörper geübten Druck auf, berief den ungarischen Reichstag
wieder ein, nahm die Beschwerden und Vorschläge der erbländischen
Landstände entgegen. Kaiser Franz hegte die Absichten seines Oheims,
ohne dessen selbstbewußtes Wesen zu besitzen; er hielt von den Gewäh=
rungen seines Vaters die Form aufrecht, aber schloß dem verfassungs=
mäßigen Geist allen freien Spielraum ab. So blieben im Grundsatz
halb=constitutionelle Formen aufrecht, während in der Ausführung der
strammste Absolutismus widerspruchlosen Gehorsam verlangte. Ähnliches
Zwitterwesen waltete in der äußern Politik. Bei Joseph II. schien die
Idee des deutschen Kaiserthums alle andern zu beherrschen. Sein Neffe
legte die deutsche Kaiserkrone nieder und setzte sich die österreichische
auf's Haupt; er entsagte dadurch allen Ansprüchen, befreite sich aber
auch von allen Verpflichtungen gegen die nicht=österreichischen Länder und
beschränkte sich auf die Beherrschung seiner Erbstaaten. Allein doch
wieder wollte er nicht aufhören „deutscher" Fürst zu sein. Er weigerte
sich nach dem siegreichen Kampfe wider Napoleon die deutsche Kaiser=

würde neuerdings anzunehmen, allein er begnügte sich andererseits nicht, ganz zu bleiben und in voller Kraft zu werden, zu was er sich durch eigenen Entschluß gemacht hatte: Herrscher von Österreich. Er theilte sein Reich, das eins hätte sein und bleiben sollen, nährte in der einen Hälfte deutsches Bewußtsein und deutsche Gefühle, die in der andern keinen Platz finden konnten. Mit den kleineren Dingen war es nicht anders bestellt als mit den großen. Die Gesetzgebung konnte in vielen Stücken nicht schärfer, die Anwendung der Gesetze nicht lauer sein. Wo das Strafgesetzbuch von 1803 schweren Kerker von mehreren Jahren verhängte, da sprachen die Gerichte Haft von wenigen Monaten oder selbst Wochen aus. Für das Verbrechen der Creditspapier=Verfälschung stand Todesstrafe auf dem Papiere, die in Wirklichkeit nie ausgeführt wurde. Allerdings hieß man das, die überlebte Strenge der Gesetzgebung mit den Anforderungen milderer Zeitanschauungen ausgleichen; allein das Ansehen der ersteren konnte jedenfalls dadurch nicht gewinnen. Noch ärgerlicher stand es mit manchen Zweigen der Verwaltung. Wenn man dem vormärzlichen Richterstande, namentlich bei den landesfürstlichen Ämtern, im allgemeinen eben so sehr Billigkeit und Milde als Unpar= teilichkeit und Unbestechlichkeit nachzurühmen hatte, so wurde bei vielen der kleineren Patrimonial=Behörden eine Corruption großgezogen die ihres gleichen suchte. Diese Zustände schrieben sich allerdings noch aus der vor=österreichischen Zeit her, aber schlimm genug daß ihnen die kaiserliche Regierung kein Ende zu machen wußte. Als unter Wladislaw II. den böhmischen Juden erlaubt wurde 20 vom 100 zu nehmen, wo der Christ nur 10 vom 100 berechnen durfte, wurde in den Motiven dieser Be= stimmung unter andern angeführt: „daß eine Behörde, bei der die Juden etwas benöthigen, sie schwerlich werde davongehen lassen ohne ihnen etwas abzufordern". Das war gesagt im Jahre 1497, es konnte mit gleichem Grunde im Jahre 1847 gesagt werden. Aus den grundherr= schaftlichen Ämtern pflanzte sich dieser Mißbrauch in andere Kreise fort, von denen es bald allbekannte Sache war, daß durch gewisse Mittel alles, ohne sie nichts zu erreichen sei; es gab da kein Gebot und Verbot, durch dessen Schranke der silberne Schlüssel nicht einen Ausgang öffnete.

Es gibt in sittlicher Beziehung nichts nachtheiligeres als Gesetze die jeden Augenblick übertreten, Warnungen die ungestraft umgangen werden können. Die erklärliche Folge solcher Zustände war eine weit= verbreitete Demoralisation in allen Kreisen des staatlichen Lebens, die in den verſchiedenſten Erſcheinungen zu Tage trat. Selbſt unter den beſten und thatkräftigſten Regierungen wird man auf Leute, ja auf ganze Bevölkerungs-Claſſen ſtoßen, die aus ihrer Unzufriedenheit mit den waltenden Zuſtänden kein Hehl machen, die Maßnahmen der Geſetzgebung tadeln, die Thätigkeit der Behörden herabſetzen. Aber nur in einem Staate, deſſen Maſchine in all ihren Theilen von Roſt angefreſſen war, konnte man es erleben, daß leichtfertige Witze, beißende Bemerkungen über alle beſtehenden Verhältniſſe ſo zu ſagen zum guten Ton gehörten, und zwar nicht bloß in von der Regierung unabhängigen Kreiſen, ſondern ſelbſt in jenen die ſie zu ſtützen berufen waren. Das fand aber trotz Polizei und Spürweſen thatſächlich im vormärzlichen Öſterreich ſtatt Namentlich in Wien, wo ſich von unten bis hinauf alles ungenirter zu bewegen gewohnt war, mußte es auf jeden der von auswärts kam einen befremdlichen Eindruck machen, wenn er im eigentlichſten Sinne niemand fand der die Luſt und den Muth beſaß die Regierung zu vertheidigen, wenn er in den Bureaux der Behörden bis in die Cabinete der allmächtigen Staatsräthe hinauf alles in denſelben Ton einſtimmen hörte. Das geſchah, wie kaum erwähnt zu werden braucht, unter vier Augen; vor die Öffentlichkeit durfte man mit ſolchem Mißvergnügen nicht treten, konnte es auch nicht, weil es in politiſcher Richtung ein öffentliches Leben überhaupt nicht gab. Aber wer aufmerkſamer hinhorchte, der gewahrte bald, wie ſich die Unluſt über die beſtehenden Einrichtungen hinter täglich auftauchende und mit Blitzesſchnelle weiter verbreitete Bonmots flüchtete, wie ſie ihre Nahrung in den Vorträgen und Artikeln Saphir's oder in den Poſſen Neſtroy's ſuchte, der mit ſeinem ätzenden Witze, wie einer ſeiner Zeitgenoſſen treffend bemerkt, „jede ernſte Idee flugs in ihr lächerliches Zerrbild umwandelte". Durften ſich auch der „Humoriſt" und der Poſſenſchreiber mit ihrem Wortgeflunker nicht unmittelbar an die ſtaatlichen Zuſtände und Maßregeln wagen, ſo wurde doch andrerſeits durch ſie in einem großen Theile unſeres Publicums jenes oberflächliche Weſen großgezogen, dem man in vormärzlichen Tagen den Charakter der „Gemüthlichkeit" beizulegen liebte, das ſich aber in der Zeit der Verſuchung als ein mitunter recht ungemüthliches entpuppte.

Es iſt eine bekannte Wahrnehmung, daß je behutſamer Ältern ihre in die Jahre der Erkenntniß vorrückenden Kinder unter dem Gewahrſam einer alles überwachenden Aufſicht und Leitung zu halten pflegen, deſto toller ausgelaſſener unbändiger dann dieſe, ſobald einmal die beengenden

Schranken gefallen sind, in das Leben hineinzujagen pflegen, dessen Ge=
fahren und Verlockungen man sie nie kennen gelehrt, dessen Reize und
Süßigkeiten mit Auswahl zu prüfen, mit Anstand und Maß zu genießen
man sie nicht vorsorglich angeleitet hatte. Unerfahren und ungeprüft
haben sie nur das Gefühl fesselloser Freiheit und geben sich mit unge=
zähmter Leidenschaft dem Wirbel blendender Erscheinungen hin, in den sie
sich sinnverwirrt mit einemmal versetzt sehen. Diese Erfahrung aus dem
häuslichen Leben sollte sich im Jahre 1848 in ungleich großartigeren
Verhältnissen bewahrheiten. Je mehr sich die frühere Regierung Öster=
reichs in alles und jedes gemischt, alles und jedes überwacht abgewogen
und gemaßregelt, je eifersüchtiger sie jeden geistigen Luftzug, der über die
Berge mit erfrischendem Hauche in's Land wehen konnte, abzuhalten ge=
sucht hatte; je ängstlicher sie bemüht gewesen war, die bestehenden viel=
fach aus längst überwundenen Verhältnissen entsprungenen Zustände
unverrückt auf demselben Punkte zu erhalten: desto rücksichtsloser wurde,
nachdem die von der Seine sich herübergießende revolutionäre Fluth die
bannenden Dämme zerrissen hatte, alles und jedes beiseite geworfen,
verunglimpft und mit Füßen getreten, was bisher Beachtung und Folge=
leistung in Anspruch genommen hatte; desto gieriger wurde alles einge=
schlürft was sich mit gleißnerischen Lauten den ungewohnten Ohren
einschmeichelte, und nach Früchten gehascht für deren gedeihlichen Genuß
man nicht vorbereitet war; desto ungestümer wurde die unverweilte
Niederreißung aller vorhandenen Schranken, der Umsturz aller überkom=
menen Einrichtungen, die Neugestaltung aller Verhältnisse gefordert.

Nirgends zeigten sich diese Erscheinungen in so augenfälliger Weise
als in der Hauptstadt unserer Monarchie. In fast allen andern Theilen
des Reiches hatten die Leute positive Zielpunkte auf die sie lossteuerten;
hier war es die nationale oder staatsrechtliche Individualität deren Be=
rücksichtigung sie anstrebten; dort waren es gewisse praktische Zwecke
die sie zur Geltung bringen wollten. Die Bevölkerung in diesen Ländern
war dadurch gewissermaßen gefeit gegen Zumuthungen leeren Aberwitzes
und hohlen Phrasenthums; sie hatte eine Art politischen Instinct,
der sie leitete das anzuziehen was für ihre Sache zu taugen schien,
und alles abzustoßen was damit nichts zu schaffen hatte. In Wien
dagegen fehlte es an einem solchen positiven Halt, und da die vormärz=
liche Regierung es argwöhnisch vermieden hatte, die Masse der Be=
völkerung für den Ernst und die Bedeutung staatlicher Probleme

20

empfänglich zu machen, ſo mußte ſelbe urtheils= und ſo zu ſagen willenlos
dem erſten beſten Einfluſſe anheimfallen der ſich ihrer unreifen Empfäng-
lichkeit zu bemächtigen, ihr Loſungsworte hinzuwerfen wußte, die binnen
kurzem am geläufigſten Solchen waren die ihre Bedeutung und Tragweite
am wenigſten verſtanden. „Nur die Ignoranz und bodenloſe Frivolität“,
urtheilte ein zeitgenöſſiſcher Publiciſt 214), „in welcher das Wiener Volk
unter einem ſchlechten Regierungs = Syſtem großgezogen war, läßt den
magiſchen Zauber erklären den die aberwitzigſten Reden von ‚Reaction‘
‚Camarilla‘ u. dgl. auf die hirnverbrannten Köpfe der Menſchen ausübten“.
Wir berufen uns gefliſſentlich auf den Ausſpruch eines Wiener Schrift-
ſtellers, der die Ereigniſſe ſeit März mitangeſehen und den zuletzt bitterer
Unmuth über das, was er zum Überdruß in ſich hat aufnehmen müſſen,
aus der Hauptſtadt in das „Exil“ nach Baden getrieben hatte. Auch
fürchten wir nicht daß man uns mißverſtehe, als ob wir durch das eben
Geſagte dem Charakter des Wieners, deſſen günſtige natürliche Anlagen,
deſſen friſcher Mutterwitz anerkannt ſind, im mindeſten nahetreten wollten.
Im Gegentheile es ſoll damit nur jene verfehlte politiſche Erziehung
oder vielmehr jener Mangel aller politiſchen Erziehung gekennzeichnet
werden, der es zur Folge hatte daß das am meiſten verhätſchelte Kind
der vormärzlichen Regierung im Nachmärz am meiſten ausarten mußte.
Allerdings hat Wien wie jede größere Stadt im Jahre 1848 einen
Sammelpunkt unruhiger Individuen aus allen Weltgegenden gebildet
und der theils offene theils verſteckte Einfluß, den viele dieſer auswärtigen Elemente auf die Stimmung der Bevölkerung nahmen, war nicht
ſelten in den wichtigſten Momenten ein entſcheidender. Aber gerade daß
er dieß werden konnte; daß die gereifteren Claſſen der einheimiſchen Bevölkerung ſich ſo wenig im Stande zeigten gegen jene verderbliche Einwirkung erfolgreich zu reagiren, während die Maſſe der Bevölkerung
den Führern die ſich ihr aufdrangen ſelbſt in ſolchen Dingen blindlings
nachging, die unverkennbar die unmittelbarſten Intereſſen ihrer eigenen
Stadt, ihres Gewerbes und Erwerbes ſchädigen mußten — all das
waren nur weitere Auswüchſe jener politiſchen Unmündigkeit, in der die
Bevormundſchaft des früheren Syſtems die Bewohner Öſterreichs
und ſeiner Hauptſtadt abſichtlich erhalten hatte.

3.

Die Zeit seit 1815 war die Ära der Regierungen, mit dem März 1848 schien jene der Völker angebrochen zu sein. Aber in welchem Zustande fand sie dieselben! Im ersten Taumel meinten freilich nicht wenige, nun müsse das goldene Zeitalter hereinbrechen. „Ja, Österreich ist frei von Heuchelei und Kriecherei", rief einer der Märzjubeler aus, „frei von der gräulichen Hydra Censur, frei vom geistesmörderischen Terrorismus der Bureaukratie, frei und tausendmal frei von Corruption, von unredlichen Ministern, von servilen Speichelleckern!" Derlei Hymnen wurden damals an allen Orten angestimmt, und es gab vielleicht in der That Solche die im vollen Ernst meinten daß die Welt sich mit einem Schlage ändern lasse. Vorderhand wußte ein großer Theil der Leute nicht im entferntesten, um was es sich eigentlich handelte. „Censur" „Bureaukratie" „Constitution" waren der großen Masse ungehörte Worte und verknüpften sich in ihren Köpfen mit den sonderbarsten Begriffen. In einer von vielen kleinen Tuchmachern bewohnten Stadt Böhmens illuminirten die Leute auf die Kunde von der erlangten „Preßfreiheit" aus freien Stücken; sie meinten es würde jetzt mit den Privilegien der neu eingeführten Preßmaschinen, die ihr Gewerbe so drückten, ein Ende haben. Die Hauersleute in den österreichischen Weingegenden dagegen meinten, sie würden nun „frei pressen" können ohne davon den Zehent abführen zu müssen, während ihre Nachbarn die Bauern im Flachland neidisch seufzten: „Was nützt uns Preßfreiheit wo wir keinen Weinbau haben?" Bekannt sind die tausenderlei Mißverständnisse zu denen das Losungswort der Freiheit Anlaß gab. Sie seien jetzt „frei", meinten die Leute, und könnten daher thun was sie wollen. „Eine saubere Freiheit wenn man nicht einmal einen Rausch haben darf", rief ein Betrunkener, an den eine Patrouille Hand anlegte. Ein böhmischer Hausirer dem sein Weib „schon lange nicht gefiel" meinte, er könne es nun ohne weiters fortschicken und sich ein anderes nehmen, und war sehr betroffen darüber als man das in einer Zeit der „Freiheit" nicht gelten lassen wollte. Eine der verbreitetsten Anwendungen der neuen „Freiheit" betraf das

gutsherrliche Wild, namentlich Repphühner und Hafen, wovon später.
Selbst nicht ganz ungebildete Leute hatten von Dingen, in welche darein
zu sprechen sie keinen Anstand nahmen, die sonderbarsten Vorstellungen.
In der Zeit, da über Wahlrecht und Wahlordnung viel debattirt wurde,
rief jemand mit dem Ausdrucke eines Menschen der den Nagel auf den
Kopf getroffen: „Wir haben ja die Censur vom Hals, und jetzt wollt
ihr wieder einen Census einführen?"

Derlei Mißverständniß und Widersinn waren bekanntlich schon zur
Zeit der ersten französischen Revolution vorgekommen; sie werden überall
wiederkehren, wo ein lange in politischer Unthätigkeit gehaltenes Volk
mit einemmal aus den engsten Schranken in einen Zustand vollster Ungebundenheit versetzt wird. Wenn es nicht in der Natur des Menschen
gelegen wäre über die Linie des Rechten und Schicklichen, wo ihm Gelegenheit dazu geboten ist, hinauszugreifen, so hätte es nicht eines der
Weisen Griechenlands bedurft ihm die Mahnung zuzurufen: Halte Maß
in allen Dingen! Wer die Macht in Händen hat, macht davon, wie
der Lauf dieser Welt ist, häufiger willkürlichen Mißbrauch als weisen
Gebrauch. In gewöhnlichen Zeitläuften sind es die Völker die über ihre
Regierungen klagen, in aufgeregter Zeit ist das Verhältniß umgekehrt:
die Massen scheinen sich dann dafür schadlos halten zu wollen, daß sie
sich so lang in Zaum und Zügel gebannt sehen mußten. Es gilt dann
so rasch als möglich alle Arten von Mißbräuchen, wahrer oder einge-
bildeter, abzuschaffen: aber dem Mißbrauch im Großen sind Thür und
Thor geöffnet. So kam es auch im Jahre 1848, und die censur-befreite
Presse half in allen diesen Dingen getreulich mit. Die pöbelhaftesten
Ausfälle auf die gestürzten Größen mischten sich unter die ersten von
reiner Freude durchglühten Kundgebungen der schönen Märztage. Von
da schien die Ausgelassenheit von Woche zu Woche im Zunehmen zu sein.
Mit erschreckender Fruchtbarkeit wucherten Giftpflanzen und Unkraut aller
Art aus dem üppigen Boden hervor, die, wenn nicht bei Zeiten Maßregeln dawider ergriffen wurden, alle edleren Reiser zu ersticken drohten.
Mit Ekel wandten sich alle besseren Naturen von diesem Treiben ab
und verlangten laut daß ihm Einhalt geschehe. Noch in den Märztagen
trat eine Anzahl Wiener Buchhändler zusammen die einander Hand und
Wort gaben, keinerlei Schmähschriften an das Licht der Öffentlichkeit zu
befördern und sich von jedem entwürdigenden Mißbrauche des neuen constitutionellen Geschenkes fernzuhalten. Auch die Regierung wollte Ernst

zeigen. In Pest wurde der Entwurf einer Vorschrift zur Regelung der
Preßverhältnisse publicirt, in Wien erschien ein provisorisches Preßgesetz.
Allein jetzt erhob sich gewaltiges Geschrei aus den Reihen der Betroffenen
und selbst einzelne Schriftsteller von Ruf, denen man bessere Einsicht
zutrauen konnte, stimmten in den allgemeinen Lärm. „Um Gotteswillen
gebt mir meine liebe Censur wieder!“ rief Saphir, als er den ungarischen
Entwurf zu Gesicht bekam; und von dem Wiener Provisorium schrieb
Hammerschmidt: „Am 1. April erschien ein Gesetz gegen die Preßfreiheit“.
Mit der Autorität des letzteren war es nun ein für allemal vorbei und
die akademische Jugend von Wien that nur, was von der um nicht vieles
gescheidteren Mehrzahl reiferer Leute gebilligt und beklatscht wurde, als
sie das neue Gesetz öffentlich verbrannte. Man meinte eben auch d i e s e
Art Freiheit so zu verstehen, daß ihr keine Schranke gesetzt werden dürfe.
In der That gab es nun kaum ein Schutzmittel die frechsten Angriffe
gegen den ehrlichen Namen und die persönliche Sicherheit Einzelner, gegen
alle Grundlagen des Gemeinwohls und der allgemeinen Sitte zu verhüten,
und fand sich kaum ein Gericht sie zu ahnden und zu strafen. Wie nach
einem heftigen Gewitter aus dem Boden allerhand garstiges Gethier sich
herausarbeitet, dem es nirgends wohler ist als in dem Schmutz der zurückgebliebenen, so tauchte, nachdem das große politische Unwetter über
Mittel=Europa dahingefahren, eine Unzahl obscurer Scribler auf, denen
eben so improvisirte Winkelpressen die Mittel boten ihre unsaubere Waare
an das Licht der Öffentlichkeit zu bringen. Zur Kennzeichnung dieser
Leute, deren primitive Muse selbst mit Grammatik und Orthographie auf
gespanntem Fuße lebte, mag dienen, daß noch zu Anfang der fünfziger
Jahre, also zu einer Zeit wo das Unwesen bei weitem nicht mehr in
solchem Maße wucherte wie 1848, der Vertheidiger eines wegen Preß-
vergehens angeklagten Redacteurs als Milderungsumstand dessen „Mangel
an Bildung“ vorzubringen wagen konnte. Wenn sich die Journalistik
gern für die Führerin der öffentlichen Meinung ausgeben möchte, so war
im Jahre 1848 sicher das Gegentheil davon der Fall. Der Zeitungen
und Flugschriften waren verhältnißmäßig wenige die sich von dem ernstlichen Bestreben leiten ließen, sich ü b e r dem Schwalle der wirr durcheinander wogenden Tagesmeinungen zu halten, ihrem Leserkreise Anhaltspunkte zu richtigerer Auffassung der auftauchenden Fragen zu bieten und
ihn dadurch im wahrsten und besten Sinne aufzuklären. Die Mehrzahl
der Blätter und Blättchen, deren in der heißesten Zeit jeden Tag neue

auftauchten, von Leuten in die Hand genommen die, ohne ernstere Grundsätze und Anstandsgefühl, dem bloßen Broderwerb nachgingen — „Bauch-
redner könnte man sie nennen", wie jemand bemerkte —, fröhnte den
Leidenschaften des Tages, höhnte jedes schüchterne Wort das sich gegen
dieselben im Sinne der Ordnung hervorwagte, lärmte mit wenn auf der
Straße gelärmt wurde, bewarf die Leute denen das Gesindel die Fenster
einschlug mit dem Unflath gemeinen Schimpfes und Hohnes, setzte alles
Ansehen der rechtmäßigen Gewalten herab, und räucherte dafür wohlbie-
nerisch der Masse von deren zügellosem Treiben sie lebte. Diese Art
Presse und die Gasse waren wie zusammengewachsen, abwechselnd die
eine und die andere oben und unten, gleich Gymnasten die in einander
verschlungen Purzelbäume schlagen, nur daß die letztern ihre Späße zur
Erheiterung des Publicums ausführen, während jene das ihrige zum
Prügelknaben machten der früher oder später dafür zu leiden hatte 215).

Wenn jemand behaupten wollte, es sei im Jahre 1848 zu dem von
Volksreimern und Volkspinslern so viel variirten Schaustücke: „Die verkehrte Welt" mehr als eine neue Abart geliefert worden, so würde er sich
keiner Versündigung an der Wahrheit schuldig machen. Es hatte das
seine lächerlichen, es hatte aber auch seine tief ernsten und bedauerlichen
Seiten. Was in geregelten Zeitläuften bei Behandlung öffentlicher Angelegenheiten sich bescheiden zurückhalten muß, weil ihm aus triftigen
Gründen die Eignung dafür nicht zuerkannt wird, das wurde im Jahre
der Verwirrung in eine Reihe gestellt mit den sachgemäß Berufenen, ja
bevorzugt vor diesen, wo nicht gar mit ausschließlichen Gerechtsamen ausgestattet. Oder war es etwas anderes als ein Stück verkehrter Welt,
wenn man sah wie sich das Weib, zuwider der Bestimmung die Natur
und Sitte ihm angewiesen, in die Geschäfte des Mannes mischte? wenn
Frauen und Fräuleins in politische Clubs zusammentraten und in unver-
standenen Phrasen über Dinge verhandelten, für deren Verständniß ihnen
alle Ruhe und Reife abging? Spielten sie etwas anderes als eine Art
verkehrter Welt, jene „Damen" die, Strickstrumpf und Kochlöffel beiseite
legend, sich die Muskete auf die Achsel legten oder eine Hellebarde in
die Hand nahmen und in närrischem Aufzuge mitten in einer ernsten
Zeit Fastnachtspiele bei hellem Tage aufzuführen schienen? Es muß übrigens bemerkt werden, daß das Institut emancipirter Weiber bei uns
keinen rechten Boden fand. Im Gegentheile der Wiener demokratische
Frauenverein, die Barricaden-Heldinen, die Amazonen der letzten Octo-

bertage und ähnliche Auswüchse an andern Orten schienen nur da zu sein, um endlose Carricaturen und Witze, oft vom gröbsten Caliber, über sich ergehen zu lassen[216]). Auch in Deutschland bekam man den Possen bald satt. Der Verein demokratischer Frauen in Berlin, in dessen Ausschuß eine reizende Brunette, Lucie Lentz die „Freundin Held's", mitten in einem Kreise bereits tief im Sommer des Lebens befindlicher Colleginen saß, wurde zuletzt durch Held selbst gesprengt, der an der Spitze seines Anhangs in eine ihrer Sitzungen stürmte, sich auf die Rednerbühne pflanzte und herrisch erklärte: „Nun ist kein Frauen=Club mehr, sondern Volks= versammlung"[217]).

Tiefer greifend als diese Ausschreitung war eine anderer Art schon darum, weil dieselbe von einem großen Theile der Bevölkerung selbst ge= pflegt und gehätschelt wurde. So mißgünstig das junge Institut der Nationalgarde auf die alten Bürger=Corps blickte, die es als eine Aus= nahme von der Regel allgemeiner und gleichmäßiger Volkswehrpflicht nicht weiter dulden wollte, so bereitwillig räumte man den Facultäts= classen der studierenden Jugend eine Sonderstellung ein die sie in allen Universitäts=Städten der Monarchie zu einer Art Corps d'Elite machte, und die jungen Leute gaben sich dem Waffendienst, zu dem man sie in so auszeichnender Weise zuließ, mit um so größerem Eifer hin, je weni= ger sie dabei von Schulstaub Collegien=Heften und Prüfungsnöthen zu verkosten bekamen. Diese Umwandlung der Jünger Minervens in Söhne des Mars und die unnatürliche Rolle, die man sie an mehr als einem Orte spielen ließ, gehörte ohne Frage zu den sonderbarsten Verkehrthei= ten jener Tage. Zu keiner Zeit wurde daran gezweifelt daß die Jugend die Zeit der Vorbereitung sei um in reifern Jahren ihr Wissen verwer= then zu können, und daß es, wie Cicero's Ausspruch lautet, die Ordnung verlange daß erst gehorchen lerne wer bereinst befehlen wolle[218]). Die Vorbilder des classischen Alterthums, auf die man in Zeiten politischer Aufregung in so vielen Stücken hinzuweisen pflegt, hatten in diesem Punkt von jeher nur eine Lehre. Von einem der weisesten der Griechen wird berichtet, daß er seine Jünger zu fünfjährigem Schweigen verpflichtete ehe sie sich mit einem freien Urtheil hervorwagen durften. Und nichts wei= teres gestattete der Römer, mit seinem ausgebildeten Gemeinwesen und öffentlichen Leben, seinem zu künftigem Staatsdienste berufenen Nachwuchs, als auf's höchste den Berathungen der Männer als lernbegierige Zuhö= rer beizuwohnen. In Wien im Jahre 1848 war das anders! In allen

größeren Städten der von der Revolution heimgesuchten Länder hat die
studierende Jugend ihre Rolle gespielt; allein anderwärts blieb sie doch
auf die bloße Theilnahme beschränkt, war sie im schlimmsten Falle ein
mitwirkender Hebel bei der von gereifteren Männern geleiteten Bewegung.
Der Hauptstadt Österreichs allein war es vorbehalten, daß die akademische
Jugend sich weiser dünken durfte als die Masse jener die ihre verschiedenartigen Lehrjahre längst hinter sich hatten. Die große Mehrheit fand
durchaus nichts ungehöriges darin, wenn unreife Leute mit burschikoser
Leichtfertigkeit über die schwierigsten Fragen des Staatslebens hinweg-
setzten und tief greifende Probleme der gesellschaftlichen Ordnung mit einer
seichten Phrase abfertigten, wie sich etwa bei munterem Gelage unvorher-
gesehene Zwischenfälle mit einem schlagfertigen Witz abthun lassen. Man
analysire den Verlauf der Wiener Ereignisse vom März bis October,
und man wird finden daß bei allen wichtigeren Momenten die akademische Legion einen vorzugsweisen, wo nicht gar einen maßgebenden Antheil genommen hat, und es ist durchaus keine Übertreibung zu behaupten,
daß die Studenten mehr als ein halbes Jahr hindurch das erste Wort
in Wien führten. Wenn der Pariser Revolution von 1789 nachgesagt
wurde es hätten sie junge Leute gemacht, so ließ sich von der Wiener
sagen es haben sie Knaben gemacht. So weit wurde der Widersinn getrieben daß man es selbst in maßgebenden Kreisen ganz in der Ordnung
fand, jenen Schoßkindern der Bewegung Ausnahmen von den Gesetzen
zuzuerkennen denen sich alle übrigen Stände-Classen unweigerlich beugen
mußten[219]).

Bei all diesen Verkehrtheiten ließe sich immerhin noch geltend
machen, daß die akademische Jugend Kreisen angehöre die einem edleren
Berufe entgegengehen und höhere Bildung sich aneignen, wenn gleich
jener Beruf noch nicht erreicht, diese Bildung noch nicht vollendet sei.
Allein keinen Beschönigungsgrund solcher Art hatte man vorzubringen,
wenn man, wie es thatsächlich geschah, noch weiter ging und den auf
der untersten Stufe der Bildung stehenden Beschäftigungs-Classen eine
sociale und politische Bedeutung zusprach die man den höhern Gesell-
schaftskreisen abläugnete, und wahrhaft anwidern mußte jede bessere Natur
die Wahrnehmung, wie man in die am meisten verwahrlosten Schichten
der Bevölkerung hinabstieg um Dinge von der höchsten Wichtigkeit durch
sie zu einer After-Entscheidung zu bringen. Oder wer waren in den großen
Zusammenströmungspunkten der Gesellschaft jene Fabriksarbeiter und

Tagelöhner, jene unsaubern Gesellen und „Baffermannischen Gestalten", deren wirrer Haufe damals so oft als „Volksversammlung" paradiren, deren urtheilsloses Zusammengeschrei so oft als „Volkswille" herhalten mußte? Wohin gehörten, im ordentlichen Laufe der Dinge, jene Courtisanen und Galeeren=Sträflinge („prostituées et forçats"), von denen Proudhon, wie er selbst erzählt, Anerkennungs=Adressen entgegennahm? Die Schuhmacherei ist ohne Frage ein achtbares Gewerbe, und die es treiben sind ehrsame Leute; dennoch gab es in Paris einzelne Personen die zweifelten daß Pierre Leroux im Rechte sei, als er bei einem Bankt das Ende November bei 800 Leistenschläger abhielten den Satz aussprach, daß „die Schuster mehr von Association verstünden und besser darüber zu sprechen wüßten als die Mitglieder der National=Versammlung"[220]). Das war im Grunde nur minder verblümt herausgesagt, was man auch anderwärts in der verschiedensten Gestalt über das Verhältniß der untern zu den höheren Classen der Gesellschaft zu hören bekam. Denn wenn die Lärmmacher jener Tage das „Volk", das „wackere", „edle", „un- übertreffliche", nicht genug preisen konnten, so waren es immer nur die untersten Classen des Volkes die damit gemeint waren, sowie die Eigen- schaft der „braven" Arbeiter nur jenen zugedacht wurde die sich mit dem gröbsten materiellsten Tagewerk abgaben. „In die dunkle Tiefe muß man steigen um die Perlen der Menschheit zu fischen: auf den glänzenden Höhen spiegeln sich blos kalte Schneeflächen und Eisfelder in strahlendem Sonnenschein. Nur unter dem s. g. gemeinen Volke findet man die braven Leute, nur hinter dem Kittel und hinter der Blouse schlagen die treuen und edlen Herzen, wohnt Tugend und Mannessinn. Im Frack und unter dem Cylinder stecken die Bösewichter. Die Vornehmen sind nichts als verächtliches Gesindel das vom Marke der ehrlichen Leute zehrt". Solche Sprache führte nicht etwa das „Volk", das in seiner Ursprünglichkeit wahrhaft redliche Volk: solche Sprache führten die sogenannten Führer des Volks, und sie führten sie nur zu häufig gegen ihre eigene Über- zeugung, gegen das Zeugniß ihres eigenen Vorlebens und Entwicklungs- ganges. Louis Blanc sprach seinen Fluch über die „unsittliche ungerechte schmachvolle" Gesellschaft aus („société immorale inique et infâme"), deren Wucht auf ihm gelegen und gegen die er den Vernichtungsschwur Hannibal's geschworen habe. Wer war Louis Blanc daß er so sprechen durfte? Sein Vater hatte eine einträgliche und ehrenvolle Stellung ge- habt; er selbst hatte eine sorgfältige Erziehung, zum Theil auf öffentliche

Koſten, genoſſen; er hatte ſich zu Wohlſtand aufgeſchwungen und hatte es eben im Jahre 1848 dahin gebracht einen der erſten Staaten der Welt mitzuregieren: worin beſtand jene Ungerechtigkeit der Geſellſchaft, deren Wucht auf ihm gelegen?

Aber es war nun einmal alles auf den Kopf geſtellt! Früher war die Regierung obenauf, jetzt waren es jene die vordem die Regierten geweſen. Früher waren die Geſetze und die Behörden alles, jene, für die ſie zu ſorgen und zu wachen hatten, ſtanden in zweiter Linie; jetzt waren die letztern voran, die erſtern galten ſoviel wie nichts. Früher hatten die Großen der Erde ihre Schmeichler, jetzt hatten ihre ſocialen Gegenfüßler die ihrigen, und die Wirkung war hier wie dort dieſelbe: die Geſchmei-chelten wurden — verdorben. Dem was man „Volk“ zu nennen beliebte, wurden die Eigenſchaft der Souverainetät d. i. der Allgewalt und Un-antaſtbarkeit, ja ſelbſt die Attribute der Souverainetät, das Königthum, zugeſprochen „Ihr werdet nicht nur mächtig ſein“, rief Louis Blanc im Luxembourg ſeinen Arbeitern zu; „Ihr werdet nicht nur reich ſein, Ihr werdet Könige ſein!“ In ſo gewiſſenloſer Weiſe machte man ihnen Ver-heißungen die ſich nie erfüllen ließen, malte ihnen Genüſſe aus die ſie nie verkoſten ſollten, und ſchürte, indem man die untern Claſſen verhim-melte, einen grimmigen Haß gegen alles über ihnen Stehende, deſſen Befriedigung nur ihnen ſelbſt zum Unheil werden konnte. Was hoch war ſollte fallen, was Vermögen beſaß durch die Progreſſiv-Steuer den Andern gleichgemacht, was Anſehen hatte und ſich vornehm dünkte ge-demüthigt werden[221]). Alles was vom Pöbel ausging war gut und er-haben, was ſich die andere Seite erlaubte war böſe und verrucht. Zu einer Zeit wo es mehr als je des unerſchütterten Anſehens der Geſetze und Gerichte bedurfte, wurde die Aufhebung der Todesſtrafe, die Ab-ſchaffung verſchiedener Arten von Züchtigung berathen, die man als ent-ehrend, die Menſchenwürde verletzend hinſtellte, während dieß vielmehr von den Übertretungen zu ſagen war auf die ſie von der Geſetzgebung geſetzt worden. Es war als ob alle Begriffe von dem, was ſich gehört und was ſich nicht gehört, ihre Rollen getauſcht hätten. Was ſonſt für un-recht galt, wurde jetzt nicht bloß entſchuldigt ſondern geprieſen; was früher alle Welt in der Ordnung fand, darüber wurde jetzt Zeter und Mordio geſchrien. Es gab einen Freibrief für alles was von der ur-theilsloſen Maſſe und deren Verführern ausging, aber das ſtrengſte Ver-dict gegen alles was die Regierung und ihre Organe zu unternehmen

wagten. Es war nichts als recht und billig, daß dem belasteten Unterthan die Robot abgenommen wurde; aber es war in hohem Grade unrecht und unbillig, daß die dadurch in ihrem Eigenthum verkürzten Grundherren Entschädigung erhalten sollten. Wenn die Minister in auftauchenden
praktischen Fragen, wie z. B. Credits-Bewilligungen, dem österreichischen
constituirenden Reichstage die Befugnisse einer verfassungsmäßig bereits
constituirten Reichsvertretung in die Hände spielten, so war das ganz
am Platze; aber wenn sie, diesen selben Befugnissen gegenüber, der Krone
das Recht des Veto vindicirten, so war das vorgreifende Anmaßung.
Es gewann den Anschein, als ob es nunmehr nur zwei Classen von
Personen gebe: straffreie auf der einen, vogelfreie auf der andern Seite.
Das größte Verbrechen verlor seinen verwerflichen Charakter wenn sich
der Deckmantel des neuen Freiheitsdranges darüber breiten ließ; aber
jeder noch so gerechtfertigte Act der Nothwehr wurde zur grausamen
Unthat, wenn derselbe den Kundgebungen des souverainen Pöbels in den
Weg trat. Dem einen Theile war alle Art von Angriff erlaubt, beim
andern war alle Art von Vertheidigung verpönt. Wenn wilde Rotten
Hausherren die ihren rechtmäßigen Zins forderten, Bäckern und Fleisch-
hauern die sich an die gesetzliche Satzung hielten, Katzenmusiken brachten
welche die Nachbarschaft ganzer Stadttheile aus dem Schlafe aufschreckten
und in Angst und Bangen versetzten; wenn sie aus irgend einem Grunde
mißliebigen Personen die Fenster einschlugen oder das Haus demolirten,
so waren das im schlimmsten Falle ungezügelte Ausbrüche entschuldbarer
Entrüstung; aber wenn die gesetzliche oder gar die bewaffnete Macht
zum Schutze der Mißhandelten einschritt, die Menge zu Paaren trieb,
die Rädelsführer packte und einsteckte, so waren das Acte roher Gewaltthätigkeit. Die Schüsse, die während der Prager Junitage in die Fenster
des Generalcommando-Gebäudes flogen und denen die Fürstin Windischgrätz als unschuldloses Opfer fiel, waren Zufall für den niemand konnte;
aber die Schüsse, die das Militär von der Kleinseite gegen den Hauptsitz der Aufständischen herübersandte und wodurch die Altstädter Mühlen
in Brand geriethen, waren teuflisch angelegte Bosheit. Die Barricaden-
Kämpfer aller revoltirten Städte, die Bannerträger der Unordnung und
des Umsturzes wurden als Helden, die gefallenen Aufrührer als Blut-
zeugen der Freiheit gepriesen, Anarchie und Libertinage jeder Art offen
als Stütze und Trägerin der Volks-Souverainetät erklärt; aber jeder
Versuch aus dem wilden ausgelassenen Treiben herauszukommen und in

geſetzliche Zuſtände einzulenken, wurde als Reactions-Gelüſte, jede Bewegung, die ſich auf der andern Seite bemerkbar machte Gewalt mit
Gewalt zu bekämpfen, als Verrath am Volke und an der Freiheit ver-
ſchrieen.   Die Vorſpiegelung der Wiener October-Sendlinge, daß man
dem Landvolk die abgeſchaffte Robot wieder auf den Nacken ſetzen wolle,
war ein erlaubtes Mittel den Landſturm aufzubieten; aber das Manifeſt
des Kaiſers, wodurch der Bauer über jenen lügenhaften Kunſtgriff aufgeklärt und beruhigt werden ſollte, war ein macchiavelliſtiſcher Schachzug
der Camarilla.

Was aber als das widerlichſte an dieſem Treiben erſcheinen mußte
— nicht bloß einzelne Bethörte waren es, denen man ſolch ſyſtematiſche
Abtödtung des öffentlichen Gewiſſens, ſolch unverantwortliche Umſtürzung
aller ſittlichen Anſchauungen vorzuwerfen hatte: die höchſten Vertretungskörper ſelbſt luden die ſchwere Schuld auf ſich, an dieſem Werke der
Finſterniß mitzuarbeiten.   Niemand geringerer als der Wiener October-
Reichstag war es, der die cannibaliſche Hinſchlachtung Latour's als einen
„bedauerlichen Act ſchrecklicher Selbſthilfe des Volkes" beſchönigte, während
dieſelbe Verſammlung das Einſchreiten des kaiſerlichen Feldmarſchalls
gegen die der Anarchie und dem Terrorismus verfallene Stadt für „un-
geſetzlich" erklärte, den Vollzieher des kaiſerlichen Auftrages als „volks-
feindlich" verdammte. Unter ſolchen Umſtänden war es nicht zu wundern,
wenn tauſende ſonſt ehrlicher Leute aus dem rechten Geleiſe gebracht
und auf Irrwege verlockt wurden, an deren Ende für ſie Schmach und
Schande warteten. Als der Gemeine des 12. Jäger-Bataillons Stephan
Otruſina am 27. Jänner 1849 zum Tode geführt wurde, rief er ſchmerz-
voll aus: „Bis zum ſechſten October war ich als Menſch und Soldat
ohne Makel. Fluch der Aula! Fluch dem Reichstag!" [221b])

Wie weit man gekommen wäre, wenn der Lauf der Ereigniſſe nicht
einen vorzeitigen Abſchluß bekommen hätte, vermag niemand zu ſagen.
Anzeichen vom Äußerſten lagen mancherlei vor. Bei der Gerichtsver-
handlung in Weinheim (Baden, Unterrhein-Kreis; December 1848)
über die Vorfälle im vorangegangenen Sommer kamen Geſtändniſſe
ſonderbarer Art vor: ein Bürger hatte ſeine Pferde zum Herumführen
der Guillotine verſprochen; die Häuſer vor denen ſie halten ſollte waren
ſchon bezeichnet ꝛc.

4.

Unter den Paradoxen, die man in den Wirrnissen des Jahres 1848 mit in den Kauf nehmen mußte, prangte vor allem das von der musterhaften Haltung sowohl des Volkes in seiner Gesammtheit, als auch jedes Einzelnen aus dem Volke in seinen Handlungen; „es sei dieß geradezu bewunderungswürdig und man könne keine Worte finden es gebührend hervorzuheben". Wenn es sich in der That in solcher Weise verhalten hätte, so wäre es allerdings nicht blos bewundernswerth in höchstem Grade, sondern geradezu räthselhaft und unerklärbar gewesen. In Wahrheit aber trat dieß Wunder nicht ein, sondern fand das gerade Gegentheil von dem statt was von den Schmeichlern der Menge wohldienerisch umhergetragen wurde. Welcher Gesetzwidrigkeiten, Unthaten, ja cannibalischen Grausamkeiten sich das Volk in Masse unter dem Deckmantel politischer Freiheit schuldig gemacht, hatten wir im ersten Abschnitte mehrfache Gelegenheit zu beobachten. Auf dem Gebiete des Privatrechtes sah es nicht besser aus. Es war, wie in staatlicher Hinsicht, so auch in rechtlicher und sittlicher so ziemlich alles aus Rand und Band.

Und konnte es auch anders kommen? Wo sich in öffentlichen Blättern Personen der sogenannten bessern Classen mitunter die pöbelhaftesten Ausfälle erlaubten und Anstand und Sitte in der rohesten Weise verletzten; wo der gebildete Nachwuchs der Nation die der Pflege ernster Wissenschaft geweihten Hallen in Stätten wüsten Treibens umwandelte, bei Bundesgelagen und Freiheitsfesten jeder Art von Gemeinheit die Zügel schießen ließ; wo junge Hilfspriester auf dem Lande als Demagogen wühlten, den Befehlen ihrer Obern Trotz und Hohn entgegensetzten, den gesetzlichen Behörden mit der „Justiz des Volkes" drohten u. dgl., konnten solche Beispiele ohne böse Nachwirkung im täglichen Leben bleiben? Mußte nicht der gemeine Mann an allem irre werden was ihm bisher als unverletzlich, als heilig und ehrwürdig hingestellt worden war? Denn auch die religiösen Überzeugungen des Volkes, die Grundlagen seines sittlichen Halts, wurden vielfach erschüttert. Man sah katholische Priester, um einer leidenschaftlichen Verirrung oder dem ungezügelten Stachel des Fleisches zu fröhnen, ohne Scheu mit Eid und Gelübden brechen. Im Odeonsaal zu Wien verkündeten Pauli und Hirschberger, in der Reitschule zu Grätz Ronge und Scholl die neue „freichristliche" Lehre und riefen durch ihre maßlosen Ausfälle gegen die Kirche, durch rohes Geschimpfe auf Papst und Clerus die scandalösesten Scenen hervor, wobei die Widersprechenden der einen und die Zustimmenden der andern Seite ihre confessionellen Discussionen nicht selten mit den Fäusten auszufechten suchten[222]). Im Jesuitengarten zu Prag zog der evangelische Prediger Friedrich Wilhelm Košut durch rücksichtslos eifernde Reden immer zahlreichere Haufen an sich und verkündete das Wiederaufleben der böhmisch-mährischen Brüdergemeinden, während in den östlichen Gegenden Böhmens die in den letzten Jahren fast erloschenen Secten der unzüchtigen Adamiten und der hirnverbrannten „Marokkaner" von neuem um sich zu greifen begannen. Unter den gebildeteren Classen der Bevölkerung tauchten die seit den Zeiten Kaiser Joseph II. geschlossenen Freimaurer-Logen wieder auf und begannen in einer Zeit, welche Öffentlichkeit des Redens und Handelns an die Spitze ihrer Grundsätze stellte, ihr verstecktes Treiben. Andere dagegen entsagten jeder Scheu mit ihren eigentlichen Gesinnungen hervorzutreten, und machten kein Hehl daraus daß sie aller Religion den Krieg erklärten. In Berliner Blättern veröffentlichte der bekannte Dowiat eine Erklärung (v. 4. Nov.), worin er sich ausdrücklich verbat seinem Namen ferner das Prädicat „deutschkatholischer Prediger" beizusetzen: „ich habe", gestand er, „die religiöse Bewegung stets nur als Mittel zu social-politischer Agitation gebraucht; jetzt ist die Maske und folglich die ganze religiöse Bewegung unnöthig; ich habe nicht das geringste mehr mit ihr zu thun."

Wo solche Erscheinungen auf religiös-sittlichem Gebiete hervortraten, konnte es kaum ausbleiben, daß sich auch in weltlichen Dingen alle Bande zu lockern drohten. Diese Gefahr trat namentlich in vielen Gegenden des offenen Landes hervor, wo die beschränkten Begriffe des Landvolks durch die allseitig verbreiteten Umsturz-Ideen in eine Verwirrung geriethen, die sich gegen das ihnen zunächst liegende, die überkommenen agrarischen Zustände kehrte. Weniger war dieß hinsichtlich der geistlichen Güter der Fall, obgleich auch in diesem Punkte, angeregt durch mancherlei Anklänge aus dem Wiener Reichstage, vereinzelte Gelüste auftauchten [223]). Viel weiter verbreitet war der Widerwille gegen die gutsherrlichen Gerechtsame. Robot-Verweigerung, Widersetzlichkeit gegen

„herrschaftliche" Zumuthungen und Befehle waren vom ersten Augenblicke an der Tagesordnung und blieben es selbst dann, nachdem durch
die gesetzlich ausgesprochene Aufhebung des Unterthänigkeitsverhältnisses
baldige Abhilfe in dieser Beziehung in Aussicht gestellt war [224]). Allein
den Bauern, die sich seit der neuen Freiheit vor Übermuth nicht aus-
kannten, machten selbst wieder die Häusler und Inleute allerhand zu
schaffen und gaben nicht undeutlich zu verstehen, daß jene nicht meinen
dürften als sollte die Revolution nur ihnen allein zu gute kommen.
Wollten die Bauern sich das Gebot der Obrigkeit nicht länger gefallen
lassen, so mochten die mindern Dorfinsassen das Joch einer hochfahrenden
Dorf=Aristokratie nicht ferner ertragen. Aus mehr als einer Gegend
Böhmens liefen ungestüme Forderungen des ländlichen Proletariats ein,
das Aufbesserung seiner Lage, Auftheilung der Gemeindegründe, Zuwei-
sung gewinnbringender Arbeit verlangte; kaum gelang es die Leute zu
beschwichtigen und auf den künftigen Landtag zu vertrösten, der, sobald
nur einmal die Verfassung festgestellt sei, mit ihren Verhältnissen sich zu
beschäftigen nicht unterlassen werde.

Wie auf dem Lande die Unbotmäßigkeit der bäuerlichen Bevölkerung,
so kannte in Städten und Industrie=Orten jene der Arbeiter=Classen keine
Gränzen. Erhöhung des Lohnes bei Herabsetzung der Arbeitszeit waren
die Losungsworte die auf Arbeitsplätzen, in Werkstätten und Fabriken
die Runde machten, und nicht überall packten die Leute ihre Sache so be-
scheiden=gemüthlich an wie die Faßbindergesellen in Triest, die ihren beabsichtigten Strike damit einleiteten, daß sie sich in San Giusto eine
feierliche Messe absingen ließen (Anfangs December). Im Gegentheile
an vielen Orten folgten auf die Forderung Bedrohungen gefährlichster
Art, wo nicht unmittelbare Acte roher Gewalt. Trotz und Unmuth wucherten in diesen Kreisen um so bedenklicher fort, je unablässiger von der
einen Seite den „Brüdern Arbeitern" geschmeichelt wurde und je stärker
von der andern bei dem plötzlichen Stocken der meisten Geschäftszweige,
bei der Einstellung vieler Privat=Bauten und anderer Unternehmungen
das Heer beschäftigungsloser Tagewerker anwuchs. In Wien nahmen
Regierung und Gemeinderath die Sache in die Hand und waren in alle
Wege bemüht der um sich greifenden Erwerbslosigkeit zu steuern. Man
decretirte Erdgrabungen und Anschüttungen auf dem Glacis, auf den
Basteien, im Prater, Straßenumlegungen im Reichenauer Thale, auf
dem Sömmering, Arbeiten, denen man es ansah, daß man sie nur um

daß einerseits die Beschädigten unter den bedrohlichen Zuständen jener Tage mehr eingeschüchtert und von ernsteren Sorgen in Anspruch genommen waren um über jeden Fall erlittenen Verlustes sogleich Anzeige zu erstatten, und daß andrerseits die Behörden weniger Macht und mitunter auch weniger Muth hatten den zahlreichen Übelthätern nachzuspüren und sie vor ihre Schranken zu ziehen. Um so mehr bekamen die Gerichte in den Jahren darnach zu thun, als die geordneteren Verhältnisse ihr Ansehen wiederhergestellt hatten und viele von jenen die damals geschwiegen nun desto eifriger mit Anzeigen aller Art bei der Hand waren. In den andern von der Revolution heimgesuchten Ländern stand es in diesem Punkte genau so wie bei uns. So war aus Berlin die Klage zu vernehmen, daß räuberische Einbrüche besonders bei Nacht trotz der sonst trefflichen Schutzmannschaft zu den gewöhnlichen Erscheinungen gehörten, daß Brand-legungen an der Tagesordnung seien und die Beiträge der Feuer-Assecu-ranz die dreifache Summe anderer Jahre überstiegen 2c. Auf der apenni-nischen Halbinsel gab es den größten Theil des Jahres 1848 fast keine Polizei, keinen richterlichen Arm. Auf der einen Seite nahmen Noth und Verarmung, auf der andern Diebstahl Raub Mord in wahrhaft er-schreckender Weise überhand. In und um Bologna waren nächtliche Ein-brüche und Anfälle etwas gewöhnliches. In Florenz ebenso, die Kirchen selbst waren durch Räuberhände bedroht; „die Frechheit unbekannten Ge-sindels auf Straßen und Spaziergängen", so klagte man in der toscani-schen Hauptstadt, „nimmt täglich zu, und unter unsern Augen wächst ein Proletariat heran, von welchem das Land bisher nichts wußte"[225]). In Rom bekam man alle Augenblicke von gewaltsamem Häusereinbruch zu hören. „Mit dem Zurücktreten des geistlichen Regiments", so ließ sich ein Berichterstatter der A. A. Ztg. vernehmen[226]), „nimmt in vollkommen gleichem Verhältnisse das materielle Elend zu. Die Stimmung bei der niedern Volksclasse ist eine äußerst gedrückte. Selbst an Festtagen geht es an den herkömmlichen Versammlungsorten sehr still zu. Statt dessen durchziehen Diebsbanden die Stadt und plündern mit systematischer Frech-heit. Der Gedanke vor dem fremdenleeren Winter erfüllt viele mit Grauen" 2c. In der Gegend von Genua nahm es mit Räubereien auf der Landstraße seinen Anfang, dann zog sich das Unwesen in die Stadt; Häuser und Läden waren vor den Eingriffen des frechen Gesindels nicht sicher.

Was jedoch ein viel ernsterer Vorwurf war, den man den Einflüssen der achtundvierziger Ereignisse zu machen hatte: es wurden, unter Umständen wo das allgemeine Wirrsal die Gefahr folgenschwerer Entdeckung in die Ferne rückte, Manche zu Übelthaten verleitet, die sie unter gewöhnlichen Verhältnissen nie begangen haben würden. Diese Behauptung läßt sich im kleinen wie im großen nachweisen. Die That= sache, daß ein großer Theil der in den Wiener Freiheitstagen im März geraubten Gegenstände freiwillig zurückgestellt, den Eigenthümern zur Nachtzeit vor die Häuser und Läden gelegt oder auf verheimlichten Wegen an die Gerichte abgeliefert wurde, war nur ein Beweis mehr, daß es nicht Gewohnheitsdiebe waren die sich jener Eigenthumsverletzungen schuldig gemacht hatten. Und sollen wir den Namen jenes Mannes hersetzen, der sich unter dem Eindrucke allgemeinen Zusammensturzes in den Octobertagen bestricken ließ eine That zu begehen, die seinem bis dahin fleckenlosen Rufe den Makel eines gemeinen Verbrechens anhängen und seinem an geistigen Erfolgen reichen Leben ein vorzeitiges beklagens= werthes Ende bereiten mußte?! So fielen auch in den Kreisen des Gewerb= und Handelsstandes Übergriffe vor, zu denen sich die Betheiligten in geordneten Zeitläuften kaum würden erniedrigt haben. In den ser= bischen Obbors saßen nicht wenige Kaufleute, die bei der thatsächlich aufgehobenen Gränzsperre gegen das Fürstenthum durch Benützung ihrer Stellung und ihres Einflusses unerlaubte Geschäfte trieben, und allge= mein war in Wien jener Volksmann bekannt, der, seine radicale Politik mit industriöser Speculation verschwisternd, jeden Zeitpunkt wirren Durch= einanders benützte um reiche Weinladungen zur Nußdorfer Linie gebühren= frei in die Stadt zu schmuggeln. Freilich wohl hatte er keine Ahnung daß die Linien=Beamten, die sich an solchen Tagen nicht frei blicken lassen durften, um so eifriger hinter ihren Fenstern Wagen und Gebünde abzählten und aufschrieben und daß darum im J. 1849, nachdem die Ordnung wieder hergestellt, sein „Soll" an das Finanz=Ärar nur um so größer ausfallen sollte.

Man sieht, daß im Punkte strafbarer Verletzungen des Privat= Eigenthums und gewinnsüchtiger Übergriffe die Rechnung für das Jahr 1848 bedeutend ungünstig ausfällt. Es muß aber noch mehr gesagt werden: derlei Vorfälle ereigneten sich in ungleich größerem Maßstabe als sie sonst vorzukommen pflegen. Es gab sicher in wildreichen Gegenden nie eine Zeit wo nicht vereinzelte Jagdfrevel vorfielen; aber im Jahre 1848 waren solche Eingriffe nicht bloß allgemein gang und gäbe, son=

bern die Sache wurde förmlich gewerbsmäßig betrieben. Das Landvolk
sah die Jagdbarkeit fast allerorts als etwas an, was seit der errungenen
Freiheit zum Gemeingut geworden. Alles trug Flinten, gute und schlechte,
oder stellte in anderer Weise dem Wilde nach, und fügte dem Jagd=
Bestande unermeßlichen bis in die folgenden Jahre hinein fühlbaren
Schaden zu. Und so verschroben waren damals die Köpfe, daß der
Bauer dieselbe Jagdbarkeit die er nach oben nicht weiter als Vorrecht des
Herrschaftsbesitzers gelten ließ, nach unten als ein Privilegium für sich
selbst ansah und sich gewaltig darüber erboste, wenn die von ihm gering=
geschätzten Häusler ihm in's Gehege gingen. Es wurde uns ein Fall
erzählt, wo es (Dorf Hlinah bei Leitmeritz) darüber zu einem förmlichen
Kampfe zwischen beiden Parteien kam die bewaffnet gegeneinander aus=
zogen, bis sich die Nationalgarde eines benachbarten Ortes (Pokratitz)
dadurch in's Mittel legte, daß sie den befreundeten Dorf=Aristokraten
gegen die von ihnen gemeinschaftlich mißachtete Dorf=Plebs zu Hilfe
kam. Daß bei der Ungeübtheit der meisten Leute mit dem neuen Ver=
gnügen mitunter die drolligsten Scenen unterliefen, war begreiflich; die
Sache hatte aber auch ihre bedenklicheren Seiten. Abgesehen von den
sittlichen und volkswirthschaftlichen Nachtheilen, Verwirrung der Eigen=
thumsbegriffe und Vernachlässigung des Wirthschaftsbetriebes, hatte die
unverständige Jagdluft nur zu häufig körperliche Verletzungen und selbst
Tödtungen in ihrem Gefolge. Die von irgend einer Zeitung über eine
Bauernjagd gebrachte Notiz: „Angeschossen wurden 1 Hase, 2 Repp=
hühner, 1 Kuh, 2 Menschen", mochte nur zu buchstäblich wahr sein.
„Täglich laufen Berichte ein", schrieb man aus Berlin, „daß hier ein
Bruder seinen Bruder aus Unvorsichtigkeit statt eines Hasen erschossen
hat, dort ein Sohn seinen Vater oder umgekehrt für ein Stück Wild
ansah". In einem einzigen Kreise der Lausitz zählte man Ende 1848
sechs Menschen als Opfer der neuen Jagdfreiheit, und eine Berechnung
die sich auf officielle Angaben fußte wies nach, daß in ganz Preußen,
durch die Ungebundenheit die das Jagdunwesen hervorrief, binnen wenigen
Monaten 96 Menschen das Leben verloren und eine doppelte Anzahl
mehr oder minder schwere Verletzungen erlitten hatten [227]). Der mit
so mancherlei Schaden verbundene Unfug mußte die Aufmerksamkeit
der Vertretungskörper auf sich ziehen. Der mährische Landtag war
vielleicht der erste, der aus eigener Machtvollkommenheit ein „proviso=
risches Jagdgesetz" herausgab [228]), das den Grundsatz an die Spitze

stellte: „Die Jagd auf fremdem Grunde hat aufzuhören", andererseits
aber die Ausübung des Jagdrechtes nur jenem Grundbesitzer zugestand
der einen zusammenhängenden Besitz von mindestens 200 Morgen Landes
hätte; auf allen anderen Grundstücken sei die Jagdbarkeit Eigenthum der
Gemeinde welche dieselbe entweder selbst ordnungsgemäß ausüben oder
einem Andern in Pacht geben könne. Mit dieser Regelung waren aber
die Leute erst recht unzufrieden und an mehr als einem Orte war die
Folge davon nur die, daß sie jetzt nicht bloß auf ihren eigenen Feldern
sondern auch auf denen ihrer Nachbarn jagten. Anderwärts machte man noch
schlimmere Erfahrungen. In Bayern stießen die nach dem neuen System
eingeleiteten Jagdverpachtungen mitunter auf den heftigsten Widerstand;
in Eggenfelden (Nieder=Bayern) prügelten die Bauern alle Vornehmeren
die als Pachtlustige auftraten durch und warfen sie über die Stiege des
Landesgerichtsgebäudes hinunter. Wo Gesetze so geringe Macht hatten,
konnten einfache Verabredungen noch weniger ausrichten. Die Gutsver-
waltung des Stiftes Zwettl (Nieder=Österreich) ließ sich herbei den Bewohnern jener Dörfer, welche die herrschaftliche Jagdbarkeit ungestört
lassen würden, Holz und Waldstreu um einen bedeutend billigeren Preis
abzulassen. Viele Ortschaften nahmen das Anbot an, allein sie konnten
ihr Versprechen nicht einhalten; denn ihre Söhne und Knechte ließen
sich von Wilddieberei nicht abhalten, das Ansehen des Familienhauptes
war ohne Wirkung. Die Folge dieser und ähnlicher Ausschreitungen
waren in den spätern geordneten Zeiten strafgerichtliche Verhandlungen
ohne Ende, mitunter wahre Monstre=Processe [229]).

Mit den Jagdunfügen gingen Waldfrevel Hand in Hand. Auch in
diesem Punkte waren die Klagen gleichlautend aus allen Gauen Österreichs wie Deutschlands. Erst nahmen sich die Leute aus den benachbarten Waldungen, mochten sie wem immer gehören, Holz für ihren
eigenen Bedarf; bald stahlen sie es um es weiter zu verkaufen; zuletzt
zerstörten sie muthwillig was sie weder brauchen noch auf den Markt
bringen konnten. In der unmittelbaren Umgebung Wiens konnte man
Leute bei hellem Tage auf dem Rücken, auf Schubkarren, zuletzt selbst
auf Wägen Holz aus dem Walde schleppen sehen; was sich nicht fort-
nehmen ließ blieb liegen „daß einem das Herz blutete um die schönen
Stämme." In der Nähe von Brünn, Herrschaft Lissitz, trieben die
Bauern ein ganzes Stück obrigkeitlichen Waldes ab, und in den Markt
Zlin, Hradischer Kreises, mußten 300 Mann Soldaten gelegt werden

um die Waldeigenthümer gegen die Frevel, die ihnen bereits einen
Schaden von mehreren Tausenden zugefügt hatten, in Schutz zu nehmen.
Aus dem Salzburgischen ertönte ein Wehruf nach dem andern und das
dringende Verlangen nach einem „zeitgemäß geordneten Forst= und Jagd=
gesetz", weil die Übergriffe derart überhand nahmen daß die Bauern in
manchen Gegenden haufenweise in die kaiserlichen Waldungen zogen, auf
das Forst=Personale das sie daran hindern wollte scharfe Ladung gaben,
die aufgebotene gerichtliche Assistenz mit Gewalt vertrieben. Die Berge
und Schluchten Siebenbürgens widerhallten von den Axtschlägen der
romanischen Bauern; Charles Boner erzählt von einem Gutsherrn, dem
die Walachen einen ganzen Eichwald niederhieben und das Holz weg=
führten; wo sie an dem Fällen nicht genug hatten, brannten sie ganze
Strecken nieder. Ähnliches geschah in Kroatien, wo die Leute ohne jemand
zu fragen ihr Borstenvieh in fremdes Gehölz trieben, beliebig Bäume
in Gemeindebüschen fällten, ganze Waldstrecken abstockten. In vielen Ge=
genden Posens Westphalens der Rheinlande zogen vielköpfige Banden
bewaffnet in den Wald, fällten die schönsten Bäume und führten sie auf
mitgebrachten Wagen fort, ohne daß die Behörden Macht besaßen dem
Unfug zu steuern, um so mehr als das gemeine Volk, wo vor seinen
Augen ein gesetzliches Einschreiten versucht wurde, jederzeit die Partei
der Übelthäter ergriff. Aus den Waldgegenden Thüringens wurde ge=
klagt, die Regierungen müßten die strengsten Maßregeln ergreifen, wenn
Deutschlands Holzkammer nicht für ein Jahrhundert zerstört werden solle.
In der That war ein thatkräftiges Einschreiten auch an andern Orten
zu wünschen, nicht bloß um größeren materiellen Schaden zu verhüten,
sondern mehr noch um das gemeine Volk in seinen Abirrungen nicht noch
weiter greifen zu lassen. Eine Art naturgemäßer Anschauung mag sich
schwer darein finden, wie das Holz das von selbst im Walde wächst,
der Hase und das Repphuhn die frei durch Feld und Flur streifen, ir=
gend jemands Sondereigenthum sein können, und das erklärt wohl zu=
meist die große Verbreitung welche die Excesse der eben besprochenen
Art in den verschiedensten Ländern hatten. Allein nachgerade verblieb es
nicht bei dieser ursprünglichen Anschauung, sondern die irregeführten
Leute erklärten bald, die Mittelglieder wegwerfend, Wild und Holz über=
haupt als herrenloses Gut, so daß sie selbst eingefriedete Waldungen
nicht verschonten, Umzäunungen niederbrachen oder über Mauern in
Thiergärten stiegen und niederhieben oder niederschoßen was sie konnten.

Der siebenbürger Walache war zwar auch in friedlichen Zeiten gewohnt seine Heerden auf nachbarliche Weideplätze zu treiben, Obst aus fremden Gärten zu nehmen, „denn", so sagte er, „was Gott wachsen läßt muß dem Einen so gut wie dem Andern gehören"; aber bei Völkern, die auf einer höhern Bildungsstufe stehen als die seit Jahrhunderten verwahrlosten Motzen und Kurutzen, klänge eine solche Schlußfolgerung doch etwas sonderbar. Im Jahre der Verwirrung aber war sie beim gemeinen Manne in allen Ländern anzutreffen, und fand die vielfachste und ausgedehnteste Anwendung. So kam die Theorie dieser Leute durch einen ähnlichen Sprung von den Fischen im frei fließenden Wasser auf jene im gehegten und gepflegten Teiche, und an mehr als einem Orte Böhmens, wo bekanntlich die Teichwirthschaft in großem Maßstabe betrieben wird, kam es im Spätherbst vor, daß die Bauern in hellen Haufen den herrschaftlichen Teich besetzten, die Teichzapfen auszogen und die Fische als gute Beute erklärten.

Manche Erscheinungen des Jahres 1848 in Österreich, namentlich in den östlichen Ländern, würden geradezu unverständlich bleiben, wenn man die eben geschilderten Vorgänge und die ihnen zu Grunde liegenden Verhältnisse übersehen wollte. So wäre es ein großer Irrthum, die siebenbürger Wirren nur allein als Racen-Krieg aufzufassen. Kaum geringeren Antheil als die nationale Frage hatten daran die mit den agrarischen Zuständen zusammenhängenden socialen und nationalökonomischen Interessen. Daraus erklärt es sich daß, als es im Lande wilder und wilder herging, allerdings der magyarische Adel am meisten litt, weil er eben am meisten an herrschaftlichem Grundeigenthum besaß, daß aber in den Szekler-Stühlen kaum weniger Edelhöfe von den szeklerischen Bauern verwüstet wurden als in andern Theilen des Landes von den walachischen. Daher kam es auch, daß bei der zweiten Blasendorfer Versammlung (25. September) mitten unter den Punkten, welche die nationalen Forderungen der Romanen aussprachen, auch der vorkam: „es solle eine Urbarial-Commission aus allen Nationen und Volks-Classen ernannt werden, die alle Streitigkeiten zwischen dem gewesenen Grundherrn und dem nun freien Bauer zu untersuchen habe; bis zur Ernennung dieser Commission solle alle und jede Robot aufhören, um den Unterdrückungen und Erpressungen der Grundherren und Comitats-Beamten ein Ende zu machen."

Nicht minder gefährlich standen in diesem Punkte die Dinge in Galizien, wo der gemeine Mann gleichfalls an den Schäden jahrhundertlanger Verwahrlosung litt und wo überdieß die Vorgänge von 1846 einen so tiefen Riß zwischen der Landbevölkerung und den Edelleuten gezogen hatten, daß die letzteren bei dem geringsten Anlasse vor einer Erneuerung jener Gräuelscenen zitterten. Dazu kam es nun wohl nicht, allein an Ausschreitungen und Übergriffen jeder Art war kein Mangel. Die sogenannten Dienstbarkeiten (Weiderecht, Blumensuche u. dgl.) und allerlei Grundstreitigkeiten, die zumeist aus den Zeiten der Katastral-Vermessung herrührten und oft bis in die Josephinische Periode zurück-reichten[230]), waren eine unerschöpfliche Quelle von Zwist und Streit. An mehr als einem Orte nahmen die Gemeinden von den Grundstücken die sie als ihr Eigenthum ansahen ohne weiters Besitz, was in der spätern ruhigeren Zeit zu Rechtsstreitigkeiten führte, die sich mitunter bis in die sechziger Jahre hinzogen. Es fehlte nie an Leuten die dem eben so einfältigen als besitzlüsternen Landvolke ohne Mühe einredeten, daß das s. g. obrigkeitliche Eigenthum nur durch frühere Beraubung der ursprünglichen Landsassen in die Hände der Edelleute gelangt sei und daß es darum die Nachkommen jener, die jetzigen sogenannten Unterthanen, mit Fug und Recht zurückfordern könnten. Nur Zustände solcher Art machen es erklärlich, wie in jenen Tagen ein überspannter ruthenischer Bauer aus dem damaligen Czernowitzer Kreise Galiziens, der heutigen Bukowina, eine Zeit hindurch eine großes Aufsehen erregende Rolle spielen konnte. Lucian Kobylica, ein Natursohn der Karpathen, in Plosko ansässig, war von dem Wahlbezirke Wiśnica in den Reichstag abgeordnet worden, aus welchem er Anfangs November in seine Heimat zurückkehrte. Hier diente ihm die bronzene Medaille, die sich die Reichstagsabgeordneten während der Octobertage zu ihrer persönlichen Sicherheit vor die Brust geheftet hatten, als eine vom Kaiser verliehene Auszeichnung die er an einer weißen Binde trug und auf die er sich berief, wenn er seine Huculen überredete der Kaiser habe ihm unumschränkte Macht über das Land gegeben. Er gebot ihnen sofort nur auf ihn zu hören, keine Befehle der Obrigkeiten, der kaiserlichen Behörden zu achten. Er berief eine Versammlung von Abgeordneten aller Gemeinden seines Wahlbezirkes, setzte Richter die sich seinen Weisungen nicht fügen wollten ab und andere an ihre Stelle. Er sagte seinen Mitbauern gleichmäßige Vertheilung der Wälder zu und versprach ihnen die vollständige Überlassung aller herrschaftlichen und Staatsgüter, die im Grunde nur Eigenthum der jetzt selbständigen Bauern seien. Um ihre, wie er behauptete, rechtmäßigen Ansprüche durchzusetzen, ließ er seine Wähler sich bewaffnen und hatte bald eine Schaar von mehreren tausend Huculen unter seinem Befehle. So wenigstens meldete der Ruf, der es, wie bei solchen Gelegenheiten überhaupt, noch dazu aus einem so abgelegenen Theile der Monarchie, an Übertreibungen jeder Art nicht fehlen ließ. Kobylica, hieß es, lasse sich die größten Ehren erweisen; von dem „König", von dem „Imperator" Kobylica sprachen ironisch die Einen und auf Treu und Glauben die Andern. „Die wichtigste Person der Bukowina zur Stunde ist Kobylica", begann eine Czernowitzer Correspondenz der „Zgoda" die Schilderung seines Treibens. Thatsache ist daß sein Name einen Schrecken verbreitete der die benachbarten Gutsbesitzer schutzsuchend in die Städte trieb, daß Gewaltthätigkeiten an herrschaftlichem Eigenthum namentlich an Waldungen in größerem Maßstabe vorfielen und daß die längste Zeit hindurch alle von den Behörden wider Kobylica ergriffenen Maßregeln erfolglos blieben, bis er Ende Mai 1850 gefangen in Czernowitz eingebracht wurde [231]).

Von den westlichen Ländern war es unser Schlesien, das, sonst eins der stillsten Gebiete der Monarchie, im Herbst 1848 von fortwährenden Unruhen theilweise communistischer Natur heimgesucht wurde. Allerdings wirkte in dem kleinen Ländchen mancherlei zusammen, den Sinn der Leute aus dem Gleichgewicht zu bringen. Aus den vorangegangenen Hunger- und Typhus-Jahren waren noch manche Nachwehen, manche bittere Rückerinnerung zurückgeblieben. Die Ereignisse des Jahres 1848 waren nicht geeignet dem um sich greifenden Pauperismus Einhalt zu thun. Dafür blühten in vielen Städten des österreichischen Schlesien, noch mehr aber jenseits der Gränzen im Preußischen, demokratische Vereine welche die irrigsten Begriffe unter das Volk streuten, die ungeordnetsten Leidenschaften in ihm anfachten. Der „Leobschützer Krakehler" mit dem Wahlspruch: „Ruhe ist die letzte Bürgerpflicht, die erste aber ist Krakehl", trug seinen Namen wahrhaftig nicht umsonst und half, auch diesseits unserer Gränzen viel gelesen, zur Aufreizung der Gemüther redlich mit. Als dann die Aufhebung des Unterthänigkeitsverhältnisses im Reichstage zur Verhandlung kam, konnte das Vaterland Hans Kudlich's unmöglich hinter andern Gegenden zurückbleiben. Forst- und Jagdfrevel griffen selbst auf den Gütern beliebter Herrschaften um sich, von Leistung der herkömmlichen Gaben wollte niemand etwas wissen; ja die Leute ließen sich unschwer überreden, daß die Obrigkeiten derlei Gaben wie z. B. Laudemien seit jeher unrechtmäßig bezogen hätten, daher man von denselben die Rückzahlung des seit 20 bis 30 Jahren Entrichteten verlangen könne. In der Gegend von Bielitz schien eine zahlreiche Arbeiter - Bevölkerung, die unter der allgemeinen Geschäftsstockung litt und von ihren preußischen Genossen unverstandene saint - simonistische Redensarten zu hören bekam, nur auf die Gelegenheit zu lauern, über die reichen Fabriksherren und alle Vermöglicheren herzufallen, sie auszurauben und nach Umständen zu erschlagen. Zuletzt kamen nun noch Wiener Emissäre, angebliche Studenten, polnische Landstreicher, welche die Leute für die Sache der Hauptstadt zu fanatisiren, gegen die „Aristokraten" zu hetzen suchten. In Bennisch (Bentsch), Kublich's Heimat, kamen am 22. October, wie es hieß auf Veranlassung seines Vaters, die Vertrauensmänner von mehr als fünfzig Gemeinden zusammen, wo eine Art Steuerverweigerung und die Zurückberufung ihrer in den Reihen der Armee gegen Wien kämpfenden Söhne zur Sprache kam; als an die Versammelten die Aufforderung gerichtet wurde: die es mit dem Kaiser hielten sollten rechts, die es mit Wien hielten links antreten, war es allein Kublich's durchgefallener Mitwerber um den Reichstagssitz, Bauer Micka aus Slatnik (Zlatnitz), der sich rechts stellte. Als einige Tage später, 25. October, der Reichstagsabgeordnete Joseph Weiß, der erste (Alters-) Präsident des constituirenden Reichstages, seinen Wählern über die Wiener Zustände richtigere Begriffe beizubringen versuchte, das Einschreiten der bewaffneten Macht als eine Nothwendigkeit darstellte, rief dies eine solche Gährung hervor, daß der sonst weit und breit geachtete und beliebte Mann sein Heil in der Flucht nach Neisse suchen mußte. Um dieselbe Zeit geriethen die Bauern von Bludowitz (zwischen Ostrau und Teschen) in vollen Aufstand gegen ihre Herrschaft; Militär aus der Kreisstadt mußte gegen sie ausrücken. In dem Gebirgsdorfe Ober-Lindewiese rotteten sich die Garnspinner zusammen, weil ihnen angeblich der Erbrichter der zugleich Hauptabnehmer ihrer Waare war den Preis unbillig herabdrücke, 25. u. 26. Oct. In Freiwaldau kam es am 1. November aus ähnlichem Anlasse wie in Zuckmantel zu gewaltsamen Auftritten; ein Bürger hatte im Posthause in Gegenwart Anderer seine Freude über die Bezwingung Wiens nicht verhehlt und wurde darum Abends mit einer wohlorganisirten Katzenmusik bedacht; als der Syndicus und die Nationalgarde

keine Leser und darum auch keine Verleger. Selbst der einsame Forscher in seinen vier Wänden feierte, seine Bücher hatten ihren Reiz für ihn verloren, seine Sammlungen und Apparate verlockten ihn nicht in einer Zeit, die für die Früchte gediegenen Eifers keinen Sinn hatte. „Das Mehr von Einsicht in meiner Wissenschaft“, schrieb uns im October voll trüben Mißmuths ein gelehrter Freund, „das ich seit März dieses Jahres gewonnen, ist keine zwei Kreuzer werth“. „Ich habe in diesem Sommer unendlich viel gelitten“, klagte der keusche Dichter Adalbert Stifter, „selbst der Tod ist süßer als solch ein Leben, wo Sitte Heiligkeit Kunst Göttliches nichts mehr ist und jeder Schlamm und jede Thorheit, weil jetzt Freiheit ist, ein Recht zu haben meint hervorzutreten. Als die Unvernunft, der hohle Enthusiasmus, die Schlechtigkeit, die Leerheit und endlich sogar das Verbrechen sich breit machten und die Welt in Besitz nahmen, da brach mir fast buchstäblich das Herz“. Er konnte nichts arbeiten, nichts geistiges schaffen. „Ich liebte die Menschen und war bis 1848 heiter wie die antiken Völker. Jetzt weiß ich nichts zu sagen, und habe niemand dem ich etwas sagen möchte“.

Die Hallen der Kunst waren verödet, die freundlichen Tempel der Musen standen verlassen. In Wien mußte die Gesellschaft der Musik-Freunde ihre Thätigkeit einstellen, ihr Conservatorium löste sich wegen Mangels an Schülern und an Publicum auf. Die Theater fristeten ein kümmerliches Dasein; das edlere Schauspiel, die große Oper fanden keine Theilnahme. Selbst das Viergestirn der Wiener Komik erblich in der düstern Gluth der allgemeinen Erhitzung; Karl schnallte sich als Nationalgarde-Bezirks-Chef der Leopoldstadt den Officiers-Säbel um und legte als Wiener Gemeinderath seine Schalksmienen in ernste Falten; Scholz Nestroy und Grois trugen die Muskete. Wenn sie auf die Bretter kamen, versagte ihnen die Laune ihre harmlosen Späße von früher zu machen, wie ihren Zuhörern die Stimmung sich daran zu ergötzen; und in die herrschenden Schlagworte des Tages zu stimmen, dazu mochten sie sich nicht hergeben. Im Gegentheile Nestroy verstieg sich zu dem Wagniß, dieselben in seiner Posse: „Die Freiheit in Krähwinkel“ in's lächerliche zu ziehen; das Stück zog eine Weile, erregte aber bald den Zorn der Radicalen in so hohem Grade, daß sein Verfasser manchen Unglimpf dafür hinnehmen mußte. Die Casse des Theaters erlitt in Folge aller dieser Zustände eine solche Einbuße, daß Karl daran war

die Direction niederzulegen und sein neues Theater-Gebäude in ein Zins-
haus umstalten zu laffen.

Auch in andern Dingen mangelten alle Wahrzeichen heitern und feineren Lebensgenuffes. Vom hohen Adel, von wohlhabenderen Familien
hatten sich viele vor dem Gekläffe demagogischer Hetzer gleich nach den
Märztagen aus den großen Städten zurückgezogen. Alles was nach
Wohlstand und Comfort ausfah war von da an immer seltener geworden,
eine Wahrnehmung die man in Paris wie in Wien und in Berlin in
gleicher Weise machen konnte. Equipagen waren fast keine zu sehen, prunk-
volle schon gar nicht. Verschwunden waren alle glänzenden Livréen, die
„Abzeichen entwürdigender Knechtschaft" wie die Herolde der neuen Heilslehre frohlockten, aber zugleich die Ausflüffe freigebig genießenden Reichthums wie im stillen die Gewerbtreibenden klagten. Je mehr sich im
Laufe der Monate die Zustände trübten, desto mehr zogen sich selbst
minder Bemittelte, deren Verhältniffe es ihnen erlaubten, von den Schauplätzen der Wirren zurück. Die Prager Pfingsttage verscheuchten bei
20.000 Einwohner aus dem Weichbilde der Stadt, von denen bis zum
Spätherbst noch bei weitem nicht alle zurückgekehrt waren. In Wien
waren während der Octobertage die wohlhabenden Stadttheile wie verödet; man konnte in Gaffen und auf Plätzen der innern Stadt der Reihe
nach die größeren Zinshäuser abgehen, ohne in mehr als einem derselben
außer den Hausmeisterleuten einen Inwohner zu finden.

Das Verkümmern fast alles gesselligen Treibens konnte nicht ohne
Einfluß auf die materiellen Verhältniffe bleiben. Durch die Einschüchterung der Reichen und Vornehmen war man von der Gegenwart der Vervehmten befreit, aber zugleich, wie die auf Erwerb angewiesenen Claffen
der Bevölkerung empfindlich wahrnahmen, von den Vortheilen die jene
Gegenwart in ihrem Gefolge hatte. Der Verkehr verlor alles Leben,
der Umfatz der Waaren stockte. In den Werkstätten wurde es stiller, den
Fabrikanten blieben die Bestellungen aus, es fehlte den theurer als sonft
erzeugten Gegenständen an Abnahme. Der Werth aller Papiere war tief
gesunken, während die Anforderungen an den erschöpften Staatsfäckel immer
höher stiegen. Manches Geschäft ging zu Grunde, andere mußten sich
einschränken oder ihren Betrieb wenigstens einstweilen einstellen, in einer
Zeit wo gerade reichliche Beschäftigung der vom Taglohn zehrenden Leute
eine Wohlthat gewesen wäre. Fabrikherren verminderten die Zahl ihrer

Arbeiter, Meister entließen Gesellen und vermehrten dadurch nur die Zahl der Mißvergnügten, ja Verzweifelnden. Brodlosigkeit und Entmuthigung, Noth und Bedrängniß griffen in immer weiteren Kreisen um sich, besonders in den volkreicheren Städten wo diese Schattenseiten menschlichen Daseins selbst unter gewöhnlichen Umständen eine traurige Rolle spielen. Andrerseits gebrach es mehr als je an Mitteln zur Linderung des wachsenden Übelstandes; gemeinnützige Vereine, an die Beiträge ihrer Mitglieder gewiesen, beklagten das steigende Zurückziehen derselben und mußten wohl gar ihre Thätigkeit einstellen.

Über die Schlußergebnisse der Gewerbs= und Handelsbewegung des Jahres 1848 in Deutschland und Italien liegen uns keine näheren Nachrichten zur Hand[432]); mit welchen Einbußen aber Frankreich das Experiment einer vollständigen Umwälzung seiner öffentlichen Zustände erkaufen mußte, mögen einige Daten zeigen. Eine ungeheure Verminderung im Ankaufe ausländischer Rohstoffe für die Industrie und große Verluste im Absatze französischer Erzeugnisse hatte ein empfindliches Zurückgehen der Seefrachten im Gefolge. Marseille beschäftigte im J. 1848 seine Schiffe mit einem Gehalt von nur 877.000 statt 1,500.000 Tonnen, wie dieß im J. 1847 der Fall war. Die Totalsumme aller Frachtverluste des J. 1848 im Vergleich zu dem früheren Jahre betrug eine Differenz von 7.471 Schiffen oder 1,152.000 Tonnen. Der Verbrauch von Steinkohlen betrug 1,795.000 Tonnen, während er das Jahr zuvor auf 2,173.000 gestiegen war. Die Verarbeitung der Baumwolle zeigte gegen das Vorjahr einen Unterschied von 57.000 g. M., was einer Abnahme der Fabricate im Werthe von 120 bis 150 Millionen Frs. gleichkam. Am auffallendsten zeigte sich das Zurückgehen der Maschinen von 7,080.000 Frs. auf 3,600.000 und der Modewaaren von 4,300.000 Frs. auf 2,500.000. Welche Einbuße dadurch die Staatszuflüsse erlitten, ließ sich aus einer am 25. November vom „Moniteur" veröffentlichten Tabelle abnehmen. Im October 1847 betrug die Zolleinnahme 12,037.000 Frs., im October 1848 nicht mehr als 9,090.000; für die ersten zehn Monate 1847 führten die Gränzämter nahe an 112,000.000, in derselben Zeit 1848 nur 72,000.000 ab, ein Unterschied von 40,000.000. „Die Revolutionen kommen theuer zu stehen", rief das „Journal des Débats" aus, indem es diese Betrachtungen anstellte.

Mehr als irgend einer der europäischen Staaten hatte verhältniß-

22

mäßig Österreich von der Ungunst der materiellen Verhältnisse zu leiden.
Der Umschwung der Dinge hatte, wie nicht ohne Grund bemerkt wurde,
eigentlich nur einem einzigen Stande, freilich dem verbreitetsten und in
gewisser Hinsicht wichtigsten, entschiedenen Vortheil gebracht: dem Bauern=
stande durch die Lösung des Unterthänigkeits=Verbandes. Sonst überall
hörte man nur von Schaden und Verlusten, von Einbuße an Gütern
und Zuflüssen; vor allem aber der Gewerbs= und Handelsstand klagte
über Stockung oder völligen Stillstand der Geschäfte.

   Eine Folge der gedrückten Zeitverhältnisse und dann wieder eine
Ursache weiterer Verwirrung waren zumal die gestörten Geldverhältnisse.
Mißtrauen in die öffentlichen Zustände und mäklerische Umtriebe wirkten
von der zweiten Hälfte Mai 1848 zusammen, die klingende Münze aus dem
Umlaufe verschwinden zu machen; die Einen vergruben sie, die Andern
rafften sie zusammen um damit Geschäfte zu treiben. Die Verwechs=
lungs=Cassen der Nationalbank sowohl in Wien als in den Landeshaupt=
städten wurden fortwährend mit Barvorräthen von Silbergeld dotirt,
um sowohl den Bedürfnissen der Verwaltung als jenen des täglichen
Verkehrs nach Kräften zu genügen. Allein habsüchtige Speculation
mußte diese Wohlthat in ihr Gegentheil zu verwandeln; jüdische und
christliche Wucherer bezahlten eigene Agenten, die sich zu den Einlösungs=
Cassen drängten um das zur täglichen Auswechslung bestimmte Quantum
an Silbergeld nicht unmittelbar, wie es die Bank beabsichtigte, unter
das Publicum gelangen zu lassen. Einen großen Antheil an diesem
Schacher hatte ohne Frage das Geldausfuhrverbot, und es zeigte sich
auch hier wieder, wie sehr solche die freie Strömung des Handels und
Verkehrs hindernde Maßregeln ihre Wirkung verfehlen. Es gab hundert
Wege das Verbot zu umgehen, und den Schaden hatten zuletzt nur der
öffentliche Credit und die Regierung selbst. Die österreichischen Bank=
noten waren in der vormärzlichen Zeit besonders in Süddeutschland ein
wegen seiner Bequemlichkeit und Vertrauenswürdigkeit beliebtes Tausch=
mittel; sie hatten mitunter ein Agio von 1 bis 1½ Procent. Das
wandelte sich augenblicklich in das Widerspiel um, als mit dem Geld=
ausfuhrverbot aus Österreich der ungehinderten Umwechslung des Papier=
geldes Schranken gesetzt wurden; die Banknoten fielen immer tiefer
unter Pari. Nun bildeten sich eigene Versicherungs=Gesellschaften, die
Silbergeld aus Österreich gegen 2½ bis 3 Procent, Gold gegen 1¾
bis 2 Procent soviel man wollte über die Gränze schaffen. Frankfurter

Banquiers erhielten an hunderttausend Gulden in Silberzwanzigern, an denen sie trotz Frachtgebühr, Versicherungs-Prämie rc. bis zu 10 Percent gewannen. Wer nach Österreich reiste wechselte sich erst in Deutschland Banknoten zu niedrigem Preis, gab sie in Österreich zum vollen Werthe aus und brachte bei diesem Geschäfte oft seine ganzen Reisekosten herein[233]). So war bald Süddeutschland mit österreichischen Thalern Zwanzigern Zehnern rc. überschwemmt, während man in Österreich schon November 1848 selbst an Fünfern und Dreiern fühlbaren Mangel litt und einen leibhaftigen Silberzwanziger mit einer gewissen achtungsvollen Scheu anzusehen begann. Die Regierung gab eine neue Scheidemünze zu 6 kr. aus, allein auch das brachte keine dauernde Besserung.

Die nachtheiligen Wirkungen des Geldausfuhrverbotes äußerten sich bald allenthalben. Viele deutsche Kaufleute namentlich in Bayern begannen um der Störungen willen die es in ihre Geschäfte brachte, und der Verluste die sie dadurch erlitten, ihre Handelsverbindungen mit Triest zu lösen und sich Hamburg oder den holländischen Häfen zuzuwenden. Nicht weniger litt darunter der Kleinverkehr im Inlande, und die Gewerbs- und Handelswelt sah sich um so mehr genöthigt zu einer Art Selbsthilfe zu greifen, als mit der Zeit sogar das gewöhnliche Kupfergeld für den Bedarf nicht ausreichte und der Speculation anheimzufallen schien. Einzelne Fabrikanten und Handelsleute in den Industrie-Bezirken des nördlichen Böhmen machten zuerst den Versuch, unter ihre Arbeiter und Kunden Papierzeichen zu 1, 2, 3, 5, 10 bis zu 20 Kreuzern auszugeben, die auf den Credit der betreffenden Firma hin von der ganzen Nachbarschaft ohne Anstand angenommen und weitergegeben wurden. Das Beispiel fand reißende Nachahmung und bald gab es kein größeres Geschäft in den gewerbreicheren Gegenden von Böhmen und Mähren, das nicht seine eigenen Werthzeichen ausgab. Es war eine Zeit wo in Karlsbad derartiges Kleingeld aus Papier oder Kattun — denn auch das kam vor — von mehr als siebenzig Firmen cursirte. Bald griffen Gastwirthe Gutsbesitzer u. dgl. zu demselben Mittel, ja selbst kleinere und größere Stadtgemeinden wußten sich zuletzt keinen andern Rath. Nachdem im Prager Stadtrath, um den Ausfall zu decken den die Gemeinderenten einerseits durch die Aufhebung des Unterthänigkeitsbandes, den Entgang von Taxen und Laudemien, den geringern Ertrag des Verzehrungssteuer-Zuschlages, andrerseits durch die erhöhten Auslagen der Selbstverwaltung und die gesteigerten Ansprüche der Zeit-

22*

verhältnisse erlitten, die mannigfachsten Vorschläge aufgetaucht und wieder
beiseite gelegt worden waren — Einführung einer Hauszinssteuer, einer
Fenstersteuer und, wohl am ungeschicktesten in einer Zeit wo eben aller
Aufwand geschwunden war, einer Luxussteuer auf Kutschen Pferde
Hunde — und da auch die Contrahirung einer städtischen Anleihe unter
den obwaltenden Umständen keinen besondern Erfolg zu versprechen schien,
faßte das Stadtverordneten-Collegium am 4. November den Beschluß,
städtische Werthzeichen zu 10 und zu 20 kr. im Gesammtbetrage von
100.000 fl. C. M. zu emittiren, eine Maßregel die vom Publicum und
von der Geschäftswelt mit allgemeinem Beifall aufgenommen wurde[234]).
In ähnlicher Weise beschloß um die Mitte November der Gemeinderath
von Laibach, lithographirte Bons zu 3, 5, 10, 15 und 30 kr. unter
Haftung der Stadtgemeinde zu verausgaben, welche für Banknoten umgetauscht und bei eintretender Besserung des Geldmarktes wieder einge-
zogen werden sollten.

An Orten, wo derartige Nothzeichen nicht zur Verfügung standen,
griff das Publicum zu einem ganz eigenthümlichen Auskunftsmittel.
Ohne die geringste Bürgschaft dafür zu haben ob sich die Regierung so
etwas werde gefallen lassen, fing man an die Eingulden-Noten erst in
Hälften[235]) und dann sogar in Viertel zu zertheilen und diese für 30
und 15 Kreuzer gelten zu lassen, und die Nationalbank fand sich in der
That veranlaßt diesen Act der Nothwehr dadurch zu sanctioniren, daß sie
„die Umwechslung solcher Theile gegen ganze unbeschädigte Banknoten
bei allen Bankcassen" verfügte und überdieß mehrere achtbare Handels-
firmen in sämmtlichen Vorstädten Wiens dazu vermochte, „derlei zer-
stückelte Banknoten zu 1 und 2 fl. für Rechnung der Bank gegen ganz
unbeschädigte zu vertauschen[236]).

Dem augenblicklichen Bedarf war durch solche Mittel allerdings
abgeholfen; sie hatten aber nichts destoweniger ihre nachtheiligen Folgen.
Das österreichische Volk ist von Haus aus wenig zur Sparsamkeit geneigt; lumpige Werthzeichen wie sie damals cursirten waren vollends
geeignet dem Hang zum Geldausgeben Vorschub zu leisten. Lumpig in
jedem Sinne des Wortes; auch in dem, daß durch oftmaliges Übergehen
aus einer Hand in die andere, darunter nicht immer die reinsten, oft so
unsaubere Fetzen daraus wurden, daß man schon um dessentwillen die
erste Gelegenheit ergriff ihrer wieder los zu werden. Dabei waren sie
schnellem Verderb ausgesetzt, geriethen leichter in Verstoß oder Verlust

als klingende Münze, und auch dadurch kam das Publicum zu mancherlei
Schaden. Als die Prager Stadtgemeinde später ihre Papiere wieder ein=
zog, zeigte es sich daß sie ein ganz gutes Geschäft damit gemacht hatte,
indem jedenfalls die Kosten der Anlage durch die Summe der nicht
zur Wiedereinlösung gebrachten Papiere reichlich gedeckt waren. In ver=
hältnißmäßig noch höherem Grade mochte das mit den privaten Werth=
zeichen der Fall sein, die durch die vielverschlungenen Wege des Verkehrs
mitunter in Gegenden verschlagen wurden, von wo man sich mit dem
Ausgeber nur schwer, und unter Kosten für die der ganze Betrag des
Geldzeichens kaum stand, in Beziehung setzen konnte. Endlich aber gaben
namentlich die halben und Viertel=Notenstücke betrügerischen Schacherern
reichlichen Stoff zu Uebervortheilungen des ungebildeten Volks. Der
Landmann in Galizien, damals noch in den seltensten Fällen des Lesens
kundig, wollte ohnedieß nie recht den Banknoten trauen, da er, was dar=
auf gedruckt war, auf guten Glauben hinnehmen mußte. Von den zer=
schnittenen Noten nun mußte man ihm vorzuschwatzen, sie würden weder
von der Bank noch bei irgend einer Casse angenommen; es war eine
Zeitlang auf den galizischen Wochenmärkten so arg daß man weder für
ganze noch für zerschnittene Banknoten etwas bekam und die Leute, die
sich bei der Filiale der Nationalbank mit den handfesten Agenten der
Geld=Speculanten nicht herumbalgen konnten um Banknoten gegen Silber=
geld umzuwechseln, letzteres von den Wucherern um hohe Percente sich
verschaffen mußten um wenigstens für den täglichen Lebensbedarf Ein=
käufe machen zu können.

6.

In einem bald nach dem Jahre der Verwirrung erschienenen Büch=
lein[237]) unternahm der Verfasser, Doctor der Medicin, also Fachmann,
den wissenschaftlichen Nachweis, daß der Demokratismus von welchem
damals die halbe Welt befallen war alle Symptome jener Volkskrank=
heiten an sich getragen habe, die nach dem Zeugnisse der Geschichte der
Heilkunst zu Zeiten aufzutreten pflegen, wie die Tanzwuth des Mittel=
alters, die Anthropophagie und Lykanthropie zu Ende des 15. bis Ende

des 16., der Vampyrismus um die Mitte des vorigen Jahrhunderts,
die Predigtkrankheit in Schweden u. dgl. Beispiele davon seien. Der
Verfasser erkennt als die Ursachen jenes „morbus democraticus", wie
er die neue Krankheitserscheinung des Jahres 1848 nennt, „eine krank-
hafte Steigerung des Nachahmungstriebes und des Triebes nach äußerer
Freiheit" und als extremste Äußerung des letztern „die Volks-Souverainetät, jenes vieldeutige Wesen das die ausschweifendste Freiheit und
die drückendste Thrannei in sich schließt". Überlassen wir das Urtheil
über diese, wie gesagt, nach allen Grundsätzen der Wissenschaft durch-
geführte Behauptung den Männern vom Fache, so sind doch selbst für
das Auge des Laien gewisse Stadien unverkennbar, welche die damalige
Bewegung durchgemacht: die allmälige Erhitzung der Gemüther, der
Höhepunkt des Paroxysmus und zuletzt der fast durchgängige Umschlag
der Stimmung. Im ersten Frühling des Jahres war letztere ganz rosig,
weil die Leute nach dem Umsturz des Alten an dem sie kein gutes Haar
mehr ließen die Aussicht in ein ungeahntes Reich voll Glück und Wohlsein
vor sich zu haben meinten; im Spätjahr war alles mißmuthig, weil sich
jene Aussicht nicht erfüllt hatte, ja manches ärger war als es früher
damit bestellt gewesen. Jetzt waren es die neuen Einrichtungen von denen
die Enttäuschten nichts mehr wissen wollten, so daß sich Viele aus der
beschwerlichen Wüstenfahrt voll Kampf und Ungemach nach den verlassenen Fleischtöpfen Ägyptens zurücksehnten. Und doch waren es im Durchschnitt nicht die neuen Einrichtungen die alles verdorben hatten was sich
anfangs so schön angelassen, sondern war es zumeist nur die vom Frei-
heitsschwindel ergriffene Menge, die von jenen statt maßvollen Gebrauch
unverantwortlichen Mißbrauch gemacht hatte.

Allerdings gab es einzelne Ausgeburten der neuen Ära von denen
sich im Grunde ein Mißbrauch gar nicht machen ließ, weil schon der
einfache Gebrauch davon zu vollständiger Enttäuschung führen mußte. Es
waren das jene Theoreme, von denen jeder einigermaßen Besonnene vor-
aussagen konnte daß sie, weil mit den natürlichen Grundlagen der Gesellschaft in Widerstreit, unter allen Umständen an ihrer Ausführung
scheitern müßten. Dieß war z. B. der Fall mit der Einrichtung der
National-Werkstätten in Frankreich, und überhaupt mit all jenen Phan-
tasie-Gebilden des Communismus und Pseudo-Socialismus, denen von
ihrem bösen Geschicke im Jahre 1848 der Streich gespielt wurde sich in
leibhafter Wirklichkeit erproben zu müssen. Die hierin am meisten ver-

heißen hatten, mußten darum am jämmerlichsten Schiffbruch leiden.
Unter diese Unglücklichen gehörte namentlich Stephan Cabet[238]), der seit
Jahren den Lesern seiner Schriften ein Land der Seligkeit, Ikarien genannt, ausgemahlt, in den verführerischsten Farben „Überfluß und Reich-
thum, Eleganz und Pracht, Ordnung und Einheit, Eintracht und Brüderlichkeit" als das unfehlbare Ergebniß seines Systems gepriesen hatte
und an den nun, nachdem alle beengenden Schranken gefallen waren,
von den Gläubigen seiner Schule die Forderung gestellt wurde zur
Wahrheit zu machen was er ihnen bisher nur im Bilde gezeigt. Da
Cabet die Hoffnung aufgeben mußte in seinem vom Netz der Vorurtheile
umstrickten Vaterlande zu erreichen was er anstrebte, fuhr er mit seiner
Ikaristen-Schaar über's Meer um in einer Gegend, wo alles vorhanden
wessen der Mensch für seine leiblichen Nöthen bedarf, üppige Felder,
von Früchten strotzende Bäume, fischreiche Gewässer, sein Ideal der
menschlichen Gesellschaft zu verwirklichen. In New-York ließ er sich bei
einem Festmale, das ihm und seinen Jüngern gleichgesinnte Schwärmer
gaben, als den Verkünder der neuen Heilslehre preisen und brach dann
weiter nach dem Süden auf. Die Theilnehmer an der Expedition hatten
ihre Barschaft an die gemeinschaftliche Casse abgeben müssen und langten, nachdem man schon unterwegs sehr schlecht für sie gesorgt hatte,
ganz entblößt zu New-Orleans an, wo mehrere erkrankten, die meisten
aber, da sie kein Geld hatten und von Cabet keinen Dollar erhalten
konnten, ihre Uhren verpfänden mußten. Von New-Orleans schickte man
sie den Mississippi aufwärts nach dem sogenannten Ikarischen Entrepot
Shreveport, wo es an allem fehlte und wo der weibliche Theil der
Colonisten in einer Art Kuhstall zurückgelassen werden mußte, weil die
durch Wälder anzutretende Fußreise nach Texas kaum den Männern
möglich war. Unter den größten Entbehrungen wurden sie gleich einer
Heerde Schafe an den Ort ihrer Bestimmung getrieben, wo sie bei ihrer
Ankunft ihre schreckliche Täuschung wahrnahmen. Sie fanden kein Haus,
kein Obdach. Beinahe ohne Kleidung, fehlte ihnen auch Speise und
Trank. Gar bald lagen von den 70 Männern der ersten Expedition
zehn im Sterben, die übrigen waren mehr oder minder krank. Sie lehnten
sich gegen ihre Führer auf und traten sofort den Rückmarsch an. Viele
Kranke mußten auf dem Wege zurückbleiben, die übrigen ihr Gepäck
wegwerfen um weiter zu kommen. Nach unsäglichen Leiden langten sie
wieder in Shreveport an. Es blieb ihnen nichts übrig als hier Hilfe

aus der Heimat abzuwarten, da ihnen alle Mittel zur Fortsetzung ihrer Reise fehlten. Endlich kamen aus Frankreich fünf Agenten die ihnen aber nur 200 Lst. statt 1000 brachten, so daß jeder der Colonisten etwa 2 Lst. erhielt, die kaum hinreichten sie nach New=Orleans zu bringen. Das Ende des mit ihnen getriebenen Spiels war bei jenen, die so glücklich waren in ihre früheren Verhältnisse zurückzukehren, gründliche Heilung von allen utopistischen Einbildungen[239].

Doch es gab im Herbst 1848 der enttäuschten Karisten eine weit größere Anzahl als die paar hundert Phantasten, die das Land voll Milch und Honig gesucht, aber nicht gefunden hatten. Sie zählten nach Millionen, wenn man unter diesem Ausdruck alle jene begriff, die seit dem Umschwung der Dinge Vorstellungen nachgejagt hatten in denen sie sich zuletzt grausam betrogen fanden. Da hatten sie jenseits des Canals ein gepriesenes Land in's Auge gefaßt, das sich aus seiner Geschichte und seinen eigenthümlichen Verhältnissen heraus staatliche Einrichtungen geschaffen, in denen sich der Bürger frei und glücklich bewegte; und nun hatten sie gemeint, sie brauchten nur jene Einrichtungen über's Meer herüberzutragen und unseren Zuständen anzupassen und alles würde mit einem Schlage anders und besser werden. Allein die Übel der Zeit lassen sich nicht über Nacht abstellen und ausgleichen; sie lassen sich auch nicht durch bloße politische Formen und Formeln wegschaffen; endlich muß nicht, was unter gegebenen Vorbedingungen gut ist, darum auch dann gut sein wenn diese Vorbedingungen nicht oder noch nicht vorhanden sind. Im Gegentheile, in letzterem Falle kann der Segen den man sich versprochen zum Fluche werden, und die allgemeine Glückseligkeit die man sich und andern vorspiegelte geht zuletzt in eine moralische Überladung aus. Das war im allgemeinen nach Ablauf weniger Monate das Schicksal der erst mit Jubel und Freude begrüßten Errungenschaften des März 1848. In den Schlagworten „Constitution" „Preßfreiheit" „National-garde" hatte man das Heilmittel für alle Mißstände zu finden geglaubt; aber die Mißstände dauerten fort und neue kamen dazu. Durch regelrechte Formulirung von ein paar hundert Paragraphen hatte man gemeint alle bisherigen Verhältnisse umstalten zu können; aber was man nicht durch Paragraphe anders machen konnte, das waren die Menschen die sich in die neuen Verhältnisse nicht zu schicken vermochten und die derselben, weil ihnen Verständniß oder guter Wille dafür mangelte oder ober weil sie ihnen durch Ausartungen und Auswüchse aller Art verleidet worden waren, gar bald überdrüssig wurden.

In der That ließen sich jene, die im Herbst 1848 von der Gegenseite als Reactionäre verschrien wurden, in zwei Classen theilen: die primären die man auch die Prädestinirten nennen könnte, und die secundären. Zu den erstern gehörten alle jene Stände und Berufs-Classen, deren Lebensverhältnisse und Lebensansichten mit den Anforderungen welche die neuen Institutionen an sie stellten von vorn herein in Widerspruch standen. Im Gefolge der neuen Freiheit drohten viele Vorrechte zu fallen, manche altgewohnte Vortheile zu schwinden, drohte mancher ererbte Glanz zu erbleichen; viele jener die ehedem zu gebieten hatten sahen sich durch den mit lauter Stimme verkündeten Grundsatz der Gleichheit auf eine Stufe mit jenen gestellt die ihnen früher unterthänig waren; mancher Zins und Gewinn, manches Umgeld und Gefälle, welche die vormaligen gesellschaftlichen Zustände mit sich brachten, mußte mit dem Wegfall dieser selben Zustände aufhören. Konnten es die Inhaber jener Vorzüge Vortheile und Vorrechte gleichgiltig hinnehmen daß nun alles anders wurde? Nur wenige Hochherzige brachten das über sich; verletzte Eitelkeit, eingewurzelter Hochmuth und Gebieterssinn, zugleich aber die Besorgniß empfindlicher Einbuße an Hab und Gut machten die Meisten aus den bevorzugten Ständen zu natürlichen Widersachern der neuen Ordnung der Dinge.

Aber die am untern Ende der gesellschaftlichen Stufenleiter standen, die weit verbreitete Classe der bisher Gedrückten und Unterdrückten, machte in dieser Hinsicht mit den bevorzugten Ständen gemeine Sache. Für den Bauer gab es nur ein Ziel das er bei dem allgemeinen Umschwung zu erreichen sich sehnte: Befreiung von den ihn und seinen Grund beschwerenden Frohnden; alles andere war ihm gleichgiltig. Was waren ihm die schönen Redensarten, das schwülstige Wortgepränge der neuen Apostel von Freiheit und Gleichheit? Er begriff sie nicht, er hörte ihnen mit offenem Munde zu und schlich sich, wenn er merkte daß die „Vorstellung" ihrem Ende zuging, vorsichtig davon, weil er meinte nun werde der Sprecher auf einem Teller „absammeln" lassen[240]). Ja die neuen Zustände waren ihm geradezu unbequem. Das freie Jagen auf fremdes Wild hätte ihm wohl gefallen; aber die Anwendung derselben Theorie auf andere Dinge die ihn als Leidenden traf mißfiel ihm im höchsten

Grade, und laut klagte er die Behörden an daß sie ihn im Stiche ließen. Wo er einen Dieb oder einen Brandleger auf der That ertappt zu haben meinte, war er mit dem Rächeramt gleich bei der Hand, und lang nicht war eine Zeit so reich an Fällen von Lynchjustiz, mitunter haarsträubender Art, als jene Tage der Verwirrung, wobei man die Leute unumwunden sagen hörte: „die Gesetze straften solche Bösewichter nicht mehr nach Verdienst, darum müsse das Volk selbst richten"[240 b]). Aber auch die regelmäßigen Verpflichtungen welche die neue Freiheit in ihrem Gefolge hatte behagten dem Bauer nicht, und bestärkten ihn in seinem Glauben daß das Alte besser gewesen. So war es ein ganz unpraktischer Gedanke, das junge Institut der Nationalgarde bis zu den Dörfern herab einbürgern zu wollen. Im ersten überströmenden Eifer wollte man die dienstfähige Bevölkerung des ganzen Landes unter Waffen gebracht sehen; in manchen Gegenden waren es besonders junge Geistliche die voll Begeisterung für die neue Sache das Landvolk zu überreden suchten, während die grundherrschaftlichen Beamten häufig in entgegengesetztem Sinne wühlten und damit bei dem Landmann ein offenes Ohr fanden. Denn der Bauer, der selbst durch vierzehn oder acht Jahre Soldat gewesen war oder einen Sohn Bruder oder Vetter beim Militär hatte, bezeigte keine Lust sich das selbst aufzulegen was er von jeher als bittere Nothwendigkeit anzusehen und nach Möglichkeit von sich fernzuhalten gewohnt war. Auch in kleineren Städten zeigten sich bei Einführung der Nationalgarde Schwierigkeiten, wozu manche äußere Umstände, wie Armuth der Bewohner, Mangel an Waffen, aber auch angeborne Unlust oder das ansteckende Beispiel benachbarter Orte, wo man es gleichfalls mit der allgemeinen Wehrpflicht nicht so genau nehme, das ihrige beitrugen.

Wenn bei solchen Umständen das Institut der Nationalgarde nur in größeren Ortschaften gedeihen konnte, so befand sich doch auch in diesen ein weitverbreitetes Element das gleich den bevorzugten Classen und der Landbevölkerung, obwohl aus andern Gründen, keinen empfänglichen Boden für die neuen Einrichtungen abgab. Die so zu sagen kindische Freude, die in den schönen März= und April=Tagen Männer wie Frauen an der neu bewilligten Volkswehr hatten, war bald verflogen und machte entgegengesetzten Stimmungen Platz Die Anschaffung der Uniform und Waffen, der zu einem großen Theile beschäftigungslose Wachdienst, die festlichen bei den verschiedensten Anlässen wiederkehrenden

Gelage brachten Auslagen mit sich die in knapperen Haushaltungen
schwer empfunden wurden; dabei hatte man viel Zeit verloren, sein
Geschäft vernachläffigt, den Erwerb heruntergebracht; endlich zu Hause
die Klagen und Vorwürfe der Hausfrauen, die vielerlei Mühen, Un-
bequemlichkeiten, die gesundheitsgefährlichen Opfer beim Nachtdienst, in
Regenwetter, in der Kälte. All das wirkte mit allerhand politischen Vorgängen zusammen, daß sich immer mehr Volkswehrmänner ihren Verpflichtungen zu entziehen wußten und von Monat zu Monat die Klagen
über Lauheit im Dienste, über völlige Vernachläffigung desselben allgemeiner wurden[241]). Dieselbe Klage ertönte auch in anderer Richtung,
und manche der neuen Einrichtungen, die klug eingeleitet und mit Eifer
gepflegt von dem wohlthätigsten Einflusse auf das öffentliche Leben hätte
sein müssen, drohte bei dem mangelnden Gemeinsinn allmälig dahinzu-
welken. Bürgerversammlungen und Stadträthe wurden spärlich besucht,
weil ein großer Theil ihrer Mitglieder viel zu ehrsame und ruhige Leute
waren, um sich um Dinge zu kümmern die nicht unmittelbar mit ihrem
altgewohnten Nährberuf zusammenhingen. In dem sonst so rührigen
Prag kam es in den letzten Monaten des Jahres wiederholt vor, daß
Stadtrathssitzungen, wo wichtige Angelegenheiten zu berathen waren,
vertagt werden mußten, weil sich die beschlußfähige Anzahl der Mitglieder
nicht zusammenfand. „Es fehlt noch gar sehr an dem echten Gemeinsinn
in unserem Communalwesen so gut wie anderwärts", klagte aus diesem
Anlasse ein conservatives Blatt; „unser Jahrhundert besitzt noch immer
den Charakter der Selbstsucht und ist zum Selfgovernement noch mehr
oder minder unfähig". Ähnliches war auch aus andern Orten zu vernehmen. In der Münchener Vorstadt Au mußten Ende November die
Urwähler zusammengeläutet werden, ohne daß selbst dieses Mittel in
allen Bezirken zum Ziel geführt hätte, und die A. A. Ztg. versicherte
eine Stadt zu kennen wo sich ähnliches zugetragen habe, von 339 Wählern
nur 39 am Platze erschienen seien.

Das Spießbürgerthum gehörte nach seiner Haltung im Jahre 1848
eigentlich beiden Gebieten der Reaction, sowohl dem der primären als
jenem der secundären an. Es war viel angewohnte Unluft und Schwer-
fälligkeit im Spiele; dazu kam aber das Entsetzen über das was sich
seit den Märztagen in so mancherlei Erscheinungen gezeigt hatte, und
das Bangen vor dem was daraus weiter entstehen sollte. Beide diese
Momente wirkten zusammen jene politischen Charaktere zu schaffen, die

sich selbst und welche die Regierungs-Organe als „Gutgesinnte" zu be=
zeichnen pflegten, während sie von den Spöttern der andern Seite, den
„Wühlern", unter dem Namen der „Heuler" zusammengefaßt wurden.
Jedenfalls war der letztere Titel richtiger gewählt als der erstere; denn
das „heulen" war immer bei ihnen zu finden, eine eigentliche „Gesin=
nung", und obendrein eine gute, nicht immer[242]). Überhaupt war es
im großen Durchschnitt weniger das Erwachen besseren Geistes, als die
Besorgniß vor der Wiederkehr schlimmer und gefährlicher Zeiten, dann
aber auch das Bewußtsein unter dem Schutze der neugekräftigten gesetz=
lichen Macht jener Besorgniß unverhohlenen Ausdruck geben und mit
lauter Stimme die Beseitigung alles dessen was sie hervorgerufen und
genährt hatte verlangen zu können, was den Zuständen im Spätherbst
1848 im Vergleich zu denen der vorangegangenen heißen Monate seinen
eigenthümlichen Stempel aufdrückte. So lang die Wogen der **Bewegung**
hoch gingen, war es allein Furcht was die „Gutgesinnten" beherrschte.
Sie flohen, wenn es ihnen zu arg wurde, aus Prag nach **Teplitz** und
aus Wien nach Baden um dort für's Vaterland — zu zittern. Sie
hofften auf die Wiederkehr besserer Zeiten und vertrösteten sich im
schlimmsten Falle auf das Jahr 1850, das nach der Prophezeiung des
Benedictiner-Mönchs **Paola** († Ende 1847 zu Straßburg) das Ende
aller Wirren und Drangsal bringen sollte. Die eigentliche Zeit der Gut=
gesinnten begann überall erst mit dem Belagerungszustande; da schossen
sie aus der Erde wie die Pilze, da machten sie sich bemerkbar in Adressen
und Deputationen, aus denen es herausklang wie in **Eichendorff's**
„Dichter und ihre Gesellen" das Wort des alten Baron **Eberstein:**
„Die Zeit will nur Prügel haben, weiter ist's nichts." Daß die bessere
Bevölkerung von Städten, die Monate hindurch von Unruhe und Un=
ordnung, von wüstem Lärm und Toben, von Scenen voll Angst und
Schrecken heimgesucht waren, unter dem Walten des **Martial-Gesetzes**
leichter aufzuathmen begann, war ihr wohl eben so wenig zu verübeln
als wenn einzelne Vorstadtbezirke Wiens sich ausdrücklich die Einquar=
tirung von Truppen erbaten, um gegen die noch immer hin und wieder
auftauchenden Nachwehen einer kaum gebändigten Gesetzlosigkeit gesichert
zu sein. Allein etwas sonderbar war es denn doch, wenn ein solcher
immerhin mit mancherlei Unannehmlichkeiten verbundene Zustand förmlich
herbeigewünscht wurde, wie dieß in einer österreichischen **Provinzial-**
Hauptstadt geschah in deren Gemeindeausschuß sich verschiedene Stimmen,

schüchtern freilich und unter der Hand, vernehmen ließen: „auch ihrer
Stadt könnte der Belagerungszustand nicht schaden; ob man nicht darum
bittlich einschreiten könnte?" Wenn man auf die Gutgesinnten in diesen
Orten hörte, so war es wohl das beste das Rad der Zeit rückwärts
zu drehen, alles was sich seit dem letzten März geändert in den frü=
heren Stand zu setzen und die stille Gemüthlichkeit der „guten alten
Zeit" zurückzuzaubern [243]).

Zu einer eigenen Art von Berühmtheit in dieser Richtung brachte
es das Prager Siebenundsechzigerthum. Es war dieß ursprünglich eine
Zusammentretung von siebenundsechzig Prager Bürgern, die unmittelbar
nach den blutigen Pfingst=Ereignissen dem Fürsten Windischgrätz eine
Vertrauens=Adresse überreichten und den wohlverdienten Dank für den
Schutz aussprachen welchen, dem Treiben einer anarchischen Partei
gegenüber, sein kräftiges Einschreiten ihrer Hauptstadt gebracht habe. In
diesem Schritte lag nun durchaus nichts was jeder vernünftig und billig
denkende Bürger, dem gesetzliche Ordnung, Sicherheit der Person, des
Besitzes und Erwerbes keine gleichgiltigen Dinge sind, nicht hätte billigen
müssen, wie denn auch die Namen die unter jener Adresse standen zu
einem großen Theil den ehrenhaftesten und achtungswerthesten Repräsen=
tanten des Prager Patricierthums angehörten. Allein dabei blieb es eben
nicht. Das Siebenundsechzigerthum wurde nach und nach zu einer
wahren Krankheit, die allenthalben Gespenster sah und unaufhörlich um
Hilfe rief. Obgleich die „Svornost" längst zu bestehen aufgehört hatte,
wollten die Siebenundsechziger immer noch von geheimem Walten und
Einflüßen derselben wissen. Daß Fürst Windischgrätz mit der Haupt=
macht seiner Truppen Prag verlassen und die Stadt der Obhut ihrer
Bürger anvertrauen könne, wie dieß in der ersten Hälfte October that=
sächlich geschah, war ihnen ganz unbegreiflich und alle früheren Besorgnisse
stiegen ihnen nur in erhöhtem Grade auf. Einige Wochen später wurde
die Hauptwache im altstädter Rathhause von der Nationalgarde bezogen,
wobei der Bürgermeister Dr. Wanka eine Ansprache mit allerdings etwas
ungeschickten historischen Reminiscenzen hielt, und nun sahen die Sieben=
undsechziger von fern die Junitage mit allen ihren Schrecken wieder
herankommen. Wenn es eine Fahnenweihe oder sonst eine Feierlichkeit
der Volkswehr auf dem Roßmarkt oder in dessen Nähe gab, tauchten
allsogleich Gerüchte von einer Erneuerung der verhängnißvollen Messe
vom zweiten Pfingstfeiertag auf. Der Hauptsitz der Leute von diesem

Schlage war die Kleinseite und in der That trugen sich mehrere dortige Bürger eine Zeitlang mit dem Gedanken, dieses Viertel wieder wie vor Kaiser Joseph's II. Zeiten zu einer eigenen Stadt zu machen, um nicht von der demoralisirten Alt= und Neustadt in's Schlepptau genommen zu werden; „doch wird wohl", wurde uns jenerzeit aus Prag mitgetheilt, „dieser Plan zerfließen sobald er von der Sonne der Öffentlichkeit beleuchtet wird, schon deßhalb weil die Personen die an der Spitze jenes Unternehmens stehen den Muth nicht haben sich öffentlichen Angriffen auszusetzen".

Daß es die radicalen Blätter Prags an boshaften Ausfällen auf die Siebenundsechziger nicht fehlen ließen [244]), war um so weniger zu wundern, als von dieser Seite alles was conservativen Grundsätzen huldigte dasselbe Schicksal zu erfahren hatte. Allein auch ihnen selbst, den Wortführern des Umsturzes, wurde jetzt nichts mehr geschenkt, und wenn sich während der früheren Monate nicht so leicht jemand getraute, die Geißel der Satyre auf die bloßen Stellen zu schwingen deren die Übertreibungen des Jahres 1848 so viele boten, so mochte es jetzt als ein Zeichen der Zeit gelten daß die beiden Seiten, die radicale und die conservative, ihre Rollen umgetauscht zu haben schienen, jene häufig genug die Angegriffenen, diese die herausfordernden Angreifer waren. Was noch vor kurzem von letzteren gefürchtet, wurde nun von ihnen bespöttelt und verhöhnt. Die Tollheiten der vergangenen Tage, die Schlagworte der Demagogie, ihre nun unschädlich gewordenen Phantasmagorien boten dem neuerwachten Sicherheitsgefühl reichlichsten Stoff sich und den Andern die Lachmuskeln zu reizen. Bald war es ein Gedicht in Knittelversen: „Was man unter Communismus versteht":

Wenn jeder in Deinen Keller sich schanzt, jeder auf Dein Sopha sich pflanzt,
Wenn jeder sich Deine Rosen pflückt, jeder mit Deinem Rock sich schmückt,
Wenn jeder jaget und keiner hegt, wenn keiner forstet und jeder schlägt,
Wenn jeder trinket und keiner braut, wenn jeder zerstört und keiner baut,
Wenn alle schreien und keiner hört, wenn keiner was weiß und jeder lehrt,
Mein Deutscher, dieß und dergleichen mehr, ist die Lehr' der Narren und Flibustier.

Dann wieder ein „Entwurf der Grundrechte der Thiere, ehrerbietigst unterbreitet einem hohen Reichstag zu Muncifay" *), worin Paragraphe vorkamen wie diese: „Vor dem Gesetze sind alle Thiere gleich; alle

---

*) Mons fagi, ein Städtchen in Böhmen, einige Stunden von Prag.

Standesunterschiede sind abgeschafft, daher kein Thier mehr das andere fressen darf. Die Freiheit der Person ist gewährleistet; Menagerien sind für immer abgeschafft, das Einfangen und Aufspießen der Insecten von nun aufgehoben; Kettenhunde dürfen nicht mehr gehalten werden. Die körperlichen Züchtigungen sind für ewige Zeiten abgeschafft; Fuhr= leute und Viehtreiber haben sich der entehrenden Peitsche und des unan= genehmen Prügelns zu enthalten" 2c. Oder ein Vorschlag einen „Verein zur Hebung der Interessen der Wölfe" zu bilden, Herrn Cheizes aufzu= suchen und an dessen Spitze zu stellen: „Vor allen Dingen stifte man öffentliche Speiseanstalten d. h. Freitische für die Wölfe, damit sie ferner nicht mehr gezwungen sind dem blutigen Raube nachzugehen"; und der= gleichen mehr [245]).

Der Kleinmuth, die Furchtsamkeit, die „laudatio temporis acti" des Spießbürgerthums und die herausfordernde Ausgelassenheit der con= servativen Journalistik, sie waren nur die beiden äußersten Ausläufer einer und derselben Bewegung, die durch das ganze seit dem Vorfrühling des Jahres in convulsivische Bewegung gerathene mittlere Europa ging, die sich in Deutschland, in Frankreich, in Österreich durch im Wesen gleiche nur in der Erscheinung verschieden gestaltete Symptome bemerkbar machte, und die im politischen Leben der Völker dasselbe ist was im physischen des Einzelnen jener Proceß, wo nach einer heftigen Erschüt= terung, nach dem Anfalle einer gefährlichen Krankheit, wenn es anders des Heimgesuchten Los ist daß er dem Leben erhalten und der Gesund= heit wiedergegeben werde, Mutter Natur eine vehemente zur Heilung führende R e a c t i o n eintreten läßt.

Doch die Ausartungen der Revolutions=Periode zogen noch andere, mitunter ernste ja beklagenswerthe Folgen nach sich. Schwächere Orga= nismen wurden durch sie gebrochen, zerstört, leiblichem oder geistigem Siechthum hingegeben. Besonders in letzterer Hinsicht hatte die Psychiatrie traurige Wahrnehmungen zu verzeichnen. „Kaum war der letzte Schuß gefallen", schrieb Brierre de Boismont nach den Pariser Februar=Tagen, „als ich schon mehrere Opfer dieser Revolution in meinen beiden Anstal= ten aufnahm; sie waren traurig und angstvoll, glaubten daß man sie er= morden wolle. Der eine, ein Mann von vielen Kenntnissen, Verfasser mehrerer Werke, wagte kein Wort, fürchtend daß man ihn in einer Gasse ersticke; mehreren drohten Stimmen mit der Guillotine oder sie hörten

stets Gewehrfeuer. In diese Classe gehörten auch fleißige Bürgersleute
die sich etwas erworben hatten; um ihrem Unglück zu entrinnen sannen
sie auf Selbstmord und mußten sorgfältig bewacht werden. Auch dann
noch versuchten sie es mit Aushungern; unter sechs derselben verhungerten
trotz der Speiseröhren-Sonde zwei. Eine andere Classe war stolz, entzückt; stets sprechend wähnten sie Retter des Vaterlandes, Generale,
Finanz-Minister zu sein". Die Juni-Kämpfe forderten neue Opfer;
Brierre de Boismont hatte über zwanzig aufzunehmen und ähnlich war
es in den andern Pariser Anstalten. Auch von diesen waren viele dem
Größen-Wahnsinn verfallen, die meisten indessen waren melancholisch
Mord und Tod oder Verarmung für sich und ihre Familie fürchtend.
Zum Unglück fanden die Irren die sich für ruinirt hielten bei ihrer Wie-
dergenesung nur zu häufig ihren Wahn zur Wirklichkeit geworden. „Wenn
jene welche Revolution und politischen Umsturz predigen", schließt der
französische Psychiater seine Beobachtungen, „die Opfer derselben kennten,
würden sie gewiß den natürlichen Gang der Reformen einzuhalten
suchen" [246]).

Wenn Fälle wie die geschilderten auch in den übrigen von der Revolution heimgesuchten Ländern, namentlich in den österreichischen vorkamen, so war es bei uns noch eine Erscheinung anderer Art, die sich als
Folge der gestörten Zeitverhältnisse bemerkbar machte, nämlich die, daß
die Auswanderung aus den Gebieten unserer Monarchie nach Nord- oder
Süd-America, nach Australien, wohl auch in das südliche Spanien früher
niemals in so großartigem Maßstabe stattgefunden hat, als von der zweiten
Hälfte des Jahres 1848 an, wo die schönen Traumbilder des März zu
erbleichen und Schrecknissen aller Art Platz zu machen begannen. Nicht
bloß gedrückte oder verarmte Leute, auch solche deren materielle Lage unter
andern Umständen eine vollkommen gesicherte war, vermehrten die Zahl
der Europamüden und sammelten um sich zahlreiche Schaaren die das
Vertrauen in eine trostreiche Zukunft ihres Heimatlandes verloren hatten[247]).
Fiel ihnen auch der Schritt schwer sich von allem zu trennen an was
bisher ihr Sinnen und Sorgen gehangen hatte, so konnten sie doch vom
atlantischen Ocean mit erleichtertem Herzen voraus blicken in ein Land,
dessen Zustände geeignet waren ihnen alles zu bieten was ihnen ihre
Heimat für immer verloren zu haben schien.

In der That, wen die heimischen Vorgänge und Verhältnisse anwi-
derten oder erschreckten, dem mußten gerade damals die nordamericanischen

Freiſtaaten — und dahin wandte ſich die bei weitem größte Zahl der
Auswanderer — als eine begehrenswerthe Zufluchtſtätte erſcheinen. Die
Bürger dort waren glücklich im Beſitze deſſen was ſie hatten, oder im
Erringen deſſen was ſie anſtrebten, und kümmerten ſich höchſtens mit dem
Intereſſe der Neugierde um das was zur ſelben Zeit kunterbunt und toll
in Europa vorging. Kümmerten ſie ſich doch kaum um das was ihre
eigenen öffentlichen Angelegenheiten betraf! Während ganz Europa von
einem Ende zum andern von politiſcher Aufregung durchzittert wurde,
vernahm man von jenſeits des großen Oceans Klagen über die auffallende Sorgloſigkeit, mit der man der bevorſtehenden Präſidenten-Wahl entgegen ſah. Außer Politikern von Profeſſion und Ämterjägern ſchien ſich
jeder, zu viel mit ſeinen perſönlichen Intereſſen beſchäftigt, von den öffentlichen Dingen ſo fern als möglich halten zu wollen. Der Ausfall der
Präſidenten-Wahl ſelbſt verbürgte dem Lande die Fortdauer ſeines innern
Friedens. General Taylor, obgleich ein ergrauter Soldat der erſt in dem
letzten Feldzuge gegen Mexiko friſche Lorbeern gepflückt hatte, war ein
abgeſagter Feind alles Krieges und nicht im mindeſten geneigt ſich in auswärtige Händel zu miſchen. In ſeinen Candidaten-Reden hatte er wiederholt über die Schrecken des Krieges geſprochen, wovon ſeinem Geiſte nur
die traurigſten Eindrücke zurückgeblieben. „Während meiner ganzen Dienſt-
zeit“, ſagte er, „ſind mir die ſtolzeſten Siegesmomente verleidet worden
durch die traurigen damit zuſammenhängenden Erſcheinungen“. Unter
einer ſolchen Regierung hatten die Revolutionsleute keine Ausſichten auf
Theilnahme und Erfolg, und der Europamüde konnte ſich vor ihrem
Treiben ſicher fühlen. Dieſe Wahrnehmung ließ ſich in der erſten Hälfte
October, noch während der Amtsthätigkeit James K. Polk's machen,
deſſen kriegeriſche Politik nach der Eroberung von Californien und
Neu-Mexiko ausgetobt zu haben ſchien. Die deutſchen Demokraten
verſuchten damals aus der Ankunft Hecker's auf amerikaniſchem Boden
politiſches Capital zu ſchlagen. Er mußte in New-York von einer Bühne
ſprechen zu deren Seiten die rothe Fahne und die Freiheitsmütze aufge-
pflanzt waren, und es gab da viel Geſchrei, viel Hurrahs, viel Beifalls-
klatſchen ; man begrüßte ihn als den „Träger der blutigen Fahne der
Republik“. Aber alles das blieb auf die engſten Kreiſe beſchränkt. Von
den größeren Tagesblättern wurde Hecker's Auftreten faſt durchaus igno-
rirt, und wenn die beſſere Bevölkerung des bekanntlich bei allem Repu-

23

blicanismus sehr bigotten America etwas über ihn zu bemerken hatte, so
war es, daß er am Sonntag, 8. October, keine Kirche besucht hatte.

Allerdings trug außer der unsicheren politischen Lage in der Heimat
und der gesicherten in Nord-America noch ein anderer Umstand dazu bei,
die Fahrten über den Ocean zu wahren Argonauten-Zügen nach einem
neuen Kolchis zu gestalten: es war das Goldland Californien, von dessen
Wundern und fabelhaften Schätzen alle Zeitungen des Erdballs seit Monaten nicht genug erzählen konnten. In der zweiten Hälfte Februar 1848
hatte ein Mechaniker James Marshall mit Namen am südlichen Ufer des
American-Fork (Rio de los Americanos), mit dem Bau einer Säge-
mühle für einen gewissen Sutter beschäftigt, Stückchen Goldes im Sande
eines von ihm geführten Mühlgrabens im Sonnenschein glitzern gesehen
und bei weiterem Nachsuchen in wenig Tagen für 150 Dollars Gold
zusammengebracht. Die Mormonen aus denen seine Arbeiter meistens bestanden hatten dafür gesorgt die berauschende Mähr nach allen Seiten
zu verbreiten und eine Erscheinung, wie sie nicht leicht wieder vorkommen
wird, war die unmittelbare Folge davon. In dem kurz vorangegangenen
Friedensschlusse zwischen den nordamericanischen Staaten und Mexiko hatte
Neu- oder Ober-Californien vom letzteren an jene abgetreten werden
müssen. Es war dies ein gesegneter und ausgedehnter Landstrich, und
die betriebsame Rührigkeit der Americaner hatte nicht gesäumt von diesen
Vortheilen besten Gebrauch zu machen. Zahlreiche Einwanderungen aus
dem Osten hatten statt gefunden, in den Städten neue Häuserbauten begonnen, und wie völlig umgewandelt schien das ganze Land unter der
Herrschaft des Sternenbanners in raschem Wohlstand aufzublühen. Da
trat mit eins ein Stillstand ein. Ein Fremder der im Sommer und
Herbst, noch unbekannt mit dem was sich inzwischen im Innern des Landes
ereignet hatte, an den Küsten Californiens landete, konnte sich in das
Land der Amazonen versetzt glauben; in San José, San Francisco,
Sonoma, Santa Cruz begegnete er nur Frauen, alle Männer waren fort-
gezogen nach dem neuentdeckten Eldorado. Aber auch die in den Häfen
liegenden Schiffe standen leer, die Matrosen waren alle landeinwärts gelaufen. Die Garnison von Monterey war ihrer Auflösung nahe, die
meisten Soldaten waren ausgerissen und auf's Goldsuchen ausgegangen;
zuletzt verließ der Oberst Mason selbst das Fort, um sich von der Wahrheit der Dinge die eine so allgemeine Aufregung hervorgerufen zu überzeugen. „Auf dem Wege an den Sacramento", berichtete er an den

Gouverneur von Californien, „fand ich die Mühlen verlassen, die Weizenfelder dem Vieh preisgegeben, die Häuser ohne Bewohner". Inzwischen war die Kunde von den unerschöpflichen Goldlagern am Sacramento in die Ferne gedrungen und übte auf die entlegensten Gebiete ihre Zugkraft aus. Es war, als ob sich die Zeiten der Entdeckung der Silberminen von Potosi und Zacatecas und der Quecksilberminen von Guancavelica wiederholten, die eine so weitgreifende Umwälzung in der neuen wie in der alten Welt herbeigeführt hatten. Ein nach America ausgewanderter Prager meinte, kein Ereigniß der neuesten Zeit könne mit dieser Art von „gelbem Fieber" wovon jeder Körper angesteckt sei verglichen werden[248]). In den östlichen Hafenstädten der Republik drohte eine förmliche Völkerwanderung nach dem westlichen Wunderlande; aus New=York, aus Boston, aus Baltimore ging Schiff um Schiff ab, um die zur Überfahrt sich Meldenden an Ort und Stelle zu bringen. Aber selbst aus Ostindien, aus China landeten Goldjäger an den Küsten Californiens. Und hatten sie nicht alle Platz? Bei hundert Meilen weit, so lauteten die Berichte, erstreckten sich die Goldminen an den Ufern des Sacramento, reich genug durch ein halbes Jahrhundert fünfzigtausend Menschen zu beschäftigen, ergiebig genug die ganze Nationalschuld Englands mit der gewonnenen Ausbeute zu tilgen, reines Gold bald als Staub, in Schuppenform, bald in Körnern von der Größe eines Nadelkopfes bis zur Größe einer Faust „und durchaus gediegen". Ein Soldat, hieß es, habe sich während eines Urlaubes von wenigen Tagen ein Vermögen von 300 Pf. St. gemacht, ein junger Franzose binnen vier Tagen 40 Pfund Goldes gesammelt; 30 bis 40 Dollars vom Morgen gegen Abend gälten für ein mittelmäßiges Tagewerk; der niedrigste indianische Arbeiter, der früher kaum das Dasein von Beinkleidern gekannt, sei bald im Stande sich die prächtigsten Anzüge zu kaufen u. dgl. Freilich verschwiegen die Berichte, in denen sich lügenhaftes mit wahrem paarte und deren glänzende Schilderungen von gewissenlosen Speculanten in das fabelhafte übertrieben wurden, auch die Schattenseiten nicht, die das Leben unter den Zelten am American=Fork — Häuser gab es dort in den ersten Monaten gar keine — mit sich brachte: die Schwierigkeit der Hinreise, die entweder — vor Eröffnung der Panama=Isthmus=Route mit 1. Jänner 1849 — um das Cap Horn herum ein halbes Jahr in Anspruch nahm oder dem Platte=River entlang durch den Südpaß der Felsengebirge nach dem Oregon oder von Louisiana über Texas nach Neu=Mexiko äußerst mühsam

und den Angriffen der Indianer ausgesetzt war; dann an Ort und Stelle
die Mühseligkeit des Goldwaschens, wobei man bis an's Knie im Wasser
stand und das nur die abgehärtetsten Hände und stärksten Nerven auf
die Länge aushielten; die ungeheure Theuerung die alle Gegenstände des
Gebrauchs und Verbrauchs zu wahrhaft unglaublichen Preisen hinauf=
schraubte; endlich die vollständige Ursprünglichkeit der Rechtszustände die
da herrschte. „Wir sind hier unter einer Regierung", schrieb in der zweiten
Hälfte December ein Officier vom Geschwader des Commodore Jones
nach Washington, „die weder Civil= noch Militär = Regierung ist; das
Land wimmelt von Strolchen welche die empörendsten Handlungen bege=
hen; Mord und Raub sind Dinge die täglich stündlich vorfallen. Seit
sechs Wochen kamen unter der weißen Bevölkerung, die 15.000 Köpfe
nicht übersteigt, mehr als zwanzig Mordthaten zu unserer Kenntniß.
Die Leute sind genöthigt selbst für die eigene Vertheidigung zu sorgen,
und vor einigen Tagen wurden drei Kerle kraft des Lynchgesetzes auf=
geknüpft."

Doch was verfingen diese düstern Warnungen gegen die verlocken=
den Bilder womit eine geschäftige Presse die Einbildungskraft der leicht=
bethörten Menge immer wieder auf's neue gefangen nahm, und gegen
die marktschreierischen Lockungen der Auswanderungs=Gesellschaften, die
zahlreicher als je emporschossen und die es nur zu häufig auf die
schamloseste Ausbeutung ihrer gläubigen Opfer abgesehen hatten. Und
selbst jene Mühen und Gefahren, die den Abenteurern nach einem glän=
zenden Lose drohten, waren sie bangenswerther als das trostlose Wirrsal
der Zeiten worin die Kleinmüthigen die Zustände ihrer unglücklichen Hei=
mat versenkt sahen? Daß unter solchen Umständen viele jener armen
Leute aus den Übeln denen sie zu entrinnen suchten in ärgere geriethen
als sie sich je träumen ließen, war begreiflich. Ihre Verblendung war mit=
unter so groß, daß sie mit dem geringen Überrest ihrer Habe nur die
nächste Hafenstadt zu erreichen strebten, meinend es werde ihnen leicht
sein sich durch Arbeiten am Bord des Schiffes die freie Überfahrt zu
verdienen; ihre Täuschung währte bis sie an Ort und Stelle kamen,
wo ihnen bereits die Mittel ausgegangen waren einen andern Entschluß
zu fassen oder in ihre Heimat zurückzukehren. Das Übel wurde nach=
gerade so groß, daß sich unser Consulat in Bremen veranlaßt sah dar=
über an das Handels=Ministerium zu berichten, damit die Auswanderungs=
lustigen, namentlich in Böhmen und in Wien von wo die meisten kamen,

durch die Landesbehörden gewarnt würden sich nicht ohne ausreichende
Mittel und ohne die gebotenen Vorsichten in so gewagte Unternehmungen
einzulassen [249]). Aber auch von denen die das Ziel ihrer Reise,
America oder Australien, glücklich erreichten, hatte ein großer Theil
bald Ursache es auf das bitterste zu bereuen, daß sie ihrem wenn auch
von schweren Drangsalen heimgesuchten Vaterlande ein voreiliges Lebe-
wohl gesagt hatten. Von jenseits des Oceans liefen Berichte ein, daß
viele hunderte von Einwanderern hilflos und ohne Obdach als wahre
Bilder des Erbarmens in den Straßen von New-York herumwandelten,
des Nachts die schützenden Wachthäuser überfüllten und des Morgens
mehr als ärmlich gekleidet, oft ohne Schuhe und Kopfbedeckung, entlassen
würden, um den Tag über fortzubarben und am Abend mit verstärktem
Hunger wieder eingesteckt zu werden.

7.

An jenen die, obgleich unzufrieden mit dem Gang der Dinge in
ihrer Heimat, aber nicht gewillt ihr deßhalb den Rücken zu kehren, zu
Hause blieben, war es nunmehr den Weg zu betreten der allein zum
Heile führen, sie und das Gemeinwesen vorwärts bringen konnte: sich
selbst nicht zu verlassen. Die Bahn war eröffnet, die Freiheit
war gegeben, und wenn die Einen davon Mißbrauch machten, so war
es an den Andern von ihr den rechten Gebrauch zu machen. „Das kurze
von der Sache ist", sagte ein ehrlicher Gemeinde-Vorstand in Ober-
Österreich: „bis jetzt haben die Männer die Hände in der Tasche gehabt
und die Buben haben regiert". Der gute Mann vergaß nur beizusetzen
was der natürliche Folgesatz davon war: Von jetzt an werden die Jungen
sich mit dem zu beschäftigen haben was sich für ihre Altersstufe des Ler-
nens und Übens geziemt, und wir Männer werden thun zu was wir
durch unsere reiferen Jahre und geprüfte Erfahrung berufen erscheinen.
Diese einfache Wahrheit schien nun freilich, wie wir früher gezeigt, der
weitverbreiteten Gilde des Spießbürgerthums nicht einzuleuchten. Hatten
sie doch gute Gesinnung, was bedurfte es da noch der guten That!
Etwa wie jener Ehrenmann, als ihm eine Zumuthung an seinen Beutel

gestellt wurde, voll Entrüstung ausrief: „Habe ich mich nicht schon ‚mit Gut und Blut‘ der guten Sache geweiht, und jetzt verlangt man Geld auch noch?!" Und am Ende waren die Leute noch eher mit dem Geben bei der Hand als mit dem Thun. Wo es auf Werke der Mildthätigkeit und Barmherzigkeit ankam, für Verwundete, für Gefangene, ja selbst, trotz des Gekläffes der radicalen Hetzer, für die in's Feld ziehenden Truppen, da wetteiferte der Kern der Bevölkerung, hoch und nieder, nach Kräften das seinige beizusteuern. Das zeigte sich selbst in den Monaten wo es am buntesten herging, geschweige denn später wo man das wüste Getriebe herzlich satt hatte. Allein selbstthätig einzugreifen, durch ernstes Wort und mannhafte That zur Förderung des Gemeinwohles beizutragen und dadurch der allmälig erstarkenden gesetzlichen Macht von unten herauf entgegenzukommen, dazu vermochten sich nur die Wenigsten aufzuraffen.

Seit den Tagen der ersten französischen Revolution haben die Hitzköpfe aller Länder die Begründung der politischen Freiheit stets da gesucht wo vielmehr ihre Spitze auslauft: in Aufstellung allgemeiner Grundsätze, in Formulirung strammer Paragraphe, in Entwerfung von Verfassungs-Urkunden; darum konnten auch ihre Werke keinen dauernden Bestand haben, sondern mußten, wie die europäische Geschichte von nahezu hundert Jahren zeigt, beim ersten Anstoß zusammenbrechen. Ernste Denker dagegen glaubten jene Grundlage nicht von oben, sondern, wie es schon der Begriff derselben mit sich bringt, nach unten zu finden. Wie der Absolutismus der neuern Zeit seine Herrschaft auf dem Grabe der communalen Freiheit aufzubauen begonnen hat, so kann das, was man im Gegensatze zu jenem den Constitutionalismus nennt, nur in der Wiedererweckung und Sicherung der Freiheit in kleinen und kleinsten Kreisen die einzig feste Unterlage für seinen staatlichen Aufbau haben. Eine Verfassung die sich darauf beschränkt sogenanntes liberales Wesen in die obersten Ausläufer der Verwaltung und Gesetzgebung einzuführen, nach unten aber es bei dem alten System der Bevormundung und Allesregiererei beläßt, ist in dieser Richtung nur eine andere Form des Absolutismus. Die öffentliche Freiheit ist nur da wahrhaft vorhanden, wo sie alle Schichten des staatlichen Lebens durchdringt, wo sie bei den untersten anfängt und bis zu den höchsten hinaufreicht. Nur bei einer solchen Einrichtung wird der Staatsbürger gewöhnt, Angelegenheiten von gemeinsamem Interesse als seine eigenen anzusehen, als solche in deren Gebiet er mitrathend und mitwirkend einzugreifen hat, zum Heil oder Nachtheil des Ganzen, aber darum auch seiner selbst. Daraus entspringt und verbreitet sich durch alle Classen der Gesellschaft jenes Selbstbewußtsein, jener Geist von Selbstbestimmung und Selbständigkeit in der Jedem zugehörigen Wirkungssphäre, jene Unabhängigkeit von aufgedrungenen Einflüßen, jene Widerstandskraft gegen jeden unberechtigten Eingriff, mit einem Wort jenes vielgenannte, aber wie es scheint selten in seinem wahren Verstande und vollen Umfange verfaßte Selfgovernment, das der Anfang und der Abschluß aller staatlichen Freiheit im Kleinen wie im Großen ist.

Die Wirren des Jahres 1848 boten wohl wenig Muße Betrachtungen wie die vorstehenden anzustellen, und noch weniger Zeit und Ruhe sie in das wirkliche Leben einzuführen. Dennoch fehlte es nicht an Wahrzeichen und zeigten sich hier und da Keime, die auf allmälige selbstthätige Ermannung des neuen Staatsbürgerthums schließen ließen und die, sorgsam beachtet und verständig gepflanzt, die Aussicht einer richtigeren und gedeihlicheren Ausnützung der freiheitlichen Errungenschaften, als dieß leider bisher im großen Durchschnitt der Fall gewesen, eröffneten. So mancherlei in den Grundzügen und noch mehr in der Ausführung und unverhältnißmäßigen Verallgemeinung der Nationalgarde vergriffen sein mochte und so vielfach sie darum geheimer Unlust und offenem Widerstreben begegnete, im allgemeinen ließ sich doch nicht läugnen, daß das junge Institut namentlich in den Haupt- und volkreicheren Städten leidlich gediehen und unter der jüngern kräftigeren Männerwelt den Geist militärischer Ordnung und Zucht zu wecken geeignet war. Man sah sie regelmäßig ihren Wach- und Patrouillendienst versehen, in untadelhafter Weise aufmarschieren und exercieren, zu Paraden, zu soldatischen Feierlichkeiten ausrücken; sie hatten ihre wohleingerichteten Kanzleien, ihre Vorstände und Officiere gaben ihre ordnungsmäßigen Tagbefehle, ihre Diensteintheilungen 2c. hinaus. Es war jedoch nicht bloßes Spielwerk und eitles Schaugepränge was da entfaltet wurde; die „Volkswehr" hatte bei mehr als einer Gelegenheit gezeigt daß sie ihre Aufgabe ernster aufzufassen wisse. Die hervorragendsten Dienste im Jahre 1848 leistete sie in dieser Beziehung allerdings in Frankreich, wo das Institut kein neues mehr war. Die französische Gesellschaft hatte in den April-Tagen in Rouen, in den Juni-Tagen in Paris zu einem großen Theile ihre Rettung der Nationalgarde zu danken, deren Glieder wie alte Soldaten stritten und mit dem Militär um die Wette kämpften. Auch an einzelnen Orten Deutschlands und Italiens, wie insbesondere in Genua

während der stürmischen Tage vom 27. bis 29. October, im Neapolitanischen gegen das Bandenwesen, leisteten die bewaffneten **Bürger Hand**
in Hand mit den Truppen treffliche Dienste. In unsern Ländern wußte
wohl bis zum October der waltende Terrorismus jede **ähnliche Annähe-**
rung der Bürger und Soldaten zu gemeinschaftlicher **Wiederherstellung**
der Ordnung zu hintertreiben; in Krakau, in Prag, in Lemberg kämpfte
die Nationalgarde nicht an der Seite des Militärs, in Wien kämpfte
sie sogar gegen das Militär. Allein sobald jener durch die **Schwäche** der
Regierung großgezogene Terrorismus zu schwinden begann, **entfaltete**
auch bei uns die Volkswehr, wo ihr Gelegenheit dazu geboten wurde,
vielfach dankenswerthe Thätigkeit. Gleich in den ersten Tagen **November**
konnte General Simunić, als er vor den Ungarn auf **mährischen Boden**
zurückweichen mußte, der Nationalgarde von Göding seine **Anerkennung**
für die Besorgung des Gränzdienstes im Verein mit seinen **Truppen,**
für die muthvolle Abtragung zweier Brücken die sie unter **fortwährendem**
Kleingewehrfeuer des Feindes glücklich zu Stande brachte, und für **manche**
andere ihm geleistete Dienste ausdrücken[250]). Auch General **Malter gab**
den mährischen Nationalgarden im allgemeinen das **Zeugniß, daß sie in**
ihren Stationen die Ruhe aufrecht zu halten wüßten, aber auch **außer-**
halb ihrer Bezirke wo es Noth thue, wie an der ungarischen **Gränz**
„um das herumziehende Raubgesindel abzuhalten", sich verwenden **ließen.**
Um die Mitte December erklärte sich die Nationalgarde **von Marburg**
in Steiermark über Aufforderung des Kreishauptmannes bereit, **sich mit**
dem längs der ungarischen Gränze aufgestellten **Observationscorps zu**
verbinden, obgleich sie nach ihren Statuten zu militärischen **Dienstlei-**
stungen nur i n n e r h a l b des Weichbildes ihrer Stadt angehalten **werden**
konnten.

Beachtenswerthe Momente selfgovernmentaler Entwicklung bot **auch**
das landtägliche Leben in mehreren Theilen der Monarchie. Wir **hatten**
schon früher Gelegenheit zu bemerken, daß neben dem **constituirenden**
Reichstage zu Wien, der sich nach seiner Natur und Bestimmung, **aber**
auch nach der vorwaltenden Neigung seiner Elemente, fast **ausschließend**
mit Fragen von theoretisch-constitutionellem Interesse beschäftigte, **einzelne**
Landtage mehr praktische, das Gemeindeleben, die land- und **forstwirth-**
schaftlichen Verhältnisse berührende Gegenstände in den **Bereich ihrer**
Berathungen zogen. Als dann in Folge der October-Ereignisse **das**
Wiener Rumpf-Parlament mehr und mehr Ansehen und **Einfluß nach**

außen einbüßte, eine leitende Central-Gewalt nächst dem Monarchen thatsächlich kaum bestand, regte sich in verschiedenen Provincial-Haupt-städten das Bestreben die dringendsten Angelegenheiten unmittelbar in ihre Hand zu nehmen. So traf das Gubernial-Präsidium in Innsbruck durch selbständigen Erlaß vom 16. October die Anordnung, daß aus jedem der für die Vornahme der Reichstagswahlen gebildeten Bezirke und durch die dafür auserlesenen Wahlmänner vier Vertrauensmänner für den Landtag gewählt werden sollten, dessen Mitglieder-Zahl dadurch auf 84 erhöht wurde. Der in solcher Weise verstärkte Landtag trat am 26. October zusammen, konnte aber keine umfassende Wirksamkeit erzielen, da nicht bloß die wälschen Bezirke im Süden entschieden widerstrebten und bei dem Wiener Reichstage, von dem sie unter andern Umständen nicht viel wissen wollten, Verwahrung einlegten, sondern auch Vorarl-berg sich abwendig zeigte, dessen Streben von allem Anfang dahin ging einen abgesonderten Landtag zu erhalten. Eine Anregung anderer Art ging im Laufe des October vom oberösterreichischen Landtage aus, der eine Einladung an jene der alt-österreichischen Gebiete richtete, mittelst besonderer Abgeordneten eine gemeinschaftliche Besprechung über die wichtigsten Provincial- und Staats-Interessen des Augenblicks abzuhalten. Von einer Seite wurde Salzburg, von anderer Laibach oder Klagenfurt als Ort der Zusammenkunft vorgeschlagen; der steiermärkische proviso-rische Landtag, vom 6. bis 8. November eigens für diesen Zweck ein-berufen, ernannte zwei Abgeordnete und zwei Stellvertreter, bei deren Auswahl auf die beiden dem Lande angehörigen Nationalitäten Rücksicht genommen wurde. Die mittlerweile erfolgte Einnahme Wiens, die durch allerhand Wahrzeichen sich kundgebende Erstarkung der Olmützer Central-Gewalt und der bevorstehende Wiederzusammentritt des Reichstages in Kremsier ließen es zur Ausführung dieses immerhin bedeutsamen Vor-habens nicht kommen. Dieselben Umstände machten auch dem verstärkten tyrolisch-vorarlbergischen Landtage ein baldiges Ende; er wurde, nachdem er verschiedene das Landeswohl betreffende Gegenstände in den Bereich seiner Wirksamkeit gezogen, am 18. November in Folge Ministerial-Erlasses aufgelöst.

Gründe verschiedener Art waren es, die sich in mehreren Ländern der Einberufung der Landtage oder der Eröffnung der bereits einbe-rufenen in den Weg stellten; namentlich war dieß in den beiden wichti-gen Königreichen Böhmen und Galizien der Fall. Auch sonst reichte die

Wirksamkeit der Landtage in dem bunten Wirrsal der **Ereignisse** und
Zustände nicht überall aus, und so sproßte zum Theil **neben ihnen**,
noch mehr aber in jenen Ländern deren constitutionelle **Vertretungskörper**
nicht in Thätigkeit gesetzt waren, das Vereinsleben in den **verschiedensten**
Gestalten aus dem Boden. So tauchte in Brünn ein „**Sicherheitsaus-**
schuß" empor, der Angelegenheiten jeder Art in seine Hand nahm, **Klagen**
Berufungen und Beschwerden von allen Seiten vor seine **Schranke**
kommen ließ, sich mit den verschiedenen Behörden des Landes **und der**
Stadt in regelmäßigen Verkehr setzte und noch bis in den **November**
hinein, während sein Muster und Vorbild in der Reichshauptstadt **schon**
lang den Weg alles Irdischen gegangen war, seine Sitzungs-**Protocolle**
neben den landtäglichen in der „Brünner Zeitung" veröffentlichte. **Häu-**
figer waren Vereine die sich, wie es die Noth der Zeit brachte, **zum**
Zwecke setzten, den verschiedenartigen Ausartungen des Tages auf staat-
lichem religiösem literarischem Gebiete entgegenzuwirken. In **Wien hatten**
sich in der zweiten Hälfte des Jahres mehrere „constitutionelle **Vereine**"
gebildet, die eigentlich Vereine conservativer österreichischer **Patrioten**
waren und darum von der radicalen und deutschthümelnden **Partei** als
„schwarzgelb" bezeichnet wurden. Sie litten an dem gewöhnlichen **Ge-**
brechen der conservativen Richtung: sie kamen selten über die **Negative**
hinaus; das bloße Erhalten Sichern Schützen ist etwas **wofür man**
sich nur unter besondern Umständen erwärmen kann, und selbst **dann**
beschränkt sich die Leidenschaft auf bloße Abwehr. Die Angriffe und **Ge-**
fahren, denen die katholische Kirche, ihre Organe und Einrichtungen **aus-**
gesetzt waren, gaben den Katholiken=Vereinen Entstehen, deren **erster auf**
österreichischem Boden, wenn wir nicht irren, in Linz zustande **kam.**
Anfangs Juli trat einer in Wien ins Leben, von dem berühmten **Kan-**
zelredner und theologischen Schriftsteller Dr. J. E. Veith angeregt; **ein**
eigenes Vereinsblatt „Aufwärts" wurde von Veith und Dr. **M. A.**
Becker redigirt. In diese Kategorie gehörte auch der im Spätjahr 1848
von Ferdinand Ritter von Mitis begründete Volksschriften=Verein, **dessen**
Zweck dahin gerichtet war, den Einflüßen der schlechten **Presse durch**
Vervielfältigung und Verbreitung guter volksthümlicher Schriften **ent-**
gegenzuwirken und dadurch die sittliche und politische Volksbildung, **die**
während der letzten Zeitläufe auf so vielfältige Abwege verleitet **worden**
war, zu heben. Der Zweck war zeitgemäß, die Theilnahme vom ersten
Augenblicke eine rege[251]).

Für die Affociation praktischer Intereffen war freilich wohl keine Zeit schwieriger als die damalige, wo die ganze Welt von allgemeinem Politifiren und idealen Zielpunkten erfüllt war. Dennoch wurde auch in diefer Richtung einiges verfucht. In Böhmen trat unter den Großgrund-befitzern, die durch den Umschwung der Dinge ihre bevorzugte Stellung eingebüßt, bald das Beftreben hervor, zur Wahrung ihrer gemein-famen volkswirthschaftlichen Intereffen eine gegenseitige Verftändigung anzubahnen. Die kleineren Gewerbsleute traten, um der erbrückenden Übermacht des Maschinen- und Fabrifs-Wesens ein Gegengewicht zu bieten, in Verbindungen zusammen, die wohl mitunter das Kind mit dem Bade verschütteten; fo verlangten die Tuchmacher von Humpolec (Böhmen) nichts geringeres, als daß in Zukunft keine Fabrik mehr ge-baut, der Bau der bereits in Angriff genommenen eingeftellt, daß die Ausfuhr der Wolle den größten Beschränkungen unterworfen werde ꝛc.[252]). Die Volksschullehrer veranftalteten wiederholte Zusammenkünfte, bei denen die Intereffen der Schule, aber auch die ihres Standes berathen und befprochen wurden; eine gegen Mitte October in Aufterlitz abgehaltene Versammlung des mährischen und schlesischen Lehrerftandes zählte bei 300 Theilnehmer. Ähnliche Vereinigungspunkte für vorübergehende oder bleibende Zwecke fuchten Beamte, katholische und evangelische Geiftliche; Studenten und junge Doctoren gründeten Lese- und Sprech-Vereine u. f. w. [253]).

Es wurde zuvor bemerkt, daß in zweien der wichtigsten Länder der österreichischen Monarchie die landtägliche Thätigkeit während des Jahres 1848 ruhte; die Folge davon war die, daß das lebhaft angeregte Partei-leben von dem thatsächlich gewährten, wenn auch noch nicht gesetzlich geregelten Vereins- und Affociations-Rechte um fo rühriger Gebrauch machte. Am meiften machte in diefer Richtung der bereits oftmals erwähnte polnische National-Rath (rada narodowa) in Galizien von fich reden, der das Netz feiner Verzweigungen über das ganze Land ausgebreitet hatte und bei allen politischen Vorgängen deffelben feine Hand im Spiele hatte, eben darum aber auch mit dem Mißlingen der Lemberger Erhebung Anfangs November Schiffbruch litt. Ein günftigeres Schickfal hatte fein Gegenfüßler der ruthenische National-Rath, der zwar auch nationale Politik trieb, aber zugleich praktische Fragen in das Bereich feiner Be-rathungen zog, und beides nicht im Gegenfatze zur Regierung fondern im gesuchten Einverständnisse mit derselben. Während des **Belagerungszu=** standes setzten die Holowna Rada Ruska und die aus **ihr** hervorge= gangene Matica Ruska ihre Thätigkeit fort, ja gewannen nur an An= sehen und Einfluß; der Landes = Commandirende wandte sich **wiederholt** an sie mit der Aufforderung, für die Aufrechthaltung der **Ruhe** und Ordnung im Lande zu sorgen. Auch darin unterschied sich der **ruthenische** National=Rath von dem polnischen, daß jener seine ganze **Nation ein=** müthig hinter sich hatte, was der letztere von sich nicht **rühmen konnte,** da die bäuerliche Bevölkerung von dessen revolutionären Tendenzen **nichts** wissen wollte, ja sich denselben bei jedem Anlasse feindlich **gegenüber** stellte. Jachimowicz, Kuziemski, Usthanowicz, Żukowski, **Borysiklewicz,** Holowacky u. a. waren nicht bloß die Hauptsprecher in den **Sitzungen** des ruthenischen National=Rathes, sie waren zugleich die **anerkannten** Führer der ruthenischen Bevölkerung des ganzen Landes, die **Vertreter** ihrer Wünsche und Bestrebungen. Mitte November sandte die **Holowna** Rada eine Deputation an das kais. **Hoflager.** Sie sollte **verlangen:** Theilung Galiziens nach Stammesgränzen in zwei **Verwaltungsgebiete;** Einführung der ruthenischen Sprache in Amt und Schule, **Gleichstellung** der griechisch=katholischen (ruthenischen) Geistlichkeit mit der **lateinisch=** katholischen (polnischen) im Punkte der Besoldung; ruthenische **National=** garde; Entfernung der der ruthenischen Nationalität feindseligen **Be=** amten. Die Deputation wurde in Olmüz wohlwollend **empfangen und** mit der freilich nur allgemeinen Zusage der möglichsten **Berücksichtigung** ihrer Gesuchspunkte in ihre Heimat entlassen. Kuziemski stand **an der** Spitze der Sendschaft; als er am 4. December wieder in **dem mit den** National=Farben, gelb und blau, ausgeschmückten **Museums=Saale des** griechischen Seminars erschien, stimmten alle Anwesenden das **begrüßende** „Mnohaja lita" (viele Jahre) an und alle ruthenischen **Gebiete des** Landes gaben freudigen Widerhall.

Wie Galizien, so empfand auch Böhmen den Stillstand der **parla=** mentarischen Landesvertretung um so empfindlicher, als auch **hier zwei** verschiedensprachige Volksstämme einander fortwährend im **Auge hielten.** Was ihnen der gemeinsame Landtag, dessen Einberufung die **unglück=** seligen Juni=Ereignisse vereitelt hatten, nicht bieten konnte, **das nahm** nun jede der beiden Nationalitäten für sich in die Hand, und so **standen** sich die Bewohner des Landes, die in beiderseitigem Interesse **für dessen** Wohl zusammenzuwirken berufen waren, abseits in feindlichen **Lagern**

gegenüber. Die Organe die für jene Sonderbestrebungen entstanden sind
uns nicht fremd; wir haben in der vorigen Abtheilung ihr nationales
Wesen und Wirken kennen gelernt, wir werden sie hier aus dem Gesichtspunkte selbstgeschaffener Interessen-Vertretung in's Auge zu fassen
haben.

Der „deutsche Gesammt-Verein in Böhmen" dehnte seine Veräftun-
gen über alle von Deutschen bewohnte Gebiete des Landes aus; er
rühmte von sich, daß „wenige deutsche Städte in Böhmen" seien, die
nicht einen deutschen Verein in ihrer Mitte aufzuweisen hätten; auf dem
November-Congresse zu Eger erschienen 61 Abgeordnete derselben und
es wurde hervorgehoben, daß es im ganzen Lande bereits 80 Vereine
mit je 50 bis 200 Mitgliedern gebe. Die Egerer Versammlung einberufen „zur Wahrung des deutschen Interesses in Böhmen" verläugnete
zwar in einem großen Theile ihrer Verhandlungen nicht dieses specifisch
nationale Gepräge. Sie befaßte sich mit Petitionen an die Regierung
um Besetzung der Gerichte in den deutschen Gegenden Böhmens mit
vorzugsweise deutschen Beamten, um Abtheilung der neuen Gerichts-
sprengel möglichst nach Sprachgränzen, um ausreichende Vertretung des
deutschen Elements im Stande der Richter und Geschworenen bei Organisirung des Preßgerichtes in Prag 2c. Sie faßte Beschlüsse, auf die
möglichste Verbreitung der „deutschen Zeitung aus Böhmen" zu wirken;
eine Aufforderung an alle deutschen Vereine des Landes zu richten, Vertrauensmänner zu ernennen die mit dem Central-Verein in nähere Verbindung träten; provisorische Bezirksorte zur möglichsten Centralisirung
des deutschen Vereinswesens zu wählen 2c. Am Tage der Schlußsitzung,
24. November, erklärten die Frauen von Eger als beitragende Mitglieder
zur Kräftigung der Gesammtvereinscasse mitwirken zu wollen. Allein die
Verhandlungen griffen denn doch vielfach auch in solche Landes-, ja Reichs-
Angelegenheiten hinüber, mit denen die nationale Gereiztheit nichts oder
nur in untergeordnetem Maße zu schaffen hatte. Ein Antrag Klier's,
Sammlungen für die verhungernden Gegenden des Erzgebirges einzuleiten, führte auf den Gedanken einer dauernden Abwendung dieses immer
wiederkehrenden Nothstandes; grundsätzliche Erleichterung des Bergbaues,
Zollanschluß an Deutschland kamen als zweckdienliche Mittel zur Sprache,
eben so die Errichtung einer Berg-Akademie in Joachimsthal, wofür
Stamm auch den Umstand geltend machte daß durch die Übergriffe des
Magyarismus jene von Schemnitz für die nicht-ungarischen Theile des

Reiches ihre Bedeutung und Benützung verlieren müsse. In ähnlicher Weise leitete ein Antrag Dr. Fischer's, eine nähere Postverbindung zwischen Eger und Reichenberg anzustreben, auf den höheren Standpunkt hinüber sich bei der Regierung wegen einer vollständigen Post-Reform in ganz Österreich zu verwenden; der Berichterstatter des Ausschusses Sehle bekundete in seinem Vortrage viel Sachkenntniß und Einsicht in die Bedürfnisse eines regeren ungezwungeneren und den allgemeinen volkswirthschaftlichen Interessen entsprechenderen Verkehrs. Von Seite des Reichenberger Central-Vereins kam eine Petition an das Kriegs-Ministerium um durchgängige Umstaltung des Recrutirungs-Wesens, von jener des Böhmisch-Leipaer Vereins die Vereidigung des Militärs auf die Verfassung, von der des Prager Vereins die Verwendung an das Justiz-Ministerium wegen Abänderung der den Hochverrath betreffenden Paragraphe des Strafgesetzes, namentlich wegen Abschaffung der Todesstrafe für politische Verbrechen in Anregung. Dr. Glückselig verlangte gründliche Verbesserung des Volksschulwesens und Bestreitung der dazu erforderlichen Kosten durch den Staat. Dr. Stradal wollte die Landtafel aufgehoben und neue für alle Liegenschaften ohne Unterschied gleichmäßig eingerichtete Grundbücher eingeführt wissen ꝛc. Manche dieser Angelegenheiten konnten freilich während der vier Tage des Congresses nicht durchsprochen werden, sondern wurden zum Theil auf die nächste General-Versammlung verwiesen die im August 1849 in Rumburg stattfinden sollte. Im allgemeinen aber ließen die Verhandlungen zu Eger, wenn wir von der nationalen Leidenschaft absehen die sich nur zu häufig in bedauerlicher Weise bemerkbar machte, den befriedigenden Eindruck zurück, welch reges Streben, welch gereifte Einsicht, welch thatkräftiges Erfassen aller in ihre Verhältnisse eingreifenden großen Fragen eine Bevölkerung bekunde, die bisher in strammer Bevormundung gehalten kaum erst die beengenden Bande abgestreift und den Fuß auf das ungewohnte Gebiet freier parlamentarischer Bewegung gesetzt hatte [254]).

Den Vereinen der Deutschböhmen mit ihrem Vororte Reichenberg standen, wie wir wissen, die slavischen Linden-Vereine mit ihrem Vororte Prag gegenüber. Die Slovanská Lípa zählte in der Zeit ihrer regsten Thätigkeit wenig hervorragende Männer in ihrem Schoße. Was das slavische Böhmen an Berühmtheiten besaß, hatte es fast durchaus in den Reichstag geschickt. Von denen die zu Hause geblieben waren

betheiligte fich nur Baceslav Hanka in thätigerer Weife an ihren Verhandlungen, denen er als Obmann (starosta) das Anfehen feines Namens
lieh. Dagegen hatte fich der gelehrtefte Mann feines Volkes, Paul
Joseph Šafařik, gleich nach den Junitagen von aller Vereinsthätigkeit
zurückgezogen und veröffentlichte, als fich namentlich in füdflavischen
Blättern noch immer die irrige Meinung fortfchleppte als ftünde er an
der Spitze derfelben, eine Erklärung, daß er „aus Anlaß feiner gehäuften
Berufsgefchäfte und entfchloffen feine ganze übrige Zeit und Kraft
der Vollendung einiger fchon vorlängft begonnenen dem Slaventhum,
wie er meine, nicht unnützer wiffenfchaftlichen Arbeiten zu widmen", den
Vorfitz der Slovanská Lipa zurückgelegt und feither „an der Verwaltung
diefer ruhmwürdigen thätigen und verdienten Gefellfchaft" keinerlei Antheil mehr genommen habe²⁵⁵). Allein trotzdem in folcher Weife der
Verein faft nur Sterne zweiten, dritten und noch mindern Ranges in
feinen Reihen fah, mußte man unbefangen bekennen, daß er feine Aufgabe ernft und eifrig erfaßte und eine Thätigkeit entfaltete die von eben
fo großer Kraft als Umficht zeigte. Wie der deutfch-böhmifche Gefammt-
verein hatte auch die Slovanská Lipa ihre Verzweigungen über das ganze
Land. Es gab keine größere Stadt und es gab wenig mittlere Städte
im flavifchen Theile Böhmens wo fich nicht Töchtervereine bildeten.
Auch in einigen Städten Mährens entftanden folche. Um die Mitte
November erließ die Slovanská Lipa von Olmüz einen Aufruf an die
„mährifchen Slaven" fich auf Grundlage des Vereinsrechtes einander zu
nähern und gleiche Vereine zu gründen, und begrüßte die Prager Slovanská Lipa mit einem Schreiben, worin fie dankend der Verdienfte gedachte die fich letztere „auch um unfer Mähren" erworben²⁵⁶). Im
Geifte ihrer Gründung waren es vorwiegend nationale Intereffen mit
denen fich die Slovanská Lipa befchäftigte und rückfichtlich deren fie von
der ganzen flavifchen Bevölkerung des Landes als Berathungs- und
Vertretungs-Organ angefehen wurde. In diefer Richtung wurden die
verfchiedenften Gegenftände vor ihre Schranken gezogen und fah fie fich
oft mit ganz kleinlichen Angelegenheiten behelligt. Wenn etwa einem
flavifchen Beklagten ein deutfcher Erlaß zugeftellt oder eine böhmifche
Eingabe bei einer Behörde nicht angenommen wurde; oder wenn in
einer Schule, wie dieß am Prager Teyn vorgekommen fein follte, Kinder
Nüffe bekamen weil fie baten es möchten ihnen Dinge, die fie im
Deutfchen noch nicht hinreichend verftünden, böhmifch vorgetragen und

erklärt werden; oder wenn sonstwie dem von der slavischen Bevölkerung
des Landes mit eifersüchtiger Wachsamkeit verfolgten Grundsatze der
nationalen Gleichberechtigung Eintrag geschah, wandten sich die Parteien
an den Richterstuhl der Slovanská Lipa mit der Beschwerde über das
ihnen zugefügte Unrecht, mit der Bitte um Abhilfe oder Einflußnahme
bei den Behörden. Aber sie selbst war gleichsam eine Behörde, zwar
nicht mit ausübender Gewalt ausgerüstet, aber mit einem Ansehen bekleidet dem keine der großen Angelegenheiten die das böhmische Land
berührten sich völlig entziehen konnte. Das erste Lebenszeichen das sie
nach ihrem Wiederzusammentritt im Sommer gab waren eine Verwahrung gegen das Vorgehen Thun's und Windischgrätz' während der
Juni-Tage und eine Bitte an das Strafgericht um Untersuchung der
wegen derselben am Hradschin Verhafteten auf freiem Fuße. Sie faßte
die Errichtung der Collegiat-Gerichte in's Auge und forderte die böhmischen Stadtgemeinden auf Petitionen in diesem Sinne an das Ministerium zu richten. Sie richtete ihr Bemühen dahin daß die Wahlen
für die Schwurgerichte in einem der freien Presse günstigen Sinne
ausfielen. Sie schlug eine Zusammentretung aller böhmischen Nationalgarden vor, um eine gemeinschaftliche Organisirung derselben mit dem
Sitze des obersten Commandos in Prag zu erzielen und verlangte für
die Bürgerwehr der Hauptstadt Geschütze. Sie machte das Statthalterei-
Präsidium auf den empfindlichen Mangel von Scheidemünze aufmerksam
und bat Abhilfe dafür zu treffen. Während im Wiener Reichstage die
Frage des Unterthänigkeits-Verhältnisses für die Monarchie verhandelt
und gelöst wurde, war es die Prager Slovanská Lipa die im Lande
den agrarischen Frieden zwischen Bauern und Inleuten aufrechtzuhalten
wußte. Die Mitglieder der Rechten die nach dem 6. October ihre
Sitze in der Wiener Winterreitschule verließen, sandten nach ihrer Ankunft in Prag Rieger und Havliček in die Mitte der Slovanská Lipa
der sie die Lage der Dinge und die Beweggründe ihres Schrittes aus-
einandersetzten. In der zweiten Hälfte November erschien eine Kundmachung des Prager Lindenvereins, daß er es als eine seiner Aufgabe
betrachte die Verfassung zu wahren und daher bei Wiederbesetzung der
im Reichsrathe erledigten Abgeordnetenstellen seinen Landsleuten, soweit
ihr Zutrauen zu dem Vereine reiche, mit gutem Rathe an die Hand zu
gehen; in der allgemeinen Versammlung vom 21. November, wo unter
andern Sabina das große Wort führte, wurde für diesen Zweck ein

Scrutinium veranstaltet, in Folge deffen achtzehn Candidaten=Namen aus der Urne hervorgingen und in eine Liste zusammengestellt durch die Tagesblätter dem böhmischen Publicum zu Rückfichtnahme empfohlen wurden.

Doch das Ansehen und der Einfluß der Slovanská Lipa reichte weit über die Gränzen Böhmens hinaus. Gleichsam als Fortsetzerin des durch die Juni=Ereigniffe auseinandergesprengten Slaven=Congreffes, bildete sie ohne ausdrückliche Verabredung den Mittelpunkt, wohin sich bei jedem gegebenen Anlaß die Slaven aus allen Theilen der Monarchie wandten und von wo Anregungen nach allen Seiten ausgingen. Sie selbst war sich diefer ihrer Miffion wohl bewußt. „Daß sich die innige Annäherung und wirkfame Theilnahme an den Schicksalen der Slaven= stämme unter den Böhmen und Polen, Slovaken und Kroaten, Mährern und Slovenen, Serben und Ruthenen überall und reichlich entfalte und verbreite, darum wurde die Prager Slovanská Lipa gegründet, die sich neben der Wahrung der heiligsten den Völkern gebührenden Rechte die Verwirklichung einer wahrhaften Wechselfeitigkeit unter den Slaven zum Heil Aller zum Ziele gefetzt hat" [257]). So hielt denn die Slovanská Lipa nach allen Seiten, wo sich auf österreichischem Gebiete ein flavisches Intereffe regte, ihren aufmerkfamen Blick gerichtet und verftand es, ohne sich eine Gewalt anzumaßen die ihr nicht zustand und die sie nicht befaß, durch Sympathie=Bezeigungen, durch freundschaftlichen Verkehr, durch Anregung der Theilnahme und Opferwilligkeit die stammverwandte Sache allenthalben zu fördern. Sie verfolgte die Ereigniffe auf dem füd=unga= rischen Kriegsschauplatze und leitete Sammlungen für die kämpfenden Serben und Gränzer ein; sie unterhielt Verbindungen mit Lemberg und Olmüz, mit Laibach und Trieft. Es war als ob ihren Führern der Gedanke vorschwebte das „goldene Prag" allmälig zur geistigen Metro= pole des österreichischen Slaventhums zu erheben; der Vorschlag an der Prager Hochschule Lehrkanzeln für alle flavischen Sprachen zu errichten, fowie der Aufruf an die südflavischen Studenten die Prager Univerfität zu beziehen, standen offenbar damit im Zusammenhang. In der That drängte es sich von allen Seiten nach der Hauptstadt Böhmens. Hier weilten die beiden Slovaken=Führer Štúr und Hurban da sie für ihren Freischaarenzug nach Ungarn rüfteten, October und November, und warben mit Unterstützung des Vereins Mannschaft und Geld. Zu Prag fragte sich der Dalmate Petranović an, der in feinem halb italienifirten

Vaterlande einen National=Verein gründen wollte. Und als der kärntnerische Slaven=Verein den Gedanken faßte, den Kaiser um die Einberufung eines National=Congresses in Wien zu ersuchen der die Zerwürfnisse der verschiedenen österreichischen Völkerstämme auszugleichen hätte, war es wohl nur eine verfehlte Adresse, daß er sich statt an die Slovanská Lipa an den Prager Stadtrath wandte, der jede Mitwirkung als außerhalb seinem Bereiche liegend ablehnen mußte.

Wie die deutsch=böhmischen Vereine in Eger, so feierten die slavischen Linden=Vereine ihren großen Tag in Prag. Am 11. December sandte der Hauptverein an alle Zweigvereine eine Einladung zu einem gemeinschaftlichen Congresse behufs „Beschlußfassung über wichtige die Vereine und deren Verhältnisse betreffende Angelegenheiten und Zustandebringung der nöthigen Wechselseitigkeit unter denselben". Die Einladung erging nicht bloß an die bereits bestehenden Vereine, sondern auch an solche die erst in der Bildung begriffen wären; jeder Verein war berechtigt gehörig beglaubigte Vertrauensmänner, jedoch nicht mehr als drei, zu senden, und hatte zugleich einen Berichterstatter zu benennen der über die bisherige Thätigkeit des Vereins Auskunft erstatte; andere Vereins=Mitglieder konnten als Gäste erscheinen und hatten, sobald sie ihre Eigenschaft gehörig nachgewiesen, das Recht der Theilnahme an den Verhandlungen, jedoch nicht an der Abstimmung; die von einzelnen Vereinen gestellten Anträge sollten schriftlich eingebracht und einem besondern aus vier auswärtigen und vier Prager Mitgliedern zusammengesetzten Ausschusse übergeben werden. Am 28. December Abends hielten die Vertrauensmänner der Linden=Vereine ihre erste vorläufige Zusammentretung im Prager Convictssaale — ursprünglich war der Saal im Platteis für diesen Zweck ausersehen worden — unter Hanka's Vorsitz. Am 29. wurde die Versammlung in dem mit den slavischen Farben ausgeschmückten Saale, das Bildniß des Kaisers zwischen den Büsten des Hus und Žižka, feierlich eröffnet, der greise Dechant von Libuš P. Anton Marek, der Schüler Freund und Mitarbeiter des gefeierten Jungmann, durch Zuruf zum Vorsitzenden erwählt. Man zählte 69 Mitglieder, die von 32 Vereinen geschickt waren; aus Mähren fanden sich Abgeordnete der Linden=Vereine von Olmütz und Hradisk ein; auch die Slaven=Vereine von Görz Krain Süd=Steier blieben nicht unvertreten. Der Congreß währte drei Tage, bis 31. December. Die verschiedensten Gegenstände wurden da verhandelt: innere Verhältnisse des Vereines,

Landes- und Stammes-Interessen, Schulsachen, national-ökonomische Fragen, selbst auswärtige Angelegenheiten. Am letzten Verhandlungs=tage wo die Zeit drängte kam gar alles mögliche zur Sprache. Liblinský wollte daß man die Regierung bitte, den auf österreichisches Gebiet sich flüchtenden Polen freizustellen sich wo immer anzusiedeln. Ein P. Novotný schilderte mit drastischen Zügen die kümmerliche Lage der Capläne deren ganze Barschaft oft in 30 fl. jährlich bestehe; und ein gewisser Stefan verlangte gründliche Umstaltung der Consistorien, Ein=ziehung der geistlichen Güter. P. Štulc brachte die große Verwahr=losung zur Sprache, der in Wien 60.000 Čechoslaven der arbeitenden und dienenden Classe durch den Mangel jeder Anstalt für Unterricht und geistige Bildung ausgesetzt seien u. dgl. m. [258])

8.

Wir haben bei den Anläufen zu selfgovernmentaler Thätigkeit, die sich in Böhmen während des landtäglichen Stillstandes wahrnehmen ließen, einestheils darum länger verweilt, weil uns über die Schicksale der be=treffenden sowohl deutschen als slavischen Vereine umständlichere Nach=richten zu Gebote stehen; anderntheils aber auch aus dem Grunde, weil uns jene Anläufe ein lehrreiches Beispiel zu bieten schienen, wie rasch bei einer intelligenten Bevölkerung das Bewußtsein durchgeschlagen hatte, daß auf allen Gebieten des öffentlichen Lebens sie selbst zunächst berufen sei, die einer Verbesserung bedürftigen Punkte herauszufinden, die Mittel zur Abhilfe in Erwägung zu ziehen und in Vorschlag zu bringen. Es zeugten jene Bestrebungen für den gesunden Kern eines Volkes, das seine Ge=schichte gleichsam von neuem begann, um von innen heraus, von unten hinauf, Neues an die Stelle des morschen lückenhaften Alten zu setzen. Allerdings gehörten die Glieder dieses Volkes zwei verschiedenen der eu=ropäischen Haupt=Nationen an, die sich wie für den Augenblick die Dinge standen gegenseitig bekämpften. Was die eine Seite wollte, mochte nur zu häufig gerade deßhalb die andere n i c h t. Diese sahen in der Haupt=stadt ihres Landes den Mittelpunkt auf den sie all und jedes bezogen wissen wollten; die Blicke jener gingen über Prag hinweg nach Wien

24*

wo sich alles zusammenfinden müsse. Die slavische Partei Böhmens strebte seit den Märztagen einen mit erweiterten gouvernementalen Befugnissen ausgestatteten Statthaltereirath in Prag an; die deutsch-böhmische Partei erblickte in einem solchen Vorschlage den Anfang eines Föderativsystems, in das sie nie einwilligen könne. Wünschte die Slovanská Lipa alle Nationalgarden Böhmens unter ein gemeinsames Ober-Commando in Prag gestellt zu sehen, so legte der Congreß zu Eger dagegen entschiedene Verwahrung ein und instruirte alle deutsch-böhmischen Vereine, von der Ausführung eines solchen Vorschlages ihre Hand zurückzuziehen. Allein für den Antagonismus der sich bei diesen und ähnlichen Anlässen kundgab mußte es mit der Zeit doch eine Lösung geben. Am Ende konnten sich die Besonnenen auf beiden Seiten nicht der Einsicht verschließen, daß der ganze Unterschied im Grunde nur in der verschiedensprachigen Anlage und Erziehung, häufig aber auch nur in einer individuellen Ansicht und Vorliebe liege, da sich geborne Slaven im deutschen Lager finden ließen und umgekehrt geborne Deutsche sich um die slavische Sache annahmen; daß überhaupt seit Jahrhunderten vorgekommene Fälle von Kreuzung und Vermischung sowie das immer wechselnde gegenseitige Herein- und Hinauswachsen der beiden Nationalitäten an den Sprachgränzen, und selbst in der Mitte des Landes, unzählige Übergänge von einer zur andern herbeigeführt habe; daß es sich also in der That um Brüder handle, die, Söhne eines und desselben Landes, durch die gemeinsame Unterlage ihrer gesellschaftlichen volkswirthschaftlichen und staatlichen Entwicklung aneinander gewiesen, nur dann gedeihen könnten, wenn sie die Bedingungen dieses Gedeihens in einem wohl unterhaltenen Einverständnisse über ihre beiderseitigen Interessen fänden.

Und was vom Lande Böhmen insbesondere, das galt von Österreich im Ganzen. War es doch auch hier im allgemeinen der große Zwiespalt des deutschen Elements und der nicht-deutschen Stämme, der sich durch alle Bestrebungen und Kämpfe hindurchzog. Dabei war das deutsche Element mit sich selbst nicht im reinen. Von den Träumereien der Vertheidiger eines mitteleuropäischen Riesenreiches bis zur Begriffsstützigkeit jener, die um der §§. 2 und 3 willen Österreich mit Krieg überziehen wollten, war ein weiter Weg, und jedes der Zwischen-Stadien, die da durchlaufen werden mußten, hatte sein Häuflein Getreuer das von seiner Fahne nicht lassen wollte[259]); wenn Österreichs Wiedergeburt von der Deutschlands abhängig blieb, dann lag das ersehnte Ziel noch im weiten Felde. Aber von irgend einer Lösung der österreichischen Frage in charakteristisch deutschem Sinne mochten alle die andern Nationalitäten der vielsprachigen Monarchie nichts wissen, deren fast jede für sich ihr abgesondertes Interesse verfolgte. Kam noch dazu, daß auch sonst die innere Ordnung an allen Enden im Wanken, daß die Geltung der Gesetze, das Ansehen der Behörden erschüttert, daß der Sinn für Mäßigung, für gegenseitige Duldung, für billiges Abwarten in einem großen Theil der Gemüther abhanden gekommen war, daß auf jedem Gebiete öffentlichen Lebens die verschiedensten Richtungen sich kreuzten, in leidenschaftlicher Erregtheit sich gegenseitig anschuldigten und anfeindeten: so sah es wohl in dem unglückseligen Jahre der Verwirrung kraus und wirr genug aus, daß mancher schier daran verzweifeln mochte die Dinge je wieder in das rechte Geleise gebracht zu sehen.

Doch war solches Verzweifeln auch gerechtfertigt? Mitten aus dem Wechsel der Erscheinungen heraus enthüllte sich dem verständnißvollen Beobachter mehr als eine Handhabe zur allmäligen Lösung des wüsten Durcheinander. Archimedes verlangte um die Welt in Bewegung zu setzen einen Punkt: dem österreichischen Staatsmann, dem im Spätjahr 1848 die Aufgabe zufiel das Reich auf neuer Grundlage zu gestalten, boten sich deren drei.

Die große Mehrheit in allen Ländern des mittlern Europa hatte die Revolution satt. Die Verheißungen mit denen dieselbe zu Anfang des Jahres auf dem Schauplatz erschienen war hatten sich nicht erfüllt, hatten vielmehr in ihr Gegentheil umgeschlagen: die Welt, der man die glänzendsten Bilder einer glücklich zufriedenen Zukunft vorgegaukelt, war zum Tollhaus geworden worin alle bösen Leidenschaften ein wildes Spiel trieben. Ordnung und Recht thun allen Menschen wohl die nicht zum schlimmen neigen und vom schlimmen gewinnen wollen; sie sind die Pfeiler der menschlichen Gesellschaft, die, wenn auch durch eine heftige Erschütterung in's Wanken gerathen, zuletzt doch wieder ihren festen Halt gewinnen. Das Wiedererwachen des conservativen Geistes, der mit jedem Tage wachsende Anhang der ihm zufiel, bürgte dafür daß die freudige Zustimmung der achtbarsten Schichten der Bevölkerung einer Regierung zu Hilfe kommen werde, die den Willen kundgab mit fester Hand die Ruder des unstät schaukelnden Schiffes zu ergreifen und es unverwandten Blickes dem sichern Hafen entgegenzusteuern.

Den innern Haber und gegenseitigen Widerstreit zu bannen, sah

allerdings einem unlösbaren Problem gleich. Aber hatte nicht gerade
die Versuchung, die vom Main her an einen der Hauptstämme des
Kaiserstaates herantrat sich von den übrigen Theilen loszusagen und
einzig seinen nationalen Sympathien zu folgen, den glänzendsten Beweis
geliefert, wie innerlich stark und kräftig die Bande seien die das scheinbar
launenhaft zusammengewürfelte Völkergemisch Österreichs verschlungen
halten? Und wenn sich bei den nicht-deutschen Nationalitäten zeigte, daß
der größere Theil jener verschiedenartigen Völkerstämme nichts anderes
verlangte als ein unter dem Schutze der Gleichberechtigung gesichertes
Nebeneinanderleben; daß sie die Durchführung dieses Grundsatzes nur
auf dem Gebiete und innerhalb des Rahmens des österreichischen Gesammtstaates zu erreichen meinten; daß einige von ihnen selbst Gut und
Blut daran setzten damit zu ihrem eigenen Heile die Monarchie beisammen bleibe und erhalten werde, so mußte, was auf den ersten Blick
Österreich unabwendbarem Zerfalle zu weihen schien, bei näherem Besehen
als ein bedeutsames Moment für dessen gedeihlichen Zusammenhalt sich
darstellen.

Endlich aber war es der Trieb der Association, der sich mitten in
dem durcheinander fluthenden Chaos in vereinzelten Erscheinungen kundgab, und waren es die hier und dort hervorsproßenden Keime von Selbst-
berathung und Selbstverwaltung, die sich gehörig beachtet und gepflegt,
als die Grundlage einer neuen Ordnung der Dinge, als Elemente zum
Wiederaufbau der staatlichen Gesellschaft benützen ließen. War es der
Grundsatz des gefallenen Systems gewesen alles durch die Regierung
ohne die Regierten schlichten zu lassen, so lag in jenen Anfängen der
Drang, aber zugleich der Beruf der letztern ausgesprochen, selbst zu
sein als Männer, mit einzutreten als thätige Factoren bei Besorgung
der öffentlichen Angelegenheiten, mitzurathen und mitzuthaten zur Förderung des allgemeinen Wohles. Nur Solche, die ganz und gar in absolutistischen Anschauungen befangen waren, konnten Ärgerniß nehmen an
der Bethätigung selbsteigenen Meinens und Strebens in den gereifteren
Classen der Bevölkerung; für einen unterrichteten und überlegenden, für
einen schöpferischen Geist war es ein höchst bedeutsames Zeichen der
Zeit, das er bei der Neugestaltung aller Verhältnisse mit in Rechnung
zu bringen hatte und das ihm zum Anknüpfungspunkte fruchtbarer orga-
nisatorischer Ideen werden mußte.

Österreich stand im Spätjahr 1848 an einem Wendepunkte seiner

Geschicke, und auf die Männer kam es an, in deren Hände es gelegt war sie im entscheidenden Augenblicke zu leiten. Verstanden sie Grund und Wesen des Zeitgeistes von den zufälligen Ausartungen desselben zu unterscheiden und bei aller Kraft, womit sie den letztern einen Damm setzten, den unabweisbaren Forderungen des erstern gerecht zu werden, so hatten sie die schönste, die lohnendste Aufgabe vor sich. Sie brachen mit den Traditionen der innern und der äußern Politik des vormärzlichen Systems und unter ihren alle gesunden und lebensfähigen Factoren zusammenfassenden Händen entstand ein neues Österreich, das mit dem vormaligen kaum etwas anderes als den Stoff: Land und Leute, gemein hatte, ein aus seinen naturgeschaffenen Grundlagen herausgewachsenes und auf denselben ruhendes Staatsgebäude, das nicht wie das frühere Gefahr lief durch irgend einen von der Seine herüberbrausenden Sturm in all seinen Fugen erschüttert und dem Verhängniß innern Zerfalls preisgegeben zu werden, sondern das innerlich geeignet und gekräftigt, achtunggebietend nach außen, kein geheimes Gähren in seinem Schoße zu besorgen und keinen Umschwung der Dinge jenseits seiner Gränzen zu fürchten hatte.

Mit dieser Betrachtung schließen wir die Übersicht der allgemeinen Zustände im Spätjahr 1848, womit wir uns in diesem Lande zu beschäftigen hatten: im folgenden beginnen wir die Erzählung jener Thatsachen und Ereignisse, die nach Niederwerfung des Aufstandes im Herzen der Monarchie den Ausgangspunkt einer neuen Wandlung ihrer Schicksale bilden, einer Wandlung die uns nur zu oft die Frage nahelegen wird, ob die „berufenen" Staatsmänner Österreichs auch jene „auserwählten" waren, um die Momente, die sich, wie wir sahen, in so mächtigen ausdrucksvollen Zügen als Wahrzeichen der Zeit bemerkbar machten, zum dauernden Heile der Gesammtheit und ihrer Glieder zu erfassen und zu verwerthen.

Anmerkungen.

1) S. 15. „Den angeblich germanisirten Theil des Großherzogthums Posen forderten die deutschen Hegemonen, obgleich er von jeher dieselben historischen Schicksale mit dem übrigen Polen getheilt; den wirklich dänisirten Theil von Schleswig beanspruchten jene Hegemonen, weil er dieselben historischen Schicksale mit Holstein und dieses mit Deutschland getheilt. Und diese beiden sich so widersprechenden Forderungen, die gleich den römischen Auguren sich nicht ohne Lachen ansehen können, man sprach sie aus in einer und derselben Zeit, in einem und demselben Athem, im Namen eines und desselben guten Rechts“. Die deutschen Hegemonen; offenes Sendschreiben an Herrn Georg Gervinus, von J. K. (Berlin, Schneider & Comp. 1849), in dessen erstem Abschnitt S. 5—20 das Vorgehen des deutschen Parlaments gegen Posen, „weil der russische Zar nichts dagegen hatte daß ein Stück von den Stücken Polens noch mehr zerstückt werde“, und das Rückgehen des deutschen Parlaments von Schleswig, wo es sich „von Rußland ein demüthigendes Halt zurufen lassen mußte“, scharf gegeißelt worden.

2) S. 45. Grätzer Zeitung Nr. 234 v. J. 1848; der Aufsatz, dem wir die im Terte kennbar gemachten Worte entlehnen, war aus Wien datirt, mit der Chiffre Dr. J. G.

3) S. 47. Die kriegsrechtlichen Maßregeln nach der Einnahme Wiens boten der radicalen Partei von allem Anfang eine unerschöpfliche Quelle von Schimpf und Verwünschungen jeder Art gegen die „Soldknechte der Thyrannei“; dabei wird entweder ausdrücklich bemerkt oder deutlich genug zu verstehen gegeben, dergleichen könne nur vorkommen, wenn absolute Gewaltherrschaft auf dem Grabe der Freiheit ihr erbarmungsloses Banner entfaltet. Was geschah denn aber in Paris nach den Junitagen? Frankreich war bekanntlich damals Republik. Cavaignac war und blieb bis an sein Lebensende überzeugungstreuer Republicaner; in seinem Ministerium saßen nicht bloß Republicaner, sondern ausgesprochene Socialisten wie Carnot, und ehemalige Verschwörer wie Recurt, gegen den Beweise vorlagen daß er in mittelbarer Weise in das Attentat Fieschi's verflochten gewesen. Die Juni-Ereignisse waren also im wahrsten Sinne ein Kampf von Republicanern gegen Republicaner, ein Kampf, der eine Erbitterung, eine Verwilderung aller menschlichen Gefühle zeigte, deren Scheußlichkeiten jede Schilderung überbieten. Allein mit dem Kampfe Mann gegen Mann war es nicht ab-

gethan. Unmittelbar darauf folgten Hinrichtungen mit den Waffen ober auch ohne Waffen ergriffener Opfer, oft ganz unschuldiger Leute. „Auf dem Stadthause erschoß man sogar Gefangene, die bereits vor dem Aufstand dorthin gebracht worden waren, Andere warf man in die Seine und sendete ihnen Kugeln nach. Eben so erschoß man einen Menschen, weil man Geld bei ihm fand. Noch Andere wurden, natürlich immer ohne Beweise, als Spione erschossen. Aber dieß find nicht die ärgsten Beulen am Körper der französischen Gesellschaft. Tausende leben in Paris, welche die Sieger an= klagen, die Gefangenen, nachdem sie aus den Kerkern gezogen worden, auf dem Mars= felde, in den Bollwerken und anderwärts in Masse erschossen zu haben“. Die Art wie man in den ersten Tagen die vielen tausend Gefangenen unterbrachte, war mitunter schauderhaft. Etwa 1200 wurden „in dem engen Gewölbe des Tuileriengartens, das nur nach einer Seite hin kleine runde von Glas bedeckte Luftlöcher hat“, eingesperrt; viele wurden wahnsinnig. In den Kellern des Stadthauses an der Seine wateten die Gefangenen „in einem Sumpfe von Schmuz und Blut“. Die Katakomben der Festungs= werke von Jvry nahmen 860 Menschen auf; „als ihnen nach viertägigem unterirdischen Aufenthalte am 1. Juli endlich die Casematten zu Gefängnissen gegeben wurden, fehl= ten drei; man erinnerte sich, einige Verzweifelte um den in den Casematten befindlichen Brunnen herumschleichen gesehen zu haben“. Dr. F. S. Bamberg, Geschichte der Februar=Revolution 2c. (Braunschweig, George Westermann, 1848) S. 472—479. Nach der „Gazette des Tribunaux“ vom 14. October wurden in der Zeit vom 5. August bis 29. September 3423 zur Transportation bestimmte Gefangene von Paris nach Havre gebracht. Nach „La Presse“ vom 4. December 1848, Beilage, wurden von den 10.948 Gefangenen im ganzen 6600 wieder freigegeben, 4348 (ohne rechtlich ge= fälltes Urtheil) transportirt. Als Louis Philippe in seinem Exil von diesen Dingen hörte, soll er ausgerufen haben: „So etwas können sich nur anonyme Regie= rungen erlauben!“

4) S. 49. „In the late municipal elections throughout the country, whene-ver there was a contest, the Republicans from conviction were generally beaten by the Republicans from necessity, or, as they are here dixtinguished: répu-blicains de la veille et du lendemain; and it has been further found, that whenever the Legitimists chose to put themselves forward, they beat the Orleans“. A Year of Revolution. From a Journal kept in Paris in 1848. By the Marquis of Normanby, K. S. (London, Longman etc., 1857) II. S. 154 zum 14. August.

5) S. 51. Sarrans der Jüngere erzählt, er habe sich oftmals in London bei Joseph Buonaparte befunden, wenn dessen Neffe Louis zu Besuche kam; da habe ihn der Hausherr jedesmal inständig gebeten zu bleiben und ihm die Verlegenheit einer vertraulichen Unterredung mit Louis zu ersparen, dessen chimärische Pläne zu verneh= men eben so langweilig als ermüdend sei. — Hierher gehört auch eine Thatsache, von der wir nicht wissen, ob sie so allseitig bekannt ist als sie es verdiente. Während seines Aufenthaltes in der Schweiz wollte der Prinz einen Cursus über römische Geschichte hören; doch sollte sein Docent vorzüglich jene Männer in's Auge fassen, die sich an die Spitze der Geschäfte geschwungen, und hierbei den Nachweis liefern: 1. auf welchen Wegen sie zur obersten Macht gelangten, 2. durch welche Mittel sie sich im Besitze derselben erhielten, 3. welches die Ursachen ihres Sturzes waren. Der Docent, Professor an einer schweizerischen Lehranstalt, wußte noch in spätern Jahren von den Mühen des Studiums die ihm die Lösung dieser Aufgabe bereitet, aber auch von dem hohen In=

tereffe zu erzählen, daß ihm die glückliche Durchführung derselben im geistigen Ver-
kehre mit dem Prinzen verschafft habe.

6) S. 52. „Il est rare que les partis, comme les individus, n'aient le sen-
timent de ce qui les fera vivre et de ce qui les fera mourir", bemerkt dazu treffend Capefigue La société et les gouvernements de l'Europe depuis la chute
de Louis Philippe etc. (Bruxelles, Meline Cans et Cie., 1849) IV. p. 209.

7) S. 53. Lamartine hatte sich bei der ganzen Geschichte eine arge Blöße gegeben.
Einmal war es nicht einmal das „erste" Blut, das seit den Februar-Tagen geflossen;
bei den Auftritten am 15. Mai waren mehrere Nationalgarden gefallen, deren Leichen-
begängniß die Volksvertreter selbst beigewohnt hatten. Dann aber hatte Lamartine von
einem „unglückseligen Ereigniß" gesprochen, mehrere Schüsse seien abgefeuert worden,
gegen General Thomas, gegen einen Officier der Linie, gegen die Brust eines Nationalgarden. Nun war aber nur ein Schuß gefallen, und auch dieser war, wie sich später
herausstellte, nicht abgefeuert worden, sondern von selbst losgegangen, nämlich von einer
Pistole in der Tasche eines Nationalgardisten; und wenn sich dieser dabei verwundete,
so waren das die einzigen Tropfen Blutes, die damals für die Sache des hereinbrechenden Kaiserreichs vergossen worden, und der emphatische Ausruf Lamartine's: „Ces
coups de fusil étaient tirés aux cris de Vive l'empereur!" war daher in jeder
Hinsicht eine Donquixotterie.

8) S. 53. Die Widersacher des Prinzen versäumten nicht ihn und seinen Anhang
einer schuldbaren Theilnahme an den Juni-Ereignissen zu zeihen. So behauptet Louis
Blanc 1848, Historical Revelations (London, Chapman and Hall, 1858) S. 424
f., die bonapartistischen Anhänger seien in den National-Werkstätten sehr thätig gewesen,
in welch letzteren darum die Executiv-Commission „an army ready to a pretender's
hands" gefürchtet habe, und sagt S. 448: es sei gewiß, daß in den Faubourgs St.
Marceau, St. Jacques u. a. Bonapartisten unter den Kämpfenden gefunden worden.
Dieser letztere Umstand konnte bei dem sich täglich mehrenden Anhang, den Louis Napoleon namentlich in den untern Volksschichten gewann, nichts auffallendes haben. Daß
er aber selbst den Aufstand betrieben habe, ist eine ganz absurde Behauptung,
wenn man bedenkt, daß er von seinem ersten Auftreten seine Kraft eben in der Empor-
haltung des Grundsatzes der Ordnung und gesetzlichen Gewalt gegen die ungeordneten
Neigungen der Massen gesucht habe. „Mon nom est un symbole d'ordre, de nationalité
et de gloire", hieß es u. a. in seinem Schreiben v. 14. Juni. — S. auch Capéfigue
a. a. O. IV. S. 212: „L'histoire sérieuse peut-elle trouver un élément napoléo-
nien dans les fatales journées de juin? Il dut se mêler à cette insurrection,
comme toujours, les divers partis hostiles à la forme du gouvernement décrétée
le 24 février: les bonapartistes comme les légitimistes, en infinie minorité de
combattants".

9) S. 54. Louis Blanc a. a. O. sagt S. 409 mit Recht über die beantragte
Ausschließung: „Thus to single him out as an exception, was to raise him, in
the eyes of the nation, to the high position of a rival claimant for the Government of France; to exhibit so marked a fear of him, was to make him formi-
dable"; und S. 410 über sein Weilen in England: „In the physical world, the
farther off a man is, the smaller he appears; but, in the moral world, the farther he is off, the greater he appears". — S. auch Normanby a. a. O. I. S. 465.

10) S. 54. „I believe he was supported by very many who agreed in no
other opinion than in dislike of the present state of affairs", schrieb der aufmerksam beobachtende Normanby zum 22. September.

11) S. 75. Gustav Kühne Mein Tagebuch in bewegter Zeit (Leipzig, Denicke, 1863) nennt S. 525 das Verfahren der National-Versammlung „übermüthig und un= nütz grausam"; und über die Debatten wegen der Formel „von Gottes Gnaden" fällt der Demokrat Held „Deutschlands Lehrjahre" (Berlin, Berendt) S. 348 f. ein Ur= theil, das für die Versammlung der Berliner Verfassungsmänner nichts weniger als günstig lautet.

12) S. 75. Freilich hieß es von dieser Seite, alle Unfüge und Ausschreitungen der Massen habe die reactionäre Partei selbst herbeigeführt, um einen Vorwand zu gewaltthätigem Einschreiten zu haben; siehe z. B. Held a. a. O. S. 349 f., wo er sich sogar auf die von ihm „zu verbürgende Thatsache" beruft, daß ihm selbst „durch den Präsidenten des Preußenvereins, einem gewissen v. Katte, das Anerbieten einer Summe von 25000 Thalern gemacht wurde, um seinen noch übrigen Einfluß zur Veranstaltung einer größeren Revolte zu verwenden". Allein wenn Held, wie wir ihm zu glauben nicht anstehen, jenes Anbot zurückwies und dennoch ein Conflict nach dem andern erfolgte, so müssen diese doch wohl von den Bemühungen des Preußenvereins und dessen Präsidenten unabhängig gewesen sein.

13) S. 77. General Pfuel gab als Grund seines Rücktrittes seine „geschwächte Gesundheit" an, was man von dem Manne in weit vorgerückten Jahren, der in der letzten Zeit unausgesetzte Aufregungen erfahren, hinnehmen konnte. Allein nicht ganz ohne Grund spöttelten die Demokraten (siehe z. B. Held a. a. O. S. 353), „warum in diesem Falle auch die übrigen Mitglieder seines Ministeriums, die doch ganz gesunde Männer waren, gleichfalls und gleichzeitig entlassen wurden". Aus v. Unruh's Skizzen aus Preußens neuester Geschichte (4. Auflage Magdeburg, Emil Baensch, 1849) S. 113 geht übrigens hervor, daß man in Sanssouci, wie einen Augenblick in Olmütz, an die unverzügliche Auflösung der National-Versammlung gedacht habe, daß aber, wieder wie in Olmütz, die Deputirten der Rechten selbst davon abgerathen hätten, in= dem „die Versammlung eine constituirende und gegen ihren Willen nicht auflösbar sei".

14) S. 78. Selbst Held S. 355 hält sich, freilich von anderem Standpunkte, über die „pathetischen" Worte Jacoby's auf, „eine Phrase, für welche ihr Autor vom Volke einen silbernen Ehrenbecher erhielt, obgleich sie in dem vorliegenden Falle eine Lächerlichkeit in sich schloß, weil es sich in dem Conflicte zwischen der Krone und Ver= einbarungs-Versammlung keineswegs um irgend eine Wahrheit, sondern um ein ganz positives Recht handelte, nämlich um das Recht der Krone, ihre Minister frei zu er= wählen". Wenn Dr. S. Stern Geschichte des deutschen Volkes in den Jahren 1848 und 1849 (Berlin, 1850, Gerhard) S. 365 meint, Jacoby's Ausruf habe zwar nicht „von tiefer staatsmännischer Erkenntniß", aber „von bewundernswerthem persönlichen Muth" gezeigt, so ist das Geschmackssache. Auch aus der Mitte derer, die ihn gesandt, trat man Jacoby entgegen; als in der National-Versammlung über den Vorfall Be= richt erstattet wurde, erhob sich von den Bänken der Rechten Lärm, „er habe nicht das Recht gehabt so zu sprechen", und mehrere Mitglieder der Deputation, darunter Rod= bertus, sandten ihre ausdrückliche Bitte nach Sanssouci: „Se. Majestät wolle unterschei= den zwischen der Adresse der National-Versammlung und dem Privat-Ausdruck eines Einzelnen". Dazu kam, daß der Gang der Ereignisse die sogenannte „Wahrheit", die Jacoby dem Könige, ohne Zweifel im Geiste des Inhalts der Adresse, sagen wollte — „unabsehbares Unglück über das Land" ꝛc. — vollständig Lügen strafte.

15) S. 80. v. Unruh Skizzen S. 115 f. hält sich nachdrücklich über die Un= vollständigkeit des Ministeriums auf und sagt: „Hier trat noch der unerhörte Fall ein, daß das Ministerium die wichtigsten und gefährlichsten Maßregeln ohne einen Justiz=

Minister beschloß und ausführte", da sich Kisker nur erboten habe, „die laufenden ge= wöhnlichen Geschäfte noch einige Zeit zu besorgen". — Erst einige Tage später trat Rintelen für die Justiz in das Cabinet, wo sodann die Wuth der Radicalen die Minister=Namen derart zusammenstellte, daß die Endbuchstaben dasjenige bedeuteten, an was sie die Träger derselben wünschten: „Brandenburg, Strotha, Manteuffel, Laden= berg, Pommer=Esche, Rintelen". — Dagegen wurde von dem Könige das Wortspiel er= zählt: „Brandenburg in der National=Versammlung und die National=Versammlung in Brandenburg!" — Die Zahl jener Mitglieder der Rechten, die am 8. mit den Mi= nistern den Saal verließen, wird bald mit 77 bald mit 78 angegeben; es folgten aber bald noch einige nach, so daß Ruge's Tagebuch („Die preußische Revolution" 2c. Leipzig 1848, Verlags=Bureau) S. 59 f. unter der Rubrik: „Weggelaufene Deputirte am 9. November" ein Verzeichniß von beinahe 100 Namen bringen konnte.

16) S. 81. „So lange die Presse, so lange das Vereinigungsrecht nicht von neuem geknebelt werden, hat das Land die Mittel in der Hand, ohne Blutvergießen den Sieg über die Bestrebungen der Reaction herbeizuführen. Wenn die Provinzen, wenn alle Associationen, wenn alle Wahlbezirke, wenn alle größern Städte sich auf das entschiedenste erklären, wenn sie unserer Ansicht beitreten, wenn sie Proteste gegen das Benehmen des jetzigen Ministeriums erlassen, dann ist kein Zweifel, daß das Erfolg haben muß. Ist das Land oder ein großer Theil des Landes dieser Meinung nicht, nun, meine Herren, dann hat das Land es zu verantworten, wenn die eben aufblühende Freiheit wieder verdorrt". Den ersten Satz dieses Ausspruchs hat von Unruh seinen „Skizzen" als Motto vorgesetzt.

17) S. 82. „Nicht die Mauern und Steine sind es, welche die National=Versamm= lung bilden", rief Waldeck aus, „sondern unser Muth und unser Wille". Überhaupt thaten sich die Mitglieder des Winkel=Parlaments auf ihre unbeugsame Entschlossenheit nicht wenig zu gute. Als im Hotel de Russie über verschiedene Kleinigkeiten Einsprache erhoben wurde und der Abgeordnete Bornemann bat, „nicht fort und fort zu prote= stiren", rief Philipps mit Pathos: „Wohl mögen wir fort und fort protestiren, gegen jeden ungesetzlichen Schritt, damit nicht unsere Kinder einst sagen: Mein Vater war auch einer von denen, die das Vaterland verrathen haben". Als Unruh sprach: „Ich eröffne die Sitzung", ertönte lang anhaltender Beifall, und Ruge a. a. O. S. 89 bemerkt dazu: „Diese denkwürdigen Worte, womit eine neue Epoche der preußischen Geschichte beginnt, diese Worte enthalten die Erklärung der Souverainetät des Volks, ausgeübt von der Versammlung seiner Vertreter, und sie werden gesprochen in einem folgenschweren Augenblicke, der Gewalt einer Militärmacht gegenüber, die unter dem Gewicht der moralischen Macht des ganzen Volkes zusammenbrechen und dem Gesetze unterworfen werden soll". Es war aber nicht alle Welt dieser Meinung. Im Gegen= theile die Versammlung, besonders als sie in den Tagen darauf aus einem Locale in das andere zog, verfiel dem ärgsten was einem öffentlichen Charakter zustoßen kann, der Lächerlichkeit, und was die Sache noch tragischer für ihre Träger gestaltete, man machte sich über sie von beiden Seiten lustig, von jener der Conservativen wie von der der Demokraten, wie sich z. B. Held a. a. O. S. 368 über jene „Farce" ausläßt, über jenes „eigenthümliche, in der Weltgeschichte vielleicht einzige Schauspiel einer Volks=Repräsentation, welche, von einem mit Flinten bewaffneten Trupp wie eine Kette Rebhühner gejagt, aus einem Locale in's andere getrieben wurde und dabei der Welt das unwürdige Bild eines sich ohnmächtig sträubenden Kindes darbot", S. 371 f.

18) S. 84. Bassermann's Bericht in der Frankfurter National=Versammlung v. 18. November.

19) S. 86. Held a. a. O. S. 371 beschreibt die Scene sehr ergötzlich, aber nicht richtig, da er sie in das Rathhaus und auf den 14. verlegt und v. Unruh die leidende Rolle dabei spielen läßt.

20) S. 87. Unruh Skizzen S. 131 will darauf aufmerksam machen, „daß ein eigentlicher Steuerverweigerungs-Beschluß ... gar nicht gefaßt worden ist; es wurde nur eine Erklärung der Versammlung abgegeben, dahin lautend, daß das Ministerium Brandenburg nicht befugt sei, Steuern zu erheben oder zu verwenden". Das war eine armselige Ausflucht und von um so weniger Gewicht, als die ganze Bevölkerung hüben und drüben das Ergebniß des 15. Abends als wahrhafte Aufforderung zur Steuerver=weigerung auffaßte, theilweise selbst in's Werk zu setzen suchte und keine Aufklärung im gegentheiligen Sinne erfolgte.

21) S. 88. Das Schreiben Frappoli's in der venetianischen „Raccolta di tutti gli atti" ecc. V. S. 35 f.; jenes des Mantuaner Provinzial-Rathes (unterfer=tigt Gio. Arrivabene und Dott. Antonio Minozzi) ebenda S. 61—64. Siehe auch die Philippika des lombardischen Flüchtlings Bargnani in der öffentlichen Sitzung des Turiner „Circolo federativo-nazionale" am 29. October; ebenda S. 86—89.

22) S. 88. Seit der „Livornistrung" seiner Regierung war der Großherzog von Toscana willenloses Werkzeug in den Händen seiner demokratischen Minister und unter=schrieb alles, was sie im Namen der italienischen Freiheit von ihm verlangten. So weit ging er in seiner Selbstverläugnung, daß er in seinem Titel sogar den „Erzherzog von Österreich" unterdrückte. Das Ministerium ließ eine Medaille mit dem Brustbilde des Großherzogs auf der Vorder= und: „Guerra dell' indipendenza italiana 1848" auf der Kehrseite prägen, die jeder bekommen sollte, der aus dem heiligen Kampfe gegen Österreich heimkehrte. Siehe auch den Vortrag des Kriegs=Ministers Mariano d'Ayala an den Großherzog v. 31. October in der „Raccolta" V. S. 42—45.

23) S. 90. Der Artikel ergießt sich in Spott und Geifer über die Kriegsführung und Politik des Ministeriums, das nur den Jesuiten in die Hände arbeite. „É sempre il P. Rothan che dirige le fila diplomatiche. I gesuiti hanno vivande per ogni razza di palata. Il Rothan, son pochi di, inviò una circolare molto laconica ai suoi imperterriti comilitoni: Costanza, fratelli, torneranno i bei di!" — Um von den persönlichen Ausfällen gegen den König ein Beispiel zu geben, wollen wir einige Stellen aus dem Artikel: „A Carlo Alberto Sabaudo Re" des „Corriere Li-vornese" nr. 218 hersetzen: „Quest' Uomo, quasi per verificare il dettato che maledice chi confida nell' uomo, quest' Uomo foste voi, Carlo Alberto! Tradi-tore nel 21, Tiranno nel 33, Ancipite sempre, avete mai pesata l'infamia che sta per gravitare sul vostro sepolcro?" Folgt nun eine vernichtende Kritik des Feldzugs vom April bis August, worauf es weiter heißt: „Ed ora? Siete voi presto a novello tradimento? o soggiacete alle colpose conseguenze del primo? o volete bere in-tero il nappo della colpa, tutto fino alla feccia della infamia?" Schon habe er sich aller Welt zur Verachtung preißgegeben, am meisten den österreichischen Generalen; „giacchè se Bubna vi scherniva nel 21, Radetzky potrebbe con tutto il diritto sputarvi in volto nel 48" ecc. Der Artikel findet sich abgedruckt in der Venetianer „Raccolta" V S. 123—131; jener des „Pensiero italiano" ebenda S. 142—144; die im Texte angeführte Erwiederung der Lombarden an die Piemontesen S. 11—14.

24) S. 92. S. das Rundschreiben des toscanischen Gesammt=Ministeriums v. 7 Nov. 1848 an alle diplomatischen Vertreter bei den andern italienischen Regierungen, abgedruckt in der „Raccolta" V 113—115; ebenda S. 41 f. findet sich der Rosmi=

ni'sche Entwurf der „perpetua confederazione" zwischen Rom, Sardinien und Toscana.

25) S. 93. Vergleiche: Die römische Revolution vor dem Urtheile der Unparteiischen. A. d. J. übertragen von M. W. A. (Augsburg 1852, B. Schmid) S. 113, mit: Politische Briefe und Charakteristiken (Berlin 1849 Herz) S. 257—262 und Carlo Rusconi La Republica Romana (Torino, 1850) S. 49 ff.

26) S. 94. Central-Organ für Haubel ꝛc. Wien 1848 Nr. 149 S. 597.

27) S. 96. „Die Folgen des päpstlichen Segens, die durchaus wie Fluch aussehen", wie Seume im „Spaziergang nach Syrakus" sagt. — „In einem Staate, wo Corruption und Schlaffheit lang geherrscht haben, werden Reformen, die bei ihrer ersten Ankündigung mit Freuden begrüßt werden, bei der praktischen Ausführung unschmackhaft, und eine Schaar von unbeschäftigten und untauglichen Civil- und Militär-Beamten fühlte sich von Veränderungen verletzt, welche ihrer Bequemlichkeit oder ihren Interessen zu nahe traten. Viele dieser Leute standen nicht an, die Stellung eines Ministers untergraben zu helfen, der kühn genug war, Mißbräuche zu bekämpfen, die Andere geschont hatten." Geschichte des neueren Italiens ꝛc. A. d. E. des Richard Heber Wrightson von Julius Seybt (Leipzig, Carl B. Lorck, 1859) S. 166.

28) S. 97. Die „Civiltà cattolica" brachte im J. 1854 eine eingehende Darstellung der Ergebnisse des über die Vorgänge am 15. und 16. November abgeführten Processes; eine deutsche Übersetzung von J. P. erschien 1855 in Carl Rauch's Buchhandlung in Innsbruck unter dem Titel: „Der 15. u. 16. November des Jahres 1848 in Rom, oder Geschichte des an den (sic) Grafen Peregrini Rossi verübten Meuchelmordes und dessen Folge". Daraus erfahren wir S. 53 ff., daß es ein Bäckermeister war, den die Verschworenen vorzüglich um seines Reichthums willen in ihre Kreise gezogen, der sich später, durch Gewissensbisse gefoltert, dem Minister anvertraut hatte und von diesem bewogen worden war, zum Scheine die Rolle eines Mitverschwornen fort zu spielen, um so über ihr Treiben und ihre Pläne fortwährend im Klaren zu sein.

29) S. 97. Vicomte d'Arlincourt bezeichnete in seinem „L'Italie rouge" (Paris 1850) S. 122 den Prinzen von Canino geradezu als jenen, den in Florenz das Los getroffen, „non pas d'assassiner lui-même, mais de commander un poignard". In Folge dieser Behauptung erschien Canino später in Paris und forderte den Verfasser vor Gericht, das letztern zur Abbitte, Ehrenerklärung, Schadenersatz und Tragung der Kosten verurtheilte; s. L. Alvensleben Das rothe Italien ꝛc. (Weimar 1851, B. F. Voigt) S. 76 Anm. d. Übers.

30) S. 99. Wir geben hier eine der Erzählungen, welche die Runde durch die damaligen Tagesblätter machte: „Am verhängnißvollen Tage wurde ein Monsignore, der gewöhnlich in der Jesukirche Beichte abnimmt, gebeten, ohne den mindesten Aufschub in die Kirche Santa Maria zu eilen, in welcher jemand ihn dringend zu sprechen wünsche. Als er dort ankommt, tritt ein Mensch auf ihn zu und sagt: ‚Graf Rossi wird heute ermordet, auf der Treppe der Kammer. Verlieren Sie keinen Augenblick, Sie können ihn jetzt noch retten'. Der Unbekannte setzt in aller Eile den ganzen Plan der Verschworenen auseinander. Der Geistliche begibt sich darauf in den Quirinal und trifft Rossi, der eben in seinen Wagen steigen will. Als er ihm alles erzählt hat, sinnt Rossi eine Weile nach und sagt dann entschlossen: ‚Die Sache des Papstes ist Gottes Sache! Ich gehe. Ich erfülle meine Pflicht'. Eine Viertelstunde nachher war er eine Leiche". Über andere Warnungen s. d'Arlincourt l'Italie rouge S. 123 f.

31) S. 99. „Non mai benda più fitta avea coperto gli occhi d'un uomo di
stato; non mai era stato oltraggiato con più baldanza il sentimento nazionale
di un' intera popolazione". Rusconi p. 51.

32) S. 102. In dem Buche „Die römische Revolution nach dem Urtheile der Un=
parteiischen" S. 118—120 wird sogar der Zweifel aufgeworfen, ob nicht Calderari
„einer der Auserlorenen war, die über die Ermordung Rossi's den letztbestimmenden
Entscheid fällen sollten"; die auf Befehl des Ministers unter die Menge vertheilten
Carabinieri hätten von ihrem Obersten die Weisung erhalten, sich im Augenblicke der
That unthätig zu halten „als ob sie nichts gewahrt hätten"; bei der Kundgebung am
Abend des 15. sei er aus der Caserne herausgetreten, habe den Haufen seiner Sym=
pathie versichert, seine Leute selbst aufgefordert sich dem Volke brüderlich zu nähern
u. dgl. Nicht alle „Unparteiischen" gehen in ihren Beschuldigungen gegen Calderari
so weit, und wir glaubten, da keine positiven Anhaltspunkte vorliegen, der milderen Aus=
legung beipflichten zu sollen.

33) S. 102. Über Sterbini s. „Die römische Revolution" S. 134 ff., wo es unter
andern heißt: „Bei der Schreckensthat des 16. November war Sterbini die Seele des
Ganzen und wußte gewiß daß er daraus großen Vortheil ziehen würde". — Der Beginn
der „grande marcia militare" wird auf 12 Uhr Mittags angegeben. Der Zug be=
wegte sich von der Piazza del Popolo durch die Via del Corso zum Foro Antonino, von
da am Pantheon vorbei durch die Straba di Sant' Andrea auf die Piazza della Cancellaria vor den Palast der Deputirten, dann über die Piazza del Campo di Fiore,
quer über die Via delle Colonne durch die Straßen bei Massimi, di Torre Argentina,
Piazza di Venezia, Via delle tre Cannelle zum Quirinal.

34) S. 103. Die Gräfin Therese Spaur erzählt, daß sie mit eigenen Augen
den Fürsten von Canino „auf= und abziehen" gesehen habe, „die Flinte auf der
Schulter, hinter ihm einige Leute aus dem Volke, die ihm als Satelliten dienten".

35) S. 103. Nach der Venetianer „Raccolta" V. S. 171 lautete das Pro=
gramm des „Circolo popolare" wie folgt: „Principii fondamentali domandati dal
popolo pel nuovo ministero:

1. Promulgazione del principio della Nazionalità italiana.
2. Convocazione della Costituente e attuazione del progetto dell' Atto
federativo.
3. Adempimento delle deliberazioni del Consiglio dei deputati intorno
alla Guerra dell' indipendenza.
4. Intera adozione del Programma Mamiani 5 giugno. Ministri designati
dal popolo: Mamiani, Sterbini, Campello, Salicetti, Fusconi, Lunati,
Sereni. Comandante generale dei carabinieri, Galletti. Comandante
generale della guardia civica, Gallieno.

36) S. 105. Wir fanden irgendwo, der Fürst von Canino sei es gewesen, der
die Kanone herbeigeschafft und gegen den Palast zu richten befohlen habe. — Als
Curiosum mag noch bemerkt werden, daß das gegen die Behausung des Nachfolgers
des heil. Petrus gerichtete Geschütz der „San Pietro" gewesen sein soll.

37) S. 106. Über Muzzarelli lautete eine zeitgenössische Schilderung: „Er ist
aus einem nicht sehr reichen, aber geachteten römischen Hause, und wer ihn nur als
wohlbeleibten Prälaten kannte, wird sich über die politische Rolle wundern, die er
übernommen hat. Er hat die Rechtswissenschaft studirt, mußte aber, um im Kirchen=
staate zu etwas zu gelangen, das geistliche Gewand anlegen, d. h. in die Prälatur
eintreten. Seine gediegenen Kenntnisse erhoben ihn bald zum Richter beim obersten=

Gerichtshofe der Christenheit, der Rota Romana, deren Decan er jetzt ist, und von welcher Stelle er nur zum Cardinal befördert werden kann. Seine Schwester — mit einem Grafen aus der Provinz vermählt — wohnt bei dem Minister Muzzarelli, der ungeachtet seiner violetten Strümpfe und einer Prälatur (da er nur die niedern Weihe hat) jeden Augenblick heirathen kann. Er machte stets ein angenehmes Haus, und in letzten Carneval waren bei ihm jeden Dienstag und Freitag sehr besuchte Gesellschaften aus Rom, der Provinz und der Fremde, in denen der Geheimerath Reigebaur sich am häufigsten befand. Hier wurden alle neuen politischen Ereignisse besprochen, hier las man die freisinnigsten Zeitungen Italiens, hier improvisirte Masi, der Freund Canino's, über die Befreiung Italiens, hier trug der begeisterte Dall' Ungaro seine Ritornelle vor, die bei den Corso-Fahrten des Carnevals ausgeworfen wurden; hier deklamirte die junge Gräfin Contalamessa ihre Dichtungen, welche die Italiener zur Tapferkeit mahnten; hier wurde im Chor die Hymne auf Pius IX. von den anwesenden schönen Frauen, Geistlichen, Officieren zc. gesungen."

38) S. 107. „Siano fatti polvere e putredine!" Es folgt dann ein Gegenspruch auf den Dolch, durch den die große That geschehen: „Benedetto il tuo pugnale, o mio popolo! Egli è il pugnale che Aoddo lasciò confitto fino all' elsa nel ventre del corpulento tiranno, sicchè gli fece uscire l' anima pingue da basso. Egli è il pugnale che tante volte mi liberò dalla oppressione, che gli stranieri paventano ancora dopo i Vesperi Siciliani, e la cui memoria fa trabaltar di terrore il tedesco, ranicchiato sulla mia terra lombarda. Glorioso, onorato, santo e benedetto pugnale, sul cui ferro sta rappreso il sangue dei tiranni estinti, a spavento se non a documento dei vivi" ecc. Den ganzen Wortlaut, f. „Raccolta" V. S. 183—186. „In der ersten französischen Revolution begrüßte man freudigst die Göttin Vernunft; aber unserem Jahrhundert war es vorbehalten, den Dolch und den Meuchler zu vergöttern". Die römische Revolution zc. S. 124.

39) S. 107. Zur Ehre des römischen Richterstandes muß hier bemerkt werden, daß das Strafgericht nicht unterließ, sogleich seine Schritte zu machen und die zum Minister des Innern und der Justiz um ihre Unterstützung anzugehen, daß den Urhebern des Mordes nachgeforscht werde; auch mehrere Abgeordnete verwendeten sich bei Galetti in gleichem Sinne. Allein es geschah nichts. Im Gegentheile Sterbini nahm sich der ihm bekannten Thäter ganz besonders an, verschaffte ihnen einträgliche Beschäftigungen und sie selbst fanden bald keine Ursache mehr, aus ihrer That ein Geheimniß zu machen. Erst mehrere Jahre später erreichte sie ihr Verhängniß. „Der 15. und 16. November" S. 4 f. 143—149.

40) S. 108. So fiel auch jetzt der Vorschlag Bianchi-Giovini's hinsichtlich des Prinzen von Leuchtenberg. Als der Venetianer „Independente" in seiner Nr. 42 auf diesen Vorschlag zurückkam, entstand am 23. November eine heftige Aufregung, das Geschäfts-Local des Blattes wurde gestürmt, alle noch vorräthigen Blätter ergriffen und auf dem Marcus-Platze verbrannt. Der Venetianer „Circolo italiano" richtete am 25. November eine Adresse an die „Cittadini Dittatori" mit dem Verlangen, die Volksvertretung sobald als möglich einzuberufen und von ihr die förmliche Zustimmung Venedigs zu der von der toscanischen Regierung vorgeschlagenen Costituente zu erwirken. Raccolta V. S. 198 f.

41) S. 109. Der Brief des Bischofs von Valence trug das Datum des 15. October 1848; er findet sich abgedruckt als Nr. 1 einer Sammlung von 297 Briefen und Zuschriften aus allen Theilen der Welt, die unter dem Titel: „Der katholische Erdkreis an Papst Pius IX., da er von Rom flüchtig war", zu Neapel 1850 erschien. Wir

selbst kennen das Werk nicht aus eigener Anschauung, sondern blos aus einem deutschen Citat.

42) S. 111. Über die genaueren Einzelnheiten s. Papst Pius' IX. Fahrt nach Gaeta. Von der Gräfin Therese von Spaur (Schaffhausen, Hurter, 1852). Rusconi a. a. O. S. 62 macht seine Glossen über eine Gefangenschaft, die "der Papst vorgegeben habe, die aber „il fatto stesso della sua fuga smentiva". Nun, jeder Unparteiische wird im Gegentheil schließen, daß die Vorsichten, die gebraucht werden mußten um die „Flucht" möglich zu machen, gerade ein schlagender Beweis dafür sind, in welch' unfreiem Zustande sich Pius IX. die ganze Zeit über befunden habe. Das entscheidende Moment liegt nicht darin, daß der Papst entfliehen konnte, sondern vielmehr darin, daß er entfliehen mußte, um die Unabhängigkeit seiner Bewegungen und Entschließungen wieder zu gewinnen.

43) S. 111. Die übrigen Mitglieder waren: Cardinal Rob. de Roberti, die Fürsten Roviano und Barberini, die Marchesen Bevilacqua und Ricci, General Zucchi. Zucchi und Bevilacqua befanden sich in Bologna. Der letztere sowie Ricci trafen um die Mitte December in Gaeta ein, Zucchi erst am Neujahrstag, da er, Nachstellungen im Toscanischen ausweichend, den Umweg über Spezzia machte. Dem Präsidenten Castracane gelang es nicht, sich aus Rom zu entfernen; ebensowenig den Cardinälen Bianchi und Tosti; sie brachten die Zeit der Stürme in beständiger Angst um ihr Leben in Verstecken zu. Auch der kränkliche Mezzofanti, das Sprachwunder seiner Zeit, blieb in Rom zurück, wo er am 14. März 1849 starb. Trotz ihres Geschreis von Fortschritt und Bildung ehrte die römische Republik den gelehrten Todten so wenig, daß er auf einer armseligen Bahre, bei finsterer Nacht, nur von wenig Dienern begleitet, in der Kirche S. Onofrio, von der er seinen Titel hatte, zu Grabe gebracht wurde. „Die römische Revolution nach dem Urtheile der Unparteiischen." S. 146*).

44) S. 113. Gegen Herzog Franz V. von Modena am 16., nach anderen am 18. November 1848; das Attentat mißlang übrigens; s. Wiener Zeitung Nr. 316 vom 25. November S. 1170.

45) S. 115. Die beabsichtigte französische Expedition nach Civitavecchia. Das republicanische Ministerium wand sich nach Möglichkeit, um für seinen Schritt, der offenbar darnach angethan war das monarchische Princip gegen eine demokratisirende Volksbewegung in Schutz zu nehmen, eine annehmbare Auslegung zu finden. Bastide erklärte, der Papst hätte sich schon früher um eine allfällige Zuflucht auf französischem Boden beworben, und, fügte er bei, „er sehe nicht ein wie es möglich gewesen ihm nicht zu willfahren". Die Instruction für de Courcelles, abgedruckt bei Normanby A year of revolution II. S. 333 — 336, war auf Schrauben gestellt und sprach als einzigen Zweck der Expedition aus, dem Papste die Achtung und die Freiheit seiner Person zu sichern. Als der päpstliche Nuntius der National-Versammlung im Namen seines Gebieters den tiefgefühlten Dank aussprach, suchte der Präsident Marrast in seinem Antwortschreiben der Sache den Schein zu geben, als habe es sich bloß darum gehandelt, ein Werk hochherziger Barmherzigkeit zu üben: „La République qui a le droit de choisir dans les traditions du passé, restera toujours fidèle à celles qui ont montré la France hospitalière à toutes les grandes infortunes" etc. Doch alle Welt legte den Schritt anders aus, und Lord Normanby in seinem Tagebuche S. 331 f. stellt es als selbstverständlich hin, daß es der französischen Regierung darum zu thun gewesen, nicht den Schein auf sich zu laden, als habe sie zur Gründung einer Republik beitragen wollen, die ihren Ursprung einem erfolgreichen Meuchelmorde verdankte; „the professed desire of the French Govern-

ment was the confirmation of the Pope as that constitutional sovereign which he himself assumed to be; France being as unwilling that a Republic should be founded at Rome, as that despotism should be re-established by other foreign intervention". Daß man auch in Rom die Sache in diesem Sinne auffaßte, bewiesen die Worte Mamiani's in der Sitzung vom 6. December: „In Italien einfallen, ohne daß die Fürsten oder Völker dieses Landes die fremde Hilfe angerufen, das heißt uns nicht wie Menschen sondern wie eine Heerde Vieh behandeln, die man am Leitseil führt!" und die am 8. December vom römischen Ministerium eingelegte Verwahrung „gegen die vom General Cavaignac vorbereitete Expedition". Die römische Bevölkerung aber suchte man durch folgenden Maueranschlag zu beruhigen: „Da die Kunde von der Ankunft eines französischen Geschwaders vor Civitavecchia zu irrigen oder böswilligen Auslegungen Veranlassung geben dürfte, so wird zur Beruhigung des Volkes über die möglichen Folgen eines solchen Beginnens, das übrigens unserer Freiheit nie gefahrdrohend werden könnte, auf den 5. Artikel der französischen Constitution aufmerksam gemacht: ‚Die französische Republik achtet die fremden Nationalitäten, so wie sie auch die ihrige geachtet wissen will; sie unternimmt keinen Krieg zu Eroberungszwecken und verwendet nicht ihre Macht gegen die Freiheit irgend eines Volkes'". Von Seite der Regierung Cavaignac's geschah damals nicht das geringste, dieser nicht bloß mit der kaum verkündeten Constitution sondern auch mit ihren stets betheuerten republicanischen Grundsätzen zuwiderlaufenden Meinung zu widersprechen; im Gegentheil, sie that alles mögliche, dem angeblichen Hilferufe des Papstes und ihren in Folge dessen ergriffenen Maßregeln möglichste Publicität zu geben; sie that dieß um ihrer Selbsterhaltung willen, weil die unzweideutigsten Wahrzeichen für die Stimmung der Mehrheit des Landes in diesem Punkte sprachen und weil Cavaignac hoffte, dadurch wenigstens eine Million Stimmen zu gewinnen. Später, als der Erfolg zeigte, daß Cavaignac die erwartete Million Stimmen nicht erhalten, daß er im Gegentheile — weil man inne zu werden glaubte, daß es mit der behaupteten Bitte des Papstes um eine Zuflucht in Frankreich nicht seine Richtigkeit habe und die ganze Expedition nach Civitavecchia nur eine für Wahlzwecke „(for electioneering purposes", wie es bei Normanby heißt) in Scene gesetzte Komödie gewesen sei — mehr als eine Million Stimmen verloren habe, that seine Partei freilich alles mögliche, um „die gehässige Verläumdung" zu entkräften, „que la République romaine avait été renversée par le gouvernement du Général Cavaignac, ou que du moins le gouvernement qui a succédé, n'a fait que marcher dans la même voie en achevant, par la ruine de Rome, une entreprise déjà commencée", daß vielmehr die französische Republik Pius IX. nur darum auf ihr Gebiet zu ziehen gesucht habe, weil sie den günstigen Augenblick benützen zu können meinte, „d'aider à l'oeuvre désirée depuis si longtemps et dès le XV⋅ siècle, de la séparation définitive des pouvoirs spirituel et temporel du pape"; „nous pensions qu'accueilli en France avec honneur, il y serait complétement dégagé de l'influence des cardinaux, qu'il y deviendrait accessible à l'esprit de la réforme dont on l'avait pu croire inspiré pendant quelque temps, et qu'il y comprendrait la nécessité de dégager le christianisme des entraves du matérialisme catholique"; Jules Bastide La république française et l'Italie en 1848 (Leipzig, Muquardt, 1858) S. 191—201. Da übrigens der Verfasser beweisen zu wollen scheint, es sei der Regierung Cavaignac's nie in den Sinn gekommen, sich in die innern Angelegenheiten Roms zu mischen, so hat er vergessen eine genügende Aufklärung über die Stelle in der — von Bastide S. 211 f. nicht vollinhaltlich mitgetheilten — Instruction be Courcelle's zu geben, wo es heißt: „Il appartient à l'Assemblée Nationale seule de déterminer la part qu'elle voudra faire prendre à la République dans les mesures qui devront concourir au rétablissement d'une situation régulière dans les États de l'Église".

46) S. 115. Siehe die interessante Mittheilung: „Von der bairischen Gränze, 15. Dec." im „Desterr. Corresp." Dec. 1848 S. 167, entnommen dem Berichte eines Reisenden, „der nach beinahe einjährigem Aufenthalte Rom am Abende vor der Flucht des Papstes verlassen hatte". Darin heißt es u. a.: „Der populärste Charakter in Rom, der beim Volke zu einer halb-mystischen Person geworden, ist — Feldmarschall Radetzy. ‚Ich möchte ihm‘, sagte ein Monsignore, ‚entgegengehen, um ihm die Füße zu küssen‘. ‚Wir gehen Alle mit, wir bilden eine Procession ihn einzuholen‘, riefen die Anwesenden. Keine Spur mehr im römischen Bürgerstande von dem berüchtigten Deutschenhaß. Nur ein Vorwurf wird den Tedeschi noch gemacht: sie seien zu langsam; sie seien immer noch nicht in Rom, wo man sie doch mit so schmerzlicher Sehnsucht erwarte. Mir selbst haben viele Römer eigends ihr Compliment gemacht, blos weil ich ein Deutscher bin, und ich habe aus Bescheidenheit depreciren müssen, daß ich nicht die Ehre habe Österreich anzugehören. Mehr noch als die Tapferkeit der kaiserl. Truppen hat ihnen die bei vielen Gelegenheiten an den Tag gelegte Milde des Feldherrn imponirt. In den Schrecken der Römer mischt sich die aufrichtige Bewunderung von einer Haltung, welche zeigt, daß Österreich im Bewußtsein seiner überlegenen Macht von jeder blinden Leidenschaft fern bleiben kann und eben dadurch hoch über dem confusen Treiben der Italiener steht. Man sollte es kaum glauben und dennoch ist es buchstäblich wahr: die fanatischsten Verehrer der Österreicher sind die bei Vicenza gefangenen Crociati, die wieder entlassen und nach Rom zurückgeschickt des Lobes der Kroaten und ihres Feldmarschalls kein Ende finden können. Ich selbst habe viele dieser Leute gesprochen. Sie machten sich groß damit, daß Radetzy durch ihre Reihen geritten sei, daß sie ihn, die ‚barba bianca‘, ganz in der Nähe gesehen. Besonders komisch war der Bericht eines römischen Bürgersohnes, der, ordentlicher Leute Kind, mitgelaufen und bei Treviso gefangen war. Dort wachse auch Wein, und selbst besserer als in der Campagna. Da habe er ein Glas getrunken und noch eins, und dann sei er eingeschlafen. Beim Aufwachen habe er sich in der Gewalt der Barbaren gefunden, die mit fürchterlicher Macht und Schnelligkeit herbeigekommen sein mußten. Man habe ihn vor einen ihrer Hauptleute geschleppt. Auf dem Wege habe er Reue und Leid erweckt, denn das geringste, was er erwartete, war der Tod. ‚Statt dessen spricht der Barbarenhäuptling italienisch come noi altri und fragt: ob wir denn auch von schlechten Leuten verführt und betrogen seien? Freilich wohl sind wir arme unglückliche Verführte, jammerte der Freischärler. Nun so macht, daß Ihr wegkommt, sagt der Austriaco, und erzählt Euren Landsleuten was Ihr erfahren habt. Aber hütet Euch, daß wir Euch nicht zum zweitenmale erwischen. Hierbei ist besonders zu bemerken, daß diese Österreicher ein großes Buch haben, wo die Namen aller ihrer Feinde eingeschrieben sind; sie kennen daher jeden, und wen sie zum zweitenmal in ihre Gewalt bekommen, dem geht es schlecht‘. Er seinerseits habe Anfangs ganz verwundert seinen Ohren nicht getraut; dann sei er im nächsten Augenblicke fort und geraden Wegs nach Rom gelaufen. Meine Bemerkung, daß die Courage hiernach doch eigentlich nicht die starke Seite der Italiener sei, wollte er freilich nicht gelten lassen. Daß sie mit so fürchterlichen Völkern Krieg angefangen, sei heldenmüthig genug. Aber wer könne gegen sie aufkommen, diese Barbaren hätten mehr Kanonen, als es Fliegen in Rom gebe". Dann schildert der Berichterstatter die Gewaltherrschaft, die unter dem

Lofungsworte der Freiheit auf dem größten Theile der Halbinfel drücke und die eigent=
liche Meinung der Bevölkerung nicht auffommen laffe, und fährt fort: „So bleibt der
unermeßlichen fehr unkriegerifchen Mehrheit der ehrlichen Leute nichts anderes übrig,
als mit ihren Thränen und Gebeten die Ankunft der Barbaren vom Himmel zu erfleben.
Deßhalb wirkte auch die Nachricht vom 6. Oct. in Rom wie ein Donnerfchlag, und als
die Kunde von dem Siege des Fürften Windifchgräß eintraf, rief mir einer meiner
Bekannten jubelnd zu: Notizia felicissima, Vienna é presa". Zum Schluffe heißt es:
„Meiner Meinung nach würden 5—6000 Mann disciplinirter Truppen, wenn der
Schrecken Radeßy's vor ihnen herginge, überflüffig genügen, die Ordnung von Ferrara
bis Terracina wieder herzuftellen und die jeßigen Gewalthaber fpurlos, wie wenn fie
nie dagewefen, zu verfcheuchen. Dann würde die Welt mit Befchämung inne werden,
vor welch' einer winzigen Schaar von Revolutionsmenfchen die politifchen Autoritäten,
in Italien wie anderswo, von panifchem Schrecken ergriffen im Jahre 1848 das Feld
geräumt haben".

47) S. 117. Das geftehen felbft Schriftfteller von demokratifcher Richtung, z. B.
Held S. 376, mehr oder minder unumwunden ein; vgl. Jwan Golowin Das revo=
lutionäre Europa (A. d. Fr. Leipzig, Thomas 1849) S. 313: „Das Land war fehr
aufgereizt, in Halle, in Breslau fanden Conflicte ftatt; aber im allgemeinen hatte die
Maßregel (des Steuerverweigerungs=Befchluffes) nicht den gewünfchten Erfolg, da die
Verfammlung nichts gethan fie auf eine nachhaltige Weife zu unterftüßen".

48) S. 117. S. deffen Erklärung in der Deutfchen Chronik für das Jahr 1848
(Berlin, Hayn, 1849) S. 153—155: „In allen conftitutionellen Staaten habe der
Regent die freie Wahl feiner Minifter und müffe fie haben, denn fie feien Vertreter
der Krone; die National=Verfammlung habe der König aus eigener Machtvollkommen=
heit nach Berlin berufen, er könne fie alfo aus gleicher Machtvollkommenheit nach einem
andern Orte verlegen; in Betreff des Belagerungszuftandes gebe es kein Gefeß, das die
Regierung dießfalls befchränke; die Anklage des Minifteriums feße ein beftehendes
Staatsgrundgefeß voraus, das nicht exiftire; und was den angeblich von den Miniftern
begangenen Hochverrath betreffe, fo fei diefes Verbrechen feinem Begriffe nach immer
gegen die Regierung gerichtet, allein niemals könne die Regierung gegen fich felbft
einen Hochverrath begehen". Selbft Held a. a. O. S. 370 kann nicht umhin in
gleichem Sinne fich auszufprechen: „Erftens gab es noch gar kein Gefeß über die Ver=
antwortlichkeit der Minifter; und zweitens gab es noch gar keine Verfaffung, mithin
auch kein Attentat gegen eine folche".

49) S. 119. „Der famofe Name des neuen Herrn Polizei=Präfidenten wird in
unfern morofen Belagerungszuftand wieder einige Heiterkeit bringen".

50) S. 119. Als es am 19. in Trier zu Reibungen des Pöbels mit dem Militär
kam, erfchien Tags darauf ein Placat des ftellvertretenden Regierungs=Präfidenten, worin
u. a. nachftehende draftifche Stelle zu lefen war: „Der eigentliche Kern derjenigen, die
geftern den Spectakel machten und das Militär bis zur Thätlichkeit reizten, läßt fich
ziemlich erfchöpfend in folgende Beftandtheile auflöfen: 1) Betrunkene, 2) anerkannte
Lumpen, 3) verwahrlofte Jungen. Dennoch habe ich den beliebten Kunftausdruck, felbft
aus gebildetem Munde, hören müffen, das Militär fei mit dem ‚Volk' im Streite. Das
ift mir ein fauberes Volk!"

51) S. 119. Welcker am 30. November in der Paulskirche; Stenogr. Ber. V.
S. 3693.

52) S. 120. „Frankreich war mit Cavaignac gegen den Socialismus, aber

keinesfalls mit ihm für die Republik". Alexander W e i l l Zehn Monate Volksherrschaft (Frankfurt a. M., Hermann, 1857) S. 125.

53) S. 121. Unter dem gleichzeitigen Eindrucke der Wiener und Berliner Ereigniffe schrieb der Polizei-Präfect Ducour an den Minister-Präsidenten einen Absagebrief, worin es u. a. hieß: „La république va être dirigée, après huit mois d'existence, par des hommes qui ont de tout temps employé leur intelligence et leurs efforts à l'empêcher de naitre". — Das in der beschriebenen Weise geänderte Ministerium trug Bedenken den stattgefundenen Personen-Wechsel, wie üblich, von der Tribüne bekannt zu machen, weil es fürchtete, der Berg werde mit ironischem „Vive le roi!" antworten.

54) S. 121. „The object of these appointments was avowed to me by General Lamoricière in conversation. As he had boasted to me that the previous modification of General Cavaignac's cabinet had been his doing, I expressed my regret to him that he had not continued his good work upon this occasion; he stated candidly that it was necessary now to give some satisfaction to the strong Republican party represented by the reunion of the Palais National, as they hoped to have about two hundred active representatives from that party who would, in consequence, scour the departements and agitate in favour of the claims of General Cavaignac". N o r m a n b y II. S. 270 f.

55) S. 123. Briefe aus Frankfurt und Paris 1848—1849 von Friedrich von R a u m e r (Leipzig, Brockhaus, 1849) II. S. 44.

56) S. 124. Nur hier in der Anmerkung wollen wir das Wort anführen, das N o r m a n b y II. S. 281 *) vom Herzog von Broglie erzählt: „C'est un oeuvre qui a reculé les limites de la stupidité humaine".

57) S. 125. Die Beschreibung, die der „National" von dem Feste machte, war das gerade Gegentheil deffen wie es in Wahrheit gewesen. „Die Verkündigung", wurde u. a. behauptet, „sei mit dem betäubenden Jubelruf aus 200000 Kehlen begrüßt worden"; es waren aber nach der ausdrücklichen Versicherung N o r m a n b y's, der dem Acte auf der Diplomaten-Tribüne beiwohnte, nicht 3000 Leute gegenwärtig, „including those in the tribune", von denen man alles andere habe sagen können als daß sie Begeisterung gezeigt hätten. — Von dem „National-Fest" am Tage der Verkündigung der Constitution in ganz Frankreich, 19. November, das in Feuerwerk und Beleuchtung aller öffentlichen Gebäude von Paris bestand, versichert R a u m e r, es habe sich die Bevölkerung „nicht bloß ruhig, sondern eigentlich theilnahmslos" verhalten; und N o r m a n b y erzählt von dem Banquet im Stadthause (das am selben Tage stattfand), es seien die Abgeordneten bei ihrer Auffahrt wie bei der Abfahrt von den angesammelten Haufen als „fainéants" begrüßt worden.

58) S. 126. „Übrigens machten jene, die am Hofe Ludwig Philipp's bekannt waren, allerlei Bemerkungen, die bald ihren Weg unter das Volk fanden. Sie behaupteten nämlich, die Diamanten, mit denen Madame Marrast blendend geschmückt war, wären keine andern als die Kronjuwelen gewesen die zur Civilliste gehören; die vergoldeten Möbel und die Sammtgardinen rührten aus den Gemächern des Herzogs von Montpensier in den Tuilerien her, welche bei der Vermählung desselben damit geschmückt worden waren, und die grüne gestickte Tischdecke in dem Studierzimmer des Bürgers Marrast habe sich vor wenigen Monaten in dem Boudoir der Infantin im Schlosse St. Cloud befunden".

59) S. 127. „Die hiesigen Zustände mag in Kürze das charakterisiren, was mir einer der tüchtigsten Abgeordneten nicht als Witzwort, sondern als Wahrheit sagte: Es

gibt keinen Republicaner in Frankreich der an die Möglichkeit einer Dauer der Republik glaubte, und keinen Royalisten der an eine Möglichkeit baldiger Herstellung der Monarchie glaubte". Ranmer a. a. O. zum 19. November. — Hierher gehört auch der Ausspruch Bugeaud's: „Cavaignac ist die Republik, Louis Napoleon das Unbekannte; ich stimme für das Unbekannte".

60) S. 127. Die untere Geistlichkeit gerieth dadurch mitunter in arge Verlegenheit, wie jener Landpfarrer mit dem „salvum fac"; „regem" konnte er nicht setzen, „rempublicam" wollte er nicht, also sang er: „Domine salvum fac — Cavaignac".

61) S. 130. In gleich wegwerfender Weise hieß es einige Tage später in der „Times" über das Wahl-Manifest Louis Napoleon's: „Die Adresse ist vorzugsweise conservativ. Statt eine Gedächtnißrede auf Napoleon zu sein, kann sie vielmehr als ein Schatten Cavaignac's bezeichnet werden. Die beiden Bewerber machen die nämlichen Versprechungen. Aber bei dem Einen sind wirkliche Bürgschaften, daß sie auch ausgeführt werden, vorhanden, bei dem Anderen nicht. Cavaignac hat ein Recht die Fortsetzung seiner bisherigen Politik zu versprechen; Louis Napoleon hat nur durch Nachsicht der Artigkeit das Recht etwas zu versprechen, da er die Schwierigkeit seines Unternehmens noch gar nicht kennt. Ein Mann, welcher ohne alle Erfahrung in öffentlichen Angelegenheiten irgend einer Art ist, kann eben so wenig versprechen, daß er ein Volk regieren werde, wie er eine Armee in einem feindlichen Lande aufführen kann. Ein Kind kann großmüthige und zweckmäßige Eindrücke in sich aufnehmen und kann, wenn sein Mitgefühl für einen vaterlandsliebenden Herrscher, dessen Geschichte es eben gelesen hat, stark angeregt ist, mit Aufrichtigkeit und mit Einsicht erklären, wie es ein Land regieren wolle. Louis Napoleon ist höchstens ein solches Kind".

62) S. 131. Schrieb doch selbst Raumer zum 29. November: „Ludwig Bonaparte hat sich ein Manifest machen und es gestern verkünden lassen". Und in gleichem Sinne hieß es in dem o. a. Times-Artikel, es sei eben „eine Adresse, wie dieselben Rathgeber sie dem General Cavaignac hätten in den Mund legen können, und ihn auch in den Mund gelegt haben würden, wenn er ihre Unterstützung in Anspruch genommen haben würde". Louis Napoleon, der doch schon mehrfältig als Schriftsteller aufgetreten war, wollte man nicht einmal zutrauen, daß er sein Wahl-Manifest selbst aufgesetzt habe!

63) S. 133. Das Wort rührte eigentlich von einem ehrsamen Hamburger her, der auf die Nachricht von den Februar-Ereignissen in Frankreich ausrief: „Ich bin zu alt um nach Paris zu gehen; aber wenn die Pariser zu mir kämen, wollte ich ihnen durch unsere Republik beweisen, daß die republicanische Regierungsform die schlechteste von allen ist, so lang nicht der Mensch zum Engel wird".

64) S. 134. Vgl. damit Normanby II. S. 158, wo er über die „impossibility of a Republic in France" schon im August bemerkt: „I am surprised at the extent to which this conviction has already reached, and which has been confirmed to me by confidential communications".

65) S. 134. Bamberg S. 468: .... „Nationalgarden aus den Provinzen, unter ihnen Menschen von linkischem Aussehen, die alles anglotzten und vor jedem Prachtdenkmale zu sagen schienen: Das haben wir mit unsern Steuern bezahlt! Man überschätzte ihr Verdienst, indem man sagte: ,Die Braven haben Weib und Kind verlassen, um uns zu Hülfe zu eilen'. Denn sie waren eigentlich nur sich selbst zu Hülfe geeilt". Ganz richtig!

66) S. 135. „La discussion du ,droit de travail' offrit donc le singulier spectacle que, d'un côté, tout le monde attaqua le socialisme tandis que, de

l'autre, personne ne le défendit". Granier de Cassagnac Histoire de la chute de Louis Philippe etc. (Paris, Henri Plon, 1857) I. p. 453.

67) S. 135. In die Kategorie der letztern gehörte jedenfalls das böhmische Wort= spiel „Kde moh krad" (im Deutschen nicht wiederzugeben), das in der zweiten Hälfte 1848 zuerst auftam. — Der Schriftsteller Heinrich König, der im Vormärz für einen Ultra=Liberalen gegolten hatte, meinte um dieselbe Zeit, „es scheine dahin zu kommen, daß bei dem immer vermehrten Unsinn und Schmähunwesen der Dampf=Demokraten die einzige ehrenhafte Genugthuung, die man erwarten könne, in der Ehre bestehe von ihnen Reactionair genannt zu werden".

68) S. 135. „Der sogenannte Demokraten=Congreß war unläugbar eine gründliche Niederlage dieser Partei". Unruh Skizzen S. 96 —. Bezeichnend war in der Sitzung am 29. das Geständniß, „der 18. März in Berlin sei nicht von den Einheimischen, sondern von Fremden ausgegangen". Mit den Finanzen stand es erbärmlich, wie der Bericht des Bürgers Kriege über die Thätigkeit des Central=Ausschusses nachwies; trotz vielfältiger Anstrengungen und Aufforderungen waren alles in allem 586 Thaler in die Casse geflossen, wovon im Augenblick nur 4 Th. 9 Sgr. 9 Pf. noch zur Verfügung standen. Siehe auch den Aufsatz: „Die göttliche Komödie des deutschen Demokraten= Congresses zu Berlin" im „Journal d. Österr. Lloyd" November 1848 Nr. 256 f., wo es u. a. heißt: „Der Congreß hat den Demokraten Deutschlands die Gelegenheit geboten sich in der ganzen Ausdehnung ihrer Macht, in der vollen Intensität ihrer Kräfte dar= zustellen, und er hat eine Niederlage der Partei zur Folge gehabt, die moralisch einer völligen Vernichtung gleichkommt. Führer der Partei, nicht Gegner, haben das Bonmot ausgesprochen, es habe bis jetzt keinen mächtigeren Hebel für die Reaction gegeben als gegenwärtigen demokratischen Congreß".

69) S. 137. Louis Blanc 1848. Historical Revelations S. 297 f.

70) S. 138. „C'était de tous les membres de cette dynastie proscrite celui qui était le plus signalé par la faveur populaire". Lamartine Histoire de la revolution de 1848 (Bruxelles 1849, Meline Cans et Cie.) II. S. 346.

71) S. 140. „The efforts which have been made within the last two days by this party, indirectly encouraged by the Government, to cripple the exercise of their own creation, Universal Suffrage, appear almost incredible". Normanby II. S. 269 zum 29. October.

72) S. 140. Louis Blanc (Revelations S. 410) sprach das ganz unverhüllt aus: „All that was requisite, was to enact in the constitution about to be framed that there should be no Presidency chosen by universal suffrage, that is, no executive power utterly independent of the legislative power, derived from the same source, having therefore equal or superior weight, and often subject, by the very nature of things, to be brought into collision with it". — Vgl. Raumer Briefe I. S. 405.

73) S. 141. „Nicht der Philanthropie, von welcher die radicale Partei völlig freigesprochen werden muß, hat das Gesetz sein Dasein zu verdanken, sondern es scheint eine Vorsichtsmaßregel zu sein, eine Art von Lebensversicherung für den Fall wenn der beabsichtigte Hochverrath mißglücken sollte". Berliner Flugblatt „Ansprache an das Pu= blicum", ausgegeben Anfang 1849 vom „permanenten Ausschuß des Vereins zum Schutz des Eigenthums und zur Förderung des Wohlstandes aller Volksclassen".

74) S. 141. „Il faut bien le reconnaître néanmoins, nul n'avait pu soupçonner que ce parti qui s'était si violemment élevé contre les lois du mois de septembre 1834, débuterait envers la presse par la suppression des journaux; et que ceux

qui avaient réclamé, pendant dix-huit ans, contre les arrêts dont la justice avait legitimement frappé les emeutes, inaugureraient leur pouvoir par la transportation, en masse et sans jugement, de dix mille émeutiers". **Granier de Cassagnac** I. p. 460.

75) S. 149. Anfangs Mai 1869 brachte die „Breslauer Morgenzeitung" einen Artikel, worin letzteres ganz offen zugestanden und, anknüpfend an die eventuelle „Annectirung der slavischen Czechen und Mährer", bemerkt wurde: „Preußen hat schon an den paar Millionen Polen viel zu viel, um sich einen Zuwachs von Völkern zu wünschen, welche vermöge ihrer Verwandtschaft die Racen-Opposition gegen das deutsche Element, ohne welches Preußen machtlos ist, verstärken und verschärfen würden. Wie schwer es fällt Slaven für die deutsche Cultur zu gewinnen, zeigt die polnische Bevölkerung Oberschlesiens, welche eine gleichgiltige, für das den preußischen Staat belebende und treibende Moment fast unempfindliche Masse bildet, während die Polen Posens und Westpreußens zu demselben in einem Gegensatze verharren, welcher thatsächlich nur durch die allmälige Colonisirung jener Provinzen durch deutsche Zuzügler beseitigt zu werden vermag. Preußen wird die polnische Bevölkerung niemals so für sich gewinnen daß es auf dieselbe zählen könnte".

75b) S. 150 .... „nepřátelům na urážku, svojim nevděk, sobě často na škodu"; Jungmann O klassičnosti v literatuře.

76) S. 151. Dr. Bleiweis in einer am 22. November 1848 an die General-Versammlung des slovenischen Vereins zu Laibach gehaltenen Ansprache, die hauptsächlich den Vergleich der frühern kümmerlichen nationalen Verhältnisse mit dem in den letzten Jahren eingetretenen Umschwung zum Bessern zum Vorwurf hatte; s. Laibacher Ztg. Nr. 142 v. 25. November 1848.

77) S. 151. Peter Petruzzi „Bodnik und seine Zeit" in Ethbin Heinrich Costa's „Bodnik-Album" (Laibach 1859) S. 10.

78) S. 152. „Bedeck' mit Deinem Sterbekleide,   bedeck', o Böhmen, Deine Augen!
Zu seh'n ihr Kind verderbt im Leide,   nicht will es einer Mutter taugen.
Doch Noth ist eine schlechte Amme,   und Hunger kann nicht schweigen sehen,
Gen Wien lobt meines Zornes Flamme,   Dir gilt mein Klagen, nicht mein
                                            Schmähen!" —

Wenn der deutsche Sänger Moritz Hartmann (Kelch und Schwert: „Böhmische Elegien") in solcher Weise grollte, wer mochte es den andersprachigen Patrioten verübeln, wenn sie ihre Abneigung von der Regierung der sie zürnten auf die Nation übertrugen zu der sich dieselbe ausschließlich bekannte. Begann doch selbst das harmlose Völkchen der Slovenen über das „himmelschreiende Unrecht", das durch Jahrhunderte an den Slaven begangen worden, aus der Art zu schlagen; „von nun", riefen die Exaltirten unter ihnen, „reiche kein slavisches Mädchen einem deutschen Manne die Hand, es sei denn um ihn zu ihrer Nationalität herüberzuziehen". Hieher gehört auch das böhmische Lied: „Já bych si žádného Němce nevzala" etc.

79) S. 154. Eine interessante Auseinandersetzung über diese Verhältnisse brachte das „Journal d. öst. Lloyd" im December 1848 Nr. 270 u. 271 „Die Nationalitäten-Frage in Tyrol", wo bezüglich des Vordringens des italienischen Elements in den vorausgegangenen Jahrzehnten u. a. folgende Thatsachen angeführt wurden: „An der Brenta ist dieser Prozeß der Verwälschung vollendet. Wer weiß noch, daß Roncegno ein entdeutschtes Wort ist und Rundschein, Torcegno Durchschein bedeutet. Auch die Worte Füllgreit, Lafraun, Rieslach, Florutz sind abhanden gekommen und es ist Folgaria, Lavarone, Rizzolago, Fierozzo daraus geworden. Andere widerstehen noch und der Wälsche hat nur den harten Mitlaut am Ende in einen Selbstlaut verwandelt.

In Vallarsa, wo vor wenigen Jahren der letzte deutsch redende Greis verstorben ist,
zeugen noch Berg= und Ortsnamen von der umgebrachten deutschen Nation. Wer er=
kennt unter den Namen Rauffi, Fori, Staineri, Speccheri nicht die alten Namen Rauscher,
Fuchsen, Steiner, Specker. Ebenso ist's in Terragnuolo, Folgaria, Palù. Während dieses
in den Bergen geschah, rückten die Wälschen im Thale stromaufwärts. Aus dem alten
Meta teutonica am linken Ufer des Noce, dessen altdeutscher Name Ulz schon längst
aus dem Volksmunde geschwunden ist, ist ein ganz wälscher Ort geworden, der seinen
Namen Mezzo tedesco Lügen straft. Weiter oben in Aichholz ist die Verwälschung noch
schneller vor sich gegangen. Es heißt jetzt Roverè della Luna. Salurn, Neumarkt, Auer
hört man eben so oft Salorno, Egua, Ora nennen. Noch nördlicher zu ist der wälsche
Schiller verschwunden und man glaubt wieder südwärts gereist zu sein. Branzoll, St.
Jakob in der Au, Pfaten denken und reden fast nur italienisch. Noch nicht genug.
Auch die Thalsohle zwischen Botzen und Meran hat schon wälsche Ansiedler. Sie ziehen
der Seide nach und dem Mais. Die Deutschen können dann auf ihren Bergen Rinder
hüten und Kartoffeln essen. Diesen Thatsachen gegenüber muß Hand und Zunge gelähmt
werden, wenn man die Italiener von der Unterdrückung reden hört welche sie in den
letzten 34 Jahren in Wälsch=Tyrol erduldet haben sollen. Wenn wir ihnen wegen der
Erdrückung unserer deutschen Brüder keine Vorwürfe machen, so geschieht es, weil wir
zur Steuer der Wahrheit die Schuld auf jenes falsche Regierungs=System werfen
müssen, unter dem Wälsche und Deutsche gleichmäßig gelitten haben und dem auch alle
Klagen aufgebürdet werden müssen, welche sie der Vereinigung von Wälsch= und
Deutschtyrol zu Einem Lande zur Last legen."

80) S. 156. Wie gegründet die Klagen der dalmatinischen Slaven, und wie ver=
kehrt die Maßnahmen der Regierung waren, bezeugt indirect ein Mann, der mit den
Verhältnissen von Land und Leuten in Dalmatien vollkommen vertraut, bis an das
traurige Ende seiner Tage seine deutsche Gesinnung und die Liebe zu seiner deutschen
Heimat nie verläugnete. Es ist dieß Franz Petter, der in seinem „Dalmatien"
(Gotha, Justus Perthes, 1857) I. S. 159 den erfreulichen Aufschwung des slavischen
Unterrichtes seit 1849 und 1850 erwähnt und daran die Bemerkung knüpft: „Das ist
meiner Meinung nach sehr vernünftig und zweckmäßig; denn durch diese Maßregel
wird das slavische Element allmälig mehr und mehr Terrain und in der Folge sogar die
Oberhand über das italienische gewinnen. Als slavische Provinz werden die Dalmatiner
der herrschenden Dynastie stets mit Leib und Seele ergeben sein; wenn aber das italie=
nische die Oberhand gewänne, so würden sich ihre Sympathien zu den Italienern hin=
neigen" 2c. — Vgl. Correspondenz aus Zara von J—p—ch in „Slav. Centralblätter"
1849 S. 127 f. und Petition der Dalmatiner an den Reichstag in „Nár. Now." 1848
Nr. 128 S. 620.

81) S. 162. Die modernen magyarischen Historiker und Publicisten machen aller=
dings um dieses Grundsatzes willen ihren Königen, „die nur durch Sprache und Sitte
getrennte Völker beherrschen wollten", bittere Vorwürfe; diese hätten vielmehr, meinen
sie, von allem Anfang mit dem Magyarisiren Ernst machen sollen.

82) S. 164. Zur Geschichte des ungarischen Freiheitskampfes. Authentische Be=
richte (Leipzig, Arnold, 1851) II. S. 114—131. So gelungen hier die Schilderung
der Magyaren, so einseitig und ungerecht ist im weitern Verlaufe die der andern
Volksstämme Ungarns, die nur in dem Maße besser wegkommen, in welchem sie sich
während der Revolution den magyarischen Anmassungen gefällig oder gar behülflich
gezeigt. So erfahren die Armenier, ein ganz kleines Bruchtheil der Landesbevölkerung,
eine eingehende Besprechung, weil sie sich „trotz ihrer geringen Zahl ihrem Vaterlande

gegenüber tausendmal mehr Verdienste erworben haben als die Millionen-Walachen (S. 135). Aus demselben Grunde werden die Juden, „die pitoyabeln Preßburger Juden ausgenommen" (S. 143), über den grünen Klee gelobt. Auch die Deutschen werden im allgemeinen herausgestrichen, die „höchst undeutschen Bürger von Preßburg und Kaschau" und „gegen 300 Pester und Ofener Bürger" ausgenommen; „unmöglich scheint es uns, diese wetterwendischen Angstgestalten Deutsche zu nennen". Vollends wird der Stab über die siebenbürger Sachsen gebrochen, die sich „ihrem Vaterland und ihren wahren Interessen gegenüber schlecht, ja schändlich benommen" haben (S. 132 f.). Die Kroaten werden gehöhnt, namentlich das „neu erfundene turko-vandalische Costüm mit vielen Nuditäten, in welchem sich zumal der kleine dicke Baron Jellachich reizend ausgenommen haben soll" (S. 136). Bezüglich der Romanen endlich versteigt sich der Verfasser (S. 146) zu der unglaublichen Perfidie, die Verwahrlosung ihres Stammes in Siebenbürgen „der väterlichen Fürsorge der österreichischen Regierung in die Schuhe zu schieben!

83) S. 164. Als 1844 zum Behufe der Abfassung eines Strafgesetzbuches statistische Ausweise über die Verbrecherzahl bei den verschiedenen Nationalitäten des Landes zusammengestellt wurden, woraus ersichtlich ward daß die meisten Verbrecher der magyarischen Race angehörten, erhob sich ein Deputirter und erklärte, das sei nur darum weil die Magyaren, eigentlich zum Herrschen geboren, alles im Ueberfluß haben und aus bloßem Uebermuth Frevel und Unthaten begehen. M. M. Hodja Der Slovak (Prag 1848, Expedition der slavischen Centralblätter) S. 21 f.

84) S. 164. Wir erinnern uns eines Gespräches, das wir 1849 oder 1850 mit Šafařík hatten, der bekanntlich in Ungarn geboren und viel im Lande herumgekommen war. „Bezeichnend für den eingefleischten Hochmuth dieses Volkes ist es", sagte er, „daß der gemeine Magyare den Namen Slovak (Tót) nie aussprechen wird ohne den Zusatz: nem ember (kein Mensch), den des Deutschen nie anders als: ebadta németje (hundsgeworfener Deutscher), den des Serben nie anders als: vad rácz (diebischer Raitze)". — Die Bezeichnung der Deutschen als „Einwanderer die sich von den Einkünften des Landes nähren", kam sogar unter den Übersetzungs-Aufgaben der deutschungarischen Sprachlehre eines gewissen Stancsits vor. Als im J. 1848 die magyarische Partei den siebenbürger Sachsen wegen ihres Auftretens den Vorwurf der „Undankbarkeit" für die „Gastfreundschaft" machte die sie im Lande genossen, wurde ihnen von sächsischer Seite erwiedert: „Es ist eine sonderbare Art von Gastfreundschaft, den ‚Gästen' eine Wüste an der äußersten Gränze des Reichs zum Anbau einzuräumen, die ‚Gäste' zur Vertheidigung gegen Einfälle barbarischer Horden zu verwenden, die ‚Gäste' oft selbst preisgebend, allein gegen die Feinde des Vaterlandes und der Christenheit ankämpfen zu lassen. Und nun kommen die edlen ‚Gastfreunde' der Sachsen und verlangen Dank wegen eines Landstrichs, den sie nie im Schweiße ihres Angesichts bebaut, wohl aber im wilden Kriegsgetümmel tausendmal verwüstet haben!" S. den gehaltvollen Aufsatz: „Der Kampf in Siebenbürgen" in den „Gränzboten" 1848 IV. S. 458*). — Über das „Tót nem ember", das sogar eine 1847 in Deutschland erschienene Schrift als Titel führte, machte Janotyckh v. Adlerstein Chronol. Tagebuch der magyar. Revolution (Wien 1851, Sollinger's Witwe) I. S. 28 die treffende Bemerkung: „Diese Ausscheidung aus dem Menschengeschlechte ist übrigens keine so verletzende; denn nach den Begriffen, die der Ultra-Magyare vom Menschsein entwickelt, kann es allen von ihm als nem emberek (Nicht-Menschen) bezeichneten Nationalitäten nur zur Ehre gereichen, dem alleinseligmachenden magyarischen Deen thun nicht beigezählt zu werden". Das verächtliche Herabsehen und beleidigende Beschimpfen auf die

„Slovaken" war übrigens in der vormärzlichen Zeit den Deutschen in Ungarn nicht minder zur Gewohnheit geworden als den Magyaren, wie wir aus Kollár's Jugenderinnerungen (Paměti z mladších let. Spisy, v Praze, J. L. Kober, 1863) bei mehr als einer Gelegenheit erfahren, siehe z. B. IV. S. 135 f., wo man auch die macaronischen Verse nachlesen kann womit der feurige junge Dichter seinen deutschen Mitschülern ihre Spöttereien vergalt. — Eine gut geschriebene und besonders über das Verhältniß zwischen Ungarn und Raizen vielfach belehrende Skizze enthalten Martini's „Bilder aus dem Honvéd-Leben" (2. Ausgabe, Prag 1860) S. 237—244; bezeichnend sind unter andern die Stellen: „ein ehrlicher Kerl, wenn er gleich ein Rácz ist"; „das Ungeziefer seid ihr, ihr gottverfluchten Ráczen"; „halt's Maul, Rácz, wir brauchen Deine Eljen nicht" u. dgl. m.

85) S. 165. Damit man nicht etwa glaube daß wir zu stark auftragen, verweisen wir auf A. de Gerando „Über den öffentlichen Geist in Ungarn seit dem Jahre 1790" (Leipzig, J. J. Weber, 1848) S. 298; auf Franz v. Pulszky's „Die Sprachenfrage in Ungarn" in den „Ungarischen Tabletten aus der Mappe eines Independenten" (Leipzig, Hirschfeld, 1844) S. 191—230, und auf des letzteren Briefwechsel mit Grafen Leo Thun, der ihm hierauf u. a. antwortete: „Soll das heißen, daß ihr den Slovaken nicht verbietet im Innern ihrer Wohnungen ihre Sprache zu reden? oder wollt ihr euch damit brüsten, daß kein Slovake gezüchtigt oder gesteinigt wird wenn er auf offener Straße slovakisch spricht?" (Die Stellung der Slovaken in Ungarn beleuchtet von Leo Grafen von Thun; Prag, Calve, 1843; S. 52). Gegen die Einführung der magyarischen Sprache an Stelle der lateinischen wird ebenda S. 19 treffend bemerkt: „Die lateinische Sprache für irgend ein Geschäft beibehalten, heißt nur die Einführung der Volkssprache, weil sie aus irgend einem Grunde noch nicht möglich ist, vertagen: eine andere lebende Sprache an ihre Stelle setzen, heißt aber ein Princip anerkennen das die Volkssprache ausschließt". — Unter den Deutschen Ungarns war es besonders Gottfried Schröer, der vom Standpunkte seiner Nationalität gegen das magyarische Gebahren männliche Einsprache erhob. In einem, freilich erst in eine spätere Zeit fallenden Artikel: „An die Deutschen in Ungarn" (Pester Ztg. 1849 v. 17. März) beruft er sich zum Beweis seiner Behauptung, daß der Unterricht in einer fremden Sprache „ein klägliches Bildungsmittel" sei, auf einen Ausspruch Arndt's („Über Volkshaß und über den Gebrauch einer fremden Sprache"), den sich, nebenbei bemerkt, auch die Deutschen in den nicht-ungarischen Ländern Österreichs hinter's Ohr schreiben könnten.

86) S. 165. Die Schriften, in denen die Vorkämpfer des Magyarismus dieses unvernünftige System zu vertheidigen suchten, sind voller Trugschlüsse und Umkehrung der Thatsachen. Bald berufen sie sich, mit Übergehung des Umstandes daß ihre Sprache nicht das geringste hatte was ihr den Anspruch einer Weltsprache verleihen konnte und daß sie in dieser Hinsicht selbst unter den eigenen Landessprachen gegen das Slavische, von dem Deutschen gar nicht zu reden, zurückstand, auf die civilisatorische Mission des Magyarismus. „Faisons du Magyar asiatique européanisé la sentinelle de la civilisation sur le Danube", hieß es in einem im Nov. 1848 erschienenen Artikel der „Démocratie pacifique", worin Ungarn mit Frankreich und England als der Dritte im Bunde aufgeführt wurde! „Wie", rief J. Boldényi (Das Magyarenthum oder der Krieg der Nationalitäten in Ungarn; a. d. Franz. von ***; Leipzig, Costenoble und Remmelmann, 1851; S. 79) aus; „wie, das magyarische Volk hätte sein ewiges Recht verloren zum Wohlsein und zur Emancipation der Völker beizutragen, weil es lange Zeit nachsichtig war?!" — Dann wieder ist es der histo-

rische Grund, daß die Ungarn die Ersten und folglich die Herren im Lande sein
denen die übrigen Volksstämme sich unterordnen müßten; denn die Hunnen und Aw
ren seien eins mit den Ungarn, und jene beiden unlängbar bereits im Lande gewesen
„als zwischen den Jahren 602 und 681 mehrere slavische Stämme den nördlichen Theil
des ehemaligen Illyriens, das heutige südliche Ungarn, besetzten" (Bolbényi a. a
O. S. 27). Aber auch alle übrigen Slavenstämme müssen darum als „Eingewanderte"
gelten. „Die Slaven des Nordens z. B. sind größtentheils böhmischen Ursprungs und
haben zur Zeit der Husiten-Kriege in Ungarn Zuflucht gesucht", sagt Gerando a. a.
O. S. 282, und fügt, um dem unkundigen Leser Sand in die Augen zu streuen, mit
Kennermiene hinzu: „Die Daten dieser Einwanderungen sind bekannt". — Den innersten
Kern und Gedanken aller Bestrebungen des Magyarismus, den einzigen und wahren
Erklärungsgrund seines Thuns und Handelns, hat aber niemand unverhüllter bloß-
legt als Pulszky in seinem Schreiben an Leo Thun v. 13. September 1842 (a. a. L.
S. 24), wo er sagt: „Ich weiß es wohl, daß Ungarn, das Herz Europas, einer großen
Zukunft entgegengeht, daß es einst, ob ungarisch, deutsch oder russisch, auf jeden Fall
ein mächtiges blühendes Reich sein wird — seine unvergleichliche Lage bürgt mir dafür —; doch läßt mich diese künftige Größe eben so kalt wie die jetzige Englands,
wie die ehemalige Spaniens, wenn es ein anderes Volk sein soll das ihm diesen Aufschwung gibt, nicht das ungarische dem ich angehöre." Wer, dem für sein eigenes
Land und Volk ein warmes Herz im Busen schlägt, dürfte gegen den heimatbegeisterten
Magyaren, der so spricht, die Hand erheben? Aber, so ließ sich ihm erwiedern, bedarf
es, um jenes Ziel zu erreichen, der tyrannischen Niedertretung aller anderen Nationalitäten? Allen dießfälligen Argumentationen der Magyaromanen lag offenbar eine
absichtliche oder unabsichtliche Escamotirung zweier ganz verschiedenen Begriffe zu Grunde.
Zugegeben, das Magyarenthum sei die politische Nationalität Ungarns: ist das
einerlei damit, es auch zur ausschließlichen linguistischen Nationalität des Landes
machen zu wollen? Wenn man die Magyaren als Beweis des Gegentheils auf die
Schweiz verwies, so sagten sie: „Die Schweiz ist zu klein um Ungarn damit zu vergleichen"; aber wenn sie ihrerseits sich auf England und Nordamerica beriefen (z. B.
Gerando in J. Boldényi Pages de la Révolution hongroise; Paris, Denta,
1849; S. 8), so waren das britische Reich und das Gebiet des Sternenbanners in
ihrer riesigen Ausdehnung nicht zu groß, um die Verhältnisse Ungarns daran zu
messen? Und was nützte am Ende die Berufung auf diese beiden Großstaaten? Be-
fiehlt etwa England, daß die Tauf- Trauungs- und Todten-Register nur in englischer
Sprache geschrieben werden? Oder verbietet der Congreß in Washington, in der Gemeindeverwaltung, bei öffentlichen Meetings, in den Legislationen aller einzelnen Staaten
eine andere als die englische Sprache anzuwenden? Die Magyaren aber wollten das,
und noch weit mehr! Als Leo Thun auf die Frage: „Darf sich in Ungarn der Slave
als Slave fühlen?" eine nackte Antwort wollte, gab sie ihm Pulszky mit einem einfachen „Nein", ja meinte geradezu (a. a. O. S. 5), wenn in einem Slaven in Ungarn
das Gefühl seiner čechischen Abkunft erwache, so bleibe ihm nichts anderes übrig „als
mit Palacky und Šafařík dahin auszuwandern, wo seine Bestrebungen anerkannt werden".

87) S. 166. Siehe bei Hodža a. a. O. S. 10 f. den Fall mit der slovakischen
Gemeinde zu Lajos Komarom: als auf Berufung derselben die Comitats-Behörde von
der Statthalterei zur Verantwortung gezogen wurde, erwiederte sie: „Talia requirit
linguae nationalis dignitas".

88) S. 166. Kollár erzählt in seinen „Jugend-Erinnerungen" von einem seiner
slovakischen Schulgenossen, der nachmals in Ofen ein so verbissener Magyarom wurde,

daß er einmal ausrief: „Ich würde meinem eigenen Vater das Messer in's Herz stoßen, wenn ich wüßte, daß er es gegen die Magyaren mit den Slovaken halte". — „Und merkwürdig", sagt Joh. v. Csaplovics (Ungarns Industrie und Cultur; Leipzig, Otto Wigand, 1843, S. 22 f.), „bis jetzt geberden sich die wahren ächten Magyaren bei weitem weniger wüthend als die übergetretenen Slovaken und Deutschen und ein paar Kroaten"; und führt als Beispiele an: Pulszky, Kossuth, Henszelmann, Szontagh, Jozipovich — „lauter Kern-Magyaren, das zeigen schon ihre ächt hunnischen Namen!" —; für diese „Eiferer", meint Csaplovics, sei „die Magyaren-Sprache nichts anderes als Belladonna: sie betäubt sie und beraubt sie aller Besonnenheit". — Auch andere nicht-magyarische Stämme führten dem Magyarismus einige seiner entschiedensten Vertheidiger zu; viele der tüchtigsten magyarischen Literaten waren armenischer Abkunft; unter den spätern Koryphäen der Revolution waren zwei Vollblut-Serben, Bukovic Minister der Justiz, und General Damianic. Letzterer bildete ein passendes Seitenstück zu Kollár's slovakischem Mitschüler; denn allgemein wurde von ihm erzählt, daß er seinen Landsleuten den Tod geschworen und dabei ausgerufen habe: „Und damit kein Raitze mehr am Leben bleibt, schieße ich mir zuletzt selbst eine Kugel in den Leib".

89) S. 167. Hodža's „Slovak" gibt eine eingehende Geschichte dieser vieljährigen, stets scheiternden und stets wieder erneuten Bemühungen. Das Buch ist in einem fürchterlichen Deutsch geschrieben und trägt auf jeder Seite den Stempel einer leidenschaftlichen Parteischrift; allein es bringt eine Fülle von Thatsachen, die man anderwärts kaum so beisammen findet. Leider fehlen die Jahreszahlen fast gänzlich. Den Anfang der slavischen Vereine machte nach Hodža die „societas slavica montana", von Lowich, Rybay, Paulini, Tablic gegründet und von dem General-Inspector Peter v. Balogh in einem geharnischten Rundschreiben verboten und verketzert. Bald darauf traten Ottmaier, Hamulják u. a. in Pest zusammen, um slavisches Wort und nationalen Sinn in Schrift und That zu pflegen; sie wurden in jeder Art bedrängt und gehetzt, bis sie von ihrem Vorhaben abließen. Dann kamen die slavischen Jünglingsvereine, die, dem zügellosen magyarischen Studententhum gegenüber, „eine bis zum Rigorismus gehende Tugend und Sittenzucht" unter sich einführten. „Unser Volk soll seinen Bestand auf Tugend gründen — Národ náš na cnosti má státi", hatte der tief sittliche Kollár den Seinen zugerufen. Einen solchen Verein gründete unter andern Štúr in Preßburg. Aber der Senat, von den magyarischen Behörden aufgefordert, setzte sich zu Gericht über Štúr, den der Slave Martini und der Deutsche Schröer vergeblich gegen die Mehrheit ihrer Collegen in Schutz nahmen; Štúr wurde entfernt, worauf sich der von ihm gegründete Verein von selbst auflöste. Trauernd verließ die slavische Jugend Preßburg und wandte sich in die Zips an das Lyceum von Leutschau, das gleichfalls „meistens von Slaven dotirt und Jahr aus Jahr ein von dem slavischen Volke unterstützt" eine sichere Zufluchtstätte zu bieten schien; doch die dortigen Schulvorstände getrauten sich nicht ein Unternehmen zu begünstigen, dessen Tendenz man in Preßburg hart an den Landesverrath gesetzt hatte. Wieder traten Štúr, Hodža und Hurban in Sz. Miklós zusammen und gründeten unter dem Titel „Tatrín" (Tatra-Sohn) einen Verein zur Unterstützung dürftiger Studierender und zur Herausgabe guter Schulbücher und Volksschriften. Die Statuten, an Slavenfreunde herumgesandt, fanden allgemeinen Beifall, reiche Summen flossen ein, manchem armen Studiosus wurde unter die Arme gegriffen. Der Verein beschränkte sich nicht auf die protestantischen Kreise, auch die katholische Geistlichkeit trat bei; zwei Glieder derselben, Caban und Holček, gingen nach Pest die Genehmigung dafür zu erwirken. Doch sie fanden beim alten Erzherzog einen übeln Empfang und kamen „als unwürdigste Schulknaben niederbespotirt" mit langen Ge-

sichtern zurück, um bald darauf „über dem Grabe des Palatinus, an dessen Herrschaft sie so magyaren=göttlich niedergedonnert worden waren", requiem aeternam zu singen „Die Magyaren", ruft da Hodža aus, „bildeten Vereine auf Vereine, wer frug darnach: die Juden hatten Vereine, sie waren bestätigt, weil sie magyarische Richtung hatten: aber wir Slaven standen hierin sogar den Juden gegenüber rechtlos da, wenn wir die Sache unseres Volkes und unsere Nationalität haben wollten".

89b) S. 168. Siehe die ergreifende Stelle bei Koll&r a. a. O. S. 269 f.: ... raněným a krvácejícím srdcem vyšel jsem často ven do svatyně přírody boží žluč i slzy tekly po tele mém nad ... ukrutným pronásledováním Slováků z sboru Peštanského, nezasloužеnými urážkami mé osoby, bezejmenými listy i hrozbami, roztlučením oken a kočičí hudbou nočního času při vydání téměř každého mého československého díla a t. d.

90) S. 168. — „auf den alle Slaven Österreichs hoffnungsvoll hinaufblicken". Hodža S. 35. Die bezeichnende Äußerung Metternich's S. 34. In der Staatskanzlei antichambrirte die slovakische Deputation, was Hodža als Spiel „des göttlichen Zufalls" hervorhebt, gleichzeitig mit dem Fürsten Alfred Windischgrätz.

91) S. 168. „Quousque tandem abutentur isti barbari patientia nostra slavica quousque insultabunt impune gravissimis viris gentis nostrae?" Hodža S. 30.

92) S. 168. Hodža S. 31. Vgl. damit die Stelle bei Thun a. a. O.- S. 52: „Wenn ihr in den Schulen Lehrer einsetzt welche die Sprache der Kinder nicht reden und also um eurer Sprache willen die Schulen zu Orten umgestaltet, in denen der Geist verkrüppelt statt geweckt zu werden; wenn ihr in den Kirchen in einer Sprache predigen lasset, die von der Gemeinde nicht verstanden wird und so den Gottesdienst stört statt ihn zu schützen; wenn ihr jede höhere Bildung in und mittelst der slavischen Volkssprache möglichst hindert statt sie zu fördern, so übt ihr gegen eure slavischen Landsleute ärgere Gewalt als sich mit der Knute je anthun läßt".

93) S. 168. Die Deutschen in Ungarn. Vor wenig mehr als einem Vierteljahrhundert waren Ofen und Pest, Kaschau, Preßburg u. a. fast durchaus deutsche Städte, die in den untern Schichten ihrer Bevölkerung viel slavisches Wesen, aber kein oder ein verschwindend kleines Bruchtheil magyarischen Elements hatten. Zwar war von jenem stolzen Stammesbewußtsein, das den siebenbürger Sachsen so sehr auszeichnet, auch damals wenig zu verspüren; mehr instinctmäßig war der gesellschaftliche Verkehr, das municipale Leben, die Tages=Literatur durchaus deutsch, und der gebildete Magyar der in diese Kreise kam, nahm von diesen thatsächlichen Zuständen Act und fügte sich ihnen, ohne zu meinen daß er dadurch seiner eigenen Nationalität etwas vergebe. Andrerseits wurde in den Schulen dieser Städte darauf gesehen, daß die Grundbegriffe der ungarischen Sprache eben so wenig unberücksichtigt blieben wie jene der slavischen und lateinischen, weil eben alle Vier Landessprachen waren, deren Kenntniß im täglichen Leben nur von Vortheil sein konnte. Als von den dreißiger Jahren abwärts die Zumuthungen des Magyarismus stärker hervortraten, herrschte diese mehr leidende Angewöhnung als thätige Anhänglichkeit an deutsche Sitte und Sprache in dem größten Theile der Bürgerschaft, namentlich bei den Betagteren, noch vor und setzte der ihnen unbequemen Neuerung einen Widerstand entgegen, der, wie sich ein gleichzeitiger Literat nicht unpassend ausdrückte, mehr eine „gewisse Gefühls=Opposition als die Opposition des kritischen Gedankens, des klaren Bewußtseins" war. Allein so wie das jüngere Geschlecht, von andern Eindrücken erfüllt, allmälig heran= und in das städtische Leben hineinwuchs, drängte sich in das jahrhundertalte deutsche Wesen mehr und mehr jener „asiatische" Typus ein, der bald das charakteristische Kennzeichen des „Magyaronen"

wurde. Wenn die studierende Jugend, die sich in Ungarn seit langem mit Vorliebe
der juridischen Laufbahn zuwandte, von der Pester Hochschule in die Mitte ihrer königs
lich-freistädtischen Mitbürger zurückkehrte, brachten die „schmucken Juraten" schon jene
Schwärmerei für den tonangebenden Magyarismus mit, der sie auf das spießbürgerliche
„Schwabenthum" ihrer Väter nur mitleidig herabblicken ließ. So wurden sie nicht
bloß Werkzeuge des neuen Systems, sondern viele von ihnen gehörten zu den erhitztesten
Schildträgern desselben, die sich in Nachahmung der magyarischen Äußerlichkeiten über
boten und es in nationalen Anmaßungen und Überschwänglichkeiten ärger trieben als
ihre Vollblut-Vorbilder. „Der Preßburger Bürger", schrieb Max Schlesinger im
J. 1850 (Aus Ungarn; Berlin, Duncker; S. 76), „war seit einer Reihe von Jahren
ultra-magyarisch, mochte es nicht leiden daß seine Kinder anders als magyarisch sprachen,
trug seinen Attila mit Schnüren vorn und hinten, und brauchte alle Jahre ein paar
Thaler auf Pomaden, um seinen Schnurrbart in magyarische Formen zu bringen".
Deutsche Bürger, die keinen ungarischen Satz richtig hersagen konnten, setzten magyarische
Schilder über ihre Kramläden, klebten magyarische Ankündigungen an die Straßenecken.
Hunderte von deutschen Familien wandelten ihre angestammten Namen in magyarische
um oder vertauschten doch die deutsche Schreibweise derselben mit der magyarischen:
aus „Pfannschmied" wurde „Zsebényi", aus „Schädel" „Toldy", aus „Enderl" „Véghy";
„Henselmann" schrieb sich „Henszelmann", „Sonntag" „Szontágh", ein „Franz Schulz"
wurde zu einem „Sulcz Ferencz" — im Ungarischen wird das einfache s wie sch,
dagegen sz wie s, cz wie c ausgesprochen —. Viele der Älteren brachten es bis an ihr
Lebensende nicht dahin ungarisch zu sprechen, thaten sich aber etwas zu gute darauf
nichts anderes als ungarisch hören zu wollen, wovon Martini Bilder aus dem Hon
védleben I. S. 105 f. 124 f. einige ergötzliche aus dem Leben gegriffene Scenen beschreibt.
Und was wurde den Deutschen in Ungarn für diese Wohlbienerei von magyarischer
Seite zu Theil? Eine Antwort eigener Art gab auf diese Frage das Schicksal des
deutschen Theaters in Pest, worüber nachzulesen: Janotyck I. S. 22—27. Wie
ihre eigenen Stammesgenossen über die ungarischen Deutschen im Punkte ihrer politischen
Wetterwendigkeit urtheilten, zeigt eine Stelle bei Schlesinger a. a. O.: „Der
deutsche Städtebürger wußte nichts besseres zu thun als Eljen zu schreien, wenn der
Schatten von Kossuth's Kalpak um die Ecke bog, und schwarzgelbe Fahnen auszustecken
wenn ein österreichischer Corporal mit sechs Mann am Horizont seines Weichbildes erschien.
Man mache von Wien aus das Land Hurbano-slovakisch oder Knicano-serbisch oder
Jelačo-kroatisch oder Jankulo-rumänisch, gleichviel, der Deutsche wird sich zu bescheiden
wissen und zu jener Fahne schwören, die ihn am besten schützt und die solibeste Gold
verbrämung hat". Man wolle übrigens nicht vergessen, daß es hier überall nur die
vormärzlichen Zustände sind, die wir im Auge haben. Neuester Zeit scheinen manche
Wahrzeichen, namentlich die Regsamkeit in dem deutschen Lehrerstande — das panma
gyarische Ungarn hat bei 3000 deutsche Schulen — dafür zu sprechen, daß die Dinge
eine andere Gestalt anzunehmen beginnen.

94) S. 169. „Die Serbier und Rascier (Razen) in Ungarn und deren Privi
legien"; im „Lloyd" v. Jänner 1849.

95) S. 170. Ein Artikel des Österr. Correspondenten v. 3. März 1849 („Zur
Geschichte der Romanen in Siebenbürgen") versichert, Professor Schuller habe für das
von ihm abgefaßte Gutachten in dieser Angelegenheit 50 Ducaten aus der sächsischen
National-Casse erhalten.

96) S. 171. Das wurde selbst von einzelnen magyarischen Stimmen nicht abge
stritten; siehe z. B. Zur Geschichte des ungarischen Freiheitskampfes, wo II. S. 145 f.

die „Walachen" eine „gemischte Race" genannt werden, „die jedoch dem Äußern nach
mehr an den römischen als an den dacischen Ursprung erinnert. Ich hatte Gelegenheit".
heißt es weiter, „mehrere walachische Römer zu sehen und muß gestehen daß ich unter
ihnen bildschöne Jünglinge wahrnahm, denen nur Toga und Sagum fehlten, um genau
an jene Gestalten zu erinnern, die ich auf den pompeischen Fresken bewunderte". Weiter
wird vom Verfasser angeführt, daß „die malerische Tracht der in manchen Bezirken
wirklich reizenden Walachinen nur wenig von jener der Calabreserinnen verschieden ist"
— Nach Ausbruch der Revolution ließen es ungarische Parteiführer nicht unversucht
die empörten Romanen von dieser Seite schmeichelnd zu gewinnen. „Ich nenne die
Walachen Romanen", sagte der blinde Wesselényi im Pester Oberhaus, „weil sie es so
wünschen, und weil es ohnehin wahr ist daß sie Abkömmlinge der Römer sind".

97) S. 171. Die Romanen der österreichischen Monarchie (Wien, Gerold, 1849
bis 1850) S. 35.

98) S. 172. Geschichte des Illyrismus 2c. Nebst einem Vorworte von Dr. W.
Wachsmuth (Leipzig, Gustav Mayer, 1849) S. 54. — Das Buch ist in exclusiv-
magyarischem Geiste geschrieben, und daher nur mit Vorsicht zu benützen; es enthält
aber eine Fülle von Belegstücken und Thatsachen, hinsichtlich deren freilich zu bedauern
ist, daß man nicht durch Nebenhaltung einer gleich eingehenden Darstellung aus kroatischer Feder eine Controle üben kann. Auch stört manche Ungenauigkeit der Angaben.
wie z. B. bei Erzählung der Vorgänge vom 29. Juli 1845, wo es S. 130 heißt, es
seien „von Seite der Illyrier 17 getödtet" worden, und gleich darauf S. 131: „Alle
zwölf nahm ein Grab auf"; es sind das die Fallstaff'schen Steinsteinernen in absteigender
Linie. Von dem leidenschaftlichen Partei-Eifer, der durch die Schrift weht, zeugen Aus-
brücke, wie S. 137, wo sich der Verfasser über „die dummen, Verderben bringenden
Pläne" der Illyrianer, S. 139, wo er sich über „die zum Ekel bekannte Eifersucht
und politische Unmündigkeit" der südlichen Slavenstämme ausläßt; auf derselben Seite
schließt die Erwähnung eines gewissen „panslavisch-fanatischen Cechomanen" Dräu
entweder einen Pleonasmus oder einen innern Widerspruch in sich, dessen sich nur um-
stürzender Parteieifer schuldig machen kann. Wenn daher Wachsmuth von dem
Verfasser rühmt, daß er „ohne hohles Phrasengeklingel und ohne das Getriebe des Par-
teigeistes" bemüht sei „die Thatsachen festzustellen und so der Geschichte geläuterten
Stoff zuzubringen", so muß er die Druckbogen, zu denen er sein Vorwort schrieb, nicht
alle gelesen haben. Seinem Geiste und letzten Zwecke nach ist das Buch eine an die
Adresse des deutschen Publicums gerichtete Denunciation des nach der Ansicht des Verfassers bei den ungarischen Südslaven spukenden „panslavischen Gespenstes", obgleich
derselbe nicht eine einzige Thatsache vorzubringen im Stande ist, die vor dem Richter-
stuhle eines Unbefangenen seine Behauptung einer von jenen Völkern angestrebten politischen Vereinigung unter russischer Oberherrschaft zu begründen vermöchte.

99) S. 172. Danica Illirska 1837:　Von dem adriatischen Meeresbusen
　　　　　　　　　　　　　　　　Bis zu den pontischen Meereswogen
　　　　　　　　　　　　　　　　Und wo der heilige Athos steht,
　　　　　　　　　　　　　　　　Ist das Erbgut der Illyrier.

100) S. 173. So z. B. spöttelt Boldényi Magyarenthum S. 19 über Gaj's
neue Erfindung einer „Sprache, die er fälschlich die illyrische nannte, die aber nur
einigen Großpriestern der neuen Schule bekannt war; das Volk versteht nichts von
diesem neuen Babel".

101) S. 174. Die „Geschichte des Illyrismus", welche diese und die noch weiter
folgenden Vorgänge mit großer Ausführlichkeit erzählt, gibt zwar zu, daß derlei Auf-

tritte bei den „Restaurationen" eine im ganzen Gebiete der ungarischen Krone nicht ungewöhnliche Sache waren — wie sie dieß bis auf den heutigen Tag nicht sind —; weil es aber hier nicht die magyarische Partei war, die in solcher Weise die Oberhand zu gewinnen sich erlaubte, gebraucht der Verfasser S. 100 f. eine Beweisführung, die im Grunde auf das bekannte: „Ja, Bauer, das ist ganz was anderes" hinausläuft.

102) S. 177. Ungarische Tabletten S. 220.

103) S. 177. Boldényi Magyarenthum S. 41. Die Sachwalter des Magyarismus gebrauchten nämlich in ihren polemischen Schriften unter andern die Finte, auf Grund geschichtlicher Thatsachen, die sie den Zuständen der ältern Zeiten unter Stephan d. H., Ladislaus u. s. w. entlehnten, die der neuesten im rosigsten Lichte darzustellen. Ein zweites Kunststück war dieses: Weil Šafařík seine Geschichte der slavischen Sprache und Literatur im Jahre 1826, Kollár seine „Wechselseitigkeit der Slaven" 1827 herausgegeben hatte, die letzten der magyarischen Sprachgesetze aber erst 1840 erschienen, so war dadurch für Boldényi, Gerando, Pulszky ꝛc. der Beweis hergestellt, „daß die jüngsten Gesetze über die magyarische Sprache nur der Vorwand und nicht die Ursache einer seit langem vorbereiteten Opposition" seien. Daß Šafařík's Werk einen rein wissenschaftlichen Charakter und mit politisch-nationaler Polemik gar nichts zu thun hatte, verschwiegen die Herren; oder war etwa die Herausgabe einer slavischen Literatur-Geschichte schon an und für sich eine Provocation gegen den Magyarismus? Andrerseits wußten sie es nicht hoch genug anzuschlagen, daß Kollár seine „Slávy dcera" und seine „Wechselseitigkeit" in Ungarn selbst herausgeben konnte. „Dans quel autre pays le publiciste slave peut-il librement donner carrière à son esprit, sans se heurter au caprice d'un tzar, d'un kreishauptmann ou d'un pacha?" Gerando La question des nationalités en Hongrie; bei Boldényi Pages de la révolution. S. 7. — Übrigens war die „Slávy dcera" ursprünglich nicht in Ungarn, sondern 1821 in Prag, und zwar in der That „sans se heurter au caprice d'un kreishauptmann" erschienen.

104) S. 178. Damit der geneigte Leser nicht meine, diese crassen Stellen seien unsere Erfindung, verweisen wir ihn beispielsweise auf Mar Schlesinger's: Aus Ungarn S. 79, und Boldényi's: Magyarenthum S. 73.

105) S. 178. Gerando Öffentlicher Geist in Ungarn S. 365*) vgl. mit S. 286.

106) S. 179. Pulszky in den „Ungarischen Tabletten" S. 207 f. — Der Widerspruch in den Behauptungen des Magyarismus den wir im Texte aufgedeckt, offenbart sich nirgends auffallender als in Boldényi's Magyarenthum. S. 15 f. findet sich der Satz: „Österreich besteht aus einer wahrhaften Nation und aus mehreren Zweigen anderer Nationalitäten; die einzige und wahrhafte Nation sind die Magyaren: die Deutschen, die Italiener, die Slaven, die Rumänen sind nur Theile von Nationalitäten". Hier wird also einmal Österreich als Gesammtstaat angenommen wovon Ungarn nur einen Theil bilde, während der Verfasser in seinem ganzen übrigen Werk von einem Österreich gar nichts weiß, sondern nur von einem selbständigen und unabhängigen Ungarn, dessen Verhältnisse er ohne Bedenken nach denen Frankreichs mißt, in welcher Hinsicht ihm der deutsche Übersetzer S. 53 f. Anm. eine wohlverdiente Lehre gibt. Dann aber werden im obigen Satze die Slaven der ganzen Erde als eine Nation hingestellt, während vier Seiten weiter, 19, geläugnet wird, daß sie eine Geschichte, eine sprachliche Einheit, ein gemeinsames Stammgefühl haben. Ist letzteres wahr, dann gehören die Čecho-Slaven und die Slovenen eben so gut als „eine wahrhafte Nation" nur allein Österreich an wie die Magyaren. Ist dagegen ersteres der Fall, wie will man es den einzelnen slavischen Völkerschaften verdenken, wenn sie auf

ihre stammesverwandten Brüder hinblicken und sich an der Größe ihrer weitverbreiteten Gesammtheit weiden? Die Hauptstellen, die von den vormärzlichen Publicisten Ungarns zum Beweise ihrer Behauptung von der Existenz und Gefahr der panslavischen Idee angeführt zu werden pflegten, sind folgende zwei: „Die Slaven haben sich gezählt und haben gefunden, daß sie das zahlreichste Volk in Europa sind. Was klein ist, muß dem weichen was größer, höher ist, die Liebe zum Vaterlande der Liebe zur Nation. Gebt uns Eintracht und Aufklärung mit allslavischem Geist und ihr sollt eine Nation sehen, wie sie in dieser Zeitlichkeit noch nicht da war" (Kollár); und: „In der einen Hälfte Europas liegt ein Riese von ungeheurer Größe: sein Haupt ist Mittel = Illyrien, seine Brust ist Ungarn; sein Herz schlägt unter der alten Tatra; seinen Mittelpunkt bilden die Ebenen Polens, Leib und Schenkel die unermeßlichen Gefilde Rußlands; seine Füße stemmen sich neben nordischem Eis und Schnee an die chinesische Mauer — und ein Blut durchströmt die Adern dieses Riesen: die slavische Nationalität!" (Gaj in der „Danica" 1835 Nr. 34.) Allein, kann es ein Unbefangener übersehen, daß in diesen beiden Stellen alles andere gemeint ist, nur nicht eine staatliche, eine politische Einigung aller Slaven unter einer Herrschaft? Kollár's Aufsehen erregendes Werk betraf ausgesprochen nur die „literarische" Wechselseitigkeit unter den Slaven, und Gaj stellte unmittelbar nach der von uns angeführten Stelle als Ziel hin: „daß unsere Nation, obwohl wir in mehrere Regierungen unterschieden und getheilt sind, sich edel ausbilde". Noch deutlicher erklärte es derselbe Gaj in der Schluß = Nummer der „Danica" von 1839 als Ziel seines Strebens, „daß wir in Bezug auf Sprache, Literatur und Nationalität Illyrier, in Bezug auf innere Politik Kroaten sind"; Kroaten, Wenden, Serben, Bosnier ꝛc. hätten ihren Volksnamen „als besondern, den illyrischen Namen als gemeinschaftlich=nationalen, den slavischen aber als allgemeinen zu betrachten, eben so wie in Italien venetianisch, toscanisch, römisch, neapolitanisch der besondere, italienisch der gemeinschaftlich=nationale Name ist, romanisch aber den italienischen, französischen, spanischen allgemeinen Namen umfaßt". Was insbesondere die den ungarischen Slaven aufgebürdete Hinneigung zu Rußland betraf, so war diese, wie sich ein Anhänger der Ideen Gaj's ausdrückte (Geschichte des Illyrismus S. 56), „aus einem leeren oder böswilligen Kopf entsprungen; denn wenn man für Rußland thätig wäre, so würde es unsern Dichtern nicht erlaubt sein soviel von Freiheit zu singen; auch würden sie nicht die illyrische Erziehung empfehlen, sondern den Serbismus predigen, der sowohl in Bezug auf Religion als auf Orthographie mit Rußland sympathisirt". — Von allen bedeutenderen Schriftstellern der magyarischen Seite war unseres Wissens Gerando der einzige, der vom „Panslavismus" den „Slavismus" unterschied, „statt sie beide unter dem Namen Panslavismus zu vermengen, wie man es versucht"; e. a. O. S. 392.

107) S. 180. Siehe: Hodža Der Slovak S. III.—VI, dann S. 20; „Siebenbürger Bote" 1842 S. 84 bei Csaplovics „Ungarns Industrie und Cultur", woselbst auch die Stellen S. 27 f., 33, 45*) nachzusehen sind, die wir auszugsweise bei Zusammenstellung unseres Textes benützten.

108) S. 181. An der Spitze stand der Name Šafařík's als Vorsitzenden; darauf folgten Palacký, Ebert, Kuranda, Moriz Hartmann, Nikovec, Wocel, Sabina, Hanka, Alfred Meißner, Karl Havlíček, Tomek, Joseph und Hermenegild Jireček, Branner, Zippe, Volkmann, Pelzel und eine große Anzahl Anderer; s. Bohemia Nr. 47 S. 1, Nr. 48 S. 8, Extra=Nr. v. 25. März S. 4, Nr. 51 S. 6 f., Nr. 54 S. 6.

109) S. 181. So auf der Slovaken=Versammlung von Liptau am 28. März, die Hodža a. a. O. S. 61—68 schildert. Es lief zwar nicht alles glatt ab; es gab einen

Augenblick, wo man „die Gefahr eines böhmischen Zumfensterhinauswerfens" der an=
fänglich widerstrebenden „Herren" besorgte; doch das Schlußergebniß war das von uns
im Texte geschilderte.

110) S. 183. Wir haben im Text, wo es sich um ein Gesammtbild der slavisch=
nationalen Kundgebungen in den nicht=ungarischen Ländern handelte, zusammengefaßt,
was seinem Charakter nach in diese Gruppe paßt, wenn auch die uns zur Hand lie=
genden Daten theilweise in die spätern Monate des Jahres 1848 fallen. So ist uns
von dem slovenischen Vereine für Süd=Steiermark nichts bekannt geworden, als daß
ihm Oberst Friedrich Frhr. v. Bianchi am 5. November aus Mailand ein Dankschreiben
für einen Geldbetrag sandte, den der Verein zum Besten der Verwundeten der italieni=
schen Armee zusammengebracht hatte; s. Grätzer „Herold" Nr. 80 v. 17. Nov. S. 324.
Am spätesten scheint der Triester Slaven=Verein entstanden zu sein, der seine Eröffnungs=
feierlichkeit erst am 6. December beging.

111) S. 183. **Wenzig** Ein Wort über das Streben der böhmischen Literatur.
Prag, 1848, Rziwnatz.

112) S. 185. Über den **Prager Slaven=Congreß** s. Actenmäßiger Bericht
über die Verhandlungen des ersten Slaven=Congresses in Prag. Vorgelegt von Dr. J.
P. **Jordan** ꝛc. (Prag, 1848, Expedition der „slavischen Central=Blätter"). Das Ein=
ladungs=Programm war von dem Slovaken Štúr entworfen; Vorsitzender des vorberei=
tenden Ausschusses war Graf Jos. Mathias Thun, Stellvertreter Johann Ritter von
Neuberg, Geschäftsführer Zap. Die Eröffnungsrede am 2. Juni hielt Šafařík. — Der
Slaven=Congreß hatte seinem ursprünglichen Plane nach eine nähere Verbindung, ein
„freundliches Einverständniß" der „von einander getrennten Slavenstämme" Österreichs
im Auge; sollten, hieß es in der Einladung vom 1. Mai, „außerösterreichische" Slaven
sich einfinden, „so werden sie uns herzlich willkommene Gäste sein". Als die Frage im
Schoße des Vorbereitungs=Ausschußes nochmals zur Verhandlung kam, sprach sich die
Mehrheit in der entschiedensten Weise für die unverrückte Aufrechthaltung dieses Grund=
satzes aus: „eine Abweichung davon würde Deutschland, ja ganz Europa im höchsten
Grade aufregen". Ja einige der angesehensten Mitglieder erklärten offen, „sich augen=
blicklich von der ganzen Sache zurückziehen zu wollen, wenn man in das politische Ge=
biet in solcher Weise hinübergreifen wolle" (Jordan S. 14). In der That gingen
die Verhandlungen der ersten Tage in der programmäßig vorgezeichneten Weise vor sich,
bis einer der „Gäste", der posener Libelt, am 5. Juni eine Zusammentretung des großen
Ausschußes veranlaßte, wo er, statt der bisherigen Sections=Abtheilung des Congresses
nach österreichischen Slaven=Gruppen, die Verschmelzung aller Vertreter der verschiedenen
Slaven=Stämme und die Bildung drei neuer Sectionen für die verschiedenen von ihm
vorgeschlagenen Hauptgegenstände der Verhandlung durchzusetzen wußte. Damit war der
österreichische Charakter der Versammlung preisgegeben, in den neuen Sectionen gab es
keine „Gäste" mehr, die außerösterreichischen Mitglieder des Congresses tagten gleichbe=
rechtigt mit den österreichischen. Sie gewannen bald das moralische Übergewicht. Gleich
in der „Proclamation der ersten Slaven=Versammlung in Prag an die Völker Europas",
vom 12. Juni, ließ sich die Einwirkung Libelt's und Bakunin's nicht verkennen. Man
zog die preußischen und sächsischen Slaven, die stammverwandte Rajah in der Türkei
mit in das Interesse des österreichischen Slaven=Congresses; den unverkennbaren Schwer=
punkt des ganzen Schriftstückes aber bildete der Ausdruck warmer Theilnahme für
„das um seine staatliche Existenz gebrachte ritterliche Volk der Polen, unserer edlen
Brüder", die Aufforderung an alle Cabinete „diese alte Sünde, den Fluch der erblich
auf ihrer Politik lastet, endlich zu sühnen", und der Antrag auf „Beschickung eines

allgemeinen europäischen Völker-Congreſſes zur Ausgleichung aller internationalen Fragen" (Jordan S. 34—39). — Wenn bezüglich des Ausbruches des Juni-Aufstandes
Jordan a. a. O. S. 50 auf das entschiedenste verſichert, „daß all' die nachfolgenden
Ereigniſſe nichts gemeinsames mit dem Slaven-Congreſſe hatten", so iſt ihm dieß, ſofern
damit der Congreß als Ganzes und die überwiegende Mehrheit ſeiner Mitglieder gemeint
ſind, eben ſo auf's Wort zu glauben, wie die von ihm S. 39 f. 49 f. erzählten Thatſachen, aus denen die Wahrheit ſeiner Behauptung unzweifelhaft hervorgeht. Daß dagegen einzelne Mitglieder des Congreſſes, namentlich Bakunin, einen ganz poſitiven und
unmittelbaren Einfluß auf die Entwicklung der Prager Pfingſt-Ereigniſſe hatten, wird
Jordan ſich kaum zu läugnen getrauen. — Es war übrigens eben ſo bezeichnend als
in einer Zeit ſo wirren Durcheinanders begreiflich, daß die Mehrzahl der ſchuldloſen
Congreß-Mitglieder die Juni-Ereigniſſe als ein von der Reactions-Partei gegen das
Slaventhum angelegtes Manoeuvre anſahen, während ſich's ihre deutſchen Gegner nicht
nehmen ließen, der „Prager Aderlaß" habe das Bündniß zwiſchen den Čechen und der
Reaction beſiegelt, wie z. B. bei Bernhard Becker Die Reaction in Deutſchland gegen
die Revolution von 1848 ꝛc. (Zweite Ausgabe. Wien, 1869, A. Pichler's Witwe &
Sohn) S. 358 zu leſen iſt.

113) S. 185. — „Deſſen Namen eher ruſſiſch als deutſch klingt und vielleicht ſoviel als Branntwein bedeutet". Bernhard Becker a. a. O. S. 283. — Der im Texte
erwähnte Aufruf an die Deutſch-Böhmen, abgedruckt bei Becker S. 284, datirte übrigens
vom 1. Mai, vom Tage der Einberufung des Slaven-Congreſſes, von welchem Schritte
man alſo damals in Leipzig noch nichts wiſſen konnte: das Auſſiger Verbrüderungsfeſt
aber fand am 18. Juni, unmittelbar nach Bezwingung des Prager Aufſtandes ſtatt.

113 b) S. 186. Anſprache des Egerer Congreſſes an ſeine „deutſchen Mitbürger"
v. 24. November 1848; A. A. Ztg. Nr. 338 v. 3. Dec. Beilage S. 5335 f.

114) S. 186. Als man dem Anfangs November von Wien heimkehrenden Abgeordneten für Groß-Meſeritſch (Joſeph Kutſchera?) vorwarf, warum er im Reichstag
ſtets gegen die Meinung eines großen Theiles ſeiner ſlaviſchen Wähler geſtimmt habe,
rief er aus: „Und wenn man hundert Kanonen gegen mich auffführte, ich würde von
der deutſchen Sache nicht laſſen!" Das Wort wurde von böhmiſchen Blättern gebracht,
ohne, ſoviel uns bekannt, Widerruf oder Berichtigung zu erfahren.

115) S. 188. Alle die angeführten Vorwürfe der Polen und Ruthenen, und noch
viele andere, finden ſich in einer bei Karl Gerold in Wien gedruckten und aus Lemberg
27. November 1848 datirten Flugſchrift: „Die Frage über die Theilung Galiziens"
(1 Bogen, gr. Fol.), und in der Widerlegung derſelben von rutheniſcher Seite im
„Öſterr. Correſpondent" 1849 Jänner S. 79. — Die letzte Andeutung in unſerm
Texte gilt der ruthenischen Parodie des polniſchen Freiheitsliedes:

> Jeszcze Polska nie zginęła, ale zginąć musi:
> Co Austryak nie zabije, Rusin to zadusi —

vielleicht nur eine Variante der Spottverſe, welche die kaiſerlichen Soldaten nach der
Bezwingung von Krakau ſangen und wo die zweite Zeile lautete:

> Z jedne strony Austryaci, z drugój strony Rusi. — Es gab unter den öſter-

reichiſchen Slaven nur Vereinzelte, die, den wahren Stand der Dinge verkennend, in
dieſem leidigen Streite den Polen das Wort redeten, wie P. Štulz in Prag, der gefühlvolle
und ſchwärmeriſche Freund Georg Lubomirski's, auf dem Congreſſe der Lindenvereine
(December 1848) den Antrag ſtellte: „man möge die Ruthenen in einer Zuſchrift auffordern, alles zu vermeiden was zwiſchen ihnen und den Polen Haß und Feindſchaft
erzeugen könnte". — Von den böhmiſchen Blättern war es „Ranní liſt", das ſich

offen auf Seite der Polen gegen die Ruthenen stellte, ja letztere in der unwürdigsten Weise herabsetzte: „Die ruthenische Geistlichkeit, die mit wenigen Ausnahmen nur ihrem Bauche lebt, ist im Vormärz nie ihrem Grundsatz untreu geworden, daß Bildung für den Bauer nicht taugt. — Die Ruthenen haben keine Geschichte, keine politische Bedeutung, keine Literatur. — Wie kämen wir Böhmen dazu, einer Handvoll ruthenischer Popen (hrstce rusínských popů), die bei allen Schicksalsschlägen ihres Vaterlandes gut gegessen und getrunken haben, den Namen einer Nation zutheil werden zu lassen?" u. dgl. m. „Poláci a Rusini", Nr. 46 u. 47 v. 23. u. 24. November, „Rakouská politika v Haliči", Nr. 53 v. 1. December 1848.

116) S. 189. Correspondenz aus Zara v. 10. December 1848 in Gaj's Novine dalm. herv. slavonske. — Unter den Männern, die den im Texte erwähnten Verfolgungen ausgesetzt waren, befanden sich der Schriftsteller Spiro Popović, Kersto Kulišić u. a.

117) S. 189. „Welch ein fruchtbares Land hat uns nicht Gott zur Bewohnung angewiesen, wohl nicht bloß darum angewiesen, damit wir auf einem so fruchtbaren Boden nur desto schmerzlicher empfinden müßten, wie unglücklich wir, dessen Bebauer, sind!" So mahnte schon im J. 1816 der allverehrte Bolzano in seinen Erbauungsreden „über das Verhältniß der beiden Volksstämme in Böhmen" (Wien 1849, Braumüller) S. 40. Siehe auch die Stelle S. 37—39 über die Nachtheile des Racen-Kampfes in einem Lande, dessen Gemeinsinn dadurch verloren geht, während einer schlauen Regierung die Mittel in die Hände gespielt werden, beide Theile für ihre selbstsüchtigen Zwecke auszubeuten. Dabei gehörte Bolzano zu jenen Deutschen, welche die Benachtheiligung ihrer slavischen Landsleute durch das herrschende Verwaltungs-System offen eingestanden und bedauerten S. 25 f. Liest man dagegen die Programme der deutschen Vereine des Jahres 1848 z. B. das im Texte S. 186 angeführte des deutschen Gesammtvereins in Böhmen, so sollte man meinen, die deutsche Nationalität sei es gewesen, die über Verkürzung und stiefmütterliche Behandlung zu klagen hatte.

118) S. 190. In den „Holomoucké Nowiny"; Schreiber benützte zu seiner Ansprache den Anlaß, als die Olmützer Slovanská Lipa ihr neues Locale bezog, 15. Nov.

119) S. 190. Nár. now. Nr. 182 v. 10. u. 193 v. 23. November mit der Antwort der böhmischen Stadt Turnau, welche die ihr dargebotene Hand als Pfand freundnachbarlichen Bundes mit Freuden annimmt und keinen andern Wunsch zu hegen erklärt, „als daß wir, jetzt wie früher im Verein mit unsern deutschen Landsleuten, die Früchte der errungenen Freiheit gemeinschaftlich genießen und zum Heile unseres gemeinsamen Vaterlandes beitragen mögen."

120) S. 191. Der Artikel, von Ivan Kukuljević geschrieben und zuerst im „Slavenski Jug" veröffentlicht, wurde von der Redaction der Nár. Now. in's Böhmische übersetzt und mit einer Einbegleitung versehen, Nr. 192 v. 22. November. Es ist übrigens bemerkenswerth, daß niemand mehr sich darüber aufhielt und in Zorn entbrannte als derselbe Julius Gretschnigg, der zuvor in seinem Blatte den aufreizenden Schmähartikel gegen die Slaven losgelassen hatte; Volkszeitung Nr. 16 v. 7. November S. 63 f. u. Nr. 35 v. 21. December S. 137 f. Gegen die Ausfälle des letzteren sei noch bemerkt, daß Graf Sedlnický und Baron Skrbenský außer ihrem Namen und Ursprung nicht eine Faser „čechischen" Wesens in sich hatten und daß, ihr Walten und Wirken den „Böhmen" zur Last schreiben, damals gerade so viel hieß, als wenn jemand heute sagen wollte, unser Ministerum sei čechisirt, weil Berger Giskra Plener und Hasner darin sitzen. Daß überhaupt die österreichische Bureaukratie, wenn auch „zwei Drittheile" davon „Čechen" waren, von allem Anfang eine Hauptstütze des jose-

phinischen Germanisirungs=Systems gewesen, ist eine so unläugbare Thatsache, daß nur die blinde Parteileidenschaft eines Slavophagen wie Gretschnigg ihr Vorwürfe in gerade entgegengesetztem Sinne machen konnte.

120b) S. 192. Georg Klapka Memoiren (Leipzig, Otto Wigand, 1850) S. X.

121) S. 192. Ad vocem „O'Conell Ungarns" macht Bourgoing in seinem „Les guerres d'idiomes" (wir selbst haben die Stelle nur aus dritter Hand) die sehr gute Bemerkung: „O'Conell hat die Sache eines ungerecht seiner Rechte beraubten Volkes vertheidigt: Kossuth dagegen regte die Unterdrücker gegen die Unterdrückten auf, als er die Ungarn gegen die Slaven bewaffnete".

122) S. 193. Am 10. Mai kamen einige slovakische Parteiführer in Liptan zu= sammen, sich neuerdings über die Punkte zu einigen, deren Gewährung sie für die Slovaken „als Ur=Nation und einstige alleinige Besitzerin des Landes" zu verlangen beabsichtigten; als sie ihre Anträge Tags darauf einer Volksversammlung vorlegen wollten, wurde ihnen das versagt, so daß sie einen abseits der Stadt gelegenen Ort suchen mußten, wo des Abends die Punkte verlesen und angenommen wurden. Hodža a. a. O. S. 73—77.

123) S. 194. Unter andern war im Juli ein Hauslehrer in Pest, geborner Her= mannstädter, nahe daran dem Standrechte zu verfallen, weil man bei ihm ein der herrschenden Partei mißliebiges, übrigens in nichts weniger als aufreizendem Tone gehaltenes Schriftchen — „Die Vereinigung Siebenbürgens mit Ungarn vom Stand= punkte der sächsischen Nation beleuchtet" (Wien, Gerold, 16 Seiten) — gefunden hatte. Als dieser Fall in Pest bekannt wurde, rief ein dem ungarischen Ministerium bisher nicht abgeneigter Mann aus: „Das Maß ist nun übervoll; wem noch Blut und nicht Kockelwasser in den Adern rinnt, muß empört werden!" Gränzboten 1848 Band IV. S. 451 ff. — Unter die im Terte angedeuteten Eingriffe in die Verfassung gehörte die Aufhebung von 500 Musketen und 300 Säbeln, welche die sächsische Nation aus ihren Mitteln angekauft hatte, auf dem Transporte nach Siebenbürgen zu Großwardein, während die verfassungsmäßig garantirte Volksbewaffnung bei den Ungarn und Szek= lern nicht nur nicht gehindert, sondern in jeder Weise gefördert wurde.

124) S. 195. „Zur Geschichte des ungarischen Freiheitskampfes" S. 49—58 und „Zur Geschichte der Romanen in Siebenbürgen" im Österr. Corresp. v. 3. März 1849.

125) S. 197. Die Vollständigkeit dieser Organisation fällt wohl erst in die letzten Monate des Jahres 1848. Damals standen der Patriarch Rajačić und der Woiwode Suplikac, beide vom Kaiser in dieser Würde bestätigt, an der Spitze des National= Ausschusses; Vice=Präsident war Stratimirović, Secretär Alex. Stojačkowić; den Vor= sitz des National=Gerichtshofes führte Peter Stoišić, die National=Finanz=Verwaltung leitete Georg Barsan; als oberster Kriegs=Commissär fungirte Michal Krestić aus Titel.

126) S. 198. In einem Artikel des „Slavenski Jug", den die Nár. Now. Nr. 213 v. 16. Nov. S. 840 f. im Auszuge brachten, wurde der durchgängige Unterschied der serbischen und kroatischen Verhältnisse, wo dort das demokratische Element, hier das aristokratisch=bureaukratisch=feudale vorherrsche, hervorgehoben, aber gerade auf diese Verschiedenheit die Hoffnung gegenseitiger Ergänzung und Stärkung gebaut, deren Vortheile namentlich in gemeinschaftlich parlamentarischem Leben hervortreten müßten: „Spojme tyto protivné zřízení v jedno a posuďme jaká by z toho prospěná měsíce pošla!"

127) S. 200. Vgl. Klapka Memoiren S. XI.—XIII. und Therese Pulszky Aus dem Tagebuche einer ungar. Dame (Leipzig, 1850, Grunow & Comp.) II. S. 144. -- Die Agramer Adresse findet sich in französischer Übersetzung bei Bol-

dényi Pages de la Révolution hongroise S. 38 f. Als Beispiel des von dem kroatischen Anhang geübten Einschüchterungs=Systems führt die Adresse die Gewaltthat gegen einen Agramer Bürger Namens Šnsković an, der wegen seiner magyarenfreund= lichen Gesinnung verhaftet, ja mit Hinrichtung bedroht worden sei.

128) S. 200. Das einzige was allenfalls geschah war, daß das Wiener Kriegs= Ministerium einzelnen Officieren auf ihr Ansuchen die Erlaubniß ertheilte, sich in ihre bedrohte Heimat zu begeben, wie dieß z. B. der Verfasser der „Erlebnisse eines k. k. Officiers im österr. serb. Armee=Corps" ꝛc. (Prag, 1862, Credner) S. 12 f. von sich erzählt. Wenn derselbe jedoch weiter anführt, man habe seine „Relation" über die gemachten Wahrnehmungen „mit Befriedigung zu Wien aufgenommen", so kann sich das wohl nur auf irgend einen seiner besondern Gönner beziehen, der ihm etwa zur Erfüllung seines Wunsches verholfen; er selbst nennt dießfalls den Obersten beim G. O. M. St. Franz Wenzel von Uffenberg. Halten wir übrigens diese Thatsache — einer vom Wiener Kriegs=Ministerium ausgegangenen Beurlaubung eines k. k. Officiers auf den serbischen Kriegsschauplatz — der andern im Text erwähnten gegenüber, daß den k. k. Officieren von ihren Oberbehörden jede Theilnahme an der serbischen Bewegung „bei Verlust der Charge" verboten wurde: so haben wir ein neues Bild jener beispiellosen Verwicklung und widerspruchsvollen Verwirrung, die zu jener Zeit in den österreichischen Regierungskreisen herrschte.

129) S. 202. Der jugendliche Verfasser der „Erlebnisse" entwirft S. 65 eine begeisterte Schilderung von Rajačić: „Ein ehrwürdiger Greis, ein Priester, leitete mit seltener Klugheit die Kriegsangelegenheiten. Zu jeder Stunde bei Tag oder Nacht nahm er Meldungen im Empfang und unterschrieb die Befehle an einzelne Lager= Commandanten. Energisch, persönlich unerschrocken, blieb Rajačić jederzeit Priester" ꝛc.

130) S. 202. Erlebnisse S. 49.

131) S. 206. **Die Kriegsführung der Serben.** Ein eigentlicher Volks= krieg ist im modernen Europa eine so eigenthümliche Erscheinung, daß es sich wohl der Mühe verlohnen dürfte, seinem Wesen und seinen Formen oder richtiger seiner totalen Form= losigkeit noch einige Aufmerksamkeit zu widmen. Wie sich von einfachen Natursöhnen erwarten ließ, waren die Kämpfer für die serbische Sache in ihren Bedürfnissen sehr bescheiden. Ein kaiserlicher Officier beschreibt uns die „ganz besondere Art von Lagerbequemlichkeit", die Kničanin seinen Serbianern in der Erdfestung von Tomašovac gönnte. „In gewissen Zwischenräumen aufgestellt erhielt jeder Mann am innern Grabenrande ein Plätzchen angewiesen, für das er im Momente des Kampfes gut stand. Mit Hilfe des Dagatan grub sich nun jeder in der Böschung eine Höhle, worin er gerade Platz hatte um Kinn und Knie in nächste Berührung zu bringen. Einiges aufgestreute Stroh war alles Ameublement. Pistolen und Dagatan kamen weder bei Tag noch Nacht aus dem Gürtel, die lange Flinte konnte man als Hauszier, einen aus Holz geschnitzten Spieß als einzige Geräthschaft betrachten. Der Herd befand sich gerade so weit, als es dem selbstzufriedenen Bewohner möglich war, seine Fleisch=Portion am Spieße zu drehen ohne aus der gekrümmten Stellung zu kommen. Wenn man diese herkulischen Gestalten nach aufgehobener Tafel bei mäßig flackerndem Feuerschein ihren Cibuk rauchen sah — wahrhaft glücklichere Menschen konnte es auf Erden keine geben!" (Erlebnisse S. 52). Welch ein Gegensatz zwischen solch primitiver Lager=Idylle und dem verfeinerten Leben im ungarischen Haupt=Quartier! Da fehlte es nicht an Genüßen und Ergötzlichkeiten aller Art. In Verbáß ging es in den Häusern des Ober=Gespans Horváth und des Vice=Gespans Knézy wie in zwei Casinos her, wo der Pharao=Tisch allabendlich die Hauptpersonen des Lagers um seine Runde gedrängt sah. Da floß der Wein, da bog

fich die Tafel von der Maffe auserlefener Gerichte, da flogen die Paare im Tanz. Als
es am 19. Auguft den Sturm auf Szent=Tamás galt, wurde Champagner in Be=
reitfchaft gehalten, den man unter dem Doppelthurme der Hauptkirche auf das Wohl
des Ober=Commandanten trinken wollte. Es kam bekanntlich nicht dazu, denn der
Sturm wurde abgeschlagen; aber am 21. September erfolgte ein neuer, die Ungarn
wollten mittaghalten in Szent=Tamás und Abends einen Ball geben, wozu die Tänze=
rinnen aus den benachbarten Orten in Fiakern dem Troß nachfuhren. Allein die flot=
ten Damen mußten, wie einen Monat früher die eingekühlten Champagner=Flaschen, un=
verrichteter Dinge wieder heim und Szent=Tamás galt von da im ungarischen Lager
für einen uneinnehmbaren Punkt. „Man glaubte an alles, an Minen und zahlreiches
Geschütz, an dreifache höchst künftliche Wälle und unterirdische Gänge, und an viele
andere fabelhafte Einrichtungen, und nur zum kleineren Theile an den bewunderungs=
würdigen Muth feiner Vertheidiger" (Erlebniffe S. 63). Und doch war Szent=Tamás
gleich allen andern Veften und Verschanzungen der Serben nichts weniger als ein kunftvolles
Werk: es war roh und ursprünglich wie die ganze Kriegskunft feiner Vertheidiger. Von
Süd durch den breiten Franzens=Canal, von Nord und Oft durch die tiefschlammige
Krivaja und Weingärten geschützt, lag nur die Weftseite gegen Verbaß offen; hier war
eine Erdbruftwehr aufgeworfen, bei weitem unter dem durch Befeftigungs=Grundfätze
vorgeschriebenen Maße. In dem Raum zwischen dieser und der Stadt standen die
Bretterhütten der Befatzung, jedes Dach mit einer Lage Erde bedeckt und in einiger
Entfernung von einander fo daß, wenn eine in Flammen aufging, die andern nicht
große Gefahr liefen. Südlich vor der hölzernen über den Bácfer Canal führenden Brücke
sperrte ein Brückenkopf den Zugang ab; öftlich vor der Stadt waren zwischen dem
Canal und dem Flüßchen einige Feldschanzen aufgeworfen. Aber im Norden jenfeits
der Krivaja erhob fich ein von den Serben mit Hilfe eines jener „Künftler", die zu
ihrer Fertigkeit nur im Wege der Überlieferung gelangen, aufgeführtes Werk, 200
Schritt im Gevierte, eine Bruftwehr mit tiefem Graben, davor abermals eine Bruft=
wehr mit einem zweiten Graben, tiefer aber schmäler als der erftere. Das war der
berühmte Erbobran (Serbenwehr); „der Meifter betrachtete mit Wohlgefallen die
gelungene Arbeit, die Andern mit endloser Bewunderung; jede Beschreibung wäre nur
ein Schatten all der vortrefflichen Eigenschaften, die sowohl Vertheidiger als Angreifer
diefem Wunderwerke andichteten". (Erlebniffe S. 53—56, und der dem Buche unter
Nr. 1 angefügte „Plan von St. Tomasch nach der Natur gezeichnet".) Im Juli
wurde auch Alibunar im Banat befeftigt; außerdem hatten die Serben Lager bei Per=
laß, Turja, Curug, Kaé u. a. Die letztgenannten standen insgesammt näher oder ent=
fernter von der Römerschanze, einer in ihrer Haupt=Form aus den Zeiten des
römischen Pannoniens erhaltenen Bruftwehr, bei 3° hoch und 6° breit, die bei Kaé,
Jarek, Temerin, Curug Öffnungen zur Unterhaltung des Verkehrs aufweift; von den
Cajfiften wurde dem etwas verfallenen Werke nachgeholfen, die äußere und innere Bö=
fchung steiler gemacht. Hinter dieser ftarken Bruftwehr standen in gleichen Zwischenräumen
von einander Cajfiften=Poften von 20 bis 30 Mann als Wachen; weiter rückwärts
waren die Lager, von denen Curug gleichfam den rechten, Kaé den linken Flügel bil=
dete. — In der Vertheidigung ihrer Lager entfalteten die Serben und Serbianer all
jenen Opfermuth, jene Ausdauer und Tapferkeit, jene Poefie felbft, die fie von Kindes=
beinen in den National=Gefängen ihrer Vorältern preifen hörten. Oder ift es nicht ein
poetischer Zug, wenn Kapetan Janca, im Lager von Perlaß von einer Kugel getroffen
die Umftehenden bittet feine Prepelica („Wachtel", fein Schlachtroß) zu tödten, damit
fie nicht lebend dem Feind in die Hände falle? Gefahr und Tod galt ihnen da nichts,

wie wenn sie von den Türken die Stelle des Korans gelernt hätten: „Wer in der
Schlacht fällt, stirbt sündlos: seine Wunden schimmern wie Purpur und duften wie
Moschus am Tage des Gerichts". Auch im offenen Felde, so lang es nur auf Muth
und Kühnheit ankam, hielten sie sich wacker. Dabei fehlte es ihnen nicht an Finten
und Kniffen mancher Art. Während eines Gefechtes bei Cseka (10. Juli) fuhr etwas
abseits an der Straße eine Wagenreihe auf, das Aufgebot der benachbarten Gemeinden
Jbvor und Sakula, um aus ihren Kirchen-Mörsern dem Feinde Schrecken einzujagen.
Der Streich blieb auch nicht ohne Folgen; mindestens dachte Kiß, in der Fronte und
in der linken Flanke sich angegriffen wähnend, schon ganz ernstlich an den Rückzug
über Becskerek nach Temesvár. Inzwischen nahm das Gefecht eine unerwartete Wen-
bung und nun kam es bei den Serben darauf an, andere Seiten zu entfalten als
„acuten" Muth und Heldensinn. „Die Ausdauer im Geschützfeuer", bemerkt treffend
ein Augenzeuge der serbischen Kämpfe (Skizze der Ereignisse an der untern Donau;
Wien 1852, Manz; S. 45), „ist nur dem Soldaten rühmlich vorbehalten, der vom
Impuls der Ehre geleitet, von der Disciplin gezügelt wird." Während des Vormarschs
gegen eine von Husaren bedeckte feindliche Batterie gingen die Anfangs geschlossenen
Colonnen der Serben immer mehr in die Keilform über, die Reihen verwirrten sich,
bald bildeten alle Abtheilungen ein wirres Durcheinander, die Tapfersten und Behen-
desten aus allen Compagnien voran, die minder Herzhaften oder schlechtern Fußgeher
rückwärts. Der Angriff mußte aufgegeben werden, oder vielmehr er gab sich von selbst
auf. Das weite Feld war besäet mit Menschen einem wimmelnden Ameisenhaufen
gleich; nur an einem Punkte sah man einen Knäuel dichter beisammen: es waren
die Durstenden die sich um den einzigen Brunnen der Ebene drängten. In's Lager
kehrte jeder einzeln oder in kleineren Partien zurück. Als der Erzähler dieses Begeb-
nisses am Abend aus Verlaß in's Lager zurückkam, „da schlief vom Commandanten
abwärts bis zum äußersten Vorposten alles wie hingeschlachtet; ein kräftiger Angriff,
und im Banate ist die Bewegung der Serben im Entstehen erstickt" (Erlebnisse S. 27).
Doch Kiß dachte an keinen Angriff, er war selbst froh die seinem Hauptquartier drohende
Gefahr abgewendet zu haben. — Man hat vieles von der Grausamkeit der Serben gesprochen.
Nun, daß es in der Hitze des Kampfes, bei Erstürmung von Orten u. dgl. nicht gelind
herging, soll nicht geläugnet werden; war in gewöhnlichen Verhältnissen die Zucht
schwer zu handhaben, so war das in solchen Momenten fieberhafter Aufregung noch
weniger möglich, und besonders denen aus dem Fürstenthum wurden arge Dinge nachgesagt. Hingegen Fälle von kaltblütiger Grausamkeit nach dem Kampfe, von qualvoller
Tödtung Gefangener, von gesuchten Martern, wie solche im östlichen Nachbarlande leider
oft genug vorkamen, wird man den Serben gegenüber kaum nachzuweisen vermögen.
In seiner Ansprache an die Skupština am $\frac{\text{27. Sept.}}{\text{9. October}}$ sagte Rajačić unter andern: „Von
diesem Kampfe kann ich der hochansehnlichen Versammlung mit Befriedigung berichten,
daß, wie denselben unsere Feinde mit größter ja unerhörter Wildheit führen, in demselben Maße von unserer Seite Menschlichkeit geübt wird, so daß uns unsere Feinde
in keiner Weise vorwerfen können, daß wir auch nur einen ihrer Gefangenen mißhandelt, geschweige denn getödtet haben; daher denn alles, was man in Zeitungen von
uns geschrieben hat und zu schreiben nicht aufhört, offenbare und grobe Lüge ist."
So auch heißt es in den „Erlebnissen" S. 65 über Rajačić: „Nicht ein einziges
Todesurtheil wurde unter seiner Leitung über einen Feindlichgesinnten ausgesprochen
oder vollzogen, auch dann nicht, als der Gegner mit Unmenschlichkeit zu hunderten
Serben durch Blutgerichte verurtheilte und somit gerechte Veranlassung zur Wiederver-

geltung gab". Es mag sein, es ist sogar sehr naheliegend und wahrscheinlich, daß sowohl Rajačić als der Verfasser der „Erlebnisse" mit wohlwollender Befangenheit die
Kriegsführung ihrer Serben und mit mißgünstiger Parteilichkeit die ihrer Feinde beurtheilen; aber wenn der Name Hrabowsky's von den Serben und Kroaten in
„Grabowsky" (von grabiti, plündern) umgewandelt wurde und wenn Perezel von
ihnen den Beinamen der „Hyäne von Kovilj" erhielt, so scheint das doch darauf hin-
zudeuten, daß die Ungarn den Serben in kriegerischem Wüthen und Zerstören jedenfalls nichts schuldig blieben.

132) S. 207. „Erlebnisse" S. 67—72. Nach dieser Quelle zählte das k. k. österr.-
serbische Armee-Corps unter General Suplikac 21.074 Mann, worunter Unbewaffnete
1.057, mit Sensen und Piken bewaffnete 2.419, mit Jagdgewehren 901, also zusammen
4.577 gar nicht oder unregelmäßig ausgerüstete Leute.

133) S. 208. Zur Geschichte des ung. Freiheitskampfes S. 53. Derselben Zeugen-
schaft wird man es auch glauben, wenn es zum Schluße S. 58 heißt: „Während der
Versammlung herrschte Ruhe und Ordnung und kein Exceß wurde verübt".

134) S. 209. Der Winter-Feldzug des Revolutionskrieges in Siebenbürgen ꝛc.
(Zweite Ausgabe. Leipzig, Schrag, 1863) S. 24. Die Kopfzahl der versammelten Menge
wird daselbst „bei 40000 Menschen" geschätzt.

135) S. 209. Einen Fall dieser Art erzählt der geistvolle Verfasser der „Reminiscenzen" (Wien, Geitler, 1864) S. 33 f.: Im Sommer 1848 begab sich der Oberst von
Mar-Chevaurlegers (Adam Graf Walbstein-Wartenberg?) nach Hermannstadt und besuchte das dortige Theater, wo gerade von einem sächsischen Bürger politische Reden
zum Anschluße an die Sache des Kaisers gehalten wurden. Graf W. benützte die
augenblickliche Stimmung, um eine Anzahl kaiserlicher Cocarden noch im Theater zu
vertheilen. Tags darauf erhielt er von Seite der Militär-Behörde den Befehl, das
Land binnen kürzester Frist zu verlassen und nach Wien zu gehen.

136) S. 209. Magyarische Federn werfen ihren verhaßten Gegnern noch andere
Dinge vor als bloß Mangel an Bildung; so schildert z. B. Therese Pulszky a. a.
O. S. 143 f. Balasiesen als einen Menschen „von niedriger Gesinnungsart, grausam
und nichtswürdig"; Moga sei ein „wegen gemeinen Diebstahls von seinem unbedeutenden
Posten weggejagter Beamte, später herrschaftlicher Bedienter, zuletzt Schreiber bei dem
Offenbánya'er Notar und Protopopen Igyán" gewesen; nur Jancu gilt ihr als „ein
talentvoller junger Mann". — Was nun diesen letztern betrifft, so verdient bemerkt zu
werden, daß er jetzt schon eine Art mythischer Person geworden ist. Sein Geburtsjahr
haben wir nirgends gefunden. Als seinen Geburtsort geben Wurzbach Bisztra,
Therese Pulszky Topánfalva, Dr. K. F. Peters in der Österr. Revue 1863 V. S.
304 Felsö-Vidra an; nach Levitschnigg Kossuth und seine Bannerschaft (Pest, 1850,
Heckenast) II. S. 304 könnte man Abrudbánya dafür halten. Sein Vater war nach
der ersten Quelle Pope, nach der zweiten Dorfrichter, nach der dritten jedenfalls ein
wohlhabender Mann. Peters scheint noch zu Anfang der sechziger Jahre von Jancu
als von einem Manne in guten Verhältnissen erfahren zu haben, da er anführt, derselbe
besitze „eines der schönsten Häuser" in Felsö-Vidra, wogegen Charles Boner in seinem
„Siebenbürgen" (Leipzig, J. J. Weber, 1868) S. 574 f. ungefähr um dieselbe Zeit
Jancu in einem völlig zerlumpten und unreinen Zustande in einer Schenke von Abrudbánya gesehen haben will. Endlich fanden wir irgendwo Avram (Abraham) als den
Vornamen Jancu's angegeben, während Wurzbach die Vermuthung ausspricht, Jancu
sei sein Taufname und Hora „sein eigentlicher Name". Letzterer Behauptung dürfte
denn doch wohl ein arges Mißverständniß zu Grunde liegen. Hora, Horea, Horiah

wurde jener Niclas Urß geheißen, geb. 1740 in Nagy-Aranyos, der in den achtziger Jahren des vorigen Jahrhunderts an der Spitze der berüchtigten Walachen-Empörung stand, die vielen hundert Edelleuten ein grausames Elend bereitete. Im Rückblick nun auf die damals verübten Gräuel nannten die Magyaren Jancu einen „zweiten Horjah", von dem er auch abstamme, und seine Haufen „Horjah's Volk" oder „Kuruzen" (cruciati sc. milites), weil in noch früheren Zeiten die Kreuzzügler im Lande wie Mörder und Brandleger gehaust hatten. Es wäre denn doch, so meinen wir, an der Zeit, daß sich irgend ein siebenbürgischer Historiker an die Aufgabe machte, diese so widersprechenden Daten zu prüfen und zu sichten und aus dem sagenhaften Jancu einen geschichtlichen zu machen; mag man über ihn urtheilen wie man will, immerhin ist er durch die Ereignisse, an deren Spitze ihn sein Verhängniß getrieben, eine nicht zu übersehende Persönlichkeit geworden.

137) S. 210. Wortlaut siehe: „Die Romanen der österr. Monarchie" 1. Heft S. 25—30. Als letztes Petitum findet sich, ähnlich wie bei der Blasendorfer Versammlung, die Bitte: „Se. Majestät der Kaiser geruhe allergnädigst zu gestatten, daß beide ‚Walachen'-Regimenter diesen zu manchen Witzeleien Anlaß gebenden Namen mit der wahren ihrer Abstammung entsprechenden Benennung ‚Romänen-Regimenter' vertauschen dürfen".

138) S. 211. Man wählte diese an den großen König Corvinus, einen Siebenbürger von Abstammung, gemahnende Bezeichnung, weil bei den aristokratischen Szeklern der Name des Republicaners Kossuth und seiner Husaren keinen besonders guten Klang hatte. — Für den Zweck der Werbung wurden Berzenczey der Lieutenant des ersten Szekler Mil. Gr. Inf. Reg. Aler. Gál als Adjutant und ein gewisser A. Perényi als Rechnungsführer beigegeben. In „Kossuth Hirlap" v. 22. August wurde erzählt, dreißig junge Szekler hätten noch in Pest ihm den Handschlag gegeben und ihn von da nach Siebenbürgen begleitet. Mit seinen Erfolgen im Lande selbst war Berzenczey nicht sehr zufrieden, da er, nach Pest zurückgekehrt, am 13. December berichtete, er habe statt 300 nur 120 Bursche angeworben. — Übrigens schildert ihn Levitschnigg a. a. O. II. S. 234—237 als einen „ganzen Mann" von „abgeschlossenem Charakter", als einen „ehrlichen Mann", einen „politischen Bulldogg an Ausdauer, aber nicht an Heimtücke", während ihn der Verfasser des „Winter-Feldzug in Siebenbürgen" S. 88 als „berüchtigt durch seine Charakterlosigkeit und seinen wüsten Lebenswandel" und „gänzlich zerrüttet in seinen Vermögensverhältnissen" bezeichnet. Letzteres Urtheil können wir schon aus dem Grunde nicht für durchaus grundlos halten, weil selbst aus dem was Levitschnigg von Berzenczey anführt hervorgeht daß er vom Premierminister für seine Sendung 300.000 fl. C. M. erhalten habe, über deren Verwendung er sich nur mit allgemeinen Phrasen zu rechtfertigen wußte; „er habe zwar kein Handgeld gegeben, aber die Ausrüstung habe sehr viel verschlungen; das Werbegeld hätten seine verantwortlichen Majors vertheilt, er selbst aber sei zum Bettler geworden" ꝛc.

139) S. 212. An Beschreibungen der von walachischer Seite verübten Unthaten ist kein Mangel; siehe z. B. in den „Schlachtfeldblüthen aus Ungarn" (Leipzig, 1850, Ries) die Erzählung Sájo's (Moriz Jókai) „Ein Guerilla-Führer" S. 201—203; Czez Bem's Feldzug in Siebenbürgen (Hamburg, Hoffmann u. Campe, 1850) S. 36 f.; „Reminiscenzen" S. 39 f. Daneben bekommt man allerhand von ihrer Streitsucht und Trunkenheit, von Zank und Raufereien bei Vertheilung des Raubes, von ihrer Feigheit, ihrem Aberglauben zu hören; alle Augenblicke habe es falschen Allarm gegeben, wenn sie in ihrem weinseligen Zustande ein paar Bäume für Feinde ansahen; in Fel-Vincz gerathen sie in einen Champagner-Keller, beim Öffnen einer Flasche springt der Wein mit einem Knalle schäumend heraus, sie erschrecken, halten das Getränk für ver-

hert und vertilgen alle Flaschen u. dgl. — Allein Vorfälle der letzteren Art kamen wohl
in andern Kriegen oft genug vor und sind eben nichts außergewöhnliches. Was dagegen
das Capitel von Wildheit und Grausamkeit betrifft, so waren die Szekler gewiß die
letzten die hierin den Walachen etwas vorzuwerfen hatten; ja es ist noch sehr die Frage,
von welcher Seite das erste Beispiel so haarsträubender Behandlung gefangener Feinde
gegeben wurde. Ezez freilich bezeichnet das Gebaren der Szekler in romanischen Ortschaften euphemistisch nur als „soldatisches Hausen", und im ungarischen Landtage ereiferte man sich nicht stark über diese „muthwilligen Helden" und die Übergriffe und
Schandthaten, durch die sie das walachische Volk reizten; „die Romänen" 1. Heft S.
17 f. (Siehe auch unsern I. Band S. 345 und Anm. 237).

140) S. 212. „Die Ausrüstung der Honvéds und Matyas-Husaren hatte das
Waffen- und Montur-Depot in Karlsburg erschöpft; demungeachtet war die vollkommene
Armirung dieser Truppe nicht beendet. Die magyarischen Zeitungen Ellenör und Hiradó
forderten darum die Umsturzpartei auf, um den Honvéds-Truppen die noch fehlenden
Rüstungen zu verschaffen, alle k. k. Truppen-Abtheilungen, die sich in den magyarischen
Städten und Dörfern garnisonirend befänden und nicht Honvéds werden wollten, zu
entwaffnen"; Winter-Feldzug in Siebenbürgen S. 78. Der Versuch wurde erst bei
kleineren Garnisonen gemacht, wie in dem von Romanen-Gränzern bewohnten Dorfe
Rakosd, in Deva, wo eine Division Bianchi-Infanterie nur durch die rasche Entschlossenheit des commandirenden Hauptmannes der ihr drohenden Gefahr entzogen wurde:
ebenda S. 78 f. Siehe weiter unsern I. Band S. 142 f.

141) S. 214. Über den romanischen Landsturm siehe: „Die Romanen" 2c. S.
47—49, 61—65; Winter-Feldzug in Siebenbürgen S. 112 f. Im Karlsburger Zeughause fanden sich, als man an die Organisirung dachte, kaum 1200 brauchbare Gewehre
vor; man erwartete Waffen aus Galizien, doch diese brauchte Urban für seine Leute;
man schrieb nach Temesvár, allein auch dort hatte man keine überflüssig. — Die im
Texte erwähnten beiden Abtheilungen romanischer Lanzenreiter sind wohl kaum mit jenen
zwei Escadrons leichter romanischer Reiter identisch, die, wie im „Winter-Feldzug" berichtet wird, mit abgelegten Cavallerie-Säbeln und Piken bewaffnet waren und deren
Einübung der Rittmeister von Max-Chevaurlegers Graf Alberti sich besonders angelegen
sein ließ; sie stammten größtentheils aus Resinari und Seliste her. — Die hölzernen
Kanonen werden von Ezez a. a. O., S. 32 dem „eigenen Erfindungsgeist" der
„Walachen" zugeschrieben. — In den „Reminiscenzen" S. 37 f. finden wir die Schilderung einer Abtheilung walachischen Landsturms, der sich anfangs November bei Tövis
einigen Compagnien Linien-Infanterie und einem Piquet von Max-Chevaurlegers anzu-
schließen hatte. „Kaum hatten wir", erzählt der Verfasser, „die Nachricht seiner Annäherung erhalten, so ritten wir ihm entgegen. Es waren beiläufig 800 Romanen
unter Anführung ihrer Präfecte Jancu, Proban und Moga. Einige Pfeiffer eröffneten
den Zug, an dessen Spitze die drei Präfecte auf guten siebenbürgischen Pferden mit
buntbemaltem Sattelzeug nebst ihren soi-disant Adjutanten und Unter-Commandanten
ritten. Hierauf folgten die mit Feuergewehren Säbeln und großen Spießen bewaffneten
romanischen Haufen".

142) S. 214. Von Sr. Majestät wurde die Errichtung mit dem Beisatze genehmigt,
daß das Corps auch in Friedenszeiten nicht aufgelöst, sondern der k. k. Armee einverleibt
werden sollte. Am 13. November 1848 rückten die Jäger-Freiwilligen des Kronstädter
Bezirks und des Burzenlandes mit schwarzgoldener Fahne in Hermannstadt ein, die
Regimentsmusik von Bianchi schritt ihnen voran, der Sachsengraf und die kaif. Gene-
ralität kamen ihnen zum Empfange entgegengeritten.

143) S. 215. Der Bericht Karl Gratze's, Hauptmanns im zweiten Romanen=
Gr. J. R., ist vom 10. Jänner 1849; er hatte im November 1848 auch die Präfecten
Buteanu, Aurentiu, Balas und Popovici unter sich und stellt auch diesen das beste
Zeugniß aus; „Die Romanen d. österr. Mon." 2. Heft S. 216—219. Siehe auch daselbst
den amtlichen Bericht des Oberlieutenants im selben Regiment Michael Noak de Hunyad,
der S. 221 den Präfecten Aurentiu Severu einen „Mann an seinem Platz" nennt;
„er besaß im vollsten Maße das Vertrauen des Volkes, das aus seinem Munde bei
jeder Gelegenheit, im Zusammenhange mit der Treue zum gesetzlichen Monarchen, die
einmal nothwendigen Übel des Krieges von Zügellosigkeit unterscheiden lernte". Wenn
daher nicht überhaupt alles, was man von den Unthaten und Unmenschlichkeiten Auren=
tiu's erzählen hört, arge Übertreibung ist, so scheint es sich jedenfalls nur auf die Zeit
v o r Organisirung des Landsturms beziehen zu können.

144) S. 215. Dr. Legis = Glückselig's Illustrirte Chronik von Böhmen (Prag,
1853, Vetterl) brachte zu I. S. 390 eine Nachahmung dieses Bildes in Steindruck.

145) S. 216. Wien, Deutschland und Europa. Von Julius Fröbel (Wien, 1848,
Jos. Keck & Sohn) S. 7.

146) S. 217. Kritische Streiflichter über die letzten Wiener Ereignisse. Von einem
Nicht=Reactionär (Wien, Klang) S. 7. Die kleine, aber sehr entschiedene Brochure
wurde in Baden „während des Exils im October 1848" geschrieben.

147) S. 219. „Die italienische Journalistik in Triest" im „Lloyd" 1849 Nr. 11
u. 12. Eine Zeitlang figurirte der gelehrte Dr. Kandler als Präsident der Societá bei
Triestini, der im Grunde gut kaiserlich war; mindestens hatte ihn jene Loyalitäts=Adresse
zum Verfasser, die im Juni von Triest an den Hof nach Innsbruck gesandt wurde. —
Osservatore Triestino; suppl. al nr. 141 (26. Nov. 1848). — Die eigentliche Absicht
bei Gründung einer Universität in Triest lag so klar am Tage, daß der loyalere Theil
der städtischen Bevölkerung an das kais. Ministerium eine Gegen = Petition richtete, die
zahlreiche Unterschriften fand. „Was soll es", so ungefähr hieß es darin, „mit einer
Universität in Triest? Wenige unserer jungen Leute widmeten sich bisher den Facultäts=
studien, wie dieß auch in einer so ausgesprochenen Handelsstadt nicht anders zu erwarten
ist. Will man etwa eine Zufluchtstätte für verjagte Studenten aus Padua Pavia ec.
gründen? Das Leben, das diese Jünglinge zu führen gewohnt sind, ist den hiesigen
Bürgern nur zu gut bekannt! Der Handel, der Triests Lebensluft ist, braucht vor allem
Ruhe und innern Frieden" ec.

148) S. 221. Die süd=tyrolische Frage im Jahre 1848. Die süd=tyrolische
Frage wurde in den letzten Monaten 1848 und in den ersten 1849 von deutschen und
italienischen, heimatlichen und Wiener Blättern aus den verschiedensten Gesichtspunkten
besprochen. Als die vorzüglichsten Beschwerdegründe der Süd=Tyroler wurden angeführt
1) Daß sich in allen Dingen die deutschen Kreise Tyrols eine Sprematie über die
beiden italienischen anmaßten: „i Tirolesi tedeschi non ci hanno mai trattati da
fratelli, al contrario ci trattarono sempre da padroni, anzi da oppressori". 2)
Daß die Süd=Tyroler in politischer Linie nichts als Haß und Anfeindung, Verläumdung
(„le più sfacciate calumnie") und Verfolgungen zu erdulden hätten; „während man
in den andern Theilen des Reiches Freiheit der Rede und Presse genießt, bestraft man
in Trient und Roveredo nicht allein den Gedanken sondern sogar die Möglichkeit des
Gedankens, verübelt dem Süd=Tyroler seine Sympathien mit den Brüdern jenseits der
Alpen, jagt unschuldige Bürger in Flucht und Verbannung, befleckt den Burggraben
von Trient mit italienischem Blute" ec. 3) Mangelhafte parlamentarische Vertretung,
da Nord=Tyrol mit 400.000 fl. Grundsteuer 40 Vertreter, Süd=Tyrol aber mit 150.000 fl.

nur 12 Vertreter habe. 4) Deutsche Correspondenz der Innsbrucker Landesstelle mit ihren wälsch = tyrolischen Unterbehörden. 5) Übermäßige und ungerechte Belastung, in welcher Hinsicht unter andern auf die drückenden Wustungs=Umlagen (Auftheilung der Kosten und Beschwerden, die den an den Heerstraßen gelegenen Gemeinden durch Militär= Einquartierung Vorspannsleistung Natural=Lieferung und andern „Wust" verursacht werden, auf alle Gemeinden des Landes), auf die Annonar=Anstalten (Gemeindezuschlag auf jeden eingeführten Scheffel Getreide) in Trient und Roveredo, auf den Brod= und Fleisch=Appalto in den meisten Gemeinden Süd = Tyrols hingewiesen wurde. 6) Nach= setzung der Wälsch=Tyroler gegen ihre deutschen Landsleute in öffentlichen Anstellungen des Civil= und Militär = Dienstes. 7) Nationalökonomische Benachtheilung der beiden italienischen Kreise durch Erschwerung des Durchfuhrhandels, Beschränkung und theil= weises Verbot des Tabakbaues, Vernachlässigung der Etsch = Regulirung, Verkürzung in der Anlage von Straßen gegen die reichlich bedachten nord=tyrolischen Kreise; Gio. Prato führte in letzterer Hinsicht in Nr. 31 des „Messagiere tirolese" an, daß für derlei Zwecke in der Zeit von 1822—1846 für Nord=Tyrol 4,149.000 fl., für Süd=Tyrol da= gegen nur 416.000 fl. verwendet worden seien. Auf Grund dieser und ähnlicher Be= schwerden wurden, wie im Texte erwähnt, selbst von loyalen Süd=Tyrolern administrative Einrichtungen gewünscht, die ihr Gebiet gegen die vermeintlich stiefmütterliche Behand= lung seitens des Guberniums von Innsbruck sicherstellten. Die tonangebende Partei im J. 1848 aber verlangte nicht bloß vollständige administrative, sondern selbst militä= rische Trennung der südlichen Landestheile von dem Gebiete jenseits des Brenner. Unter den Punkten, die ein gewisser Dr. Gio. Perugini in einer an die wälsch=tyrolischen Abgeordneten im constituirenden Reichstage gerichteten Adresse (italienisch im „Messa= giere tirolese", deutsch im „Journal d. ö. Lloyd" Nr. 270 v. 1. December 1848) als Wünsche seiner Heimatgenossen formulirte, befand sich auch die Errichtung eines abge= sonderten wälsch=tyrolischen Bataillons, „damit auch uns nach Verdienst die Stufen des Soldatenstandes offen seien". Kurz zuvor war ein Ministerial=Erlaß herabgelangt, über dessen Inhalt man in Trient und Roveredo ebenso entzückt wie in Innsbruck betreten war. Derselbe ordnete nämlich in der an die Grundentlastung sich knüpfenden Entschä= digungsangelegenheit eine abgesonderte Commission für Süd = Tyrol an, in welchem Schritte man nordwärts und südwärts vom Brenner nichts geringeres erblickte, als einen indirecten Ausspruch des neuen Ministeriums hinsichtlich der Trennungsfrage von Nord= und Süd=Tyrol. In Roveredo ergriff man diesen Anlaß, um unter Beiziehung der Gemeinden Sacco, Lizzana und Lizzanella eine Versammlung zu veranstalten, 21. November, wobei weit über den eigentlichen Inhalt des Ministerial = Erlasses hinaus das politisch = nationale Lieblingsthema der Italianissimi in der verschiedensten Weise angeklungen wurde. Auch die im Text erwähnte Trienter Zusammenkunft am 28. No= vember hatte die Ernennung der für die Berathung der Ablösungsfrage bestimmten Commission zu einem ihrer ostensiblen Zwecke; ein anderer war die Abschiedsfeier für die süd=tyrolischen Reichstags=Abgeordneten Festi, Turco, Bernardelli, Maffei und Cle= menti vor ihrer Abreise nach Kremsier. Um dieser beiden ohne Frage loyalen Zwecke willen hatte man auch nicht unterlassen, sowohl den Ober = Commandanten der Landes= vertheidigung G. M. v. Roßbach als den Kreishauptmann v. Kempter einzuladen. Als Präses fungirte, durch Acclamation gewählt, der Podestà von Roveredo und Präsident des dortigen Sicherheitsausschusses Dott. Giorgio degli Abondi, als Secretär Prof. Bertanza von Trient. Von einigen Gemeinden der Valle di Rendena, der Bezirke von Tione und Condino in Judicarien, deren Vertreter in Trient nicht eintrafen, wurden vom Reichstags=Abgeordneten Dott. Bernardelli Zustimmungs=Adressen verlesen. Näheres

über die Trienter Versammlung v. 28. November s. Il Messagiere tirolese N. 117 v.
30. November, Nr. 120 und 121 v. 7. u. 9. December 1848. — Von Seite der Nord=
Tyroler und der Regierungspartei wurde die Mehrzahl der süd=tyrolischen Klagepunkte
als auf Mißverständniß beruhend, wo nicht völlig ungegründet, zurückgewiesen — s. den
eingehenden Artikel: „Zur Tyroler Frage" im Abendblatt des „Lloyd" Nr. 300 v. 30.
Dec. 1848 bis Nr. 4. vom 3. Jänner 1849 Morgenblatt —. Manches aber wurde als
Fehlgriff oder Unbilligkeit zugegeben und Abhilfe versprochen. Daß das Innsbrucker
Gubernium Süd=Tyrol zu wenig kannte und beachtete, sei ebenso unbestreitbar als -die
bisherige ungenügende Vertretung der beiden italienischen Kreise im Tyroler Landtage;
allein das Bedürfniß einer durchgreifenden Reform der Volksvertretung sei ja nicht
bloß allgemein zugestanden, sondern von dem durch Vertrauensmänner verstärkten Landtag
geradezu in Aussicht genommen; es seien von dieser Seite versöhnliche einladende Schritte
gemacht worden, die aber in Süd=Tyrol nichts als schroffe und beharrliche Zurückweisung
erfahren hätten. Wenn die Wälsch=Tyroler in den deutschen Landeskreisen weniger
Anstellung fänden, so sei nur ihre sprachliche Absonderung Schuld daran, da sie ihre
Söhne meist an italienische Universitäten schickten und selbst an den nicht=italienischen
die Erlernung der deutschen Sprache versäumen ließen; in Süd = Tyrol dagegen fänden
die Eingebornen nicht nur viel zahlreichere Bedienstung, sondern machten auch viel ra=
schere Carriere als dieß in Nord=Tyrol der Fall sei. Letzterem sei zudem im Punkte der
Landesvertheidigung von jeher der schwierigere Theil der Aufgabe zugefallen, wie es
auch in dem der Besteuerung gewiß nicht bevorzugt sei; während z. B. auf den frucht=
baren Trienter Kreis mit 203.400 Seelen 96.000 fl. an Grundsteuer entfalle, zahlten die
99000 Bewohner des steilen Pusterthales um nicht viel weniger, nämlich 89.100 fl.
Die politische und nationale Verirrung vieler Süd=Tyroler sei allerdings sehr zu be=
dauern; allein wenn eidbrüchige Soldaten wälscher Regimenter kriegsrechtlich erschossen
werden, so könne man das doch nicht als politische Verfolgung und Vergießung italie=
nischen Blutes bezeichnen u. s. w. (Siehe: „Die Nationalitäten=Frage in Tyrol" im
„Journal d. österr. Lloyd" vom 1. und 2. December 1848, und vorzüglich den einge=
henden Artikel: „Zur Tyroler Frage" im Abendblatt des „Lloyd" Ende December 1848
und Anfang Jänner 1849). Als um Mitte December in den Bezirken von Wälsch=Tyrol
Unterschriften zu einer an das Ministerium gerichteten Petition „um Entfernung der
deutschen Beamten" eingetrieben wurden, fragte der „Bote von und für Tyrol und
Vorarlberg" Nr. 151 v. 28. Dec. 1848 S. 856 mit Grund, ob sich wohl die Unter=
fertiger dieser Bittschrift jener „ihrer Patrioti bewußt waren, die in andern Provinzen
und selbst in Deutsch=Tyrol die angesehensten Stellen bekleiden", und ob sie bedachten
daß rücksichtlich derselben von jener Seite Reciprocität verlangt werden könnte; „bei
aller Spannung", hieß es weiter, „die gegenwärtig zwischen den verschiedenen Ratio=
litäten herrscht, war keine deutsche Provinz, kein anderer Landestheil so frech, die Ent=
fernung der dort angestellten Beamten wälsch=tyrolischer Abkunft zu verlangen". — Von
deutsch=tyrolischer Seite war man übrigens nicht abgeneigt, den Wälsch=Tyrolern man=
cherlei Zugeständnisse zu machen; nur dürfe die Einheit des Landes darunter nicht leiden,
nicht ein Zoll tyrolischer Erde abgetrennt werden. „Es braucht Ernst und Versöhnlichkeit"
sprach Dr. Schuler im November=Landtag v. Innsbruck, „um diesen Zweck zu erreichen;
der ernste Wille muß den Wälsch=Tyrolern gezeigt werden daß man in eine Trennung
nie eingehen werde, die Versöhnlichkeit aber, indem man ihren Beschwerden, so weit sie
gegründet sind, abhilft". Was nun diese Abhilfe betraf, so zeigte man sich innerhalb
des Landtags zu Zugeständnissen in administrativer Richtung weniger geneigt, als
außerhalb desselben, wo Projecte mannigfaltiger Art auftauchten. Hier wollte Einer

den Wälsch-Tyrolern eine „freie, nur von Wien oder Frankfurt abhängige Verwaltung und Regierung in bürgerlichen peinlichen und politischen Angelegenheiten" gewähren „während sie in allen des Krieges, der Landesvertheidigung, der Besteuerung, des Zoll-wesens ꝛc. den allgemeinen Gesetzen des Reiches und Landes unterstehen sollen" (Bote von Tyrol Nr. 148 v. 31. October 1848 „Von der Etsch"). Andere wieder meinten (ebenda Nr. 159 a. o. Beil. S. 755 f. „Aus dem Junthale"), man solle mit Aufhebung der Kreiseintheilung Bezirks-Commissariate einrichten; neben dem verantwortlichen Gou-verneur würden Regierungsräthe, etwa fünf für Deutsch- und drei für Wälsch-Tyrol, fungiren, von denen jedem eine bestimmte Anzahl von Bezirks-Commissariaten zur Besorgung aller dieselben betreffenden Gegenstände zufiele; Secretäre Concipisten Kanzlei-Beamten müßten alle der betreffenden Nationalität angehören und in der Sprache der-selben der ganze innere Dienst sowie alle Ausfertigungen an die Parteien besorgt werden. Aber mit allen diesen Auskunftsmitteln war die andere Partei nicht zufrieden: „Che importa il dirci, che la nomina dei deputati alla dieta seguirà in avvenire distro il numero della popolazione? Noi avremo nella dieta un terzo meno di voti e saremo come prima i sagrificati. Se anche si volesse introdurre nel governo una sezione italiana per gli affari italiani, perchè ella non potrà risiedere in una delle nostre città?" (Correspondenz eines G. B. F. aus Roveredo v. 29. Nov. 1848, im „Messagiere Tirolese" Nr. 119 Appendice). So ging man denn von deutscher Seite noch weiter und machte (Abendblatt des „Lloyd" v. 29. Dec. 1848: „Die politische und parlamentarische Eintheilung Tyrols") den Vorschlag: man solle vier Regierungen errichten, zu Innsbruck für das Junthal, zu Bregenz für Vorarlberg, zu Bozen für Bozen und Pusterthal, zu Trient für Trient und Roveredo, die alle ihr Gebiet betref-fenden Gegenstände zu besorgen und unmittelbar mit den entsprechenden Ministerien zu verkehren hätten; nur müßten die nach Wien bestimmten oder von Wien kommenden Geschäftsstücke durch die Hände des in Innsbruck residirenden Gouverneurs gehen, dem es zustände sein „Vidi" beizusetzen oder seine Bemerkungen zu machen; in parlamen-tarischer Hinsicht würde Deutsch-Tyrol Vorarlberg und Wälsch-Tyrol jedes seine eigne ständische Vertretung haben, von denen in Fällen, wo es sich um Angelegenheiten des ganzen Landes handelte, eine gleiche Anzahl von Ausschüssen für jeden der drei Lan-destheile in Innsbruck zusammentreten müßten. — Wenn übrigens die ganze Tren-nungsfrage aus dem Gesichtspunkte behandelt wurde, als sei es die ganze Bevölkerung südwärts vom Brenner, oder auch nur der wälsche Theil derselben, der sich in seiner Gesinnung und in seinen Wünschen von Nord-Tyrol abkehre, so war diese Voraus-setzung eine durchaus ungegründete. (Ein Artikel des „Österr. Correspond." (Nr. und Datum haben wir in unsern Aufzeichnungen leider anzumerken vergessen) enthielt über diesen Punkt sehr beachtenswerthe Andeutungen: „Wenn von 1000 Urwählern 950 nicht stimmen und die übrigen sich von einer Partei willenlos lenken lassen, kann da von der Stimme des Landes die Rede sein? Um offen gegen die ‚Herren' aufzutreten, die jederzeit redefertiger sind als der Bauer und gewöhnlich auch Mittel haben ihm es anzurechnen, dazu fühlt sich der Bauer um so weniger berufen, als er überall gewahr wird daß ihn die Behörden stecken lassen. Wie viele kamen zur Zeit der Wahlen zum Kreisamte, zu den Landgerichten, um zu fragen wem sie ihre Stimmen geben sollten! Ihr Hausverstand ließ sie ahnen, daß es sich hier nicht um Radicale und Conservative, sondern um offene Feinde oder Freunde Österreichs handle. Hier wies man sie ab, dort deutete man auf italienische Candidaten; wie sollen sie Vertrauen fassen zu einer Regierung, deren Functionäre selbst ungescheut an ihrem Sturze arbeiten? Mit der niedergekämpften Anarchie in Wien, worüber ein Reichstags-Deputirter in der Separatsn

Verſammlung zu Trient nicht umſonſt jammerte, haben die Gutgeſinnten wieder das Haupt erhoben. Daß alle Männer von Einſicht Ruf und anerkannter Rechtſchaffenheit der Teutophobie fremd geblieben, iſt eine beachtenswerthe Thatſache." Noch eingehender wurde derſelbe Gegenſtand in einer Innsbrucker Correſpondenz vom 1. December im „Journal d. öſt. Lloyd" Nr. 276 v. 8. December beſprochen. „Die Agitation in Wälſch= Tyrol dauert fort", heißt es daſelbſt; „es gelingt ihr aber doch nicht, alle Fiebern ſo zu durchdringen wie ſie möchte. Noch iſt unvergeſſen die Äußerung der Bauern von Greſta. Dieſe wagten zu erklären, die Deutſchen wären ihnen viel lieber als Richter, denn von dieſen bekämen ſie viel gerechtere Urtelſprüche. Das proviſoriſche Comité von Ala, welches in Nachahmung des Beiſpieles der Städte Trient und Rovered auch dort errichtet wurde, mußte wegen der beſtimmten Erklärung der Bürger, daß ſie keine andere neue Behörde haben wollen, aufgelöſt werden. Die Einwohner des Gerichtsbezirkes von Primör, welche in einem ſo abgeſchloſſenen Alpenwinkel leben daß die Revolu= tionäre bei ihnen noch den bekannten Parteinamen der erſten franzöſiſchen Revolution tragen, wollen nichts von den ‚Jacobinern' wiſſen und haben ſeit dem März jeder Verführungskunſt die unerſchütterliche Treue an dem Beſtande des Landes Tyrol unter dem Kaiſerhauſe entgegengeſetzt. Alles dies verſchweigen wohlweislich diejenigen, welche davon ſprechen und ſchreiben, daß in ganz Wälſch=Tirol nur Ein Wille und Eine Sehn= ſucht ſich kundgebe. Dieſe ſchweigen auch gänzlich von dem Benehmen der Leute in dem ehemals Brixneriſchen Gericht Eyas, der durch ihre Ehrlichkeit und Verläßlichkeit auf den Bozner Meſſen rühmlich bekannten Faſchauer. Faſſa, der verborgene Ziergarten in der tyroliſchen Alpenburg, obgleich von Italienern bewohnt und dem Kreiſe Trient angehörig, iſt ein von den Agitatoren noch uneroberter Boden. Die Wälſch=Tyroler machen auch keine Erwähnung von den Bezirken Livinallongo und Ampezzo, deren Einwohner durch Sprache Abſtammung und Lage doch den gegründetſten Anſpruch dar= auf hätten. Sie gehören nach der geographiſchen Begränzungstheorie gewiß weit mehr zu Italien als die Kreiſe von Trient und Rovered, denn ſie leben in den Schluchten, welche einen Theil der Quellenregion der Piave bilden. Allein während des ganzen Krieges blieben ſie ruhig und haben nie den Wunſch ausgeſprochen, von Tyrol getrennt zu werden. Die vier genannten Bezirke Primiero, Faſſa, Ampezzo, Livinallongo (Pri= mör, Eyas, Höllenſtein, Buchenſtein) bilden die prächtige Felſenverbrämung an der Südſeite Tyrols von der Brenta bis zum Tagliamento und haben eine Bevölkerung von 20.692 Seelen. Der Schlüſſel zu dem Geheimniß, daß vorzüglich dieſe Leute gut tyroliſch bleiben wollen, liegt darin, daß ſie freie Bauern ſind und daher die Herren auf ſie ohne Einfluß bleiben. In den anderen Theilen Wälſch=Tyrols iſt das Colonen= ſyſtem vorherrſchend, ein Zuſtand trauriger Abhängigkeit der eigentlichen Bearbeiter des Bodens von den Herren im Frack, welche deſſen Eigenthümer ſind, ein Zuſtand, der in reiner Ausprägung übler iſt als ein geregeltes Unterthänigkeitsverhältniß; denn die Idee von Schutz und Treue, welche Herren und Vaſallen aneinander band, fehlt, und an ihre Stelle iſt ein reines Contractsverhältniß getreten. Das ‚ſouveräne Volk' der Colonen muß natürlich nach der Herren Pfeife tanzen". In der Trienter Verſamm= lung vom 28. November konnten die Vorfälle von Ala nicht unerwähnt bleiben. Da dieſelben doch einigermaßen an „wahrhaft italieniſcher" Geſinnung zweifeln ließen, ſo mußten die Abgeordneten dieſer Stadt, Prof. Valentino Debiaſi und Doctor France= cati, einige Worte zu ihrer Vertheidigung ſprechen, worauf Ala, nachdem Dott. Faes die beiden Abgeordneten ermuntert hatte die patriotiſchen Geſinnungen ihrer Mitbürger mehr zu erwärmen, wieder zu Gnaden aufgenommen wurde.

149) S. 222. Abgedruckt bei Becker Reaction in Deutſchland S. 289. —

Radecky's Tagsbefehle Aufrufe und Antwortsschreiben aus den Jahren 1848 und 1849 verdienten wohl eine eigene Sammlung; jene des k. k. Hauptmanns A. B. Saventa (Prag, Bellmann, 1856, zweite Auflage) ist in jeder Hinsicht lückenhaft.

150) S. 222. Gerechtigkeit für Polen; Sendschreiben an C. M. Arndt ꝛc. von L. König k (Leipzig, Verlags-Bureau, 1848). Das Schriftchen ist datirt aus „Frankfurt a. M. den 29. Mai 1848.“

151) S. 222. Wenn wir hier und an andern Stellen von „galizischen Abgeordneten“ sprechen, haben wir selbstverständlich nur die Mehrzahl derselben im Auge. Unter jenen, die sich in der eben besprochenen Angelegenheit und in andern gleichen Schlages von ihren Landesgenossen trennten, befand sich Graf Zdislaw Zamoyski, der in einem aus Gräfenberg 22. October 1848 an seine Wähler gerichteten Briefe (in böhmischer Übersetzung abgedruckt in Nár. Nowiny Nr. 177 v. 4. und 178 v. 5. November) die Allianz seiner Berufsgenossen mit den Schildträgern der deutschen Einheits-Idee als einen bedauerlichen Fehlgriff bezeichnete. Denselben Tadel sprach der Verfasser der „deutschen Hegemonen“ aus, wo es S. 44 heißt: „Die Polen hatten — heraus mit dem bitterschmerzlichen Geständniß! — weder die Pflicht noch das Recht in der Aula zu sein“. In der entschiedensten Weise aber warf die Slovanská Lipa in einem am 18. Nov. an die Polen gerichteten, von P. Wenzel Stulc abgefaßten Aufrufe (Nár. Now. Nr. 192 S. 755 f.) den galizischen Abgeordneten jenes unnatürliche Bündniß vor: „Brüder Polen! Im Vertrauen auf die Verheißungen unserer Feinde habt Ihr Euch unter ihre Fahnen gestellt! Bethört durch die verlockende Stimme jener verdammenswerthen Politik (zločečené oné politiky), die, Freiheit Gleichheit und Brüderlichkeit verkündend, Sclavenketten schmiedet, Gefängnisse in Bereitschaft hält, Galgen für treue Slavensöhne errichtet, habt Ihr Euch der Schaar unserer ärgsten Feinde beigesellt, die mit allen Kräften das Verderben des Slaventhums anstreben!“

152) S. 222. Gerando a. a. O. S. 389 f. — Hieher gehört auch der Stoßseufzer, der dem bekannten Grafen Zay einst entschlüpft sein soll: „Ach wie gut wäre es, wenn sich Ungarn und Polen vereinigten wie zu Ludwig des Großen Zeiten: dann wäre Österreich futsch!“

153) S. 223. Die eigenen Worte Friedr. Szarvady's in dessen Vorwort zu Ladislaus Teleki's „Die Ereignisse in Ungarn“ ꝛc. (Leipzig, 1849, Keil & Comp.) S. 1 u. S. 5. — Graf Teleki schmeichelte sich dazumal, als „Vertreter der ungarischen Regierung bei der französischen Republik“ zu fungiren, und Szarvady unterzeichnete sich als „Secretär der ungarischen Legation in Paris.“

154) S. 226. Eine Reihe der auf die Sendung Szalay's bezüglichen Documente veröffentlichte der „Lloyd“ 1849 Nr. 475, 479, 480, 484, 486, 492 vom 6. bis 17. October.

154b) S. 231. Die Redner von dieser Seite, mindestens die österreichischen, waren auch an Jahren meist jung und, wie man ihnen damals nachsagte, vielfach unreif: siehe z. B. die Schilderung der Gesellschaft im „grünen Baum“ („Gränzboten“ Bd. IV S. 483), wo es u. a. heißt: „Miesner, der perpetuelle Besitzer des bekannten fortlaufenden Beifalls, unter allen Schrecklichen der Schrecklichste in der Kunst der Langweile, unter allen österreichischen Literaten der Verrückteste, und das will viel sagen. Dennoch verehren ihn seine Landsleute und Glaubensgenossen als den Heiland der neuen Zeit. Die beiden Nachbarn, welche seinen Reden so bereitwilligen Beistand schenken, sind Berger und Joseph Rank, ebenfalls Österreicher und die jüngsten Mitglieder des deutschen Parlaments; blonde Knaben, voll stolzen Selbstgefühls der väterlichen Ruthe glücklich entronnen zu sein, Nestvögel die die Eierschale noch auf dem

Kopfe tragen." — Dem Dr. Giskra gestehen die „Brustbilder aus der Paulskirche" (Leipzig, Gustav Mayer, 1849) S. 137—139 eine „hinreißende" Beredsamkeit zu; „jung schlank blond, feurigen Auges und vollen Tones schlägt Giskra auf der Tribüne immer die Saiten an die am liebsten und lautesten im deutschen Gemüthe wiederklingen"; aber sie sprechen ihm Wahrheit und Ehrlichkeit der Überzeugung ab; „er entstellt sogar und verdreht die Thatsachen, um den Beifall der Massen desto gewisser zu erobern" ɪc. Vgl. damit die Charakterisirung dieser Gruppe österreichischer Abgeordneten in den „hist. pol. Blättern" Bd. XXII. S. 40—43.

155) S. 232. In gleichem Sinne schrieb Giskra um dieselbe Zeit, 20. October, in das Frankfurter Autographen-Album: „Die Einheit Deutschlands muß uns werden, und sollten darüber alle Kronen ihren Glanz verlieren, sollten darüber alle Throne brechen".

156) S. 239. Die ersten 23 waren: Dr. August F. v. Aichelburg von Villach, Dr. Joseph Benedict von Spital (Kärnten), Karl Fügerl von Korneuburg, Karl v. Gold von Adelsberg, Peter Erasmus Gspan von Rattenberg, Eduard v. Hayden von Kirchdorf (Ö. o d. E.), Dr. Gabriel Jenny von Triest, Peter Kagerbauer von Linz, Karl (?) von Kürsinger von Tamsweg (?), Mathias Linnbacher von Salzburg, Anton Peter von Brunneck, Beda Piringer von Efferding, Karl Polaczek von Weiskirch (Mähren), Anton Raßl von Mies, Franz Reindl von Gmunden, Dr. Jos. Reisinger von Freistadt (Ö. o. b. E.), Jakob Scheließnigg von S. Veit (Kärn.), Jos. Schmidt v. Scherding, Joh. Bapt. Stein von Görz, Jodok Stülz von Vorarlberg, Beda Weber von Meran, Joseph Weiß von Grein (Ö. o. d. E.), Johann Wolf von Wildon. Die 20 späteren waren: Karl Czörnig von Friedland, Graf Friedrich Deym von Hohenelbe, Dr. Franz Eblauer von Lietzen (Stei.), Dr. Franz Egger von Wien, Georg Englmayer von Enns, Johann Fritsch von Wels, F. Florian Göbel von Jägerndorf, Dr. Wilhelm Herzig von Gablonz, Richard Ludwig Höchsmann von Sternberg (Mähr.), Dr. Ignaz Kaiser von Retz, Dr. Vincenz Maly von Leipnik, Franz von Mayern k. k. Oberst von Wien, Dr. Eugen v. Mühlfeld von Wien, J. G. Neumann von Karlsbad, Sisinus v. Pretis von Cles, Dr. Renger von Böhm.-Kamnitz, Andr. Riegler von Mährisch-Budwitz, Vincenz Schrott von Gottschee, Franz v. Somaruga von Eger, Johann Tomaschek von Iglau. Doch enthält die Ansprache vom 1. November nur 40 Unterschriften, weil drei Unterzeichner der Verwahrung vom 27. October, Aichelburg Jenny und Reisinger, unter den Namen des zweiten Schriftstückes nicht zu finden sind, ohne Zweifel nur in Folge äußerer Umstände, wie dieß z. B. rücksichtlich Aichelburg's das vom 1. November datirte, von dem genannten Abgeordneten gemeinschaftlich mit Benedict und Scheließnigg an ihre kärntnerischen Wähler gerichtete ausführliche Schreiben (Klagenf. Ztg. Nr. 59 v. 16. Nov.) beweist. Bei dem Abdruck in Nr. 310 v. 5. Nov. der A. A. Ztg. fehlen außerdem die Namen Kürsinger Eblauer Kaiser Maly und Tomaschek, daher daselbst im Ganzen nur 35 Unterzeichner erscheinen. — Czörnig hatte sich überdieß bereits vierzehn Tage früher in einer eigenen Broschüre gegen die Anwendbarkeit der §§. 2 und 3 auf die Verhältnisse des Kaiserstaates ausgesprochen: „Zur Orientirung in der österreichischen Frage. Von einem österreichischen Abgeordneten. Am 18. October 1848" (1 Bogen in 8°, C. Naumann's Druckerei); auch abgedruckt in der Beil. z. Abendblatt der Wr. Ztg. v. 30. November. — Siehe auch die Aufforderung, welche die ehemaligen Abgeordneten zur constituirenden deutschen National-Versammlung, Buzzi und Dr. Knapitsch, am 10. Nov. an die Wahlmänner des Wahlbezirkes Klagenfurt richteten, sich am 19. B. M. im ständischen Landhause einzufinden, um dem Wunsche der 35 Remonstranten vom 1. November zu entsprechen

„und nichts zu unterlassen, was auf die zweite Berathung" der §§. 2 und 3 „irgend
welchen Einfluß haben könnte."

157) S. 239. 3. B. der Satz: „Wir haben es erklärt in der tiefen Überzeugung,
daß hierdurch zur That werde die Gleichberechtigung aller Stämme, vom Kaiser und
den Reichstagen zu Wien und zu Frankfurt, ebenso in Deutschland wie im übrigen
Österreich erkannt und unwiderruflich erklärt". Der Kundgebung, datirt vom 30. October, war eine Berathung „im Braunfels" vorausgegangen, wo die Versammelten „ein
offenes Auftreten der Deutschgesinnten" für nöthig fanden „gegenüber den Wühlereien
der Schwarzgelben, die das Phantom eines ungetheilten constitutionellen Österreich mit
einem gewissen Fanatismus predigen und mit dieser schwarzgelben Lüge so viele Zeitungen und Ohren in Beschlag nehmen"; Correspondenz aus Frankfurt a. M. vom
28. October, A. A. Ztg. Nr. 305 S. 4801. Die Namen der neunundzwanzig Unterzeichner waren: Dr. Franz Archer (Grätz), Eduard Bauernschmid (Klosterneuburg), Dr. Joh. Nep. Berger (Schöneberg), Dr. Johann Demel (Teschen), Dr.
Karl Giskra (Mährisch-Trübau), Gustav Robert Groß (Niemes, Böhm.), Franz
Hedrich (Teplitz), Dr. Prof. Jeitteles (Olmütz), L. Jordan (Tetschen?), Pastor
Kotschy (Bielitz), J. Hermann Kublich (Bensch, Schlesien), Dr. Franz Mako-
wicka (Komotau), Titus Marek (Lichtenwald, Stei.), Moriz Mayfeld (Waid-
hofen a. d. Th.), Dr. Melly (Horn), Franz Möller (Reichenberg), Heinrich Neu-
gebauer (Buchau, Böh.), Guido Pattai (Gleinstätten, Stei.), Jos. Rank (Bischof-
teinitz), Dr. Wenzel Raus (Kromau, Mäh.), Dr. Franz Rapp (Kumberg, Böh.),
H. Reitter (Böhm.-Leipa), Anton Riehl (Zwettl), Dr. Emil Rößler (Saaz),
Dr. Ernst Schilling (Wien), Jos. Schneider (Müglitz), Dr. Karl Stremayr
(Kindberg, Stei.), Camillo Wagner (Steyer), Adolf Wiesner (Feldsberg, Niederöst.)
— Außer diesem Schriftstück, abgedruckt in A. A. Ztg. Nr. 309 v. 4. November S.
4865 f., fanden wir noch eine von denselben Namen unterzeichnete und ebenfalls v. 30.
October datirte „Ansprache an das Volk von Österreich", die einen völlig verschiedenen
und im allgemeinen gemäßigteren und vernünftigeren Text hat; s. „Bote von der Eger"
Nr. 32 vom 12. November 1848.

158) S. 241. Gretschnigg's „Volkszeitung" Nr. 16 vom 7. November S. 64;
ebenda Nr. 21 vom 18. November: „Die deutschen Fürsten und die Centralgewalt"
(von Gustav Grimm); Salzb. Ztg. Nr. 229 vom 18. November ꝛc.—Der Wortlaut
der Gasteiner Adresse findet sich in der „Juvavia" Nr. 67 v. 23. November S. 270 f.,
jener der vom 10. November datirten Klagenfurter in der A. A. Ztg. Nr. 336 v.
1. December S. 5298, der Egerer ebenda Nr. 339 v. 4. December S. 5315.

159) S. 241. Karl Jürgens Zur Geschichte des deutschen Verfassungswerkes
1848—49 (Hannover, Helwing'sche Hofbuchhandlung 1856) I. S. 364.

160) S. 244. Die im Text erwähnten beiden Wiener Adressen wurden gleichzeitig
als Flugblätter gedruckt (folio, ohne Angabe des Druckers) und in zahlreichen Exemplaren verbreitet; die Klosterneuburger, datirt vom 8. December, findet sich abgedruckt
in der „Presse" Nr. 140 v. 16.

161) S. 245. Brünner Ztg. Nr. 315 v. 14. Nov. — Presse Nr. 112 v. 14. u.
Nr. 114 v. 16. Nov: „Österreich und die Beschlüsse zu Frankfurt." — „Lloyd" Nr.
261 und 262 v. 21. u. 22. Nov.: „Sendschrift eines Österreichers an den Präsidenten
der deutschen National-Versammlung." — Grätzer „Herold" Nr. 85 v. 25. Nov.—
Abendbeil. der Wr. Ztg. Nr. 216 v. 28. Nov.: „Adresse für den Fortbestand Österreichs." — Correspondenzen der A. A. Ztg. aus Wien ꝛc. ꝛc.

162) S. 246. Abgedruckt bei Schopf „Wahre und ausführliche Darstellung der

am 11. März 1848 in Prag begonnenen Volks-Bewegung" ꝛc. (Leitmeritz, Medau) 2 Heft S. 76—80.

163) S. 247. Gewählt wurden als Abgeordneter Franz Stark aus Krumau, als Ersatzmann Andreas Gayer, Magistrats-Accessist aus Budweis.

164) S. 247. Correspondenz aus Trebitsch am 19. November in den Mor. Now. (Nr. u. Seite haben wir anzumerken vergessen): »Věřte, kdyby nyní pro Frankfurt se voliti mělo, žeby snad ani jednoho hlasu pro volbu se nenalezlo.«

165) S. 247. Correspondenz aus Troppau vom 28. November in den Mor. Nowiny: „Také už u většiny tohoto jindy po Frankfurtě ço žid po Jeruzalemě toužícího sněmu posbyl soucitu, ano slyšel jsem mnohé sněmovníky, jenž ještě před třemi měsíci nic spasitelnějšího nad Frankfurt neznali, horlivě láti na ty Frankfurtské ztřeštěnce a professory, jenž Rakousku i v rekrutýrce předpisovat se opovazují, jak by to byl Brunšwik nebo Hessen-Homburg."

166) S. 248. Wortlaut bei Fenneberg Geschichte der Wiener Octobertage (Leipzig 1849, Verlags-Bureau) II. S. 251 f.

167) S. 249. Besondere Beil. z. Laibacher Zeitung Nr. 139 v. 18. November. — Im Hauptblatte derselben Nr. Doliak's Aufsatz: „Österreich und die Slaven." — Die Adresse des Laibacher sloven. Vereines datirt vom 19. November im „Lloyd" Nr. 266 v. 26. November 1848.

168) S. 249. Es geschah dieß von dem im Texte S. 182 f. erwähnten Triester Slaven-Verein (slavjanski sbor), der aus diesem Grunde auch viele k. k. Beamte und eine große Anzahl von Officieren, bei dreißig, unter seinen Mitgliedern zählte. Näheres hierüber im »Osservatore Triestino« Nr. 149 S. 1325 und in Ohéral's »Týdenník« 1848 S. 358—360: »Slované v Terstu, od Jana Jarmila Lambla«. Im italienischen Elemente Triest's war es namentlich der »Diavoletto« Combi's, der mit Witz und Geist die Ausschreitungen der Straßen-Literatur geißelte und zugleich seine Leser über die wohlmeinenden Absichten der Regierung aufzuklären suchte; die Italianissimi versuchten gegen das ihnen so gefährliche Blatt der Reihe nach die »Frusta«, den »Angioletto«, den »Telegrafo della sera« in's Leben zu rufen, die aber sämmtlich nach wenig Nummern ihr Erscheinen wieder einstellen mußten.

169) S. 250. „Supplemento" zum „Osservatore Triestino" Nr. 141 v. 26. November. — „Lloyd" Nr. 267 vom 28. November.

170) S. 251. Abgedruckt bei Stephan Pejakovič Actenstücke zur Geschichte des croat.-slav. Landtages und der nationalen Bewegung v. J. 1848 (Wien 1861, Mechitaristen-Buchdruckerei) S. 145—148. Das Datum dieses interessanten Actenstückes lautet: „Agram, den 31. December 1848".

170b) S. 252. Das Schreiben, datirt vom 9. November und an Dr. Franz Egger aus Wien gerichtet, der Radetzky eine Anzahl Exemplare des an seine Wähler gerichteten offenen Briefes gesandt hatte, findet sich abgedruckt in der A. A. Ztg. Nr. 336 v. 1. December 1848 S. 5297.

171) S. 252. Österr. Soldatenfreund Nr. 44 v. 12. December unter dem Titel: „Österreich über alles wenn es nur will". — Siehe auch „Das Lied von Wien und Schwechat" (Gedruckt bei Joh. Paul Piller in Stanislau, 3. Jänner 1849), dessen Verfasser (Kr. . . .) offenbar militärischen Kreisen angehörte oder doch nahestand:

Öst'reich soll in Nichts versinken, untergeh'n im deutschen Rhein?
Wien, wirst du dich glücklich dünken, eine Gränzstadt blos zu sein?

unterzogen, S. 51—59 der Beweis geführt, daß eine wahre Real-Union zwischen Böhmen und Mähren auch gegenwärtig (1848) noch bestehe, und S. 59—62 die weiteren Schluß-folgerungen gezogen: daß das Verhältniß zwischen Böhmen und Mähren ein zweiseitig verbindliches sei; daß keine Subordinirung von Mähren zu Böhmen, wohl aber eine Coordinirung beider Ländergebiete statthabe; daß daher die Aufstellung eines gemein-schaftlichen constitutionellen Organs „für den Gesammtkörper der hohen Krone Böhmen" nur auf dem Wege freier Vereinbarung erfolgen könne ꝛc.

185) S. 263. Diese letztere Ansicht findet sich u. a. vertheidigt in K. B. Storch's „Květy a plody" 1848 Nr. 2 S. 45—47: „Rakouský říšský sněm ve Vidni." Es würden dadurch, meinte Storch, drei Vortheile erreicht: 1) daß der Reichstag in den Landtagen der einzelnen Länder eine feste Unterlage hätte; 2) daß er in sich die Blüthe der politischen Capacitäten des ganzen Reiches vereinigte; 3) daß sich bei diesem Vor-gange den sprachlichen Schwierigkeiten vorbauen ließe.

185b) S. 263. (Zu dem Worte „Mähren" Z. 14 v. o.) Hierher gehört auch die zuvor angeführte Schrift Königsbrunn's, wo es z. B. S. 87 heißt: „Die neue österreichische Monarchie muß ein starker und einiger monarchischer Bundesstaat werden; nur in der Annahme des Föderativprincipes dürfte die mögliche aber auch die gewisse Rettung Österreichs vor dem Zerfalle liegen"; und S. 94 f. der Beweis geführt wird, daß „Böhmen sowie Ungarn keineswegs bloße Provinzen, sondern souveraine selbständige und eigenberechtigte, aber im dynastischen Gesammtverbande der österreichischen Monarchie zum Zwecke gegenseitiger Verbindung und Vertheidigung stehende Reiche seien." Für die Constituirung des Gesammtstaates denkt sich der Verfasser ein Gruppen-System: die Länder der ungarischen, die der böhmischen Krone, die deutsch-österreichischen Erb-länder (mit Berücksichtigung der „gerechten Wünsche der slovenischen Bevölkerung"), Galizien, Lombardo-Venetien; falls Ungarn seinen nicht-magyarischen Stämmen die Gleichberechtigung verweigern würde, müßten auch die „südslavischen illyrischen und walachischen" Länder eine besondere Gruppe bilden. Jede Ländergruppe bestände mit eigenem Ministerium und Reichstag (für Inneres, Justiz, Unterricht, Landes-Finanzen); im Mittelpunkte der Monarchie wäre das Centralministerium (für das kaiserliche Haus, für die auswärtigen Angelegenheiten, für die Reichsvertheidigung, die Reichs-Finanzen, „allenfalls" auch für Handel und Communication) und als Vertretungs-Organ eine „Generaldeputation der öst. Kaiserstaaten" oder „General-Staaten der österr. Monarchie"; S. 102—104.

186) S. 263. Das in der Anm. 151) bezogene Schreiben Zamoyski's an seine Wähler entwickelt diesen Standpunkt eingehend und beredt; das entgegengesetzte Ver-fahren, die von der Mehrheit der polnischen Führer bisher eingehaltene Politik, meinte Zamoyski, könne nur dahin führen, „daß die österreichischen Slaven und zwei Drittel des polnischen Landes, nämlich das ganze ruthenische Gebiet, die Hilfe und das Bündniß Rußlands suchen, und daß wir den Bestand Polens von neuem auf lange Jahre hinaus unmöglich machen."

187) S. 264. In diesem Sinne hieß es auch in dem Aufruf der Slov. Lipa an die Polen (s. oben Anm. 151): „‚Die Freiheit für alle!' ist unser Wahlspruch. Der Slave, der Auserwählte der neuen Zeit, früher Märtyrer, jetzt Apostel, wird zum Be-schirmer der wahren Freiheit des Menschengeschlechtes — Slovan, vyvolenec nového věku, byv mučenníkem, jest apoštolem, bude obrancem pravé svobody lidstva."

188) S. 264. Placat in Quer-Folio, „aus der k. k. Hof- und Staats-Druckerei."

189) S. 265. Siehe die Einladung zu einer dießfälligen Berathung im Museal-gebäude in „Nár. Now." Nr. 165 vom 21. October 1848, woselbst auch ein an das

Landes-Präsidium gerichtetes Gesuch um „Verwirklichung der Gleichstellung der beiden Landessprachen an den Gymnasien" nachzulesen ist. Das Comité, als dessen Schriftführer Professor Johann Jungmann fungirte, veröffentlichte am 29. December ein „Verzeichniß der von demselben in Antrag gebrachten und hochortig genehmigten provisorischen böhmischen Gymnasial-Lehrbücher, die als solche auch bereits an allen jenen Gymnasien Böhmens, an denen in der böhmischen Sprache Unterricht ertheilt und die durch hohen Ministerial-Erlaß bezeichneten Lehrgegenstände in böhmischer Sprache vorgetragen werden, in Anwendung gebracht sind".

190) S. 266. Die vorläufigen Besprechungen zu diesem Behufe fanden in der Wohnung der Frau Frič, II. Nr. 706, statt.

191) S. 268. Correspondenz der „Mor. Now." aus Žďár 1. December 1848. „Obdržel nedávno mlynář Ostrovský od vrchního úřadu dopis německý, a měl poslovi potvrditi, že jej dostal. Mlynář dobře pamětliv, že již Moravan v Moravé není podruhem, nýbrž že konečně jest tolik jako každý jiný soused jinóho jazyka, napsal takto: „Třesky plesky, pište česky." Zavinul papír a poslovi odevzdal. Za krátký čas dostal opět dopis a — sláva úřadu Žďárskému, jenž uznal právo — v jazyku česko-moravském. Snad by neškodilo, aby všichni Moravané slovanští učinili jako vtipný pan mlynář Ostrovský".

192) S. 271. Die „Wage" Nr. 19 v. J. 1849 S. 148 f. persiflirte nicht ohne Witz diese Manier, indem sie den Deutschen vorwarf, warum denn nicht auch sie ihre Nationalität wahrten? warum denn sie ihre Commando-Sprache noch immer mit Fremdwörtern „verhunzen" ließen? „Lieutenant", „Corporal", „Präsentirt!" — warum denn nicht: „Statthalter", „Haselstockstreichspender", „Bringt das Gewehr zur allseitigen Anschauung!?" — Die Matice ruská verlangte für die Ruthenen sogar eine abgesonderte Nationalgarde, mit ihren Farben, gelb und blau, mit Commando in ihrer Sprache, mit einem „Hetman" an der Spitze und unter diesem Officiere nationalen Charakters, vataænik, sotnik etc.

193) S. 275. In seinem Aufsatze: „Was thut der österreichischen Geschichte noth?" in den „Österr. Blättern f. Lit. und Kunst" 1845 Nr. 1.

194) S. 275. Siehe insbesondere die Stelle S. 46—49 über die Vortheile der gegenseitigen Kenntniß der Sprachen, wo es unter anderm heißt: „Kennen wir nicht so viele andere Sprachen? Sprachen, die uns weit weniger angehen? Lernen wir nicht die Sprachen der Länder Frankreich, Italien, England mit so viel Fleiß und Kostenaufwand? Wer sollte es vermuthen, daß wir bei so vieler Aufmerksamkeit für fremde Sprachen so wenig Fleiß nur auf unsere eigenen Landessprachen verwenden! So wenig Fleiß, sage ich? ach, daß wir sie ganz vernachlässigen, sollte ich behaupten, ja daß wir uns — ein fast unglaublicher Umstand! — auch sogar schämen sie zu sprechen!" Die Männer, die in jenen Tagen so wohlmeinend sprachen und schrieben, sie handelten auch darnach. Dr. Michael Joseph Feßl, der Schüler Freund und Schicksalsgenosse Bolzano's, erzählt in der Vorrede zu des letzteren, von ihm 1849 herausgegebener Schrift (s. oben Anm. [117]), daß der deutsche Professor Meinert, nach Prag berufen, noch in höherem Alter böhmisch gelernt und ihn selbst (Feßl), „von stockdeutschen Eltern geboren", dem Altmeister Dobrowský als „jungen Slaven" empfohlen habe. — Die Slavenhetze, an der es allerdings auch vor dem Jahre 1848 nicht fehlte, ging damals hauptsächlich von außer-österreichischen Deutschen aus, bei denen es eine Zeit hindurch so zu sagen zum guten Ton gehörte, auf ihre östlichen Nachbarn, insbesondere auf die Slaven, wie auf Racen untergeordneten Ranges herabzusehen, jede Auffassung, jedes Regen und Streben derselben in der feindseligsten Weise zu verdächtigen und zu

verdammen. „Heloten sollen sie bleiben", schrieb der sarkastische Fallmerayer (Mo=
natsblätter zur Ergänzung der A. A. Ztg. April 1845), „und all ihr Streben, Macht
und Bedeutung zu erlangen und genial zu sein, wird in Deutschland als Vermessenheit
betrachtet, ja als Frevel und Aufruhr gegen die natürliche Weltordnung in den Bann
gethan. Komme Einer in Deutschland und wage es dieser als Wesen geringerer Art
proscribirten Slaven=Race das Wort zu reden: er wird bald erkennen, daß es klüger
sei, Zorn Leidenschaft und Ungerechtigkeit des Heimatlandes zu theilen, als Frieden und
Billigkeit zu predigen, von denen niemand etwas hören will." Daß übrigens der ge=
bildete Franzose über jene Unsitte der Deutschen kein anderes Urtheil fällt als der ge=
lehrte Fallmerayer, beweist ein Ausspruch Saint René Taillandier's, den wir im
heurigen Jännerheft der „Revue de deux Mondes" fanden. Die Stelle ist gegen Ranke
(Serbische Revolution, Hamburg 1829) gerichtet und lautet: „C'est un orgueil propre
à l'Allemagne, surtout à l'Allemagne prussienne, de croire à sa prééminence
morale sur les races étrangères, et cet orgueil prend un caractère particulier
quand il s'agit des Slaves. Partout où le Germain est en contact avec le Slave,
le Slave, disent-ils, doit s'effacer devant le Germain, comme les qualités super-
ficielles s'effacent devant les vertus solides. Au Slave les apparences trompeuses,
les élans qui ne durent pas: aux Allemands le travail, la constance, en un mot
la moralité!"

195) S. 276. Zur Geschichte des ung. Freiheitskampfes II. S. 87 f., wo die na=
tionale Gleichberechtigung als eine „Erfindung der Todesangst einer rathlosen Zeit"
bezeichnet wird.

196) S. 276. Jordan S. 44—46. In der letzten Sitzungs=Periode des gali=
zischen Landtags (Herbst 1869) hat der Abgeordnete Lawrowski diese Ausgleichspunkte,
die das Datum des 7. Juni 1848 tragen, neuerdings hervorgezogen.

197) S. 277. Ein zuerst in der „Polska" und dann in deutscher Übersetzung im
„Journal Aller" der Wiener „Presse" (Februar 1849) in einer Reihe von Nummern
unter der Aufschrift: „Zur galizischen Sprachenfrage" erschienener Artikel gehört zu
dem heftigsten, was damals von polnischer Seite gegen die Ruthenen geschleudert wurde.

198) S. 277. Schreiben des Leipziger Deutschen=Vereins v. 12. Mai 1848 bei
Bernhard Becker a. a. O. S. 287.

199) S. 277. Becker S. 266, der übrigens so gerecht ist S. 288 zu bekennen
daß der Fehler, der nach seiner Meinung da gemacht worden, beide Theile in gleicher
Weise treffe, und daß der Pan=Germanismus dem Pan=Slavismus eben so wie dieser
jenem nichts vorzuwerfen habe. — Neuester Zeit brachten die Tagesblätter ein „bisher
noch nicht gedrucktes" Epigramm Grillparzer's, von dem wir wünschten, es wäre
wie bisher ungedruckt geblieben oder besser noch, es wäre von einem Mann, dem wir
so aufrichtige Verehrung zollen, gar nie verfaßt worden. Es lautet:

> Zu Aesops Zeiten sprachen die Thiere,
> Der Menschen Bildung ward so die ihre.
> Da fiel ihnen mit einem Male ein,
> Die Stammesart, sie sollte das Höchste sein.
> „Ich will wieder brummen", sagte der Bär,
> Zu heulen war des Wolfes Begehr,
> Nur wer bellt, schien dem Hunde brav
> Und blöcken nur wollte das Schaf.
> Da wurden allmälig sie wieder Thiere,
> Und ihre Bildung — der Bestien ihre.

Wer sind denn, so erlauben wir uns zu fragen, die „Thiere" und wer ist im Gegensatze zu ihnen der „Mensch", dessen Sprache die „Bestien" statt ihrer eigenen reden sollen?

200) S. 279. Von der republicanischen Grundlage der Vorschläge Fröbel's wurde im Texte abgesehen. Er dachte sich eine Verfassung „ähnlich der der nordamericanischen Freistaaten" mit Wien als Bundeshauptstadt. „Um ein Staatensystem zu schaffen, das sich auf die freie Bundesgenossenschaft gründet", heißt es S. 13, „ist die Demokratie, oder bestimmter gesagt, die Republik nöthig".

201) S. 280. R. Haym Die deutsche National-Versammlung von den September-Ereignissen bis zur Kaiserwahl (Berlin, Gärtner 1849) S. 63. Nicht mit Unrecht bemerkt derselbe S. 76 über die Linke, die blind und rücksichtslos für die beiden Paragraphe war: „Dort waren eigentlich die Doctrinaire zu suchen, nicht unter den Professoren des Verfassungs-Ausschusses".

202) S. 282. Hieher gehört unter andern eine Erklärung der brandenburgischen „Provinzial-Versammlung der verbundenen monarchisch-constitutionellen Vereine" vom 5. December 1848: „daß der einheitliche Bestand der österreichischen Monarchie und eine föderative Verbindung des österreichischen Gesammtstaates mit dem deutschen Reich eben so sehr den Anforderungen auch der innern deutschen Politik genügt, als durch die wahren Interessen der nicht-deutschen Länder Österreichs geboten ist." — Dieser Ansicht war der Berichterstatter des Egerer Congresses Dr. Tedesco offenbar nicht, als er, mit vieler Grazie, sagte: „Ein solches völkerrechtliches Bündniß ist ein Quark, ein Unsinn! Können wir ein solches nicht auch mit der Türkei oder mit Rußland schließen! und besteht es nicht sogar schon zwischen uns und den Türken?" Const. Blatt a. Böhm. Nr. 128 v. 26. Nov. 1848.

203) S. 283. Wie sich aus diesen Schlußworten entnehmen läßt, war Möring seiner Sache nicht recht sicher. Schon in seinen „sibyllinischen Büchern" (Hamburg, Hoffmann und Campe, 1848) gab sich eine gewisse Verschwommenheit, ein eigenthümliches Schwanken zwischen der groß-österreichischen Idee mit Anerkennung der Nationalitäten und strammer Deutschthümelei mit Auffangung derselben im Germanenthum kund; vgl. den Anfang der Stelle I. S. 36 f.: „Völker Österreichs, du brausender Ungar" 2c. mit dem Schlusse derselben S. 39, wo er sich das „ganze Gebiet von der deutschen Donau durchströmt" vorstellt, und mit II. S. 255, wo ihm Krakau „nicht bloß eine österreichische, sondern eine deutsche Festung" ist, „ein germanischer Waffenplatz gegen das slavische Element". In einem Privat-Schreiben aus Frankfurt vom 1. December (abgedruckt A. A. Ztg. Nr. 356 v. 21. December) rühmt Möring der Schrift Ostrożinski's „hohen philosophischen Geist, wahre Philanthropie" nach und meint, der Verfasser treffe, „indem er die Nationalität als potentirte Individualität auffaßt", den Nagel „psychologisch und moralisch auf den Kopf". Und doch schien Möring selbst nur die Ansprüche der „germanischen Elemente" auf politische Geltung im mitteleuropäischen Staatenbunde anerkennen zu wollen! Als er wegen dieses Aufsatzes mancherlei Angriffe erfuhr, veröffentlichte er in der Wr. Ztg. eine aus Frankfurt vom 5. Jänner 1849 datirte „Erklärung", der zufolge er „an einer Vereinigung der Slavia und Germania auf dem innerlichen organischen Wege des Bundstaates" festhalten wollte, andrerseits aber doch wieder seiner Slavenfurcht Raum gab, indem von der Ausscheidung Deutsch-Österreichs aus Deutschland „die Umwandlung der Monarchie in einen slavischen Staat" abhänge, daher Deutschland „die Hand Österreichs woran drei Finger slavisch sind" nicht zurückstoßen dürfe.

204) S. 283. Der mitteleuropäisch-deutsche Staatenbund (Lemberg, Stanrobizian-

Instituts-Druckerei). Die Schrift ist datirt: „Lemberg in der österreichischen Provinz Galizien am 21. November 1848."

205) S. 283. „Ein solcher Staatenbund erscheint dann als ein Actien-Verein, die einzelnen Völkerschaften als Actionäre, deren jeder nur seinen Beitrag an Mannschaft und Geld an die Vereinscasse gleichsam als Einlage abliefert und sodann als Dividende seinen innern häuslichen Frieden bezieht, und daheim seine Nationalität nach Belieben hegen und pflegen kann. Je zahlreicher die Actionäre, desto kleiner der Beitrag und desto inhaltreicher die Dividende."

206) S. 283. Graf Deym, „der böhmische Graf" wie er in der Paulskirche hieß, entwickelte diese Ideen während der Verhandlungen über die §§. 2 und 3, am 27. October; wir glaubten aber, des Zusammenhangs wegen, erst hier davon Gebrauch machen zu dürfen.

207) S. 284. Es wurde darüber mit dem Cabinete von St. Cloud monatelang verhandelt; Napoleon I. erklärte, er seinerseits wolle, „quelque bizarre que me parait cette reunion de deux couronnes imperiales", nichts dawider haben. Correspondance Napoleon 9. Bd. Nr. 7900 S. 448 f. (3. August 1804 an Champagny) vgl. mit Nr. 7852 S. 422 f. und 7946 S. 448 f. (vom 9. Juli und 20. August an Talleyrand).

208) S. 285. Briefe über die Wiener October = Revolution (Frankfurt a. M. Meidinger, 1849) S. 7.

209) S. 285. „Übrigens scheint mir Rußlands Einfluß auf die Süd-Slaven thatsächlich viel weniger in der Nationalität als darin zu liegen, daß es allein sich bereit gezeigt hat, ihnen mancherlei Dienste zu leisten." Thun an Pulszky am 26. Juli 1842.

210) S. 286. Hieher gehört auch die Stelle aus einer Rede Dr. Caspar's in einer Sitzung der Slowanská Lipa am 26. October 1848: „Wir Böhmen wollen nicht Rußland, sondern Österreich. Wir wollen nicht herrschen über die Deutschen, wir wollen nur nicht unter ihnen sondern neben ihnen stehen, um ihnen dereinst, wenn wir uns gegenseitig besser kennen werden, zuzurufen: Kommt mit uns und helft uns unsere unter der Knute seufzenden Brüder befreien!"

211) S. 287. Csaplovics a. a. O. S. 73 f. — Leo Thun führt a. a. O. S. 42 f. das Beispiel des Bischofs E. Thirlwall von St. Davids an, der celtisch erlernte, in celtischer Sprache predigte, celtische Schulen errichtete ꝛc. „Und siehe da, auf solchem Wege schien von selbst zustandezukommen, was lieblose und unduldsame Menschen zu erzwingen sich vielleicht vergeblich bemüht haben würden. Die gälischen Schulen bahnen der englischen Sprache den Weg in Gegenden wo sie bisher unbekannt war, weil das Volk mit den ersten Anfängen von Bildung Anlaß und Mittel erhält, die Sprache zu erlernen deren Kenntniß ihm unentbehrlich ist um seine Lage zu verbessern."

212) S. 288. Fröbel Briefe S. 7 f.

213) S. 301. Der Censur-Geschichten aus dem vormärzlichen Österreich gibt es eine solche Fülle, daß sie wohl in perpetuam rei memoriam gesammelt und in Ordnung gebracht zu werden verdienten. Hier nur zwei, die minder bekannt sein dürften. Jahre lang war der geistreiche Professor Koubek in Prag mit der Censur böhmischer Artikel betraut; er pflegte die Schriftsteller, deren Werke er zu beurtheilen hatte, zu bitten, in das Manuscript solche Stellen hineinzusetzen und ihm zu bezeichnen die ohne Nachtheil für das Ganze wegbleiben könnten; „denn streichen müsse er etwas, weil er sonst das Vertrauen seiner Oberbehörde einbüßen könnte." Zur selben Zeit erzählte Havliček-Borovski in den „Pražské Nowiny" von „Irland" oder vom „Kaiserthum China" alles, was er an den österreichischen Zuständen geißeln wollte; alle seine Leser wußten

und verstanden das, nur das k. k. Landes-Gubernium, unter dessen unmittelbarer Aufsicht er die Zeitung redigirte, wußte und verstand davon nichts. — Bekannter ist, daß der unglückliche Becher, der damals in verschiedene Wiener Zeitschriften schrieb, eines Tages einen im König Ludwig'schen Styl gehaltenen Walhalla-Artikel brachte, der ganz Wien lachen machte, während der Censor die beißende Satyre gar nicht bemerkt hatte. Als Graf Sedlnicky, durch das Stadtgespräch aufmerksam gemacht, Becher vorforderte und zu Rede stellte, spielte dieser den Unschuldigen und betheuerte: „er habe gerade geglaubt, Sr. Majestät dem König von Bayern einen Beweis seiner hohen Achtung zu geben, indem er dessen Schreibweise nachzuahmen versucht; wenn es ihm mißlungen sei, so wolle das seinen schwächern Kräften, nicht seiner gutgemeinten Absicht zur Last gelegt werden."

214) S. 306. Kritische Streiflichter ꝛc. S. 6. — Ein ausländischer Beobachter, aus dessen Schilderung der Octoberzeit die „Gränzboten" von 1848 Bd. IV. S. 392 ff. Auszüge brachten, läßt sich über den allgemeinen Charakter der Wiener Bevölkerung in nachstehender Weise aus: „Von der Gedankenlosigkeit und dem Leichtsinn dieses Volkes kann sich niemand auch nur eine annähernde Vorstellung machen, der es nicht mit eigenen Augen ansah. Der Wiener ist, Dank seiner Erziehung, so denkfaul, daß er in Ermanglung eines Bessern dem ersten Schubjack die Sorge überläßt für ihn zu denken, und froh ist wenn er nur irgend eine Phrase hat seine Blöße zu decken; dazu die lebhafte schon mehr südliche Phantasie, mit der selbst die Gebildeteren alle Schwierigkeiten durch Combinationen von Ledru-Rollin, Abb-el-Kader und Schamyl auf eine wirklich haarsträubende Art zu planiren wußten, und Du hast eine schwache Vorstellung von dem bunten phantastischen Unsinn, der in diesen Tagen zum Vorschein kam." — „Had the people of Vienna been less servilely docile of old to the tutelary precautions of a government which has been often startled at shadows, they would not have fallen into the snares of a few itinerant demagogues, or sunk under the yoke of a sanguinary insurrection." S t i l e s Austria in 1848. 49. II. S. 145 f.

215) S. 310. „Man muß es geradezu sagen, die Entwicklung gewisser Seiten der Wiener Journalistik bleibt ein unauslöschlicher Schandfleck in der Geschichte deutschen Lebens. Wir haben weder in alten noch in neuen Tagen ein Beispiel, daß irgendwo der naive Kinderglaube eines Volkes, sein Vertrauen auf das gedruckte Wort zu so schändlicher Unzucht des Geistes mißbraucht worden wäre wie eben hier". Adolf Pichler Aus den März- und Octobertagen zu Wien (Innsbruck, Wagner, 1850) S. 46.

216) S. 311. So brachte u. a. der „Wiener Punsch" („Humorist" Nr. 259 S. 1062) eine „Blumensprache der Demokratinen", der wir folgende Selam-Sprüche entlehnen: „Aglei: Frech, schlampig, verbuhlt — aber frei! Nelke: Geschwind, ehe ich ganz verwelke! Schneeglöckchen: Auf der Barricade dort, im Unterröckchen! Nachtschatten: Das freie Weib hat tausend Gatten." Siehe noch über den Wiener Demokratinnen-Verein „die Geißel" Nr. 72 S. 302. Auch in Krakau wollte sich nach Wiener und Berliner Muster ein demokratischer Frauenverein bilden, dessen erste Sitzung aber zugleich seine letzte war, wie uns jener Zeit (December 1848) ein humoristischer Freund mittheilte: „Die Frau Präsidentin beantragte die Dienstboten gut zu erziehen und ihnen insbesondere lesen und schreiben zu lernen, worauf jedoch ein Mitglied der Versammlung erwiederte: ihre Tochter könne auch nicht lesen und schreiben und habe noch dazu ein Kind ohne verheirathet zu sein. Diese Zwischenrede machte die Präsidentin so confus, daß sie sofort ihren Commandostab niederlegte".

217) S. 311. „Humorist" Nr. 261 v. 30. November S. 1069: „Der Verein der demokratischen Frauen zu Berlin."

218) S. 311. Siehe das markige Schreiben des Frankfurter Abgeordneten Zerzog an seinen Sohn (Brustbilder aus der Paulskirche S. 128—134) wo es u. a. heißt: „Die ganze Welt ist toll geworden, und daß die Jugend allein gescheidt bleibt, ist nicht wohl zu verlangen; aber Jugend soll sie doch bleiben und nicht aussehen wie eine ekelhaft abgelebte Affen-Frühgeburt, die nach der Pfeife eines schmutzigen Schurken pfeift der behauptet ‚es wäre der Zeitgeist.‘ Man sollte glauben es gehörte blutwenig Grütze dazu um einzusehen, daß einer der etwas gelernt hat es besser wissen muß als der der's erst lernen will; man sollte meinen, das wäre ein ausgezeichneter Hohlkopf der behauptet ‚was man nicht erfahren und probirt, verstehe man besser als was man erfahren und probirt.‘ Ich glaube auch steif und fest, daß dieß große Esel sind, aber sie selber glauben's nicht. Die Alten sollen tagen und die Jungen sich schlagen, aber nicht umgekehrt. Dem Vaterland gehört ihr Jungen, aber nicht das Vaterland euch! Wenn man euch braucht wird man es euch sagen, und dann sollst Du mir auch nicht daheim bleiben!" 2c.

219) S. 312. So z. B. sagte, als im Wiener Reichstage die Sprache auf die Reorganisirung der Nationalgarde kam (14. August), Minister Doblhoff, daß er dabei „immer voraussetze, daß die ursprünglich bestandene Abtheilung der akademischen Legion, die auf andern Grundsätzen beruht, immerhin als eine Ausnahme zu gelten habe und als eine ehrenvolle Ausnahme betrachtet werde" (Beifall). Es war derselbe Rath der Krone, der zehn Tage später sagte (Verhandlungen des österreichischen Reichstages II. S. 68): „Was die Frage der Aufrechthaltung der akademischen Legion betrifft, so bitte ich die akademische Legion selbst zu fragen wie wir mit einander stehen" (Stürmischer und anhaltender Beifall).

220) S. 313. „Schwerlich würde es viel wirken, wenn man diesen Schustern die Geschichte erzählte von ‚ne sutor ultra crepidam‘". Raumer Briefe aus Paris II. S. 103.

221) S. 314. „Ce mouvement nouveau, imprimé à la révolution de février, lui marqua pour but une immense orgie!" Granier I. S. 457. — Ein Artikel der „Times" im November 1848 sprach über diese Irreführung der untern Classen u. a. folgende beherzigenswerthe Worte: „Ist es nicht besser, sich ruhig in das Unvermeidliche zu fügen? Warum soll man sich abmühen, den Leidenden Arbeitenden Armen zu veranschaulichen, daß ihre Qual und ihr Elend nur Irrthümer in einem Problem sind? Warum soll man eine Nation bis in ihre tiefsten Tiefen erschüttern durch Fragen, auf welche es keine Lösung gibt? Besser wäre es, die Arbeitsamen und Unglücklichen zu belehren, daß im gesetzlichen Gehorsam und der Aufrechthaltung der Ordnung ihre einzige Sicherheit liegt. Das Schicksal der Armen in einer reichen und geordneten Gemeinde ist schon an und für sich traurig genug; in einem Lande aber, welches durch Bürgerkrieg zerrissen ist, wo alle Geschäfte und Gewerbe darniederliegen, trifft die Armen das schlimmste der menschlichen Loose. Die europäischen Hierophanten der Freiheit des neunzehnten Jahrhunderts haben weiter nichts gethan, als dem hungernden Tantalus die Früchte des Wohlseins noch etwas weiter zu rücken".

221b) S. 316. Vgl. damit: „Ergebnisse der 2c. Untersuchung wider die Mörder des 2c. Grafen Latour" (Wien, Staatsdruckerei 1850), wo es S. 54 von Franz Wangler heißt: „Um den Beweggrund zu seiner That befragt verwünschte er, im Ausbruche der Verzweiflung und im Vorgefühle der ihn erwartenden Strafe, die Studenten die ihn und seine Cameraden verführt und, wie er sich ausdrückte, ganz blind gemacht hätten, wobei er ausrief, daß es ihm ohne Verhetzung von Seite der Akademiker nie beigefallen wäre an den ihm völlig unbekannten Kriegsminister auch nur zu denken, viel weniger ihm ein Übel zuzufügen." Siehe auch die Aussage des Joseph Major S. 90, 111 f. u. a.

222) S. 318. Scenen solcher Art fielen im Odeonssaale während des Sommers 1848 wiederholt vor. Dennoch bildete sich eine freie christliche Gemeinde, deren Vorstand seinen seelsorgerlichen Eifer bis in die letzten Octobertage nicht erkalten ließ. So berief er für Donnerstag den 26. eine Gemeindeversammlung, die im Saale „zum Vogel" (Mariahilf) „unter allen Umständen" stattfinden werde; und einige Tage später wollte er Sonntag den 29. 10 Uhr B. M. „jedenfalls" im Musik-Vereins-Saale „Gottesdienst" feiern. — In Grätz hielten am 22. Ronge und Karl Scholl in der Reitschule ihre ersten Vorträge über Deutsch-Katholicismus. Sie waren im besten Zuge, als der Ruf „Feuer!" die zahlreich versammelte Menge in plötzliche Verwirrung brachte. Zugleich hörte man Drohworte: „Hinaus mit dem Antichrist!"; sehnige Fäuste arbeiteten gegen die Menge und drängten sie unter dem ängstlichen Kreischen der Frauen nach den Ausgängen, während ein Rudel Jungen auf der Gasse mit gellenden Pfiffen accompagnirte. Alles flüchtete nach der Stadt, Ronge und Scholl mitten im Haufen. Der „Musterbrief einer Christin", den Scholl's „Sonntagsblätter für religiöse Reform" Nr. 2 S. 8 abdruckten, zeugte allerdings nicht für eine hohe Bildungsstufe der Schreiberin, wohl aber für die maßlose Erbitterung, welche das Treiben der frei-christlichen Gemeinden unter einem großen Theile der Bevölkerung hervorrief. — Der im Texte genannte Johann Hirschberger war früher zweiter Seelsorger im Wiener Invalidenhause, wurde wegen seiner im Odeonsaale gehaltenen Reden im J. 1849 excommunicirt, später als reumüthig Bekehrter wieder in den Schoß der Kirche aufgenommen und lebte zuletzt in Littau (Mähren), wo er am 1. Juni 1860 morgens erhängt gefunden wurde; in einem Anfalle von Wahnsinn hatte er seinem Leben ein Ende gemacht.

223) S. 318. So in Böhmen, wobei jedoch, so viel uns bekannt geworden, mehr nationalökonomische Erwägungen als communistische Ideen in den Vordergrund traten. Siehe z. B. das „Eingesendet" einiger Einwohner von Koloděj in den Nár. Now. č. 168 str. 662 (v. 25. October): „Když mohou v městách faráři živi býti bez polí luk a desátku, doufejte, velební pánové (na venku), že se Vám toho také dostane."

224) S. 319. Aus seinem Wiener Haupt-Quartier mußte Ban Jelačić ein Mahnschreiben an das kroatisch-slavonische Landvolk richten, die thatsächlich noch nicht aufgehobenen Urbarial-Gibigkeiten weiter zu entrichten, sich jedes Widerstandes, jeder gewaltsamen Eigenmächtigkeit zu enthalten. Proclamation v. 10. November 1848, in böhmischer Übersetzung in Nár. Now. v. 6. December 1848, in deutscher bei Pejaković S. 142—144.

225) S. 323. Correspondenz „aus Mittel-Italien" vom 11. October; A. A. Ztg. Nr. 324 S. 5107.

226) S. 323. Vom 30. October; A. A. Ztg. Nr. 322 S. 5079.

227) S. 325. „Ansprache an das Publicum" vom Berliner „Verein zum Schutz des Eigenthums" ꝛc.

228) S. 325. Datirt v. 30. August 1848; eine gemeinfaßliche Erklärung erschien dazu vom mähr. schles. Landes-Präsidium am 18. Sept.

229) S. 326. Ein befreundeter Justizmann klagte uns in einem Privat-Schreiben vom März 1849 aus Kratzau (Böhmen) über die Untersuchungen der Wald- und Jagdfrevel, die ihm so viel zu schaffen machten; „ich habe ihrer sechzehn, und darunter eine, in der gegen vierhundert Beschuldigte sind."

230) S. 329. Siehe u. a. die Eingabe Michael Bobnar's (Abgeordneten für Rabautz) an den Reichstag zu Kremsier, 30. December 1848 (1 Blatt Fol.)

231) S. 330. Rittersberg folgert in seinem Kapesní Slovníček (II. S. 154 f.) aus dem Umstande, daß Kobylica im Juni 1851 vom Militär-Gerichte nur zu ein= monatlichem Kerker verurtheilt wurde, nicht ohne Grund, daß von den Nachrichten, die über den Huculen=Führer und dessen Übelthaten zu jener Zeit im Umlauf waren, das meiste übertrieben gewesen sein müsse.

232) S. 337. Die von uns Anm. ⁷³) berufene „Ansprache" des permanenten Aus= schusses des Vereins „zum Schutz des Eigenthums und zur Förderung des Wohlstandes aller Volksclassen" schlug — wir wissen nicht auf welcher Basis, und jedenfalls nicht ohne großartige Übertreibung — die volkswirthschaftlichen Verluste welche die preußischen Lande seit 18. März 1848 am Werth der Grundstücke und Häuser, am Ertragnisse des Gewerbsfleißes, an Verlusten des Geldmarktes ꝛc. erlitten, auf keine geringere Summe als 870 Millionen an. Über die allgemeine Handelslage sprachen sich die Engländer Suse und Sibeth in ihrem Monatsberichte vom December 1848 u. a. folgender= maßen aus: „Waaren=Speculationen sind nicht allein durch den Geldwerth der Gegen= stände und die vorhandenen Quantitäten gegenüber dem nothwendigen Verbrauch be= dingt, sondern Facilität der Geld=Circulation und der Werth des Geldes selbst sind häufig wichtige Elemente. Die Hauptgegenstände des Handels, europäische sowohl wie transmarine Producte, sind jetzt um 10 bis 20 Percent wohlfeiler als beim Schlusse des letzten Jahres (1847). Sie würden diesen wohlfeilen Stand nicht erreicht haben, wenn nicht seit neun Monaten das Vertrauen auf den früheren Werth sich in hohem Grade vermindert hätte. Man darf daraus folgern, daß Waaren sich jetzt in wenigern Händen befinden, als in fortlaufenden Perioden des allgemeinen Vertrauens. Capital wogt nach der öffentlichen Stimmung und Meinung häufig von einem Gegenstande zu dem andern; der Werth des Geldes würde in den letzten 3 oder 4 Monaten nicht auf 2% pro Anno herabgedrückt worden sein, hätte die Investirung in Waaren oder Fonds größern Reiz gehabt als es wirklich der Fall war."

233) S. 339. Correspondenz v. 18. Jänner 1849 im „Lloyd" Morgenblatt Nr. 38. — Das böhmische Volk behandelte das Thema des Silberverschwindens in gewohnter humoristischer Weise und faßte seine Gedanken in die Parodie eines bekannten Liedes:

Škoda, ach tatíku, stříbra že není —
Šajnů mám v pytlíku, kdo však je smění? a. t. d.

S. auch den Aufsatz: „Kam se podělo stříbro a měď?" im „Polabský Slovan" Nr. 28 v. 17. und Nr. 29 v. 19. November 1848.

234) S. 340. Die Kundmachung der Prager Stadtverordneten vom 25. November 1848 enthielt an ihrer Spitze die Bestimmung: „Niemand ist verpflichtet das kleine Papiergeld anzunehmen; es findet durchaus kein Zwang zur Annahme statt."

235) S. 340. Unter den „Zeit=Epigrammen" von Franz Fitzinger im „Hu= morist" findet sich auch das folgende:

Wer sagt, daß an billigen Preisen es fehlt?
Man kriegt ja fast alles um's halbe Geld!

236) S. 340. Kundmachung der Nationalbank vom 14. December 1848; unter= zeichnet von Mayer=Gravenegg, Bank=Gouverneur, und Popp, Bank=Director.

237) S. 341. Die demokratische Krankheit, eine neue Wahnsinnsform. Von E. Th. Grobdeck, der Medicin=Doctor. Naumburg, H. Sieling 1850. Der Verfasser führt S. 56 ff. als Beleg für seine Behauptung die Sitzung der Berliner National=Ver= sammlung vom 31. October wegen der Hilfeleistung für Wien an; „die Verhandlungen

über diesen Gegenstand", sagt er, „bieten uns das Bild des vollendetsten Wahnsinns; denn hier tritt das deutlich ein, was in dem allgemeinen Theil dieser Arbeit als das Wesen des Wahnsinns angeführt worden ist: das gänzliche Aufhören des Bewußtseins vom Ich und seinem Verhältniß zum Nicht=Ich" ꝛc. — Diese Schrift Grobbeck's ist es auch, der wir das Motto zu diesem Bande entnommen haben.

238) S. 343. „Tandis que d'autres écrivains plus brillants et meilleurs tacticiens s'engageaient dans la même voie, sans avouer leur véritable but, il (Cabet) a mis à nu l'écueil caché vers lequel ces dangereux déclamateurs poussaient la société, et rendu plus facile la tâche des hommes qui s'efforcent de la préserver du naufrage." Alfred Sudre Histoire du Communisme (Paris, Victor Lecou, 1850) p. 340.

239) S. 344. Englische Blätter theilten das Schreiben eines Mitgliedes der Expedition nach Ikarien mit, worin es u. a. hieß: „Theuerster Vater! In großer Eile schreibe ich Dir einige Zeilen über meine Lage. Mit Mühe den Klauen des Todes entronnen, liege ich seit unserer Rückkehr aus der Gegend, wohin der abscheuliche Cabet uns sandte um uns zu vernichten, als Kranker im hiesigen Krankenhause. Cabet sagte uns: ,Ihr gehet nach einem Lande wo an Allem Überfluß ist'. Der Elende schickte uns dahin, ohne das Land nur im mindesten zu kennen. Alle seine Schriften sind Lügen; nicht ein Wort ist wahr von dem was er uns von der ergiebigen Jagd, dem Fischfang u. s. w. vorspiegelte. Jene Chimäre des Communismus womit er unsere schwache Einbildung reizte ist der schlechteste Zustand der Gesellschaft der sich nur denken läßt; es ist förmliche Sklaverei, es ist die Hölle. Wenn euer hundert sind so habt Du neunundneunzig Herren. Du kannst durchaus nichts thun, nicht einmal essen und trinken, ohne daß man daran etwas auszusetzen und zu tadeln weiß. Du hast nicht die mindeste Freiheit und jede Stunde gibt es Streitigkeiten über die Lebensmittel. Beständig schreit einer dem andern zu: ,Kerl, du issest zu viel. Siehe wie wenig ich brauche; du bist ein sauberer Vielfraß!' Hätte man die Geduld von Millionen Hiobs, man könnte es nicht ertragen."

240) S. 345. So soll es in einer österreichischen Gemeinde einem der radicalen Koryphäen ergangen sein, der während der Wiener October=Tage das Landvolk zum Landsturm „zum Schutze der bedrohten Freiheit" aufbieten wollte.

240b) S. 346. In einigen Gegenden des östlichen Böhmen, insbesondere im Chrudimer und Königgrätzer Kreise, wurde die Volks=Justiz gegen Stehler und Hehler ganz systematisch in Gang gebracht. Wo es einen notorischen Dieb gab fing man ihn ein, spannte ihn in den Bock (do kozlíka) und begann ihn mit Schlägen so lang zu behandeln, bis er sowohl die begangenen Entwendungen bekannte als die Orte wohin er die gestohlenen Sachen gebracht, oder die Personen die sie ihm käuflich abgenommen hatten, namhaft machte. War dann alles in Richtigkeit, so ließ man den Übelthäter mit der Drohung laufen ihm, dafern wieder etwas vorfiele, eine noch empfindlichere Behandlung widerfahren zu lassen. Die heilsame Folge dieser eigenthümlichen Gerechtigkeitspflege war für die ganze Gegend allerdings die, daß man für Jahr und Tag von Diebereien aller Art Ruhe hatte. Aber dabei war von der andern Seite gegen Recht und Ordnung gesündigt worden und es begannen im Jahre 1849 Untersuchungen wegen verübter öffentlicher Gewaltthätigkeit, die freilich in den meisten Fällen zu keinem besondern Ergebnisse führten oder geradezu niedergeschlagen wurden, weil man gegen die angesehensten und achtbarsten Leute, ja gegen ganze Gemeindevertretungen wegen eines Actes nicht ganz ungegründeter Nothwehr hätte strafgerichtlich vorgehen müssen. So blieb denn im Volke nur die Erinnerung an die originelle Weise zurück wie man

im Jahre der Verwirrung das Diebsgesindel zu paaren getrieben, und bald war es
das Volkslied das sich dieses Stoffes bemächtigte:

V Morašicich u rychtářů
Houpali tam strejce Říhu atd. —

Mitunter lief wohl die Sache nicht so gelind ab, wie z. B. wenn der auf die Folter
gespannte Übelthäter die erlittene Mißhandlung, was in ein und anderem Falle vorkam, mit seinem Leben bezahlte oder wenn die Lynchjustiz denselben geradezu dem Tode
weihte. Ein Ereigniß letzterer Art soll in dem Städtchen Skuč vorgefallen sein, wo
während eines Jahrmarktes Brand entstand und die erbitterte Bevölkerung einige
Strolche ergriff und dieselben, die nach ihrer Überzeugung das Feuer bloß darum angelegt hatten um sich die in Folge dessen entstandene Verwirrung zunutze zu machen,
ohne weiters in die Flammen warf. — Auch aus anderem Anlasse als wegen Eigenthumsverletzungen kamen in jenem Theile Böhmens Fälle von Volks-Justiz vor. So
wurde Anfangs November in dem Städtchen Hohenbruck (Třebechovic, Königgrätzer
Kreises), dessen Bürgerschaft sich durch einen Artikel des Prager „Večerní List"
verletzt fühlte, der Beschluß gefaßt: „Der Einsender der bezüglichen Correspondenz sei
durch die Nationalgarde aufzugreifen, auf den Stadtplatz zu führen und daselbst mit
50 Stockstreichen zu bedienen". Es scheint aber nicht, daß die Beleidigten dazu kamen
ihren Vorsatz wirklich auszuführen.

241) S. 347. Verhältnißmäßig am besten scheint das Institut der Nationalgarde
in Mähren und Schlesien gediehen zu sein. Als der Ober-Commandant General Walter
im Herbst 1848 eine Inspections-Reise unternahm, fand er die Garden an den meisten
Orten gut, mitunter ausgezeichnet abjustirt, gut bewaffnet und einexercirt, mit Fahnen
und meist mit eigenen Musikbanden ausgestattet; doch mußte er in seinem Ober-Com-
mando-Befehl vom 8. December (Brünner Ztg. Nr. 343, N. F. 59, v. 12. Dec. 1848)
zugeben, daß dieß nicht überall der Fall sei, was zum großen Theile daher rühre, daß die
hinreichende Anzahl Gewehre nicht disponibel, daß einige Gegenden wohlhabender als
andere, daß nicht alle Gemeinden in der Lage seien, Uniformirung und Armirung für
alle Unvermöglichen aus ihrer Mitte zu bestreiten.

242) S. 348. In einem Aufsatz: „Der babylonische Thurmbau im Jahre 1848
und die Gutgesinnten" (Österr. Volkszeitung 1850 Nr. 66) charakterisirte J. B.
Weiß seine Helden wie folgt: „Die meisten Gutgesinnten sind Leute, die so lange
gutgesinnt sind als es ihnen gut geht. Sehen sie daß dieß nicht der Fall ist, so werden sie radical. Sie sind aber auch nur so lange radical als es ihnen nicht schlechter
geht, denn sonst werden sie wieder gutgesinnt. Die Gutgesinnten sind Leute die gewaltig
auf die Proletarier schimpfen, wenn sie für diese etwas hergeben sollen; kommt dagegen
der Staat und fordert Steuern, so schimpfen sie wieder auf die Regierung; denn sie
loben nur den dem sie nichts geben dürfen. Als die Proletarier an die Häuser und
Gewölbe schrieben ,Heilig ist das Eigenthum', ach da waren die Proletarier lauter
Engel; wie man aber bemerkte daß die Aufschrift doch nur g e s c h r i e b e n war, und
am Ende wie so vieles was geschrieben steht nicht befolgt würde, da waren es lauter Sa-
tans". Nur die „Gutgesinnten", meint er weiter, seien es, denen man die herrschende
Geldnoth zu danken habe: „Man denke nur, 100 Millionen sind allein in Zwanzigern
verscharrt, und wer hat sie vergraben? Von den 100 Millionen ist nicht ein radicaler Zwanziger dabei, es sind durchwegs gutgesinnte Zwanziger; denn ein Radicaler
der einen Zwanziger besitzt, opfert die Hälfte um Einen für seinen Zweck zu
gewinnen; er sucht sein Glück in der Rührigkeit Thätigkeit, er weiß das wenige was
er besitzt zu verwerthen; doch der Gutgesinnte gräbt sein Geld in die Erde ein und

28*

denkt, daß es da reichliche Früchte bringen werde. — Auch Pichler „Aus den März- und October-Tagen" S. 40 ist auf das „gutgesinnte" Völklein nicht gut zu sprechen. „Diese Bürger haben nicht mehr die eisernen Sehnen deutscher oder lombardischer Freistädter; sie küssen jedem Sieger — ob Student, ob Kroat, ob Baschkir, gleichviel — mit ge= wissenhafter Ergebung den Fuß, und sehen dem Wechsel der Herrscher mit derselben gemüthlichen Hirnlosigkeit zu wie dem Wechseln der Schüsseln auf dem wohlbesetzten Mittagstische. Sowohl Windischgrätz als auch die Studenten irrten, mußten sich irren, wenn sie für sich von dieser Seite irgend eine That männlicher Entscheidung er= warteten".

243) S. 349. In seinen „Sternschnuppen vom politischen und nicht=politischen Horizont" schrieb Saphir im December 1848: „Die Concertsaison ist da, aber man hört nichts von Celebritäten die kommen sollen; bloß die ‚Vieuxtemps' werden er= wartet". — Siehe auch die Denkschrift der Hermannstädter Stuhlversammlung von Ende August in den „Gränzboten" 1848 IV. S. 462: „Wenn wir einen Vergleich an= stellen zwischen der vergangenen und gegenwärtigen Zeit, so müssen wir aufrichtig bekennen daß uns jene, bei alle dem daß auch sie ihre Schattenseiten hatte, wie ein goldener Traum vorkommt; Friede und Sicherheit herrschte, jeder konnte seinem Ge= schäfte nachgehen, die öffentliche Verwaltung war geordnet und beobachtete einen festen und stetigen Gang".

244) S. 350. Im deutschen „Prager Abendblatt" Nr. 129 v. 6. Nov. erschien ein satyrisches Gedicht: „Resignation des Oberältesten der Siebenundsechziger:"
Auch ich bin in Germanien geboren, Auch ich gehör' dem Volke, das erkoren
    Von Frankfurt zu gebieten einer Welt,
Und habe Alle die sich Čechen nennen, Die sich zum Stamm der Deutschen nicht bekennen
    Zum Ziel des tiefsten Hasses mir gestellt" u. s. w.
Die Satyre war jedenfalls insofern vergriffen, als der Nationalhaß nicht das hervor= tretende und noch weniger das ausschließliche Merkmal des Siebenundsechzigerthums war. — Übrigens war das „Prager Abendblatt" unerschöpflich an Witzen und Aus= fällen gegen die armen Siebenundsechziger; Mitte Dec. Nr. 169 f. brachte es „Liberale Gespräche zwischen einem Radicalen und einem Siebenundsechziger", die mit einem Weih= gesang des Letzteren schließen:
    Immer ein Bischen zurück, immer ein Bischen zurück,
        Zu dem alten friedlichen Spießbürgerglück!
    Mir dauert zu lang schon die Revolution,
        Da will ich doch lieber ein Bischen Reaction!" 2c.

245) S. 351. Das Gedicht über den Communismus findet sich im „Humorist" Nr. 265 v. 5. Dec. 1848 S. 1086. Die beiden zuletzt angeführten Aufsätze erschienen zwar erst im Feb. 1849, der erstere in der Prager „Wage" Nr. 21 S. 165 f., der an= dere im Wiener „Lloyd"; da sie aber nach der Haltung und Tendenz dieser beiden Blätter eben so gut um zwei oder drei Monate früher hätten erscheinen können, so dürfte der Anachronismus sie hier schon anzuführen nicht soviel auf sich haben. Die zweite dieser beiden Satyren, unter der Aufschrift: „Über Emancipation und Gleich= berechtigung der Wölfe", hatte E. Herloßsohn zum Verfasser. — Einen ähnlichen sarkastisch=ironischen Charakter haben auch „Die Forderungen des Vereins der freien Diebe" im „Wiener Zuschauer" v. J. 1848 S. 1363 f.

246) S. 352. Wir kennen den Aufsatz nur aus einem Auszuge der Prager me= dicinischen Vierteljahrschrift 1849 III Quartal S. 77 f.

247) S. 352. Wie mächtig selbst edlere Naturen von diesem Drange ergriffen waren, lernen wir aus einem Briefe Joh. Friedrich Böhmer's an J. E. Kopp in Luzern (J. Fr. Böhmer's Briefe. Durch Johannes Janssen. Freiburg, Herder, 1868 I. S. 519) kennen. Er sei, schrieb er dem Freunde, auf den Punkt gekommen nachzudenken, „wo noch ein sicherer Winkel auf Erden sein möge und wie er dahin fliehen könne mit dem Rest des Wohlstandes. Schweiz Belgien England kamen in Erwägung; ja über's Meer schwelften die Gedanken. Man dachte mit Schiller: „Edler Freund, wo öffnet sich dem Frieden, wo der Freiheit sich ein Zufluchtsort?" Böhmer fürchtete „gänzlichen Umsturz" alles Bestehenden in Deutschland. „Mein höchster Wunsch ist", schrieb er am 5. August an Hurter, „daß in der Anarchie die uns wachsend bevorsteht, die Sicherheit der Person und des Eigenthums nur nicht gänzlich untergehen möge". Und am 3. December an Guido Görres: „Meinen Antheil an der deutschen Freiheit möchte ich gern verschenken oder vertauschen, etwa gegen so viel Sicherheit und Ordnung als man im Auge leiden kann". — Wenn daher der Verfasser des Aufsatzes über „die Auswanderung" im XI. Bande der „Gegenwart" (Leipzig, Brockhaus, 1855) S. 45 f. Anm. meint, daß „die Zahl der wirklich politisch Unzufriedenen in der Gesammtzahl der Auswanderer" nur eine geringe gewesen sei, so stehen dieser Behauptung die eigenen Angaben des Verfassers entgegen, daß nämlich das ungemeine Steigen der deutschen Auswanderung von 1847 aus den Theuerungsverhältnissen dieses seit 1817 ungünstigsten Jahres zu erklären sei, wogegen das Jahr 1848 sehr reichliche Ernten brachte, während die Ziffer der deutschen Auswanderer von 117.000 im J. 1847 trotzdem nur auf 95.000 im J. 1848 fiel. Mochte es übrigens mit der Auswanderung im außerösterreichischen Deutschland was immer für eine Bewandtniß haben, für unsere Länder müssen wir jedenfalls die im Texte aufgestellten Behauptungen aufrecht halten.

248) S. 355. Prager Abendblatt 1849 S. 252: „Über Californien." — Siehe die ämtlichen Berichte Thomas O. Larkin's an den Staats=Secretär James Buchanan v. 1., 28. Juni und 1. Juli und des Militär = Commandanten Oberst R. B. Mason an den General=Adjutanten Brigade=General R. Jones v. 17., 19. u. 28. August 1848 als Beilagen der Präsidenten=Botschaft vom 5. December (Washington, Wendell and van Benthuysen, 1848) S. 51—69. Beide Berichterstatter verwahren sich wiederholt daß sie, so unglaublich alles klinge, sich jeder Übertreibung enthalten, da sie vielmehr noch hinter der Wahrheit zurückblieben. „A complete revolution in the ordinary state of affairs is taking place"; schreibt Mr. Larkin u. a.; „both of our newspapers are discontinued from want of workmen and the loss of their agencies; the alcaldes have left San Francisco, and I believe Sonoma likewise; the former place has not a justice of the peace left". Oberst Mason erzählt von seiner Reise nach den Goldlagern: „Along the whole route, mills were lying idle, fields of wheat were open to cattle and horses, houses vacant, and farms going to waste". In jener Zeit war von den Wildheiten Gewaltthaten Todtschlägen der spätern Monate, wo das Gedränge stets ärger wurde, noch nichts wahrzunehmen; im Gegentheile der Oberst versichert „that crime of any kind was very unfrequent, and that no thefts or robberies had been comitted in the gold district". Doch fügt er sogleich seinen begründeten Zweifel bei „that so peaceful and quiet state of things should continue to exist". — Die Auswanderungs = Literatur von 1848, ja theilweise noch von 1849 nahm wohl auf Californien, aber noch nicht auf das neu entdeckte Eldorado daselbst Rücksicht; s. Dr. F. Jünemann Rathgeber und Wegweiser für Auswanderer aus Österreich nach den Vereinigten Staaten von Nord=America (Wien, Sommer, 1849);

Capitain B. Schmölder Neuer praktischer Wegweiser für Auswanderer nach Nord-America ꝛc. (Mainz, Le Roux, 1849). Das Vorwort der I. Abtheilung des letztern Werkes ist freilich vom December 1847, wo der Verfasser von den damals noch unentdeckten Goldlagern nichts wissen konnte; aber das Vorwort Jünemann's datirt vom Jänner 1849.

249) S. 357. Erlaß des k. k. Handels = Ministeriums vom 21. December 1848 3. 2432—774.

250) S. 360. In den officiellen Blättern wurde damals namentlich der Rottenführer Johann Smutný, Beamter der k. k. Tabakfabrik, wegen seines umsichtigen und entschlossenen Benehmens von der Militärbehörde durch öffentlichen Dank ausgezeichnet.

251) S. 362. Der „Verein" mit dem langathmigen Titel „zur Verbreitung von Druckschriften für Volksbildung" begann sich in Wien gegen Ende December 1848 zu bilden; s. das Flugblatt „Ansprache an Freunde der Civilisation" vom 13. Dec. Die endgiltige Constituirung des Vereins erfolgte erst im J. 1849.

252) S. 363. Die Petition, welcher sämmtliche Tuchmacherzünfte des Taborer Kreises beitraten, findet sich abgedruckt in Nár. Nowiny Nr. 193 v. 23. Nov. 1848. S. 761 f.

253) S. 363. Am 6. November hielten die Prager evangelischen Prediger eine Berathung, um sich über die Grundsätze der Entfesselung ihrer kirchlichen Verhältnisse von der katholischen Kirche zu verständigen. Theilnehmer waren: Jak. Beneš, Senior und Pastor der böhm. evang. Neustadt; W. F. Martius, Pastor der deutschen Gemeinde; Jos. Ruzička, Vicar und Katechet am deutschen evang. Bethaus; Friedrich Wilhelm Košuth, Pastor. Eine in Folge dessen abgefaßte Petition wurde am 7. durch eine Deputation dem Baron Mecséry überreicht. — Die wiederholten Versammlungen des katholischen Clerus des mittleren Böhmen finden sich im Auszuge in Nár. Nowiny z. B. die vierte am 29. November zu Welwarn abgehaltene in Nr. 208 v. 10. December S. 822; eine fünfte war für den 8. Jänner 1849 gleichfalls nach Welwarn angesagt. — Über Versammlungen und gemeinnützige Fachberathungen der Schullehrer des Königinhofer Bezirkes siehe den „Polabský Slovan" (Joh. H. Pospjssil in Königgrätz), wo man auch einzelne der dabei gehaltenen Vorträge abgedruckt findet.

254) S. 366. Ausführliches über die Verhandlungen zu Eger im „Constit. Blatt aus Böhmen" Nr. 124 v. 22. bis Nr. 128 v. 26. November, Nr. 133 v. 2. u. 134 v. 3. December. Den Vorsitz führte Dr. Strache aus Rumburg; Vice=Präsident waren Dr. Tedesco aus Prag und Dr. Fischer aus Reichenberg, Schriftführer Dr. Franz Stradal, Dr. Klier, Rath Reimann, Dr. Gschier.

255) S. 367. Nár. Nowiny Nr. 137 v. 19. September 1848 S. 538, und wiederholt abgedruckt in Nr. 208 v. 10. December S. 822; die Erklärung lautet vom 18. September.

256) S. 367. Zuschrift der Olmützer und Antwort der Prager Slovanská Lipa, letztere vom 8. December, in den Moravské Noviuy vom 15. December 1848.

257) S. 369. Siehe die in der vorigen Anm. angeführte Zuschrift der Prager Sl. L. an die Olmützer.

258) S. 371. Der wichtigste unter den zum Beschlusse erhobenen Berathungsgegenständen war die Feststellung des Verhältnisses der Zweigvereine zum Prager Hauptverein. „Der Verein der Slovanská Lipa", so wurde beschlossen, „bildet mit allen von ihm anerkannten Zweigvereinen im Königreich Böhmen ein zusammenhängendes Ganze. Jeder Zweigverein hat dem Hauptvereine namentlich die Mitglieder seines Ausschusses zu bezeichnen, allmonatlich einen Bericht über seine Thätigkeit zu erstatten und einen

monatlichen Geldbeitrag abzuführen, dessen Höhe von der Gesammtheit des Congresses bestimmt werden wird. Dafür hat jeder Zweigverein das Recht, vom Hauptvereine Rath und hilfreiches Einschreiten (pomocné zakročení) zu verlangen. Alljährlich wird ein Congreß der Slovanská Lípa stattfinden, wozu jeder Zweigverein für je zwanzig Mitglieder einen stimmberechtigten Vertrauensmann zu senden berechtigt ist. An ver= einsamten Orten, wo es nicht möglich ist einen Zweigverein zu bilden, können Agent= schaften der Slovanská Lípa als Mittelpunkte der beitragenden Mitglieder des Haupt= vereins bestehen; beitragendes Mitglied kann jeder werden, der als solches aufgenommen und anerkannt wird und sich zu einem Monatsbeitrag von 20 kr. verpflichtet". Vom Beginn des neuen Jahres sollte ein eigenes Organ der Lindenvereine, Noviny lípy slovanské, unter der verantwortlichen Leitung von Karl Sabina und Slavomil Vávra erscheinen.

258b) S. 372. (zu dem Worte „fänden" Z. 12. v. u.) „Přesvědčili jsme se Slované a Němci, že již vedle sebe pod jedním řízením státi musíme; nechce- me-li se tedy pořád škádliti, rváti a práti, tedy buďme svorni aneb aspoň po- kojni vedle sebe jak na rozumné sousedy sluší a patří. A hle! toto jest jediný zisk který z těchto bojů a z toho národního tření máme, to mravné přesvědčení že se musíme vespolek snášet a ne jední nad druhé se vypínat; tato politická snášenlivost jest ten duchovní užitek, který z takových krvavých bojů vyplývá". J. Procházka im „Ranní list" č. 34, 9. Nov., S. 134.

259) S. 372. Was Andere mit heraklitischem Ernst trübsinnig beklagten, das belachte Demokritos=Glasbrenner, da er in seinen „Freie Blätter" sang:

„An Deutschlands baldiger 1heit, da 2fle ich noch sehr;
Ich jebe keinen 3er 4 diese Hoffnung her.
5 Nationalitäten sind, wo 6 Deutsche steh'n,
Die alle abzu7, jebt 8, der wird nich jeh'n:
Viel sind dem 9 noch abhold, vom Scheitel bis zu'n 10."